Erich Kästner · Werke
Band VII

Erich Kästner · Werke
HERAUSGEGEBEN VON
FRANZ JOSEF GÖRTZ

Erich Kästner

Parole Emil

Romane für Kinder I

HERAUSGEGEBEN VON
FRANZ JOSEF GÖRTZ
IN ZUSAMMENARBEIT
MIT ANJA JOHANN

Carl Hanser Verlag

Zuerst erschienen:
Als ich ein kleiner Junge war
Atrium Verlag, Zürich 1957
Kindergeschichten für Erwachsene aus
Interview mit dem Weihnachtsmann
Carl Hanser Verlag München Wien 1998
Emil und die Detektive
Williams & Co. Verlag, Berlin 1929
Emil und die drei Zwillinge
Atrium Verlag, Zürich 1935
Pünktchen und Anton
Williams & Co. Verlag, Berlin 1931
Der 35. Mai oder *Konrad reitet in die Südsee*
Williams & Co. Verlag, Berlin 1932

ISBN 3-446-19564-5 (Leinen)
ISBN 3-446-19563-7 (Broschur)

Alle Rechte an dieser Gesamtausgabe vorbehalten
© Carl Hanser Verlag München Wien 1998
Alle Rechte an den Illustrationen vorbehalten
Emil und die Detektive von Walter Trier
© 1935 Atrium Verlag, Zürich
Emil und die drei Zwillinge von Walter Trier
© 1934 Atrium Verlag, Zürich
Ausstattung: Bernd Pfarr
Gestaltung und Herstellung:
Hanne Koblischka und Meike Harms
Texterfassung: Randall L. Jones,
Brigham Young University, Provo/Utah
Satz: Filmsatz Schröter GmbH, München
Druck und Bindung: Pustet, Regensburg
Printed in Germany

Inhaltsübersicht

  7 Als ich ein kleiner Junge war

153 Kindergeschichten für Erwachsene

193 Emil und die Detektive

303 Emil und die drei Zwillinge

451 Pünktchen und Anton

547 Der 35. Mai *oder* Konrad reitet
      in die Südsee

619 Inhaltsverzeichnis

ALS ICH EIN KLEINER
JUNGE WAR

Kein Buch ohne Vorwort

Liebe Kinder und Nichtkinder!
Meine Freunde machen sich schon seit langem darüber lustig, daß keines meiner Bücher ohne ein Vorwort erscheint. Ja, ich hab auch schon Bücher mit zwei und sogar mit drei Vorworten zustande gebracht! In dieser Hinsicht bin ich unermüdlich. Und auch wenn es eine Unart sein sollte, – ich werde mir's nicht abgewöhnen können. Erstens gewöhnt man sich Unarten am schwersten ab, und zweitens halte ich es für gar keine Unart.

Ein Vorwort ist für ein Buch so wichtig und so hübsch wie der Vorgarten für ein Haus. Natürlich gibt es auch Häuser ohne Vorgärtchen und Bücher ohne Vorwörtchen, Verzeihung, ohne Vorwort. Aber mit einem Vorgarten, nein, mit einem Vorwort sind mir die Bücher lieber. Ich bin nicht dafür, daß die Besucher gleich mit der Tür ins Haus fallen. Es ist weder für die Besucher gut, noch fürs Haus. Und für die Tür auch nicht.

So ein Vorgarten mit Blumenrabatten, beispielsweise mit bunten, kunterbunten Stiefmütterchen, und einem kleinen, kurzen Weg aufs Haus zu, mit drei, vier Stufen bis zur Tür und zur Klingel, das soll eine Unart sein? Mietskasernen, ja siebzigstöckige Wolkenkratzer, sie sind im Laufe der Zeit notwendig geworden. Und dicke Bücher, schwer wie Ziegelsteine, natürlich auch. Trotzdem gehört meine ganze Liebe nach wie vor den kleinen gemütlichen Häusern mit den Stiefmütterchen und Dahlien im Vorgarten. Und den schmalen, handlichen Büchern mit ihrem Vorwort.

Vielleicht liegt es daran, daß ich in Mietskasernen aufgewachsen bin. Ganz und gar ohne Vorgärtchen. Mein Vorgarten war der Hinterhof, und die Teppichstange war mein Lindenbaum. Das ist kein Grund zum Weinen, und es war kein Grund zum Weinen. Höfe und Teppichstangen sind etwas sehr Schönes. Und ich habe wenig geweint und viel gelacht. Nur, Fliederbüsche und Holundersträucher sind auf andere und noch schönere Weise schön. Das wußte ich schon, als ich ein kleiner Junge war. Und heute weiß ich's fast noch besser. Denn heute hab ich endlich ein Vorgärtchen und hinterm Haus eine Wiese. Und Rosen und Veilchen und Tulpen und Schneeglöckchen und Narzissen und Hahnenfuß und Männertreu und Glockenblumen und Vergißmeinnicht und meterhohe blühende Gräser, die der Sommerwind streichelt. Und Faulbaumsträucher und Fliederbüsche und zwei hohe Eschen und eine alte, morsche Erle hab ich außerdem. Sogar Blaumeisen, Kohlmeisen, Hänflinge, Kleiber, Dompfaffen, Amseln, Buntspechte und Elstern hab ich. Manchmal könnte ich mich fast beneiden!

In diesem Buche will ich Kindern einiges aus meiner Kindheit erzählen. Nur einiges, nicht alles. Sonst würde es eines der dikken Bücher, die ich nicht mag, schwer wie ein Ziegelstein, und mein Schreibtisch ist ja schließlich keine Ziegelei, und überdies: Nicht alles, was Kinder erleben, eignet sich dafür, daß Kinder es lesen! Das klingt ein bißchen merkwürdig. Doch es stimmt. Ihr dürft mir's glauben.

Daß ich ein kleiner Junge war, ist nun fünfzig Jahre her, und fünfzig Jahre sind immerhin ein halbes Jahrhundert. (Hoffentlich hab ich mich nicht verrechnet!) Und ich dachte mir eines schönen Tages, es könne euch interessieren, wie ein kleiner Junge vor einem halben Jahrhundert gelebt hat. (Auch darin hab ich mich hoffentlich nicht verrechnet.)

Damals war ja so vieles anders als heute! Ich bin noch mit der Pferdebahn gefahren. Der Wagen lief schon auf Schienen, aber er wurde von einem Pferde gezogen, und der Schaffner war zugleich der Kutscher und knallte mit der Peitsche. Als sich die Leute an die ›Elektrische‹ gewöhnt hatten, wurden die Humpelröcke Mode. Die Damen trugen ganz lange, ganz enge Röcke. Sie konnten nur winzige Schrittchen machen, und in die Straßenbahn klettern konnten sie schon gar nicht. Sie wurden von den Schaffnern und anderen kräftigen Männern, unter Gelächter, auf die Plattform hinaufgeschoben, und dabei mußten sie auch noch den Kopf schräg halten, weil sie Hüte trugen, so groß wie Wagenräder, mit gewaltigen Federn und mit ellenlangen Hutnadeln und polizeilich verordneten Hutnadelschützern!

Damals gab es noch einen deutschen Kaiser. Er hatte einen hochgezwirbelten Schnurrbart im Gesicht, und sein Berliner Hof-Friseur machte in den Zeitungen und Zeitschriften für die vom Kaiser bevorzugte Schnurrbartbinde Reklame. Deshalb banden sich die deutschen Männer morgens nach dem Rasieren eine breite Schnurrbartbinde über den Mund, sahen albern aus und konnten eine halbe Stunde lang nicht reden.

Einen König von Sachsen hatten wir übrigens auch. Des Kaisers wegen fand jedes Jahr ein Kaisermanöver statt, und dem König zuliebe, anläßlich seines Geburtstags, eine Königsparade. Die Uniformen der Grenadiere und Schützen, vor allem aber der Kavallerieregimenter, waren herrlich bunt. Und wenn, auf dem Alaunplatz in Dresden, die Gardereiter mit ihren Kürassierhelmen, die Großenhainer und Bautzener Husaren mit verschnürter Attila und brauner Pelzmütze, die Oschatzer und Rochlitzer Ulanen mit Ulanka und Tschapka und die Reitenden Jäger, allesamt hoch zu Roß, mit gezogenem Säbel und erhobener Lanze an der königlichen Tribüne vorübertrabten, dann war die Begeisterung groß, und alles schrie Hurra. Die Trompeten schmetterten. Die Schellenbäume klingelten. Und die Pauker schlugen auf ihre Kesselpauken, daß es nur so dröhnte. Diese Paraden waren die prächtigsten und teuersten Revuen und Operetten, die ich in meinem Leben gesehen habe.

Der Monarch, dessen Geburtstage so bunt und laut gefeiert wurden, hieß Friedrich August. Und er war der letzte sächsische König. Doch das wußte er damals noch nicht. Manchmal fuhr er mit seinen Kindern durch die Residenzstadt. Neben dem Kutscher saß, mit verschränkten Armen und einem schillernden Federhut, der Leibjäger. Und aus dem offenen Wagen winkten die kleinen Prinzen und Prinzessinnen uns anderen Kindern zu. Der König winkte auch. Und er lächelte freundlich. Wir winkten zurück und bedauerten ihn ein bißchen. Denn wir und alle Welt wußten ja, daß ihm seine Frau, die Königin von Sachsen, davongelaufen war. Mit Signore Toselli, einem italienischen Geiger! So war der König eine lächerliche Figur geworden, und die Prinzessinnen und Prinzen hatten keine Mutter mehr.

Um die Weihnachtszeit spazierte er manchmal, ganz allein und mit hochgestelltem Mantelkragen, wie andere Offiziere auch, durch die abendlich funkelnde Prager Straße und blieb nachdenklich vor den schimmernden Schaufenstern stehen. Für Kinderkleider und Spielwaren interessierte er sich am meisten. Es schneite. In den Läden glitzerten die Christbäume. Die Passanten stießen sich an, flüsterten: »Der König!« und gingen eilig weiter, um ihn nicht zu stören. Er war einsam. Er liebte seine Kinder. Und deshalb liebte ihn die Bevölkerung. Wenn er in die Fleischerei Rarisch hineingegangen wäre und zu einer der Verkäuferinnen gesagt hätte: »Ein Paar heiße Altdeutsche, mit viel Senf, zum Gleichessen!« wäre sie bestimmt nicht in die Knie gesunken, und sie hätte sicher nicht geantwortet: »Es ist uns eine hohe Ehre, Majestät!« Sie hätte nur gefragt: »Mit oder ohne Semmel?« Und wir anderen, auch meine Mutter und ich, hätten beiseite geschaut, um ihm den Appetit nicht zu verderben. Aber er traute sich wohl nicht recht. Er ging nicht zu Rarisch, sondern die Seestraße entlang, blieb vor Lehmann & Leichsenring, einem schönen Delikatessengeschäft, stehen, passierte den Altmarkt, schlenderte die Schloßstraße hinunter, musterte, bei Zeuner in der Auslage, die in Schlachtformation aufgestellten Nürnberger Zinnsoldaten, und dann war es mit seinem Weihnachtsbummel auch schon vorbei! Denn auf der anderen Straßenseite stand das Schloß. Man hatte ihn bemerkt. Die Wache sprang heraus. Kommandoworte ertönten. Das Gewehr wurde präsentiert. Und der letzte König von Sachsen verschwand, unter Anlegen der Hand an die Mütze, in seiner viel zu großen Wohnung.

Ja, ein halbes Jahrhundert ist eine lange Zeit. Aber manchmal denk ich: Es war gestern. Was gab es seitdem nicht alles! Kriege und elektrisches Licht, Revolutionen und Inflationen, lenkbare Luftschiffe und den Völkerbund, die Entzifferung der Keilschrift und Flugzeuge, die schneller sind als der Schall!

Doch die Jahreszeiten und die Schularbeiten, die gab es immer schon, und es gibt sie auch heute noch. Meine Mutter mußte zu ihren Eltern noch ›Sie‹ sagen. Aber die Liebe zwischen Eltern und Kindern hat sich nicht geändert. Mein Vater schrieb in der Schule noch ›Brod‹ und ›Thür‹. Aber ob nun Brod oder Brot, man aß und ißt es gerne. Und ob nun Thür oder Tür, ohne sie kam und käme man nicht ins Haus. Fast alles hat sich geändert, und fast alles ist sich gleichgeblieben.

War es erst gestern, oder ist es wirklich schon ein halbes Jahrhundert her, daß ich meine Rechenaufgaben unter der blakenden Petroleumlampe machte? Daß plötzlich, mit einem dünnen ›Klick‹, der gläserne Zylinder zersprang? Und daß er vorsichtig mit dem Topflappen ausgewechselt werden mußte? Heutzutage brennt die Sicherung durch, und man muß, mit dem Streichholz, eine neue suchen und einschrauben. Ist der Unterschied so groß? Nun ja, das Licht schimmert heute heller als damals, und man braucht den elektrischen Strom nicht in der Petroleumkanne einzukaufen. Manches ist bequemer geworden. Wurde es dadurch schöner? Ich weiß nicht recht. Vielleicht. Vielleicht auch nicht.

Als ich ein kleiner Junge war, trabte ich, morgens vor der Schule, zum Konsumverein in die Grenadierstraße. »Anderthalb Liter Petroleum und ein frisches Vierpfundbrot, zweite Sorte«, sagte ich zur Verkäuferin. Dann rannte ich – mit dem Wechselgeld, den Rabattmarken, dem Brot und der schwappenden Kanne – weiter. Vor den zwinkernden Gaslaternen tanzten die Schneeflocken. Der Frost nähte mir mit feinen Nadelstichen die Nasenlöcher zu. Jetzt ging's zu Fleischermeister Kießling. »Bitte, ein Viertelpfund hausschlachtene Blut- und Leberwurst, halb und halb!« Und nun in den Grünkramladen, zu Frau Kletsch. »Ein Stück Butter und sechs Pfund Kartoffeln. Einen schönen Gruß, und die letzten waren erfroren!« Und dann nach Hause! Mit Brot, Petroleum, Wurst, Butter und Kartoffeln! Der Atem quoll weiß aus dem Mund, wie der Rauch eines Elbdampfers. Das warme Vierpfundbrot unterm Arm kam ins Rutschen. In der Tasche klimperte das Geld. In der Kanne schaukelte das Petroleum. Das Netz mit den Kartoffeln schlug gegen das Knie. Die quietschende Haustür. Die Treppe, drei Stufen auf einmal. Die Klingel im dritten Stock, und zum Klingeln keine Hand frei. Mit dem Schuh gegen die Tür. Sie öffnet sich. »Kannst du denn nicht klingeln?« »Nein, Muttchen, womit denn?« Sie lacht. »Hast du auch nichts vergessen?« »Na, erlaube mal!« »Treten Sie näher, junger Mann!« Und dann gab's, am Küchentisch, eine Tasse Malzkaffee, mit Karlsbader Feigenzusatz, und den warmen Brotkanten, das ›Ränftchen‹, mit frischer Butter. Und der gepackte Schulranzen stand im Flur und trat ungeduldig von einem Bein aufs andre.

»Seitdem sind mehr als fünfzig Jahre vergangen«, erklärt nüchtern der Kalender, dieser hornalte, kahle Buchhalter im Büro der Geschichte, der die Zeitrechnung kontrolliert und, mit Tinte und Lineal, die Schaltjahre blau und jeden Jahrhundertbeginn rot unterstreicht. »Nein!« ruft die Erinnerung und schüttelt die Locken. »Es war gestern!« und lächelnd fügt sie, leise, hinzu: »Oder allerhöchstens vorgestern.« Wer hat unrecht?

Beide haben recht. Es gibt zweierlei Zeit. Die eine kann man mit der Elle messen, mit der Bussole und dem Sextanten. Wie man Straßen und Grundstücke ausmißt. Unsere Erinnerung aber, die andere Zeitrechnung, hat mit Meter und Monat, mit Jahrzehnt und Hektar nichts zu schaffen. Alt ist, was man vergessen hat. Und das Unvergeßliche war gestern. Der Maßstab ist nicht die Uhr, sondern der Wert. Und das Wertvollste, ob lustig oder traurig, ist die Kindheit. Vergeßt das Unvergeßliche nicht! Diesen Rat kann man, glaub ich, nicht früh genug geben.

Damit ist die Einleitung zu Ende. Und auf der nächsten Seite beginnt das erste Kapitel. Das gehört sich so. Denn auch wenn der Satz ›Kein Buch ohne Vorwort‹ eine gewisse Berechtigung haben sollte, – seine Umkehrung stimmt erst recht. Sie lautet:

Kein Vorwort ohne Buch

Das erste Kapitel
Die Kästners und die Augustins

Wer von sich selber zu erzählen beginnt, beginnt meist mit ganz anderen Leuten. Mit Menschen, die er nie gesehen hat und nie gesehen haben kann. Mit Menschen, die er nie getroffen hat und niemals treffen wird. Mit Menschen, die längst tot sind und von denen er fast gar nichts weiß. Wer von sich selber zu erzählen beginnt, beginnt meist mit seinen Vorfahren.

Das ist begreiflich. Denn ohne die Vorfahren wäre man im Ozeane der Zeit, wie ein Schiffbrüchiger auf einer winzigen und unbewohnten Insel, ganz allein. Mutterseelenallein. Großmutterseelenallein. Urgroßmutterseelenallein. Durch unsere Vorfahren sind wir mit der Vergangenheit verwandt und seit Jahrhunderten verschwistert und verschwägert. Und eines Tages werden wir selber Vorfahren geworden sein. Für Menschen, die heute noch nicht geboren und trotzdem schon mit uns verwandt sind.

Die Chinesen errichteten, in früheren Zeiten, ihren Ahnen Hausaltäre, knieten davor nieder und besannen sich auf die Zusammenhänge. Der Kaiser und der Mandarin, der Kaufmann und der Kuli, jeder besann sich darauf, daß er nicht nur der Kaiser oder ein Kuli, sondern auch das einzelne Glied einer unzerreißbaren Kette war und, sogar nach seinem Tode, bleiben würde. Mochte die Kette nun aus Gold, aus Perlen oder nur aus Glas, mochten die Ahnen Söhne des Himmels, Ritter oder nur Torhüter sein, – allein war keiner. So stolz oder so arm war niemand.

Doch wir wollen nicht feierlich werden. Wir sind, ob es uns gefällt oder nicht, keine Chinesen. Drum will ich meinen Vorfahren auch keinen Hausaltar bauen, sondern nur ein klein wenig von ihnen erzählen.

Von den Vorfahren meines Vaters ›nur ein klein wenig‹ zu erzählen, macht nicht die geringsten Schwierigkeiten. Denn ich weiß nichts über sie. Fast nichts. Ihr Hochzeitstag und ihr Sterbejahr, ihre Namen und Geburtsdaten wurden von protestantischen Pfarrern gewissenhaft in sächsischen Kirchenbüchern eingetragen. Die Männer waren Handwerker, hatten viele Kinder und überlebten ihre Frauen, die meist bei der Geburt eines Kindes starben. Und viele der Neugeborenen starben mit ihren Müttern. Das war nicht nur bei den Kästners so, sondern in ganz Europa und Amerika. Und es besserte sich erst, als Doktor Ignaz Philipp Semmelweis das Kindbettfieber ausrottete. Das geschah vor etwa hundert Jahren. Man hat Doktor Semmelweis den ›Retter der Mütter‹ genannt und vor lauter Bewunderung vergessen, ihm Denkmäler zu errichten. Doch das gehört nicht hierher.

Meines Vaters Vater, Christian Gottlieb Kästner, lebte als Tischlermeister in Penig, einer sächsischen Kleinstadt an einem Flüßchen, das die Mulde heißt, und hatte mit seiner Frau Laura, einer geborenen Eidam, elf Kinder, von denen fünf starben, ehe sie laufen gelernt hatten. Zwei seiner Söhne wurden, wie der Vater, Tischler. Ein anderer, mein Onkel Karl, wurde Hufschmied. Und Emil Kästner, mein Vater, erlernte das Sattler- und Tapeziererhandwerk.

Vielleicht haben sie und ihre Vorväter mir die handwerkliche Sorgfalt vererbt, mit der ich meinem Beruf nachgehe. Vielleicht verdanke ich mein – im Laufe der Zeit freilich eingerostetes – turnerisches Talent dem Onkel Hermann, der noch mit fünfundsiebzig Jahren im Peniger Turnverein die Altherrenriege anführte. Ganz sicher aber haben mir die Kästners eine Familieneigenschaft in die Wiege gelegt, die alle meine Freunde immer wieder verwundert und oft genug ärgert: die echte und unbelehrbare Abneigung vorm Reisen.

Wir Kästners sind auf die weite Welt nicht sonderlich neugierig. Wir leiden nicht am Fernweh, sondern am Heimweh. Warum sollten wir in den Schwarzwald oder auf den Gaurisankar oder zum Trafalgar Square? Die Kastanie vorm Haus, der Dresdner Wolfshügel und der Altmarkt tun es auch. Wenn wir unser Bett und die Fenster in der Wohnstube mitnehmen könnten, dann ließe sich vielleicht darüber reden! Aber in die Fremde ziehen und das Zuhause daheimlassen? Nein, so hoch kann kein Berg und so geheimnisvoll kann keine Oase sein, so abenteuerlich kein Hafen und so laut kein Niagarafall, daß wir meinen, wir müßten sie kennenlernen! Es ginge noch, wenn wir daheim einschliefen und in Buenos Aires aufwachten! Das Dortsein wäre vorübergehend zu ertragen, aber das Hinkommen? Niemals! Wir sind, fürchte ich, Hausfreunde der Gewohnheit und der Bequemlichkeit. Und wir haben, neben diesen zweifelhaften Eigenschaften, eine Tugend: Wir sind unfähig, uns zu langweilen. Ein Marienkäfer an der Fensterscheibe beschäftigt uns vollauf. Es muß kein Löwe in der Wüste sein.

Trotzdem sind meine Herren Vorväter und noch mein Vater, wenigstens einmal im Leben, gereist. Auf Schusters Rappen. Als Handwerksburschen. Mit dem Gesellenbrief in der Tasche. Doch sie taten's nicht freiwillig. Die Zünfte und Innungen verlangten es. Wer nicht in anderen Städten und bei fremden Meistern gearbeitet hatte, durfte selber nicht Meister werden. Man mußte in der Fremde Geselle gewesen sein, wenn man daheim Meister werden wollte. Und das wollten die Kästners unbedingt, ob sie nun Tischler, Schmied, Schneider, Ofensetzer oder Sattler waren! Diese Wanderschaft blieb zumeist ihre erste und letzte Reise. Wenn sie Meister geworden waren, reisten sie nicht mehr.

Als mein Vater im verflossenen August vor meiner Münchner Wohnung aus einem Dresdner Auto kletterte – ein bißchen ächzend und müde, denn er ist immerhin neunzig Jahre alt –, war er nur gekommen, um festzustellen, wie ich wohne, und um aus meinem Fenster ins Grüne zu sehen. Ohne die Sorge um mich hätten ihn nicht zehn Pferde von seinem Dresdner Fenster fortgebracht. Auch dort blickt er ins Grüne. Auch dort gibt es Kohlmeisen, Buchfinken, Amseln und Elstern. Und viel mehr Sperlinge als in Bayern! Wozu also, wenn nicht meinetwegen, hätte er reisen sollen?

Ich selber bin ein bißchen mehr in der Welt herumgekommen als er und unsere Vorfahren. Ich war schon in Kopenhagen und Stockholm, in Moskau und Petersburg, in Paris und London, in Wien und Genf, in Edinburgh und Nizza, in Prag und Venedig, in Dublin und Amsterdam, in Radebeul und Lugano, in Belfast und in Garmisch-Partenkirchen. Aber ich reise nicht gern. Nur, man muß wohl auch in meinem Beruf unterwegs gewesen sein, wenn man daheim, eines schönen Tages vielleicht, Meister werden will. Und Meister werden, das möchte ich schon sehr gerne. Doch das gehört nicht hierher.

Ida Amalia Kästner, meine Mutter, stammt aus einer sächsischen Familie namens Augustin. Im 16. Jahrhundert hießen diese meine Vorfahren noch Augsten und Augstin und Augusten. Und erst um 1650 taucht der Name Augustin in den Kirchenbüchern und den Jahresrechnungen der Stadtkämmerei Döbeln auf.

Woher ich das weiß? Es gibt eine ›Chronik der Familie Augustin‹. Sie reicht bis ins Jahr 1568 zurück. Das war ein interessantes Jahr! Damals sperrte Elisabeth von England die Schottenkönigin Maria Stuart ins Gefängnis, und König Philipp von Spanien tat dasselbe mit seinem Sohn Don Carlos. Herzog Alba ließ in Brüssel die Grafen Egmont und Horn hinrichten. Pieter Brueghel malte sein Bild ›Die Bauernhochzeit‹. Und mein Vorfahre Hans Augustin wurde vom Stadtkämmerer in Döbeln mit einer Geldstrafe belegt, weil er zu kleine Brote gebacken hatte. Nur wegen dieser Geldstrafe geriet er in die Jahresrechnungen der Stadt und mithin neben Maria Stuart, Don Carlos, Graf Egmont und Pieter Brueghel ins Buch der Geschichte. Wäre er damals nicht erwischt worden, wüßten wir nichts von ihm. Mindestens bis zum Jahre 1577. Denn da wurde er wieder wegen zu klein geratener Brote und Semmeln erwischt, bestraft und eingetragen! Desgleichen 1578, 1580, 1587 und, zum letzten Mal, im Jahre 1605. Man muß also zu kleine Brötchen backen und sich dabei erwischen lassen, wenn man berühmt werden will! Oder, im Gegenteil, zu große! Doch das hat noch keiner getan. Jedenfalls habe ich nichts dergleichen gehört und gelesen.

Sein Sohn, Caspar Augustin, heißt in meiner Chronik Caspar I. Auch er war Bäcker und wird in den Annalen Döbelns dreimal erwähnt: 1613, 1621 und 1629. Und warum? Ihr ahnt es schon. Auch Caspar I. buk zu kleine Brötchen! Ja, die Augustins waren ein verwegenes Geschlecht! Aber es half ihnen nicht recht weiter. Obwohl sie Scheunen, Gärten und Wiesen kauften, Hopfen bauten und nicht nur Brot buken, sondern auch Bier brauten. Erst fiel die Pest über die Stadt her und raffte die halbe Familie hin. 1636 plünderten die Kroaten und 1645 die Schweden die kleine sächsische Stadt. Denn es herrschte ja der Dreißigjährige Krieg, und die Soldaten schlachteten das Vieh, verfütterten die Ernte, luden die Betten und das Kupfergeschirr auf Caspar Augustins Pferdewagen, verbrannten, was sie nicht mitnehmen konnten, fuhren mit der Beute davon und freuten sich diebisch auf das nächste Städtchen.

Der Sohn Caspar Augustins hieß gleichfalls Caspar. Die Chronik nennt ihn deshalb Caspar II. Auch er war Bäcker, regierte die Familie bis zum Jahre 1652 und ärgerte sich zu Tode. Denn sein Bruder Johann, der in Danzig lebte, kam nach Kriegsende angereist und verlangte sein Erbteil, das ja doch die Schweden mitgenommen hatten! Er forderte, weil er während des Krieges nicht hatte reisen wollen, sogar beträchtliche Zinsen! Es kam zu einem Prozeß, der mit einem Vergleich endete. Der Vergleich wurde vom Stadtkämmerer fein säuberlich aufgeschrieben, und damit gerieten meine Vorfahren wieder ins Buch der Geschichte. Diesmal nicht mit zu kleinen Brötchen, sondern mit einem Familienstreit. Nun, auch ein Bruderzwist kann sich sehen lassen!

Allmählich merke ich, daß ich mich werde kürzer fassen müssen, wenn ich beizeiten zum eigentlichen Gegenstande dieses Buches gelangen will: zu mir selber. Ich fasse mich also kurz. Was gäbe es auch groß zu berichten? Die Augustins rappelten sich wieder hoch, und jeder – ob nun Wolfgang Augustin oder Johann Georg I., Johann Georg II. oder Johann Georg III. –, ein jeder von ihnen wurde Bäckermeister. 1730 brannte die Stadt ab. Im Siebenjährigen Krieg, als es Döbeln wieder besser erging, kamen die Preußen. Die Stadt wurde eines ihrer Winterquartiere. Denn damals hatte der Krieg im Winter Große Ferien. Das konnte selbst Friedrich der Große nicht ändern.

Die Regimenter machten es sich also bequem und vernichteten die feindlichen Städte und Dörfer, statt mit Pulver und Blei, mit ihrem Appetit. Als man sich wieder erholt hatte, kam Napoleon mit seiner Großen Armee, und als er in der Völkerschlacht bei Leipzig geschlagen wurde, waren auch die Augustins wieder einmal am Ende. Denn erstens liegt Döbeln in Leipzigs Nähe. Und zweitens war der König von Sachsen mit Napoleon verbündet gewesen. Er gehörte zu den Verlierern. Und das spürten seine Untertanen, auch die in Döbeln, mehr als er selber.

Doch die Augustins ließen nicht locker. Wieder brachten sie es zu einigem Wohlstand. Wieder als Bäcker, und wieder mit der Genehmigung, Bier zu brauen und zu verkaufen. Dreihundert Jahre waren sie nun schon Bäcker. Trotz Pest und Brand und Kriegen. Da vollzog sich, im Jahre 1847, die große, entscheidende Wendung: Der Bäckermeister Johann Carl Friedrich Augustin eröffnete ein Fuhrgeschäft! Seit diesem historischen Datum haben die Vorfahren meiner Mutter mit Pferden zu tun. Und es ist nicht ihre Schuld, daß das Pferd, dieses herrliche Tier, im Aussterben begriffen ist, und mit dem Pferd der Beruf des Fuhrwerksbesitzers und des Pferdehändlers.

Das dritte Kind Johann Friedrich Augustins wurde Carl Friedrich Louis getauft. Er wurde später, in Kleinpelsen bei Döbeln, Schmied und Pferdehändler. Und Pferdehändler wurden sieben seiner Söhne. Zwei davon brachten es zum Millionär. Mit dem Pferdehandel läßt sich mehr verdienen als mit Brot und Semmeln, selbst wenn sie zu klein geraten. Dazu kommt, daß man Pferde, auch wenn man sie kauft und verkauft und an ihnen verdient, lieben kann. Bei Brötchen ist das viel, viel schwieriger. Endlich hatten die Augustins ihren wahren Beruf entdeckt!

Der Schmied aus Kleinpelsen wurde mein Großvater. Seine mit Pferden handelnden Söhne wurden meine Onkels. Und seine Tochter Ida Amalia ist meine Mutter. Doch sie gehört nicht hierher. Denn meine Mutter ist ein ganz, ganz andres Kapitel.

Das zweite Kapitel
Die kleine Ida und ihre Brüder

Meine Mutter kam am 9. April 1871 im Dorfe Kleinpelsen zur Welt. Und auch damals gab es, wie so oft im Leben, gerade Krieg. Deshalb wurde ihr Geburtsort auch nicht halb so berühmt wie im gleichen Jahre Wilhelmshöhe bei Kassel, wo Napoleon III., der Kaiser der Franzosen, interniert, oder wie Versailles bei Paris, wo König Wilhelm von Preußen zum deutschen Kaiser ernannt wurde.

Der französische Kaiser wurde in einem deutschen Schloß eingesperrt, und der deutsche Kaiser wurde in einem französischen Schlosse proklamiert. Umgekehrt wär's eigentlich viel einfacher und wesentlich billiger gewesen! Aber die Weltgeschichte kann ja nicht genug kosten! Wenn ein Kolonialwarenhändler in seinem kleinen Laden so viele Dummheiten und Fehler machte wie die Staatsmänner und Generäle in ihren großen Ländern, wäre er in spätestens vier Wochen bankrott. Und er käme ganz und gar nicht ins goldne Buch der Geschichte, sondern ins Kittchen. Doch das gehört, schon wieder einmal, nicht hierher.

Die kleine Ida Augustin, meine zukünftige Mama, verbrachte ihre Kindheit in einem Bauernhaus. Zu diesem Hause gehörte mancherlei: eine Scheune, ein Vorgärtchen, mit Stiefmütterchen und Astern, ein Dutzend Geschwister, ein Hof mit Hühnern, ein alter Obstgarten mit Kirsch- und Pflaumenbäumen, ein Pferdestall, viel Arbeit und ein langer Schulweg. Denn die Schule lag in einem Nachbardorf. Und sehr viel gab's in der Schule im Nachbardorfe nicht zu lernen. Denn sie hatte nur einen einzigen Lehrer und nur zwei Klassen. In der einen Klasse saßen die Kinder vom siebenten bis zum zehnten, in der andern vom elften Lebensjahre bis zur Konfirmation. Da war außer Lesen, Schreiben und Rechnen nichts zu holen, und für die gescheiten Kinder war es schrecklich langweilig! Vier Jahre in ein und derselben Klasse, – es war zum Auswachsen!

Im Sommer war es damals heißer als heutzutage, und im Winter kälter. Woran das gelegen hat, weiß ich nicht. Es gibt Leute, die behaupten, sie wüßten es. Aber ich habe sie im Verdacht, daß sie renommieren.

Im Winter lag der Schnee mitunter so hoch, daß die Haustür nicht aufging! Dann mußten die Kinder durchs Fenster klettern, wenn sie in die Schule wollten. Oder weil mein Großvater meinte, sie sollten wollen! Wenn sich die Tür, trotz des Schnees, öffnen ließ, mußte man mit Schaufeln erst einen Tunnel graben, durch den die Kinder dann ins Freie krochen! Das war zwar ganz lustig, aber die Lustigkeit dauerte nicht lange. Denn der Wind pfiff eisig über die Felder. Man versank im Schnee bis zu den Hüften. Man fror an den Fingern und Zehen und Ohren, daß einem die Tränen in die Augen schossen. Und wenn man schließlich pitschnaß, halb erfroren und zu spät in der Schule ankam, gab es nicht einmal etwas Rechtes und Interessantes zu lernen!

Das alles verdroß die kleine Ida nicht. Sie kletterte aus dem Fenster. Sie kroch durch den Schneetunnel. Sie fror und weinte auf dem Schulweg vor sich hin. Es machte ihr wenig aus. Denn sie war wissensdurstig und wissenshungrig. Sie wollte alles lernen, was der alte Lehrer selber wußte. Und wußte er auch nicht sehr viel, so wußte er doch immer noch etwas mehr als die kleine Ida!

Ihre älteren Brüder – vor allem der Franz, der Robert und der Paul – hatten von der Schule und vom Lernen eine durchaus andre Auffassung. Sie hielten das Herumsitzen im Klassenzimmer für verlorene Zeit. Das bißchen Lesen und Schreiben, das sie später brauchen würden, war rasch gelernt. Und Rechnen? Ich glaube, rechnen konnten die drei Jungen schon in der Wiege, und bevor sie die Worte ›Mutter‹ und ›Vater‹ aussprechen konnten. Das Rechnenkönnen war ihnen angeboren. Wie das Atmen und Hören und Sehen.

Aus diesen Gründen diente ihnen der Schulweg zwar dazu, um von zu Hause wegzukommen, aber sie kamen, oft genug, sonstwo an, nur nicht in der Schule! Wo trieben sich die

Bürschchen herum, und was stellten sie an? Spielten sie auf einer abgelegenen Wiese Ball? Warfen sie Fensterscheiben ein? Ärgerten sie einen bissigen Hofhund, der an der Kette zerrte? Dergleichen ließ sich natürlich nicht immer vermeiden. Aber in der Hauptsache taten sie, statt in der Dorfschule zu hocken, eines: Sie handelten mit Kaninchen!

Selbstverständlich hätten sie schon damals lieber mit Pferden gehandelt! Aber Pferde sind anspruchsvolle Tiere und viel zu groß, als daß man sie in Holzkisten verstecken könnte! Außerdem: Kaninchen vermehren sich bekanntlich ›wie die Kaninchen‹. In einem fort kriegen sie Junge. Man braucht nur ein paar Rüben, Möhren und Salatköpfe zu finden, damit die lieben Tierchen satt werden und für prächtigen Nachwuchs sorgen.

Nun, die drei Brüder fanden das nötige Futter. Ich vermute, daß sie es nicht einmal bezahlten. Wer billig einkauft, kann billig verkaufen. Das Geschäft blühte. Die Gebrüder Augustin versorgten Kleinpelsen und Umgebung so lange und so reichlich mit Kaninchen, bis der Ruhm der Firma das Ohr meines Großvaters erreichte. Er war nicht entfernt so stolz auf seine Söhne, wie man hätte glauben sollen. Da sie, als er sie zur Rede stellte, stumm blieben, auch nachdem er sie verprügelt hatte, bis ihm beide Arme wehtaten, knöpfte er sich die kleine Ida vor. Sie erzählte ihm, was sie wußte. Und sie wußte allerlei.

Dem Robert, dem Franz und dem Paul gefiel das ganz und gar nicht. Deshalb unterhielten sie sich anschließend in aller Stille mit der Schwester, und sie hatte nach dieser Unterhaltung noch sehr lange blaue Flecke, die erst grün und dann gelb wurden, bevor sie schließlich wieder verschwanden.

Im Grunde war, abgesehen von den blauen Flecken, die Unterhaltung ergebnislos verlaufen. Fast wie eine internationale Konferenz. Die Schwester hatte erklärt, der Vater habe die Wahrheit wissen wollen, und die Wahrheit müsse man unter allen Umständen sagen. Das lerne man daheim und in der Schule. Doch die drei Brüder waren viel zu selten daheim und in der Schule gewesen, um diese Ansicht zu teilen. Sie sagten, Ida habe geklatscht. Sie sei kein guter Kamerad und keine ordentliche Schwester. Und sie solle sich schämen. Wer recht hatte, ist schwer zu entscheiden, und der Streit darüber ist älter als sämtliche Augustins. Er ist so alt wie die Welt! Darf man, den Brüdern zuliebe, die Eltern belügen? Oder muß man, den Eltern zuliebe, die Geschwister anschwärzen?

Hätte mein Großvater auf seine Lausejungen besser aufgepaßt, so hätte er die kleine Ida nicht ausfragen müssen. Aber er war oft unterwegs, um ein Pferd zu kaufen oder zu verkaufen. War das sein Fehler?

Wären die drei Lausejungen brave, musterhafte Knaben gewesen, so hätte die kleine Ida sie nicht verklatschen müssen. Aber der Geschäftsgeist steckte ihnen im Blut. Der Vater handelte mit Pferden. Sie handelten, statt in die Schule zu gehen, mit Kaninchen. War das ihr Fehler?

Der einzige Mensch, der sich Gewissensbisse machte, war die kleine Ida! Und warum? Sie ging brav zur Schule. Sie half wie ein Heinzelmännchen im Haushalt, kümmerte sich um ihre kleineren Geschwister und sagte, als man danach fragte, die Wahrheit. War das ein Fehler?

Liebe Kinder, lest über diese Zeilen nicht hinweg! Worum es sich dreht, ist vielleicht nicht so interessant wie der deutsch-französische Krieg 1870/71 oder wie unerlaubter Kaninchenhandel, aber es ist wichtiger als beides zusammen! Deshalb wiederhole ich die drei Punkte noch einmal!

Erstens: Ein Vater hat für seine Familie, um genug Geld für sie zu verdienen, zu wenig Zeit, erwischt und verprügelt drei seiner zwölf Kinder, und damit ist für ihn alles wieder in bester Ordnung. Zweitens: Drei Jungens schwänzen die Schule, werden vom Vater verprügelt, verhauen eine Schwester, und damit ist für sie alles wieder in Ordnung. Und drittens: Ein kleines kreuzbraves Mädchen, das die Eltern und die Geschwister gernhat, soll die Wahrheit sagen und sagt sie. Und damit gerät für sie alles in Unordnung!

Das war so, und das ist schlimm. Meine Mutter hat ihr Leben lang – und sie ist achtzig Jahre alt geworden – darunter gelitten, daß sie, damals als kleine Ida, die Wahrheit gesagt hatte!

War es nicht Verrat gewesen? Hätte sie lügen sollen? Warum hatte sich der Vater gerade an sie gewendet? Fragen über Fragen! Und keine gescheite Antwort drauf!

Sehr, sehr viel später, als aus dem kleinen Kaninchenzüchter Franz längst der steinreiche Pferdehändler Augustin samt Villa, Auto und Chauffeur geworden war, sollte sich zeigen, daß er das Damals keineswegs vergessen hatte. Ebenso wenig wie meine Mutter. Und wenn wir ihn zu Weihnachten besuchten und friedlich unterm Christbaum saßen, bei Glühwein und Dresdner Rosinenstollen ... Doch das gehört noch nicht hierher.

Das Leben in Kleinpelsen ging seinen Gang. Die Mutter meiner Mutter starb. Eine Stiefmutter kam ins Haus, schenkte dem Schmied und Pferdehändler Carl Friedrich Louis Augustin drei Kinder und liebte die Kinder aus der ersten Ehe genau so innig wie die eignen. Sie war eine gütige noble Frau. Ich habe sie noch gekannt. Ihre Tochter Alma, die Stiefschwester meiner Mutter, hatte, als ich ein kleiner Junge war, in Döbeln, in der Bahnhofstraße, ein Zigarrengeschäft.

So oft die Klingel an der Ladentür scheppterte, stand die alte, weißhaarige Frau aus ihrem Lehnstuhl auf, ging hochaufgerichtet in den Laden und bediente die Kundschaft. Ein Päckchen Rauchtabak, Bremer Krullschnitt. Fünf Zigarren à zehn. Eine Rolle Kautabak. Zehn Zigaretten, eine zum Sofortrauchen. Der Laden duftete herrlich. Und die alte Frau, neben der ich hinterm Ladentisch stand, war eine Dame. So hätte es ausgesehen, wenn die Kaiserin Maria Theresia in Döbeln Kautabak verkauft hätte! Doch das gehört nicht hierher.

Wir sind ja noch in Kleinpelsen! Die älteren Schwestern und Brüder der kleinen Ida, die mittlerweile auch älter wurde, waren aus der Schule gekommen. Und aus dem Elternhaus. Lina und Emma gingen, wie man das nannte, ›in Stellung‹. Sie wurden Dienstmädchen. Sie wurden sehr tüchtige Dienstmädchen. Denn das Arbeiten hatten sie ja daheim gründlich studiert.

Und die Brüder, der entlarvte Geheimbund der Kaninchenhändler? Was lernten denn diese Brüder? Den Pferdehandel? Dazu hätte zweierlei gehört: Der sogenannte Pferdeverstand und das sogenannte Kapital. Nun, den Pferdeverstand, den hatten sie! Sie waren im Pferdestall aufgewachsen wie andre Kinder im Kindergarten oder im Kirchenchor. Aber das Geld, das sie gebraucht hätten, das hatte ihr Vater, mein Großvater, nicht. Wenn er ein Pferd kaufte oder verkaufte, war das für ihn und seine Familie eine große Sache. Und wenn ein Pferd im Stall die Druse hatte oder an Kolik einging, war es eine Katastrophe!

Wenn man meinem Großvater damals erzählt hätte, daß seine Söhne Robert und Franz, eines Tages, auf einer einzigen Reise zu den großen europäischen Pferdemärkten in Holstein, Dänemark, Holland und Belgien hundert, ja zweihundert Pferde kaufen würden! Daß ganze Güterzüge voller stampfender Pferde nach Dresden und Döbeln rollen würden, in die Stallungen der berühmten Firmen Augustin! Daß sich die Kommandeure der Kavallerieregimenter und die Generaldirektoren der Brauereien gegenseitig auf die Zehen treten würden, wenn der Robert in Döbeln und der Franz in Dresden ihre frischen Pferde mustern ließen!

Wenn man das meinem Großvater damals erzählt hätte, dann hätte er, trotz seinem beginnenden Asthma, laut gelacht. Er hätte kein Wort geglaubt. Er hätte allerdings auch nicht geglaubt, daß ihn diese selben Söhne, als sie schon wohlhabend waren und er selber arm und sterbenskrank, nahezu vergessen würden. Doch das gehört nicht hierher. Noch nicht.

Er ließ sie das Fleischerhandwerk erlernen, und ihnen war es recht. Die Ahnen waren dreihundert Jahre lang Bäcker gewesen. Die Enkel wurden Fleischer. Warum auch nicht? Ochsen und Schweine sind zwar keine Pferde, aber vierbeinige Tiere sind es immerhin. Und wenn man lange genug Schweine, Hammel und Ochsen totgeschlagen und daraus Koteletts und Leberwurst gemacht hat, kann man sich eines Tages vielleicht doch ein Pferd kaufen! Ein richtiges, großes, lebendiges Pferd, und das Stroh und den Hafer dazu!

Und wenn man erst das erste Pferd billig gekauft, gut gefüttert, gestriegelt, gepflegt und günstig weiterverkauft hatte, war es schon leichter, zwei Pferde zu kaufen und, nach sorgfältiger

Wartung, mit Gewinn loszuschlagen. Glück, Geschicklichkeit und Fleiß halfen weiter. Drei Pferde. Vier Pferde. Fünf Pferde. Bei fremden Leuten im Stall. Dann in irgendeinem Hinterhof der erste eigne Stall! Eigne Boxen, eigne Futterkisten, eignes Zaumzeug!

Und noch immer die Fleischerei! Morgens um fünf Uhr auf den Schlachthof, in die Kühlhalle, dann ins Schlachthaus, frische Wurst und Würstchen machen, Schweinefleisch ins Pökelfaß legen, dann mit blütenweißer Schürze und gezogenem Pomadescheitel in den Laden, den Kundinnen zulächeln und beim Fleischwiegen den Daumen heimlich auf die Waage legen, dann zu den Pferden in den Stall, mit dem Pächter einer Fabrikskantine in die Kneipe, damit man den Lieferungsauftrag kriegt, dann einen Posten Hafer billig einhandeln und ein sechsjähriges Pferd als dreijähriges verkaufen, dann zehn Spieße Knoblauchwurst abfassen, wieder hinter die Ladentafel, an den Hackklotz und, nach Geschäftsschluß, die Tageskasse abrechnen, dann in den Pferdestall, wieder in eine Kneipe, wo man den Fuhrhalter einer Möbeltransportfirma einseifen muß, schließlich ins Bett, noch im Traume rechnend und Pferde kaufend, und morgens um fünf Uhr auf den Schlachthof und in die Kühlhalle. Und so weiter. Jahrelang. Man schuftete sich halbtot. Und der jungen Frau Augustin ging's nicht besser. Mit den Pferden hatte sie nichts zu tun. Dafür stand und lächelte sie von früh bis spät im Fleischerladen und bekam außerdem zwei, drei Kinder.

Eines Tages wurde dann die Fleischerei verkauft oder verpachtet. Und nun ging der Pferdehandel erst richtig los!

Drei Brüder meiner Mutter schafften es auf diese Weise. Die drei Kaninchenhändler! Der Robert, der Franz und auch der Paul. Aber der Paul spezialisierte sich auf Kutsch- und Reitpferde und fuhr selber, vornehm wie ein Graf, im Dogcart einspännig durch die Dresdner Straßen. Robert und Franz waren robuster und brachten es noch viel weiter als er.

Die anderen Brüder – der Bruno, der Reinhold, der Arno und der Hugo – versuchten dasselbe. Auch sie begannen als Fleischer und brachten es bis zu zwei, drei Pferden. Doch dann verließ sie das Glück. Oder die Kraft. Oder der Mut. Sie schafften es nicht.

Reinhold starb in den besten Jahren. Arno wurde Gastwirt. Bruno half seinem Bruder Franz als Geschäftsführer. Ein Pferd zerschlug ihm den Unterkiefer, ein anderes ein Bein. So hinkte er durch die Ställe, ließ sich vom Bruder und Chef anbrüllen und brüllte seinerseits die Knechte an. Und Hugo, mein Lieblingsonkel, blieb, nach mehreren verlustreichen Ausflügen ins Land der Pferde, bis ans Lebensende Fleischermeister.

Seine Söhne sind Fleischermeister. Seine Töchter haben Fleischer geheiratet. Seine Enkel sind Fleischermeister. Alle lieben sie die Pferde. Aber die Pferde sind im Aussterben begriffen, und so nützt den Augustins ihr Pferdeverstand nichts mehr. Mit dem Nachfolger des Pferdes, dem Automobil, möchten sie keinen Handel treiben. Denn Autos sind nichts Lebendiges. Sie tun nur so.

Mein Neffe Manfred versuchte, als ganz junger Bursche, etwas Neues. Er wurde Berufsringer! Auch als Ringkämpfer hat man es schließlich mit Lebendigem zu tun. Wenn auch weder mit Ochsen, noch gar mit Pferden, doch immerhin mit Lebewesen. Aber das Geschäft gefiel ihm auf die Dauer nicht recht. Dabei war er gar kein übler Ringer! Ich habe ihm mehrere Male im Münchener Zirkus Krone zugesehen. Den Zuschauern, besonders den Zuschauerinnen, sagte er sehr zu. Auch wenn er, durch Würgegriff oder Beinschere, den einen oder anderen Kampf aufgeben mußte.

Es ist doch wohl leichter, ein halbes Kalb aus dem Schlachthaus über den Hof in den Laden zu tragen, als den ›Stier der Pampas‹ mit seinen drei Zentnern auf die Matte zu legen, wenn man selber knapp zweihundert Pfund wiegt!

Jedenfalls, nun ist auch der Manfred diplomierter Fleischermeister geworden. Auch er! Wenn ich einmal sehr viel Zeit haben sollte, werde ich nachzählen, wieviele Fleischer ich in der Familie habe. Es sind Dutzende! Und ob nun Schmied, Pferdehändler oder Fleischer, – ein einziger von ihnen allen ist Schriftsteller geworden: der kleine Erich, das einzige Kind der kleinen Ida …

Und sie wundern sich alle ein wenig und immer wieder von neuem, wenn wir einander treffen und beisammensitzen. Und ich wundre mich auch ein bißchen. Nicht über sie. Eher über mich. Denn wenn ich auch von grober Mettwurst und Kalbsnierenbraten etwas mehr verstehe als die durchschnittlichen Nichtfleischermeister und sogar einigen Pferdeverstand besitze, so komme ich mir doch immer wie ein Stief-Augustin vor.

Andrerseits, hat nicht auch das Bücherschreiben mit dem Lebendigen zu tun? Und sogar damit, daß man aus dem Leben einen Beruf macht und es zu Gulasch und Rollschinken verarbeitet? Doch das, geschätzte Leser, gehört nun wirklich nicht hierher!

Das dritte Kapitel
Meine zukünftigen Eltern lernen sich endlich kennen

Als die kleine Ida ein junges hübsches Mädchen von sechzehn Jahren geworden war, ging auch sie ›in Stellung‹. Ihre jüngeren Schwestern, Martha und Alma, waren jetzt groß genug, um der Mutter zur Hand zu gehen. Das Haus wirkte, mit früheren Zeiten verglichen, fast leer. Ida ließ die Eltern und nur fünf Geschwister zurück. Und neue Kindtaufen gab es nicht mehr.

Sie wurde Stubenmädchen. Auf einem Rittergut bei Leisnig. Sie bediente bei Tisch. Sie bügelte die feine Wäsche. Sie half in der Küche. Sie stickte Monogramme in Tisch- und Taschentücher. Es gefiel ihr gut. Und sie gefiel der Herrschaft gut. Bis sie eines Abends dem Rittergutsbesitzer, einem flotten Kavallerieoffizier, allzu gut gefiel! Er wollte zärtlich werden, und da stürzte sie vor Schreck aus dem Hause. Rannte im Finstern durch den unheimlichen Wald und über die Stoppelfelder. Bis sie, tief in der Nacht, weinend bei den Eltern anlangte. Tags darauf holte mein Großvater, mit Pferd und Wagen, den Spankorb der Tochter auf dem Rittergut ab. Der schneidige Offizier ließ sich, zu seinem Glück, nicht blicken.

Nach einiger Zeit fand Ida eine neue Stellung. Diesmal in Döbeln. Bei einer alten gelähmten Dame. Sie diente ihr als Vorleserin, Gesellschafterin und Krankenpflegerin. Kavallerieoffiziere, denen sie zu gut hätte gefallen können, waren nicht in der Nähe.

Dafür aber die älteren Schwestern Lina und Emma! Sie hatten inzwischen geheiratet und wohnten in Döbeln. Beide im gleichen Haus: in der Niedermühle. Das war eine richtige Mühle mit einem großen Wasserrad und hölzernen Wehrgängen. Und der Müller mahlte aus dem Weizen und Roggen, den ihm die Bauern brachten, weißes Mehl, das sie dann, in Zentnersäcken, abholten und den Bäckern und Krämern der Gegend verkauften.

Meine Tante Lina hatte einen Vetter geheiratet, der ein Fuhrgeschäft betrieb, und so hieß sie auch nach der Hochzeit, genau wie vorher, Augustin. Tante Emma, die ein Stockwerk höher wohnte, hieß jetzt Emma Hanns, und ihr Mann handelte mit Obst. Er hatte die endlosen Pflaumen- und Kirschenalleen gepachtet, die, rings um die Stadt, die Dörfer miteinander verbanden. Und wenn sich die Bäume unter der Last der reifen Kirschen und Pflaumen bogen, mietete er viele Männer und Frauen zum Pflücken. Das Obst kam in große Weidenkörbe und wurde auf dem Döbelner Wochenmarkt verkauft.

In manchen Jahren war die Ernte gut. In anderen Jahren war sie schlecht. Die Hitze, der Regen und der Hagelschlag waren des Onkels Feinde. Und oft genug war der Verkaufserlös kleiner als die Pachtsumme. Dann mußte Onkel Hanns Geld borgen, und einen Teil davon vertrank er vor Kummer in den Wirtshäusern.

In solchen Stunden stieg Tante Emma zu Tante Lina hinunter, um ihren Kummer zu klagen. Weil auch das Fuhrgeschäft nicht sonderlich florierte, klagte Tante Lina ihr eignes Leid. So klagten sie zu zweit. Die kleinen Kinder, die in der Stube herumkrochen, ließen sich das nicht zweimal sagen. Sie weinten im Chor, was das Zeug hielt. Und wenn die Schwester Ida, meine zukünftige Mutter, grad zu Besuch war und das traurige Konzert anhörte, machte sie sich ihre eignen Gedanken. Auch noch auf dem Wege zurück ins Haus der alten gelähmten Dame, der sie bis spät in die Nacht blöde Romane vorlesen mußte. Manchmal schlief sie vor lauter Müdigkeit überm Vorlesen ein und wachte erst wieder, zu Tode erschrocken, auf, wenn die alte Dame wütend mit dem Stock auf den Boden stampfte und die pflichtvergessene Person auszankte!

Was war wohl für ein hübsches, aber armes Mädchen besser? Vor Offizieren davonzulaufen? Gelähmten Damen dumme Bücher vorzulesen und darüber einzuschlafen? Oder sich zu verheiraten und alte Sorgen gegen neue einzutauschen? Hagelwetter gab es überall. Nicht nur dort, wo die Kirschalleen übers Land liefen.

Heutzutage wird ein junges fleißiges Mädchen, wenn das

Geld fürs Studieren nicht reicht, Sekretärin, Empfangsdame, Heilgehilfin, Vertreterin für Eisschränke oder Babykleidung, Bankangestellte, Dolmetscherin, Mannequin, Fotomodell, vielleicht sogar, nach Jahren, Leiterin einer Schuhfiliale oder zeichnungsberechtigte Prokuristin einer Zweigstelle der Commerzbank, – das alles gab es damals noch nicht. Schon gar nicht in einer Kleinstadt. Heute gibt es einhundertfünfundachtzig Frauenberufe, hab ich in der Zeitung gelesen. Damals blieb man ein alterndes Dienstmädchen, oder man heiratete. War es nicht besser, in der eignen Wohnung für den eignen Mann als in einem fremden Haushalt für fremde Leute zu waschen, zu nähen und zu kochen?

Die Schwestern in der Niedermühle berieten hin und her. Sie meinten schließlich, eigne Sorgen seien eben doch ein bißchen weniger schlimm als fremde Sorgen. Und so suchten sie, trotz all ihrem Kummer und Ärger, trotz der Arbeit und des Kindergeschreis, in der freien Zeit, die ihnen übrigblieb, für die Schwester Ida einen Bräutigam!

Und da sie zu zweit und sehr energisch suchten, fanden sie auch bald einen Kandidaten, der ihnen geeignet erschien. Er war vierundzwanzig Jahre alt, arbeitete bei einem Döbelner Sattlermeister, wohnte in der Nachbarschaft zur Untermiete, war fleißig und tüchtig, trank nicht über den Durst, sparte jeden Groschen, weil er sich selbständig machen wollte, stammte aus Penig an der Mulde, suchte eine Werkstatt, einen Laden und eine junge Frau und hieß Emil Kästner.

Tante Lina lud den jungen Mann an einigen Sonntagen zu Kaffee und selbstgebacknem Kuchen in die Niedermühle ein. So lernte er die Schwester Ida kennen, und sie gefiel ihm ausnehmend gut. Ein paar Male führte er sie auch zum Tanz aus. Aber er war kein guter Tänzer, und so ließen sie es bald wieder bleiben. Ihm machte das nichts aus. Er suchte ja keine Tänzerin, sondern eine tüchtige Frau fürs Leben und fürs künftige Geschäft! Und dafür schien ihm die zwanzigjährige Ida Augustin die Richtige zu sein.

Für Ida lag die Sache nicht ganz so einfach. »Ich liebe ihn

doch gar nicht!« sagte sie zu den älteren Schwestern. Lina und Emma hielten von der Liebe, wie sie in Romanen stattfindet, sehr wenig. Ein junges Mädchen verstehe sowieso von der Liebe nichts. Außerdem komme die Liebe mit der Ehe. Und wenn nicht, so sei das auch kein Beinbruch, denn die Ehe bestehe aus Arbeit, Sparen, Kochen und Kinderkriegen. Die Liebe sei höchstens so wichtig wie ein Sonntagshut. Und ohne einen Extrahut für sonntags komme man auch ganz gut durchs Leben!

So wurden Ida Augustin und Emil Kästner am 31. Juli 1892 in der protestantischen Dorfkirche zu Börtewitz getraut. Und im Vaterhaus in Kleinpelsen fand die Hochzeitsfeier statt. Die Eltern und alle Geschwister der Braut und die Eltern und sämtliche Geschwister des Bräutigams waren anwesend. Es ging hoch her. Der Brautvater ließ sich nicht lumpen. Es gab Schweinebraten und Klöße und Wein und selbstgebacknen Streuselkuchen und Quarkkuchen und echten Bohnenkaffee! Und auf das Glück des jungen Paares wurden mehrere Reden gehalten. Man wünschte den beiden viel Erfolg, viel Geld und gesunde Kinder. Man stieß mit den Weingläsern an und war gerührt. Wie das bei solchen Festen üblich ist.

Wenn man sich überlegt, von welchen Zufällen es abhängt, daß man eines Tages in der Wiege liegt, brüllt und ›man selber‹ geworden ist! Wenn der junge Sattler von Penig nicht nach Döbeln gezogen wäre, sondern beispielsweise nach Leipzig oder Chemnitz, oder wenn das Stubenmädchen Ida nicht ihn genommen hätte, sondern, zum Beispiel, einen Klempnermeister Schanze oder einen Buchhalter Pietsch, wäre ich nie auf die Welt gekommen! Dann hätte es nie einen gewissen Erich Kästner gegeben, der jetzt vor seinem Schreibblock sitzt und euch von seiner Kindheit erzählen will! Niemals!

Das täte mir, bei Lichte betrachtet, sehr leid. Andrerseits: Wenn es mich nicht gäbe, könnte es mir eigentlich gar nicht leidtun, daß ich nicht auf der Welt wäre! Nun gibt es mich aber, und ich bin im Grunde ganz froh darüber. Man hat viel Freude davon, daß man lebt. Freilich auch viel Ärger. Aber wenn man nicht lebte, was hätte man dann? Keine Freude. Nicht einmal Ärger. Sondern gar nichts! Überhaupt nichts! Also, dann hab ich schon lieber Ärger.

Das junge Ehepaar eröffnete in der Ritterstraße in Döbeln eine Sattlerei. Ida Kästner, geborene Augustin, ging, wenn es klingelte, in den Laden und verkaufte Portemonnaies, Brieftaschen, Schulranzen, Aktenmappen und Hundeleinen. Emil Kästner saß in der Werkstatt und arbeitete. Am liebsten verfertigte er Sättel, Zaumzeug, Kumte, Satteltaschen, Reitstiefel, Peitschen und überhaupt alles, was aus Leder für Reit-, Kutsch- und Zugpferde gebraucht wurde.

Er war ein vorzüglicher Handwerker. Er war in seinem Fach ein Künstler! Und die neunziger Jahre des vorigen Jahrhunderts waren zudem für einen jungen Sattlermeister außerordentlich günstig. Es herrschte wachsender Wohlstand, und viele reiche Leute hielten sich Pferd und Equipage oder Reitpferde. Die Brauereien, die Fabriken, die Baufirmen, die Möbeltransporteure, die Bauern, die Großkaufleute und die Rittergutsbesitzer, sie alle brauchten Pferde, und alle Pferde brauchten Lederzeug. Und in den kleinen Städten ringsum lagen Kavallerieregimenter in Garnison, in Borna, in Grimma, in Oschatz. Husaren, Ulanen, berittene Artillerie, reitende Jäger! Alle hoch zu Roß, und die Leutnants, die Eskadron- und Schwadronchefs auf Eigentumspferden mit besonders elegantem Sattelzeug! Und überall gab es Pferderennen, Reitturniere und Pferdeausstellungen! Heute gibt es Lastautos, Sportwagen, Panzer, damals gab es Pferde, Pferde, Pferde!

Mein zukünftiger Vater war zwar ein erstklassiger Handwerker, ja ein Lederkünstler, aber ein schlechter Geschäftsmann. Und eines hing mit dem andern eng zusammen. Der Schulranzen, den er mir 1906 machte, war, als ich 1913 konfirmiert wurde, noch genau so neu wie an meinem ersten Schultage. Er wurde dann an irgendein Kind in der Verwandtschaft verschenkt und immer wieder weitervererbt, sobald das jeweilige Kind aus der Schule kam. Ich weiß nicht, wo mein guter alter brauner Ranzen heute steckt. Doch ich würde mich nicht wundern, wenn er nach wie vor auf dem Rücken eines kleinen

Kästners oder Augustins zur Schule ginge! Doch das gehört noch nicht hierher. Wir befinden uns ja erst im Jahre 1892. (Und müssen noch sieben Jahre warten, bis ich auf die Welt komme!)

Jedenfalls, wer Schulranzen macht, die nie kaputtgehen, verdient zwar höchstes Lob, aber es ist für ihn und seine Zunft ein schlechtes Geschäft. Wenn ein Kind drei Ranzen braucht, so ist der Umsatz wesentlich höher, als wenn drei Kinder einen Ranzen brauchen. In dem einen Falle würden drei Kinder neun Ranzen brauchen, im andern Fall einen einzigen. Das ist ein kleiner Unterschied.

Der Sattlermeister Kästner stellte also unverwüstliche Ranzen her, unzerreißbare Mappen und ewige Herren- und Damensättel. Natürlich waren seine Erzeugnisse etwas teurer als anderswo. Denn er verwendete das beste Leder, den besten Filz, den besten Faden und sein bestes Können. Den Kunden gefielen seine Arbeiten weit besser als seine Preise, und mancher ging wieder aus dem Laden hinaus, ohne gekauft zu haben.

Es soll sogar einmal vorgekommen sein, daß ein Husarenrittmeister einen besonders schönen Sattel trotz des hohen Preises kaufen wollte. Aber plötzlich gab mein Vater den Sattel nicht her! Er gefiel ihm selber zu gut! Dabei konnte er nicht reiten und hatte kein Pferd, – ihm war nur eben zumute wie einem Maler, der sein bestes Bild verkaufen soll und lieber hungert, als es fremden Menschen für Geld auszuliefern! Handwerker und Künstler scheinen miteinander verwandt zu sein.

Die Geschichte mit dem Rittmeister hat mir meine Mutter erzählt. Und mein Vater, den ich im vorigen Sommer danach fragte, sagte, es sei kein wahres Wort daran. Aber ich möchte trotzdem wetten, daß die Geschichte stimmt.

Jedenfalls stimmt es, daß er ein zu guter Sattler und ein zu schlechter Geschäftsmann war, um den nötigen Erfolg zu haben. Der Laden ging mäßig. Der Umsatz blieb niedrig. Die Unkosten blieben hoch. Aus kleinen Schulden wurden größere Schulden. Meine Mutter holte ihr Geld von der Sparkasse. Doch auch das half nicht lange.

Im Jahre 1895 verkaufte der achtundzwanzigjährige Sattler Emil Kästner den Laden und die Werkstatt mit Verlust, und die jungen Eheleute überlegten, was sie nun beginnen sollten. Da kam ein Brief aus Dresden! Von einem Verwandten meines Vaters. Alle nannten ihn Onkel Riedel. Er war Zimmermann gewesen, hatte selber lange auf dem Bau gearbeitet und schließlich einen guten Einfall gehabt. Er hatte zwar nicht den Flaschenzug erfunden, wohl aber die nützliche Verwendung des Flaschenzugs beim Häuserbau. Onkel Riedel erfand gewissermaßen den ›Großeinsatz‹ des Flaschenzugs. Er vermietete Flaschenzüge und alle anderen einschlägigen Geräte dutzendweise an kleinere Baufirmen und Bauherren und brachte es damit zu einigem Vermögen.

Was ein Flaschenzug ist, laßt ihr euch am besten von eurem Vater oder einem Lehrer erklären. Zur Not könnte ich's zwar auch, aber es würde mich eine Menge Papier und Nachdenken kosten. Im Grunde handelte es sich darum, daß die Maurer und Zimmerleute nun nicht mehr jeden Ziegelstein und Balken auf Leitern hochschleppen mußten, sondern am Neubau über ein Rollensystem an Seilen hochkurbeln und in der gewünschten Etagenhöhe einschwenken und abladen konnten.

Damit verdiente also mein Onkel Riedel ganz schönes Geld, und er hat mir später manches Zehn- und goldne Zwanzigmarkstück zu Weihnachten und zu meinem Geburtstag geschenkt! Ach ja, der Onkel Riedel mit seinen Flaschenzügen, das war ein netter, würdiger Mann! Und die Tante Riedel auch. Das heißt, die Tante Riedel war kein netter Mann, sondern eine nette Frau. In ihrem Wohnzimmer stand ein großer Porzellanpudel am Ofen. Und einen Schaukelstuhl hatten sie außerdem.

Onkel Riedel schrieb also seinem Neffen Emil, er möge doch nach Dresden, der sächsischen Residenzstadt, ziehen. Mit dem eignen Geschäft und größeren Plänen sei es ja nun wohl für längere Zeit Essig. Es gäbe aber andre Möglichkeiten für tüchtige Sattlermeister. So hätten sich beispielsweise die großen bestickten Reisetaschen und die unförmigen Spankörbe völlig überlebt. Die Zukunft, vielleicht auch die des tüchtigen Neffen Emil, gehöre den Lederkoffern! Es gäbe in Dresden bereits Kofferfabriken!

Und so zogen meine zukünftigen Eltern mit Sack und Pack in die königlich-sächsische Haupt- und Residenzstadt Dresden. In die Stadt, wo ich geboren werden sollte. Aber damit ließ ich mir noch vier Jahre Zeit.

Das vierte Kapitel
Koffer, Leibbinden und blonde Locken

Dresden war eine wunderbare Stadt, voller Kunst und Geschichte und trotzdem kein von sechshundertfünfzigtausend Dresdnern zufällig bewohntes Museum. Die Vergangenheit und die Gegenwart lebten miteinander im Einklang. Eigentlich müßte es heißen: im Zweiklang. Und mit der Landschaft zusammen, mit der Elbe, den Brücken, den Hügelhängen, den Wäldern und mit den Gebirgen am Horizont, ergab sich sogar ein Dreiklang. Geschichte, Kunst und Natur schwebten über Stadt und Tal, vom Meißner Dom bis zum Großsedlitzer Schloßpark, wie ein von seiner eignen Harmonie bezauberter Akkord.

Als ich ein kleiner Junge war und mein Vater, an einem hellen Sommerabend, mit mir zum Waldschlößchen spazierte, weil es dort ein Kasperletheater gab, das ich innig liebte, machte er plötzlich halt und sagte: »Hier stand früher ein Gasthaus. Das hatte einen seltsamen Namen. Es hieß ›Zur stillen Musik‹!« Ich blickte ihn verwundert an. ›Zur stillen Musik‹? Das war wirklich und wahrhaftig ein seltsamer Name! Er klang so merkwürdig und so heiter verwunschen, daß ich ihn nicht mehr vergessen konnte. Ich dachte damals: ›Entweder macht man in einem Gasthaus Musik, oder es ist still. Aber eine stille Musik, die gibt es nicht.‹

Wenn ich später an der gleichen Stelle stehenblieb und auf die Stadt hinabschaute, zum Wielisch und zur Babisnauer Pappel hinüber und elbaufwärts bis zur Festung Königstein, dann verstand ich, von Jahr zu Jahr, den Gastwirt, der ja längst tot und dessen Gasthaus längst verschwunden war, immer besser. Ein Philosoph, das wußte ich damals schon, hatte die Architektur, die Dome und Paläste, ›gefrorene Musik‹ genannt. Dieser sächsische Philosoph war eigentlich ein Dichter. Und ein Gastwirt hatte, auf den silbernen Fluß und das goldene Dresden blickend, sein Gasthaus ›Zur stillen Musik‹ getauft. Nun, auch mein sächsischer Gastwirt war wohl eigentlich ein Dichter gewesen.

Wenn es zutreffen sollte, daß ich nicht nur weiß, was schlimm und häßlich, sondern auch, was schön ist, so verdanke ich diese Gabe dem Glück, in Dresden aufgewachsen zu sein. Ich mußte, was schön sei, nicht erst aus Büchern lernen. Nicht in der Schule, und nicht auf der Universität. Ich durfte die Schönheit einatmen wie Försterkinder die Waldluft. Die katholische Hofkirche, George Bährs Frauenkirche, der Zwinger, das Pillnitzer Schloß, das Japanische Palais, der Jüdenhof und das Dinglingerhaus, die Rampische Straße mit ihren Barockfassaden, die Renaissance-Erker in der Schloßstraße, das Coselpalais, das Palais im Großen Garten mit den kleinen Kavaliershäusern und gar, von der Loschwitzhöhe aus, der Blick auf die Silhouette der Stadt mit ihren edlen, ehrwürdigen Türmen, – doch es hat ja keinen Sinn, die Schönheit wie das Einmaleins herunterzubeten!

Mit Worten kann man nicht einmal einen Stuhl so genau beschreiben, daß ihn der Tischlermeister Kunze in seiner Werkstatt nachbauen könnte! Wieviel weniger das Schloß Moritzburg mit seinen vier Rundtürmen, die sich im Wasser spiegeln! Oder die Vase des Italieners Corradini am Palaisteich, schrägüber vom Café Pollender! Oder das Kronentor im Zwinger! Ich sehe schon: Ich werde den Herrn Illustrator bitten müssen, für dieses Kapitel eine Reihe Zeichnungen zu machen. Damit ihr, bei deren Anblick, wenigstens ein wenig ahnt und spürt, wie schön meine Heimatstadt gewesen ist!

Vielleicht frage ich ihn sogar, ob er Zeit hat, eines der Kavaliershäuschen zu zeichnen, die das Palais im Großen Garten flankierten!

›In einem davon‹, dachte ich als junger Mann, ›würdest du fürs Leben gerne wohnen! Womöglich wirst du eines Tages berühmt, und dann kommt der Bürgermeister, mit seiner goldenen Kette um den Hals, und schenkt es dir, im Namen der Stadt.‹ Da wäre ich dann also mit meiner Bibliothek eingezogen. Morgens hätte ich im Palaiscafé gefrühstückt und die Schwäne gefüttert. Anschließend wäre ich durch die alten Alleen, den blühenden Rhododendronhain und rund um den Carolasee spaziert. Mittags hätte sich der Kavalier zwei Spiegeleier gebraten und anschließend, bei offenem Fenster, ein Schläfchen geleistet. Später wäre ich, nur eben um die Ecke, in den Zoo gegangen. Oder in die Große Blumenausstellung. Oder ins Hygienemuseum. Oder zum Pferderennen nach Reick. Und nachts hätte ich, wieder bei offenem Fenster, herrlich geschlafen. Als einziger Mensch in dem großen, alten Park. Ich hätte von August dem Starken geträumt, von Aurora von Königsmarck und der ebenso schönen wie unglücklichen Gräfin Cosel.

Wann ich dann wohl gearbeitet hätte, wollt ihr wissen? Wie kann man nur so neugierig sein! Das hätten doch die Heinzelmännchen besorgt! Die Nachkommen der königlich polnischen, kursächsischen Hofzwerge! Sehr kleine, sehr tüchtige Leute! Sie hätten, nach knappen Angaben von mir, auf winzigen Schreibmaschinen meine Gedichte und Romane geschrieben, und ich wäre inzwischen auf dem Apfelschimmel Almansor, meinem Lieblingspferd, über die breiten dunkelbraunen Reitwege galoppiert. Bis zur ›Pikardie‹. Dort hätten ich und Almansor Kaffee getrunken und Streuselkuchen verzehrt! Doch Hofzwerge, die Gedichte schreiben, und Pferde, die Kuchen fressen, gehören nicht hierher.

Ja, Dresden war eine wunderbare Stadt. Ihr könnt es mir glauben. Und ihr müßt es mir glauben! Keiner von euch, und wenn sein Vater noch so reich wäre, kann mit der Eisenbahn hinfahren, um nachzusehen, ob ich recht habe. Denn die Stadt Dresden gibt es nicht mehr. Sie ist, bis auf einige Reste, vom Erdboden verschwunden. Der zweite Weltkrieg hat sie, in einer einzigen Nacht und mit einer einzigen Handbewegung, weggewischt. Jahrhunderte hatten ihre unvergleichliche Schönheit geschaffen. Ein paar Stunden genügten, um sie vom Erdboden fortzuhexen. Das geschah am 13. Februar 1945. Achthundert Flugzeuge warfen Spreng- und Brandbomben. Und was übrigblieb, war eine Wüste. Mit ein paar riesigen Trümmern, die aussahen wie gekenterte Ozeandampfer.

Ich habe, zwei Jahre später, mitten in dieser endlosen Wüste gestanden und wußte nicht, wo ich war. Zwischen zerbrochenen, verstaubten Ziegelsteinen lag ein Straßenschild. ›Prager Straße‹ entzifferte ich mühsam. Ich stand auf der Prager Straße? Auf der weltberühmten Prager Straße? Auf der prächtigsten Straße meiner Kindheit? Auf der Straße mit den schönsten Schaufenstern? Auf der herrlichsten Straße der Weihnachtszeit? Ich stand in einer kilometerlangen, kilometerbreiten Leere. In einer Ziegelsteppe. Im Garnichts.

Noch heute streiten sich die Regierungen der Großmächte, wer Dresden ermordet hat. Noch heute streitet man sich, ob unter dem Garnichts fünfzigtausend, hunderttausend oder zweihunderttausend Tote liegen. Und niemand will es gewesen sein. Jeder sagt, die anderen seien dran schuld. Ach, was soll der Streit? Damit macht ihr Dresden nicht wieder lebendig! Nicht die Schönheit und nicht die Toten! Bestraft künftig die Regierungen, und nicht die Völker! Und bestraft sie nicht erst hinterher, sondern sofort! Das klingt einfacher, als es ist? Nein. Das ist einfacher, als es klingt.

Im Jahre 1895 zogen also meine Eltern mit Sack und Pack nach Dresden. Emil Kästner, der so gerne selbständiger Meister geblieben wäre, wurde Facharbeiter. Das Maschinenzeitalter rollte wie ein Panzer über das Handwerk und die Selbständigkeit hinweg. Die Schuhfabriken besiegten die Schuhmacher, die Möbelfabriken die Tischler, die Textilfabriken die Weber, die Porzellanfabriken die Töpfer und die Kofferfabriken die Sattler. Die Maschinen arbeiteten schneller und billiger. Schon gab es Brotfabriken und Wurstfabriken und Hutfabriken und Marmeladefabriken und Papierfabriken und Essigfabriken und Knopffabriken und saure Gurkenfabriken und tote Blumenfabriken. Die Handwerker lieferten ein zähes Rückzugsgefecht, und sie wehren sich heute noch. Es ist ein bewundernswerter, aber aussichtsloser Kampf.

In Amerika ist er schon entschieden. Zum Herrenschneider, der gründlich Maß nimmt und zwei bis drei Anproben braucht, gehen dort nur noch ein paar Millionäre. Die anderen Männer gehen rasch in ein Geschäft hinein, ziehen den alten Anzug aus und einen nagelneuen an, legen Geld auf den Tisch und stehen schon wieder auf der Straße. Es geht wie das Brezelbacken. Aber nicht wie das Brezelbacken beim Bäcker, sondern in der Brezelfabrik.

Der Fortschritt hat seine Vorteile. Man spart Zeit, und man spart Geld. Ich gehe lieber zum Maßschneider. Er kennt meinen Geschmack, ich kenne seinen Geschmack, und Herr Schmitz, der Zuschneider, kennt unsern Geschmack. Das ist umständlich, teuer und altmodisch. Aber uns drei Männern ist es recht. Und während der Anproben wird viel gelacht. Erst vorgestern war ich wieder einmal dort. Es wird ein hellblauer Sommeranzug, federleicht, das Material heißt ›Fresko‹, lockerer Jackensitz, zweireihig, nur ein Paar Knöpfe, der zweite Knopf innen zum Gegenknöpfen, Hosenweite über den Schuhen vierundvierzig Zentimeter, – o jeh! da fällt mir ja ein, daß ich zur Anprobe muß! Stattdessen sitze ich an der Schreibmaschine! Dabei gehöre ich gar nicht hierher!

So. Da bin ich wieder. Es wird ein schöner Anzug. Wir drei sind sehr zufrieden. Und wo war ich stehengeblieben? Richtig, bei meinem zukünftigen Vater. Bei Emil Kästners ausgeträumtem Traum. Der alte Spruch ›Handwerk hat goldnen Boden‹ war nicht mehr wahr. Die eigne Werkstatt, dicht neben der Wohnung, existierte nicht mehr. Die Lehr- und Hungerjahre, die Hunger- und Wanderjahre, die drei Meister- und Kummerjahre waren vergeblich gewesen. Der Traum war aus. Das Geld war fort. Schulden mußten abgezahlt werden. Die Maschinen hatten gesiegt.

Morgens um sechs Uhr rasselte der Wecker. Eine halbe Stunde lief der junge Mann, über die Albertbrücke, quer durch Dresden bis in die Trinitatisstraße. Bis zur Kofferfabrik Lippold. Hier arbeitete er mit anderen ehemaligen Handwerkern an Lederteilen, die zu Koffern zusammengenäht und -genietet wurden, bis sie einander glichen wie ein Ei dem andern. Abends kam er müde zu seiner Frau nach Hause. Samstags brachte er die Lohntüte heim. Neue Anschaffungen, alte Schulden, das Geld reichte nicht.

Da sah sich auch Ida Kästner, geborene Augustin, nach Arbeit um. Nach einer Arbeit, die sie zu Hause tun konnte. Denn sie haßte die Fabriken, als wären es Gefängnisse. Sie fand es schon schlimm genug, daß ihr Mann in die Fabrik ging. Es war nicht zu ändern. Er hatte sich unters Joch der Maschinen beugen müssen. Aber sie? Niemals! Und wenn sie sechzehn Stunden hätte daheim schuften müssen statt acht Stunden in der Fabrik, ihr wär es recht gewesen! Und es war ihr recht.

Sie begann, für eine Firma im Stücklohn Leibbinden zu nähen. Derbe, breite, korsettähnliche Leinenbinden für dicke Frauen. Sie schleppte schwere, unförmige Pakete mit vorfabrizierten Teilen dieser Binden nach Hause. Bis spät in die Nacht hockte sie an der Nähmaschine mit Fußantrieb. Manchmal sprang der Treibriemen aus den Rädern. Oft zerbrachen die Nadeln. Es war eine Schinderei für ein paar Pfennige. Aber hundert Leibbinden brachten eben doch ein paar Mark ein. Das half ein wenig. Es war besser als nichts.

Im Spätherbst des Jahres 1898 unterbrach Ida Kästner diese Heimarbeit und nähte stattdessen Babywäsche. Immer schon hatte sie sich ein Kind gewünscht. Nie hatte sie daran gezweifelt, daß es ein kleiner Junge sein werde. Und da sie es ihr Leben lang liebte, recht zu behalten, sollte sie auch diesmal recht haben.

Am 23. Februar 1899, morgens gegen vier Uhr, nach fast siebenjähriger Ehe, brachte sie, in der Königsbrücker Straße 66, einen kleinen Jungen zur Welt, der den Kopf voller goldblonder Locken hatte. Und Frau Schröder, die resolute Hebamme, meinte anerkennend: »Das ist aber ein hübsches Kind!«

Nun ja, die blonden Locken hielten nicht sehr lange vor. Aber ich besitze noch heute eine angegilbte Fotografie aus meinen ersten Lebenstagen, die den künftigen Verfasser bekannter und beliebter Bücher im kurzen Hemd auf einem Eisbärenfell zeigt, und auf dem Kinderkopf ringeln sich tatsächlich seidenfeine, hellblonde Locken. Da nun Fotografien nicht lügen können, dürfte der Beweis einwandfrei erbracht sein. Andrerseits, – ist euch schon aufgefallen, daß alle Leute, samt und sonders und ohne jede Ausnahme, auf ihren Fotos viel zu große Ohren haben? Viel, viel größere Ohren als in Wirklichkeit? So groß, daß man glauben möchte, sie könnten sich nachts damit zudecken? Sollten Fotografien also doch gelegentlich schwindeln?

Jedenfalls, ob nun blond oder braun, wurde ich bald darauf in der schönen alten Dreikönigskirche an der Hauptstraße protestantisch getauft und erhielt feierlich die Vornamen EMIL ERICH. In der gleichen Kirche wurde ich, vom gleichen Pfarrer Winter, am Palmsonntag des Jahres 1913 konfirmiert. Und noch einige Jahre später betätigte ich mich hier an den Sonntagvormittagen als Helfer beim Kindergottesdienst. Doch das gehört nicht hierher.

Das fünfte Kapitel
Die Königsbrücker Straße und ich

Die Königsbrücker Straße begann, als Verlängerung der Achse Prager Straße, Schloßstraße, Augustusbrücke, Hauptstraße und Albertplatz, freundlich und harmlos. Mit ›Hollacks Festsälen‹, einer alten Gastwirtschaft nebst Vorgarten, auf der einen und mit der von Nold'schen Privatschule ›für höhere Töchter‹ auf der andern Seite. Damals gab es noch ›höhere‹ Töchter! So nannte man Mädchen, deren Väter adlig waren oder eine Menge Geld verdienten. Höhere Töchter hießen sie vielleicht, weil sie die Nase höher trugen als die anderen. Es gab aber auch ›höhere Schulen‹, und noch höher als die höheren waren die Hochschulen.

Und auch sonst war man nicht gerade bescheiden. An vornehmen Haustüren stand ›Eingang nur für Herrschaften‹ und an den Hintertüren ›Für Lieferanten und Dienstboten‹. Die Herrschaften hatten ihre eignen Treppen mit weichen Teppichläufern. Die Dienstboten und Lieferanten mußten die Hintertreppe benutzen. Sonst wurden sie vom Hausmeister ausgeschimpft und zurückgeschickt. An den hochherrschaftlichen Türen erklärten hochherrschaftliche Porzellanschilder streng und energisch: ›Betteln und Hausieren verboten!‹ Wieder andre Schilder benahmen sich höflicher und bemerkten: ›Es wird gebeten, die Füße abzustreichen‹. Habt ihr es einmal versucht? Ich weiß bis heute noch nicht, was man tun muß, um sich ›die Füße abzustreichen‹. Ich wüßte zur Not, was man anstellen müßte, um sie sich anzustreichen! Andrerseits, so hochherrschaftlich kann keine Villa sein, daß ich mir an der höchstherrschaftlichen Haustür die Füße lackierte!

In solchen Fällen pflegt mein Vater zu sagen: »Sachen gibt's, die gibt's gar nicht!« Nun ja, fast alle diese Schilder sind mittlerweile verschwunden. Sie sind ausgestorben. Auch die Göttinnen und Nymphen aus Bronze und Marmor, die nackt und ratlos am Treppenaufgang herumstanden, wie bestellt und nicht abgeholt. Höhere Töchter und bessere Herrschaften gibt es allerdings auch heute noch. Sie heißen nur nicht mehr so. Es steht nicht mehr auf Schildern.

In den drei Häusern meiner Kindheit gab es keine Marmorgöttinnen, keine Nymphen aus Bronze und keine höheren Töchter. Je mehr sich die Königsbrücker Straße von der Elbe entfernte, um so unfeierlicher und unherrschaftlicher geriet sie. Die Vorgärten wurden seltener und schmäler. Die Häuser waren höher, meistens vierstöckig, und die Mieten waren billiger. Es kam das ›Volkswohl‹, ein gemeinnütziges Unternehmen, mit der Volksküche, der Volksbücherei und einem Spielplatz, der im Winter in eine Eisbahn verwandelt wurde. Es kamen der Konsumverein, Bäckereien, Fleischereien, Gemüseläden, kleine Kneipen, eine Fahrradhandlung, zwei Papierläden, ein Uhrengeschäft, ein Schuhgeschäft und der Görlitzer Wareneinkaufsverein.

In diesem Viertel lagen die drei Häuser meiner Kindheit. Mit den Hausnummern 66, 48 und 38. Geboren wurde ich in einer vierten Etage. In der 48 wohnten wir im dritten und in der 38 im zweiten Stock. Wir zogen tiefer, weil es mit uns bergauf ging. Wir näherten uns den Häusern mit den Vorgärten, ohne sie zu erreichen.

Je weiter unsere Straße aus der Stadt hinausführte, um so mehr veränderte sie sich. Sie durchquerte das Kasernenviertel. In ihrer Nähe, auf leichten Anhöhen, lagen die Schützenkaserne, die beiden Grenadierkasernen, die Kaserne des Infanterieregiments 177, die Gardereiterkaserne, die Trainkaserne und die zwei Artilleriekasernen. Und an der Königsbrücker Straße selber lagen die Pionierkaserne, die Militärbäckerei, das Militärgefängnis und das Arsenal, dessen Munitionsdepot eines Tages in die Luft fliegen würde.

»Das Arsenal brennt!« Ich höre die Schreie heute noch. Flammen und Rauch bedeckten den Himmel. Die Feuerwehr, die Polizei und die Sanitätswagen der Stadt und der Umgegend jagten in Kolonnen den Flammen und dem Rauch entgegen, und hinter ihnen, außer Atem, meine Mutter und ich. Es war Krieg, und mein Vater arbeitete dort draußen in den Militärwerkstätten. Die Flammen fraßen sich weiter, und immer neue Munitionslager und -züge explodierten. Die Gegend wurde abgesperrt. Wir durften nicht weiter. Nun, am Abend kam mein Vater verrußt, aber heil nach Hause.

Und das brennende und explodierende Arsenal gehört eigentlich gar nicht in dieses Buch. Denn ich war damals schon konfirmiert und kein kleiner Junge mehr. Ja, und noch etwas später stand ich als Soldat, mit umgehängtem Karabiner, vor der Pionierkaserne Wache. Natürlich wieder auf der Königsbrücker Straße! Diese Straße und ich kamen voneinander nicht los!

Wir trennten uns erst, als ich nach Leipzig zog. Dabei hätte ich mich gar nicht gewundert, wenn sie mir nachgereist wäre! So anhänglich war sie. Und ich selber bin, was sonst ich auch wurde, eines immer geblieben: ein Kind der Königsbrücker Straße. Dieser merkwürdig dreigeteilten Straße mit ihren Vorgärten am Anfang, ihren Mietshäusern in der Mitte und ihren Kasernen, dem Arsenal und dem Heller, dem sandigen Exerzierplatz, am Ende der Stadt. Hier, auf dem Heller, durfte ich als Junge spielen und als Soldat strafexerzieren. Habt ihr schon einmal mit vorgehaltenem Karabiner, Modell 98, zweihundertfünfzig Kniebeugen gemacht? Nein? Seid froh! Man kriegt für den Rest seines Lebens nicht wieder richtig Luft. Einige Kameraden fielen schon nach fünfzig Kniebeugen um. Sie waren gescheiter als ich.

An die vierte Etage, Königsbrücker Straße 66, kann ich mich nicht mehr erinnern. Jedesmal, wenn ich an dem Haus vorüberging, dachte ich: ›Hier bist du also zur Welt gekommen.‹ Manchmal trat ich in den Hausflur hinein und blickte mich neugierig um. Doch er gab mir keine Antwort. Es war ein wildfremdes Haus. Dabei hatte mich meine Mutter, mitsamt dem Kinderwagen, hundert- und aberhundertmal die vier Treppen herunter- und hinaufgeschleppt! Ich wußte es ja. Aber das half nichts. Es blieb ein fremdes Gebäude. Eine Mietskaserne wie tausend andre auch.

Um so besser erinnere ich mich an das Haus mit der Nummer 48. An den Hausflur. An das Fensterbrett, wo ich saß und in die Hinterhöfe blickte. An die Treppenstufen, auf denen ich spielte. Denn die Treppe war mein Spielplatz. Hier stellte ich meine Ritterburg auf. Die Burg mit den Schießscharten, den Spitztürmen und der beweglichen Zugbrücke. Hier fanden heiße Schlachten statt. Hier fielen französische Kürassiere, nach kühnen Umgehungsmanövern über zwei Treppenstufen, den Holkschen Jägern und Wallensteins Arkebusieren in den Rücken. Sanitätssoldaten, mit dem Roten Kreuz am Ärmel, standen bereit, um auf ihren Tragbahren die Verwundeten zu bergen. Sie wollten allen helfen, den Schweden und den Kaiserlichen aus dem siebzehnten Jahrhundert genau so gut wie der französischen Kavallerie aus dem neunzehnten. Meinen Sanitätern war jede Nation und jedes Jahrhundert recht. Doch zuvor mußte der verbissene Kampf um die Zugbrücke aus dem Mittelalter entschieden sein.

Es waren verlustreiche Gefechte. Eine einzige Handbewegung von mir erledigte ganze Regimenter. Und Napoleons Alte Garde starb, aber sie ergab sich nicht. Noch im inneren Burghof, nachdem die Zugbrücke erstürmt worden war, focht man weiter. Die Nürnberger Zinnsoldaten waren harte Burschen. Und der Briefträger und die kleine Frau Wilke aus der vierten Etage mußten Riesenschritte machen, wie die Störche im Salat, um Sieg und Niederlage nicht zu gefährden. Sie stiegen vorsichtig über Freund und Feind hinweg, und ich merkte es gar nicht. Denn ich war der Frontgeneral und der Generalstabschef für beide Armeen. Von mir hing das Schicksal aller beteiligten Jahrhunderte und Völker ab. Da hätte mich ein Postbote aus Dresden-Neustadt stören sollen? Stören können? Oder die kleine Frau Wilke, nur weil sie ein paar Kohlrabis und ein bißchen Salz und Zucker einkaufen wollte?

Sobald die Schlacht entschieden war, legte ich die toten, verwundeten und gesunden Zinnsoldaten in die Nürnberger Spanschachteln zurück, zwischen die Schichten aus feiner Holzwolle, demontierte die stolze Ritterburg und schleppte die Spielzeugwelt und Spielzeugweltgeschichte in unsere winzige Wohnung zurück.

Königsbrücker Straße 48, das zweite Haus meiner Kindheit. Wenn ich, in diesem Augenblick, in München und als, wie man so sagt, älterer Herr, die Augen schließe, spüre ich die Treppenstufen unter meinen Füßen und die Treppenkante, auf der ich hockte, am Hosenboden, obwohl es, mehr als fünfzig Jahre später, wahrhaftig ein ganz andrer Hosenboden ist als der von damals. Wenn ich mir die vollgepackte Einkaufstasche aus braunem Leder vorstelle, die ich treppauf trug, zieht es zunächst in meinem linken Arm und dann erst im rechten. Denn bis zur zweiten Etage hielt ich die Tasche mit der linken Hand, um an der Wand nicht anzustoßen. Dann nahm ich die Tasche in die rechte Hand und hielt mich mit der linken am Geländer fest. Und schließlich seufze ich, genau wie damals, erleichtert auf, als ich die Tasche vor der Wohnungstür niedersetzte und auf den Klingelknopf drückte.

Gedächtnis und Erinnerung sind geheimnisvolle Kräfte. Und die Erinnerung ist die geheimnisvollere und rätselhaftere von beiden.

Denn das Gedächtnis hat nur mit unserem Kopfe zu schaffen. Wieviel ist 7 mal 15? Und schon ruft Paulchen: »105!« Er hat es gelernt. Der Kopf hat es behalten. Oder er hat es vergessen. Oder Paulchen ruft begeistert: »115!« Ob wir dergleichen falsch oder richtig wissen oder ob wir es vergessen haben und von neuem ausrechnen müssen, – das gute Gedächtnis und das schlechte wohnen im Kopf. Hier sind die Fächer für alles, was wir gelernt haben. Sie ähneln, glaub ich, Schrank- oder Kommodenfächern. Manchmal klemmen sie beim Aufziehen. Manchmal liegt nichts drin und manchmal etwas Verkehrtes. Und manchmal gehen sie überhaupt nicht auf. Dann sind sie und wir ›wie vernagelt‹. Es gibt große und kleine Gedächtniskommoden. Die Kommode in meinem eignen Kopf ist, zum Beispiel, ziemlich klein. Die Fächer sind nur halbvoll, aber einigermaßen aufgeräumt. Als ich ein kleiner Junge war, sah das ganz anders aus. Damals war mein Oberstübchen das reinste Schrankzimmer!

Die Erinnerungen liegen nicht in Fächern, nicht in Möbeln und nicht im Kopf. Sie wohnen mitten in uns. Meistens schlummern sie, aber sie leben und atmen, und zuweilen schlagen sie die Augen auf. Sie wohnen, leben, atmen und schlummern überall. In den Handflächen, in den Fußsohlen, in der Nase, im Herzen und im Hosenboden. Was wir früher einmal erlebt haben, kehrt nach Jahren und Jahrzehnten plötzlich zurück und blickt uns an. Und wir fühlen: Es war ja gar nicht fort. Es hat nur geschlafen. Und wenn die eine Erinnerung aufwacht und sich den Schlaf aus den Augen reibt, kann es geschehen, daß dadurch auch andere Erinnerungen geweckt werden. Dann geht es zu wie morgens im Schlafsaal!

Eine besondere Sache sind die frühesten Erinnerungen. Warum erinnere ich mich an einige Erlebnisse aus meinem dritten Lebensjahr, aber an gar nichts aus dem vierten oder fünften? Wieso erinnere ich mich noch an Geheimrat Haenel und die betulichen Krankenschwestern und an den kleinen Garten der Privatklinik?

Ich war am Bein geschnitten worden. Die bandagierte Wunde brannte wie Feuer. Und meine Mutter trug mich, obwohl ich damals schon laufen konnte, auf beiden Armen nach Hause. Ich schluchzte. Sie tröstete mich. Und ich spüre jetzt noch, wie schwer ich war und wie müd ihre Arme wurden. Schmerz und Angst haben ein gutes Gedächtnis.

Warum erinnere ich mich dann aber an Herrn Patitz und an sein ›Atelier für künstlerische Portrait-Photographie‹ in der Bautzener Straße? Ich trug ein Matrosenkleidchen mit weißem Pikeekragen, schwarze Strümpfe, die mich juckten, und Schnürschuhe. (Heute tragen die kleinen Mädchen Hosen. Damals trugen die kleinen Jungen Röckchen!) Ich stand an einem niedrigen Schnörkeltisch, und auf dem Tisch stand ein buntes Segelschiff. Herr Patitz steckte, hinter dem hochbeinigen Fotokasten, den Künstlerkopf unter ein schwarzes Tuch und befahl mir zu lächeln. Weil der Befehl nichts nützte, holte er einen Hampelmann aus der Tasche, wedelte damit in der Luft herum und rief wildvergnügt: »Huhuh! Guckguck! Huhuh! Guckguck!« Ich fand Herrn Patitz schrecklich albern, tat ihm aber trotzdem den Gefallen und quälte mir, der Mama zuliebe, die daneben stand, ein verlegenes Lächeln ins Gesicht. Dann drückte der Bildkünstler auf einen Gummiballon, zählte langsam vor sich hin und in sich hinein, schloß die Kassette und notierte den Auftrag. »Zwölf Abzüge, Visitformat.«

Einen dieser zwölf Abzüge besitze ich heute noch. Auf der Rückseite steht, in verblaßter Tinte: ›Mein Erich, 3 Jahre alt‹. Das hat meine Mutter 1902 hingeschrieben. Und wenn ich mir den kleinen Jungen im Röckchen betrachte, das rundliche und verlegen lächelnde Kindergesicht mit der sauber geschnittnen Ponyfrisur und die unentschlossne, in Gürtelhöhe verhaltene linke Patschhand, dann jucken meine Kniekehlen heute noch. Sie erinnern sich an die wollenen Strümpfe von damals. Warum? Wieso haben sie das nicht vergessen? War denn der Besuch bei dem ›künstlerischen Portrait-Photographen‹ Albert Patitz wirklich so wichtig? War er für den Dreijährigen eine solche Sensation? Ich glaube es nicht, und ich weiß es nicht. Und die Erinnerungen selber? Sie leben, und sie sterben, und sie und wir wissen dafür keine Gründe.

Manchmal raten und rätseln wir an dieser Frage herum. Wir versuchen, den Vorhang ein bißchen hochzuheben und die Gründe zu erblicken. Die Gelehrten und die Ungelehrten versuchen's, und meist bleibt es Rätselraten und Nüsseknacken. Und auch meine Mutter und ich versuchten es einmal. Bei einem Jungen aus der Nachbarschaft, der mit mir im gleichen Alter war und Naumanns Richard hieß. Er war einen Kopf größer als ich, ein ganz netter Kerl, und konnte mich nicht leiden. Daß es so war, hätte ich zur Not hingenommen. Aber ich wußte nicht, warum. Und das verwirrte mich.

Unsere Mütter hatten schon nebeneinander auf den grünen Bänken im Garten des Japanischen Palais an der Elbe gesessen, als wir noch im Kinderwagen lagen. Später hockten wir zusammen auf dem Spielplatz im Sandkasten und buken Sandkuchen. Wir gingen gemeinsam in den Turnverein Neu- und Antonstadt, in der Alaunstraße, und in die Vierte Bürgerschule. Und bei jeder Gelegenheit suchte er mir eins auszuwischen.

Er warf mit Steinen nach mir. Er stellte mir ein Bein. Er stieß mich hinterrücks, daß ich hinfiel. Er lauerte mir, der ahnungslos des Wegs kam, in Haustoren auf, schlug mich und lief kreischend davon. Ich rannte ihm nach, und wenn ich ihn einholen konnte, hatte er nichts zu lachen. Ich war nicht ängstlich. Aber ich verstand ihn nicht. Warum überfiel er mich? Warum ließ er mich nicht in Frieden? Ich tat ihm doch nichts. Ich hatte ihn ganz gern. Warum griff er mich an?

Eines Tages sagte meine Mutter, der ich davon erzählt hatte: »Er kratzte dich schon, als ihr noch im Kinderwagen saßt.« »Aber warum denn?« fragte ich ratlos. Sie dachte eine Weile nach. Dann antwortete sie:»Vielleicht weil dich alle so hübsch fanden! Die alten Frauen, die Gärtner und die Kinderfräuleins, die an unsrer Bank vorüberkamen, schauten in eure Kinderwagen hinein und fanden dich viel reizender als ihn. Sie lobten dich über den grünen Klee!« »Und du meinst, das hat er verstanden? Als Baby?« »Nicht die Worte. Aber den Sinn. Und den Ton, womit sie es sagten.« »Und daran erinnert er sich noch? Obwohl er es gar nicht verstand?« »Vielleicht«, meinte die Mutter. »Und nun mach deine Schularbeiten.« »Ich habe sie längst gemacht«, antwortete ich. »Ich gehe spielen.«

Und als ich aus dem Haus trat, stolperte ich über Naumanns Richards Bein. Ich sauste hinter ihm her, holte ihn ein und gab ihm eins hinter die Ohren. Es konnte schon sein, daß er mich seit unsrer Kinderwagenzeit haßte. Daß er sich daran erinnerte. Daß er mich gar nicht angriff, wie ich geglaubt hatte. Sondern daß er sich nur verteidigte. Doch ein Bein stellen ließ ich mir deshalb noch lange nicht.

Das sechste Kapitel
Lehrer, Lehrer, nichts als Lehrer

Ich lag in der Wiege und wuchs. Ich saß im Kinderwagen und wuchs. Ich lernte laufen und wuchs. Der Kinderwagen wurde verkauft. Die Wiege erhielt eine neue Aufgabe: Sie wurde zum Wäschekorb ernannt. Mein Vater arbeitete noch immer in Lippolds Kofferfabrik. Und meine Mutter nähte noch immer Leibbinden. Von meinem Kinderbett aus, das vorsorglicherweise mit einem Holzgitter versehen war, schaute ich ihr zu.

Sie nähte bis tief in die Nacht hinein. Und von dem singenden Geräusch der Nähmaschine wachte ich natürlich auf. Mir gefiel das soweit ganz gut. Doch meiner Mutter gefiel es gar nicht. Denn die Lebensaufgabe kleiner Kinder besteht, nach der Meinung der Eltern, darin, möglichst lange zu schlafen. Und weil der Hausarzt, Sanitätsrat Dr. med. Zimmermann aus der Radeberger Straße, derselben Ansicht war, hängte sie die Leibbinden an den Nagel. Sie stülpte den polierten Deckel über Singers Nähmaschine und beschloß kurzerhand, ein Zimmer zu vermieten.

Die Wohnung war schon klein genug, aber das Portemonnaie war noch kleiner. Ohne Nebenverdienst, erklärte sie meinem Vater, gehe es nicht. Der Papa war, wie fast immer, einverstanden. Die Möbel wurden zusammengerückt. Das leergewordene Zimmer wurde ausstaffiert. Und an die Haustür wurde ein in Winters Papiergeschäft erworbenes Pappschild gehängt. ›Schönes, sonniges Zimmer mit Frühstück ab sofort zu vermieten. Näheres bei Kästner, 3. Etage.‹

Der erste Untermieter hieß Franke und war Volksschullehrer. Daß er Franke hieß, hat sich für meinen ferneren Lebensweg nicht als sonderlich wichtig erwiesen. Daß er Lehrer war, wurde für mich von größter Bedeutung. Das konnten meine Eltern damals freilich noch nicht wissen. Es war ein Zufall. Das schöne, sonnige Zimmer hätte ja auch ein Buchhalter mieten können. Oder eine Verkäuferin. Aber es zog ein Lehrer ein. Und dieser Zufall hatte es, wie sich später zeigen sollte, hinter den Ohren.

Der Lehrer Franke war ein junger lustiger Mann. Das Zimmer gefiel ihm. Das Frühstück schmeckte ihm. Er lachte viel. Der kleine Erich machte ihm Spaß. Abends saß er bei uns in der Küche. Er erzählte aus seiner Schule. Er korrigierte Hefte. Andre junge Lehrer besuchten ihn. Es ging lebhaft zu. Mein Vater stand schmunzelnd am warmen Herd. Meine Mutter sagte: »Emil hält den Ofen.« Alle fühlten sich pudelwohl. Und Herr Franke erklärte: Nie im Leben werde er ausziehen. Und nachdem er das ein paar Jahre lang erklärt hatte, zog er aus.

Er heiratete und brauchte eine eigne Wohnung. Das war zwar ein ziemlich hübscher Kündigungsgrund. Doch wir waren trotzdem alle miteinander traurig. Er zog in einen Vorort namens Trachenberge und nahm nicht nur seine Koffer mit, sondern auch sein übermütiges Lachen. Manchmal kam er noch, mit Frau Franke und seinem Lachen, zu Besuch. Wir hörten ihn schon lachen, wenn er ins Haus trat. Und wir hörten ihn noch lachen, wenn wir ihm und seiner Frau vom Fenster aus nachwinkten.

Als er gekündigt hatte, wollte meine Mutter das Pappschild ›Schönes, sonniges Zimmer zu vermieten‹ wieder an die Haustür hängen. Aber er meinte, das sei höchst überflüssig. Er werde schon für einen Nachfolger sorgen. Und er sorgte dafür. Der Nachfolger war allerdings eine Nachfolgerin. Eine Französischlehrerin aus Genf. Sie lachte viel, viel weniger als er und bekam eines Tages ein Kind. Das gab einige Aufregung. Und Ärger und Verdruß gab es außerdem. Doch das gehört nicht hierher.

Mademoiselle T., die Französischlehrerin, zog bald danach mit ihrem kleinen Jungen von uns fort. Meine Mutter fuhr nach Trachenberge und erzählte Herrn Franke, daß unser schönes, sonniges Zimmer wieder leerstünde. Da lachte er und versprach ihr, diesmal besser aufzupassen. Und so schickte er uns, als nächsten Mieter, keine Nachfolgerin, sondern einen Nachfolger. Einen Lehrer? Selbstverständlich einen Lehrer! Einen Kollegen aus seiner Schule in der Schanzenstraße. Einen sehr großen, sehr blonden, sehr jungen Mann, der Paul Schurig hieß und noch bei uns wohnte, als ich das Abitur machte. Er zog mit uns um. Er bewohnte lange Zeit sogar zwei Zimmer unserer Dreizimmerwohnung, so daß für die drei Kästners nicht viel Platz übrigblieb. Doch ich durfte in seinem Wohnzimmer lesen und schreiben und Klavier üben, wenn er nicht zu Hause war.

Im Laufe der Zeit wurde er für mich eine Art Onkel. Ich machte meine erste größere Reise mit ihm. In meinen ersten Schulferien. In sein Heimatdorf Falkenhain bei Wurzen bei Leipzig. Hier hatten seine Eltern ein Kurzwarengeschäft und den herrlichsten Obstgarten, den ich bis dahin gesehen hatte. Ich durfte die Leitern hochklettern und miternten. Die Gute Luise, den Schönen von Boskop, den Grafensteiner, die Goldparmäne, die Alexander, und wie die edlen Birnen und Äpfel sonst hießen.

Es waren Herbstferien, und wir sammelten im Walde Pilze, bis uns der Rücken wehtat. Wir wanderten bis nach Schilda, wo bekanntlich die Schildbürger herstammen. Und in der Dachkammer weinte ich meine ersten Heimwehtränen. Hier schrieb ich die erste Postkarte meines Lebens und tröstete meine Mutter. Sie brauche beileibe keine Angst um mich zu haben. In Falkenhain gäbe es keine Straßenbahnen, sondern ab und zu höchstens einen Mistwagen, und vor dem nähme ich mich schon in acht.

Der Lehrer Paul Schurig wurde also im Laufe der Jahre für mich eine Art Onkel. Und beinahe wäre er auch eine Art Vetter geworden! Denn beinahe hätte er meine Kusine Dora geheiratet. Sie wollte es gern. Er wollte es gern. Aber Doras Vater, der wollte es gar nicht gern. Doras Vater war nämlich der ehemalige Kaninchenhändler Franz Augustin und hielt von Volksschullehrern und anderen ›Hungerleidern‹ nicht das mindeste.

Als sich während der Großen Pferdeausstellung in Keick,

im Segen der Goldenen und Silbernen Medaillen, unser Untermieter dem ersehnten Schwiegervater mit den Worten: »Mein Name ist Schurig!« vorstellte, schob mein Onkel Franz die braune Melone aus der Stirn, musterte den großen, hübschen und blonden Heiratskandidaten von oben bis unten, sprach die denkwürdigen Worte: »Von mir aus können Sie Hase heißen!«, drehte ihm und uns den Rücken und ging zu seinen prämiierten Pferden.

Damit fiel der Plan ins Wasser. Gegen meinen Onkel Franz war kein Kraut gewachsen. Und da er meine Mutter im Verdacht hatte, an dem Heiratsprojekt nicht ganz unbeteiligt zu sein, bekam sie von ihm künftig mancherlei zu hören. Onkel Franz war ein Despot, ein Tyrann, ein Pferde-Napoleon. Und im Grunde ein prächtiger Kerl. Daß sich niemand traute, ihm energisch zu widersprechen, war nicht seine Schuld. Vielleicht wäre er selig gewesen, wenn ihm jemand endlich einmal richtig die Meinung gegeigt hätte! Vielleicht wartete er sein Leben lang darauf! Aber keiner tat ihm den Gefallen. Er brüllte, und die andern zitterten. Sie zitterten noch, wenn er Späße machte. Sie zitterten sogar, wenn er unterm Christbaum »O du fröhliche« schmetterte!

Er genoß es, und er bedauerte es. Ich wiederhole, falls ihr es überlesen haben solltet: Daß ihm niemand widersprach, war nicht seine Schuld. Und damit verlasse ich meinen Onkel Franz und wende mich erneut dem eigentlichen Gegenstande des sechsten Kapitels zu: den Lehrern. Dem Onkel Franz werden wir noch einmal begegnen. Und etwas ausführlicher. Er eignet sich nicht zur Nebenfigur. Das hat er mit anderen großen Männern gemeinsam. Zum Beispiel mit Bismarck, dem Gründer des Deutschen Reiches.

Als Bismarck eine internationale Konferenz einberufen hatte und sich mit den übrigen Staatsmännern an den Verhandlungstisch setzen wollte, erschraken alle Teilnehmer. Denn der Tisch, so groß er war, war rund! Und an einem runden Tisch ist beim besten Willen keine Sitz- und Rangordnung möglich! Doch Bismarck lächelte, nahm Platz und sagte: »Wo ich sitze, ist immer oben.« Das hätte auch mein Onkel Franz sagen können. Es hätte ihn auch nicht gestört, wenn am Tisch nur ein einziger Stuhl gestanden hätte. Er hätte schon Platz gefunden, mein Onkel.

Ich wuchs also mit Lehrern auf. Ich lernte sie nicht erst in der Schule kennen. Ich hatte sie zu Hause. Ich sah die blauen Schulhefte und die rote Korrekturtinte, lange bevor ich selber schreiben und Fehler machen konnte. Blaue Berge von Diktatheften, Rechenheften und Aufsatzheften. Vor Michaelis und Ostern braune Berge von Zensurheften. Und immer und überall Lesebücher, Lehrbücher, Lehrerzeitschriften, Zeitschriften für Pädagogik, Psychologie, Heimatkunde und sächsische Geschichte. Wenn Herr Schurig nicht daheim war, schlich ich mich in sein Zimmer, setzte mich aufs grüne Sofa und starrte, ängstlich und hingerissen zugleich, auf die Landschaft aus bedrucktem und beschriebenem Papier. Da lag ein fremder Erdteil vor mir zum Greifen nahe, doch ich hatte ihn noch nicht entdeckt. Und wenn mich die Leute, wie sie es ja bei Kindern gerne tun, fragten: »Was willst du denn später einmal werden?«, antwortete ich aus Herzensgrunde: »Lehrer!«

Ich konnte noch nicht lesen und schreiben, und schon wollte ich Lehrer werden. Nichts anderes. Und trotzdem war es ein Mißverständnis. Ja, es war der größte Irrtum meines Lebens. Und er klärte sich erst auf, als es fast zu spät war. Als ich, mit siebzehn Jahren, vor einer Schulklasse stand und, da die älteren Seminaristen im Felde standen, Unterricht erteilen mußte. Die Professoren, die als pädagogische Beobachter dabeisaßen, merkten nichts von meinem Irrtum und nichts davon, daß ich selber, in dieser Stunde, ihn endlich begriff und daß mir fast das Herz stehenblieb. Doch die Kinder in den Bänken, die spürten es wie ich. Sie blickten mich verwundert an. Sie antworteten brav. Sie hoben die Hand. Sie standen auf. Sie setzten sich. Es ging wie am Schnürchen. Die Professoren nickten wohlwollend. Und trotzdem war alles grundverkehrt. Und die Kinder wußten es. ›Der Jüngling auf dem Katheder‹, dachten sie, ›das ist kein Lehrer, und er wird nie ein richtiger Lehrer werden.‹ Und sie hatten recht.

Ich war kein Lehrer, sondern ein Lerner. Ich wollte nicht lehren, sondern lernen. Ich hatte Lehrer werden wollen, um möglichst lange ein Schüler bleiben zu können. Ich wollte Neues, immer wieder Neues aufnehmen und um keinen Preis Altes, immer wieder Altes weitergeben. Ich war hungrig, ich war kein Bäcker. Ich war wissensdurstig, ich war kein Schankwirt. Ich war ungeduldig und unruhig, ich war kein künftiger Erzieher. Denn Lehrer und Erzieher müssen ruhig und geduldig sein. Sie dürfen nicht an sich denken, sondern an die Kinder. Und sie dürfen Geduld nicht mit Bequemlichkeit verwechseln. Lehrer aus Bequemlichkeit gibt es genug. Echte, berufene, geborene Lehrer sind fast so selten wie Helden und Heilige.

Vor einigen Jahren unterhielt ich mich mit einem Basler Universitätsprofessor, einem berühmten Fachgelehrten. Er befand sich seit kurzem im Ruhestand, und ich fragte ihn, was er jetzt tue. Da blitzten seine Augen vor lauter Wonne, und er rief: »Ich studiere! Endlich hab ich dafür Zeit!« Er saß, siebzigjährig, Tag für Tag in den Hörsälen und lernte Neues. Er hätte der Vater der Dozenten sein können, denen er lauschte, und der Großvater der Studenten, zwischen denen er saß. Er war Mitglied vieler Akademien. Sein Name wurde in der ganzen Welt mit Respekt genannt. Er hatte sein Leben lang gelehrt, was er wußte. Nun endlich konnte er, was er nicht wußte, lernen. Er war im siebenten Himmel. Mochten andere über ihn lächeln und ihn für etwas wunderlich halten, – ich verstand ihn, als wär's mein großer Bruder.

Ich verstand den alten Herrn, wie dreißig Jahre früher meine Mutter mich verstand, als ich, noch in Feldgrau, vor sie hintrat und, bedrückt und schuldbewußt, sagte: »Ich kann nicht Lehrer werden!« Sie war eine einfache Frau, und sie war eine herrliche Mutter. Sie war bald fünfzig Jahre alt und hatte geschuftet und gespart, damit ich Lehrer werden könnte. Nun war es soweit. Nun fehlte nur noch ein Examen, das ich in ein paar Wochen spielend und mit Glanz bestanden haben würde. Dann konnte sie endlich aufatmen. Dann konnte sie die Hände in den Schoß legen. Dann konnte ich für mich selber sorgen. Und da sagte ich: »Ich kann nicht Lehrer werden!«

Es war in unserem großen Zimmer. Also in einer der zwei Stuben, die der Lehrer Schurig bewohnte. Paul Schurig saß schweigend auf dem grünen Sofa. Mein Vater lehnte schweigend am Kachelofen. Meine Mutter stand unter der Lampe mit dem grünen Seidenschirm und den Perlfransen und fragte: »Was möchtest du denn tun?« »Auf einem Gymnasium das Abitur machen und dann studieren«, sagte ich. Meine Mutter dachte einen Augenblick nach. Dann lächelte sie, nickte und sagte: »Gut, mein Junge! Studiere!«

Doch da hab ich schon wieder ins Rad der Zeit gegriffen. In die Speichen der Zukunft. Wieder bin ich dem Kalender voraus. Wieder hätte ich schreiben müssen: ›Das gehört noch gar nicht hierher!‹ Aber es wäre falsch. Manches, was man als Kind erlebt hat, erhält seinen Sinn erst nach vielen Jahren. Und vieles, was uns später geschieht, bliebe ohne die Erinnerung an unsre Kindheit so gut wie unverständlich. Unsere Jahre und Jahrzehnte greifen ineinander wie die Finger beim Händefalten. Alles hängt mit allem zusammen.

Der Versuch, die Geschichte einer Kindheit zu erzählen, wird zur Springprozession. Man springt voraus und zurück und voraus und zurück. Und die Leser, die Ärmsten, müssen mitspringen. Ich kann's nicht ändern. Auch kleine Seitensprünge sind unvermeidlich. So. Und nun springen wir wieder zwei Schritte zurück. In jene Zeit, da ich noch nicht in die Schule ging und trotzdem schon Lehrer werden wollte.

Wenn damals ein Junge aufgeweckt war und nicht der Sohn eines Arztes, Anwalts, Pfarrers, Offiziers, Kaufmanns oder Fabrikdirektors, sondern eines Handwerkers, Arbeiters oder Angestellten, dann schickten ihn die Eltern nicht aufs Gymnasium oder in die Oberrealschule und anschließend auf die Universität, denn das war zu teuer. Sondern sie schickten ihn ins Lehrerseminar. Das war wesentlich billiger. Der Junge ging bis zur Konfirmation in die Volksschule, und dann erst machte er seine Aufnahmeprüfung. Fiel er durch, wurde er Angestellter oder Buchhalter wie sein Vater. Bestand er die Prüfung, so war er sechs Jahre später Hilfslehrer, bekam Gehalt, konnte damit beginnen, die Eltern zu unterstützen, und hatte eine ›Lebensstellung mit Pensionsberechtigung‹.

Auch Tante Martha, die nächstjüngere Schwester meiner Mutter, meine Lieblingstante, war dafür. Sie hatte den Zigarrenvorarbeiter Richter geheiratet, ihn und die zwei Töchter aus erster Ehe, bekam ein eignes Kind, besaß einen Schrebergarten und sechs Hühner und war eine von Herzen heitere Frau. Sie hatte immer Sorgen und war immer lustig. Zwei der drei Töchter starben, im ersten Jahre nach dem Ersten Weltkrieg, am Hungertyphus. Obwohl wir doch so viele Fleischer in der Verwandtschaft hatten! Ihr starben eine der zwei Stieftöchter und die eigne Tochter, die blonde Helene. Doch da bin ich schon wieder zwei Schritte voraus!

Auch Tante Martha sagte also: »Laßt den Erich Lehrer werden. Die Lehrer haben es gut. Ihr seht es ja selbst. Schaut euch doch eure Mieter an. Den Franke und den Schurig. Und seine Freunde, die Tischendorfs!« Die Tischendorfs waren Paul Schurigs Freunde, und sie waren Lehrer wie er. Sie kamen oft zu Besuch. Sie saßen bei uns in der Küche. Oder sie beugten sich, im Vorderzimmer, über Landkarten und besprachen zu dritt ihre Pläne für die Sommerferien. Sie wurden, vier Wochen im Jahre, zu gewaltigen Bergsteigern. In Nagelschuhen, mit Eispickeln, Steigeisen, zusammengerollten Kletterseilen, Verbandszeug und überlebensgroßen Rucksäcken fuhren sie alljährlich in die Alpen, bestiegen den Mont Cenis, den Monte Rosa, die Marmolatagruppe oder den Wilden Kaiser. Sie schickten prächtigbunte Ansichtskarten in die Königsbrücker Straße. Und wenn sie, am Ferienende, heimkehrten, sahen sie aus wie blonde Neger. Tiefbraungebrannt, gewaltig, übermütig, hungrig wie die Wölfe. Die Dielen bogen sich unter ihren Nagelschuhen. Der Tisch bog sich unter den Tellern mit Wurst und Obst und Käse. Und die Balken bogen sich, wenn sie von ihren Gratwanderungen, Kamintouren und Gletscherspalten erzählten.

»Außerdem«, sagte Tante Martha, »haben sie Weihnachtsferien, Osterferien und Kartoffelferien. In der Zwischenzeit geben sie ein paar Stunden Unterricht, immer dasselbe, immer fürs gleiche Alter, korrigieren dreißig Hefte mit roter Tinte, gehen mit der Klasse in den Zoologischen Garten, erzählen den Kindern, daß die Giraffen lange Hälse haben, holen am Monatsersten ihr Gehalt ab und bereiten sich in aller Ruhe auf den Ruhestand vor.« Nun, so bequem und so gemütlich ist der Lehrerberuf ganz bestimmt nicht. So fidel war er auch damals nicht. Aber meine Tante Martha war nicht die einzige, die so dachte. So dachten viele. Und auch manche Lehrer dachten so. Nicht jeder war ein Pestalozzi.

Ich wollte also Lehrer werden. Nicht nur aus Bildungshunger. Auch sonst hatte ich einen gesunden Appetit. Und wenn ich meiner Mutter dabei half, für Herrn Schurig abends den Tisch zu decken, wenn ich den Teller mit drei Spiegeleiern auf Wurst und Schinken ins Vorderzimmer balancierte, dachte ich: ›So ein Lehrer hat es gar nicht schlecht.‹

Und der blonde Riese Schurig merkte überhaupt nicht, wie gern ich mein Abendbrot gegen seines eingetauscht hätte.

Das siebente Kapitel
Riesenwellen und Zuckertüten

Mit mir und unserem Buche geht es voran. Zur Welt gekommen bin ich schon. Das ist die Hauptsache. Ich bin bereits fotografiert worden, mit meinen Eltern in eine andre Wohnung gezogen und seitdem von Lehrern umgeben. Zur Schule gehe ich noch nicht. Ich habe die Lehrer im Haus. Aber es sind keine Hauslehrer. Sie bringen mir nicht das Einmaleins bei, nicht einmal das Kleinmaleins. Sondern ich bringe ihnen, auf vorgewärmten Tellern, brutzelnde Spiegeleier in unsere Gute Stube, die gar nicht unsere, sondern ihre Gute Stube ist. ›Wenn ich groß bin‹, denk ich, ›werd ich Lehrer. Dann les ich alle Bücher und eß alle Spiegeleier, die es gibt!‹

Ein Jahr, bevor ich zur Schule kam, wurde ich, mit knapp sechs Jahren, das jüngste Mitglied des Turnvereins ›zu Neu- und Antonstadt‹. Ich hatte meiner Mutter keine Ruhe gelassen. Sie war strikt dagegen gewesen. Ich sei noch zu klein. Ich hatte sie gequält, bestürmt, belästigt und umgaukelt. »Du mußt warten, bis du sieben Jahre alt bist«, hatte sie immer wieder geantwortet.

Und eines Tages standen wir, in der kleineren der zwei Turnhallen, vor Herrn Zacharias. Die Knabenriege machte gerade Freiübungen. Er fragte: »Wie alt ist denn der Junge?« »Sechs«, gab sie zur Antwort. Er sagte: »Du mußt warten, bis du sieben Jahre alt bist.« Da nahm ich die Hände, ordnungsgemäß zu Fäusten geballt, vor die Brust, sprang in die Grätsche und turnte ihm ein gymnastisches Solo vor! Er lachte. Die Knabenriege lachte. Die Halle hallte vor fröhlichem Gelächter. Und Herr Zacharias sagte zu meiner verdatterten Mama: »Also gut, kaufen Sie ihm ein Paar Turnschuhe! Am Mittwoch um drei ist die erste Stunde!« Ich war selig. Wir gingen ins nächste Schuhgeschäft. Abends wollte ich mit den Turnschuhen ins Bett. Am Mittwoch war ich eine Stunde zu früh in der Halle. Und was, glaubt ihr, war der Herr Zacharias von Beruf? Lehrer war er, natürlich. Seminarlehrer. Als Seminarist wurde ich sein Schüler. Und er lachte noch manches Mal, wenn er von unserer ersten Begegnung sprach.

Ich war ein begeisterter Turner, und ich wurde ein ziemlich guter Turner. Mit eisernen Hanteln, mit hölzernen Keulen, an Kletterstangen, an den Ringen, am Barren, am Reck, am Pferd, am Kasten und schließlich am Hochreck. Das Hochreck wurde mein Lieblingsgerät. Später, viel später. Ich genoß die Schwünge, Kippen, Stemmen, Hocken, Grätschen, Kniewellen, Flanken und, aus dem schwungvollen Kniehang, das Fliegen durch die Luft mit der in Kniebeuge und Stand abschließenden Landung auf der Kokosmatte. Es ist herrlich, wenn der Körper, im rhythmischen Schwung, leichter und leichter wird, bis er fast nichts mehr zu wiegen scheint und, nur von den Händen schmiegsam festgehalten, in eleganten und phantasievollen Kurven eine biegsam feste Eisenstange umtanzt!

Ich wurde ein ziemlich guter Turner. Ich glänzte beim Schauturnen. Ich wurde Vorturner. Aber ein sehr guter Turner wurde ich nicht. Denn ich hatte Angst vor der Riesenwelle! Ich wußte auch, warum. Ich war einmal dabeigewesen, als ein anderer während einer Riesenwelle, in vollem Schwung, den Halt verlor und kopfüber vom Hochreck stürzte. Die Kameraden, die zur Hilfestellung bereitstanden, konnten ihn nicht auffangen. Er wurde ins Krankenhaus gebracht. Und die Riesenwelle und ich gingen einander zeitlebens aus dem Wege. Das war eigentlich eine rechte Blamage, und wer blamiert sich schon gern? Doch es half nichts. Ich bekam die Angst vor der Riesenwelle nicht aus den Kleidern. Und so war mir die Blamage immer noch ein bißchen lieber als ein Schädelbruch. Hatte ich recht? Ich hatte recht.

Ich wollte turnen und turnte, weil es mich freute. Ich wollte kein Held sein oder werden. Und ich bin auch keiner geworden. Kein falscher Held und kein echter Held. Wißt ihr den Unterschied? Falsche Helden haben keine Angst, weil sie keine Phantasie haben. Sie sind dumm und haben keine Nerven. Echte Helden haben Angst und überwinden sie. Ich habe manches liebe Mal im Leben Angst gehabt und sie, weiß Gott, nicht jedesmal überwunden. Sonst wäre ich heute vielleicht ein echter und sicherlich ein toter Held. Nun will ich mich allerdings auch nicht schlechter machen, als ich bin. Zuweilen hielt ich mich ganz wacker, und das war mitunter gar nicht so einfach. Doch die Heldenlaufbahn als Hauptberuf, das wäre nichts für mich gewesen.

Ich turnte, weil meine Muskeln, meine Füße und Hände, meine Arme und Beine und der Brustkorb spielen und sich bilden wollten. Der Körper wollte sich bilden wie der Verstand. Beide verlangten, gleichzeitig und gemeinsam, ungeduldig danach, geschmeidig zu wachsen und, wie gesunde Zwillinge, gleich groß und kräftig zu werden. Mir taten alle Kinder leid, die gern lernten und ungern turnten. Ich bedauerte alle Kinder, die gern turnten und nicht gern lernten. Es gab sogar welche, die weder lernen noch turnen wollten! Sie bedauerte ich am meisten. Ich wollte beides brennend gern. Und ich freute mich schon auf den Tag, an dem ich zur Schule kommen sollte. Der Tag kam, und ich weinte.

Die 4. Bürgerschule in der Tieckstraße, unweit der Elbe, war ein vornehm düsteres Gebäude mit einem Portal für die Mädchen und einem für die Knaben. In jener Zeit sahen alle Schulen düster aus, dunkelrot oder schwärzlich-grau, steif und unheimlich. Wahrscheinlich waren sie von denselben Baumeistern gebaut worden, die auch die Kasernen gebaut hatten. Die Schulen sahen aus wie Kinderkasernen. Warum den Baumeistern keine fröhlicheren Schulen eingefallen waren, weiß ich nicht. Vielleicht sollten uns die Fassaden, Treppen und Korridore denselben Respekt einflößen wie der Rohrstock auf dem Katheder. Man wollte wohl schon die Kinder durch Furcht zu folgsamen Staatsbürgern erziehen. Durch Furcht und Angst, und das war freilich ganz verkehrt.

Mich erschreckte die Schule nicht. Ich kannte keine heiteren Schulhäuser. Sie mußten wohl so sein. Und der gemütlich dicke Lehrer Bremser, der die Mütter, Väter und ABC-Schützen willkommen hieß, erschreckte mich schon gar nicht. Ich wußte von daheim, daß auch die Lehrer lachen konnten, Spiegeleier aßen, an die Großen Ferien dachten und ihr Nachmittagsschläfchen hielten. Da war kein Grund zum Zittern.

Herr Bremser setzte uns, der Größe nach, in die Bankreihen und notierte sich die Namen. Die Eltern standen, dichtgedrängt, an den Wänden und in den Gängen, nickten ihren Söhnen ermutigend zu und bewachten die Zuckertüten. Das war ihre Hauptaufgabe. Sie hielten kleine, mittelgroße und riesige Zuckertüten in den Händen, verglichen die Tütengrößen und waren, je nachdem, neidisch oder stolz. Meine Zuckertüte hättet ihr sehen müssen! Sie war bunt wie hundert Ansichtskarten, schwer wie ein Kohleneimer und reichte mir bis zur Nasenspitze! Ich saß vergnügt auf meinem Platz, zwinkerte meiner Mutter zu und kam mir vor wie ein Zuckertütenfürst. Ein paar Jungen weinten herzzerbrechend und rannten zu ihren aufgeregten Mamas.

Doch das ging bald vorüber. Herr Bremser verabschiedete uns; und die Eltern, die Kinder und die Zuckertüten stiefelten gesprächig nach Hause. Ich trug meine Tüte wie eine Fahnenstange vor mir her. Manchmal setzte ich sie ächzend aufs Pflaster. Manchmal griff meine Mutter zu. Wir schwitzten wie die Möbelträger. Auch eine süße Last bleibt eine Last.

So wanderten wir mit vereinten Kräften durch die Glacisstraße, die Bautzener Straße, über den Albertplatz und in die Königsbrücker Straße hinein. Von der Luisenstraße an ließ ich die Tüte nicht mehr aus den Händen. Es war ein Triumphzug. Die Passanten und Nachbarn staunten. Die Kinder blieben stehen und liefen hinter uns her. Sie umschwärmten uns wie die Bienen, die Honig wittern. »Und nun zu Fräulein Haubold!« sagte ich hinter meiner Tüte.

Fräulein Haubold führte die in unserm Hause befindliche Filiale der stadtbekannten Färberei Märksch, und ich verbrachte manche Stunde in dem stillen, sauberen Laden. Es roch nach frischer Wäsche, nach chemisch gereinigten Glacéhandschuhen und nach gestärkten Blusen. Fräulein Haubold war ein älteres Fräulein, und wir mochten einander sehr gern. Sie sollte mich bewundern. Ihr wie keinem sonst gebührte der herrliche Anblick. Das war selbstverständlich.

Meine Mutter öffnete die Tür. Ich stieg, die Zuckertüte mit der seidnen Schleife vorm Gesicht, die Ladenstufe hinauf, stolperte, da ich vor lauter Schleife und Tüte nichts sehen konnte, und dabei brach die Tütenspitze ab! Ich erstarrte zur Salzsäule. Zu einer Salzsäule, die eine Zuckertüte umklammert. Es rieselte und purzelte und raschelte über meine Schnürstiefel. Ich hob die Tüte so hoch, wie ich irgend konnte. Das war nicht schwer, denn sie wurde immer leichter. Schließlich hielt ich nur noch einen bunten Kegelstumpf aus Pappe in den Händen, ließ ihn sinken und blickte zu Boden. Ich stand bis an die Knöchel in Bonbons, Pralinen, Datteln, Osterhasen, Feigen, Apfelsinen, Törtchen, Waffeln und goldenen Maikäfern. Die Kinder kreischten. Meine Mutter hielt die Hände vors Gesicht. Fräulein Haubold hielt sich an der Ladentafel fest. Welch ein Überfluß! Und ich stand mittendrin.

Auch über Schokolade kann man weinen. Auch wenn sie einem selber gehört. – Wir stopften das süße Strandgut und Fallobst in den schönen, neuen, braunen Schulranzen und wankten durch den Laden und die Hintertür ins Treppenhaus und, treppauf, in die Wohnung. Tränen verdunkelten den Kinderhimmel. Die Fracht der Zuckertüte klebte im Schulranzen. Aus zwei Geschenken war eines geworden. Die Zuckertüte hatte meine Mutter gekauft und gefüllt. Den Ranzen hatte mein Vater gemacht. Als er abends heimkam, wusch er ihn sauber. Dann nahm er sein blitzscharfes Sattlermesser zur Hand und schnitt für mich ein Täschchen zu. Aus dem gleichen unverwüstlichen Leder, woraus der Ranzen gemacht worden war. Ein Täschchen mit einem langen verstellbaren Riemen. Zum Umhängen. Fürs Frühstück. Für die Schule.

Der Schulweg war eine schwierigere Angelegenheit als die Schule selber. Denn im Klassenzimmer gab es nur einen einzigen Erwachsenen, den Lehrer Bremser. Er durfte dort sein, weil er dort sein mußte. Ohne ihn hätte man die Buchstaben und die Ziffern, das ABC und das Kleinmaleins ja gar nicht lernen können. Aber daß einen die Mutter bei der Hand nahm und bis zum Schulportal transportierte, das war ausgesprochen lästig. Man war doch, mit seinen sieben Jahren, kein kleines Kind mehr! Oder wagte dies etwa irgend jemand zu behaupten? Frau Kästner wagte es. Sie war eine tapfere Frau. Doch sie wagte es nur acht Tage lang. Denn sie war eine gescheite Mutter. Sie gab nach. Und ich spazierte, mit Ranzen und Frühstückstasche bewaffnet, stolz und allein, jeder Zoll ein Mann, morgens in die Tieckstraße und mittags wieder nach Hause. Ich hatte gesiegt, hurra!

Viele Jahre später hat mir meine Mutter erzählt, was damals in Wirklichkeit geschah. Sie wartete, bis ich aus dem Hause war. Dann setzte sie sich rasch den Hut auf und lief heimlich hinter mir her. Sie hatte schreckliche Angst, mir könne unterwegs etwas zustoßen, und sie wollte meinen Drang zur Selbständigkeit nicht behindern. So verfiel sie darauf, mich auf dem Schulwege zu begleiten, ohne daß ich es wußte. Wenn sie befürchtete, ich könne mich umdrehen, sprang sie rasch in eine Haustür oder hinter eine Plakatsäule. Sie versteckte sich hinter großen, dicken Leuten, die den gleichen Weg hatten, lugte an ihnen vorbei und ließ mich nicht aus den Augen. Der Albertplatz mit seinen Straßenbahnen und Lastfuhrwerken war ihre größte Sorge. Doch völlig beruhigt war sie erst, wenn sie, von der Ecke Kurfürstenstraße aus, mich in der Schule verschwinden sah. Dann atmete sie auf, schob sich den Hut zurecht und ging, diesmal hübsch gesittet und ohne Indianermethoden, nach Hause. Nach einigen Tagen gab sie ihr Morgenmanöver auf. Die Angst, ich könne unvorsichtig sein, war verflogen.

Dafür verblieb ihr ein anderer kleiner Kummer: mich früh und beizeiten aus dem Bett zu bringen. Das war keine leichte Aufgabe, besonders im Winter, wenn es draußen noch dunkel war. Sie hatte sich einen melodischen Weckruf ausgedacht. Sie sang: »Eeerich – auaufstehn – in die Schuuule gehn!« Und sie sang es so lange, bis ich, knurrend und augenreibend, nachgab. Wenn ich die Augen schließe, hör ich den zunächst vergnügten, dann immer bedrohlicher werdenden Singsang heute noch. Übrigens, geholfen hat das Liedchen nichts. Noch heute finde ich nicht aus den Federn.

Ich überlege mir eben, was ich wohl dächte, wenn ich morgen früh in der Stadt spazierenginge, und plötzlich spränge vor mir eine hübsche junge Frau hinter eine Plakatsäule! Wenn ich ihr neugierig folgte und sähe, wie sie, bald langsam, bald schnell, hinter dicken Leuten hergeht, in Haustore hüpft und hinter Straßenecken hervorlugt! Und was dächte ich, wenn ich merkte, sie verfolgt einen kleinen Jungen, der, brav nach links und rechts blickend, Straßen und Plätze überquert? Dächt ich: ›Die Ärmste ist übergeschnappt?‹ Oder: ›Beobachte ich eine Tragödie?‹ Oder: ›Wird hier ein Film gedreht?‹

Nun, ich wüßte ja Bescheid. Aber kommt dergleichen heute noch vor? Ich habe keine Ahnung. Denn ich bin ja kein Frühaufsteher.

In der Schule selber gab es keine Schwierigkeiten. Außer einer einzigen. Ich war sträflich unaufmerksam. Es ging mir zu langsam voran. Ich langweilte mich. Deshalb knüpfte ich mit den Nachbarn neben, vor und hinter mir launige Unterhaltungen an. Junge Männer im Alter von sieben Jahren haben einander begreiflicherweise viel zu erzählen. Herr Bremser, so gemütlich er im Grunde war, empfand meine Plauderlust als durchaus störend. Sein Versuch, aus etwa dreißig kleinen Dresdnern brauchbare Alphabeten zu machen, litt empfindlich darunter, daß ein Drittel der Klasse außerdienstliche Gespräche führte, und ich war der Anstifter. Eines Tages riß ihm der Geduldsfaden, und er erklärte ärgerlich, er werde, wenn ich mich nicht bessere, meinen Eltern einen Brief schreiben.

Als ich mittags heimkam, berichtete ich die interessante Neuigkeit. »Wenn das nicht endlich anders wird«, sagte ich, noch im Korridor und während ich den Ranzen vom Rücken nahm, »wird er einen Brief schreiben. Seine Geduld ist am Ende.« Die Mama fand meinen Lagebericht und die Gelassenheit, womit ich ihn vortrug, erschreckend. Sie redete mir gewaltig ins Gewissen. Ich versprach ihr, mich zu bessern. Daß ich nun, mit einem Schlag und immerzu, aufmerksam sein werde, dafür könne ich nicht garantieren, aber die anderen Schüler wolle ich künftig nicht mehr stören. Das war ein faires Angebot.

Und am kommenden Tage ging meine Mutter heimlich zu Herrn Bremser. Als sie ihm alles erzählt hatte, lachte er. »Nein, so etwas!« rief er. »Ein komischer Junge! Jeder andre würde hübsch abwarten, bis der Brief bei den Eltern einträfe!« »Mein Erich verschweigt mir nichts«, gab Frau Kästner stolz zur Antwort. Herr Bremser wiegte den Kopf hin und her und sagte nur: »Soso.« Und dann fragte er: »Weiß er schon, was er später einmal werden will?« »O ja«, meinte sie, »Lehrer!« Da nickte er und sagte: »Gescheit genug ist er.«

Nun, von dieser Unterhaltung im Lehrerzimmer erfuhr ich damals nichts. Ich hielt mein Wort. Ich störte den Unterricht nicht mehr. Ich versuchte sogar, möglichst aufmerksam zu sein, obwohl ich diesbezüglich keine bindenden Zusagen abgegeben hatte. Dabei fällt mir ein, daß ich auch heute noch so handle. Ich verspreche lieber zu wenig als zu viel. Und ich halte lieber mehr, als ich versprochen habe. Meine Mutter pflegte zu sagen: »Jeder Mensch ist anders albern.«

Wenn ein Kind lesen gelernt hat und gerne liest, entdeckt und erobert es eine zweite Welt, das Reich der Buchstaben. Das Land des Lesens ist ein geheimnisvoller, unendlicher Erdteil. Aus Druckerschwärze entstehen Dinge, Menschen, Geister und Götter, die man sonst nicht sehen könnte. Wer noch nicht lesen kann, sieht nur, was greifbar vor seiner Nase liegt oder steht: den Vater, die Türklingel, den Laternenanzünder, das Fahrrad, den Blumenstrauß und, vom Fenster aus, vielleicht den Kirchturm. Wer lesen kann, sitzt über einem Buch und erblickt mit einem Male den Kilimandscharo oder Karl den Großen oder Huckleberry Finn im Gebüsch oder Zeus als Stier, und auf seinem Rücken reitet die schöne Europa. Wer lesen kann, hat ein zweites Paar Augen, und er muß nur aufpassen, daß er sich dabei das erste Paar nicht verdirbt.

Ich las und las und las. Kein Buchstabe war vor mir sicher. Ich las Bücher und Hefte, Plakate, Firmenschilder, Namensschilder, Prospekte, Gebrauchsanweisungen und Grabinschriften, Tierschutzkalender, Speisekarten, Mamas Kochbuch, Ansichtskartengrüße, Paul Schurigs Lehrerzeitschriften, die ›Bunten Bilder aus dem Sachsenlande‹ und die klitschnassen Zeitungsfetzen, worin ich drei Stauden Kopfsalat nach Hause trug.

Ich las, als wär es Atemholen. Als wär ich sonst erstickt. Es war eine fast gefährliche Leidenschaft. Ich las, was ich verstand und was ich nicht verstand. »Das ist nichts für dich«, sagte meine Mutter, »das verstehst du nicht!« Ich las es trotzdem. Und ich dachte: ›Verstehen denn die Erwachsenen alles, was sie lesen?‹ Heute bin ich selber erwachsen und kann die Frage sachverständig beantworten: Auch die Erwachsenen verstehen nicht alles. Und wenn sie nur läsen, was sie verstünden, hätten die Buchdrucker und die Setzer in den Zeitungsgebäuden Kurzarbeit.

Das achte Kapitel
Der ungefähre Tageslauf eines ungefähr Achtjährigen

Auch vor fünfzig Jahren hatte der Tag nur vierundzwanzig Stunden, und zehn davon mußte ich schlafen. Die restliche Zeit war ausgefüllt wie der Terminkalender eines Generaldirektors. Ich lief in die Tieckstraße und lernte. Ich ging in die Alaunstraße und turnte. Ich saß in der Küche und machte meine Schularbeiten, wobei ich achtgab, daß die Kartoffeln nicht überkochten. Ich aß mittags mit meiner Mutter, abends mit beiden Eltern und mußte lernen, die Gabel in die linke und das Messer in die rechte Hand zu nehmen. Das hatte seine Schwierigkeiten, denn ich war und bin ein Linkshänder. Ich holte ein und mußte lange warten, bis ich an die Reihe kam, weil ich ein kleiner Junge war und mich nicht vordrängte. Ich begleitete die Mama in die Stadt und mußte neben ihr an vielen Schaufenstern stehenbleiben, deren Auslagen mich ganz und gar nicht interessierten. Ich spielte mit Försters Fritz und Großhennigs Erna in diesem oder jenem Hinterhof. Ich spielte mit ihnen und Kießlings Gustav am Rande des Hellers, zwischen Kiefern, Sand und Heidekraut, Räuber und Gendarm oder Trapper und Indianer. Ich unterstützte, am Bischofsplatz, die Königsbrücker Bande gegen die gefürchtete Hechtbande, eine Horde kampflustiger Flegel aus der Hechtstraße. Und ich las. Und las. Und las.

Erwachsene brächten so viel nicht zustande. Während ich an einem Buche schreibe, find ich keine Zeit, Bücher zu lesen. Versuch ich es trotzdem, kommt der Schlaf zu kurz. Schlaf ich mich aber aus, so verspäte ich mich bei der Verabredung im Hotel ›Vier Jahreszeiten‹. Dadurch gerät der übrige Tagesplan ins Rutschen. Die Sekretärin muß eine halbe Stunde warten, bis ich endlich in meinem Stammcafé anlange, um dringende Briefe zu diktieren. Und wenn ich das, oder wenigstens die Hälfte, erledigt habe, verspät ich mich im Kino. Oder ich gehe gar nicht erst hin. Die Zeit und ich kommen miteinander nicht mehr zurecht. Sie ist zu knapp und zu kurz geworden, wie eine Bettdecke, die beim Waschen eingelaufen ist.

Kinder bringen viel mehr zuwege. Und ganz nebenbei wachsen sie auch noch! Manche schießen wie die Spargel in die Höhe. Das tat ich allerdings nicht. Meine Leistungen im Lernen, Lesen, Turnen, Einkaufen und Kartoffelschälen übertrafen meine Fähigkeiten im Wachsen bei weitem. Als ich, zum vorläufig letzten Mal, an der Meßlatte stand, sagte der Sanitätsfeldwebel zu dem Sanitätsgefreiten, der das Maß in meinem Wehrpaß eintrug: »1,68 m!« Das ist kaum der Rede wert. Aber auch Cäsar, Napoleon und Goethe waren klein. Und Adolf Menzel, der große Maler und Zeichner, war noch viel kleiner! Wenn er saß, glaubte man, er stehe. Und wenn er vom Stuhl aufstand, dachte man, er setze sich. Unter den großen Männern gibt es viele kleine Leute, man muß nicht verzweifeln.

Ich ging sehr gern zur Schule und habe, in meiner gesamten Schulzeit, keinen Tag gefehlt. Es grenzte an Rekordhascherei. Ich marschierte morgens mit dem Ranzen los, ob ich gesund oder stockheiser war, ob mir die Mandeln wehtaten oder die Zähne, ob ich Bauchschmerzen hatte oder einen Furunkel auf der Sitzfläche. Ich wollte lernen und nicht einen Tag versäumen. Bedenklichere Krankheiten verlegte ich in die Ferien. Ein einziges Mal hätte ich beinahe kapituliert. Daran war ein Unfall schuld, und der kam so zustande:

Ich war, an einem Sonnabend, im Turnverein gewesen, hatte auf dem Heimweg bei der klitzekleinen Frau Stamnitz ein paar Sonntagsblumen besorgt und hörte, als ich den Hausflur betrat, wie ein paar Stockwerke höher die Treppen mit der Wurzelbürste gescheuert wurden. Da ich wußte, daß meine Mutter, laut Hausordnung, am Scheuern war, sprang ich, drei Stufen auf einmal nehmend, treppauf, rief laut und fröhlich: »Mama!«, rutschte aus und fiel, noch im Rufen und deshalb mit offnem Mund, aufs Kinn. Die Treppenstufen waren aus Granit. Meine Zunge nicht.

Es war eine gräßliche Geschichte. Ich hatte mir die Zungenränder durchgebissen. Näheres konnte Sanitätsrat Zimmermann, der freundliche Hausarzt mit dem Knebelbart, zunächst nicht sagen, denn die Zunge war dick geschwollen und füllte die Mundhöhle wie ein Kloß. Wie ein teuflisch schmerzender und keineswegs schmackhafter Kloß! Womöglich, sagte Doktor Zimmermann, werde man die Wunden nähen müssen, denn die Zunge sei ein fürs Sprechen, Essen und Trinken unentbehrlicher Muskel. Die Zunge nähen! Meine Eltern und ich fielen fast in Ohnmacht. Und auch der Doktor Zimmermann fühlte sich nicht zum besten. Er kannte mich, seit ich auf der Welt war, und hätte sich die Zunge lieber selber mit Nadel und Faden zusammenflicken lassen als mir. Zunächst verordnete er Bettruhe und Kamillentee. Es wurde keine erfreuliche Nacht. Kaum zehn Tropfen Kamillentee hatten im Munde Platz. Schluckbewegungen waren unmöglich. Von Schlaf konnte nicht die Rede sein. Daran änderte sich auch am Sonntag nichts.

Aber am Montagmorgen ging ich, mit wackligen Knien und gegen den Willen der Eltern und des Arztes, in die Schule! Niemand hätte mich aufhalten können. Meine Mutter lief, besorgt und erschöpft, neben mir her, erzählte dem Lehrer, was geschehen sei, bat ihn, auf mich ein Auge zu haben, und verließ, nach einem letzten Blick auf mein verquollenes Gesicht, das völlig verblüffte Klassenzimmer.

Die Heilung dauerte sechs Wochen. Drei Wochen lang lebte ich von Milch, die ich mühsam mit einem Glasröhrchen trank. Drei Wochen ernährte ich mich von Milch mit eingebrocktem Zwieback. In den Frühstückspausen saß ich allein im Klassenzimmer, verzog beim Schlucken das Gesicht und lauschte dem Lärm und dem Lachen, die vom Schulhof heraufdrangen. Während des Unterrichts blieb ich stumm. Manchmal, wenn niemand sonst die Antwort wußte, schrieb ich sie auf einen Zettel und brachte ihn zum Katheder.

Die Zunge mußte nicht genäht werden. Sie schwoll langsam ab. Nach anderthalb Monaten konnte ich wieder essen und sprechen. Zwei Narben blieben, links und rechts, zurück, und ich habe sie heute noch. Sie sind im Laufe der Jahrzehnte kleiner geworden und der Zungenwurzel nähergerückt. Aber verlangt nur nicht, daß ich euch die Narben zeige! Ich strecke meinen Lesern nicht die Zunge heraus.

Der Weg zum Heller, wo wir im Sommer spielten, war nicht weit, und doch war es, aus dem Wirrwarr der Straßen heraus, der Weg in eine andere Welt. Wir pflückten Blaubeeren. Das Heidekraut duftete. Die Wipfel der Kiefern bewegten sich lautlos. Der müde Wind trug, aus der Militärbäckerei, den Geruch von frischem, noch warmem Kommißbrot zu uns herüber. Manchmal ratterte der Bummelzug nach Klotzsche über die Gleise. Oder zwei bewaffnete Soldaten brachten einen Trupp verdrossener Häftlinge vom Arbeitskommando ins Militärgefängnis zurück. Sie trugen Drillich, hatten an der Mütze keine Kokarden, und unter ihren Knobelbechern knirschte der Sand.

Wir sahen, wie sie die Bahnüberführung kreuzten und im Gefängnis verschwanden. Manche Zellenfenster waren vergittert, andre mit dunkelbraunem Bretterholz so vernagelt, daß nur von oben ein bißchen Tageslicht in die Zellen sickern konnte. Hinter den verschalten Fenstern, hatten wir gehört, hockten die Schwerverbrecher. Sie sahen die Sonne nicht, die Kiefern nicht und auch uns nicht, die vom Indianerspiel ermüdeten Kinder im blühenden Heidekraut. Aber sie hörten es wie wir, wenn am Bahnwärterhäuschen das Zugsignal läutete. Was mochten sie verbrochen haben? Wir wußten es nicht.

Die Glöckchen der Erikablüten und das Kommißbrot dufteten. Das Zugsignal läutete. Der Bahnwärter, der seine Blumen gegossen hatte, setzte die Dienstmütze auf und erwartete, in strammer Haltung, den nächsten Zug. Der Zug schnaufte vorbei. Wir winkten, bis er in der Kurve verschwand. Dann gingen wir nach Hause. Zurück in unsre Mietskasernen. Die Eltern, die Königsbrücker Straße und das Abendbrot warteten schon.

Sonst spielten wir in den Hinterhöfen, turnten an den Teppichstangen und ließen uns, aus den Küchenfenstern, die Vesperbrote herunterwerfen. Es war wie im Märchen, wenn sie, in

Papier gewickelt, durch die Luft trudelten und auf dem Hofpflaster aufklatschten. Es war, als fiele Manna vom Himmel, obwohl es Brote mit Leberwurst und Schweineschmalz waren. Ach, wie sie schmeckten! Nie im Leben hab ich etwas Besseres gegessen, nicht im Baur au Lac in Zürich und nicht im Hotel Ritz in London. Und es hülfe wohl auch nichts, wenn ich künftig den Chefkoch bäte, mir die getrüffelte Gänseleberpastete aus dem Fenster auf die Hotelterrasse zu werfen. Denn sogar wenn er es, gegen ein beträchtliches Trinkgeld, täte – Brote mit Schweineschmalz waren es deshalb noch lange nicht.

Bei Regen spielten wir im Hausflur oder, über Fleischer Kießlings Pferdestall, auf dem Futterboden, wo es nach Häcksel, Heu und Kleie roch. Oder wir enterten den Lieferwagen, knallten mit der Peitsche und jagten ratternd und rumpelnd über die Prärie. Oder wir plauderten mit dem stampfenden Pferd im Stall. Manchmal besuchten wir auch Gustavs Vater, den Herrn Fleischermeister, im Schlachthaus, wo er mit dem Gesellen zwischen hölzernen Mulden, Schweinsdärmen und Wurstkesseln hantierte. Wir bevorzugten die Freitage. Da wurde frische Blut- und Leberwurst gekocht, gerührt und abgefaßt, und wir durften sachverständig kosten. Unser Sachverständnis war über jeden Zweifel erhaben. Auch auf dem Spezialgebiet ›Warme Knoblauchwurst‹.

Noch jetzt, an meiner Schreibmaschine, läuft mir das Wasser im Munde zusammen. Aber das hilft mir nichts. Es gibt keine warme Knoblauchwurst mehr. Sie ist ausgestorben. Auch in Sachsen. Vielleicht haben sich die Fleischermeister meiner Kindheit mit dem Rezept im Bratenrock begraben lassen? Das wäre ein schwerer Verlust für die Kulturwelt.

Eine Zeitlang frönte ich dem Billardspiel. Der Vater eines Schulkameraden hatte, in der Nähe des Johannstädter Ufers, eine Gastwirtschaft. Nachmittags war sie leer, der Vater machte oben in der Wohnung sein Schläfchen, und nur die Kellnerin paßte auf, ob womöglich doch ein verirrter und durstiger Wanderer einträte. Sie spülte hinter der Theke Gläser, machte uns Zuckerbier oder einfaches Bier mit Himbeersaft zurecht, stiftete jedem von uns beiden einen langen Holzlöffel zum Umrühren, und dann zogen wir uns dezent ins Vereinszimmer zurück. Hier stand ein Billard!

Wir hängten unsere Jacken über Stühle, denn die Haken am Garderobenständer waren für uns zu hoch. Wir suchten uns an der Wand die kleinsten Billardstöcke aus und stellten uns beim Einkreiden auf die Zehenspitzen. Denn die Queues waren zu lang, und zu dick und zu schwer waren sie außerdem. Es war ein mühsames Geschäft. Das Billard war zu hoch und zu breit. Die Elfenbeinkugeln kamen nicht richtig in Fahrt. Bei raffinierten Effetstößen lagen wir mit dem Bauch auf dem Brett, und unsere Beine zappelten in der Luft. Wer das Resultat auf die Schiefertafel schreiben wollte, mußte auf einen Stuhl steigen. Wir quälten uns wie Gulliver im Lande der Riesen ab, und eigentlich hätten wir über uns lachen sollen. Doch wir lachten keineswegs, sondern benahmen und bewegten uns ernst und gemessen, wie erwachsene Männer beim Turnier um die Mitteldeutsche Billardmeisterschaft. Dieser Ernst machte uns sehr viel Spaß.

Bis wir eines Tages ein Loch in das grüne Tuch stießen! Ich weiß nicht mehr, wer der Pechvogel war, ob er oder ich, doch daß ein großer dreieckiger Riß in dem kostbaren Tuche klaffte, das weiß ich noch. Ich schlich zerknirscht von dannen. Der Schulfreund erhielt, noch am gleichen Abend, von kundiger Vaterhand die erwarteten Prügel. Und mit unseren Billardturnieren samt Zuckerbier war es für alle Zeit vorbei. Den Namen der Gastwirtschaft und der Straße, sogar den des Schulfreundes hab ich vergessen. Er ist durch das große, grobe Sieb gefallen. Wohin? Ins Leere, das leerbleibt, so viel auch hineinfällt? Das Gedächtnis ist ungerecht.

Kinder spielen unbändig gerne Theater. Kleine Mädchen legen ihre Puppen trocken und zanken sie aus. Kleine Jungen stülpen sich Aluminiumtöpfe aufs Haupt, senken die Stimme und sind, mit einem Schlage, kühne Ritter und allmächtige Kaiser. Und auch die Erwachsenen verkleiden und verstellen sich gern. Besonders im Februar. Dann kaufen, leihen oder nähen sie sich

Kostüme, tanzen als Odalisken, Marsmenschen, Neger, Apachen und Zigeunerinnen durch die Ballsäle und benehmen sich ganz, ganz anders, als sie in Wirklichkeit sind.

Dieses heitere Talent war und ist mir fremd. Ich kann, wie es heißt, nicht aus meiner Haut heraus. Ich kann Figuren erfinden, doch ich mag sie nicht darstellen. Ich liebe das Theaterspielen von Herzen, aber als Zuschauer. Und wenn ich mir zum Karneval, um nur ja niemandem den Spaß zu verderben, einen Bart klebe und als Kaiser Wilhelm mitgehe, stehe und sitze ich wie ein Ölgötze im Saal herum und spiele nicht mit, sondern schaue zu. Bin ich zu schüchtern? Bin ich zu nüchtern? Ich weiß es nicht genau.

Nun, es muß auch Zuschauer geben! Wenn niemand im Parkett säße, brauchten die Schauspieler ihre Perücken und Kronen gar nicht erst aufzusetzen. Sie müßten ihre Schminkschatullen ins Leihhaus tragen und einen Beruf ergreifen, der ohne Zuschauer auskommt. Ein wahres Glück also, daß es mich und meinesgleichen gibt!

Meine Laufbahn als Zuschauer begann sehr früh, und der Zeitpunkt war ein Zufall. Ich war sieben oder acht Jahre alt, als meine Mutter bei Frau Wähner, ihrer Putzmacherin, eine gewisse Frau Gans kennenlernte und sich mit ihr anfreundete. Frau Gans war eine imposante Dame. Sie wirkte, ihrem Namen zum Trotz, eher wie ein Schwan oder ein Pfau, war mit einem Theatermanne befreundet und hatte zwei kleine Töchter. Die ältere war sanft und bildschön, lag meist krank im Bett und starb, sanft und schön, schon als Kind. Die andere Tochter hieß Hilde und war weder schön noch sanft, sondern hatte, stattdessen, ein Temperament wie ein Gala-Riesenfeuerwerk. Dieses wilde Temperament platzte ihr aus allen Nähten, war unbezähmbar und stürmte, wie zwischen zwei hohen Mauern, auf ein einziges Ziel los: aufs Theaterspielen.

Die kleine Hilde Gans spielte Theater, wo sie ging und stand. Sie spielte ohne Publikum. Sie spielte mit Publikum. Und das Publikum bestand, wenn wir in der Kurfürstenstraße zu Besuch waren, aus vier Personen: aus ihrer und meiner Mutter, aus mir und ihrer bettlägerigen Schwester. Die Vorstellung begann damit, daß sie zunächst die Kassiererin spielte und uns Eintrittskarten verkaufte. Sie hockte, im Kopftuch, zwischen dem Schlaf- und Wohnzimmer in der offenen Tür und händigte uns, gegen angemessene Bezahlung, bekritzelte Papierschnitzel aus. Der Erste Platz kostete zwei Pfennige, der Zweite Platz einen Pfennig.

Der Preisunterschied wäre eigentlich gar nicht nötig gewesen. Denn die Schwester blieb sowieso im Bett, und die restlichen drei Zuschauer hätten es sehr ungeschickt anstellen müssen, wenn sie einander die Aussicht hätten verderben wollen. Aber Ordnung mußte sein, und Hilde schickte, als Platzanweiserin, jeden, der nur einen Pfennig gezahlt hatte, unnachsichtig in die zweite Stuhlreihe. Als Platzanweiserin trug sie übrigens kein Kopftuch, sondern eine weiße Haarschleife.

Sobald wir saßen, begann die Vorstellung. Das Ensemble bestand nur aus der Künstlerin Hilde Gans. Doch das machte nichts. Sie spielte alle Rollenfächer. Sie spielte Greise, Kinder, Helden, Hexen, Feen, Mörder und holde Jungfrauen. Sie verkleidete und verwandelte sich auf offener Bühne. Sie sang, sprang, tanzte, lachte, schrie und weinte, daß das Wohnzimmer zitterte. Die Eintrittspreise waren nicht zu hoch! Wir bekamen für unser teures Geld wahrhaftig allerlei geboten! Und aus dem Schlafzimmer hörten wir ab und zu das hüstelnde, dünne Lachen der sanften, kranken Schwester.

Der mit Frau Gans, der Mutter der jungen Künstlerin, befreundete Theaterfachmann, selber ein Künstler von ehemals hohen Graden, hatte mit der Verwaltung der beiden Bühnen des Dresdner ›Volkswohls‹ zu tun. Die eine Bühne hieß das ›Naturtheater‹ und lag, von einem hohen gebeizten Bretterzaun umschlossen, unter freiem Himmel mitten im Wald. Hier wurde an drei Nachmittagen der Woche gespielt. Man saß, im Halbrund, auf primitiven Holzbänken und erfreute sich an Märchen, handfesten Volksstücken, Lustspielen und Schwänken. Es roch nach Kiefernadeln. Ameisen krabbelten strumpfauf. Zaungäste steckten die Nase über die Palisaden. Der Sommer schnurrte in der Sonne wie eine Katze.

Manchmal zogen schwarze Wolken herauf, und wir blickten besorgt nach oben. Manchmal grollte der Donner, und die Schauspieler erhoben ihre Stimmen gegen die unlautere, immer lauter werdende Konkurrenz. Und manchmal zerplatzten die Wolken, die Blitze züngelten, und der Regen prasselte in den letzten Akt. Dann flohen wir, und auch die Schauspieler brachten sich und die Kostüme in Sicherheit. Die Natur hatte über die Kunst gesiegt.

Wir standen, mit den Mänteln überm Kopf, unter mächtigen Bäumen. Sie bogen sich im Sturm. Ich drängte mich an meine Mutter, suchte den Schluß des Theaterstücks zu erraten, um den uns der Himmel, boshafterweise, betrogen hatte, und wurde naß und nässer.

Die andere Bühne des Volkswohls, ein vom Himmel unabhängiger Saal, befand sich in der Trabantengasse. Auch hier waren wir Stammgäste. Auch hier wurde ordentlich Theater gespielt. Und hier stand die kleine Hilde Gans zum ersten Male selber droben auf den Brettern! Sie spielte, in einer Bearbeitung des wundervollen Hauffschen Märchens ›Zwerg Nase‹, die Titelrolle! Sie spielte sie mit einem Buckel, einer roten Perücke, einer enormen Klebnase, einer Fistelstimme und einem Temperament, das die Zuschauer umwarf! Auch meine Mutter und ich, erfahrene Hilde Gans-Kenner, waren hingerissen! Von der Muttergans, nein, der Mutter Gans, ganz zu schweigen!

Mit diesem Erfolge war das Schicksal meiner Freundin Hilde besiegelt. Sie wurde, als Kind schon, Berufsschauspielerin, nahm Gesangsunterricht und wurde Soubrette. Da gerade für eine Sängerin der Name Gans nicht sehr vorteilhaft klingt, nannte sie sich seitdem Inge van der Straaten. Warum sie nicht berühmt geworden ist, weiß ich nicht. Das Leben hat seinen eignen Kopf.

Bald wurden die Dresdner Theater mein zweites Zuhause. Und oft mußte mein Vater allein zu Abend essen, weil Mama und ich, meist auf Stehplätzen, der Muse Thalia huldigten. Unser Abendbrot fand in der Großen Pause statt. In Treppenwinkeln. Dort wurden die Wurstsemmeln ausgewickelt. Und das Butterbrotpapier verschwand, säuberlich gefaltet, wieder in Mutters brauner Handtasche.

Wir bevölkerten das Alberttheater, das Schauspielhaus und die Oper. Stundenlang warteten wir auf der Straße, um, wenn die Kasse geöffnet wurde, die billigsten Plätze zu ergattern. Mißlang uns das, so gingen wir niedergeschlagen heim, als hätten wir eine Schlacht verloren. Doch wir verloren nicht viele Schlachten. Wir eroberten uns unsre Stehplätze mit Geschick und Geduld. Und wir harrten tapfer aus. Wer jemals den ›Faust‹ oder eine Oper von Richard Wagner buchstäblich durchgestanden hat, wird uns seine Anerkennung nicht versagen. Ein einziges Mal nur sank meine Mutter ohnmächtig zusammen, während der ›Meistersinger‹, an einem heißen Sommerabend. So kamen wir, auf den Stufen im letzten Rang, sogar zu zwei Sitzplätzen und konnten die Feier auf der Festwiese wenigstens hören.

Meine Liebe zum Theater war die Liebe auf den ersten Blick, und sie wird meine Liebe bis zum letzten Blick bleiben. Mitunter hab ich Theaterkritiken geschrieben, zuweilen ein Stück, und die Ansichten über diese Versuche mögen auseinandergehen. Doch eines lasse ich mir nicht abstreiten: Als Zuschauer bin ich nicht zu übertreffen.

Das neunte Kapitel
Vom Kleinmaleins des Lebens

Die ersten Schuljahre flossen friedlich und freundlich dahin. Lehrer Bremser mußte sich nicht allzusehr über uns ärgern, und auch wir waren mit ihm recht zufrieden. Vor den Osterferien wurden feierlich die Zensuren verteilt. Die Eltern durften dabeisein, und um sie zu erfreuen, sangen wir Kinderlieder und deklamierten Lesebuchgedichte. Da ich damals, für besondere Gelegenheiten, einen Samtanzug trug und als Vortragskünstler unentbehrlich zu sein schien, nickten die Erwachsenen, wenn ich aufstand und zur Saalmitte schritt, einander lächelnd zu und murmelten: »Die kleine Samthose macht auch wieder mit!« Die kleine Samthose, das war ich. Und Frau Kästner setzte sich, stolzgeschwellt, kerzengerade. Sie hatte, im Gegensatz zu mir, keinerlei Lampenfieber und nicht die mindeste Sorge, ich könne steckenbleiben. Sie behielt, wie immer, recht. Ich blieb nicht stecken. Die Zensuren waren, wie immer, vorzüglich. Und auf dem Nachhausewege gingen wir in eine Konditorei, wo ich mit Bienenstich, Prasselkuchen und heißer Schokolade traktiert wurde. (Wißt ihr, was Prasselkuchen ist? Nein? Ach, ihr Ärmsten!)

Da ich Lehrer werden wollte und sollte, gab es beizeiten mancherlei zu bedenken. Und es wurde beizeiten bedacht. Die Ausbildung würde Geld kosten. Die Jahre im Internat würden Geld kosten. Das Schulgeld würde Geld kosten. Der Klavierunterricht würde Geld kosten. Und das Klavier selber würde auch Geld kosten. Es kostete dann, ich weiß es noch genau, ›gebraucht und aus privater Hand‹, achthundert Mark. Das war ein Vermögen!

Mein Vater hatte längst begonnen, nach Feierabend daheim für Nachbarn und Verwandte Taschen und Mappen instand zu setzen, Schuhe zu besohlen, Ranzen und Koffer nachzunähen und unzerreißbare Portemonnaies und Brieftaschen herzustellen, die das Entzücken der Kundschaft wachriefen. Er saß, mit der Zigarre im Mund, neben dem Küchenfenster auf seinem Schusterschemel und hantierte unermüdlich mit Nägeln, Stiften, Sandpapier, Pechfaden, Wachs und Nadeln, mit Hammer, Messer, Knieriemen, Schmiege und Falzbein, und auf dem Herd, neben der Nudelsuppe, kochte der Leim im Topf. Wißt ihr, wie kochender und brutzelnder Leim riecht? Noch dazu in der Küche? Für einen Sattler und Tapezierer mag er ja wie Rosenwasser duften. Doch für eine Frau, die am Herde steht und abends das Mittagessen vorkocht, stinkt er wie tausend ungewaschne Teufel! Die Nudelsuppe, das Rindfleisch, die weißen Bohnen und die Linsen, alles, was sie koche, erklärte meine Mutter, rieche und schmecke nach Leim, und nun sei damit Schluß!

So wurde mein Vater aus dem Küchenparadies vertrieben. Er ging in die Verbannung. Von nun an saß er abends, hinter dem Lattenverschlag, zwischen unseren Kohlen, Briketts und Kartoffeln, mit der Strickjacke und dicken Filzpantoffeln, drunten im Keller. Hier war jetzt seine Werkstatt. Hier kräuselte sich jetzt der Rauch seiner Zigarre. Hier unten schmorte nun, auf einem Spirituskocher, der Blasen werfende Leim. Dem Leim und meinem Vater war seitdem viel wohler zumute.

Hier unten baute er noch, mit siebzig Jahren und manchem Topfe Leim, ein lebensgroßes Pferd! Ein Pferd mit Glasaugen, aber mit echter Mähne und echtem Schweif; und Sattel und Zaumzeug wurden von den Hausbewohnern ehrfürchtig angestaunt. Auf diesem Pferde, vom Widerrist aus lenkbar, weil das edle Tier unter der Schabracke statt der Hufe gekoppelte Gummiräder hatte, – auf diesem stolzen Renner wollte mein Vater am Faschingsumzug teilnehmen. Daraus wurde leider nichts. Denn der Motor des Pferdes, ein gleichfalls siebzigjähriger Bekannter, der, unter der Schabracke verborgen, Pferd und Reiter hätte schieben müssen, bekam die Grippe. So fiel der schöne Plan ins Wasser. Doch mein Vater trug auch diese Enttäuschung mit der ihm eignen Geduld. Der Geduldsfaden riß ihm, in seinem geduldigen Leben, nur ganz, ganz selten. Er war stets ein Meister des Handwerks und fast immer ein Meister im Lächeln. Er ist es auch heute noch.

Als ich ein kleiner Junge war, baute mein Vater noch keine lebensgroßen Pferde. Er wollte soviel Geld wie möglich verdienen, damit ich Lehrer werden konnte. Und er arbeitete und verdiente, soviel er vermochte, und das war zu wenig.

Deshalb beschloß meine Mutter, einen Beruf zu erlernen. Und wenn meine Mutter etwas beschlossen hatte, gab es niemanden, der es gewagt hätte, sich ihr in den Weg zu stellen. Kein Zufall und kein Schicksal wären so vorlaut gewesen! Ida Kästner, schon über fünfunddreißig Jahre alt, beschloß, einen Beruf zu ergreifen, und sie ergriff ihn. Weder sie noch das Schicksal zuckten mit der Wimper. Die Größe eines Menschen hängt nicht von der Größe seines Wirkungsfeldes ab. Das ist ein Lehrsatz und ein Grundsatz aus dem Kleinmaleins des Lebens. In den Schulen wird er nur selten erwähnt.

Meine Mutter wollte, trotz ihres Alters wie ein Lehrling, das Frisieren erlernen und eine selbständige Friseuse werden. Nicht mit einem Ladengeschäft, das wäre zu teuer geworden. Sondern mit der Erlaubnis, das Gewerbe des Frisierens, des Ondulierens, der Kopfwäsche und der schwedischen Kopfmassage in der Wohnung auszuüben. Der Innungsmeister, den sie aufsuchte, machte viele Einwände. Sie ließ keinen Einwand gelten, und so galt keiner. Sie wurde an Herrn Schubert, einen renommierten Damenfriseur in der Strehlener Straße, verwiesen. Hier lernte sie, mit Talent und Feuereifer, alles, was es zu lernen gab, und kam, wochenlang, erst abends nach Ladenschluß heim. Müde und glücklich.

Damals war ich viel allein. Mittags aß ich für fünfzig Pfennig im Volkswohl. Hier herrschte Selbstbedienung, und das Eßbesteck, das man mitbringen mußte, holte ich aus dem Ranzen. Zu Hause spielte ich, mit Mamas Schlüsselbund, Wohnungsinhaber, machte Schularbeiten und Besorgungen, holte Holz und Kohlen aus dem Keller, schob Briketts in den Ofen, kochte und trank mit dem Lehrer Schurig, wenn er heimgekommen war, Kaffee und ging, während er sein Nachmittagsschläfchen auf dem grünen Sofa erledigte, in den Hof. Wenn er wieder fort war, wusch und schälte ich Kartoffeln, schnitt mich ein bißchen in den Finger und las, bis es dämmerte.

Oder ich marschierte quer durch die Stadt und holte meine Mutter bei Schuberts ab. Wenn ich, aus Angst, zu spät zu kommen, zu früh kam, sah ich zu, wie sie die Brenneisen schwang, erst an einem Stück Seidenpapier ausprobierte und dann an den meterlangen Haaren der Kundinnen. Die Frauen hatten ja damals noch lange Haare, und bei manchen reichten sie bis in die Kniekehlen! Es roch nach Parfüm und Birkenwasser. Die Kundinnen blickten unverwandt in den Spiegel und begutachteten die Frisur, die unter Mamas flinken Händen und unter Zuhilfenahme von Haarwolle, Brillantine und Lockennadeln hervorwuchs. Zuweilen blieb Meister Schubert, im weißen Kittel, neben seiner Schülerin und deren Opfer stehen, lobte oder griff kurz ein und zeigte sich von Woche zu Woche zufriedener.

Schließlich teilte er der Innung mit, daß die Hospitantin bei ihm alles Erforderliche gelernt habe, für ihr Handwerk viel Geschick und Geschmack besitze und daß er, als Meister und Inhaber Goldener und Silberner Medaillen, die Zulassung der Antragstellerin entschieden befürworte. Daraufhin erhielt Frau Ida Amalia Kästner, geb. Augustin, eine Urkunde, worauf der ›Vorgenannten‹ erlaubt wurde, sich als selbständige Friseuse zu bezeichnen und zu betätigen. Daraufhin holte ich, am selben Abend, in der Restauration ›Sibyllenort‹, Ecke Jordanstraße, zwei Liter einfaches Bier, und der Sieg wurde gewaltig gefeiert.

Als Friseurladen wurde, da kein anderer Platz übrigblieb, das linke Vorderviertel des Schlafzimmers hergerichtet. Mit einem Wandspiegel, einer Lampe, einem Wasserbecken, einem Anschluß für den Trockenapparat und mit Wandarmen für die Erhitzung der Brenn- und Ondulierscheren. Auf eine Warmwasseranlage wurde großmütig verzichtet. Sie wäre zu teuer geworden. Die Herstellung heißen Wassers für die Kopfwäsche, auf den Gasflammen in der Küche, wurde mir übertragen, und ich habe in den folgenden Jahren ganz gewiß Tausende von Krügen aus der Küche ins Schlafzimmer transportiert.

Kämme und Bürsten, Frottier- und Handtücher, flüssige

Seife, Haarwasser, Brillantine, Nadeln, Lockennadeln, Haarnetze, Haareinlagen und Fette für die Kopfmassage mußten angeschafft werden. Geschäftskarten wurden verteilt. An der Haustür wurde ein Porzellanschild angeschraubt. Abonnementkarten, für Frisuren und für Kopfmassagen, wurden gedruckt. Oh, es gab vielerlei zu bedenken!

Schließlich mußte Tante Martha noch ein paar Tage ihren Kopf hinhalten. Die ältere Schwester ondulierte, massierte und frisierte die jüngere, bis beiden vor Eifer und Gelächter die Puste ausging. Der einen taten die Finger und der anderen der Kopf weh. Doch die Generalprobe war nötig gewesen. Premieren ohne Generalprobe gibt es nicht. Erst dann darf das Publikum kommen. Und das Publikum kam.

Die Frau Bäckermeisterin Wirth und die Frau Bäckermeisterin Ziesche, die Frau Fleischermeisterin Kießling und die Frau Gemüsehändlerin Kletsch, die Frauen des Klempnermeisters, des Fahrradhändlers, des Tischlermeisters, des Blumenhändlers, des Drogisten und des Papierwarengeschäftsinhabers, die Frau des Schneidermeisters Großhennig, des Weiß- und Kurzwarenhändlers Kühne, des Restaurateurs, des Fotografen, des Apothekers, des Spirituosenhändlers, des Kohlenhändlers, des Wäschereibesitzers Bauer, die Inhaberin des Milchgeschäfts, die Töchter dieser Frauen, die Leiterinnen von Filialen und die Verkäuferinnen, – alle strömten herbei. Erstens mußten sie, hinterm Ladentisch, adrett aussehen. Zweitens gab es in unserer Gegend wenig Damenfriseure. Drittens kamen sie, weil wir bei ihnen einkauften, und viertens, weil meine Mutter tüchtig und preiswert war.

Sie hatte alle Hände voll zu tun. Das Geschäft florierte. Und oft genug mußte ich aufpassen, daß das Mittagessen auf dem Herde nicht völlig verbrutzelte. »Erich, iß schon immer!« rief sie von nebenan. Aber ich wartete, drehte die Gasflammen klein, löffelte Wasser in die dampfenden Kochtöpfe, präparierte die Bratpfanne, deckte den Küchentisch und las, bis, nach längeren Unterhaltungen zwischen der Kundschaft und der geschätzten Friseuse im Korridor, endlich die Wohnungstür zuschlug.

Die geschätzte Friseuse wirkte auch außer Haus. Dann packte sie ihr Handwerkszeug, samt dem Spiritusbrenner, in die Mappe und eilte im Geschwindschritt bis, wenn es sein mußte, in die entferntesten Stadtviertel. Diese beruflichen Gewaltmärsche galten vor allem den Kundinnen ›im festen Abonnement‹. Auf sie mußte besondere Rücksicht genommen werden, denn sie waren schließlich das Rückgrat des Geschäfts. Sie zahlten ja zehn oder zwanzig Frisuren oder Massagen auf einmal! Unter den Abonnentinnen befand sich die Gattin eines reichen Juweliers, aber auch eine ärmliche Hausiererin, und gerade an sie erinnere ich mich gut.

Sie hieß Fräulein Jaenichen, wohnte am Turnerweg, über einer Kneipe, in einem trostlosen Zimmer und konnte sich nicht selbst frisieren, weil sie ein Krüppel war. Ihre Hände, aber auch die Füße, ja, der ganze Körper, alles war krumm und schief und verbogen. Niemand kümmerte sich um die unglückliche Person. Und so humpelte sie, auf eine kurze und eine längere Krücke gestützt, mit einer schweren Kiepe auf dem Buckel, über Land. Sie klingelte bei den Bauern und verkaufte allerlei kleinen Hausrat: Knöpfe, Bänder, Sicherheitsnadeln, Borten, Schnürsenkel, Schürzen, Wetzsteine, Gasanzünder, Nähseide, Strickwolle, Häkeldeckchen, Taschenmesser, Bleistifte und vieles andre. Und gerade weil sie so abschreckend aussah, die Arme, legte sie besonderen Wert darauf, schön frisiert zu sein.

Morgens gegen sechs Uhr mußte meine Mutter aus dem Haus. Ich begleitete sie sehr oft, als würde es ihr dadurch leichter, das muffige Zimmer und den Anblick der unglückseligen Person zu ertragen. Eine halbe Stunde später halfen wir ihr, den schweren Korb mit den breiten Ledergurten zu schultern. Und dann kroch und watschelte sie, auf die ungleichen Krücken gestützt, zum Neustädter Bahnhof, von wo aus sie, in Vorortzügen, auf die Dörfer fuhr. Sie wankte, gebückt und nach beiden Seiten pendelnd, den Bahndamm entlang, hinein in die kühle Frühe und brauchte zehnmal mehr Zeit als die anderen Leute, die sie überholten. Es sah aus, als humple und trete sie auf der Stelle.

Sehr wichtig waren auch, geschäftlich betrachtet, die Hochzeiten. Da galt es, in der Wohnung der Brauteltern zehn, zwölf, wenn nicht gar fünfzehn weibliche Wesen herzurichten: die Brautjungfern, die Mutter, die Schwiegermutter, die Schwestern, Tanten, Freundinnen, Großmütter und Schwägerinnen und, vor allem, die glückliche Braut höchstselbst. Die Wohnungen waren klein. Die Aufregung war groß. Man trank süßen Südwein. In der Küche brannte der Quarkkuchen an. Die Schneiderin brachte das Hochzeitskleid zu spät. Die Braut heulte. Der Bräutigam kam zu früh. Die Braut heulte noch mehr. Der Brautvater schimpfte, weil er die Schachtel mit den Kragenknöpfchen nicht fand. Die Frauen, in Taft und Seide, schnatterten. »Frau Kästner!« rief es hier. »Frau Kästner!« rief es dort. Frau Kästner steckte inzwischen den Brautschleier und schnitt, weil er zu lang war, mit der Schere einen halben Meter weißen Tüll ab.

Vorm Hause bremsten die Hochzeitskutschen. Der Bräutigam und ein Brautführer polterten mit Flaschenbieren treppab, um den Kutschern das Warten zu erleichtern. Doch auch das war kein rechter Ausweg. Denn der Herr Pastor am Traualtar, der wartete nicht! Es wurde ja nicht nur bei Müllers geheiratet, sondern auch bei Schulzes, Meiers und Grundmanns. Wo waren die Buketts und die Körbchen für die Blumenstreukinder, und wo steckten die Blumenstreukinder selber? Natürlich in der Küche, voller Kakaoflecken! Wo war die Flasche mit dem Fleckenwasser? Wo die Zylinderschachtel? Wo das Myrtensträußchen fürs Knopfloch? Wo waren die Gesangbücher?

Endlich knallte die Wohnungstür zu. Endlich rollten die Kutschen zur Kirche. Endlich war die Wohnung leer. Fast leer! Die Nachbarin, die versprochen hatte, auf den Braten aufzupassen, begann die Tische und die Stühle zusammenzustellen und die Hochzeitstafel zu decken. Mit den schönen Damasttüchern. Mit dem Meißner Zwiebelmusterporzellan. (›Protzellan‹ nannte ich das.) Mit dem Alpakasilber. Mit den bunten Kristallgläsern, die ›Römer‹ heißen. Mit kunstvoll über den Damast verstreuten Blumen.

Meine Mutter saß inzwischen, mit müden Füßen und schmerzenden Händen, am Küchentisch, trank eine Tasse Bohnenkaffee, probierte den Kuchen, wickelte für mich ein Stück ein, stopfte es in ihre große Tasche und zählte den Verdienst und das Trinkgeld. Alle Knochen taten ihr weh. Im Kopf sauste und brauste es. Doch die Hochzeit hatte sich gelohnt. Die nächste Rate fürs Klavier konnte bezahlt werden. Und die nächste Klavierstunde bei Fräulein Kurzhals auch.

Fräulein Kurzhals wohnte bei ihren Eltern, im gleichen Hause wie wir, nur zwei Stock höher, und war mit mir leider sehr unzufrieden. Und leider mit Recht. Das teure, goldverzierte Klangmöbel stand ja in Lehrer Schurigs Wohnzimmer! Wenn er in seiner Schule war, war ich in meiner Schule. Wenn ich zu Hause war, war meist auch er zu Hause. Wann hätte ich gründlich üben sollen? Andrerseits, ich mußte doch die geheimnisvolle schwarzweiße Tastenkunst erlernen, denn ich wollte ja Lehrer werden!

Mir blieb ein schwacher Trost in dunklen Stunden. Auch Paul Schurig spielte miserabel Klavier. Und er war trotzdem Lehrer geworden, na also!

Das zehnte Kapitel
Zwei folgenschwere Hochzeiten

Die seltsamste Hochzeit, an die ich mich erinnere, hat sich mir deswegen eingeprägt, weil sie überhaupt nicht stattfand. Und das lag nicht daran, daß der Bräutigam vorm Altar Nein gesagt hätte oder aus der Kirche geflüchtet wäre. Es lag daran, daß es gar keinen Bräutigam gab! Das beste wird sein, wenn ich die Geschichte der Reihe nach erzähle.

Eines Tages erschien bei uns ein älteres Fräulein namens Strempel, erzählte, daß sie am kommenden Sonnabend in der St. Pauli-Kirche getraut werden würde, und bestellte meine Mutter für acht Uhr morgens. In die Oppelstraße 27, zwei Treppen links. Zehn Köpfe müßten festlich hergerichtet werden. Die Brautkutsche und fünf Droschken seien bestellt. Das Essen liefere das Hotel Bellevue, mit einer Eisbombe zum Nachtisch und einem Servierkellner im Frack. Fräulein Strempel machte verklärte Augen und schwärmte wie ein Backfisch. Wir gratulierten ihr zu ihrem Glück, und als sie gegangen war, gratulierten wir uns. Doch wir gratulierten zu früh.

Denn als ich am Sonnabend mittag aus der Schule kam, saß meine Mutter niedergeschlagen in der Küche und hatte verweinte Augen. Sie hatte Punkt acht Uhr im Hause Oppelstraße 27, zwei Treppen links, geläutet, war verblüfft angegafft und ärgerlich abgewiesen worden. Hier wohne kein Fräulein Strempel, und niemand denke daran, mittags in der St. Pauli-Kirche zu heiraten!

Hatte sich meine Mutter eine falsche Hausnummer gemerkt? Sie fragte in den umliegenden Läden. Sie erkundigte sich in den Nachbarhäusern. Sie klingelte an allen Türen. Sie stellte die Oppelstraße auf den Kopf. Keiner kannte Fräulein Strempel. Und niemand hatte die Absicht, sich frisieren oder gar am Mittage trauen zu lassen. Unter den Leuten, die Auskunft gaben, waren auch nette Menschen, aber so gefällig war nicht einer.

Nun saßen wir also in der Küche und wunderten uns.

Daß wir angeführt worden waren, hatten wir begriffen. Doch warum hatte uns die Person beschwindelt? Warum denn nur? Sie hatte meine Mutter geschädigt. Aber wo war ihr eigner Nutzen?

Ein paar Wochen später sah ich sie wieder! Ich kam mit Kießlings Gustav aus der Schule, und sie ging an uns vorüber, ohne mich zu erkennen. Sie schien es eilig zu haben. Da war nicht viel Zeit zu verlieren! Jetzt oder nie! Rasch nahm ich den Ranzen vom Rücken, gab ihn dem Freund, flüsterte: »Bring ihn zu meiner Mutter und sag ihr, ich käme heute später!« Und schon lief ich der Person nach. Gustav starrte hinter mir drein, zuckte die Achseln und brachte brav den Schulranzen zu Kästners. »Der Erich kommt heute später«, richtete er aus. »Warum?« fragte meine Mutter. »Keine Ahnung«, sagte Gustav.

Inzwischen spielte ich Detektiv. Da mich Fräulein Strempel, die wahrscheinlich gar nicht Strempel hieß, nicht wiedererkannt hatte, war die Sache einfach. Ich brauchte mich nicht zu verstecken. Ich brauchte mir keinen Vollbart umzuhängen. Wo hätte ich den auch so schnell hernehmen sollen? Ich mußte nur aufpassen, daß ich ihr auf den Fersen blieb. Nicht einmal das war ganz leicht, denn Fräulein Strempel oder Nichtstrempel hatte große Eile und lange Beine. Wir kamen gut vorwärts.

Albertplatz, Hauptstraße, Neustädter Markt, Augustusbrücke, Schloßplatz, Georgentor, Schloßstraße, es wollte kein Ende nehmen. Und ganz plötzlich nahm es doch ein Ende. Die Person bog links in den Altmarkt ein und verschwand hinter den gläsernen Flügeltüren von Schlesinger & Co., feinste Damenkonfektion. Ich faßte mir ein Herz und folgte ihr. Was werden sollte, wußte ich nicht. Daß mich der Geschäftsführer, die Direktricen und die Verkäuferinnen musterten, war peinlich. Aber was half's? Die Person durchquerte das Erdgeschoß, Abteilung Damenmäntel. Ich auch. Sie stieg die Treppe hoch und passierte den ersten Stock, Abteilung Kostüme, und stieg die nächste Treppe hoch. Ich auch. Sie betrat den zweiten Stock, Abteilung Sommer- und Backfischkleider, ging auf einen Wandspiegel zu, schob ihn zur Seite – und verschwand!

Der Spiegel schob sich, hinter ihr, wieder an den alten Fleck. Es war wie in ›Tausendundeine Nacht‹.

Da stand ich nun zwischen Ladentischen, Spiegeln, fahrbaren Garderoben und unbeschäftigten Verkäuferinnen und rührte mich, vor Schreck und Pflichtgefühl, nicht von der Stelle. Wenn wenigstens Kundinnen dagewesen wären und anprobiert und gekauft hätten! Aber es war ja Mittagszeit, da war man daheim und nicht bei Schlesingers! Die Verkäuferinnen begannen zu kichern. Eine von ihnen kam auf mich zu und fragte mutwillig: »Wie wär's mit einem flotten Sommerkleidchen für den jungen Herrn? Wir haben entzückende Dessins auf Lager. Darf ich Sie zum Anprobieren in die Kabine bitten?« Die anderen Mädchen lachten und hielten sich die Hand vor den Mund. Solche Gänse! Wieso war Fräulein Nichtstrempel hinter dem Spiegel verschwunden? Und wo war sie jetzt? Ich stand wie auf Kohlen. Eine Minute kann sehr lang sein.

Und schon wieder näherte sich eines dieser niederträchtigen Frauenzimmer! Sie hatte ein buntes Kleid vom Bügel genommen, hielt es mir unters Kinn, kniff prüfend die Augen zusammen und sagte: »Der Ausschnitt bringt Ihre wundervolle Figur vorzüglich zur Geltung!« Die Mädchen wollten sich vor Lachen ausschütten. Ich wurde rot und wütend. Da erschien eine ältere Dame auf der Bildfläche, und die Etage wurde mäuschenstill. »Was machst denn du hier?« fragte sie streng. Weil mir nichts Besseres einfiel, antwortete ich: Ich suche meine Mutter.« Eines der Mädchen rief: »Von uns ist es keine!«, und das Gelächter brach von neuem los. Sogar die ältere Dame verzog das Gesicht.

In diesem Moment glitt der Wandspiegel lautlos zur Seite, und Fräulein Nichtstrempel trat heraus. Ohne Hut und Mantel. Sie strich sich übers Haar, sagte zu den anderen: »Mahlzeit allerseits!« und begab sich hinter einen der Ladentische, – sie war, bei Schlesinger im zweiten Stock, Verkäuferin! Und schon war ich auf der Treppe. Ich suchte den Geschäftsführer. Hier war ein Gespräch zwischen Männern am Platze!

Nachdem sich der Geschäftsführer meine Geschichte angehört hatte, hieß er mich warten, stieg in den zweiten Stock und kehrte, nach fünf Minuten, mit Fräulein Nichtstrempel zurück. Sie war wieder in Hut und Mantel. Und sie sah durch mich hindurch, als sei ich aus Glas. »Höre gut zu!« sagte er zu mir. »Fräulein Nitzsche geht jetzt mit dir nach Hause. Sie wird sich mit deiner Mutter einigen und deren Schaden ratenweise gutmachen. Hier ist ein Zettel mit Fräulein Nitzsches Adresse, steck ihn ein und gib ihn deiner Mutter! Sie kann mich, falls es notwendig sein sollte, jederzeit aufsuchen. Adieu!«

Die Glastüren schwangen auf und zu. Fräulein Strempel, die Nitzsche hieß, und ich standen auf dem Altmarkt. Sie bog, ohne mich eines Blickes zu würdigen, in die Schloßstraße ein, und ich folgte ihr. Es war ein schrecklicher Marsch. Ich hatte gesiegt und fühlte mich recht elend. Ich kam mir vor wie einer jener bewaffneten Soldaten, die auf dem Heller hinter den Militärgefangenen herliefen. Ich war stolz und schämte mich. Beides zu gleicher Zeit. Das gibt es.

Schloßstraße, Schloßplatz, Augustusbrücke, Neustädter Markt, Hauptstraße, Albertplatz, Königsbrücker Straße – immer ging sie, kerzengerade, vor mir her. Immer folgte ich ihr mit fünf Schritten Abstand. Noch auf der Treppe. Vor unsrer Wohnungstür drehte sie sich zur Wand. Ich klingelte dreimal. Meine Mutter stürmte zur Tür, riß sie auf und rief: »Nun möcht ich endlich wissen, warum du ... « Dann merkte sie, daß ich nicht allein war und wen ich mitbrachte. »Treten Sie näher, Fräulein Strempel«, sagte sie. »Fräulein Nitzsche«, verbesserte ich.

Sie wurden sich einig. Man vereinbarte drei Monatsraten, und Fräulein Nitzsche kehrte, mit einer Bescheinigung meiner Mutter in der Handtasche, zu Schlesinger & Co. zurück. Sie verzog keine Miene. Der Schaden ließ sich verschmerzen. Und trotzdem war es eine Katastrophe. Wir erfuhren es mit der Zeit. Die Gläubiger kamen von allen Seiten. Das Hotel, die Weinhandlung, der Fuhrhalter mit der Hochzeitskutsche, der Blumenladen, ein Wäschegeschäft, alle fühlten sich geschädigt, und alle wollten einen Teil des Schadens ratenweise ersetzt haben. Und Fräulein Nitzsche zahlte ihn ab. Monatelang.

Zum Glück behielt sie ihren Posten bei Schlesinger. Denn sie war eine tüchtige Verkäuferin. Und der Geschäftsführer hatte begriffen, was ich noch nicht begreifen konnte. Ein alterndes Fräulein, das keinen Mann fand, hatte heiraten wollen, und weil sich ihr Wunsch nicht erfüllte, log sie sich die Hochzeit zusammen. Es war ein teurer Traum. Ein vergeblicher Traum. Und als sie erwacht war, bezahlte sie ihn ratenweise und wurde mit jede Monatsrate ein Jahr älter. Manchmal begegneten wir uns auf der Straße. Wir sahen einander nicht an. Wir hatten beide recht und unrecht. Doch ich war besser dran. Denn sie bezahlte einen ausgeträumten Traum, ich aber war ein kleiner Junge.

Eine andere Hochzeit, an die ich mich erinnere, brachte uns noch viel mehr Kummer, obwohl sie kein mißratener Traum war, sondern stattfand, wie sich's gehört. Diesmal war der Bräutigam keine Erfindung. Es gab ihn, und er machte keine Fluchtversuche. Doch das Elternhaus der Braut und die Kirche lagen in Niederpoyritz, weit draußen im Elbtal, und der Wintertag, zwischen Weihnachten und Neujahr, war hart, eiskalt und unerbittlich.

Ich wartete im Gasthof. Ich saß und aß und las, und die Stunden ließen sich viel Zeit. Sie schlichen müde um den glühenden Kanonenofen herum. Die Welt vorm Fenster war grauweiß und kahl, und der Wind fegte die Felder wie ein betrunkener Hausknecht. Er kehrte den alten, verharschten Schnee aus einer Ecke in die andre. Er wirbelte ihn wie Staub in die Luft und heulte und johlte, daß die Fenster klirrten. Manchmal blickte ich hinaus und dachte: ›So muß es in Sibirien sein!‹ Und es war doch nur in Niederpoyritz bei Dresden an der Elbe.

Als mich meine Mutter nach fünf Stunden abholte, war sie von der Arbeit so erschöpft, daß sie sich nicht auszuruhen traute. Sie drängte zum Aufbruch. Sie wollte heim. Und so machten wir uns auf den Weg. Es war ein Weg ohne Wege. Es war ein Tag ohne Licht. Wir versanken in Schneewehen. Der

Sturm sprang uns von allen Seiten an, daß wir taumelten. Wir hielten uns aneinander fest. Wir froren bis unter die Haut. Die Hände starben ab. Die Füße waren wie aus Holz. Die Nase und die Ohren wurden kalkweiß.

Kurz bevor wir die Haltestelle erreichten, fuhr die Straßenbahn davon, so sehr wir auch riefen und winkten. Die nächste kam zwanzig Minuten später. Sie war ungeheizt und von Schnee verklebt. Wir saßen während der langen Fahrt stumm und steif nebeneinander und klapperten mit den Zähnen. Daheim legte sich meine Mutter ins Bett und blieb zwei Monate liegen. Sie hatte große Schmerzen in den Kniegelenken. Sanitätsrat Zimmermann sprach von einer Schleimbeutelentzündung und verordnete Umschläge mit fast kochendem Wasser.

In diesen Wochen war ich Krankenschwester, verbrühte mir die Hände und panierte sie mit Kartoffelmehl. Ich war Koch und fabrizierte mittags, wenn ich aus der Schule kam, Rühreier, deutsche Beefsteaks, Bratkartoffeln, Reis- und Nudelsuppen mit Rindfleisch, Niere und Wurzelwerk, Linsen mit Würstchen, sogar Rindfleisch mit Senf- und Rosinensauce. Ich war Kellner und servierte meine versalzenen, zerkochten und angebrannten Meisterwerke stolz und ungeschickt auf Mutters Bett. Ich deckte abends Lehrer Schurigs Tisch mit kalter Küche und schnitt mir manchmal heimlich eine Scheibe Wurst ab. Ich holte, für unser eignes Abendbrot, die Mahlzeiten in großen Töpfen aus dem Volkswohl, und wenn mein Vater aus der Kofferfabrik heimkam, wärmten wir das Essen auf. Nach dem Essen wuschen wir das Geschirr ab, und Paul Schurig half beim Abtrocknen. Die Teller und Tassen klapperten und klirrten, daß die Mama im Schlafzimmer zusammenzuckte.

Manchmal wuschen wir sogar die Wäsche und hängten sie auf die Leine, die wir quer durch die Küche gezogen hatten. Dann krochen wir, geduckt wie Indianer auf dem Kriegspfad, unter und zwischen den klatschnassen Taschentüchern, Hemden, Bett- und Handtüchern und Unterhosen umher und probierten alle Viertelstunden, ob die Wäsche endlich trocken sei. Doch sie ließ sich nicht drängen, und wir mußten mit dem

Scheuerhader manche Pfütze aufwischen, damit das Linoleum keine Flecken bekam.

Es war eine rechte Junggesellenwirtschaft. Und meine Mutter litt nicht nur wegen ihrer Knie, sondern auch unsertwegen. Sie hatte Angst ums Geschirr. Sie hatte Angst, ich könne verhungern. Und sie hatte Angst, die Kundinnen würden ihr untreu werden und zur Konkurrenz gehen. Diese dritte Sorge war nicht unberechtigt. In der Eschenstraße hatte sich ein Damenfriseur etabliert und machte in den umliegenden Geschäften seine Antrittsbesuche. Da tat Eile not.

Sanitätsrat Zimmermann erklärte, die Patientin sei noch krank. Die Patientin behauptete, sie sei gesund. Und so blieb kein Zweifel, wer von beiden recht behielte. Sie stand auf, biß die Zähne zusammen, hielt sich beim Gehen unauffällig an den Möbeln fest und war gesund. Ich trabte, die frohe Botschaft verkündend, von Geschäft zu Geschäft. Die Konkurrenz war abgeschlagen. Der Haushalt kam wieder ins Lot. Das Leben nahm seinen alten Gang.

Das elfte Kapitel
Ein Kind hat Kummer

Es gibt viele gescheite Leute auf der Welt, und manchmal haben sie recht. Ob sie recht haben, wenn sie behaupten, Kinder sollten unbedingt Geschwister haben, nur weil sie sonst zu allein aufwüchsen, verzärtelt würden und fürs ganze Leben Eigenbrötler blieben, weiß ich nicht. Auch gescheite Leute sollten sich vor Verallgemeinerungen hüten. Zweimal zwei ist immer und überall vier, in Djakarta, auf der Insel Rügen, sogar am Nordpol; und es stimmte auch schon unter Kaiser Barbarossa. Doch bei manchen anderen Behauptungen liegen die Dinge anders. Der Mensch ist kein Rechenexempel. Was auf den kleinen Fritz zutrifft, muß bei dem kleinen Karl nicht stimmen.

Ich blieb das einzige Kind meiner Eltern und war damit völlig einverstanden. Ich wurde nicht verzärtelt und fühlte mich nicht einsam. Ich besaß ja Freunde! Hätte ich einen Bruder mehr lieben können als Kießlings Gustav und eine Schwester herzlicher als meine Kusine Dora? Freunde kann man sich aussuchen, Geschwister nicht. Freunde wählt man aus freien Stücken, und wenn man spürt, daß man sich ineinander geirrt hat, kann man sich trennen. Solch ein Schritt tut weh, denn dafür gibt es keine Narkose. Doch die Operation ist möglich, und die Heilung der Wunde im Herzen auch.

Mit Geschwistern ist das anders. Man kann sie sich nicht aussuchen. Sie werden ins Haus geliefert. Sie treffen per Nachnahme ein, und man darf sie nicht zurückschicken. Geschwister sendet das Schicksal nicht auf Probe. Zu unserm Glück können aus Geschwistern Freunde werden. Häufig bleiben sie nur Geschwister. Manchmal werden sie zu Feinden. Das Leben und die Romane erzählen über das Thema schöne und rührende, aber auch traurige und schreckliche Geschichten. Ich habe manche gehört und gelesen. Aber mitreden, das kann ich nicht. Denn ich blieb, wie gesagt, das einzige Kind und war damit einverstanden.

Nur einmal in jedem Jahre hätte ich sehnlich gewünscht, Geschwister zu besitzen: am Heiligabend! Am Ersten Feiertag hätten sie ja gut und gerne wieder fortfliegen können, meinetwegen erst nach dem Gänsebraten mit den rohen Klößen, dem Rotkraut und dem Selleriesalat. Ich hätte sogar auf meine eigene Portion verzichtet und stattdessen Gänseklein gegessen, wenn ich nur am 24. Dezember abends nicht allein gewesen wäre! Die Hälfte der Geschenke hätten sie haben können, und es waren wahrhaftig herrliche Geschenke!

Und warum wollte ich gerade an diesem Abend, am schönsten Abend eines Kinderjahres, nicht allein und nicht das einzige Kind sein? Ich hatte Angst. Ich fürchtete mich vor der Bescherung! Ich hatte Furcht davor und durfte sie nicht zeigen. Es ist kein Wunder, daß ihr das nicht gleich versteht. Ich habe mir lange überlegt, ob ich darüber sprechen solle oder nicht. Ich will darüber sprechen! Also muß ich es euch erklären.

Meine Eltern waren, aus Liebe zu mir, aufeinander eifersüchtig. Sie suchten es zu verbergen, und oft gelang es ihnen. Doch am schönsten Tag im Jahr gelang es ihnen nicht. Sie nahmen sich sonst, meinetwegen, so gut zusammen, wie sie konnten, doch am Heiligabend konnten sie es nicht sehr gut. Es ging über ihre Kraft. Ich wußte das alles und mußte, uns dreien zuliebe, so tun, als wisse ich's nicht.

Wochenlang, halbe Nächte hindurch, hatte mein Vater im Keller gesessen und, zum Beispiel, einen wundervollen Pferdestall gebaut. Er hatte geschnitzt und genagelt, geleimt und gemalt, Schriften gepinselt, winziges Zaumzeug zugeschnitten und genäht, die Pferdemähnen mit Bändern durchflochten, die Raufen mit Heu gefüllt, und immer noch war ihm, beim Blaken der Petroleumlampe, etwas eingefallen, noch ein Scharnier, noch ein Beschlag, noch ein Haken, noch ein Stallbesen, noch eine Haferkiste, bis er endlich zufrieden schmunzelte und wußte: ›Das macht mir keiner nach!‹

Ein andermal baute er einen Rollwagen mit Bierfässern, Klappleitern, Rädern mit Naben und Eisenbändern, ein solides Fahrzeug mit Radachsen und auswechselbaren Deichseln, je nachdem, ob ich zwei Pferde oder nur eins einspannen wollte, mit Lederkissen fürs Abladen der Fässer, mit Peitschen und Bremsen am Kutschbock, und auch dieses Spielzeug war ein fehlerloses Meisterstück und Kunstwerk!

Es waren Geschenke, bei deren Anblick sogar Prinzen die Hände überm Kopf zusammengeschlagen hätten, aber Prinzen hätte mein Vater sie nicht geschenkt.

Wochenlang, halbe Tage hindurch, hatte meine Mutter die Stadt durchstreift und die Geschäfte durchwühlt. Sie kaufte jedes Jahr Geschenke, bis sich deren Versteck, die Kommode, krumm bog. Sie kaufte Rollschuhe, Ankersteinbaukästen, Buntstifte, Farbtuben, Malbücher, Hanteln und Keulen für den Turnverein, einen Faustball für den Hof, Schlittschuhe, musikalische Wunderkreisel, Wanderstiefel, einen Norwegerschlitten, ein Kästchen mit Präzisionszirkeln auf blauem Samt, einen Kaufmannsladen, einen Zauberkasten, Kaleidoskope, Zinnsoldaten, eine kleine Druckerei mit Setzbuchstaben und, von Paul Schurig und den Empfehlungen des Sächsischen Lehrervereins angeleitet, viele, viele gute Kinderbücher. Von Taschentüchern, Strümpfen, Turnhosen, Rodelmützen, Wollhandschuhen, Sweatern, Matrosenblusen, Badehosen, Hemden und ähnlich nützlichen Dingen ganz zu schweigen.

Es war ein Konkurrenzkampf aus Liebe zu mir, und es war ein verbissener Kampf. Es war ein Drama mit drei Personen, und der letzte Akt fand, alljährlich, am Heiligabend statt. Die Hauptrolle spielte ein kleiner Junge. Von seinem Talent aus dem Stegreif hing es ab, ob das Stück eine Komödie oder ein Trauerspiel wurde. Noch heute klopft mir, wenn ich daran denke, das Herz bis in den Hals.

Ich saß in der Küche und wartete, daß man mich in die Gute Stube riefe, unter den schimmernden Christbaum, zur Bescherung. Meine Geschenke hatte ich parat: für den Papa ein Kistchen mit zehn oder gar fünfundzwanzig Zigarren, für die Mama einen Schal, ein selbstgemaltes Aquarell oder – als ich einmal nur noch fünfundsechzig Pfennige besaß – in einem Karton aus Kühnes Schnittwarengeschäft, hübsch verpackt, die sieben Sachen. Die sieben Sachen? Ein Röllchen weißer und ein Röllchen schwarzer Seide, ein Heft Stecknadeln und ein Heft Nähnadeln, eine Rolle weißen Zwirn, eine Rolle schwarzen Zwirn und ein Dutzend mittelgroßer schwarzer Druckknöpfe, siebenerlei Sachen für fünfundsechzig Pfennige. Das war, fand ich, eine Rekordleistung! Und ich wäre stolz darauf gewesen, wenn ich mich nicht so gefürchtet hätte.

Ich stand also am Küchenfenster und blickte in die Fenster gegenüber. Hier und dort zündete man schon die Kerzen an. Der Schnee auf der Straße glänzte im Laternenlicht. Weihnachtslieder erklangen. Im Ofen prasselte das Feuer, aber ich fror. Es duftete nach Rosinenstollen, Vanillezucker und Zitronat. Doch mir war elend zumute. Gleich würde ich lächeln müssen, statt weinen zu dürfen.

Und dann hörte ich meine Mutter rufen: »Jetzt kannst du kommen!« Ich ergriff die hübsch eingewickelten Geschenke für die beiden und trat in den Flur. Die Zimmertür stand offen. Der Christbaum strahlte. Vater und Mutter hatten sich links und rechts vom Tisch postiert, jeder neben seine Gaben, als sei das Zimmer samt dem Fest halbiert. »Oh«, sagte ich, »wie schön!« und meinte beide Hälften. Ich hielt mich noch in der Nähe der Tür, so daß mein Versuch, glücklich zu lächeln, unmißverständlich beiden galt. Der Papa, mit der erloschnen Zigarre im Munde, beschmunzelte den firnisblanken Pferdestall. Die Mama blickte triumphierend auf das Gabengebirge zu ihrer Rechten. Wir lächelten zu dritt und überlächelten unsre dreifache Unruhe. Doch ich konnte nicht an der Tür stehen bleiben!

Zögernd ging ich auf den herrlichen Tisch zu, auf den halbierten Tisch, und mit jedem Schritt wuchsen meine Verantwortung, meine Angst und der Wille, die nächste Viertelstunde zu retten. Ach, wenn ich allein gewesen wäre, allein mit den Geschenken und dem himmlischen Gefühl, doppelt und aus zweifacher Liebe beschenkt zu werden! Wie selig wär ich gewesen, und was für ein glückliches Kind! Doch ich mußte meine Rolle spielen, damit das Weihnachtsstück gut ausgehe. Ich war ein Diplomat, erwachsener als meine Eltern, und hatte dafür Sorge zu tragen, daß unsre feierliche Dreierkonferenz unterm Christbaum ohne Mißklang verlief. Ich war, schon mit fünf und sechs Jahren und später erst recht, der Zeremonienmeister des Heiligen Abends und entledigte mich der schweren Aufgabe mit großem Geschick. Und mit zitterndem Herzen.

Ich stand am Tisch und freute mich im Pendelverkehr. Ich freute mich rechts, zur Freude meiner Mutter. Ich freute mich an der linken Tischhälfte über den Pferdestall im allgemeinen. Dann freute ich mich wieder rechts, diesmal über den Rodelschlitten, und dann wieder links, besonders über das Lederzeug. Und noch einmal rechts, und noch einmal links, und nirgends zu lange, und nirgends zu flüchtig. Ich freute mich ehrlich und mußte meine Freude zerlegen und zerlügen. Ich gab beiden je einen Kuß auf die Backe. Meiner Mutter zuerst. Ich verteilte meine Geschenke und begann mit den Zigarren. So konnte ich, während der Papa das Kistchen mit seinem Taschenmesser öffnete und die Zigarren beschnupperte, bei ihr ein wenig länger stehenbleiben als bei ihm. Sie bewunderte ihr Geschenk, und ich drückte sie heimlich an mich, so heimlich, als sei es eine Sünde. Hatte er es trotzdem bemerkte? Machte es ihn traurig?

Nebenan, bei Grüttners, sangen sie: »O du fröhliche, o du selige gnadenbringende Weihnachtszeit!« Mein Vater holte ein Portemonnaie aus der Tasche, das er im Keller zugeschnitten und genäht hatte, hielt es meiner Mutter hin und sagte: »Das hätt ich ja beinahe vergessen!« Sie zeigte auf ihre Tischhälfte, wo für ihn Socken, warme lange Unterhosen und ein Schlips lagen. Manchmal fiel ihnen, erst wenn wir bei Würstchen und Kartoffelsalat saßen, ein, daß sie vergessen hatten, einander ihre Geschenke zu geben. Und meine Mutter meinte: »Das hat ja Zeit bis nach dem Essen.«

Anschließend gingen wir zu Onkel Franz. Es gab Kaffee und Stollen. Dora zeigte mir ihre Geschenke. Tante Lina klagte ein bißchen über ihre Aderbeine. Der Onkel griff nach einer Havannakiste, hielt sie meinem Vater unter die Nase und sagte: »Da, Emil! Nun rauch mal 'ne anständige Zigarre!« Der Papa erklärte, leicht gekränkt: »Ich hab selber welche!« Onkel

Franz meinte ärgerlich: »Nun nimm schon eine! So was kriegst du nicht alle Tage!« Und mein Vater sagte: »Ich bin so frei.«

Frieda, die Wirtschafterin und treue Seele, schleppte Stollen, Pfefferkuchen, Rheinwein oder, wenn der Winter kalt geraten war, dampfenden Punsch herbei und setzte sich mit an den Tisch. Dora und ich versuchten uns auf dem Klavier an Weihnachtsliedern, der ›Petersburger Schlittenfahrt‹ und dem ›Schlittschuhwalzer‹. Und Onkel Franz begann meine Mutter zu hänseln, indem er aus der Kaninchenhändlerzeit erzählte. Er machte uns vor, wie die Schwester damals ihre Brüder verklatscht hätte. Meine Mutter wehrte sich, so gut sie konnte. Aber gegen Onkel Franz und seine Stimme war kein Kraut gewachsen. »Eine alte Klatschbase warst du!« rief er laut, und zu meinem Vater sagte er übermütig: »Emil, deine Frau war schon als Kind zu fein für uns!« Mein Vater blinzelte stillvergnügt über den Brillenrand, trank einen Schluck Wein, wischte sich den Schnurrbart und genoß es von ganzem Herzen, daß meine Mutter endlich einmal nicht das letzte Wort haben sollte. Das war für ihn das schönste Weihnachtsgeschenk! Sie hatte vom Weintrinken rote Bäckchen bekommen. »Ihr wart ganz gemeine, niederträchtige und faule Lausejungen!« rief sie giftig. Onkel Franz freute sich, daß sie sich ärgerte. »Na und, Frau Gräfin?« gab er zur Antwort. »Aus uns ist trotzdem was geworden!« Und er lachte, daß die Christbaumkugeln schepperten.

Das Quadrat ist kein Kreis, und der Mensch ist kein Engel. Die Quadrate scheinen sich damit abgefunden zu haben, daß sie nicht rund sind. Jedenfalls hat man bis heute nichts Gegenteiliges gehört. Sie sind, läßt sich vermuten, mit ihren vier rechten Winkeln und mit ihren vier gleichlangen Seiten einverstanden. Sie sind die vollkommensten Vierecke, die man sich denken kann. Damit ist ihr Ehrgeiz befriedigt.

Bei den Menschen ist das anders, zumindest bei denen, die über sich hinausstreben. Sie wollen nicht etwa vollkommene Menschen werden, was ein schönes und angemessenes Ziel wäre, sondern Engel. Sie streben, soweit sie das überhaupt tun, nach dem falschen Ideal. Die unvollkommene Frau Lehmann möchte nicht die vollkommene Frau Lehmann werden, sondern eine Art Heiliger Cäcilie. Glücklicherweise erreicht sie das falsche Ziel nicht, sonst hätten Herr Lehmann und die Kinder nichts zu lachen. Mit einer Heiligen, mit einem Engel wäre ihnen nicht gedient. Sondern mit der vollkommenen Frau Lehmann. Doch gerade diese kriegen sie nicht. Denn gerade das will Frau Lehmann nicht werden. So sieht sie zum Schluß aus wie ein schiefes, krummgezogenes Viereck, das ein Kreis werden wollte. Das ist kein schöner Anblick.

Meine Mutter war kein Engel und wollte auch keiner werden. Ihr Ideal war handgreiflicher. Ihr Ziel lag in der Ferne, doch nicht in den Wolken. Es war erreichbar. Und weil sie energisch war wie niemand sonst und sich von niemandem dreinreden ließ, erreichte sie es. Ida Kästner wollte die vollkommene Mutter ihres Jungen werden. Und weil sie das werden wollte, nahm sie auf niemanden Rücksicht, auch auf sich selber nicht, und wurde die vollkommene Mutter. All ihre Liebe und Phantasie, ihren ganzen Fleiß, jede Minute und jeden Gedanken, ihre gesamte Existenz setzte sie, fanatisch wie ein besessener Spieler, auf eine einzige Karte, auf mich. Ihr Einsatz hieß: ihr Leben, mit Haut und Haar!

Die Spielkarte war ich. Deshalb mußte ich gewinnen. Deshalb durfte ich sie nicht enttäuschen. Deshalb wurde ich der beste Schüler und der bravste Sohn. Ich hätte es nicht ertragen, wenn sie ihr großes Spiel verloren hätte. Da sie die vollkommene Mutter sein wollte und war, gab es für mich, die Spielkarte, keinen Zweifel: Ich mußte der vollkommene Sohn werden. Wurde ich's? Jedenfalls versuchte ich es. Ich hatte ihre Talente geerbt: ihre Tatkraft, ihren Ehrgeiz und ihre Intelligenz. Damit war schon etwas anzufangen. Und wenn ich, ihr Kapital und Spieleinsatz, wirklich einmal müde wurde, nur und immer wieder zu gewinnen, half mir, als letzte Reserve, eines weiter: Ich hatte die vollkommene Mutter ja lieb. Ich hatte sie sehr lieb.

Erreichbare Ziele sind besonders deshalb und deshalb besonders anstrengend, weil wir sie erreichen möchten. Sie fordern uns heraus, und wir machen uns, ohne nach links oder rechts zu blicken, auf den Weg. Meine Mutter blickte weder nach links noch nach rechts. Sie liebte mich und niemanden sonst. Sie war gut zu mir, und darin erschöpfte sich ihre Güte. Sie schenkte mir ihren Frohsinn, und für andere blieb nichts übrig. Sie dachte nur an mich, weitere Gedanken hatte sie keine. Ihr Leben galt mit jedem Atemzuge mir, nur mir.

Darum erschien sie allen anderen kalt, streng, hochmütig, selbstherrlich, unduldsam und egoistisch. Sie gab mir alles, was sie war und was sie hatte, und stand vor allen anderen mit leeren Händen da, stolz und aufrecht und doch eine arme Seele. Das erfüllte sie mit Trauer. Das machte sie unglücklich. Das trieb sie manchmal zur Verzweiflung. Ich sage das nicht obenhin und nicht als Redensart. Ich weiß, was ich sage. Ich war ja dabei, wenn sich ihre Augen verdunkelten. Damals, als ich ein kleiner Junge war. Ich fand sie ja, die hastig bekritzelten Zettel, wenn ich aus der Schule kam! Auf dem Küchentisch lagen sie. »Ich kann nicht mehr!« stand darauf. »Sucht mich nicht!« stand darauf. »Leb wohl, mein lieber Junge!« stand darauf. Und die Wohnung war leer und tot.

Dann jagte ich, von wilder Angst gehetzt und gepeitscht, laut weinend und fast blind vor Tränen, durch die Straßen, elbwärts und den steinernen Brücken entgegen. Die Schläfen hämmerten. Der Kopf dröhnte. Das Herz raste. Ich lief in Passanten hinein, sie schimpften, und ich jagte weiter. Ich taumelte vor Atemlosigkeit, schwitzte und fror, fiel hin, rappelte mich hoch, merkte nicht, daß ich blutete, und jagte weiter. Wo konnte sie sein! Würde ich sie finden? Hatte sie sich etwas angetan? War sie gerettet worden? War es noch Zeit, oder war es zu spät? »Mutti, Mutti, Mutti!« stammelte ich in einem fort und rannte um ihr Leben. »Mutti, Mutti, Mutti, Mutti!« Mir fiel nichts weiter ein. Es war bei diesem Wettlauf mit dem Tod mein einziges endloses Gebet.

Ich fand sie fast jedesmal. Und fast jedesmal auf einer der Brücken. Dort stand sie bewegungslos, blickte auf den Strom hinunter und sah aus wie eine Wachsfigur. »Mutti, Mutti, Mutti!« Nun schrie ich es laut und immer lauter. Mit letzter Kraft schleppte ich mich zu ihr hin. Ich packte sie, zerrte an ihr, umarmte sie, schrie und weinte und schüttelte sie, als sei sie eine große, bleiche Puppe, – und dann erwachte sie wie aus einem Schlaf mit offnen Augen. Jetzt erst erkannte sie mich. Jetzt erst merkte sie, wo wir waren. Jetzt erst erschrak sie. Jetzt erst konnte sie weinen und mich fest an sich drücken und mühsam und heiser sagen: »Komm, mein Junge, bring mich nach Hause!« Und nach den ersten zaghaften Schritten flüsterte sie: »Es ist schon wieder gut.«

Manchmal fand ich sie nicht. Dann irrte ich ratlos von einer Brücke zur andern, lief heim, um nachzusehen, ob sie inzwischen zurückgekommen sei, rannte wieder zum Fluß, die Brückentreppen hinunter, das Neustädter Ufer entlang, schluchzte und bebte vor Angst, ich könne Boote entdecken, von denen aus man mit langen Stangen nach jemandem fischte, der von der Brücke gesprungen war. Dann schleppte ich mich wieder nach Hause und warf mich, von Hoffnung und Verzweiflung geschüttelt, über ihr Bett. Halb ohnmächtig vor Erschöpfung schlief ich ein. Und wenn ich erwachte, saß sie neben mir und drückte mich fest an sich. »Wo bist du gewesen?« fragte ich, glücklich und ratlos. Sie wußte es nicht. Sie schütelte über sich selber den Kopf. Dann versuchte sie zu lächeln und flüsterte, auch diesmal: »Es ist schon wieder gut.«

Eines Nachmittags ging ich, statt zu spielen, heimlich zu Sanitätsrat Zimmermann in die Sprechstunde und schüttete ihm mein Herz aus. Er drehte seinen Knebelbart zwischen den nikotinbraunen Fingern, betrachtete mich freundlich und sagte: »Deine Mutter arbeitet zuviel. Ihre Nerven sind nicht gesund. Es sind Krisen, schwer und kurz wie Gewitter im Sommer. Sie müssen sein, damit sich die Natur wieder einrenkt. Hinterher ist die Luft doppelt frisch und rein.« Ich sah ihn zweifelnd an. »Auch die Menschen«, meinte er, »gehören zur Natur.« »Aber nicht alle Menschen wollen von Brücken springen«, wandte ich ein. »Nein«, sagte er, »glücklicherweise nicht.«
 Er fuhr mir übers Haar. »Deine Mutter müßte ein paar Mo-

nate ausspannen. Irgendwo in der Nähe. In Tharandt, in Weixdorf, in Langebrück. Du könntest mittags von der Schule aus hinausfahren und bis zum Abend bei ihr bleiben. Schularbeiten kann man auch in Weixdorf machen.« »Sie wird es nicht tun«, erwiderte ich, »wegen der Kundschaft. Ein paar Monate, das ist zu lange.« »Weniger wäre zu wenig«, gab er zur Antwort, »aber du hast recht: Sie wird es nicht tun.« Ich sagte schuldbewußt: »Sie wird es meinetwegen nicht tun. Sie plagt sich meinetwegen ab. Meinetwegen braucht sie das Geld.« Während er mich zur Tür brachte, klopfte er mir auf die Schulter. »Mach dir keine Vorwürfe! Wenn sie dich nicht hätte, wär es viel schlimmer.«

»Sie erzählen ihr nicht, daß ich hier war?« »Na erlaube mal! Natürlich nicht!« »Und Sie glauben nicht, daß sie wirklich von der Brücke ... vielleicht ... eines Tages ... ?« »Nein«, sagte er, »das glaub ich nicht. Auch wenn sie alles um sich her vergißt, wird ihr Herz an dich denken.« Er lächelte. »Du bist ihr Schutzengel.«

An diese letzten Sätze dachte ich oft im Leben. Sie haben mich zugleich getröstet und bedrückt. Ich erinnerte mich ihrer auch noch, als ich ein Mann von etwa fünfzig Jahren war und meine Mutter im Sanatorium besuchte. Es war viel geschehen. Dresden lag in Trümmern. Die Eltern hatten es überlebt. Wir waren lange getrennt gewesen. Die Post und die Eisenbahn hatten lange Zeit lahmgelegen. Nun endlich sahen wir einander wieder. In einem Sanatorium. Denn meine Mutter litt, fast achtzigjährig und erschöpft von einem Leben, das Mühe und Arbeit gewesen war, am Dahinschwinden ihres Gedächtnisses und bedurfte der Aufsicht und Pflege.

Sie hielt ein Taschentuch auf den Knien, breitete es auseinander und faltete es zusammen, in einem fort und ruhelos, schaute mich verwirrt lächelnd an, schien mich zu erkennen, nickte mir zu und fragte mich dann: »Wo ist denn der Erich?« Sie fragte mich nach ihrem Sohn! Und mir krampfte sich das Herz zusammen. Wie damals, wenn sie geistesabwesend auf einer der Brücken stand.

»Auch wenn sie alles um sich her vergißt«, hatte Sanitätsrat Zimmermann gesagt, »wird ihr Herz an dich denken.« Jetzt hatten ihre Augen sogar mich vergessen, ihr einziges Ziel und Glück! Doch nur die Augen. Ihr Herz nicht.

Das zwölfte Kapitel
Onkel Franz wird Millionär

Das vorige Kapitel klang nicht sehr heiter. Ein Kind hatte Kummer, und das Kind war ich selber. Hätte ich's euch nicht erzählen sollen? Das wäre falsch gewesen. Kummer gibt es, glaub ich, wie es Hagelschlag und Waldbrände gibt. Man kann sich eine glücklichere Welt als die unsrige ausmalen. Eine Welt, worin keiner hungert und niemand in den Krieg muß. Doch auch dann bliebe noch Kummer genug zurück, der sich durch vernünftigere Regierungen und beherztere Maßnahmen nicht ausrotten ließe. Und wer diesen Kummer verschwiege, wäre ein Lügner.

Durch rosarote Brillen sieht die Welt rosarot aus. Das mag ein hübscher Anblick sein, aber es handelt sich um eine optische Täuschung. Es liegt an der Brille und nicht an der Welt. Wer beides miteinander verwechselt, wird sich wundern, wenn ihm das Leben die Brille von der Nase nimmt.

Es gibt auch Optiker – ich meine eigentlich Dichter und Philosophen –, die den Leuten Brillen mit schwarzen Gläsern verkaufen, und schon ist die Erde ein Jammertal und ein hoffnungslos verfinsterter Stern. Wer uns dunkle Brillen empfiehlt, damit uns die Sonne nicht zu sehr in die Augen sticht, ist ein braver Kaufmann. Wer sie uns aufsetzt, damit wir glauben sollen, die Sonne scheine nicht, ist ein Gauner.

Das Leben ist nicht nur rosafarben und nicht nur schwarz, sondern bunt. Es gibt gute Menschen und böse Menschen, und die guten sind mitunter böse und die bösen manchmal gut. Wir können lachen und weinen, und zuweilen weinen wir, als könnten wir nie wieder lachen, oder wir lachen so herzlich, als hätten wir nie vorher geweint. Wir haben Glück und haben Unglück, und Glück im Unglück gibt es auch. Wer es besser weiß, ist ein Besserwisser. Wer sich hinstellt und behauptet, zweimal zwei sei fünf, steht einzig da, doch das ist auch alles. Er kann sich mit seiner Originalität einpacken lassen. Alte Wahrheiten sind und klingen nicht originell, doch es sind und bleiben Wahrheiten, und das ist die Hauptsache.

Ich hatte geweint, als könne ich nie wieder lachen. Und ich konnte wieder lachen, als hätte ich nie geweint. »Es ist schon wieder gut«, hatte meine Mutter gesagt, und so war es wieder gut. Fast wieder gut.

Die Hechtstraße war eine schmale, graue und übervölkerte Straße. Hier hatten, weil die Läden billig waren, Onkel Franz und Onkel Paul als junge Fleischermeister begonnen, ihr Leben zu meistern. Und obwohl die beiden einfenstrigen Geschäfte, nur durch die Fahrstraße getrennt, einander gegenüberlagen und die zwei Inhaber gleicherweise Augustin hießen, geriet man sich nicht in die Haare. Beide Brüder waren geschickt, fleißig, munter und beliebt, ihre Jacken und Schürzen blütenweiß und ihre Wurst, ihr Fleischsalat und ihre Sülze vorzüglich. Tante Lina und Tante Marie standen von früh bis spät hinter ihren Ladentischen, und manchmal winkten sie einander, über die Straße hinweg, fröhlich zu.

Tante Marie hatte vier Kinder, darunter den von Geburt an blinden Hans. Er war immer fidel, aß und lachte gern und kam, als Tante Marie, seine Mutter, starb, in die Blindenanstalt. Dort wurde er im Korbflechten und als Klavierstimmer ausgebildet und, noch sehr jung, von Onkel Paul mit einem armen Mädchen verheiratet, damit er jemanden hatte, der sich um ihn kümmere. Denn der Vater selber hatte für den Sohn mit den blinden, pupillenlosen Augen keine Zeit.

Die drei ehemaligen Kaninchenhändler – auch der älteste, der Robert Augustin in Döbeln – waren robuste Leute. Sie dachten nicht an sich, und an andre dachten sie schon gar nicht. Sie dachten nur ans Geschäft. Wenn der Tag achtundvierzig Stunden gehabt hätte, hätten sie vielleicht mit sich reden lassen. Dann wäre womöglich ein bißchen Zeit für Nebensachen und Kleinigkeiten übriggeblieben, wie für ihre Frauen, Kinder, Brüder und Schwestern oder für ihre eigene Gesundheit.

Doch der Tag hatte nur vierundzwanzig Stunden, und so waren sie rücksichtslos. Sogar gegen ihren Vater. Er litt an Asthma, besaß kein Geld und wußte, daß er bald sterben würde. Doch er war zu stolz, um seine drei ältesten Söhne um Hilfe zu bitten. Er entsann sich wohl auch des Sprichworts, ein Vater könne leichter zwölf Kinder ernähren als zwölf Kinder einen Vater.

Die Döbelner Schwestern, arm wie die Kirchenmäuse, schrieben meiner Mutter, wie schlimm es um meinen Großvater stehe. Meine Mutter lief in die Hechtstraße und beschwor ihren Bruder Franz, etwas zu tun. Er versprach es ihr und hielt sein Wort. Er schickte ein paar Mark per Postanweisung und eine Ansichtskarte mit herzlichen Grüßen und besten Wünschen für die väterliche Gesundheit. Das heißt: er schrieb die Karte nicht etwa selbst! Das erledigte seine Frau. Der Sohn hatte für den Gruß an den Vater keine Zeit. Zum Begräbnis des alten Mannes, kurz darauf, reiste er allerdings persönlich. Da ließ er sich nicht lumpen.

Denn Hochzeiten und Silberhochzeiten in der Familie, vor allem aber Begräbnisse, bildeten eine Ausnahme. Dafür fand man Zeit. Auf den Friedhöfen, an den Särgen, da traf man sich. Mit Gehrock und Zylinder. Mit Taschentüchern zum Tränenwischen. Die Augen und die Nasenspitzen wurden rot. Und die Tränen waren sogar echt!

Auch noch beim Leichenschmaus saß man zusammen. Während des Mittagessens ging es angemessen traurig zu. Beim Kaffee und Kuchen wurde gelacht. Und beim Kognak zogen die Kaninchenhändler a. D. heimlich die goldenen Taschenuhren aus der schwarzen Weste. Sie hatten es wieder eilig. »Adieu!« »Laßt euch mal wieder blicken!« »Schade, es ist gerade so gemütlich!«

Nur bei ihrem eignen Begräbnis blieben sie länger.

Franz Augustin und Paul Augustin residierten in der Hechtstraße auch noch, nachdem sie ihre Fleischerläden mit Gewinn verkauft hatten und endgültig Pferdehändler geworden waren. In den Hinterhöfen war für Pferdeställe Platz genug, für Onkel Paul schon gar, weil er nur Warm- und Vollblüter kaufte und verkaufte, nur Kutsch- und Reitpferde, nur das Feinste vom Feinen. Schon nach wenigen Jahren durfte er sich ›Königlicher Hoflieferant‹ nennen. Er ließ den Titel auf das Firmenschild überm Haustor malen und war nun etwas ähnlich Nobles wie der Hofjuwelier. Dieser handelte nur mit den schönsten Brillanten und Perlen, und Onkel Paul bot die edelsten Pferde an. Dafür genügten ihm zehn Ställe. Manchmal kam der König selber! Stellt euch das vor! In die schmale, mickrige Hechtstraße! Mit den Prinzen und dem Hofmarschall und dem Leibjäger! Zu meinem Onkel Paul!

Trotzdem trieb ich mich tausendmal lieber und hundertmal häufiger im Hof und in den Stallungen auf der anderen Straßenseite herum. Onkel Franz war zwar saugrob, und zum Hoflieferanten hätte er bestimmt kein Talent gehabt. Wer weiß, was er Friedrich August III. von Sachsen alles gesagt und wie mächtig er ihm auf die Schulter geklopft hätte! Mindestens der Hofmarschall und der Adjutant à la suite wären in Ohnmacht gefallen. Aber der saugrobe Onkel Franz gefiel mir besser als der hochnoble Onkel Paul, den die Geschwister aus Jux »Herr Baron« nannten. Und zwischen seinen Knechten und Pferden fühlte ich mich wie zu Hause.

In den braunen Holzställen, die sich an den Längsseiten des schmalen Hofs hinzogen, war für etwa dreißig Pferde Raum, für die Dänen und Ostpreußen, für die Oldenburger und Holsteiner und für die flämischen Kaltblüter, die gewaltigen Brabanter mit den breiten Kruppen und ihren hellen Riesenmähnen. Zentnerweise schleppten die Knechte Heu, Hafer und Häcksel heran und hektoliterweise, Eimer für Eimer, frisches Wasser. Die Gäule futterten und soffen, daß man nur staunen konnte. Sie stampften mit den klobigen Hufen, peitschten mit den Schweifen die Fliegenschwärme vom Rücken und wieherten einander, von Stall zu Stall, herzliche Grüße zu. Wenn ich nähertrat, wandten sie den Kopf und schauten mich, fremd und geduldig, aus ihren unerforschlichen Augen an. Manchmal nickten sie dann, und manchmal schüttelten sie die riesigen Häupter. Aber ich wußte nicht, was sie meinten. Rasmus, der hagere Großknecht aus Dänemark, der kein S sprechen konnte, ging prüfend von Stall zu Stall. Und Onkel Bruno hinkte neben dem dicken Tierarzt geschäftig übers Kopfsteinpflaster. Der dicke Tierarzt kam oft.

Pferde haben ähnliche Krankheiten wie wir. Manche, wie Influenza und Darmkolik, haben den gleichen Namen, andre heißen Druse, Mauke, Rotz und Spat, und alle miteinander sind sehr gefährlich. Wir sterben nicht an Husten, Schnupfen, Halsschmerzen, Mumps oder Bauchgrimmen. Bei den Pferden, diesen vorgeschichtlichen Vegetariern, ist das gar nicht so sicher. Sie fressen zu nasses Heu, und schon blähen sich ihre Bäuche wie Ballons, schon wühlen Schmerzen wie Messer im Leib, schon können sich die Därme verschlingen, und der Tod klopft an die Stalltür. Sie sind erhitzt und saufen zu kaltes Wasser, und bald beginnen sie zu husten, die Drüsen schwellen, die Nüstern triefen, das Fieber steigt, die Bronchien rasseln, die Augen werden stumpf, und schon wieder hebt der Tod den Knöchel. Manchmal kam der dicke Tierarzt beizeiten. Manchmal kam er zu spät. Dann rumpelte der Wagen des Abdeckers in den Hof und holte den Kadaver fort. Die Haut, die Hufe und das Roßhaar waren noch zu gebrauchen.

Das Ärgste an solch einem Pferdetod war der Geldverlust. Im übrigen hielt sich der Schmerz in Grenzen, und das war kein Wunder. Die Pferde gehörten ja nicht zur Familie. Eher glichen sie vierbeinigen Hotelgästen, die, ein paar Tage und mit voller Verpflegung, in Dresden übernachteten. Dann ging die Reise weiter, auf ein Rittergut, zu einer Brauerei, in eine Kaserne, je nachdem. Oder, mitunter, zur Abdeckerei. Hoteliers weinen nicht, wenn ein Gast stirbt. Man trägt ihn heimlich über die Hintertreppe.

Die ungemütliche, kleinbürgerlich möblierte Wohnung lag über dem Fleischerladen, worin längst ein anderer Meister Koteletts hackte und mit der Breitseite des Beils flachklopfte. In der Wohnung regierte Frieda, das schmale Mädchen aus dem Erzgebirge, das stille und energische Dienstmädchen. Frieda kochte, wusch, putzte und vertrat an meiner Kusine Dora Mutterstelle. Denn die Mutter selber, Tante Lina, hatte keine Zeit für ihr Kind.

Sie war, ohne jede kaufmännische Vorbildung, Geschäftsführerin geworden und saß von früh bis spät im Büro. Mit Schecks, Lieferantenrechnungen, Steuern, Löhnen, Wechselprolongationen, Krankenkassenbeiträgen, Bankkonten und ähnlichen Kleinigkeiten gab sich Onkel Franz nicht ab. Er hatte gesagt: »Das erledigst du!«, und so erledigte sie es. Hätte er gesagt: »Spring heute abend um sechs von der Kreuzkirche!«, wäre sie gesprungen. Womöglich hätte sie, droben auf dem Turm, einen Zettel hinterlassen. »Lieber Franz! Entschuldige, daß ich acht Minuten zu spät springe, aber der Bücherrevisor hielt mich auf. Deine Dich liebende Gattin Lina.« Glücklicherweise kam er nicht auf die Idee, sie springen zu lassen. Sonst hätte er ja seine Prokuristin verloren! Das wäre dumm von ihm gewesen, und dumm war er nicht, mein Onkel Franz.

Das Büro, es hieß noch Comptoir, befand sich am Ende des Hofs, zwischen den Stallzeilen, im Erdgeschoß eines kleinen Hintergebäudes. Hier diente und herrschte Tante Lina. Hier am Schreibtisch handelte sie mit den Lieferanten. Hier holten die Knechte ihren Wochenlohn. Hier stellte sie Schecks aus. Hier führte sie Buch. Hier prüfte der Revisor ihre Eintragungen. An der Rückwand stand der Panzerschrank, und nur die Tante hatte die Schlüssel dazu. Schlüsselbund und Geldtasche baumelten an ihrer Schürze. Den Bleistift steckte sie schräg in die Frisur. Sie war resolut und ließ sich nichts vormachen. Ein einziger Mensch auf der Welt verursachte ihr Herzklopfen, der ›Herr‹. So nannte sie ihn, wenn er nicht dabei war. War er im Zimmer oder am Telefon, sagte sie ›Franz‹ zu ihm. »Ja, Franz.« »Natürlich, Franz.« »Gewiß, Franz.« »Selbstverständlich, Franz.« Dann klang ihre sonst recht energische Stimme wie die eines Schulmädchens.

Wenn er sie brauchte, brüllte er, wo er ging oder stand, nur das Wort: »Frau!« Und schon rief sie »Ja, Franz?« und rannte, als gelte es ihr Leben. Dann brauchte er nur noch zu sagen: »Heute nacht fahr ich mit Rasmus nach Flensburg zum Markt. Gib mir zwanzigtausend Mark mit! In Hundertmarkscheinen!« Noch im Weglaufen band sie die Schürze ab. Und eine

Stunde später war sie von der Bank zurück. Mit zweihundert Hundertmarkscheinen. Später, als sie in der ›Villa‹ wohnten, rannte ich statt ihrer. Doch meine Bankbotenzeit gehört noch nicht hierher.

Wenn Onkel Franz von den Märkten und Auktionen zurückkam, wenn die Pferde an der Rampe des Neustädter Güterbahnhofs ausgeladen und von den unterwegs gemieteten Knechten den Dammweg entlang und über den Bischofsplatz in die Hechtstraße geführt worden waren, begann des Onkels große Zeit. Erst mußten sich die Gäule herausfuttern, denn die Reise in den Güterwagen und der Klimawechsel hatten die lebende Ware strapaziert.

Doch schon ein paar Tage später drängten sich die Kunden im Hof wie auf einem Jahrmarkt. Lauter imposante Leute mit beträchtlichem Pferdeverstand und dicken Brieftaschen. Offiziere mit ihren Wachtmeistern, Rittergutsbesitzer, Großbauern, Brauereidirektoren, Spediteure, Herren von der städtischen Müllabfuhr und der Pfundschen Molkerei, – man hatte den Eindruck, hier würden keine Pferde, sondern dicke Männer verkauft! Onkel Bruno hinkte, mit einer Kiste Zigarren, von einem zum andern und bot Havannas an. In den Fenstern der umliegenden Hinterhäuser lehnten neugierige Frauen und Kinder, genossen das Schauspiel und warteten auf den Hauptdarsteller, auf Franz Augustin, den Herrn der Pferde. Und wenn er dann auftrat, wenn er lächelnd durch die Toreinfahrt kam, die Zigarre im Mund, den dicken Stock aus Bambus schwingend, die braune Melone flott und etwas schief auf dem Kopf, wußten auch die, die ihn noch nie gesehen hatten, sofort: ›Das ist er! Der wird mich hineinlegen, und ich werde mir noch einbilden, er hätte mir den Fuchswallach geschenkt!‹ Gegen diesen Mann, gegen soviel selbstgewisse Kraft und heitere Selbstverständlichkeit war kein Kraut gewachsen. Wo er sich, nach einigem Händeschütteln und Schulterklopfen, gelassen und vierschrötig aufpflanzte, dort war die Mitte, und alles hörte auf sein Kommando: die Knechte, die Pferde und die Kunden!

Die Tiere wurden, eines nach dem andern, in allen Gangarten gemustert. Die Knechte hatten die Pferde kurz am Halfter und rannten mit ihnen, hin und her und wieder hin und her, über den Hof. Besonders eigenwillige Gäule wurden von Rasmus vorgeführt. An seiner Hand trabten auch die hartmäuligsten Krippensetzer fromm wie die Lämmer. Manchmal knallte Onkel Franz mit der Peitsche. Meistens wedelte er nur mit seinem großen weißen Taschentuch. Er konnte das wie ein Varietékünstler. Das Taschentuch knatterte wie eine Fahne im Wind und brachte die faulsten Rösser in Fahrt.

War ein Pferd gemustert worden, traten die Interessenten näher und begutachteten das Gebiß und die Fesseln. Der Onkel nannte den Preis und ließ nicht lange mit sich handeln. Dann wurde der Kauf durch Handschlag besiegelt, daß es nur so klatschte. Mir taten vom bloßen Zuhören die Handflächen weh. Tante Lina zog den Bleistift aus der Frisur und notierte den Käufer. Es war kaum nötig, denn der Handschlag galt wie ein Eid. Wer eine solche Abrede nicht eingehalten hätte, wäre als Geschäftsmann erledigt gewesen. Das konnte sich keiner leisten.

Manchmal hatte der Onkel so viele Pferde mitgebracht, daß er über die Hälfte in fremden Ställen unterbringen mußte: bei seinem Bruder Paul und bei seinem Freunde, dem Kommissionsrat Gäbler. Dann dauerte die Musterung tagelang, und in der Kneipe im Vorderhaus ging es hoch her. Den Zigarrenqualm hätte man nicht einmal mit der Gartenschere zerschneiden können. Der Lärm und das wilde Gelächter quollen bis auf die Straße. Onkel Franz trank wie ein Bürstenbinder und behielt einen klaren Kopf. Onkel Bruno war schon nach dem vierten Schnaps blau wie ein Veilchen. Und Tante Lina trank gar nichts, sondern kassierte, still und beharrlich, Hundert-, Fünfhundert- und Tausendmarkscheine. Die dicken Brieftaschen ringsum magerten zusehends ab. Die Tante schrieb Quittungen, steckte den Kopierstift wieder in die Frisur und brachte die Geldbündel in den Panzerschrank. Ins Comptoir hinten im Hof.

»Der Franz Augustin«, sagten die Leute, »verdient sich noch dumm und dämlich!« Dumm und dämlich? Da kannten sie ihn schlecht. Aber sie meinten es wohl auch nicht ganz wörtlich. Insgeheim waren sie sogar recht stolz auf ihn. Hier bewies einer der Welt, daß man es auch in der Hechtstraße zum Millionär bringen konnte! Das rechneten sie ihm hoch an. Sein Erfolg war ihr Märchen. Und sie dichteten es weiter. »Wer so reich geworden ist«, sagten sie, »der muß seinen Reichtum zeigen! Er braucht einen Palast. Er muß aus der Hechtstraße fort, das ist er der Hechtstraße schuldig.« »So ein Quatsch!« knurrte Onkel Franz. »Mir genügt unsre Wohnung über dem Fleischerladen. Ich bin ja sowieso fast nie zu Hause.« Doch das Hechtviertel war stärker als er. Und schließlich gab er nach.

Er kaufte das Haus Antonstraße 1. ›Haus‹ ist nicht ganz das richtige Wort. Es handelte sich um eine zweistöckige, geräumige Villa mit einem schattigen Garten, der fast ein Park war und mit der Schmalseite an den Albertplatz grenzte. An den Albertplatz, der zu meinem Schulweg gehörte. An diesen geschäftigen und trotzdem feierlichen Platz mit dem Theater und seinen zwei großen Springbrunnen, die ›Stilles Wasser‹ und ›Stürmische Wogen‹ hießen.

Zu der großen Villa und dem kleinen Park gehörten, außer den hohen, alten Bäumen, ein Treibhaus, zwei Pavillons und ein Seitengebäude mit einem Pferdestall, einer Wagenremise und einer Kutscherwohnung. In die Kutscherwohnung zog Frieda, die Perle, und wurde zur Wirtschafterin ernannt. Sie erhielt ein Dienstmädchen und einen Gärtner als Hilfe und übernahm die Regierung. Sie beherrschte, vom ersten Tag an, ihre neuen Pflichten, als sei sie in zweistöckigen Villen aufgewachsen. Tante Lina tat sich schwerer. Sie wollte keine Gnädige Frau werden, und sie wurde keine. Sie und Frieda stammten aus dem Erzgebirge, und ihre Väter waren im gleichen Steinkohlenbergwerk Häuer gewesen.

Das dreizehnte Kapitel
Die Villa am Albertplatz

Von der Königsbrücker Straße 48 bis zur Antonstraße 1 war es ein Katzensprung. Und da sich Tante Lina in ihrer Villa recht fremd fühlte, war sie froh, wenn wir sie besuchten. Bei schönem Wetter kam ich schon nachmittags. Der Onkel saß in irgendeinem Schnellzug. Die Tante schrieb hinter ihrem Schreibtisch in der Hechtstraße Rechnungen und Quittungen. Dora, die Kusine, war bei einer Schulfreundin eingeladen. Und so gehörten Haus und Garten mir.

Am liebsten hockte ich dann auf der Gartenmauer und schaute dem Leben und Treiben auf dem Albertplatze zu. Die Straßenbahnen, die nach der Altstadt, nach dem Weißen Hirsch, nach dem Neustädter Bahnhof und nach Klotzsche und Hellerau fuhren, hielten dicht vor meinen Augen, als täten sie's mir zuliebe. Hunderte von Menschen stiegen ein und aus und um, damit ich etwas zu sehen hätte. Lastwagen, Kutschen, Autos und Fußgänger taten für mich, was sie konnten. Die zwei Springbrunnen zeigten ihre Wasserkünste. Die Feuerwehr ratterte, mit ihrem Hornsignal und glockenläutend, vorbei. Schwitzende Grenadiere kehrten, singend und im Gleichschritt, von einer Übung in die Kaserne zurück. Eine königliche Equipage rollte vornehm übers Pflaster. Eisverkäufer in weißer Uniform verkauften an der Ecke Waffeln für fünf und für zehn Pfennige. Ein Bierwagen verlor ein Hektoliterfaß, und die Neugierigen kamen gelaufen. Der Albertplatz war die Bühne. Ich saß, zwischen Jasmin und Bäumen, in der Loge und konnte mich nicht satt sehen.

Irgendwann tippte mir Frieda auf die Schulter und sagte: »Ich hab dir Kaffee hingestellt!« Dann setzte ich mich in die schattige, luftige, gußeiserne Laube und vesperte wie ein Prinz. Anschließend kontrollierte ich die Johannisbeeren und die Sauerkirschen oder schlug, im Herbst, mit einer langen Wäschestange Nüsse vom Nußbaum. Oder ich holte für Frieda rasch etwas aus dem Grünkramladen gegenüber. Dill, Würfelzucker,

Zwiebeln, Schnittlauch, Pumpernickel, je nachdem. Neben dem Laden stand, in einem Garten halbverborgen, ein kleines Haus, und an dem Gartentor war ein Schild angebracht. ›Hier lebte und starb Gustav Nieritz.‹ Er war Lehrer und Schulinspektor gewesen, hatte viele, viele Kinderbücher geschrieben, und ich hatte sie alle gelesen. Im Jahre 1876 war er in dem kleinen Haus in der Antonstraße gestorben, nicht weniger berühmt als sein Dresdner Zeitgenosse Ludwig Richter, der Zeichner und Maler. Den Ludwig Richter liebt und bewundert man heute noch. Den Gustav Nieritz kennt niemand mehr. Die Zeit wählt aus, was bleiben und dauern soll. Und meistens hat sie recht, die Zeit.

Auch abends spazierten wir oft in die ›Villa‹. Vor allem, wenn Onkel Franz verreist war. Dann kam sich Tante Lina, trotz der Dora, so verlassen vor, daß sie selig war, wenn wir ihnen beim Abendbrot im Wohnzimmer Gesellschaft leisteten. Frieda beherrschte die Kunst, belegte Brote herzustellen, in souveräner Manier, und wir hätten sie tief gekränkt, wenn auch nur eine Brotscheibe mit Landleberwurst oder rohem Schinken übriggeblieben wäre. Da keiner sie verletzen wollte, taten wir unser möglichstes.

Es waren gemütliche Abende. Überm Sofa hing die genaue Kopie eines Bildes aus der Gemäldegalerie. Es zeigte einen alten Fuhrmann, der neben seinem Pferde steht und eben die Kumtlampe angezündet hat. Der Herr Kunstmaler Hofmann aus Trachau, der eigentlich Impressionist war, hatte, um Geld zu verdienen, das Bild im Zwinger kopiert, und Tante Lina hatte es Onkel Franz zum Einzug geschenkt. »Ein Bild?« hatte der Onkel naserümpfend bemerkt. »Na meinetwegen, es ist ja ein Pferd drauf!«

Ungemütlicher verliefen die Abende, wenn der Onkel nicht auf Reisen war. Nicht etwa, daß er daheim gewesen wäre, behüte! Er saß in Kneipen und Weinlokalen, trank mit anderen Männern über den Durst, scharmutzierte mit den Kellnerinnen und verkaufte Pferde. Aber – er hätte, wider alles Erwarten, plötzlich ins Haus treten können! Denn nichts auf der Welt ist unmöglich! Deshalb mußten wir in die Küche.

Es war eine schöne und geräumige Küche. Warum also nicht? Bei uns zu Hause hielten wir es ja auch nicht anders. Und Friedas belegte Brote waren und schmeckten genauso gut wie im Wohnzimmer. Und trotzdem stimmte die Sache nicht. Da hockten wir nun, von Tante Linas Angst angesteckt, alle miteinander am Küchentisch, das ganze große Haus war leer, und die Tante sah aus, als sei sie bei sich selber zu Besuch. Da saßen und aßen wir nun und legten dabei die Ohren an wie die Kaninchen. Würde er kommen oder nicht? Es war ungewiß. Es war unwahrscheinlich. Doch manchmal kam er.

Zunächst hörten wir, wie jemand das Gartentor heftig zuschlug, und Frieda sagte: »Der Herr kommt.« Anschließend sprang die Haustür auf, daß die bunten, bleigefaßten Glasscheiben klirrten, und die Tante rief, von Furcht und Freude übermannt: »Der Herr kommt!« Dann brüllte im Korridor ein Löwe das Wort »Frau!«. Und mit dem Rufe »Ja, Franz!« stürzte die Tante, von Frieda und Dora umgeben, aus der Küche ins Treppenhaus, wo ihnen der Herr der Pferde, bereits ungeduldig, Hut und Spazierstock entgegenstreckte. Sie rissen ihm die Utensilien beflissen aus den Händen, halfen ihm zu dritt aus dem Mantel, verstauten Stock und Hut und Mantel an der Garderobe und rannten, ihn überholend, durch den Korridor, um die Wohnzimmertür zu öffnen und das Licht anzuknipsen.

Er setzte sich ächzend aufs Sofa und streckte ein Bein von sich. Tante Lina kniete vor ihm nieder und zog ihm den Schuh aus. Frieda kniete neben ihr und angelte die Pantoffeln unterm Sofa hervor. Während ihm die Tante den zweiten Schuh auszog und Frieda den ersten Pantoffel über den Fuß schob, knurrte er das Wort »Zigarre!«. Dora rannte ins Arbeitszimmer, kehrte eilends mit Zigarrenkiste und Streichhölzern zurück, klappte die Kiste auf, stellte sie, nachdem er eine Zigarre gegriffen hatte, auf den Tisch und hielt ein Streichholz parat. Nachdem er die Zigarrenspitze abgebissen und auf den Teppich gespuckt hatte, gab sie ihm Feuer.

Die drei umstanden und umknieten ihn wie die Sklavinnen

ihren Großmogul, hingen an seinen Lippen und warteten auf weitere Befehle. Fürs erste sagte er nichts, und so standen und knieten sie eifrig weiter. Er paffte seine Zigarre, strich sich den blonden Schnurrbart, worin schon graue Haare schimmerten, und sah aus wie ein Räuber, wenn er satt ist. Dann fragte er: »War was los?« Tante Lina erstattete Bericht. Er brummte. »Wollen Sie was essen?« fragte Frieda. »Hab ich schon«, knurrte er. »Mit Gäbler in der ›Traube‹.« »Ein Glas Wein?« fragte die Tochter. »Meinetwegen«, sagte er gnädig, »aber rasch! Ich muß noch einmal weg.« Und schon sprangen sie auf und davon, zur Kredenz und in den Keller.

Wir saßen mittlerweile in der Küche und waren leise. Meine Mutter lächelte ironisch, mein Vater ärgerte sich, und ich aß von Zeit zu Zeit ein belegtes Brot. Was sich in der Wohnstube abspielte, wußten wir auswendig. Es mußte sich nur noch herausstellen, welchen der drei möglichen Schlüsse die Komödie gerade heute haben würde.

Entweder ging Onkel Franz wirklich wieder fort, die drei Sklavinnen kamen in die Küche zurück, womöglich mit der angebrochnen Flasche Wein, und wir blieben noch ein Stündchen. Oder der Onkel blieb daheim. In diesem zweiten Fall erschien Frieda allein auf dem Plan und entließ uns, leicht verlegen, durch die Hintertür. Wir schlichen über den Kiesweg, als seien wir Einbrecher, und zuckten zusammen, wenn das Gartentor quietschte. Am dramatischsten war der dritte Komödienschluß, und auch er ereignete sich gar nicht selten.

Es konnte nämlich geschehen, daß der Onkel die Tante mißtrauisch und von der Seite ansah und betont gleichgültig fragte: »Ist sonst noch jemand im Hause?« Dann wurde Tante Linas Nase blaß und spitz. Das Schweigen, das darauf folgte, war auch eine Antwort, und er fragte weiter: »Wer? Heraus mit der Sprache!« »Ach«, sagte sie, bläßlich lächelnd, »es sind nur Kästners.« »Wo sind sie denn?« fragte er drohend und beugte sich vor. »Wo sie sind, hab ich gefragt!« »In der Küche, Franz.« Und jetzt brach das Gewitter los. Er geriet außer Rand und Band. »In der Küche?« brüllte er. »Es sind nur Kästners? Du versteckst unsre Verwandten in der Küche? Ihr seid wohl alle miteinander blödsinnig geworden, wie?« Er stand auf, schmiß die Zigarre auf den Tisch, stöhnte vor Wut und stapfte mit großen Schritten in den Korridor. Leider hatte er Pantoffeln an. Mit Stiefeln hätte sich die Szene noch viel effektvoller ausgenommen.

Er riß die Küchentür auf, musterte uns von oben bis unten, stemmte die Hände in die Seiten, holte tief Luft und rief empört: »Das laßt ihr euch gefallen?« Meine Mutter sagte kühl und leise: »Wir wollten dich nicht stören, Franz.« Mit einer einzigen Handbewegung wischte er ihre Bemerkung fort. »Wer«, rief er, »erzählt in diesem Hause, daß mich meine Verwandten stören? Das ist ja unglaublich!« Dann streckte er herrisch den Arm aus, ähnlich wie ein Heerführer, der die Reserven ins Feuer schickt. »Ihr kommt auf der Stelle ins Wohnzimmer! Nun? Wird's bald? Oder soll ich euch erst eine schriftliche Einladung schicken? Ida! Emil! Erich! Los! Aber ein bißchen plötzlich!«

Er stapfte voraus. Wir folgten ihm zögernd. Wie die armen Sünder, die der Holzstoß erwartet. »Frau!« rief er. »Frieda, Dora!« rief er. »Zwei Flaschen Wein! Zigarren! Und etwas zu essen!« Die drei Sklavinnen stoben auf und davon. »Wir haben schon in der Küche gegessen«, sagte meine Mutter. »Dann eßt ihr eben noch einmal!« schrie er ärgerlich. »und nun setzt euch schon endlich hin! Da, Emil, 'ne Zigarre!« »Ich dank dir schön«, sagte mein Vater, »aber ich hab selber welche.« Es war ihr altes Spiel. »Nimm!« befahl der Onkel. »So was Gutes rauchst du nicht alle Tage!« »Ich bin so frei«, meinte mein Vater und griff vorsichtig in die Kiste.

Wenn alle unter der Lampe saßen und mit Essen und Trinken versorgt waren, rieb sich Onkel Franz die Hände. »So«, sagte er befriedigt, »nun wollen wir's uns mal recht gemütlich machen! Greif zu, mein Junge! Du ißt ja gar nichts!« Glücklicherweise konnte ich damals viel mehr essen als heute. Ich kaute also um des lieben Friedens willen ein belegtes Brot nach dem anderen. Dora kniff, wenn sie mich anschaute, amüsiert ein Auge zu. Frieda goß Wein nach. Der Onkel kam auf Kleinpelsen, den Kaninchenhandel und wie stets darauf zu sprechen, daß meine Mutter eine Klatschbase gewesen sei, und je mehr sie sich ärgerte, um so vergnügter wurde er. Wenn er sie auf den Siedepunkt gebracht hatte, begann er das Interesse am Thema zu verlieren und erörterte mit der Tante geschäftliche Dinge. Bis er dann plötzlich aufstand, laut gähnte und erklärte, er gehe jetzt ins Bett. »Laßt euch nicht stören«, knurrte er, und schon war er weg. Manchmal wurde er noch deutlicher und sagte in aller Gemütsruhe: »So. Und jetzt könnt ihr gehen.« Ja, mein Onkel Franz war eine Nummer für sich. Und er hatte Nerven wie Stricke.

Da ich mich, auch tagsüber, in der Villa und im Garten herumtrieb, konnte es nicht ausbleiben, daß ich gelegentlich zu Botengängen herangezogen wurde. Ich entledigte mich der verschiedensten Aufträge mit gleicher und gleichbleibender Pünktlichkeit und Zuverlässigkeit. So wurde ich, etwa mit dem zehnten Lebensjahre, Tante Linas linke Hand, man könnte auch sagen, ihr linker Fuß. Denn durch das jahrelange Herumstehen im Fleischerladen und, später, in den Pferdeställen und im Hofe waren ihre Beine schwer und müde geworden. So saß sie lieber, als daß sie ging, und ich übernahm Aufgaben, die man sonst einem kleinen Jungen nicht anvertraut. Ich brachte Verträge zum Notar, daß sie beglaubigt würden, und Wechsel, die zu Protest gehen sollten. Und ich trug, nach den großen Pferdeverkäufen, das Geld zur Bank.

Ich werde die erstaunten Augen der übrigen Kunden nicht vergessen, wenn ich in der Filiale der Dresdner Bank an den Kassenschalter trat, die dicke Aktenmappe öffnete und die Geldbündel auspackte, die ich vorher mit der Tante durchgezählt hatte. Nun war der Kassierer an der Reihe. Er zählte und zählte und zählte. Er klebte bedruckte Streifen um die Bündel und machte sich Notizen, die ich sorgfältig mit den meinigen verglich. Fünftausend Mark, zehntausend Mark, fünfzehntausend, zwanzigtausend, fünfundzwanzigtausend, dreißigtausend, ja, manchmal vierzigtausend Mark und noch mehr! Die Kunden, die hinter und neben mir standen und auf ihre Abfertigung warteten, vergaßen vor Staunen, ungeduldig zu werden.

Hatte der Kassierer am Ende eine andere Schlußsumme auf seinem Zettel als ich auf meinem, dann wußte er schon, wer sich verrechnet hatte. Natürlich er. Meine Additionen stimmten immer. Und so fing er noch einmal von vorne an. Schließlich zog ich stolz mit der Quittung und der leeren Aktenmappe ab.

Die Tante lobte mich, schloß die Quittung im Schreibtisch ein und schenkte mir fünf Mark. Oder sogar zehn Mark. Und auch sonst griff sie gelegentlich ins Portemonnaie. Sie war eine liebe, gute Frau. Nicht nur, wenn sie mir Geld schenkte.

Eines schönen Tages fehlten ihr, wie oft sie auch nachrechnete, zweihundert Mark. Ihre Rechnung stimmte. Das Geld fehlte. Es war nirgends. Nirgends? Das gab es nicht. Wo war es? Und schon bog die nächste Frage unaufhaltsam um die Ecke: Wer hatte die zweihundert Mark gestohlen? Wer war der Dieb? Wer kam überhaupt in Frage? Onkel Franz und Tante Lina besprachen die Sache unter vier Augen und stellten zunächst einmal fest, wer im Haus es nicht gewesen sein konnte. Dieses Verfahren hat sich seit alters bewährt. Wenn man Glück hat, bleibt der Verbrecher übrig.

In Frage kamen, nach kurzem Nachdenken, nur zwei Personen: Meta, das Dienstmädchen, und ich selber. Meta, die zuerst vernommen wurde, schwor bei allem, was ihr teuer war, sie sei es nicht gewesen, und da man ihr Glauben schenken mußte, blieb der Tante nichts andres übrig, als nunmehr mich zur Rede zu stellen. Die Unterhaltung war sehr kurz. Noch ehe die Tante zu Ende gesprochen hatte, war ich auf und davon. Meine Mutter hörte sich meinen Bericht an und sagte: »Schade. Es waren eigentlich ganz nette Leute.« Damit war der Fall für uns erledigt.

Ein paar Tage später fand die Tante das Geld zufällig in einer Schublade. Sie hatte es wohl selber hineingelegt und über wichtigeren Geschäften vergessen gehabt. Als erste Abgesandte klingelte meine Kusine Dora bei uns. Sie erzählte, was sich zugetragen habe, und überbrachte herzliche Grüße. »Du kannst nichts dafür«, sagte meine Mutter zu ihr, »aber es wird das beste sein, wenn du machst, daß du fortkommst.« Tags darauf erschien Frieda, die Perle, doch auch sie stand sehr bald wieder auf der Straße. Am nächsten Tage kam Tante Lina, trotz ihrer Krampfadern, die Treppen heraufgeächzt »Es ist schon gut, Lina«, sagte meine Mutter. »Ich hab dich gern, das weißt du ja. Doch wer meinem Jungen zutraut, er sei ein Dieb, den kenn ich nicht mehr.« Damit schlug sie der Tante die Tür vor der Nase zu.

Als wieder ein Tag vergangen war, fuhr vorm Haus eine Kutsche vor, und Onkel Franz kletterte heraus! Er vergewisserte sich, ob die Hausnummer stimme, verschwand im Tor und stand kurz darauf, zum erstenmal in seinem Leben, vor unsrer Tür. »Nanu!« meinte meine Mutter. »Was willst du denn hier?« »Sehen, wie ihr wohnt!« knurrte er. »Willst du mich nicht hineinlassen?« »Nein!« sagte meine Mutter. Doch er schob sie beiseite und trat ein. Wieder wollte sie ihm den Weg versperren. »Sei nicht albern, Ida!« brummte er verlegen und schob sie vor sich her, als sei er eine Dampfwalze.

Die Unterhaltung, die Bruder und Schwester miteinander in Paul Schurigs Zimmer führten, verlief ziemlich laut. Ich saß in der Küche und hörte sie schreien. Es war ein leidenschaftliches Zankduett, und die aufgebrachte Stimme meiner Mutter übernahm mehr und mehr die Führung. Als der Onkel ging, trocknete er sich mit seinem großen Taschentuch die Stirn. Trotzdem schien er erleichtert zu sein. In der Wohnungstür blieb er noch einmal stehen und meinte: »Schön habt ihr's hier!« Dann ging er.

»Er hat sich entschuldigt«, sagte meine Mutter. »Er hat uns gebeten, die Sache zu vergessen und bald wiederzukommen.« Sie trat ans Küchenfenster und beugte sich hinaus. Drunten kletterte der Onkel gerade wieder auf den Kutschbock, lockerte die Bremse, hob die Zügel, schnalzte mit der Zunge und fuhr davon. »Was meinst du?« fragte meine Mutter. »Wollen wir's vergessen?« »Ich denke schon«, gab ich zur Antwort. »Also gut«, sagte sie. »Es wird das beste sein. Schließlich ist er ja mein Bruder.«

Und so wurde es wieder, wie es gewesen war. Ich blickte wieder von der Gartenmauer auf den Albertplatz, trank wieder im kleinen Pavillon Kaffee und trug wieder viel Geld auf die Bank. Die Aktenmappe, worin ich die Scheine und Schecks transportierte, wurde von Mal zu Mal dicker, und der alte Gärtner sagte zu mir: »Ich möchte nur wissen, was er davon hat! Mehr als ein Schnitzel kann er nicht essen. Mehr als einen Hut kann er sich nicht auf den Kopf setzen. Und im Sarg kann er kein Geld ausgeben. Die Würmer fressen ihn gratis und franko.« »Es ist der Ehrgeiz«, meinte ich. Der Gärtner verzog das Gesicht und sagte: »Der Ehrgeiz! Wenn ich das schon höre! Der Mann lebt in seiner eignen Villa als Schlafbursche. Er weiß gar nicht, daß zu dem Haus ein Garten gehört. Er hat in seinem ganzen Leben noch nicht einen Tag Urlaub gemacht. Er wird nicht eher Ruhe geben, als bis er in der Erde liegt und sich die Radieschen von unten ansieht.« »Sie reden ziemlich viel vom Sterben«, stellte ich fest. Er warf seinen Zigarrenstummel ins Beet, zerhackte ihn mit dem Spaten und sagte: »Das ist kein Wunder. Ich bin von Haus aus Friedhofsgärtner.«

Natürlich hatte er recht. Das Leben, das Onkel Franz und Tante Lina führten, war unsinnig. Sie kamen kaum zum Atemholen. Sie fanden keine Zeit, die Blumen im eignen Garten zu betrachten. Sie wurden immer reicher. Doch wozu eigentlich? Einmal wurde die Tante vom Arzt nach Bad Elster zur Kur geschickt. Nach zehn Tagen war sie wieder da. Sie hatte keine Ruhe gehabt und von kranken Pferden und geplatzten Wechseln geträumt. Wenn Dora Ferien hatte, reiste und wanderte sie mit meiner Mutter und mir, und auch das fand der Onkel höchst überflüssig. »Sind denn wir als Kinder an der Ostsee gewesen?« fragte er ärgerlich. »Was soll dieser neumodische Quatsch?« Und als sie, mit fünfzehn Jahren, in ein Pensionat gegeben werden sollte, schickte er sie nicht etwa nach Lausanne, Genf oder Grenoble, sondern nach Herrnhut in Sachsen, ins Töchterschulheim der Brüdergemeinde, wo es so streng und fromm zuging, daß die Ärmste ganz blaß, verhärmt und verschüchtert zurückkehrte.

Sie heiratete mit zwanzig Jahren einen Geschäftsmann, der dem Onkel zusagte, und sie starb bei der Geburt des ersten Kindes. Es war ein Junge. Er wurde Franz getauft und bei den Großeltern aufgezogen. Die Inflation brachte sie um ihr Vermögen. Aber Onkel Franz ließ nicht locker. Noch einmal brachte er es zu ansehnlichem Wohlstand. Dann war es mit ihm aus! Er fiel um wie ein Baum und war tot. Geld hinterließ er genug, so daß Tante Lina in der Villa wohnen bleiben und den Enkel, von Frieda unterstützt, aufs sorgfältigste erziehen konnte. Den Enkel, der sie mit seinen blonden Haaren und blauen Augen bis ans Lebensende an ihre Dora erinnerte!

Nicht bis an ihr, sondern bis an sein Lebensende. Er fiel, als Medizinstudent und Unterarzt, im Jahre 1945, kurz vorm Zusammenbruch, beim Rückzug aus Ungarn und hinterließ eine junge Frau und einen kleinen blonden und blauäugigen Jungen, der die Tante nun an zwei Paar blaue Augen erinnerte, die für immer geschlossen waren. Da starb auch meine Tante Lina.

Hätte es etwas genützt, wenn, etwa im Jahre 1910, nachts im Schnellzug nach Holland, ein Mitreisender zu Onkel Franz gesagt hätte: »Entschuldigen Sie, daß ich Sie störe, Herr Augustin! Aber ich bin der Erzengel Michael, und ich soll Ihnen ausrichten, daß Sie alles falschmachen!«, hätte es denn wirklich etwas genützt? »Lassen Sie mich gefälligst in Ruhe!« hätte mein Onkel geknurrt. Und wenn sein Gegenüber energisch wiederholt hätte, daß sein Auftrag wichtig und daß er tatsächlich der Erzengel Michael sei, hätte Onkel Franz bloß den steifen Hut über die Augen geschoben und gesagt: »Von mir aus können Sie Hase heißen!«

Das vierzehnte Kapitel
Der zwiefache Herr Lehmann

Nach den ersten vier Schuljahren verabschiedete sich etwa die Hälfte meiner Mitschüler, verließ die Tieckstraße und tauchte nach Ostern, stolz und mit bunten Mützen, in den Sexten der Gymnasien, Realgymnasien, Reformgymnasien, Oberrealschulen und Realschulen wieder auf. Es war nicht die bessere Hälfte, doch die Dümmsten darunter bildeten es sich ein. Und wir anderen waren zwar in der Tieckstraße, nicht aber geistig zurückgeblieben. Alle miteinander wußten wir, daß die Frage ›Höhere Schule oder nicht?‹ nicht von uns selber, sondern vom väterlichen Geldbeutel beantwortet worden war. Es war eine Antwort aus der falschen Ecke. Und ohne einen Rest Bitterkeit in manchem Kinderherzen ging das nicht ab. Das Leben war ungerecht und wartete damit nicht bis zur Konfirmation.

Weil auch aus der Parallelklasse viele Jungen ins Land der bunten Schülermützen ausgewandert waren, wurden die zwei Klassenreste zu einer einzigen Klasse zusammengefaßt, und unser Klassenlehrer, dem ein schrecklicher Ruf vorausging, hieß Lehmann. Man hatte uns berichtet, daß man bei ihm in einem Jahre mehr lernen müsse als anderswo in zwei Jahren, und diese Berichte waren, wie wir bald merken sollten, nicht übertrieben. Außerdem hatte man uns erzählt, daß er pro Woche einen Rohrstock verbrauche, und auch diese Erzählungen trafen ungefähr zu. Wir zitterten vor ihm, bevor wir ihn kannten, und wir zitterten noch mehr, als wir ihn kennengelernt hatten und immer besser kennenlernten. Er regierte, daß uns die Köpfe und die Hosenböden rauchten!

Lehrer Lehmann machte keine Späße und verstand keinen Spaß. Er malträtierte uns mit Hausaufgaben, bis wir umsanken. Er traktierte uns mit Lernstoff, Diktaten und anderen Prüfungen, daß sogar die flinksten und besten Schüler nervös wurden. Wenn er ins Klassenzimmer trat und, kühl bis ans Herz hinan, sagte: »Nehmt die Hefte heraus!« wären wir am liebsten ins nächste Mauseloch gekrochen. Es war nur keines da, schon gar nicht eines für dreißig Knaben. Und daß er pro Woche einen Rohrstock verbrauchte, stimmte nur zur Hälfte. Er verbrauchte zwei.

Unser Herr Lehmann war auf tägliche Zornesausbrüche fest abonniert. Ihn übermannte der Zorn angesichts fauler Schüler, frecher Schüler, dummer Schüler, stummer Schüler, feiger Schüler, bockiger Schüler, wispernder Schüler, heulender Schüler und verzweifelter Schüler. Und wer von uns wäre nicht das eine oder andre Mal dies oder das gewesen? Lehrer Lehmanns Zorn hatte die Auswahl.

Er gab uns Ohrfeigen, daß die Backen schwollen. Er nahm den Rohrstock, ließ uns die Hand ausstrecken und hieb uns fünfmal oder zehnmal über die geöffnete Handfläche, bis sie brandrot anlief, wie Hefeteig schwoll und niederträchtig schmerzte. Dann kam, da der Mensch auch schon als Kind zwei Hände hat, die andre Hand an die Reihe. Wer die Hände vor Schreck schloß, dem schlug er auf die Faust und die Finger. Er befahl einem halben Dutzend von uns, sich nebeneinander über die vorderste Bankreihe zu legen, und vermöbelte sechs strammgezogene Hosenböden in gerechtem Wechsel und rascher Folge, bis ein sechsstimmig schauerlicher Knabenchor die Luft erschütterte und wir übrigen uns die Ohren zuhielten. Wer an der Wandtafel nicht weiter wußte, dem schlug er auf die Waden und Kniekehlen, und wer sich dann umdrehte, war noch übler dran. Manchmal spaltete sich der Rohrstock der Länge nach. Manchmal zersprang er in der Quere. Die Stücke pfiffen durch die Luft und um unsere Köpfe. Dann setzte es bis zur Pause Backpfeifen. Lehmanns Hände gingen nicht in Stücke! Und zu Beginn der nächsten Stunde brachte er den nächsten Rohrstock mit.

Es gab damals Lehrer, die sich beim Pedell ihre Rohrstöcke genießerisch auswählten, wie das verwöhnte Raucher mit Zigarren tun. Es gab welche, die den Stock vor der Exekution ins Waschbecken legten, weil es dann doppelt wehtat. Das waren Halunken, denen das Prügeln ein delikates Vergnügen bedeutete. Zu dieser hundsgemeinen Sorte gehörte der Lehrer Lehmann nicht. Er war weniger ordinär, aber viel gefährlicher als sie. Er schlug nicht, weil er unseren Schmerz genießen wollte. Er schlug aus Verzweiflung. Er verstand nicht, daß wir nicht verstanden, was er verstand. Er begriff nicht, daß wir ihn nicht begriffen. Darüber geriet er außer sich. Darüber verlor er den Kopf und die Nerven und schlug wie ein Tobsüchtiger um sich. Es war zuweilen wie im Irrenhaus.

Immer wieder liefen die Eltern zum Direktor und beschwerten sich unter Drohungen und Tränen. Sie brachten ärztliche Zeugnisse mit, worin von körperlichen und seelischen Schäden die Rede war, die der oder jener Junge davongetragen hatte. Schadenersatzforderungen wurden in Aussicht gestellt. Der Direktor rang die Hände. Er wußte das ja alles, und er wußte es länger als wir und unsre Eltern. Er versprach, sich den Herrn Kollegen vorzuknöpfen. Und jedesmal endete er mit dem Satz: »Es ist schrecklich, denn im Grunde ist er mein bester Lehrer.« Das war natürlich falsch.

Dieser Herr Lehmann war ein tüchtiger Mann, ein fleißiger Mann, ein gescheiter Mann, der aus uns tüchtige, fleißige und gescheite Schüler machen wollte. Sein Ziel war vortrefflich. Der Weg dahin war abscheulich. Der tüchtige, fleißige und gescheite Mann war kein guter, sondern er war überhaupt kein Lehrer. Denn ihm fehlte die wichtigste Tugend des Erziehers, die Geduld. Ich meine nicht jene Geduld, die an Gleichgültigkeit grenzt und zum Schlendrian führt, sondern die andere, die wahre Geduld, die sich aus Verständnis, Humor und Beharrlichkeit zusammensetzt. Er war kein Lehrer, sondern ein Dompteur mit Pistole und Peitsche. Er machte das Klassenzimmer zum Raubtierkäfig.

Wenn er nicht im Käfige stand, nicht vor dreißig jungen und faulen, verschlagnen und aufsässigen Raubtieren, war er ein anderer Mensch. Dann kam der eigentliche Herr Lehmann zum Vorschein, und eines Tages lernte ich ihn kennen. Eines Tages und einen ganzen Tag lang. Damals stand schon fest, daß drei seiner Schüler dem unheimlichen Rohrstock ein ganzes Jahr vor der Konfirmation entrinnen würden: Johannes Müller, mein Freund Hans Ludewig und ich selber.

Wir hatten die Aufnahmeprüfung für die Präparanda, so nannte sich die dem Seminar angegliederte Vorbereitungsklasse, mit Glanz und Ehre bestanden. Die Herren Professoren hatten unsre Kenntnisse offenkundig bestaunt. Sie wußten ja nicht, welchem Tierbändiger wir unsere Künste verdankten, und so war ihr Lob an die falsche Adresse geraten, an die Zöglinge, statt an den Zuchtmeister. Immerhin, auch er schien auf das Resultat stolz zu sein, und sein Rohrstock machte seitdem um uns drei einen Bogen.

Während einer Frühstückspause trat er im Schulhof zu mir und fragte obenhin: »Willst du am Sonntag mit mir in die Sächsische Schweiz fahren?« Ich war verdutzt. »Am Abend sind wir wieder zurück«, meinte er. »Grüß deine Eltern und frag sie um Erlaubnis! Wir treffen uns Punkt acht Uhr in der Kuppelhalle des Hauptbahnhofs.« »Gern«, sagte ich verlegen. »Und bring deine Turnschuhe mit!« »Die Turnschuhe?« »Wir werden ein bißchen klettern.« »Klettern?« »Ja, in den Schrammsteinen. Es ist nicht gefährlich.« Er nickte mir zu, biß in sein Frühstücksbrot und ging davon. Die Kinder wichen vor ihm zurück, als sei er ein Eisbrecher. »Was wollte er denn?« fragte mein Freund Ludewig. Und als ich es ihm erzählt hatte, schüttelte er den Kopf. Dann sagte er: »Das kann ja gut werden! In deinem Rucksack die Turnschuhe, und in seinem der Rohrstock!«

Seid ihr schon einmal an einem mehr oder weniger senkrechten Sandsteinfelsen hochgeklettert? Wie eine Fliege an der Tapete? Dicht an die Wand gepreßt? Mit den Fingern und Fußspitzen in schmalen Fugen und Rillen? Nach den nächsten schmalen Simsen und Vorsprüngen über euch tastend? Sobald die linke Hand einen neuen Halt gefunden hat, den linken Fuß nachziehend, bis auch die Zehen neuen Widerstand spüren? Dann, nach der Linksverlagerung des Körpergewichts, das Manöver mit der rechten Hand und dem rechten Fuß wiederholend? Viertelmeter für Viertelmeter, immer höher hinauf, zehn oder fünfzehn Meter empor, bis endlich ein Felsvorsprung Platz und Zeit zum Verschnaufen bietet? Und dann, mit der gleichen Ruhe und Vorsicht, die nächste senkrechte Felswand hoch? Ihr habt so etwas noch nicht versucht? Ich warne Neugierige.

Droben auf dem Gipfelchen, wo sich eine kleine krumme Kiefer festgekrallt hatte, ruhten wir uns aus. Das Elbtal schimmerte in sonnigem Dunst. Geisterhaft bizarre Felsen, Zyklopen mit Riesenköpfen, standen wie Wächter vorm Horizont. Es roch nach Hitze. Irgendwo im Tal lagen unsere Stiefel, Jacken und Rucksäcke. Dorthin mußten wir zurück, und ich tat mir aufrichtig leid.

Lehrer Lehmann war zwar, was ich vorher nicht gewußt hatte, ein Meister der Kletterkunst und kannte die Felsen ringsum in- und auswendig und wie seine Westentasche. Außerdem hatte er mich durch taktische Zurufe gelenkt und ein paarmal angeseilt. Doch bis auf eine gemütliche Kaminstrecke hatte ich seiner Fassadenkletterei in Gottes freier Natur nichts abgewinnen können. Meine Angst hatte mir nicht den geringsten Spaß gemacht. Und auch der Gipfelblick bereitete mir, so reizvoll er sein mochte, keine ungetrübte Freude. Denn ich dachte insgeheim an den Rückweg und befürchtete, daß er noch schwieriger sein werde als der Aufstieg. Ich hatte recht.

Stubenfliegen sind, mindestens an senkrechten Wänden, besser dran als wir, insbesondere beim Abstieg. Sie klettern mit dem Kopfe voran zu Tale. Das kann der Mensch nicht. Er behält an senkrechten Wänden auch beim Hinunterklettern den Kopf oben. Seine gesamte Aufmerksamkeit verlagert sich in die Füße, die, blind und zentimeterweise, nach unten tasten und den nächsten Halt suchen. Wenn dann dieser nächste schmale Sims aus porösem und verwittertem Sandstein unter dem Schuh wegbröckelt und der Fuß in der Luft hängt, bleibt, glücklicherweise nur für kurze Zeit, das Herz stehen. In solchen Momenten liegt die Gefahr nahe, daß man den Kopf senkt, weil die Augen den Zehen beim Suchen helfen wollen. Diese Gefahr ist nicht zu empfehlen.

Ich erinnere mich noch heute, wie mir zumute wurde, als ich die Wand hinunterblickte. Tief und senkrecht unter mir sah ich, klein wie Puppenspielzeug, unsre Jacken und Rucksäcke an einem zwirndünnen Wege liegen, und ich preßte vor Schreck die Augen zu. Mir wurde schwindlig. Es brauste in den Ohren. Mein Herz stand still. Endlich besann es sich auf sein altes Geschäft. Es begann wieder zu schlagen. Daß ich schließlich drunten, neben unseren Rucksäcken, lebend eintraf, ist unter anderem daraus ersichtlich, daß ich jetzt, im Jahre 1957, davon berichte. Zu behaupten, mein Leben habe damals an einem Faden gehangen, träfe nicht ganz zu. Denn es war kein Faden da.

Als wir, am Fuße des Felsens, unsere Stiefel und Jacken angezogen hatten, zeigte mir Herr Lehmann auf einer Landkarte, welche Gipfel er noch nicht erklettert hatte. Ihre Zahl war nicht der Rede wert. Bei ihnen sei das Risiko zu groß, meinte er, und man dürfe nicht mit seinem Leben spielen. Wir schulterten unsere Rucksäcke. »Und sonst«, fragte ich, »wandern Sie immer allein?« Er versuchte zu lächeln. Das war gar nicht so einfach, denn er hatte darin keine rechte Übung. »Ja«, sagte er. »Ich bin ein einsamer Wandersmann.«

Der Nachmittag verlief gemütlicher. Die Turnschuhe blieben im Rucksack. Die Felsen waren nun keine Turngeräte mehr, sondern vorsintflutliche Sedimente aus der Kreidezeit, bizarre Zeugen dafür, daß wir über uralten Meeresboden wanderten, der sich vor zahllosen Jahrtausenden ans Licht gehoben hatte. Muschelabdrücke im Sandstein erzählten davon. Die Felsen wußten spannende Geschichten vom Wasser, vom Eis und vom Feuer, und Lehrer Lehmann verstand den Steinen zuzuhören. Er begriff die Dialekte der Vögel. Er studierte die Spuren des Wildes. Er zeigte mir die Sporenlaternen im Moos, mit den kleinen Zipfelmützen, die später herunterpurzeln. Er kannte die Gräser beim Vornamen, und wir bewunderten, beim Vesperbrot in der Wiese, ihr grünes Vielerlei und ihr zärtliches Blühen. Die Natur war vor ihm aufgeschlagen wie ein Buch, und er las mir daraus vor.

Auf dem Deck des Raddampfers, der von Bodenbach-Tetschen heruntergeschwommen kam und mit dem wir gemächlich heimfuhren, blätterte er dann im Buch der Geschichte. Er erzählte vom Lande Böhmen, wo unser Dampfer noch vor einer Stunde geankert hatte, von König Ottokar und Karl IV., von den Hussiten, den unseligen Kirchenkriegen, der unheilvollen und unheilbaren Rivalität zwischen Preußen und Österreich, von den Jungtschechen und dem drohenden Zerfall der Donaumonarchie. Immer und immer wieder, sagte er traurig, begehe Europa Selbstmordversuche. Die Besseres wüßten, schimpfe man Besserwisser. Und so werde Europas krankhafter Plan, sich selber umzubringen, eines Tages endlich glücken. Er zeigte auf Dresden, dessen Türme in der Abendsonne golden vor uns auftauchten. »Dort liegt Europa!« sagte er leise.

Als ich mich an der Augustusbrücke für den schönen Tag bedankte, versuchte er wieder zu lächeln, und diesmal gelang es ihm fast. »Ich wäre ein ganz brauchbarer Hofmeister geworden«, meinte er, »ein Hauslehrer und Reisemarschall für drei, vier Kinder. Das brächte ich zuwege. Doch dreißig Schüler, das sind für mich fünfundzwanzig zuviel.« Damit ging er. Ich sah hinter ihm drein.

Plötzlich blieb er stehen und kam zurück. »Die Kletterpartie war ein großer Fehler«, sagte er. »Ich habe um dich mehr Angst gehabt als du selber.« »Es war trotzdem ein schöner Tag, Herr Lehmann.« »Dann ist es ja gut, mein Junge.« Und nun ging er wirklich, der einsame Wandersmann. Er ging allein. Er wohnte allein. Er lebte allein. Und er hatte fünfundzwanzig Schüler zuviel.

Das fünfzehnte Kapitel
Meine Mutter, zu Wasser und zu Lande

Und noch einmal – weil eben von Fels und Fluß und Wiesen die Rede war – will ich die Fanfare an die Lippen setzen und das Lob meiner Mutter in die Lüfte schmettern, daß es von den Bergen widerhallt. Aus allen Himmelsrichtungen antwortet das Echo, bis es klingt, als stimmten hundert Waldhörner und Trompeten, Frau Kästner zu Ehren, in mein Preislied ein. Und schon mischen sich die Bäche und Wasserfälle ins Konzert, die Gänse auf den Dorfstraßen, die Hämmer vor der Schmiede, die Bienen im Klee, die Kühe am Hang, die Mühlräder und Sägewerke, der Donner überm Tal, die Hähne auf dem Mist und auf den Kirchtürmen und die Bierhähne in den abendlichen Gasthöfen. Die Enten im Tümpel schnattern Beifall, die Frösche quaken Bravo, und der Kuckuck ruft von weither seinen Namen. Sogar die Pferde vorm Pflug blicken von der Feldarbeit hoch und wünschen dem ungleichen Paar auf der Landstraße wiehernd gute Reise.

Wer sind die beiden, die singend und braungebrannt das Land durchstreifen? Die wie zwei Handwerksburschen aus der gluckernden Feldflasche trinken? Die hoch über Hügeln und Tälern rasten, hartgekochte Eier frühstücken und zum Nachtisch das liebliche Panorama mit den Augen verzehren? Die bei Sturm und Regen mit Pelerinen und Kapuzen trotzig und unverdrossen durch die Wälder ziehen? Die abends am Wirtshaustisch eine warme Suppe löffeln und, kurz darauf, herrlich müde ins buntkarierte Bauernbett sinken?

Das Wandern wurde, mir zuliebe, Frau Kästners Lust, und sie betrieb dieses dem Gemüt und der Gesundheit dienliche Vergnügen höchst systematisch. So ließ sie sich zunächst einmal, etwa als ich acht Jahre zählte, zum Erstaunen der Schneiderin ein wetterfestes Kostüm aus grünem Loden anfertigen. Im Geschäft wäre es billiger gewesen, doch in Geschäften gab es dergleichen nicht. Frauen wanderten damals nicht, es war ganz und gar nicht Mode. Der Rock reichte, der Zeit gemäß, fast bis zu den Knöcheln! Frau Wähner, die Putzmacherin, fabrizierte nach Mutters Angaben einen breitkrempigen grünen Lodenhut, der mit zwei gabelförmigen Patenthutnadeln in der Frisur verankert und vertäut wurde, und auch Frau Wähner staunte. Zwei grüne Regenpelerinen wurden eingekauft. Mein Vater, der das Staunen längst verlernt hatte, schuf in der Kellerwerkstatt mit wahrem Feuereifer zwei unzerreißbare grüne Rucksäcke, den kleineren für mich. Und so waren wir bald aufs beste und aufs grünste ausgerüstet.

Nicht das geringste fehlte. Alles Notwendige war beschafft worden: zwei eisenbewehrte Bergstöcke, eine Feldflasche, Büchsen für Butter, Wurst, Eier, Salz, Zucker und Pfeffer, ein Kochgeschirr für Knorrs Erbswurst und Maggi-Suppen, ein Spirituskocher und zwei leichte Eßbestecke. Zu den kernigen Stiefeln gehörte eine Büchse mit Lederfett, und nur einmal wurde sie, bei einem Picknick irgendwo in der Lausitz, mit der Butterbüchse verwechselt. Schon nach dem ersten Bissen war uns klar, daß es sich nicht empfiehlt, Lederfett aufs Brot zu streichen. Es heißt zwar, über den Geschmack ließe sich streiten. Doch auf die Frage, ob Lederfett ein Genußmittel sei, dürfte es wirklich nur eine einzige Antwort geben. Jedenfalls ist dies seitdem meine fundierte Meinung. Gegenteilige Belehrungen müßte ich rundweg ablehnen.

Wir waren aufs Wandern lückenlos vorbereitet und brauchten nur noch das Wandern selber zu erlernen. Unsre Wanderjahre waren Lehrjahre. Anfangs glaubten wir zum Beispiel, der Mensch wisse auch an Kreuzungen den richtigen Weg, der zum richtigen Ziele führt. Als wir aber, zu wiederholten Malen, nach vier, ja fünf Stunden verblüfft dort anlangten, wo wir morgens aufgebrochen waren, begannen wir am Instinkt des Europäers zu zweifeln. Wir waren keine Indianer. Und es half nichts, sich nach dem Stande der Sonne zu richten. Vor allem dann nicht, wenn man sie vor lauter Wald und Wolken gar nicht sah!

Deshalb gingen wir dazu über, anhand von Landkarten und Meßtischblättern das Weite zu suchen, und brachten es mit der Zeit zu nahezu fehlerlosen Ergebnissen. Auch Blasen an den

Füßen, Atemnot und Kreuzschmerzen überwanden wir bald. Wir gaben nicht nach. Wir schritten fort und wurden Fortgeschrittene. Schließlich kannten wir alle Schliche des Wanderns. Wir legten am Tag vierzig, sogar fünfzig Kilometer zurück, ohne daß uns dies sonderlich angestrengt hätte, und wir durchstreiften auf diese Weise Thüringen, Sachsen, Böhmen und Teile Schlesiens. Wir erstiegen, langsamen Schritts, zwölfhundert Meter hohe Berge, und wir hätten auch noch höhere Gipfel erklommen, wenn es nur welche gegeben hätte. Wo es uns besonders gefiel, spendierten wir uns einen Ruhetag und faulenzten wie schnurrende Katzen. Dann ging es weiter im Text, eine Woche und manchmal vierzehn Tage lang, zuweilen mit Dora, der Kusine, meist und fast noch lieber ohne sie. Die Märsche wurden für unsere gelehrigen Füße zu Spaziergängen. Zwischen uns und der Natur stand keine Mühe mehr. Die Flüsse, der Wind, die Wolken und wir blieben im Takt. Es war herrlich. Und gesund war es außerdem. Vom Fuß bis zum Kopf, und vom Kopf bis zu den Füßen. Mens sana in corpore sano, wie wir Lateiner sagen.

So eroberten wir uns den Thüringer Wald und die Lausitzer Berge, die Sächsische Schweiz und das böhmische Mittelgebirge, das Erzgebirge und das Isergebirge, und dazu sangen wir: »O Täler weit, o Höhen, o schöner grüner Wald!« Vom Jeschken bis zum Fichtelberg, von der Roßtrappe bis zum Milleschauer erstiegen wir alle Gipfel und Gipfelchen. Ruinen und Klöster, Burgen und Museen, Dome und Schlösser, Wallfahrtskirchen und Rokokogärten lagen am Weg, und wir hielten feierlich Umschau. Dann zogen wir weiter, kreuz und quer durchs Land, die Friseuse in grünem Loden und ihr Junge. Manchmal hatte ich sogar meine buntbebänderte Laute dabei, da sang es sich noch besser. »Da draußen, stets betrogen, saust die geschäft'ge Welt«, sangen wir, und der Herr von Eichendorff, der Dichter des Liedes, hätte seine helle Freude an uns beiden gehabt, wenn er nicht schon tot gewesen wäre. Zwei glücklichere Enkel der Romantik hätte er so bald nicht gefunden.

Dieser oder doch einer ähnlichen Meinung schien eines Tags ein Herr zu sein, der noch lebte. Meine Mutter und ich waren nach Linckeschen Bad eingekehrt, einem Gartenlokal an der Elbe, das durch den Kammergerichtsrat E. T. A. Hoffmann, einen romantischen Kollegen Eichendorffs, berühmt geworden ist. Die Königsbrücker Straße lag nur um die Ecke, aber wir hatten Durst und noch keine rechte Lust aufs Daheimsein. So ließen wir uns Zeit, tranken kühle Limonade und brachen, nachdem die Kellnerin kassiert hatte, in schallendes Gelächter aus. Denn jetzt besaßen wir, wie wir das Portemonnaie auch drehten und wendeten, nur noch ein einziges Geldstück, einen Kupferpfennig! Mitten im ›Goldenen Topf‹! (Diese Bemerkung gilt bloß für belesene Leute.)

Der Herr am Nebentisch wollte wissen, warum wir so fröhlich waren. Und als wir es ihm gesagt hatten, machte er meiner Mutter einen Heiratsantrag. Er sei, erzählte er, ein in den Vereinigten Staaten reichgewordener Deutscher, der sich für drüben eine Frau suche. Meine Mutter sei, das habe er sofort gemerkt, die Richtige, und daß er bei dieser einmaligen Gelegenheit auch noch einen so aufgeweckten und lustigen Sohn als Zuwaage erhalte, sei ein Glücksfall ohnegleichen. Unsere unverdrossen wachsende Heiterkeit steigerte seinen Eifer, statt ihn zu dämpfen. Daß wir einen Ehemann und Vater bereits besäßen, focht ihn nicht an. Dergleichen lasse sich, meinte er selbstsicher, mit genügend Geld und bei einigem guten Willen bequem regeln. Er war von seinem Vorsatz, uns beide zu heiraten und nach Amerika mitzunehmen, durch nichts abzubringen. Und so blieb uns schließlich nichts übrig als die Flucht. Wir waren, als geübte Wanderer, besser zu Fuß als er. Er verlor uns aus den Augen, und so konnten wir uns gerade noch retten und dem Deutschen Reich erhalten.

Hätten wir nicht so schnell laufen können, meine Mutter und ich, dann wär ich heute womöglich ein amerikanischer Schriftsteller oder, in Anbetracht meiner deutschen Sprachkenntnisse von Kind auf, Generalvertreter für Coca Cola, Chrysler oder die Paramount in Nordrhein-Westfalen oder Bayern! Und im Jahre 1917 hätte ich dann vor dem soeben erwähnten Linckeschen Bad nicht im Schilderhause stehen und Wache schieben müssen! Aber stattdessen wär ich vielleicht amerikanischer Soldat gewesen! Denn so schnell und so weit weg, daß man auf dieser verrückten Welt nicht doch irgendwo Soldat wird, kann man gar nicht laufen! Nun ja, das gehört nicht hierher.

Mein Vater war eine beinahe noch peniblere Hausfrau als meine Mutter. Bevor sie und ich aus der Wildnis heimkehrten, begann er in Kernseife, Sidol und Bohnerwachs förmlich zu schwelgen. Wie ein Berserker fiel er mit Schrubbern, Scheuerhadern, Wurzelbürsten, Putzlappen und Fensterledern über die Wohnung her. Auf jedes Stäubchen machte er Jagd. Er rumorte bis tief in die Nacht. Tagsüber war er ja in der Kofferfabrik und hatte für Zimmerkosmetik keine Zeit. Grützners und Stefans, die nebenan wohnten, konnten dann nicht einschlafen und sagten: »Aha, die zwei Wanderburschen kommen morgen zurück!«

Es war jedesmal dasselbe. Wir traten in den Korridor und fühlten uns plötzlich noch viel staubiger und dreckiger, als wir schon waren. Die Klinken, der Herd und die Ofentüren blitzten. Die Fenster schimmerten lupenrein. Im Linoleum hätten wir uns, wenn wir gewollt hätten, spiegeln können. Aber wir wollten nicht. Wir wußten ohnehin, daß wir wie Landstreicher aussahen. Da half nur eins: der Sprung in die Badewanne.

Kaum daß wir wieder gesitteten Stadtbewohnern einigermaßen ähnlich sahen, trabte ich als Herold durch die Straßen und brachte den Kunden die Kunde, daß die Friseuse Ida Kästner aus den Ferien zurück sei und nach Weiberköpfen lechze. So wurde denn in den nächsten Tagen frisiert, onduliert, kopfmassiert und kopfgewaschen, bis alle Geschäftsfrauen und Verkäuferinnen hinter ihren Ladentischen wieder wie neu aussahen. Sie blieben ihrer Friseuse treu. Einmal wurde, weil wir auf Wanderschaft waren, sogar eine Hochzeit verschoben. Die Braut, ein Ladenfräulein aus dem Konsum, hatte darauf bestanden.

Am Abend nach unserer Rückkunft trat dann mein Vater,

nachdem er sein Fahrrad im Keller verstaut hatte, in die Küche und sagte befriedigt: »Da seid ihr ja wieder!« Mehr sagte er nicht, und mehr war ja auch nicht nötig. Das Reden besorgten wir.

Länger als zwei Wochen pflegten, aus notwendiger Rücksicht auf Mutters Kundinnen, unsere Landstreichereien nicht zu dauern. Doch meine Sommerferien dauerten länger. Und so verbrachten wir halbe, manchmal sogar ganze Tage der restlichen Ferienzeit an den Waldteichen in Dresdens Nähe oder im König Friedrich August-Bad in Klotzsche-Königswald. Obwohl mir weder der Schwimmunterricht an der Angel, mit den stupiden Kommandos des Bademeisters, noch das Herumkrebsen mit einem Korkgürtel um den Bauch auch nur das mindeste genützt hatte, war ich, heimlich im Selbstlehrgang, ein leidlicher Schwimmer geworden.

Da meine Mutter es nur schwer ertragen konnte, wenn sie, hilflos vom Ufer oder vom Bassin für Nichtschwimmer aus, nichts als meinen Haarschopf erblickte, beschloß sie, Schwimmerin zu werden. Wißt ihr, wie damals Badeanzüge für Frauen aussahen? Nein? Seid froh! Sie glichen Kartoffelsäcken aus Leinen, nur daß sie bunt waren und lange Hosenbeine hatten. Und statt anliegender Badehauben trug die Damenwelt aufgeplusterte Kochmützen aus rotem Gummi. Es war ein Anblick zum Steinerweichen.

In diesem närrischen und unbequemen Kostüm stieg meine Mutter in die Fluten des Weixdorfer Teichs, legte sich waagrecht auf den Wasserspiegel, machte einige energiegeladene Bewegungen, öffnete den Mund, um etwas zu sagen, und versank! Was sie hatte sagen wollen, weiß ich nicht. Ganz bestimmt war es nicht das, was sie, als sie einige Sekunden später zornig wieder auftauchte, tatsächlich äußerte. Die Sohnespflicht und die Schicklichkeit verbieten es mir, die Bemerkung zu wiederholen. Die Nachwelt wird sich näherungsweise denken können, was gesagt wurde. Und die Nachwelt hat bekanntlich immer recht. Festgestellt sei jedenfalls, daß die hier unwiederholbare Erklärung erst abgegeben wurde, nachdem meine Mutter einen nicht unbeträchtlichen Teil des idyllisch gelegenen Waldteichs ausgespuckt hatte und, von mir gestützt, zum Ufer wankte.

Weitere Schwimmversuche unternahm sie nicht. Das Element, das keine Balken hat, hatte ihr den Gehorsam verweigert. Die Folgen hatte es sich selber zuzuschreiben. Das leuchtete allen, die meine Mutter kannten, ohne weiteres ein. Sie war in ihrem Leben schon mit ganz anderen Elementen fertiggeworden! Das Wasser wollte nicht? Ida Kästner grüßte es nicht mehr.

Im König Friedrich August-Bad gab es, außer einer mit der sächsischen Krone verzierten Umkleidekabine für den Monarchen, die von diesem freilich nur selten benutzt und bei starkem Publikumsandrang gegen ein minimales Aufgeld auch an Nichtkönige vergeben wurde, jahrelang eine weitere, keineswegs geringere Sensation. Der Herr hieß Müller. Er stammte dessenungeachtet aus Schweden und war der Erfinder einer Freiluftgymnastik, die er sich zu Ehren das ›Müllern‹ getauft hatte. Herr Müller trug einen kleinen schwarzen Bart und eine kleine weiße Badehose, war athletisch gewachsen, am ganzen Körper bronzebraun und würde heute, wenn es ihn in seiner damaligen Verfassung noch gäbe, unweigerlich zum Mister Universum gewählt werden.

Herr Müller war ohne Frage der schönste Mann des neuen Jahrhunderts. Das fand, bei aller skandinavischen Bescheidenheit, sogar er selber. Das Herrenbad – die Bäder waren streng voneinander getrennt, und man konnte sich mit seiner Mama nur im ›Restaurant‹ treffen (oh, die Thüringer Bratwürste mit Kartoffelsalat!) – das Herrenbad also schloß sich Herrn Müllers Ansichten über Herrn Müller vorbehaltlos an, und da das Turnen im Grünen ein Schönheitsmittel zu sein schien, müllerten wir Männer begeistert und voller Hoffnungen. Es gibt eine Fotografie, worauf wir, in Badehosen und hübsch hintereinander, zu sehen sind. Herr Müller beschließt die Reihe. Ich bin der erste. Fast schon so schön wie der Schwede. Nur ohne Bart und wesentlich kleiner.

Daß das Damenbad hinter unserer Bewunderung nicht zurückstehen wollte und konnte, versteht sich am Rande. Dank seiner Eigenschaften als Erfinder und Vorturner war Herr Müller der einzige Mann, der das Paradies der Damen betreten durfte, und die Dresdner Frauenwelt müllerte, in sogenannte Lufthemden gehüllt, daß die Wiese zitterte. Trotzdem blieb der Schwede schön, und wenn es ihm gelungen war, sich von den Evastöchtern und -müttern loszureißen, turnte er, zur Erholung, wieder mit uns Männern.

Mit dem Schwimmen war meine Mutter böse. Mit dem Radfahren fand sie sich ab. Tante Lina hatte Dora ein Fahrrad geschenkt. Ich hatte die Fahrkunst auf meines Vaters Rad gelernt. Und weil der Gedanke auftauchte, man könne durch gelegentliche Radtouren das Ferienprogramm noch bunter als bisher gestalten, kaufte sich meine Mutter bei Seidel & Naumann ein fabrikneues Damenrad und nahm neugierig darauf Platz. Mein Vater hielt das Rad am Sattel fest, lief eifrig neben seiner kurvenden Gattin her und erteilte atemlose Ratschläge. Diese Versuche waren nicht nur von ihm, sondern auch von Erfolg begleitet, und so stand einem Ausfluge per Rad nichts Sonderliches im Wege. Er lieh mir sein Fahrrad, schraubte den Sattel so niedrig wie möglich und wünschte uns viel Glück.

Glück kann man immer gebrauchen. Ebene Wegstrecken und leichte Steigungen boten keine nennenswerten Schwierigkeiten, und von der Mordgrundbrücke bis zum Weißen Hirsch wurden die Räder, weil es steil bergauf ging, geschoben. Dann saßen wir wieder auf, strampelten nach Bühlau und bogen in die Heide ein. Denn wir wollten in der Ullersdorfer Mühle Kaffee trinken und Quarkkuchen essen. Oder Eierschecke? (Eierschecke heißt eine sächsische Kuchensorte, die zum Schaden der Menschheit auf dem restlichen Globus unbekannt geblieben ist.) Vielleicht wollten wir auch beides essen, Eierschecke und Quarkkuchen, und schließlich taten wir es ja auch, – nur meine Mutter, die freute sich nicht, sondern trank Kamillentee. Sie war, kurz zuvor und gegenüber der Mühle, in einen dörflichen Gartenzaun gesaust. Dabei waren der Zaun und die tollkühne Radlerin leicht beschädigt worden. Der Schreck war größer gewesen als das Malheur, aber die Kaffeelust und Kuchenlaune waren ihr vergangen. Sie hatte beim Bergab vergessen gehabt, auf die Rücktrittbremse zu treten, und das nahm sie sich und der Bremse übel.

Was Zufall, Pech und Anfängerei gewesen zu sein schien, entpuppte sich mit der Zeit als Gesetz. Meine Mutter vergaß die Rücktrittbremse jedesmal und immer wieder! Kaum senkte sich ein Weg, so raste sie auch schon davon, etwa wie die Rennfahrer der Tour de France, wenn sie von den Pyrenäen herunterkommen. Dora und ich jagten hinterdrein, und wenn wir sie am Ende des Berges endlich eingeholt hatten, stand sie neben ihrem Rad, war blaß und sagte: »Wieder vergessen!« Es war lebensgefährlich.

Von der Augustusburg sauste sie die steile Straße nach Erdmannsdorf hinunter, daß uns Kindern das Herz stehen blieb. Wieder war ihr nichts zugestoßen. Vielleicht war ein Schutzengel mit ihr Tandem gefahren. Doch unsere Radtouren wurden mehr und mehr zu Angstpartien. Man konnte davon träumen. Manchmal sprang sie mitten auf dem Berg ab und ließ das Rad fallen. Manchmal lenkte sie es in den Straßengraben und fiel selber. Es ging immer glimpflich ab. Aber ihre und unsere Nerven wurden dünner und dünner. Das konnte nicht der Sinn solcher Ferientage sein. Und so stiegen wir für immer von den Pedalen herab und auf Schusters Rappen um. Das Damenrad wanderte in den Keller, und wir wanderten wie ehedem zu Fuß. Da gab es keine Rücktrittbremse, die man vergessen konnte.

Wenn ich ein moderner Seelenprofessor wäre, würde ich mir tiefe Gedanken machen und in einer der Fachzeitschriften unter dem Titel ›Die Rücktrittbremse als Komplex, Versuch einer Deutung‹ einen Aufsatz veröffentlichen, worin es etwa hieße »Für Frau Ida K., die vorerwähnte Patientin, konnte es, wie im Leben überhaupt, so auch beim Radfahren im besonderen, nur ein Bergauf geben. Dem unverwüstlichen Ehrgeiz, der diese Frau, nach eigenen Enttäuschungen und im Hinblick auf ihren hoffnungsvollen Sohn, pausenlos erfüllte, war der gegenteilige Begriff, das Bergab, ziel- und wesensfremd. Da Ida K. das Bergab kategorisch ablehnte und dessen Konsequenzen deshalb gar nicht bedenken konnte, fehlte ihr naturnotwendig jeder Sinn für Vorsichtsmaßregeln. Befand sie sich, wie beispielsweise bei Radtouren, dennoch einem Bergab gegenüber, so weigerte sich ihr Bewußtsein, eingelernte Regeln anzuwenden. Sie wurden automatisch über die Bewußtseinsschwelle ins Unterbewußtsein abgedrängt. Dort fristete die Rücktrittbremse, obwohl gerade die Firma Seidel & Naumann vorzügliche Bremsen fabrizierte, ein für Frau Ida K. im Momente der Gefahr unbekanntes, weil von ihr radikal abgestrittenes Dasein. Sie konnte weder das Phänomen des Bergab, noch wie auch immer geartete Techniken anerkennen, die den Niedergang bremsen sollen. Damit hätte sie, implicite, ihren magischen Willen zum Bergauf kritisiert und angezweifelt. Das kam für sie nicht in Betracht. Lieber bezweifelte sie grundsätzlich, daß Berge nicht nur empor, sondern auch abwärts führen. Lieber bezweifelte sie, auf jedes Risiko hin, die Realität.«

Glücklicherweise bin ich kein beruflicher Tiefseelentaucher und kann mir derartig hintersinnige Abhandlungen und Deutungen ersparen. Menschen zu beschreiben, interessiert mich mehr, als sie zu erklären. Beschreibung ist Erklärung genug. Doch vielleicht ist in dem vorigen Absatz, den ich zum Spaße schrieb, ein Fünkchen Wahrheit enthalten? Es würde mich gar nicht wundern.

Jedenfalls steht fest, daß wir allesamt heilfroh waren, als die Angstpartien ihr Ende gefunden hatten, und noch dazu ein glückliches Ende. Am frohesten war mein Vater. Denn nun hatte er sein Rad wieder und brauchte während der Schulferien nicht mehr mit der Straßenbahn in die Fabrik zu fahren.

Das sechzehnte Kapitel
Das Jahr 1914

Ich wurde älter, und meine Mutter wurde nicht jünger. Die Kusine Dora kam aus der Schule, und ich kam in die Flegeljahre. Sie begann die Haare hochzustecken, und ich begann die Weiber zu verachten, dieses kurzbeinige Geschlecht. Dora behielt ihre neue Frisur bei, ich gab meine neue Weltanschauung später wieder auf. Aber für ein paar Jahre wurden wir uns fremd.

Erst später, als ich kein kleiner Junge mehr war, erneuerte sich unsere Freundschaft, damals, als sie mir lachend half, mich als Mädchen zu verkleiden. Ich wollte während einer Seminarfeier die Professoren und die Mitschüler zum besten haben, und der Spaß gelang vorzüglich. Niemals wieder bin ich so umschwärmt worden wie als angeblicher Backfisch in der festlich geschmückten Turnhalle des Freiherrlich von Fletcherschen Lehrerseminars! Erst als ich, blondbezopft und in wattierter Bluse, zum Hochreck lief und eine Kür turnte, daß der Rock flog, ließ die Anbetung nach. Doch das gehört nicht hierher.

Nachdem Dora konfirmiert worden war und weil Tante Lina keine Zeit hatte, wurde meine Mutter als Reisemarschall und Anstandsdame engagiert und fuhr mit der Nichte wiederholt an die Ostsee. Der Ort hieß Müritz, und sie schickten fleißig Ansichtskarten und Gruppenbilder, die der Strandfotograf geknipst hatte.

Während solcher mutterlosen Wochen verbrachte ich die schulfreien Stunden in der Villa am Albertplatz. Abends kam mein Vater, von der Fabrik her, angeradelt. Wir aßen mit Frieda und der Tante in der Küche und gingen nicht nach Hause, bevor man uns hinauskomplimentierte. Onkel Franz meinte lakonisch, daß seine Tochter und seine Schwester sich an der Ostsee herumtrieben, sei ein ausgemachter Blödsinn. Doch die Tante gab nicht klein bei. Für sich selber hätte sie soviel Mut nicht aufgebracht. Für Dora war sie, in Grenzen, tapfer.

Paul Schurig, der Lehrer und Untermieter, spürte, daß daheim die Hausfrau fehlte, nicht weniger als mein Vater und ich. Es fehlte die Frau im Haus. Und mir fehlte die Mutter. Doch in den Flegeljahren gibt ein Junge so etwas nicht zu. Eher beißt er sich die Zunge ab.

Die Schulferien blieben für mich reserviert, daran änderte sich nichts. Manchmal schloß sich uns das hochfrisierte Fräulein Dora an. Doch die großen Zeiten der Wanderungen ins Böhmerland und der wilden Bettenschlachten abends in irgendeinem Landgasthof, die waren vorbei und kamen niemals wieder. Das Goldene wich dem Silbernen Zeitalter, doch auch dieses hatte seinen Glanz.

Meine Mutter war jetzt vierzig Jahre alt, und mit Vierzig war man damals ein gutes Stück älter als heutzutage. Man bleibt heute länger jung. Man lebt länger. Und man wird länger. Der Fortschritt der Menschheit findet anscheinend der Länge nach statt. Das ist ein recht einseitiges Wachstum, wie man zugeben muß und täglich feststellen kann. Der längste Staudamm, die längste Flugstrecke, die längste Lebensdauer, der längste Weihnachtsstollen, die längste Ladenstraße, die längste Kunstfaser, der längste Film und die längste Konferenz, das überdehnt mit der Zeit auch die längste Geduld.

Meine Mutter wurde älter, und die Wanderungen wurden kürzer. Wir beschränkten uns auf Tagesausflüge, und auch sie boten Schönheit genug und Freude im Überfluß. In welche Himmelsrichtung man mit der Straßenbahn auch fuhr und an welcher Endstation man auch aus dem Wagen kletterte, in Pillnitz oder in Weinböhla, in Hainsberg oder Weißig, in Klotzsche oder im Plauenschen Grund, überall stand man tief in der Landschaft und mitten im Glück. Mit jedem Bummelzuge war man nach der ersten halben Stunde so weit von der Großstadt fort, als sei man seit Tagen unterwegs. Wehlen, Königstein, Kipsdorf, Langebrück, Roßwein, Gottleuba, Tharandt, Freiberg, Meißen, wo man auch ausstieg, war Feiertag. Die Siebenmeilenstiefel waren kein Märchen.

Sobald wir dann aus einem der kleinen Bahnhöfe traten,

mußten wir freilich die eignen Stiefel benützen. Aber wir hatten ja das Wandern an der Quelle studiert. Wir wußten die Füße zu setzen. Wo andere Ausflügler ächzten und schwitzten, machten wir Spaziergänge. Den größeren der zwei Rucksäcke trug jetzt ich! Es hatte sich so ergeben. Und meiner Mutter war es recht.

In den Sommerferien des Jahres 1914 griff Tante Lina tief und energisch in den Geldbeutel. Sie schickte uns beide mit Dora an die Ostsee. Das war meine erste große Reise, und statt des Rucksacks trug ich zum erstenmal zwei Koffer. Ich kann nicht sagen, daß mir der Tausch sonderlich gefallen hätte. Ich kann Koffertragen nicht ausstehen. Ich habe dabei das fatale Gefühl, daß die Arme länger werden, und wozu brauch ich längere Arme? Sie sind lang genug, und auch als Junge wünschte ich mir keine längeren.

Vom Anhalter zum Stettiner Bahnhof spendierten wir uns eine Pferdedroschke ›zweiter Güte‹, und so sah ich, zwischen Koffern hindurchlugend, zum ersten Mal ein Eckchen der Reichshauptstadt Berlin. Und zum ersten Male sah ich, auf der Fahrt durch Mecklenburgs Kornfelder und Kleewiesen, ein Land ohne Hügel und Berge. Der Horizont war wie mit dem Lineal gezogen. Die Welt war flach wie ein Brett, mit Kühen drauf. Hier hätte ich nicht wandern mögen.

Besser gefiel mir schon Rostock mit seinem Hafen, den Dampfern, Booten, Masten, Docks und Kränen. Und als wir gar von einer Bahnstation aus, die Rövershagen hieß, durch einen dunkelgrünen Forst laufen mußten, wo Hirsche und Rehe über den Weg wechselten und einmal sogar ein Wildschweinehepaar mit flinken gesprenkelten Frischlingen, da war ich mit der norddeutschen Tiefebene ausgesöhnt. Zum ersten Male sah ich Wacholder im Wald, und an meinen Händen hingen keine Koffer. Ein Fuhrmann hatte sie übernommen. Er wollte sie abends beim Fischer Hoff in Müritz-Ost abliefern. Der Wind, der die Baumwipfel wiegte, roch und schmeckte schon nach der See. Die Welt war anders als daheim und genau so schön.

Eine Stunde später stand ich, vom Strandhafer zerkratzt, zwischen den Dünen und sah aufs Meer hinaus. Auf diesen atemberaubend grenzenlosen Spiegel aus Flaschengrün und Mancherleiblau und Silberglanz. Die Augen erschraken, doch es war ein heiliger Schrecken, und Tränen trübten den ersten Blick ins Unendliche, das selber keine Augen hat. Das Meer war groß und blind, unheimlich und voller Geheimnisse. Gekenterte Schiffe lagen auf seinem Grund, und tote Matrosen mit Algen im Haar. Auch die versunkene Stadt Vineta lag drunten, durch deren Straßen Nixen schwammen und in die Hutläden und Schuhgeschäfte starrten, obwohl sie keine Hüte brauchten, und Schuhe schon gar nicht. Fern am Horizont tauchte eine Rauchfahne auf, dann ein Schornstein und nun erst das Schiff, denn die Erde war ja rund, sogar das Wasser. Monoton und naß, mit weißen Spitzenborten gesäumt, klatschten die Wellen gegen den Strand. Schillernde Quallen spuckten sie aus, die im Sande zu blassem Aspik wurden. Raunende Muscheln brachten sie mit und goldgelben Bernstein, worin, wie in gläsernen Särgen, zehntausendjahralte Fliegen und Mücken lagen, winzige Zeugen der Urzeit.

Sie wurden im Kiosk neben der Mole als Andenken verkauft, zwischen Zwetschgen und Kinderschaufeln, Gummibällen, Basthüten und Zeitungen von gestern. Am Rande des Erhabenen fand das Lächerliche statt. Man war den Städten entflohen und hockte jetzt, angesichts der Unendlichkeit, noch viel enger nebeneinander als in Hamburg, Dresden und Berlin. Man quetschte sich auf einem Eckchen Strand laut und schwitzend zusammen wie in einem Viehwagen. Links und rechts davon war der Strand leer. Die Dünen waren leer. Die Wälder und die Heide waren leer. Während der Ferien lagen die Mietskasernen am Ozean. Sie hatten keine Dächer, das war gut. Sie hatten keine Türen, das war peinlich. Und die Nachbarn waren funkelnagelneu, das war für die Funkelnagelneugierde ein gefundenes Fressen. Der Mensch glich dem Schaf und trat in Herden auf.

Wir gingen an den Strand, ins Wasser und auf die Mole nur hinaus, während die Herde in den Pensionen zu Mittag und zu Abend aß. Sonst machten wir Spaziergänge und Ausflüge wie daheim. Die Küste entlang nach Graal und Arendsee. In die Wälder, an schwelenden Kohlenmeilern vorbei, zu einsamen Forsthäusern, wo es frische Milch und Blaubeeren gab. Wir borgten uns Räder und fuhren durch die Rostocker Heide nach Warnemünde, wo die Menschenherde auf der Ferienweide noch viel, viel größer war als in Müritz. Sie schmorten zu Tausenden in der Sonne, als sei die Herde schon geschlachtet und läge in einer riesigen Bratpfanne. Manchmal drehten sie sich um. Wie freiwillige Koteletts. Es roch, zwei Kilometer lang, nach Menschenbraten. Da wendeten wir die Räder um und fuhren in die einsame Heide zurück. (Hier oben in Mecklenburg hatte sich meine Mutter endlich wieder aufs Rad gewagt. Denn an der Ostsee gab es keine Berge. Hier war die vertrackte Rücktrittbremse ein überflüssiges Möbel.)

Am schönsten war die Welt am Meer in sternklaren Nächten. Über unseren Köpfen funkelten und zwinkerten viel mehr Sterne als daheim, und sie leuchteten königlicher. Der Mondschein lag wie ein Silberteppich auf dem Wasser. Die Wellen schlugen am Strand ihren ewigen Takt. Von Gjedser zuckte das Blinkfeuer herüber. Es war ein Gruß aus Dänemark, das ich noch nicht kannte. Wir saßen auf der Mole. Uns war so vieles unbekannt, und wir schwiegen. Plötzlich erscholl Operettenmusik in der Ferne und kam langsam näher. Ein Küstendampfer kehrte, mit Lampions geschmückt, von einer der beliebten und preiswerten ›Mondscheinfahrten in See‹ zurück. Er legte schaukelnd am Molenkopf an. Ein paar Dutzend Feriengäste stiegen aus. Lachend und lärmend trabten sie an unserer Bank vorüber. Kurz darauf versank das Gelächter hinter den Dünen, und wir waren wieder mit der See, dem Mond und den Sternen allein.

Am 1. August 1914, mitten im Ferienglück, befahl der deutsche Kaiser die Mobilmachung. Der Tod setzte den Helm auf. Der Krieg griff zur Fackel. Die apokalyptischen Reiter holten ihre Pferde aus dem Stall. Und das Schicksal trat mit dem Stiefel in den Ameisenhaufen Europa. Jetzt gab es keine Mondscheinfahrten mehr, und niemand blieb in seinem Strandkorb sitzen. Alle packten die Koffer. Alle wollten nach Hause. Es gab kein Halten.

Im Handumdrehen waren, bis zum letzten Karren, alle Fuhrwerke vermietet. Und so schleppten wir unsere Koffer zu Fuße durch den Wald. Diesmal wechselten keine Rehe und keine Wildschweine über die sandigen Wege. Sie hatten sich versteckt. Mit Sack und Pack und Kind und Kegel wälzte sich der Menschenstrom dahin. Wir flohen, als habe hinter uns ein Erdbeben stattgefunden. Und der Wald sah aus wie ein grüner Bahnsteig, auf dem sich Tausende stießen und drängten. Nur fort!

Der Zug war überfüllt. Alle Züge waren überfüllt. Berlin glich einem Hexenkessel. Die ersten Reservisten marschierten, mit Blumen und Pappkartons, in die Kasernen. Sie winkten, und sie sangen: »Siegreich woll'n wir Frankreich schlagen, sterben als ein tapfrer Held!« Extrablätter wurden ausgerufen. Der Mobilmachungsbefehl und die neuesten Meldungen klebten an jeder Hausecke, und jeder sprach mit jedem. Der Ameisenhaufen war in wildem Aufruhr, und die Polizei regelte ihn.

Am Anhalter Bahnhof standen Sonderzüge unter Dampf. Wir schoben meine Mutter und die Koffer durch ein Abteilfenster und kletterten hinterdrein. Unterwegs begegneten uns Transportzüge mit Truppen, die nach dem Westen gebracht wurden. Sie schwenkten Transparente und sangen: »Fest steht und treu die Wacht, die Wacht am Rhein!« Die Ferienflüchtlinge winkten den Soldaten zu. Und Dora sagte: »Jetzt wird mein Vater noch viel mehr Pferde verkaufen.« Als wir verschwitzt und todmüde in Dresden eintrafen, kamen wir gerade zurecht, um uns von Paul Schurig zu verabschieden. Auch er mußte in die Kaserne.

Der Weltkrieg hatte begonnen, und meine Kindheit war zu Ende.

Und zum Schluß ein Nachwort

Die Arbeit ist getan, das Buch ist fertig. Ob mir gelungen ist, was ich vorhatte, weiß ich nicht. Keiner, der eben das Wort ›Ende‹ hingeschrieben hat, kann wissen, ob sein Plan gelang. Er steht noch zu dicht an dem Hause, das er gebaut hat. Ihm fehlt der Abstand. Und ob sich's in seinem Wortgebäude gut wird wohnen lassen, weiß er schon gar nicht. Ich wollte erzählen, wie ein kleiner Junge vor einem halben Jahrhundert gelebt hat, und hab es erzählt. Ich wollte meine Kindheit aus dem Reich der Erinnerung ans Licht holen. Als Orpheus seine Eurydike im Hades bei der Hand nahm, hatte er den Auftrag, sie nicht anzublicken. Hatte ich den umgekehrten Auftrag? Hätte ich nur zurückschauen dürfen und keinen Augenblick voraus? Das hätte ich nicht vermocht, und ich hab es gar nicht erst gewollt.

Während ich am Fenster saß und an meinem Buche schrieb, gingen die Jahreszeiten und die Monate durch den Garten. Manchmal klopften sie an die Scheibe, dann trat ich hinaus und unterhielt mich mit ihnen. Wir sprachen übers Wetter. Die Jahreszeiten lieben das Thema. Wir sprachen über die Schneeglöckchen und den späten Frost, über die erfrorenen Stachelbeeren und den dürftig blühenden Flieder, über die Rosen und den Regen. Gesprächsstoff gab es immer.

Gestern klopfte der August ans Fenster. Er war vergnügt, schimpfte ein bißchen über den Juli, das tut er fast jedes Jahr, und hatte es eilig. Während er ein Radieschen aus dem Beete zog, bemäkelte er meine Bohnenblüten, seine Schuld sei es nicht, und lobte die Dahlien und die Tomaten. Dann biß er herzhaft in sein Radieschen und spuckte es wieder aus. Es war holzig. »Probieren Sie ein andres!« sagte ich. Doch da sprang er schon über den Zaun, und ich hörte nur noch, wie er rief: »Grüßen Sie den September! Er soll mich nicht blamieren!« »Ich werd's ausrichten!« rief ich zurück. Die Monate haben es eilig. Die Jahre haben es noch eiliger. Und die Jahrzehnte haben es am eiligsten. Nur die Erinnerungen haben Geduld mit uns. Besonders dann, wenn wir mit ihnen Geduld haben.

Es gibt Erinnerungen, die man, wie einen Schatz in Kriegszeiten, so gut vergräbt, daß man selber sie nicht wiederfindet. Und es gibt andere Erinnerungen, die man wie Glückspfennige immer bei sich trägt. Sie haben ihren Wert nur für uns. Und wem wir sie, stolz und verstohlen, zeigen, der sagt womöglich: »Herrje, ein Pfennig! Sowas heben Sie sich auf? Warum sammeln Sie Grünspan?« Zwischen unseren Erinnerungen und fremden Ohren sind mancherlei Mißverständnisse möglich. Das merkte ich neulich, als ich abends auf der Terrasse meinen vier Katzen ein paar Kapitel vorlas.

Das heißt, Anna, die Jüngste, schwarzer Frack mit weißem Hemd, hörte nicht lange zu. Sie versteht Vorgelesenes noch nicht. Sie kletterte auf eine der Eschen, blieb in der Baumgabel sitzen und sah wie ein kleiner Oberkellner aus, der eine alberne Wette gewinnen möchte.

Pola, Butschi und Lollo hörten sich die Vorlesung geduldiger an. Manchmal schnurrten sie. Manchmal gähnten sie, leider ohne die Pfote vorzuhalten. Pola kratzte sich ein paarmal hinterm Ohr. Und als ich, leicht nervös, das Manuskript zugeklappt und auf den Tisch gelegt hatte, sagte sie: »Den Abschnitt über das Waschhaus, das Wäschelegen und die Wäschemangel beim Bäcker Ziesche sollten Sie weglassen.«

»Warum?« fragte ich. Meine Stimme klang etwas ungehalten. Denn mein Herz hängt an all den Zeremonien, die schmutzige Wäsche in frische, glatte, duftende Stücke zurückverwandeln. Wie oft hatte ich meiner Mutter bei fast jedem Handgriff geholfen! Die Wäscheleinen, die Wäscheklammern, der Wäschekorb, die Sonne und der Wind auf dem Trockenplatz beim Kohlenhändler Wendt in der Scheunhofstraße, das Besprengen der Bettücher, bevor sie auf die Docke gerollt wurden, das Quietschen und Kippen der elefantenhaften Mangel, das Zurückschlagen und Abfangen der Kurbel, die ganze weiße Wäschewelt sollte ich vernichten? Wegen einer schwarzen Angorakatze?

»Pola hat vollkommen recht«, sagte Butschi, der vierzehn Pfund schwere grauhaarige Kater. »Lassen Sie die weiße Wäsche weg! Sonst legen wir uns drauf, und dann schimpfen Sie.« »Oder Sie hauen uns wieder, bis Ihnen der Arm wehtut«, meinte Lollo, die persische Dame, pikiert. »Ich haue euch, bis mir der Arm wehtut?« fragte ich empört. »Nein«, gab Pola zur Antwort, »aber Sie drohen uns immer damit, und das ist genau so schlimm.« »Lassen Sie die blütenweiße Wäsche fort!« sagte Butschi und klopfte energisch mit dem Schweif auf die Terrassenziegel. »Sonst gibt es wieder Ärger«, erklärte Lollo, »wie neulich wegen Ihrer schönen weißen Hemden. Daß die Schranktür offenstand und daß es vorm Haus geregnet hatte, war ja schließlich nicht unsre Schuld!«

»Um alles in der Welt!« rief ich. »Zwischen wirklicher und geschriebener Wäsche ist doch ein Unterschied! Wirkliche Katzen, so dreckig sie aus dem Regen kommen, können sich doch nicht auf geschriebene Wäsche legen!« »Das sind Haarspaltereien«, meinte Pola und begann sich zu putzen. Lollo starrte mich aus ihren goldgelben Augen an und sagte gelangweilt: »Typisch Mensch! Wäsche ist Wäsche. Und Schläge sind Schläge. Uns Katzen können Sie nichts vormachen.«

Dann dehnten sich alle drei und spazierten in die Wiese. Butschi drehte sich noch einmal um und meinte: »Wenn wenigstens Mäuse in Ihrem Buche vorkämen! Ich fresse auch geschriebene! Aber die Menschen sind nett und rücksichtslos. Das ist für Katzen nichts Neues.« Auf halbem Wege machte er wieder kehrt. »Ich komme heute nacht etwas später«, teilte er mit. »Es ist Vollmond. Machen Sie sich meinetwegen keine unnötigen Sorgen!« Nun war auch er verschwunden. Nur die Grashalme, die sich über ihm bewegten, verrieten, wohin er ging. Drei Häuser weiter wohnt sein zur Zeit bester Freund.

Nun, das Wäschekapitel hab ich gestrichen. Nicht mit ihren Gründen, doch in der Sache mochten die Katzen recht haben. Ich hatte ihnen einen meiner Glückspfennige gezeigt, und nun steckte ich ihn wieder in die Tasche. Es tat mir ein bißchen leid, und ich war ein wenig gekränkt, aber Verdruß gibt es schließlich in jedem Beruf. Anstelle der Wäsche hätte ich jetzt, dem Kater zu Gefallen, mühelos zwei, drei Mäuse anbringen können, doch soweit geht die Liebe nicht. Denn fürs Aufschreiben von Erinnerungen gelten zwei Gesetze. Das erste heißt: Man kann, ja man muß vieles weglassen. Und das zweite lautet: Man darf nichts hinzufügen, nicht einmal eine Maus.

Vorhin spazierte ich gemächlich durch meine Wiese und blieb am Zaun stehen. Draußen trieben der Hirt und sein schwarzer Spitz ihre blökende Schafherde vorüber. Aus den winzigen Osterlämmern sind, in nur ein paar Monaten, ziemlich große Schafe geworden. Bei uns Menschen dauert das länger. Am Weg stand ein kleiner Junge, betrachtete die Herde und ihr Hinken und Hoppeln und zog dabei seine Strümpfe hoch. Dann trabte er vergnügt neben den Schafen her.

Nach zwanzig Schritten blieb er kurz stehen. Denn die Strümpfe waren wieder gerutscht, und er mußte sie wieder hochziehen. Ich beugte mich neugierig über den Zaun und schaute hinter ihm her. Die Schafe waren ihm voraus, und er wollte sie einholen. Sie liefern zwar Strümpfe, doch sie selber tragen keine. Womöglich sind sie klüger, als sie aussehen. Wer keine Strümpfe trägt, dem können sie nicht rutschen.

Bei den Treibhäusern der Gärtnerei machte der kleine Junge wieder halt. Er zerrte die Strümpfe hoch, und diesmal war er wütend. Dann lief er hastig um die Ecke. Er dürfte, nach meiner Schätzung, bis zur Gellertstraße gekommen sein, bevor es wieder soweit war. Auf diesem Gebiete kenn ich mich aus. O diese Strümpfe, o diese Erinnerungen! Als ich ein kleiner Junge war, da schenkte mir meine Mutter zu den Strümpfen runde Gummibänder, die aber ...

Keine Angst, liebe Leser, ich bin schon still. Es folgt kein Strumpfkapitel, und es folgt kein Gummibandkapitel. Die Arbeit ist getan. Das Buch ist fertig. Schluß, Punkt, Streusand!

KINDERGESCHICHTEN
FÜR ERWACHSENE

Ein Puppenduell
Ein Märchen für kleine Mädchen

Es war Nacht. Und Frau Bollensänger, die mit der kleinen Erna längst zu Bett lag, hatte das Licht brennen lassen. Da saßen nun die Puppen in der Stube herum und konnten nicht einschlafen …
»Das Licht macht mich noch verrückt!« schimpfte Margot. Sie war aus Porzellan und innen hohl. Ihr Mann, die Puppe Eduard, schaute ihr verliebt in die Kulleraugen, stand auf, schob das erzgebirgische Dorf beiseite, trat unter die Lampe und versuchte, sie auszupusten. Das ging aber nicht, obwohl er fast dabei platzte. – Kiki, die zerknautschte kleine Stoffpuppe mit den roten Backen, mußte über Eduard lachen. Sie verschluckte sich direkt, und es war nur gut, daß Koko, der Husar, große Hände hatte. Damit schlug er ihr auf den Rücken, bis die Sägespäne wieder in Reih' und Glied lagen.
»Lach' dir bloß keinen Bruch, alberne Gans du!« sagte Eduard zu Kiki. Und das klang fürchterlich, denn er brachte den Mund nicht auf. Kiki wurde rot wie eine Tomate, warf dem Lümmel einen ganzen Satz Puppenteller an den Kopf, so daß Eduards Zylinder aussah, als wäre er mit der Dampfwalze gebügelt worden. Dann sprang sie auf den Husaren los, zappelte mit ihren Stoffbeinen und schrie, daß es die Fliegen an der Decke hörten: »Wenn du mich nicht auf der Stelle rächst, bist du ein Hampelmann und kein Soldat!« – Das fuhr Koko denn doch in den Schleppsäbel! Er hustete dreimal, stellte sich vor Eduard hin und sagte: »Deine Frau kannst du dir einwecken lassen. Bei der quietscht es ja, wenn sie den Arm hebt! Und wenn ich ihr einen Puppenstuhl an den Kopf werfe, geht das Porzellan kaputt. Haha!«
Margot warf Eduard einen Blick zu, – na, ihm wurde heiß und kalt. Dann sagte sie: »Es tut mir leid, Männe; aber du wirst dich mit ihm duellieren müssen.«
»Was werd' ich müssen?« fragte Eduard erschrocken. »Duellieren!« antwortete sie. »Aber das ist doch nicht mehr mo-

dern!« sagte Eduard. Der Husar zwirbelte sich den Schnurrbart, schlug die Hacken zusammen und erklärte, er stünde unter Duellverbot. Sonst natürlich furchtbar gern. – Kiki setzte sich neben Margot, flüsterte mit ihr und meinte dann: »Es hilft nichts. Ihr müßt euch duellieren. Ihr müßt die Beschimpfungen mit Blut wieder abwaschen!« Koko rannte sporenklirrend auf und ab und rief in einem fort: »Die Weiber, die Weiber!« Eduard rannte immer hinter ihm her und schwor: »Ich schieß mich nicht mit Ihnen.« Schließlich hakten sich die zwei Puppenmänner unter und setzten sich auf das Fell von Sprüngli. Sprüngli war ein richtiger weißer Pudel und schlief meistens. Jetzt schlief er auch und hörte nicht das geringste. – Eduard und Koko saßen lange so und dachten nach. Dann meinte Eduard: »Also Herr Kamerad, duellieren wir uns! Die Frauen geben uns sonst keine Ruhe.« Der Husar war einverstanden. Dann stellten sie die Kanonen auf und luden sie. Eduards Kanone stand links, Kokos Kanone stand rechts von Sprüngli, dem Pudel. Margot und Kiki, die beiden Frauen, setzten sich in die Nähe ihrer Männer, um von dem Zweikampf ja nichts zu verpassen. – Eduard ging bis zum Hund, blickte über ihn hinweg und sagte: »Erst sollten wir unsern Damen die Hosen vollhauen, ehe wir uns ihretwegen totschießen.« Der Husar lachte vernügt und nickte. Und dann hörte man einige Zeit, links und rechts vom Pudel, nichts weiter als Schläge und Geheul …

»Sind Sie soweit?« rief der Husar über den Hund weg. »Jawohl!« schrie Eduard, »ich kommandiere, mein Herr! Erster Kugelwechsel – Achtung, fertig, – los!« Da gab es zwei laute Knalle. So laut, als ob jemand mit den Fingern schnalzt, und dann meinte Eduard: »Leben Sie noch?« – »Jawohl, aber meine Kiki haben Sie totgeschossen«, sagte der Husar und fragte: »Leben Sie denn noch?« – »Danke, ja!« antwortete Eduard und blickte sich nach Margot um. Die war auch tot! In tausend Scherben lag sie um ihr Stühlchen herum …

Nachdem sie ihre Frauen zusammengekehrt hatten, trafen sich die Duellanten auf dem Hunderücken und kratzten sich hinter den Ohren. »Das haben sie von ihrem kriegerischen Charakter«, jammerte der Husar, »und was wollen wir nun ohne Frauen machen?« – »Das Einfachste wird sein«, erklärte Eduard, »wir kämpfen bis zur Kampfunfähigkeit weiter.« Und dann ging jeder an seine Kanone zurück. – Der zweite Kugelwechsel ging daneben. Koko schoß mitten in die Puppenküche und Eduard in die Schafherde. Erst beim dritten Kugelwechsel trafen sie sich gegenseitig und waren sofort tot …

Am nächsten Morgen kam Frau Bollensänger in die Stube und blieb entsetzt stehen. Der Anblick war auch schrecklich! Margot, Kiki, Koko und Eduard lagen zerfetzt auf der Erde. Das erzgebirgische Dorf bestand bloß noch aus Hobelspänen. Die Puppenküche war nicht wiederzuerkennen, und die Schafherde sah aus wie Frikassee. Frau Bollensänger schlug die Hände überm Kopf zusammen und wunderte sich halbtot. – Aber dann sah sie den Pudel liegen. Sprüngli schlief immer noch. Sie zog ihn an den Ohren, bis er munter wurde. Er gähnte, blinzelte ins Licht und hatte keine Ahnung, warum er plötzlich Prügel bekam. Oh, bekam der arme Kerl Prügel!

»Untersteh dich noch einmal, Ernas Puppen zu zerfressen!« rief Frau Bollensänger und holte wieder aus. Aber Sprüngli wartete nicht länger, sondern machte sich aus dem Staube. Er rannte vors Haus, kratzte sich und dachte: »Sind das aber komische Leute, die Menschen.« –

Auch das geht vorüber

Manchmal braucht man gar nicht sehr zu rütteln, wenn der Himmel einstürzen soll. Eine einzige ungeschickte Bewegung genügt dann, und er bricht über uns zusammen. Später – nachdem wir ihn wieder aufgerichtet und notdürftig geflickt haben – könnten wir fast darüber lächeln. Wir könnten es tun! Doch wir lassen es schließlich, weil wir die Erinnerung nicht weglächeln können. Wenn eine Puppe zerbricht, geht einem Kinde die Welt unter. (Freilich nur vorübergehend.)

Bei Steinthal und Frau kam es so: Sie waren ein halbes Jahr verheiratet, bewohnten irgendwo zwei Zimmer und gingen beide ins Büro. Er war Buchhalter im Kaufhaus Goldmann. Sie befaßte sich in einer Filiale der Deutschen Bank mit Kontoauszügen. So hätten sie ganz anständig leben können, wenn sie nicht das für heute recht anspruchsvolle Bedürfnis gehabt hätten, eigene Möbel zu besitzen. So hatten sie nach ihrem in den Bayrischen Alpen verbrachten vierzehntägigen Hochzeitsurlaub damit begonnen, ihre zwei leergemieteten Zimmer hübsch und behaglich einzurichten. Mit dem traurigen Resultat, daß sie seitdem Monat für Monat an den Tapezierer Gerstmann fünfzig Mark, an den Malermeister Fritsche zwanzig Mark, an die Möbelfirma Hecht siebzig Mark und an ein Gardinengeschäft in der Seilergasse dreißig Mark abzuzahlen hatten. Hundertsiebzig Mark im Monat!

So kam es, daß sie von einem Spaziergang durch die Altstadt an einem Dezemberabend sehr herabgestimmt nach Hause zurückkehrten. Und so kam es, daß die junge Frau, am Fenster stehend, sagte: »Weißt du ... ich glaube, wir werden uns nichts zu Weihnachten schenken können.«

»Es ist zwar das erste Weihnachten seit unserer Hochzeit«, meinte er bedrückt und wußte nicht weiter.

»Das hilft nun alles nichts. Wir holen es im nächsten Jahre nach.«

»Gut«, sagte Steinthal.

»Versprich mir, daß du kein einziges Geschenk kaufen wirst!«

»Aber nur, wenn du dasselbe versprichst …«
»Selbstverständlich.« Steinthal und Frau waren sich einig. Wenn er nun vom Büro aus abends durch die Geschäftsstraßen lief, wagte er kaum, in die Schaufenster zu sehen, und nie blieb er auch nur einen Augenblick vor ihnen stehen. Er konnte ihr nichts schenken. Und außerdem, er durfte es ja nicht einmal.

Einen kleinen Christbaum hatten sie natürlich gekauft. Ein bißchen Schokolade und ein paar Fäden Silberhaar hingen auch daran. Doch als sie dann am Heiligen Abend auf dem kleinen grünen Sofa saßen, das noch nicht ganz bezahlt war, fühlte er sich recht elend und bemitleidenswert. Sie zündete das halbe Dutzend Kerzen an, das, wie der Krämer beschworen hatte, nicht tropfen würde. Er schaute betrübt lächelnd zu, fuhr ihr verlegen streichelnd über den Rücken und sagte: »Du hättest doch einen reichen Mann nehmen sollen. Es ist schon wahr, wir haben unsere Möbel … Satt gegessen haben wir uns ja wohl auch … Aber trotzdem, ich hätte dir so gern irgend etwas Hübsches geschenkt. In der Seestraße, bei Blusen-Pracht, lagen so schöne …«

Da war sie aber schon ins Nebenzimmer gelaufen, und er saß allein. »Alter Esel«, meinte er zu sich selber, »nun sitzt sie nebenan auf dem Bett und heult.«

Plötzlich fühlte er ihre Hände vor seinen Augen. Ein Schreck durchfuhr ihn. Und sein Herz begann laut zu klopfen.

»Du darfst mir nicht böse sein«, hörte er sie sprechen. »Du darfst nicht böse sein, aber ich brachte es nicht übers Herz.« Dann löste sie ihre Hände von seinem Gesicht. Vor ihm, auf dem Tisch, lag eine grün und schwarz gestreifte Krawatte, und daneben glitzerten, in einer kleinen samten ausstaffierten Schachtel, zwei schöne Manschettenknöpfe …

Es waren unheimliche Minuten. Er brachte kein Wort heraus. Ihr Gesicht, das eben noch vergnügt getan hatte, verzog sich Zug um Zug, bis es ganz ängstlich und verzweifelt aussah.

Er erhob sich, legte die Geschenke beiseite, daß sie vom Tisch fielen, und holte Hut und Mantel. Als er angezogen zurückkam, saß sie auf dem (noch nicht völlig bezahlten) Teppich, suchte die Manschettenknöpfe zusammen und schluchzte.

Beide waren so unglücklich! Er, weil er sein Wort gehalten, und sie, weil sie ihm etwas zu Weihnachten geschenkt hatte. Sie wußten sich keinen Rat. Sie kamen nicht auf den Gedanken, einander Vorwürfe zu machen. Denn jeder wußte vom andern: er hat es gut gemeint.

Sie waren nur hoffnungslos traurig. So traurig, wie eigentlich nur Kinder sein können. Es ist schon so: der Himmel war eingestürzt. Alles war zertrümmert.

So blieb es lange ... Er stand in Hut und Mantel an der Tür. Sie saß auf dem Teppich und weinte die neue Krawatte naß.

Später wagte sie es, den Kopf ein wenig zu heben, und fragte flüsternd: »Bist du mir sehr böse?«

Da kniete er in Hut und Mantel neben ihr nieder und sagte, beinahe lächelnd: »Nein.«

Und dann begannen sie, den Himmel wieder aufzurichten. Das war eine sehr traurige und zugleich sehr glücklich machende Weihnachtsbeschäftigung.

Grüße auf der Platte

Arthur und Püppchen, seine Gattin, standen im Kaufhaus. Sie hatten soeben für Arthurs Vater einen Strohhut gekauft, denn Strohhüte sind im Dezember besonders preiswert, und Püppchen machte auf dem Zettel, den sie in der Hand hielt, einen Strich. Wieder etwas erledigt! Der Gatte Arthur war mit Paketen behangen und schien schlechter Laune. »Nun nur noch ein Geschenk für Tante Olga, das ist notwendig«, sagte Püppchen und musterte die Ladentische aufmerksam. Tanten, die alt und wohlhabend sind, verdienen Aufmerksamkeit. »Wir könnten ihr eigentlich auch einen Strohhut schenken«, meinte Arthur.

Sie schüttelte den Kopf.

»Oder einen Ankersteinbaukasten.«

»Verrückt«, sagte Püppchen und suchte energisch weiter.

»Was hältst du von einem vergoldeten Rasierapparat?« fragte er.

»Für Tante Olga?«

Arthur wagte nicht zu nicken, sondern schleppte sich und die Pakete stumm voran. »Halt!« rief er plötzlich und zeigte auf ein Schild. Seine Frau studierte, was darauf stand, und sagte: »Gar nicht übel.« Dann klopften sie, wie das Schild es befahl, an die nächste Tür. Ein Fräulein trat heraus: »Sie wünschen?«

»Wir möchten eine Grammophonplatte mit unserer eigenen Stimme haben«, verlangte Püppchen.

»Für Tante Olga«, erläuterte Arthur.

»Ich kann Ihnen so eine Platte als Geschenk nur empfehlen«, sagte das Fräulein. »Treten Sie, bitte, näher. Eine mittelgroße Platte kann 2½ Minuten besprochen werden und ist 500- bis 600mal spielbar. Hier sind zwei Mikrophone. Stellen Sie sich, bitte, nebeneinander, der Herr links, die Dame rechts. Kostet 3 Mark 50, zum Mitnehmen. Es geht gleich los.«

»Aber was sollen wir denn sagen?« fragte Arthur verlegen.

»Viel Glück, Gesundheit, langes Leben, Sie könnten leider nicht bei ihr sein«, schlug das Fräulein vor.

»Einen Vorzug hat diese Art, Glück zu wünschen, schon«, sagte Püppchen. »Man braucht der alten Schraube dabei nicht ins Gesicht zu sehen.«

»Aber es ist deine Tante, nicht meine«, frohlockte Arthur. Das Fräulein war im Nebenraum verschwunden. Das Ehepaar stand vor dem Mikrophon und wünschte der fernen Tante alles Gute.

Am Heiligen Abend erschien Tante Olga beim Bürgermeister Gruber. Man hieß sie willkommen. Der Salon war voller Menschen. Tante Olga begrüßte alle Anwesenden und sagte dann, auf ein Päckchen zeigend, das sie vorsichtig hielt: »Beste Frau Bürgermeister, Sie haben doch ein Grammophon, und ich habe keins. Meine Nichte aus Berlin hat mir eine Grammophonplatte geschickt. Die möchte ich gern mal hören. Meine Nichte und ihr Mann haben nämlich selber auf die Platte gesprochen, schreiben sie. Was es heute alles gibt. Eine Erfindung jagt die andere.«

»Aber gern«, sagte der Bürgermeister, holte das Grammophon heran und zog es auf. Tante Olga wickelte die Platte aus dem Papier, legte sie auf den Apparat und setzte sich, das Taschentuch im Hinterhalt, in einen Sessel. Alles hielt den Atem an. Der Bürgermeister schraubte eine neue Nadel ein, legte sie auf die Platte, stellte den Apparat an und ging auf Zehenspitzen zum Sofa, zu Frau Doktor Riemer. Man saß im großen Kreis, rund um den Apparat. Die Nadel schnarrte. Und dann begann die Platte zu sprechen:

»Einen Vorzug hat diese Art, Glück zu wünschen, schon. Man braucht der alten Schraube dabei nicht ins Gesicht zu sehen ... tschschsch ... Aber es ist deine Tante, nicht meine ... tschschsch ... Na los, sag was Nettes ... tststs ... Was denn? Vielleicht, ob sie hundert Jahre alt werden will? Sitzt in der Provinz auf ihrem Geld, diese knausrige Person ... Kschschsch ... Darf ich bitten, meine Herrschaften, möglichst langsam, laut und deutlich sprechen ... krrr ... Liebes Tantchen! Hier sind Püppchen und Arthur aus Berlin. Wir wünschen dir zum Weihnachtsfest alles Gute. Wir kämen gern mal zu dir hinüber.

Na, vielleicht in den Ferien, wenn wir nach Binz fahren ... tschschsch ... Püppchen meinte vorhin, es sei ein wahrer Jammer, daß wir dich so lange nicht gesehen hätten ... tsss ... Treten Sie nicht so nahe ans Mikrophon, meine Herrschaften. Weiter weg, wenn ich bitten darf ... krrr ... Was macht die Gesundheit, Tantchen? Sei nur recht vorsichtig. Arthur meinte, wir sollten dir einen Baumkuchen schicken. Aber bei deiner Verdauung, und außerdem sind wir knapp mit dem Geld ... Pst, sind die zwei Minuten noch nicht bald 'rum? Was soll ich der Person denn noch sagen? ... tschschsch. Sie soll uns, ehe sie in ihrem Geld erstickt, mal einen Tausender schicken ... tsss ... Liebe Tante, hoffentlich verbringst du den Heiligen Abend im Kreise von lieben Bekannten. Es ist komisch, wenn man bedenkt, daß wir hier in ein Mikrophon reden, und ihr könnt es da hören. Die Platte ist fünf- bis sechshundertmal spielbar und kostet bloß ... tschschsch ... Pst! Nicht den Preis sagen. Das geht sie einen Dreck an ... tschschsch ... Hoffentlich hat sie das nicht gehört ... tschschsch... Ach wo, was man leise spricht, kommt nicht auf Platte. Verflucht, ist die Zeit noch nicht bald 'rum? ... tsss ... Hat sie überhaupt ein Grammophon? Nächste Weihnachten kommen wir bestimmt zu dir hinüber. Wir freuen uns jetzt schon darauf, dein liebes altes Gesicht endlich wieder einmal zu sehen ... tsss ... Lach nicht, Arthur ...«

Tante Olga, die bis dahin wie gelähmt dagesessen hatte, stand auf, riß die Platte vom Apparat herunter und warf sie wütend aufs Parkett. Bürgermeisters und die anderen Leute saßen bedrückt herum. Ein Paar junge Leute kicherten. Frau Doktor Riemer wollte die arme Tante trösten.

»Lassen Sie mich in Ruhe!« schrie Tante Olga und suchte ihren Hut.

»Wo wollen Sie denn jetzt hin?« rief der Bürgermeister. »Bleiben Sie hier, was wollen Sie denn jetzt zu Hause?«

»Mein Testament umstoßen«, erklärte die Tante und schmiß die Türen zu.

Der mißglückte Milliardär

Wenn in den Großstädten etwas los ist – ein Schwimmfest, ein Boxkampf, ein Fußballmatch –, dann finden sich, umgehend, die Vertreter der fliegenden Berufe ein: Zeitungsverkäufer, Brezelhändler, Wurstmänner, und was es sonst gibt. Das Erstaunlichste dieser Art erlebten wir neulich nach einem großen Fußballkampf. Tausende der Zuschauer strömten nach dem in der Nähe befindlichen Vorortbahnhof, um von hier aus wieder nach Haus zu fahren.

In langen Schlangen standen wir vor dem Fahrkartenschalter. Endlich kam ich an die Reihe. Ich wurde vor den Schalter gestoßen und rief dem Beamten zu: »Viermal Dritter!« Plötzlich merkte ich, daß sich jemand an meinen Schuhen zu schaffen machte. Es war klar, daß mir sie jemand putzte! Aber wo und wer? Nirgends war ein Stiefelputzer zu sehen, und nirgends wäre Platz für ihn gewesen. Immerhin, wenn Schuhe gewichst werden, muß wer da sein, der's tut. Ich bückte mich, um dem geheimnisvollen Phänomen auf die Spur zu kommen ...

Und da kniete, unter dem Schalter, unansehnlich und den Fußtritten Hunderter ausgesetzt, ein ganz kleiner Junge, kaum zu erkennen, mit einem Wischtuch und bearbeitete die vom Sportplatz verstaubten Damenschuhe und Herrenstiefel. Hunderte traten vor den Schalter. Hunderte verließen ihn gesäubert.

Ich bekam meine Fahrkarten, gab dem Jungen etwas von dem Schalterkleingeld und suchte meine Bekannten. Ich erzählte ihnen von dem winzigen Stiefelputzer, und sie traten näher, um ihn zu besehen.

»Ein raffinierter Knabe«, sagte der eine. »Wenn ihm jeder auch nur fünf Pfennige gibt, bekommt er jetzt in einer halben Stunde«, und er begann erstaunliche Ziffern zu nennen.

»Er hat natürlich von dem Fußballspiel gehört und sich hier postiert, wo alle Zuschauer hintereinander vorbei müssen. So ähnlich haben die meisten Milliardäre begonnen«, meinte der Zweite.

»Und wollen wir wetten, daß er fast nichts verdient? Der Schalterbetrieb geht so rasch. Und die Leute haben es so eilig, zum Zug zu kommen. Und kein Mensch sieht nach, was da im Dunkel an seinen Stiefeln vorgeht. Gebt nur Obacht!« sagte der Dritte.

Wir sahen genau hin. Der Dritte hatte recht. Der kleine Stiefelputzer wurde von den wenigsten bemerkt. Und diese wenigen gaben auch nicht immer! Er arbeitete, was das Zeug hielt. Er arbeitete trotzdem fast vergeblich. Und wie klug hatte er zu sein geglaubt, als er sich unter dem Schalter postierte. Und wie klug hatte ich seinen Einfall gefunden …

»Das wird kein Milliardär«, sagte der Erste.

»Und wie sehr hätte ich's ihm gegönnt«, sagte der Zweite.

Dann gingen wir eilig nach dem Bahnsteig.

Schulespielen

Altes Rezept. Erneuert von Erich Kästner

Das größte Kind muß an die Tafel schreiben.
Und dauernd ernst sein. Und den Lehrer machen.
Die andern Kinder dürfen Kinder bleiben.
Und sollen nur, wenn er's verbietet, lachen.

Dann gibt das große Kind zunächst den Kleinen
ein schwieriges Diktat. Mit Das und Daß.
Die Mädchen müssen, wenn sie können, weinen.
Sonst machen sie die Hefte anders naß. –

Dann folgt ein Ausflug. Über Perserbrücken.
Rund um den Tisch. Mit Rucksack und Gesang.
Und in den Vasen kann man Blumen pflücken.
Und wandert dreißigmal die Wand entlang.

Die Teppiche sind selbstverständlich Wiesen.
Hier wird gefrühstückt; und hier ruht man aus,
indes im Bad die Wasserfälle fließen.
Dann wandert man, rund um den Tisch, nach Haus.

Am schönsten ist natürlich das Examen.
Da hat der Lehrer einen Gehrock an
und fragt nach Wilhelm Tell und Städtenamen.
Und ob der Artur wohl den Handstand kann.

Dann gibt's Zensuren. Karl und Gustav schwitzen.
Doch Gustav bleibt in diesem Jahr verschont.
Nur Karl der Faule bleibt schon wieder sitzen.
Und sagt ganz laut: »Das bin ich nun gewohnt.« –

Und dann sind Ferien. Und alle lachen.
Das große Kind zieht flugs den Gehrock aus
und hängt ihn in den Schrank, zu Vaters Sachen.
Denn: Vater kommt um diese Zeit nach Haus. –

Ein Musterknabe

So oft sich zwei alte Schulkameraden zufällig auf der Straße begegnen, klopfen sie einander, notwendig, die Schultern und gehen ins nächste Restaurant. Dort sitzen sie – ihre Konstitution läßt es anders nicht mehr zu – mit gespreizten Beinen nieder, bestellen Pilsener Bier und Kümmel, fragen sich (wie im Chor): »Na, alter Junge, was machen wir Gutes?« Und dann vergleichen sie, annähernd neidlos: die Höhe ihrer Einkommen, die Zahl ihrer Kinder, den Stand ihrer Aktien, den Termin ihrer ersten grauen Haare und das Alter ihrer Frauen. – In wenigen Minuten wissen sie übereinander wieder vollständig Bescheid, auch wenn eben noch der eine den Namen des anderen nicht mehr wußte.

Und nun, nachdem jeder erkannt hat, daß der andere sein Leben bis zum Augenblick programmäßig verbrachte und daß nichts ihn hindern kann, darin fortzufahren; nachdem sie einander zugetrunken und billigend zugenickt haben – nun heißt es, bald geräuschvoll, bald mit zwinkerndem Geflüster: »Weißt du noch?« ... und es ist, als rieselte ihnen ein Zauberschreck vom Genick über den Rücken; als schmölzen ihnen die Bäuche fort und auch die Schnurrbärte; als schrumpften die Glieder klein und als hockten sie, wie einst, im weißgetünchten Schulzimmer. Und es kann geschehen – falls nur die vollbusige Dame am Schanktisch dem Kellner zu klingeln sich entschließt –, daß sie zusammenzucken, als wäre die Pause vorüber und der Lehrer müßte sofort die Tür aufreißen.

Lange geht es so. Dann wird eine Pause eintreten, bis der eine fragt: »Weißt du übrigens, was aus dem Hennig geworden ist? Aus dem Musterknaben?« – »Na«, sagt der andere und nickt bedeutsam, »was kann der schon geworden sein! Ein kleiner Buchhalter ist er. Hier in der Stadt. Ich sehe ihn zuweilen ... Wir grüßen uns nicht ...« Dann schweigen beide von neuem, stülpen den Kümmel in den Mund, verziehen das Gesicht vor Wonne und bieten sich Zigarren an.

»Ja, so ... der Musterknabe ...« seufzt der erste. Und der andere bestellt die nächste Runde Kümmel und sagt: »Die bezahle ich.«

Kinder lieben heißer und hassen inbrünstiger, sie haben lichtere Freuden und heiligere Schmerzen als wir. Und verachten gar – verachten können sie wie kein Mensch sonst; doch selten nur würdigen sie jemanden dieser grausamen Verfolgung: am ehesten gilt sie jenen Deserteuren der Jugend, die man Musterknaben nennt; jener minderjährigen Fertigware des Daseins; jenen erwachsenen Kindern, deren Seele blutarm ist, da sie rasch wuchs.

Und auch wir verstehen es, solche Knaben geringschätzig zu betrachten! Ihre später belanglose und oft klägliche Laufbahn gibt uns scheinbar recht. Und doch gehört diese Verurteilung zu den bösesten Sünden, deren wir uns jemals schuldig machen können. Denn hier müßten wir eine der stummsten Tragödien erkennen – und wir gähnen; hier sollten wir den letzten Rest Glauben an die Güte des Schicksals zu verlieren fürchten – und wir spotten!

Insofern ist die folgende Geschichte vom Musterknaben eine kleine moralische Erzählung; denn sie will etwas Mißkanntes verstehen lehren, und Verstehen heißt ja wohl, die Anteilnahme des Herzens gewähren.

Seine Mutter war Witwe; noch jung, oft krank, für ewig enttäuscht. Längst wäre sie an jenem Leiden gestorben, das man, höchst anschaulich, »ein gebrochenes Herz« nennt, wenn sie nicht ihn, den kleinen Jungen, gehabt hätte. Seinetwegen lebte sie weiter oder genauer: existierte sie fort. Sie nähte für große Fabriken Leibwäsche; Taghemden und Nachthemden, Unterröcke und Mieder; auf der Nähmaschine und mit der Hand; im Akkord und gegen Stundenlohn; vom Morgen bis in die Nacht hinein, und zuweilen von nachts bis früh. – Sie lebte nicht. Sie nähte. –

Es wäre falsch gewesen, zu ihr von »stillem Heldentum« oder dergleichen zu sprechen. Es wäre überhaupt falsch, ihr Wesen mit solchen Schlagwörtern zu etikettieren. – Sie nähte, statt zu leben: um dem Kinde Schuh und Anzug, Brot und Fleisch kaufen, um ihm für Unterricht und Klassenausflug Geld geben, um ihm das »Buch der Erfindungen und Entdeckungen« und einen Schlitten schenken zu können. Sie arbeitete, um ihn zu erziehen. Und wahrhaftig! Sie erzog ihn.

So selbstverständlich es den Müttern ist, ihr Leben dem der Kinder zu opfern, so seltsam dünkt es manchmal die Kinder, daß es jemanden gibt, der ihr Glück mit dem seinen zu erkaufen scheint.

Als der Junge, von dem hier gesprochen wird, die Mutter einmal mit besonders ernsten Augen betrachtet hatte, wurde jener Musterknabe aus ihm, den er von dieser Stunde an blieb. – Als er, bald danach an einem Nachmittage, die Treppen des Hauses hinaufsprang, hörte er, daß sie den Flur scheuerte und leise sang. Laut wollte er »Mutter« rufen; rief aber nur die erste Silbe; dann schlug er hin, mit dem Kinn gegen die Granitkante einer Stufe, und biß sich die Zunge zur Hälfte durch. – Der Arzt sagte: er müsse in die Klinik; und die Mutter: er müsse für Wochen ins Bett.

Er selber sagte nichts; denn er konnte nicht sprechen. Aber am nächsten Morgen ging er wie stets zur Schule. – Vier Wochen lang brachte er kein Wort zustande. Die Zunge schmerzte und lag wie ein Berg in der blutigen Mundhöhle. Er konnte nichts essen und brachte Flaschenmilch mit, die er in den Pausen mühsam schluckte. Die Schüler lachten ihn aus, und die Lehrer rieten ihm, fernzubleiben. Aber, seit er der Musterknabe geworden war, fehlte er niemals auch nur einen einzigen Tag; seitdem wurde und blieb er Klassenerster.

Nach dem Mittagessen drängte ihn die Mutter täglich zur Tür hinaus, daß er unten im Hofe oder auf dem Platze spiele. Meist sträubte er sich und blieb über den Büchern. Und schlich er doch hinunter, so stand er dann fremd unter den jauchzenden, schwitzenden Kindern, trat sehr bald beiseite, um niemandes Fröhlichkeit zu stören, und spähte oft nach der Turmuhr, daß er die Stunde nicht versäume, zu der ihm die Rückkehr erlaubt worden war. –

Die Mutter nähte, und er lernte. Sie sagte: »Du darfst nicht immer lernen!« und er: »Du darfst nicht so viel nähen!« – Nun: Sie nähte, und der Knabe lernte …

Wie in einem Tunnel arbeiteten sie sich am Leben vorbei. Froh zu sein, gestatteten sie sich nur, wenn die Mutter zum Quartal das Geld gezählt hatte, das sie in einem alten Briefkarton aufhob, und befriedigt nickte, weil es reichen würde; oder zu Ostern, wenn er sein Zensurheft langsam, mit bescheidenem Stolze, aus dem Ranzen schnallte. Dann lächelten sie einander an und gaben sich einen verstohlenen Kuß. – Das Lächeln verschwand bald. Die Arbeit ging weiter.

Es blieb alles, wie es war. – Der Musterknabe verließ die Volksschule. Eines Abends saß er neben der Mutter am Fenster, und sie bedachten: was nun werden solle … Sie wurden noch ernster als sonst; und da sie sich »Gute Nacht« wünschten, waren Kuß und Lächeln feierlich – und so kam er aufs Gymnasium. Jahre monotonen Fleißes folgten, und nach ihnen wieder ein solch stiller sorgenvoller Abend am Fenster, mit dem gleichen feierlichen Lächeln, – und so ging der Musterknabe auf die Universität. Von der Mutter fort, in eine ferne Stadt …

Im ersten Semester setzte er zwei Professoren in Staunen; im zweiten prophezeiten ihm alle eine außergewöhnliche Zukunft. Er nickte, schrieb's der Mutter, und arbeitete weiter.

Sie nähte, noch öfter als einst, auch die Nächte hindurch; schickte ihm jeden Monat das Geld, das er brauchte; manchmal steckte sie sogar zehn Mark in einen ihrer Briefe und schrieb: »Dafür sollst du Dir einen vergnügten Abend machen, mein Junge. Vergiß das nicht!«

Er lächelte, um nicht zu weinen. Und arbeitete.

Im fünften Semester wählte er sich ein Dissertationsthema und lernte ein junges Mädchen kennen. – Daß er seitdem zugrunde ging – denn er ging seitdem zugrunde – war nicht ihre Schuld; sie war anspruchslos und gut gewachsen; sie liebte ihn und tat nichts freudiger, als leise ordnend durch sein Zimmer zu gehen, indessen er am Tisch saß und arbeiten wollte.

Er konnte es nicht mehr. – Doch auch seine Schuld war es nicht, daß er nun endlose Stunden durch fremde Vorstadtstraßen wandern; daß er, einem Mondsüchtigen gleich, am Fenster stehen und in den Himmel starren mußte. Oder er schloß lange die Augen, blickte in sich hinein und erschrak bis zur Blässe, als er sah: er sei für ewig müde, für immer leer ... Er wußte jetzt, daß er ein Leben ohne Jugend zu büßen habe. Zwanzig Jahre zu früh hatte er begonnen: Pflichtgefühl zu zeigen; zwanzig Jahre zu spät: Wünschen zu folgen.

Als er das erkannt hatte, blieb ihm nur noch ein Kampf übrig: der Mutter sein Ende zu verbergen; ihr, die in der fernen Heimatstadt noch immer über die Nähmaschine gebückt saß, nähte, nähte ... und zuweilen nach der Flurtür ging, weil ihr schien, ein Brief sei in den Kasten geworfen worden.

Er hätte ihr die Wandlung nicht lange verheimlichen können. Doch plötzlich starb sie, ohne daß sie einander noch einmal gesehen hätten. Mit ihr ging sein letzter und einziger Stern unter. Und er verscholl ohne Spur. – Die Professoren schüttelten die Köpfe und murmelten: »Und er war doch so begabt!« Das Mädchen weinte und wartete.

Aber er schrieb nie mehr.

Und wüßten wir auch, wie diese kleine Geschichte weitergeht, – hier ist sie zu Ende ... Sie erzählte das Schicksal des verachteten Musterknaben, der kein Mann wurde, da er kein Kind war.

Ein Menschenleben

Solange es eben ging, hatte er arbeiten gemußt.

Jeden Morgen … Noch lagen die Straßen leer und müd und übernächtigt. Die Schritte klapperten tönern auf dem Pflaster. Hinter grau verhängten, gähnenden Fenstern klirrten die Weckuhren. (Da standen sie jetzt auf. Mit eingekniffenen Augen. Und abwesenden Gesichtern.) … Die Bäume in den Anlagen froren. Ein Vogel plusterte sich. Und hatte noch keinen Mut zum Singen. Und der Mond schwamm fahl in einen unendlich trostlosen Himmel hinaus … Ein Lastwagen polterte in ein Brückenloch. Wie ein Sarg. Und auf dem Wagen stand ein kleiner Hund. Der kläffte wütend. Aber eigentlich nur aus Angst …

Plötzlich stand die Fabrik da. Schluckte ihn ein. Mit tausend andern.

Abends trabte er dann heim. Lahm in den Knien. Der blecherne Kaffeekrug hing schwer in der Hand. – Die Bäume in den Anlagen froren. In einem Sandhaufen steckte ein zerbrochenes Spielzeug. Auf den Bänken hatten schwatzende Frauen gesessen. – Die Straßen ertranken in tiefen Schatten. An den Schaufenstern schnatterten die Rolladen herunter. Die letzten Kinder wurden ins Haus gerufen … In einem Gasthaus rasselte ein Orchestrion. Ein Dienstmädchen trug Bier über die Straße …

Tagaus, tagein. Manchmal lag Schnee. Manchmal waren die Bäume bunt. Wie Feldblumensträuße. Aber immer brannten ihm die Augen. Und immer hastete er vorbei. Ohne sich umzusehen. Jahraus, jahrein. Nur sonntags war Ruhe. Da saß er am Fenster. Und sah die Sonne. – Und wenn seine Frau schalt, weil er auf seiner alten Geige herumstrich, konnte er sogar lächeln. Denn dann war er glücklich. Er spielte nicht etwa gut. Die Hände waren steif und schwer. Aber ihm klang es wundervoll. Immer wieder spielte er diese paar Lieder, die er als Junge gelernt hatte. Was sie nicht alles zu erzählen wußten! Seine Frau hörte das nicht. Denn er spielte wirklich schlecht. Aber er lächelte dabei …

Jahrzehnte sanken wie Blätter von den Bäumen. Und immer die Fabrik! Und immer nur der eine Sonntag – – Das Kind wurde konfirmiert. Die Frau starb. Das änderte nichts … Die Haare wurden grau. Die Tochter heiratete. Das änderte nichts … Er arbeitete. Und gab sein Geld hin. Wie zuvor … Sonntags spielte er auf seiner Geige. Und sie schalten. Wie zuvor …

Aber eines Tages schickte man ihn aus der Fabrik fort. Konnte ihn »beim besten Willen« nicht mehr brauchen. – Da saß er das erstemal in den Anlagen auf der Bank. Mitten unter den Frauen. Die Sonne schien. Die Kinder lärmten und lachten. Er hörte alles wie durch dicke Mauern. Da traf ihn ein Stein! Er ging. Heim …

Die Tochter kreischte: »Wovon willst du denn jetzt leben!« Der Schwiegersohn pfiff vor sich hin. Und spuckte in den Kohlenkasten. – Wenn sie ihn riefen: »Komm! Mußt doch was essen!« blieb er am Fenster sitzen. Und sah auf die Straße hinunter. Mitten in einen Fleischerladen hinein … Eines Morgens steckte er seine Geige unter die Jacke. Niemand sollte es sehen. Und drüber lachen … Dann stieg er irgendwo Treppen. In einem entfernten Stadtviertel. Lehnte gegen eine feuchte Wand. Und spielte seine Lieder. »Aus der Jugendzeit« war sein Lieblingslied. Er hatte es als erstes gelernt. Vor sechzig Jahren. Er konnte es noch immer nicht. Und die Hände zitterten. Er hatte Angst … Seine Geige klang gell und frech durch die schmutzigen Korridore. Jemand schlug die Tür zu. Kinder beugten sich über das Treppengeländer. Neugierig. Und ihm zitterten die Hände.

Manchmal brachte man ihm einen Teller Suppe. Oder ein Stück Brot. In Zeitungspapier gewickelt. Oder ein Kind wurde aus einer Tür gestoßen. Kam zögernd näher. Und reichte ihm etwas Geld. Manchmal schimpften sie. Wie zu Hause. Dann steckte er traurig die Geige wieder unter die Jacke. Stieg die Stufen langsam hinunter. Und andere hinauf. Stand in anderen Korridoren. Treppen. Korridore. Bis zum Abend … Mitunter saß er in den Anlagen. Und fror. Auch in der Sonne. – Zu Hause nahmen sie ihm sein Geld ab. Damit er wenigstens seinen Mietzins zahle!

Es tat ihm nicht gut, jeden Tag seine Kinderlieder zu geigen. Er dachte an seine Mutter. Wenn sie nach Hause kam. Vom Waschen bei fremden Leuten. Die Geige hatte sie ihm geschenkt. Seine Mutter ...

Immer öfter saß er in den Anlagen. Ihm war: Er sei ein kleiner Junge ... Es wollte nicht mehr gehen. Von früh bis abends saß er auf der Bank. Sie kannten ihn schon alle. Dann ging er nach Hause. Sie fragten auch nicht mehr nach Geld. Sie fragten auch nicht mehr, ob er Hunger habe. –

Einmal stand er schon mittags von der Bank auf. Ging heim. Sie waren auf der Arbeit. Er wollte etwas essen. Der Küchenschrank war abgeschlossen. – Da setzte er sich ans Fenster. Und weinte. Es tat gar nicht weh, das Weinen ... Dann zählte er sein Geld. Er wußte genau, daß es beinahe 500 M waren. Markscheine, Zweimarkscheine, Fünfmarkscheine. Auch ein Hundertmarkschein war dabei. Er entsann sich: Ein kleines blondes Mädchen hatte ihn hingestreckt. Sehr schüchtern. Er legte das Geld auf den Tisch. Auf ein Stück Zeitungsrand schrieb er mit unsicherer Hand: »Für die Miethe! Vater.« Die Sonne spielte mit den Gardinen. Und in den Fenstern über der Straße blühten Geranien.

Und dann erhängte er sich in der Schlafkammer. An der Türklinke ...

Meine Mutter hat mir von ihm erzählt. Auch auf unserer Treppe hat er gestanden. Und gegeigt. »Aus der Jugendzeit!« ... Sie haben ihn alle gekannt. –

Die Staubsaugerballade

Frau Adamson hört gern auf fremden Rat.
Und da sie außerdem die Ordnung liebt,
Kauft sie sich einen Staubsaugapparat,
Und zwar den größten, den es gibt. –

Mit diesem Gegenstand famos geschmückt
(Und Seligkeit in beiden blauen Augen)
Hat sich Frau Adamson gebückt,
Um Probestaub zu saugen.

Sie will nur sehen, ob das Ding was taugt,
Und hält ihn fragend an ein Sofakissen,
Es stäubt der Staub. Der Sauger saugt.
Frau Adamson ist hingerissen.

Es stäubt der Staub. Die Doppelfenster klirren,
Steppdecken schweben langsam aus dem Bett.
Die Scherben von verschiedenen Geschirren
Versammeln sich auf dem Parkett.

Der Sauger saugt. Der Kleiderschrank schlägt Wellen.
Frau Adamson kriegt einen großen Schreck.
Noch einmal hört sie ihren Foxel bellen –
Es saugt der Sauger, und der Hund ist weg.

Am Ende kommt Herr Adamson persönlich,
Es zieht ihm gleich die Stiefel aus. Und auch
Herrn Adamsons Figur wird ungewöhnlich,
Der gute Mann wird ganz und gar zu Bauch.

Die Gattin weint und hat total vergessen,
Wie man den Apparat auf Ruhe stellt.
Der Sauger saugt. Und saugt infolgedessen
Die Wände krumm. Der Bücherschrank zerfällt.

Frau Adamson ist absolut verwirrt,
Sie mag den Staubsaugapparat nicht mehr bedienen.
Er fliegt durchs Fenster, fällt hinab und klirrt,
Und saugt die Straßenbahn aus ihren Schienen ...

Die Straßenbahn rächt sich auf ihre Weise,
Sie überfährt den Apparat. (Das schöne Geld!)
Frau Adamson sieht zu und äußert leise:
»Er war zu gut für diese Welt.«

Die Entlarvung des Osterhasen

Ich muß ein geradezu reizendes Kind gewesen sein. –

Wer mich noch nicht lange genug oder gar nicht kennt, der kann das nicht beurteilen. Denn ich habe mich im Laufe der Jahre ziemlich verändert ... Trotzdem soll mich niemand um Photographien aus jener Zeit bitten, damit er meine damaligen Vorzüge begreife! Nicht etwa, daß solche Photographien nicht existieren! Aber sie werden mir nicht gerecht; ich bin darauf einfach nicht gut getroffen.

Eher möchte ich schon empfehlen, sich an meine Mutter zu wenden, deren Adresse mitzuteilen ich gern erbötig bin. Ihre Auskünfte, sicher auch die meiner Tante Lina, ferner die weit zurückreichenden Erinnerungen des Fräuleins Haubold aus der Färbereifiliale und der Bäckermeisterin Wirth – um nur einige Kronzeugen meiner Kindheit zu nennen –, kurz, eine imposante Summe des vollsten Vertrauens werter mündlicher Überlieferung wäre recht wohl dazu geeignet, auch den letzten Zweifel gegenüber meiner Behauptung zu entkräften, die ich zu meinem eigenen Bedauern wie einen mathematischen, jedes Beweises gern entratenden Lehrsatz wiederholen muß: Ich muß ein geradezu reizendes Kind gewesen sein. –

Nichts wird dem, der Gemüt zu besitzen vorgibt, verständlicher sein, als daß ich mich mit einer ans Leidenschaftliche grenzenden Vorliebe jenes vergangenen Lebensabschnittes erinnere, in dem es mir vergönnt war, staunende Beachtung zu finden. Ja, ohne Übertreibung darf ich es aussprechen: Ich werde mir unvergeßlich bleiben ...

Wie wundervoll war es doch, das Raunen der Erwachsenen zu kosten, wenn ich anläßlich der öffentlichen Osterprüfungen vor das Katheder trat, um ein Gedicht von Viktor Blüthgen oder Ludwig Uhland zu deklamieren! Wie ergriff mich die Feststellung, daß die Augen des Oberlehrers voller Zärtlichkeit auf mir ruhten und daß über die Wangen auch der neidischsten Mütter Tränen der Rührung bis zu Erbsengröße rollten!

Oft hat man böse Worte gegen die Musterschüler gesprochen und geschrieben; man hat sehr unrecht daran getan. Mehr sage ich nicht, obwohl gerade ich dazu berufen wäre; denn ich war ein Musterschüler, wie er prächtiger und exemplarischer nicht wieder zur Welt kommen dürfte ...

Musterschüler zu sein ist eine keineswegs jedem Beliebigen zugängliche Aufgabe. Es ist vielmehr ein Talent, dessen Geheimnis darin besteht, den Lehrern nicht nur Freude zu machen, sondern sogar Freude an ihnen zu haben. Wer zweifelt noch daran, daß dies besondere Eignung voraussetzt?

Am liebsten rufe ich Erinnerungen an das erste Schuljahr wach ...

Denn jener Schritt, mit dem ich über die Schwelle des Klassenzimmers stolperte, daß die Zuckertüte ihre bunte Spitze und ihren süßen Inhalt verlor – jener Schritt bedeutete das Heraustreten des Kindes aus dem engen Kreis der Familie in die Bezirke des öffentlichen Lebens; jener Schritt galt gewissermaßen der erstmaligen Ausübung staatsbürgerlicher Pflichten.

Ich wage nicht zu behaupten, daß mir damals die ganze Schwere jenes stolpernden Schrittes klar zum Bewußtsein gekommen wäre. Das wohl nicht. Aber im Herzen des zum Bürger geborenen Kindes muß sich dergleichen instinktiv geltend machen, ehe es mit dem Kopfe begriffen wird. So erging es mir. –

Und ähnlich, wie ich die Bedeutung des Schulbeginns empfand, sollte ich bald auch die der Persönlichkeit nachteiligen Folgen des öffentlichen Lebens spüren. –

Der Lehrer meines ersten Schuljahres hieß Bremser. Genauer: Herr Bremser.

Ihm verdanke ich wesentliche Förderungen. Sein Name soll mich nicht ungerecht machen. Ohne jede Übertreibung darf ich sogar sagen: Ich habe seitdem nicht mehr allzuviel hinzugelernt. Natürlich einzelne Dinge, tausend Zahlen, windige Neuigkeiten, das wohl. Doch was ich ihm verdanke, ist weit mehr. Er lehrte mich die Wirklichkeit sehen: er ließ mich wissen, daß nichts ohne Ursachen und Folgen geschieht und daß die Phantasie ein Organ ist, das weggeschnitten zu werden ver diente, da es doch nichts nützt und, wenn es sich bemerkbar macht, schlimme Erkrankungen hervorruft.

Und das kam so: Die letzte Stunde vor den Osterferien – ein ganzes Jahr war bereits verflossen –, diese letzte Stunde wurde weder mit komplizierten Schreibübungen, noch mit einstelligen Rechenkünsten zugebracht, sondern mit improvisierten Darbietungen des Lehrers selber. Eine fraglos schöne alte Sitte. Er ging so weit, daß er uns fragte, was er denn nun erzählen solle.

Wie ein Magier, der jeden Wunsch zu erfüllen imstande ist, lehnte er seine halbkugelrunde Weste gegen die Bordkante des Katheders und ließ Blicke väterlicher Güte über die kleinen Männer gleiten. Da zuckte es in den vorschriftsmäßig gefalteten Händen; da wurden die arglosen Gesichter nachdenklich; da gingen die wunderlichsten Wünsche und Rätsel hinter den sauber gekämmten Haarschöpfen spazieren.

Herr Bremser war die Geduld in Person. Ermunternd wanderten seine Augen von einem zum anderen. Schließlich sagte irgendein munteres Stimmchen: »Etwas vom Osterhasen!« Dieser Wunsch war, da Ostern vor der Schultür stand, vollkommen begreiflich. Und ebenso begreiflich war es, daß alle einverstanden waren. Jeder war willens, etwas vom Osterhasen zu hören. Freilich nicht die allgemein bekannten Tatsachen vom Legen, Färben und Verstecken der Eier, nein, etwas Apartes! Am liebsten eine kleine spannende Geschichte, in der jener wundervolle Hase die Heldenrolle spielen sollte …

Herr Bremser nickte mit dem Kopf, schwenkte das eine Bein über die Kathederecke, wie er das so zu tun liebte, schaute sinnend in den Schulgarten hinaus, der schon zu grünen anhub, räusperte sich und sagte: »Ja, glaubt ihr denn noch an den Osterhasen?« Und von dem Bedürfnis hingerissen, Kinderpsychologie experimentell zu betreiben, fuhr er fort: »Also – wer noch an den Osterhasen glaubt, der hebe die Hand!« Schon reckte er den Arm, um besser zählen zu können. –

Aber niemand hob die Hand … So sicher es war, daß alle an den Osterhasen glaubten, so klar wurde es ihnen plötzlich, daß dieser Glaube ein Zeichen von Dummheit sei. Welcher Mensch aber hat den Mut, sich zu seiner Dummheit zu bekennen? Und gar welches Kind?

Mit einem Male wußten alle, daß es keinen Osterhasen gab. Niemand wußte noch, wie sich das Eierlegen sonst erklären lasse. Nun, diesen Bildungsdefekt zu beheben, war das Werk einer kurzen Stunde.

Der radikale Inventurausverkauf unseres Märchenglaubens kam überraschend. Ich kann es nicht leugnen. Und daß ich zu Hause schrecklich geheult habe und daß meine Mutter sehr geschimpft hat, weiß ich noch recht gut.

Aber, nicht wahr, was will das besagen gegenüber der Tatsache, daß man uns an diesem Tage menschenunwürdigen Einbildungen entriß! Nun waren wir doch auf der kerzengeraden Marschroute in den Konfirmationsanzug! Noch ein paar Jahre Addieren und Dividieren, Bibelsprüche und Gesangbuchverse, Jangtsekiang und Ludwig den Bayern – das war das wenigste ...

An jenem Tage ging eine neue Sonne auf und eine alte Welt unter ...

Im Ernst: Wenn ich meinem Lehrer noch einmal begegnen sollte – der Wahrscheinlichkeitsrechnung nach kann er noch rüstig am Leben sein –, ich würde ihm sagen: »Werter Herr! Sie waren seinerzeit so liebenswürdig, mich etwas plötzlich auf die Wirklichkeit vorzubereiten, als Sie den Osterhasen umbrachten. Beim Fortschritt der Menschheit, an den Sie glauben, das war für mich ein wenig hart. Und wüßte ich, daß Sie noch heute an jenen Fortschritt glauben – ich bin gern bereit, Sie von diesem Märchen zu erlösen. Eine Liebe ist der andern wert.«

Aber er wird mir nicht begegnen. Und das ist ebenso gut. –

Heute hat sich wohl auch das geändert. Heute sagen die Kinder, während sie zur Welt kommen, zu ihren Eltern: »Also, daß ihr es wißt! Die Geschichte mit dem Storch, die könnt ihr euch schenken! Apropos, was haltet ihr vom Darwinismus?«

Ja, der Fortschritt ...

Interview mit dem Weihnachtsmann
Eine vorweihnachtliche Betrachtung

Es hatte schon wieder geklingelt. Das neunte Mal im Verlauf der letzten Stunde! Heute hatten, so schien es, die Liebhaber von Klingelknöpfen Ausgang. Mürrisch rollte ich mich türwärts und öffnete.

Wer, glauben Sie, stand draußen? Sankt Nikolaus persönlich! In seiner bekannten historischen Ausrüstung. »Oh«, sagte ich. »Der eilige Nikolaus!« »Der heilige, wenn ich bitten darf. Mit h!« Es klang ein wenig pikiert. »Als Junge habe ich Sie immer den eiligen Nikolaus genannt. Ich fand's plausibler.« »Sie waren das?« »Erinnern Sie sich denn noch daran?« »Natürlich! Ein kleiner hübscher Bengel waren Sie damals!«

»Klein bin ich immer noch.« »Und nun wohnen Sie also hier.« »Ganz recht.« Wir lächelten resigniert und dachten an vergangene Zeiten.

»Bleiben Sie noch ein bißchen!« bat ich. »Trinken Sie noch eine Tasse Kaffee mit mir!« Er tat mir, offen gestanden, leid.

Was soll ich Ihnen sagen? Er blieb. Er ließ sich herbei. Erst putzte er sich am Türvorleger die Stiefel sauber, dann stellte er den Sack neben die Garderobe, hängte die Rute an einen der Haken, und schließlich trank er mit mir in der Wohnstube Kaffee.

»Zigarre gefällig?« »Das schlag ich nicht ab.« Ich holte die Kiste. Er bediente sich. Ich gab ihm Feuer. Dann zog er sich mit Hilfe des linken den rechten Stiefel aus und atmete erleichtert auf. »Es ist wegen der Plattfußeinlage. Sie drückt niederträchtig.« »Sie Ärmster! Bei Ihrem Beruf!« »Es gibt weniger Arbeit als früher. Das kommt meinen Füßen zupaß. Die falschen Nikoläuse schießen wie die Pilze aus dem Boden.«

»Eines Tages werden die Kinder glauben, daß es Sie, den echten, überhaupt nicht mehr gibt.« »Auch wahr! Die Kerls schädigen meinen Beruf! Die meisten von denen, die sich einen Pelz anziehen, einen Bart umhängen und mich kopieren, haben nicht das mindeste Talent! Es sind Stümper!« »Weil wir gerade von Ihrem Beruf sprechen«, sagte ich, »hätte ich eine Frage an Sie, die mich schon seit meiner Kindheit beschäftigt. Damals traute ich mich nicht. Heute schon eher. Denn ich bin Journalist geworden.« »Macht nichts«, meinte er und goß sich Kaffee zu. »Was wollen Sie seit Ihrer Kindheit von mir wissen?« »Also«, begann ich zögernd, »bei Ihrem Beruf handelt es sich doch eigentlich um eine Art ambulanten Saisongewerbes, nicht? Im Dezember haben Sie eine Menge Arbeit. Es drängt sich alles auf ein paar Wochen zusammen. Man könnte von einem Stoßgeschäft reden. Und nun ...« »Hm?« »Und nun wüßte ich brennend gern, was Sie im übrigen Jahr tun!«

Der gute alte Nikolaus sah mich einigermaßen verdutzt an. Es machte fast den Eindruck, als habe ihm noch niemand die so naheliegende Frage gestellt. »Wenn Sie sich nicht darüber äußern wollen ...« »Doch, doch«, brummte er. »Warum denn nicht?« Er trank einen Schluck Kaffee und paffte einen Rauchring. »Der November ist natürlich mit der Materialbeschaffung mehr als ausgefüllt. In manchen Ländern gibt's plötzlich keine Schokolade. Niemand weiß wieso. Oder die Äpfel werden von den Bauern zurückgehalten. Und dann das Theater an den Zollgrenzen. Und die vielen Transportpapiere. Wenn das so weitergeht, muß ich nächstens den Oktober noch dazunehmen. Bis jetzt benutze ich den Oktober eigentlich dazu, mir in stiller Zurückgezogenheit den Bart wachsen zu lassen.«

»Sie tragen den Bart nur im Winter?« »Selbstverständlich. Ich kann doch nicht das ganze Jahr als Weihnachtsmann herumrennen. Dachten Sie, ich behielte auch den Pelz an? Und schleppte 365 Tage den Sack und die Rute durch die Gegend? Na also. – Im Januar mache ich dann die Bilanz. Es ist schrecklich. Weihnachten wird von Jahrhundert zu Jahrhundert teurer!« »Versteht sich.« »Dann lese ich die Dezemberpost. Vor allem die Kinderbriefe. Es hält kolossal auf, ist aber nötig. Sonst verliert man den Kontakt mit der Kundschaft.« »Klar.« »Anfang Februar lasse ich mir den Bart abnehmen.«

In diesem Moment läutete es wieder an der Flurtür. »Entschuldigen Sie mich, bitte?« Er nickte. Draußen vor der Tür stand ein Hausierer mit schreiend bunten Ansichtskarten und erzählte mir eine sehr lange und sehr traurige Geschichte, deren ersten Teil ich mir tapfer und mit zusammen-»gebissenen« Ohren anhörte. Dann gab ich ihm das Kleingeld, das ich lose bei mir trug, und wir wünschten einander auch weiterhin alles Gute. Obwohl ich mich standhaft weigerte, drängte er mir als Gegengeschenk ein halbes Dutzend der schrecklichen Karten auf. Er sei, sagte er, schließlich kein Bettler. Ich achtete seinen schönen Stolz und gab nach. Endlich ging er.

Als ich ins Wohnzimmer zurückkam, zog Nikolaus gerade ächzend den rechten Stiefel an. »Ich muß weiter«, meinte er, »es hilft nichts. Was haben Sie denn da in der Hand?« »Postkarten. Ein Hausierer zwang sie mir auf.« »Geben Sie her. Ich weiß Abnehmer. Besten Dank für Ihre Gastfreundschaft. Wenn ich nicht der Weihnachtsmann wäre, könnte ich Sie beneiden.«

Wir gingen in den Flur, wo er seine Utensilien aufnahm. »Schade«, sagte ich. »Sie sind mir noch einen Teil Ihres Jahreslaufs schuldig.« Er zuckte die Achseln. »Viel ist im Grunde nicht zu erzählen. Im Februar kümmere ich mich um den Kinderfasching. Später ziehe ich auf Frühjahrsmärkten umher. Mit Luftballons und billigem mechanischen Spielzeug. Im Sommer bin ich Bademeister und gebe Schwimmunterricht. Manchmal verkaufe ich auch Eiswaffeln in den Straßen. Ja, und dann kommt schon wieder der Herbst – und nun muß ich wirklich gehen.«

Wir schüttelten uns die Hand. Ich sah ihm vom Fenster aus nach. Er stapfte mit großen, hastigen Schritten durch den Schnee. An der Ecke Ungerstraße wartete ein Mann auf ihn. Er sah wie der Hausierer aus, wie der redselige mit den blöden Ansichtskarten. Sie bogen gemeinsam um die Ecke. Oder hatte ich mich getäuscht? Eine Viertelstunde danach klingelte es schon wieder. Diesmal erschien der Laufbursche des Delikatessengeschäftes Zimmermann Söhne. Ein angenehmer Besuch! Ich wollte bezahlen, fand aber die Brieftasche nicht gleich. »Das hat ja Zeit, Herr Doktor«, meinte der Bote väterlich. »Ich möchte wetten, daß sie auf dem Schreibtisch gelegen hat!« sagte ich. »Nun gut, ich begleiche die Rechnung morgen. Aber warten Sie noch, ich bring' Ihnen eine gute Zigarre!« Die Kiste mit den Zigarren fand ich auch nicht gleich. Das heißt, später fand ich sie ebensowenig. Die Zigarren nicht. Die Brieftasche auch nicht. Das silberne Zigarettenetui war auch nicht zu finden. Und die Manschettenknöpfe mit den großen Mondsteinen und die Frackperlen waren weder an ihrem Platz noch sonstwo. Jedenfalls nicht in meiner Wohnung.

Ich konnte mir gar nicht erklären, wohin das alles geraten sein mochte. Es wurde trotzdem ein stiller hübscher Abend. Es klingelte niemand mehr. Wirklich, ein gelungener Abend. Nur irgend etwas fehlte mir. Aber was? Eine Zigarre? Natürlich! Glücklicherweise war das goldene Feuerzeug auch nicht mehr da. Denn das muß ich, obwohl ich ein ruhiger Mensch bin, bekennen: Feuer zu haben, aber nichts zum Rauchen im Haus, das könnte mir den ganzen Abend verderben!

Peter

Also, ich bin gespannt wie ein Regenschirm, was es heute mittag gibt«, erklärte Peter, als sich Arno von ihm verabschiedete. Arno seinerseits wackelte mit den Ohren, weil er das stets tat, wenn ihm nicht wohl war, und sagte: »Meine Vier im Diktat hat mich satt gemacht. Mein Alter wird furchtbar ausholen, wenn er die Zensur sieht.« Peter hieb ihm eins auf den Schulranzen und lachte. Aber Arno blickte ihn böse an, machte »Bäh!« und ging seines Wegs.

Peter pfiff sich die Treppen hinan, klingelte dreimal und murmelte fortwährend vor sich hin: »Denk' dir, Muttchen! Ich hab' im Diktat die Eins.« Er klingelte sicherheitshalber noch zweimal und beschloß dabei, von Arnos Vier, noblerweise, nichts zu sagen. Obwohl es natürlich guten Effekt gemacht hätte ...

Er klopfte in kurzen Abständen sechsmal und klingelte wieder. – Er legte das Ohr an die Tür. Drinnen schlug ein angelehntes Fenster. – Er wurde ungeduldig, rundete den Mund dicht am Schlüsselloch und rief: »Mama! Mama, Ma-ma!«

Aber sie kam nicht. – Er trommelte mit der Faust an den Briefkasten und klingelte wie das Telephon klingelt, wenn es allein in der Wohnung ist. Dann wurde er unruhig, bekam es mit der Angst und trat mit dem Stiefel gegen die Tür!

Nichts rührte sich. Wo sie nur stecken mochte? Wenn sie nur beim Fensterputzen nicht auf die Straße – ... Doch das hätten die Leute ja merken müssen. Und dabei roch es so gut nach Eierkuchen! Jetzt freilich hätte er gar keinen Eierkuchen gemocht.

Er klingelte noch einmal. Aber ganz behutsam, als wollte er nicht stören ... Dann setzte er sich auf die Treppe, holte tief Atem, stopfte die Fäuste unters Kinn und guckte zum Schlüsselloch hinüber, als sei es ein verzaubertes Auge ...

Na ja, und dann stand mit einem Mal ein Schutzmann da. Alle Wetter! Der zwirbelte seinen Schnurrbart, zog das Notizbuch zwischen den Uniformknöpfen heraus und fragte: »Welche Hausnummer ist das hier?« – Peter antwortete: »Achtundvierzig.« Der Schutzmann preßte den Bleistift in die Unterlippe, murmelte: »So, so. Hm. Sechs mal acht ist achtundvierzig«, blätterte in seinem Buch, zuckte die Achseln und meinte: »Meldungen liegen nicht vor.« Peter traten die Tränen in die Augen.

»Heul bloß nicht«, bat der Schutzmann, griff in die Tasche und holte ein ganz, ganz kleines Automobil heraus. Das hielt er an den Mund blies die Backen auf. Er sah dabei aus wie einer vom Posaunenchor. Und das Auto wurde immer größer und immer größer, bis es auf der Treppe kaum noch Platz hatte. Der Schutzmann setzte sich ans Steuer und sagte: »Hopp! Jetzt wollen wir die Mama suchen.« Peter kletterte in den Wagen. Der Motor begann zu laufen, und dann rumpelten sie die Treppe hinunter. Das war kein Spaß. Vor allem die Kurven machten Schwierigkeiten. – Unten kam gerade Frau Pfennigwert aus dem Keller. Sie hatte Kohlen und Briketts geholt und verlor vor Schreck die Eimer. Und Augen machte sie! Peter mußte sich wegdrehen.

Sie fuhren viele Straßen entlang. Peter musterte alle Leute, und manchmal dachte er wirklich, die Mutter wär's! Sie war es aber nicht. – Sooft der Schutzmann hupte, nahmen die vorübergehenden Frauen die Hüte ab, damit man sie besser anschauen konnte.

»Noch nicht gefunden?« fragte der Schutzmann.

»Nein«, sagte Peter, »noch nicht.«

Tante Haubold begegneten sie, aber die wußte auch nichts und entschuldigte sich wegen ihrer Eile, aber sie müsse schleunigst zum Zahnarzt, um sich von ihm die Hühneraugen ziehen zu lassen. Es wäre nicht mehr zum Aushalten.

Ein paarmal fuhren sie auch direkt in die Geschäfte hinein, in denen die Mutter für gewöhnlich einkaufte. Im Konsumverein war sie nicht, bei Fleischer Augustin nicht und bei Bäcker Ziesche auch nicht. Der Schutzmann grüßte immer durch Anlegen der rechten Hand an die Kopfbedeckung, und Peter machte es ihm nach. Die Ladenfräuleins im Konsumverein wollten gleich mitfahren. Aber der Lagerhalter sagte, dann würde er weinen. Und da blieben sie eben im Laden.

Als sie wieder auf der Straße waren, borgte der Schutzmann Peter sein Taschentuch, ließ den Schnurrbart tieftraurig hängen und meinte: »Wir wollen mal nach der Hauptwache fahren, ob sie doch abgegeben worden ist.« Er schaltete den dritten Gang ein, und dann sausten sie, wie es das sonst nur noch im Kino gibt, nach der Polizeihauptwache. Der Portier rief: »Hurra«. Sie sausten an ihm vorbei, die Freitreppen hinauf und Gänge entlang und in ein Zimmer hinein, an dessen Tür »Fundbüro« geschrieben stand!

Drin saß ein Beamter vor einem Schreibtisch, frühstückte, klapperte dazu mit einem großen Schlüsselbund und fragte, warum sie draußen am Strohdeckel die Autoreifen nicht abgeputzt hätten und was sie eigentlich wollten. Als sie es ihm erklärt hatten, ging er mit seinem großen Schlüsselbunde, zu einer langen Reihe riesiger Schränke, die an der Wand standen, und schloß sie auf.

Das waren ja nun wirklich komische Schränke!

Sie hatten große, breite Fächer, und in diesen Fächern standen Knaben und Mädchen, und Männer und Frauen, und warteten, daß sie von ihren Angehörigen abgeholt würden. – Ein kleiner Junge war schon über eine Woche da und hatte verweinte Augen. Er hatte vergessen, wie er hieß! Es hilft eben nichts, man muß sich seinen Namen merken ... Peter ging vor den Schränken hin und her und suchte. Er sah ganz kleine Kinder, die auf Topfstühlchen saßen und Schlagsahne löffelten; und er sah einen Professor, der sich einbildete, er sei ein abgegebener Regenschirm. Und ein anderer Herr war da, der hatte sich, spaßeshalber nur, seinen Vollbart abnehmen lassen, und wie er nach Hause kam, warf ihn seine eigene Frau die Treppe hinunter und behauptete, er sei gar nicht ihr Mann! Nun stand er hier im Schrank und wartete, bis er wieder einen Vollbart bekäme. – Viele Kinder waren da, die beim Einholen das Geld verloren hatten und sich nicht nach Hause wagten.

Alles in allem, es waren merkwürdige Schränke.

Aber Peters Mutter war nicht darin. Und da meinte der

Schutzmann betrübt, weiter könne er nun auch nichts tun. Er wolle ihn wieder nach Hause bringen.

Unterwegs fuhren sie an einem langen Gebäude vorüber. Es hatte kein Dach. Die Fenster fehlten. Und Peter fragte, was das denn sei. Der Schutzmann blickte sich nicht um, antwortete nichts, sondern wendete nur den Wagen und ratterte durch das Haustor in den Hof. Sie stiegen aus, und Peter las ein Schild, auf dem stand: »Kaserne für böse Eltern«. Er wollte gleich wieder umkehren. Doch der Schutzmann sagte, es käme oft vor, daß versehentlich auch gute Eltern hierhergebracht würden. Man könne ja ganz schnell einmal durchgehen.

Zuerst führte sie der Inspektor in die »Station für leichtere Fälle«. Hier waren Männer und Frauen – in Kinderanzügen, mit Haarschleifen und Matrosenmützen – gerade dabei, aus Zeitungspapier Schiffe und Helme zu falten, andere kreiselten. Und wer es nicht zustande brachte, wurde auf einen Stuhl geschnallt und elektrisiert, bis er »Au!« schrie. Andere mußten an Reckstangen den Aufschwung und die Kniewelle üben. Andere sagten Schillers »Lied von der Glocke« her, bis sie es, ohne steckenzubleiben, konnten. Einer, erzählte der Inspektor, deklamiere nun schon drei Tage und drei Nächte hintereinander, ohne zu pausieren … Und wieder andere mußten das große Einmaleins vor- und rückwärts herunterschnurren oder dreißig Pfund Pudding essen.

Sie wurden hier behandelt, wie sie ihre Kinder behandelt hatten, und durften nicht eher wieder nach Hause gehen, bis sie schriftlich erklärten, gute Eltern werden zu wollen.

In der »Station für schwere Fälle« traf Peter seinen Klassenkameraden Arno. Der sah furchtbar verprügelt aus und zeigte stumm auf seinen Vater, der, in kurzen Hosen, vor einem Magnetofon stand und zusehen mußte, wie seine mit geriebener Semmel panierte Hand in einem Tiegel schmorte. Der rohe, grobschlächtige Mann war blaß und starrte entsetzt auf die Hand, die einem Kotelett immer ähnlicher wurde. Peter fand das abscheulich, aber der Inspektor sagte ihnen, Arnos Vater verdiene es nicht besser, und man habe an seinesgleichen schon die verschiedensten Methoden probiert; aber das Händebraten habe sich als das wirksamste Mittel erwiesen. Man wende es auch nur bei ganz besonders bösen, grausamen Eltern an, die dächten, Kinder wären zum Quälen da. – Es wäre trotzdem besser, wenn sie bald gingen. Denn vermutlich werde gleich die Brüllerei anfangen. Peter rannte wie besessen auf die Straße heraus.

Und nun, sagte der Schutzmann, wäre er mit seinen Kenntnissen zu Ende. – Er brachte Peter wieder auf die Treppe zurück, gab ihm die Hand, ließ die Luft aus seinem Auto, steckte es in die Tasche und ging.

Jetzt saß der Junge wieder auf seiner kalten Stufe und war recht unglücklich. Die Eierkuchen dufteten durchs Schlüsselloch, daß der Magen wie ein kleiner geärgerter Hund zu knurren anfing; und Peter wurde immer trauriger. Nirgends war die Mama zu finden gewesen. Wo mochte sie nur sein? Ihm war, er wartete schon viele, viele Stunden …

Dann schlug unten die Haustür, und er dachte: Das ist sie! Es war aber ein schwerer, langsamer Schritt, als ob jemand ein Klavier heraufschleppe. Und dann wars der Briefträger. Er stellte einen Riesenkarton neben die Tür und fragte: »Mutter zu Hause?«

»Nein«, sagte Peter, »was bringen Sie denn da Schönes?« Der Briefträger wußte es nicht, obwohl er es gern gewußt hätte, und zeigte auf den Karton. Dort stand in großen bemalten Buchstaben: »Vorsicht! Lebendig!« Peter nahm sein Taschenmesser und schnitt den Strick durch. Der Briefträger hätte zu gern gewartet, aber er hatte noch viele Wege vor und mußte weiter. – Peter hob den Deckel ab und sah nichts als Holzwolle. Mit beiden Händen griff er hinein und warf sie auf die Treppenstufen.

Als er wieder in den Karton hineinlangte, kriegte er eine Nase zu packen und erschrak mordsmäßig. Und dann bewegte sich die Holzwolle – irgend etwas krabbelte drin herum, pustete, hob sich empor – und das war: Peters Mama!

Er stand wie versteinert. Sie aber lachte herzlich, weil sie ihn so überrascht hatte, hopfte vollends aus dem Karton, stupste ihn vor die Nase ...

Es war schon so. Die Mama gab ihm einen Nasenstüber und rief fröhlich: »Aber wer wird denn auf der Treppe einschlafen!«

»Donnerlüttchen!« sagte Peter, »endlich. Also, wo ich dich überall gesucht habe! Im Konsum, bei Augustins, bei Zieschens, auf dem Fundbüro ...« Aber da merkte er, daß der Karton und die Holzwolle nicht mehr auf der Treppe lagen ... Er schüttelte den Kopf und fragte: »Wo warst du nur so lange?«

»Bei Frau Rößler!« rief sie, »die soll mein blaues Kleid umändern! Und heute gibt's Eierkuchen!«

»Hab' ich längst gerochen«, meinte er stolz. »Mit Preiselbeeren oder mit Pflaumen?«

»Mit Quittenmarmelade!«

»O, das ist fein! – Was wollte ich doch noch sagen ... Ja! Denk' dir, Muttchen, ich hab' im Diktat die Eins.«

»Du bist ein tüchtiger Junge.«

»Und Arno – du kennst doch Arno! – Arno hat die Vier!«

»Der arme Kerl«, sagte die Mutter und schloß die Tür auf.

Besuch im Garten

Für seine Kinder hat man keine Zeit.
(Man darf erst sitzen, wenn man nicht mehr gehen kann.)
Erst bei den Enkeln ist man dann so weit,
Daß man die Kinder ungefähr verstehen kann.

Spielt hübsch mit Sand und backt euch Sandgebäck!
Ihr seid so fern und trotzdem in der Nähe,
Als ob man, über einen Abgrund weg,
In einen fremden, bunten Garten sähe.

Spielt brav mit Sand und baut euch Illusionen!
Ihr und wir Alten wissen ja Bescheid;
Man darf sie bauen, aber nicht drin wohnen.
Ach, bleibt so klug, wenn ihr erwachsen seid.

Wir möchten euch auch später noch beschützen,
Denn da ist vieles, was euch dann bedroht,
Doch unser Wunsch wird uns und euch nichts nützen.
Wenn ihr erwachsen seid, dann sind wir tot.

EMIL UND DIE DETEKTIVE

Ein Roman für Kinder

Die Geschichte fängt noch gar nicht an

Euch kann ich's ja ruhig sagen: Die Sache mit Emil kam mir selber unerwartet. Eigentlich hatte ich ein ganz anderes Buch schreiben wollen. Ein Buch, in dem, vor lauter Angst, die Tiger mit den Zähnen und die Dattelpalmen mit den Kokosnüssen klappern sollten. Und das kleine schwarzweiß karierte Kannibalenmädchen, das quer durch den Stillen Ozean schwamm, um sich bei Drinkwater & Co. in Frisco eine Zahnbürste zu holen, sollte Petersilie heißen. Nur mit dem Vornamen natürlich.

Einen richtigen Südseeroman hatte ich vor. Weil mir mal ein Herr mit einem großen Umhängebart erzählt hatte, sowas würdet ihr am liebsten lesen.

Und die ersten drei Kapitel waren sogar schon fix und fertig. Der Häuptling Rabenaas, auch ›Die Schnelle Post‹ genannt, entsicherte gerade sein mit heißen Bratäpfeln geladenes Taschenmesser, legte kalten Blutes an und zählte, so schnell er konnte, bis dreihundertsiebenundneunzig ...

Plötzlich wußte ich nicht mehr, wieviel Beine ein Walfisch hat! Ich legte mich längelang auf den Fußboden, weil ich da am besten nachdenken kann, und dachte nach. Aber diesmal half es nichts. Ich blätterte im Konversationslexikon. Erst im Bande W und dann, vorsichtshalber, noch im Bande F, nirgends stand ein Wort davon. Und ich mußte es doch genau wissen, wenn ich weiterschreiben wollte. Ich mußte es sogar ganz genau wissen!

Denn wenn in diesem Augenblick der Walfisch mit dem verkehrten Bein aus dem Urwalde getreten wäre, hätte ihn der Häuptling Rabenaas, auch ›Die Schnelle Post‹ genannt, unmöglich treffen können.

Und wenn er den Walfisch mit den Bratäpfeln nicht getroffen hätte, wäre das kleine schwarzweiß karierte Kannibalenmädchen, das Petersilie hieß, nie im Leben der Diamantenwaschfrau Lehmann begegnet.

Und wenn Petersilie der Frau Lehmann nicht begegnet wäre,

hätte sie nie den wertvollen Gutschein gekriegt, den man in San Franzisco bei Drinkwater & Co. vorzeigen mußte, wenn man gratis eine funkelnagelneue Zahnbürste wollte. Ja, und dann ...

Mein Südseeroman – und ich hatte mich so darauf gefreut! – scheiterte also sozusagen an den Beinen des Walfisches. Ich hoffe, ihr versteht das. Mir tat es schrecklich leid. Und Fräulein Fiedelbogen hätte, als ich's ihr sagte, beinahe geweint. Sie hatte aber gerade keine Zeit, weil sie den Abendbrot-Tisch decken mußte, und verschob das Weinen auf später. Und dann hat sie es vergessen. So sind die Frauen.

Das Buch wollte ich ›Petersilie im Urwald‹ nennen. Ein pikfeiner Titel, was? Und nun liegen die ersten drei Kapitel bei mir zu Hause unter dem Tisch, damit er nicht wackelt. Aber ist das vielleicht die richtige Beschäftigung für einen Roman, der in der Südsee spielt?

Der Oberkellner Nietenführ, mit dem ich mich manchmal über meine Arbeiten unterhalte, fragte mich paar Tage später, ob ich denn überhaupt schon mal unten gewesen sei.

»Wo unten?« frage ich ihn.

»Na, in der Südsee und in Australien und auf Sumatra und Borneo und so.«

»Nein«, sage ich, »weshalb denn?«

»Weil man doch bloß über Dinge schreiben kann, die man kennt und gesehen hat«, gibt er zur Antwort.

»Aber erlauben Sie, bester Herr Nietenführ!«

»Das ist doch klar wie dicke Tinte«, sagt er. »Neugebauers, sie verkehren hier bei uns im Lokal, haben mal ein Dienstmädchen gehabt, die hatte noch nie gesehen, wie man Geflügel brät. Und vorige Weihnachten, wie sie die Gans braten soll, und Frau Neugebauer macht unterdessen Einkäufe und kommt dann wieder, es war eine schöne Bescherung! Das Mädchen hatte die Gans, wie sie in der Markthalle gekauft worden war, in die Pfanne gesteckt. Nicht gesengt, nicht aufgeschnitten und nicht ausgenommen. Es war ein mordsmäßiger Gestank, kann ich Ihnen flüstern.«

»Na und?« antworte ich, »Sie behaupten doch wohl nicht,

daß Gänse braten und Bücher schreiben dasselbe ist? Sie nehmen's mir, bitte, nicht allzu übel, lieber Nietenführ, aber da muß ich rasch mal lachen.«

Er wartet, bis ich mit Lachen fertig bin. Sehr lange dauert es ja auch nicht. Und dann sagt er: »Ihre Südsee und die Menschenfresser und die Korallenriffe und der ganze Zauber, das ist Ihre Gans. Und der Roman, das ist Ihre Pfanne, in der Sie den Stillen Ozean und die Petersilie und die Tiger braten wollen. Und wenn Sie eben noch nicht wissen, wie man solches Viehzeug brät, kann das ein prachtvoller Gestank werden. Genau wie bei dem Dienstmädchen von Neugebauers.«

»Aber so machen es doch die meisten Schriftsteller!« rufe ich.

»Guten Appetit!« Das ist alles, was er sagt.

Ich grüble ein Weilchen. Dann fange ich die Unterhaltung wieder an: »Herr Nietenführ, kennen Sie Schiller?«

»Schiller? Meinen Sie den Schiller, der in der Waldschlößchenbrauerei Lagerverwalter ist?«

»Nicht doch!« sage ich, »sondern den Dichter Friedrich von Schiller, der vor mehr als hundert Jahren eine Menge Theaterstücke geschrieben hat.«

»Ach so! Den Schiller! Den mit den vielen Denkmälern!«

»Richtig. Der hat ein Stück verfaßt, das spielt in der Schweiz und heißt ›Wilhelm Tell‹. Früher mußten die Schulkinder immer Aufsätze drüber schreiben.«

»Wir auch«, sagt Nietenführ, »den Tell kenn ich. Ein großartiges Drama, wirklich wahr. Das muß man dem Schiller lassen. Alles was recht ist. Bloß die Aufsätze waren was Furchtbares. An einen erinnere ich mich sogar noch. Der hieß: ›Warum hat Tell nicht gezittert, als er nach dem Apfel zielte?‹ Ich bekam damals 'ne Fünf. Überhaupt, Aufsätze waren nie meine …«

»Na ja, nun lassen Sie mich mal wieder aufs Rednerpult«, sage ich, »und sehen Sie, obwohl Schiller nie in seinem Leben in der Schweiz war, stimmt sein Theaterstück von Wilhelm Tell bis aufs Komma mit der Wirklichkeit überein.«

»Da hat er eben vorher Kochbücher gelesen«, meint Nietenführ.

»Kochbücher?«

»Freilich! Wo alles drinstand. Wie hoch die Berge in der Schweiz sind. Und wann der Schnee schmilzt. Und wie es ist, wenn's auf dem Vierwaldstätter See ein Gewitter gibt. Und wie es war, als die Bauern gegen den Gouverneur Geßler ihre Revolution machten.«

»Da haben Sie allerdings recht«, antworte ich, »das hat der Schiller wirklich getan.«

»Sehen Sie!« erklärt mir Nietenführ und schlägt mit seiner Serviette nach einer Fliege, »sehen Sie, wenn Sie das genauso machen und vorher Bücher lesen, können Sie natürlich auch Ihre Känguruhgeschichte über Australien schreiben.«

»Dazu hab ich aber gar keine Lust. Wenn ich Geld hätte, würde ich gern mal hinfahren und mir alles scharf ansehen. Auf der Stelle! Aber Bücher lesen, och ...«

»Da will ich Ihnen mal einen prima Rat geben«, sagt er, »das beste wird sein, Sie schreiben über Sachen, die Sie kennen. Also, von der Untergrundbahn und Hotels und solchem Zeug. Und von Kindern, wie sie Ihnen täglich an der Nase vorbeilaufen, und wie wir früher einmal selber welche waren.«

»Aber mir hat doch wer, der einen großen Umhängebart trug und die Kinder wie seine Westentasche kannte, ausdrücklich erklärt, das gefiele ihnen nicht!«

»Quatsch!« brummt Herr Nietenführ, »verlassen Sie sich auf das, was ich Ihnen sage. Schließlich hab ich ja auch Kinder. Zwei Jungens und ein Mädel. Und wenn ich denen, an meinem freien Tag in der Woche, erzähle, was so hier im Lokal passiert. Wenn einer die Zeche prellt, oder wie damals, als ein beschwipster Gast dem Zigarettenboy eine kleben wollte und statt dessen eine feine Dame traf, die zufällig vorbeiging, dann lauschen meine Kinder, kann ich Ihnen flüstern, als ob's im Keller donnert.«

»Na, wenn Sie meinen, Herr Nietenführ?« sage ich zögernd.

»Bestimmt! Darauf können Sie Gift nehmen, Herr Kästner«, ruft er und verschwindet; denn ein Gast klopft laut mit dem Messer ans Glas und will zahlen.

Und so habe ich, eigentlich nur, weil der Oberkellner Nietenführ es so wollte, eine Geschichte über Dinge geschrieben, die wir, ihr und ich, längst kennen.

Nun ging ich erst mal nach Hause, lümmelte mich ein bißchen aufs Fensterbrett, blickte die Prager Straße lang und dachte, vielleicht käme unten gerade die Geschichte vorbei, die ich suchte. Dann hätte ich ihr nämlich gewinkt und gesagt. »Ach bitte, kommen Sie doch mal einen Sprung rauf! Ich möchte Sie gerne schreiben.«

Doch die Geschichte kam und kam nicht. Und mich fing schon an zu frieren. Da machte ich das Fenster ärgerlich wieder zu und rannte dreiundfünfzigmal rund um den Tisch. Auch das half nichts.

Und so legte ich mich endlich, genau wie vorhin, längelang auf den Fußboden und vertrieb mir die Zeit mit tiefem Nachdenken.

Wenn man so der Länge nach in der Stube liegt, kriegt die Welt ein ganz anderes Gesicht. Man sieht Stuhlbeine, Hausschuhe, Teppichblumen, Zigarettenasche, Staubflocken, Tischbeine; und sogar den linken Handschuh findet man unterm Sofa wieder, den man vor drei Tagen im Schranke suchte. Ich lag also neugierig in meiner Stube, betrachtete mir die Gegend abwechslungshalber von unten statt von oben und bemerkte zu meinem größten Erstaunen, daß die Stuhlbeine Waden hatten. Richtige stramme und dunkelfarbige Waden, als gehörten sie einem Negerstamm an oder Schulkindern mit braunen Strümpfen.

Und während ich noch dabei war, die Stuhlbeine und Tischbeine nachzuzählen, damit ich wüßte, wieviel Neger oder Schulkinder eigentlich auf meinem Teppich herumstünden, fiel mir die Sache mit Emil ein! Vielleicht, weil ich gerade an Schulkinder mit braunen Strümpfen dachte? Oder vielleicht deshalb, weil er mit seinem Familiennamen Tischbein hieß?

Jedenfalls, die Sache mit ihm fiel mir in diesem Augenblick ein. Ich blieb ganz still liegen. Denn mit den Gedanken und mit den Erinnerungen, die sich uns nähern, ist es wie mit verprügelten Hunden. Wenn man sich zu hastig bewegt oder etwas zu ihnen sagt, oder wenn man sie streicheln will – schwupp, sind sie weg! Und dann kann man Grünspan ansetzen, ehe sie sich wieder heranwagen.

Ich lag also, ohne mich zu rühren, und lächelte meinem Einfall freundlich entgegen. Ich wollte ihm Mut machen. Er beruhigte sich denn auch, wurde beinahe zutraulich, kam noch einen und noch einen Schritt näher ... Da packte ich ihn im Genick. Und hatte es.

Das Genick nämlich. Und das war vorläufig alles. Denn es ist ein großer Unterschied, ob man einen Hund am Fell erwischt und festhält oder nur eine Geschichte, an die man sich erinnert. Hat man den Hund am Genick, so hat man wohl oder übel den ganzen Kerl; die Pfoten, die Schnauze, das Schwänzchen und alles übrige, was so zum Lebendgewicht gehört.

Erinnerungen fängt man anders. Erinnerungen fängt man ratenweise. Erst packt man, vielleicht, ihren Schopf. Dann fliegt das linke Vorderbein herzu, dann das rechte, dann der Podex, dann eine Hinterhaxe, Stück für Stück. Und wenn man schon glaubt, die Geschichte wäre komplett, kommt, ratsch! noch ein Ohrläppchen angebummelt. Und endlich weiß man, wenn man Glück hat, das Ganze.

Im Film habe ich einmal etwas gesehen, was mich lebhaft an das, was ich eben beschrieb, erinnert. Da stand ein Mann in einem Zimmer und hatte nichts am Leibe als sein Hemd. Plötzlich ging die Tür auf, und die Hosen flogen herein. Die zog er an. Dann sauste der linke Stiefel herein. Dann der Spazierstock. Dann der Schlips. Dann der Kragen. Dann die Weste, der eine Strumpf, der andere Stiefel, der Hut, das Jackett, der andere Strumpf, die Brille. Es war toll. Doch zum Schluß war der Mann richtig angezogen. Und es stimmte alles.

Genau so ging mir's mit meiner Geschichte, als ich in der Stube lag und Tischbeine zählte und dabei an Emil dachte. Und auch euch wird's schon manchmal ähnlich gegangen sein. Ich lag da und fing die Erinnerungen auf, die mir von allen Seiten in den Kopf fielen, wie sich das für Einfälle gehört.

Schließlich hatte ich alles hübsch beisammen, und die Geschichte war fertig! Nun brauchte ich mich nur noch hinzusetzen und sie der Reihe nach aufzuschreiben.

Das tat ich natürlich auch. Denn wenn ich's nicht getan hätte, hieltet ihr ja jetzt das fertige Buch von Emil nicht in der Hand. Vorher erledigte ich aber noch ganz schnell etwas anderes. Ich schrieb die Portionen auf, in der Reihenfolge, wie sie durch die Tür auf mich losgerannt waren, bis ich das Ganze beisammen hatte: den linken Stiefel, den Kragen, den Spazierstock, den Schlips, den rechten Strumpf usw.

Eine Geschichte, ein Roman, ein Märchen – diese Dinge gleichen den Lebewesen, und vielleicht sind es sogar welche. Sie haben ihren Kopf, ihre Beine, ihren Blutkreislauf und ihren Anzug wie richtige Menschen. Und wenn ihnen die Nase im Gesicht fehlt oder wenn sie zwei verschiedene Schuhe anhaben, merkt man es bei genauem Zusehen.

Ich möchte euch nun, ehe ich die Geschichte im Zusammenhang berichte, das kleine Bombardement vorführen, das mir die einzelnen Glieder des Ganzen, die Einfälle und die Bestandteile, zuwarf.

Vielleicht seid ihr geschickt genug und könnt euch aus den verschiedenen Elementen die Geschichte zusammenstellen, ehe ich sie erzähle? Es ist eine Arbeit, als solltet ihr aus Bauklötzen, die man euch gibt, einen Bahnhof oder eine Kirche aufbauen; und ihr hättet keinen Bauplan, und kein Klötzchen dürfte übrigbleiben!

Es ist fast so etwas wie eine Prüfung.

Brrr!

Aber es gibt keine Zensuren.

Gott sei Dank!

Zehn Bilder kommen jetzt zur Sprache

Erstens: Emil persönlich

Da ist, erstens einmal, Emil selber. In seinem dunkelblauen Sonntagsanzug. Er zieht ihn gar nicht gern an und nur, wenn er muß. Blaue Anzüge kriegen so gräßlich leicht Flecken. Und dann macht Emils Mutter die Kleiderbürste naß, klemmt den Jungen zwischen ihre Knie, putzt und bürstet und sagt stets: »Junge, Junge! Du weißt doch, daß ich dir keinen andern kaufen kann.« Und dann denkt er immer erst, wenn's zu spät ist, daran, daß sie den ganzen Tag arbeitet, damit sie zu essen haben und damit er in die Realschule gehen kann.

Zweitens: Frau Friseuse Tischbein, Emils Mutter

Als Emil fünf Jahre alt war, starb sein Vater, der Herr Klempnermeister Tischbein. Und seitdem frisiert Emils Mutter. Und onduliert. Und wäscht Ladenfräuleins und Frauen aus der Nachbarschaft die Köpfe. Außerdem muß sie kochen, die Wohnung in Ordnung halten, und auch die große Wäsche besorgt sie ganz allein. Sie hat den Emil sehr lieb und ist froh, daß sie arbeiten kann und Geld verdienen. Manchmal singt sie lustige Lieder. Manchmal ist sie krank, und Emil brät für sie und sich Spiegeleier. Das kann er nämlich. Beefsteak braten kann er auch. Mit aufgeweichter Semmel und Zwiebeln.

Drittens: Ein ziemlich wichtiges Eisenbahnabteil

Der Zug, zu dem dieses Coupé gehört, fährt nach Berlin. Und voraussichtlich werden in dem Abteil, schon in den nächsten Kapiteln, merkwürdige Dinge passieren. So ein Eisenbahnabteil ist eben doch eine seltsame Einrichtung. Wildfremde Leute sitzen hier auf einem Häufchen und werden miteinander in ein paar Stunden so vertraut, als kennten sie sich seit Jahren. Manchmal ist das ja ganz nett und angebracht. Manchmal aber auch nicht. Denn wer weiß, was es für Menschen sind?

Viertens: Der Herr im steifen Hut

Niemand kennt ihn. Nun heißt es zwar, man solle von jedem Menschen, ehe er das Gegenteil bewiesen hat, das Beste annehmen. Aber ich möchte euch doch recht herzlich bitten, in dieser Beziehung etwas vorsichtig zu sein. Denn Vorsicht ist, wie es so schön heißt, die Mutter der Porzellankiste. Der Mensch ist gut, hat man gesagt. Nun, vielleicht ist das richtig. Doch man darf es ihm nicht zu leicht machen, dem guten Menschen. Sonst kann es plötzlich passieren, daß er schlecht wird.

Fünftens: Pony Hütchen, Emils Kusine

Das kleine Kind auf dem kleinen Fahrrad ist Emils Kusine aus Berlin. Manche Leute behaupten, es heißt nicht Kusine, sondern Base. Ich weiß nicht, wie das bei euch zu Hause ist; aber ich nenne meine Kusinen nicht Basen, sondern Kusinen. Und bei Tischbeins ist es genauso. Aber natürlich, wem es nicht paßt, der kann das Fremdwort ja durchstreichen und statt dessen »Base« drüber- oder drunterschreiben. Deswegen werden wir uns nicht zanken. Im übrigen ist Pony Hütchen ein reizendes Mädchen und heißt eigentlich ganz anders. Ihre Mutter und Frau Tischbein sind Schwestern. Und Pony Hütchen ist bloß ein Spitzname.

Sechstens: Das Hotel am Nollendorfplatz

Der Nollendorfplatz liegt in Berlin. Und am Nollendorfplatz liegt, wenn ich mich nicht zufällig irre, das Hotel, in dem verschiedene Personen der Geschichte zusammentreffen, ohne sich die Hand zu geben. Das Hotel kann aber auch am Wittenbergplatz stehen. Vielleicht sogar am Fehrbelliner Platz. Das heißt: ich weiß ganz genau, wo es steht! Aber der Wirt kam zu mir, als er hörte, daß ich ein Buch über die Sache schreibe, und sagte, ich solle doch den Platz nicht nennen. Denn es sei begreiflicherweise, sagte er, für sein Hotel keine Empfehlung, wenn man erführe, daß darin ›solche‹ Leute übernachten. Das sah ich ein. Und dann ging er wieder.

Siebentens: Der Junge mit der Hupe

Gustav heißt er. Und im Turnen hat er die blanke Eins. Was hat er sonst noch? Ein verhältnismäßig gutes Herz und eine Hupe. Alle Kinder im Viertel kennen ihn und behandeln ihn, als wäre er ihr Präsident. Wenn er durch die Höfe rennt und auf die Hupe drückt, daß sie laut heult, lassen die Jungens alles stehen und liegen, prasseln die Treppe herunter und fragen, was los ist. Meist stellt er dann nur zwei Fußballmannschaften zusammen, und sie ziehen auf den Spielplatz. Mitunter dient die Hupe aber auch anderen Zwecken. So zum Beispiel bei der Sache mit Emil.

Achtens: Die kleine Bankfiliale

In allen Stadtteilen haben die großen Banken ihre Zweigstellen. Dort kann man, wenn man Geld hat, Aktienkäufe in Auftrag geben, und wenn man ein Konto hat, Geld holen. Auch Schecks kann man einlösen, wenn sie nicht ›Zur Verrechnung‹ gehen. Manchmal kommen auch Lehrlinge und Laufmädchen hin und wollen für zehn Mark hundert Zehnpfennigstücke haben, damit ihre Kassiererin Kleingeld zum Herausgeben hat. Und wer Dollars oder Schweizer Franken oder Lire in deutsches Geld umgetauscht haben will, kriegt sie hier gewechselt. Sogar nachts kommen die Leute zuweilen in die Bank. Obwohl dann niemand da ist, der sie bedienen kann. Deswegen bedienen sie sich dann selber.

Neuntens: Emils Großmutter

Sie ist die fideleste aller Großmütter, die ich kenne. Dabei hat sie ein Leben lang nichts als Sorgen gehabt. Manchen Menschen macht eben das Lustigsein nicht die geringste Mühe. Für andere ist es dagegen eine anstrengende, ernste Angelegenheit. Früher wohnte Emils Großmutter bei seinen Eltern. Erst als der Klempnermeister Tischbein gestorben war, zog sie zu ihrer anderen Tochter, nach Berlin. Denn Emils Mutter verdiente zu wenig, als daß drei Leute davon hätten leben können. Nun wohnt die alte Frau in Berlin. Und in jedem Brief, den sie schreibt, steht zum Schluß: »Mir geht's gut, was ich von Euch auch hoffe.«

Zehntens: Die Setzerei der großen Zeitung

Alles, was geschieht, kommt in die Zeitung. Es muß nur ein bißchen außergewöhnlich sein. Wenn ein Kalb vier Beine hat, so interessiert das natürlich niemanden. Wenn es aber fünf oder sechs hat – und das kommt vor! – so wollen das die Erwachsenen zum Frühstück lesen. Wenn Herr Müller ein anständiger Kerl ist, so will das niemand wissen. Wenn Herr Müller aber Wasser in die Milch schüttet und das Gesöff für süße Sahne verkauft, dann kommt er in die Zeitung. Da kann er machen, was er will. Seid ihr schon einmal nachts an einem Zeitungsgebäude vorbeigekommen? Da klingelt's und tippt's und rattert's, da wackelt die Wand.

So, nun wollen wir aber endlich anfangen!

Erstes Kapitel
Emil hilft Köpfe waschen

»So«, sagte Frau Tischbein, »und nun bringe mir mal den Krug mit dem warmen Wasser nach!« Sie selber nahm einen anderen Krug und den kleinen blauen Topf mit der flüssigen Kamillenseife und spazierte aus der Küche in die Stube. Emil packte seinen Krug an und lief hinter der Mutter her.

In der Stube saß eine Frau und hielt den Kopf über das weiße Waschbecken gebückt. Ihre Frisur war aufgelöst und hing wie drei Pfund Wolle nach unten. Emils Mutter goß die Kamillenseife in das blonde Haar und begann, den fremden Kopf zu waschen, daß es schäumte.

»Ist es nicht zu heiß?« fragte sie.

»Nein, es geht«, antwortete der Kopf.

»Ach, das ist ja Frau Bäckermeister Wirth! Guten Tag!« sagte Emil und schob seinen Krug unter die Waschtoilette.

»Du hast's gut, Emil. Du fährst nach Berlin, wie ich höre«, meinte der Kopf. Und es klang, als spräche wer, der in Schlagsahne untergetaucht worden ist.

»Erst hatte er zwar keine rechte Lust«, sagte die Mutter und schrubbte die Bäckermeisterin. »Aber wozu soll der Junge die Ferien hier totschlagen? Er kennt Berlin überhaupt noch nicht. Und meine Schwester Martha hat uns schon immer mal einladen wollen. Ihr Mann verdient ganz anständig. Er ist bei der Post. Im Innendienst. Ich kann freilich nicht mitfahren. Vor den Feiertagen gibt's viel zu tun. Na, er ist ja groß genug und muß eben unterwegs gut aufpassen. Außerdem holt ihn meine Mutter am Bahnhof Friedrichstraße ab. Sie treffen sich am Blumenkiosk.«

»Berlin wird ihm sicher gefallen. Das ist was für Kinder. Wir waren vor anderthalb Jahren mit dem Kegelklub drüben. So ein Rummel! Da gibt es doch wirklich Straßen, die nachts genauso hell sind wie am Tage. Und die Autos!« berichtete Frau Wirth aus der Tiefe des Waschbeckens.

»Sehr viele ausländische Wagen?« fragte Emil.

»Woher soll ich denn das wissen?« sagte Frau Wirth und mußte niesen. Ihr war Seifenschaum in die Nase gekommen.

»Na, nun mach aber, daß du fertig wirst«, drängte die Mutter. »Deinen guten Anzug hab ich im Schlafzimmer zurechtgelegt. Zieh ihn an, damit wir dann sofort essen können, wenn ich Frau Wirth frisiert habe.«

»Was für'n Hemd?« erkundigte sich Emil.

»Liegt alles auf dem Bett. Und zieh die Strümpfe vorsichtig an. Und wasch dich erst gründlich. Und ziehe dir neue Schnürsenkel in die Schuhe. Dalli, dalli!«

»Puh!« bemerkte Emil und trollte sich.

Als Frau Wirth, schön onduliert und mit ihrem Spiegelbild zufrieden, gegangen war, trat die Mutter ins Schlafzimmer und sah, wie Emil unglücklich herumlief.

»Kannst du mir nicht sagen, wer die guten Anzüge erfunden hat?«

»Nein, tut mir leid. Aber warum willst du's wissen?«

»Gib mir die Adresse, und ich erschieße den Kerl.«

»Ach, hast du's schwer! Andere Kinder sind traurig, weil sie keinen guten Anzug haben. So hat jeder seine Sorgen … Ehe ich's vergesse: heute abend läßt du dir von Tante Martha einen Kleiderbügel geben und hängst den Anzug ordentlich auf. Vorher wird er mir aber ausgebürstet. Vergiß es nicht! Und morgen kannst du schon wieder deinen Pullover, dieses Räuberjackett, anziehen. Sonst noch was? Der Koffer ist gepackt. Die Blumen für die Tante sind eingewickelt. Das Geld für Großmutter gebe ich dir nachher. Und nun wollen wir essen. Kommen Sie, junger Mann!«

Frau Tischbein legte den Arm um seine Schulter und transportierte ihn nach der Küche. Es gab Makkaroni mit Schinken und geriebenem Parmesankäse. Emil futterte wie ein Scheunendrescher. Nur manchmal setzte er ab und blickte zur Mutter hinüber, als fürchte er, sie könne ihm, so kurz vor dem Abschied, seinen Appetit übelnehmen.

»Und schreib sofort eine Karte. Ich habe sie dir zurechtgelegt. Im Koffer, gleich obenauf.«

»Wird gemacht«, sagte Emil und schob, möglichst unauffällig, einen Makkaroni vom Knie. Die Mutter merkte glücklicherweise nichts.

»Grüße sie alle schön von mir. Und paß gut auf. In Berlin geht es anders zu als bei uns in Neustadt. Und am Sonntag gehst du mit Onkel Robert ins Kaiser-Friedrich-Museum. Und benimm dich anständig, damit es nicht heißt, wir hier wüßten nicht, was sich gehört.«

»Mein großes Ehrenwort«, sagte Emil.

Nach dem Essen zogen beide in die Stube. Die Mutter holte einen Blechkasten aus dem Schrank und zählte Geld. Dann schüttelte sie den Kopf und zählte noch einmal. Dann fragte sie: »Wer war eigentlich gestern nachmittag da, hm?«

»Fräulein Thomas«, sagte er, »und Frau Homburg.«

»Ja. Aber es stimmt noch nicht.« Sie dachte nach, suchte den Zettel, auf dem sie die Geschäftseinnahmen notierte, rechnete und meinte schließlich: »Es fehlen acht Mark.«

»Der Gasmann war heute früh hier.«

»Richtig! Nun stimmt es leider.« Die Mutter pfiff sich eins, vermutlich, um ihre Sorgen zu ärgern, und holte drei Scheine aus dem Blechkasten. »So, Emil! Hier sind hundertvierzig Mark. Ein Hundertmarkschein und zwei Zwanzigmarkscheine. Hundertzwanzig Mark gibst du der Großmutter und sagst ihr, sie solle nicht böse sein, daß ich voriges Mal nichts geschickt hätte. Da wäre ich zu knapp gewesen. Und dafür brächtest du es diesmal selber. Und mehr als sonst. Und gib ihr einen Kuß. Verstanden? Die zwanzig Mark, die übrigbleiben, behältst du. Davon kaufst du dir die Fahrkarte, wenn du wieder heimfährst. Das macht ungefähr zehn Mark. Genau weiß ich's nicht. Und von dem Rest bezahlst du, wenn ihr ausgeht, was du ißt und trinkst. Außerdem ist es immer gut, wenn man ein paar Mark in der Tasche hat, die man nicht braucht und für alle Fälle parat hält. Ja. Und hier ist das Kuvert von Tante Marthas Brief. Da stecke ich das Geld hinein. Paß mir ja gut auf, daß du es nicht verlierst! Wo willst du es hintun?«

Sie legte die drei Scheine in den seitlich aufgeschnittenen Briefumschlag, knickte ihn in der Mitte um und gab ihn Emil.

Der besann sich erst eine Weile. Dann schob er ihn in die

rechte innere Tasche, tief hinunter, klopfte sich, zur Beruhigung, noch einmal von außen auf die blaue Jacke und sagte überzeugt: »So, da klettert es nicht heraus.«

»Und erzähle keinem Menschen im Coupé, daß du so viel Geld bei dir hast!«

»Aber Muttchen!« Emil war geradezu beleidigt. Ihm so eine Dummheit zuzutrauen! Frau Tischbein tat noch etwas Geld in ihr Portemonnaie. Dann trug sie den Blechkasten wieder zum Schrank und las rasch noch einmal den Brief, den sie von ihrer Schwester aus Berlin erhalten hatte und in dem die genauen Abfahrtszeiten und Ankunftszeiten des Zuges standen, mit dem Emil fahren sollte …

Manche von euch werden sicher der Ansicht sein, man brauche sich wegen hundertvierzig Mark wahrhaftig nicht so gründlich zu unterhalten wie Frau Friseuse Tischbein mit ihrem Jungen. Und wenn jemand zweitausend oder zwanzigtausend oder gar hunderttausend Mark im Monat verdient, hat er das ja auch nicht nötig.

Aber, falls ihr es nicht wissen solltet: Die meisten Leute verdienen viel, viel weniger. Und wer pro Woche fünfunddreißig Mark verdient, der muß, ob es euch gefällt oder nicht, hundertvierzig Mark, die er gespart hat, für sehr viel Geld halten. Für zahllose Menschen sind hundert Mark fast so viel wie eine Million, und sie schreiben hundert Mark sozusagen mit sechs Nullen. Und wieviel eine Million in Wirklichkeit ist, das können sie sich nicht einmal vorstellen, wenn sie träumen.

Emil hatte keinen Vater mehr. Doch seine Mutter hatte zu tun, frisierte in ihrer Stube, wusch blonde Köpfe und braune Köpfe und arbeitete unermüdlich, damit sie zu essen hatten und die Gasrechnung, die Kohlen, die Miete, die Kleidung, die Bücher und das Schulgeld bezahlen konnten. Nur manchmal war sie krank und lag zu Bett. Der Doktor kam und verschrieb Medikamente. Und Emil machte der Mutter heiße Umschläge und kochte in der Küche für sie und sich. Und wenn sie schlief, wischte er sogar die Fußböden mit dem nassen Scheuerlappen, damit sie nicht sagen sollte: »Ich muß aufstehen. Die Wohnung verkommt ganz und gar.«

Könnt ihr es begreifen und werdet ihr nicht lachen, wenn ich euch jetzt erzähle, daß Emil ein Musterknabe war? Seht, er hatte seine Mutter sehr lieb. Und er hätte sich zu Tode geschämt, wenn er faul gewesen wäre, während sie arbeitete, rechnete und wieder arbeitete. Da hätte er seine Schularbeiten verbummeln oder von Naumanns Richard abschreiben sollen? Da hätte er, wenn es sich machen ließ, die Schule schwänzen sollen? Er sah, wie sie sich bemühte, ihn nichts von dem entbehren zu lassen, was die andern Realschüler bekamen und besaßen. Und da hätte er sie beschwindeln und ihr Kummer machen sollen?

Emil war ein Musterknabe. So ist es. Aber er war keiner von der Sorte, die nichts anderes kann, weil sie feig ist und geizig und nicht richtig jung. Er war ein Musterknabe, weil er einer sein wollte! Er hatte sich dazu entschlossen, wie man sich etwa dazu entschließt, nicht mehr ins Kino zu gehen oder keine Bonbons mehr zu essen. Er hatte sich dazu entschlossen, und oft fiel es ihm recht schwer.

Wenn er aber zu Ostern nach Hause kam und sagen konnte: »Mutter, da sind die Zensuren, und ich bin wieder der Beste!«, dann war er sehr zufrieden. Er liebte das Lob, das er in der Schule und überall erhielt, nicht deshalb, weil es ihm, sondern weil es seiner Mutter Freude machte. Er war stolz darauf, daß er ihr, auf seine Weise, ein bißchen vergelten konnte, was sie für ihn, ihr ganzes Leben lang, ohne müde zu werden, tat …

»Hoppla«, rief die Mutter, »wir müssen zum Bahnhof. Es ist schon Viertel nach eins. Und der Zug geht kurz vor zwei Uhr.«

»Also los, Frau Tischbein!« sagte Emil zu seiner Mutter, »aber, daß Sie es nur wissen, den Koffer trage ich selber!«

Zweites Kapitel
Wachtmeister Jeschke bleibt stumm

Vor dem Hause sagte die Mutter: »Falls die Pferdebahn kommt, fahren wir bis zum Bahnhof.«

Wer von euch weiß, wie eine Pferdebahn aussieht? Aber da sie gerade um die Ecke biegt und hält, weil Emil winkt, will ich sie euch rasch beschreiben. Bevor sie weiterzuckelt.

Also, die Pferdebahn ist, zunächst mal, ein tolles Ding. Ferner, sie läuft auf Schienen, wie eine richtige erwachsene Straßenbahn, und hat auch ganz ähnliche Wagen, aber es ist eben doch nur ein Droschkengaul vorgespannt. Für Emil und seine Freunde war der Droschkengaul einfach ein Skandal, und sie phantasierten von elektrischen Bahnen mit Ober- und Unterleitung und fünf Scheinwerfern vorn und drei hinten, aber der Magistrat von Neustadt fand, daß die vier Kilometer Schienenstrang ganz gut von einer lebenden Pferdekraft bewältigt werden konnten. Bis jetzt konnte also von Elektrizität gar keine Rede sein, und der Wagenführer hatte nicht das geringste mit irgendwelchen Kurbeln und Hebeln zu tun, sondern er hielt in der linken Hand die Zügel und in der rechten die Peitsche. Hü hott!

Und wenn jemand in der Rathausstraße 12 wohnte, und er saß in der Pferdebahn und wollte aussteigen, so klopfte er ganz einfach an die Scheibe. Dann machte der Herr Schaffner »Brrr!« und der Fahrgast war zu Hause. Die richtige Haltestelle war vielleicht erst vor der Hausnummer 30 oder 46. Aber das war der Neustädter Straßenbahn G.m.b.H. ganz egal. Sie hatte Zeit. Das Pferd hatte Zeit. Der Schaffner hatte Zeit. Die Neustädter Einwohner hatten Zeit. Und wenn es wirklich einmal jemand besonders eilig hatte, ging er zu Fuß …

Auf dem Bahnhofsplatze stiegen Frau Tischbein und Sohn aus. Und während Emil den Koffer von der Plattform angelte, brummte eine dicke Stimme hinter ihnen: »Na, Sie fahren wohl in die Schweiz?«

Das war der Polizeiwachtmeister Jeschke. Die Mutter antwortete: »Nein, mein Junge fährt für eine Woche nach Berlin zu Verwandten.« Und Emil wurde es dunkelblau, beinahe schwarz vor Augen. Denn er hatte ein sehr schlechtes Gewissen. Neulich hatte ein Dutzend Realschüler, nach der Turnstunde auf den Flußwiesen, dem Denkmal des Großherzogs, der Karl mit der schiefen Backe hieß, heimlich einen alten Filzhut aufs kühle Haupt gedrückt. Und dann war Emil, weil er gut zeichnen konnte, von den andern hochgestemmt worden, und er hatte dem Großherzog mit Buntstiften eine rote Nase und einen pechschwarzen Schnurrbart ins Gesicht malen müssen. Und während er noch malte, war Wachtmeister Jeschke am andern Ende des Obermarkts aufgetaucht!

Sie waren blitzartig davongesaust. Doch es stand zu befürchten, daß er sie erkannt hatte.

Aber er sagte nichts, sondern wünschte dem Emil gute Reise und erkundigte sich bei der Frau Mutter nach dem werten Befinden und dem Geschäftsgang.

Emil war trotz alledem nicht wohl zumute. Und als er seinen Koffer über den freien Platz weg zum Bahnhof transportierte, war ihm flau in den Knien. Und jeden Augenblick rechnete er damit, Jeschke werde plötzlich hinter ihm her brüllen: »Emil Tischbein, du bist verhaftet! Hände hoch!« Doch es geschah gar nichts. Vielleicht wartete der Wachtmeister nur, bis Emil wiederkam?

Dann kaufte die Mutter am Schalter den Fahrschein (Holzklasse natürlich) und eine Bahnsteigkarte. Und dann gingen sie auf den Bahnsteig 1 – bitte sehr, Neustadt hat vier Bahnsteige – und warteten auf den Zug nach Berlin. Es fehlten nur noch ein paar Minuten.

»Laß nichts liegen, mein Junge! Und setz dich nicht auf den Blumenstrauß! Und den Koffer läßt du dir von jemandem ins Gepäcknetz heben. Sei aber höflich und bitte erst darum!«

»Den Koffer krieg ich selber hoch. Ich bin doch nicht aus Pappe!«

»Na schön. Und verpaß nicht auszusteigen. Du kommst 18.17 Uhr in Berlin an. Am Bahnhof Friedrichstraße. Steige ja nicht vorher aus, etwa am Bahnhof Zoo oder auf einer anderen Station!«

»Nur keine Bange, junge Frau.«

»Und sei vor allem zu den anderen Leuten nicht so frech wie zu deiner Mutter. Und wirf das Papier nicht auf den Fußboden, wenn du deine Wurststullen ißt. Und – verliere das Geld nicht!«

Emil faßte sich entsetzt an die Jacke und in die rechte Brusttasche. Dann atmete er erleichtert auf und meinte: »Alle Mann an Bord.«

Er faßte die Mutter am Arm und spazierte mit ihr auf dem Bahnsteig hin und her.

»Und überarbeite dich nicht, Muttchen! Und werde ja nicht krank! Du hättest ja niemanden, der dich pflegen könnte. Ich nähme auf der Stelle ein Flugzeug und käme nach Hause. Und schreib mir auch einmal. Und ich bleibe höchstens eine Woche, daß du's nur weißt.« Er drückte die Mutter fest an sich. Und sie gab ihm einen Kuß auf die Nase.

Dann kam der Personenzug nach Berlin, mit Heulen und Zischen, und hielt. Emil fiel der Mutter noch ein bißchen um den Hals. Dann kletterte er mit seinem Koffer in ein Abteil. Die Mutter reichte ihm die Blumen und das Stullenpaket nach und fragte, ob er Platz hätte. Er nickte.

»Also, Friedrichstraße aussteigen!«

Er nickte.

»Und die Großmutter wartet am Blumenkiosk.«

Er nickte.

»Und benimm dich, du Schurke!«

Er nickte.

»Und sei nett zu Pony Hütchen. Ihr werdet euch gar nicht mehr kennen.«

Er nickte.

»Und schreib mir.«

»Du mir auch.«

So wäre es wahrscheinlich noch stundenlang fortgegangen, wenn es nicht den Eisenbahnfahrplan gegeben hätte. Der Zugführer mit dem roten Ledertäschchen rief: »Alles einsteigen!

Alles einsteigen!« Die Wagentüren klappten. Die Lokomotive ruckte an. Und fort ging's.

Die Mutter winkte noch lange mit dem Taschentuch. Dann drehte sie sich langsam um und ging nach Hause. Und weil sie das Taschentuch sowieso schon in der Hand hielt, weinte sie gleich ein bißchen.

Aber nicht lange. Denn zu Hause wartete schon Frau Fleischermeister Augustin und wollte gründlich den Kopf gewaschen haben.

Drittes Kapitel
Die Reise nach Berlin kann losgehen

Emil nahm seine Schülermütze ab und sagte: »Guten Tag, meine Herrschaften. Ist vielleicht noch ein Plätzchen frei?«
Natürlich war noch ein Platz frei. Und eine dicke Dame, die sich den linken Schuh ausgezogen hatte, weil er drückte, sagte zu ihrem Nachbarn, einem Mann, der beim Atmen schrecklich schnaufte: »Solche höflichen Kinder sind heutzutage selten. Wenn ich da an meine Jugend zurückdenke, Gott! da herrschte ein andrer Geist.« Dabei turnte sie im Takte mit den gequetschten Zehen im linken Strumpf herum. Emil schaute interessiert zu. Und der Mann konnte vor Schnaufen kaum nicken.

Daß es Leute gibt, die immer sagen: Gott, früher war alles besser, das wußte Emil längst. Und er hörte überhaupt nicht mehr hin, wenn jemand erklärte, früher sei die Luft gesünder gewesen, oder die Ochsen hätten größere Köpfe gehabt. Denn das war meistens nicht wahr, und die Leute gehörten bloß zu der Sorte, die nicht zufrieden sein wollen, weil sie sonst zufrieden wären.

Er tastete die rechte Jackentasche ab und gab erst Ruhe, als er das Kuvert knistern hörte. Die Mitreisenden sahen soweit ganz vertrauenerweckend und nicht gerade wie Räuber und Mörder aus. Neben dem schrecklich schnaufenden Mann saß eine Frau, die an einem Schal häkelte. Und am Fenster, neben Emil, las ein Herr im steifen Hut die Zeitung.

Plötzlich legte er das Blatt beiseite, holte aus seiner Tasche eine Ecke Schokolade, hielt sie dem Knaben hin und sagte: »Na, junger Mann, wie wär's?«

»Ich bin so frei«, antwortete Emil und nahm die Schokolade. Dann zog er, hinterher erst, hastig seine Mütze, verbeugte sich und meinte: »Emil Tischbein ist mein Name.«

Die Reisegefährten lächelten. Der Herr lüftete seinerseits ernst den steifen Hut und sagte: »Sehr angenehm, ich heiße Grundeis.«

Dann fragte die dicke Dame, die den linken Schuh ausgezogen hatte: »Lebt denn in Neustadt der Schnittwarenhändler Kurzhals noch?«

»Ja freilich lebt Herr Kurzhals noch«, berichtete Emil, »kennen Sie ihn? Er hat jetzt das Grundstück gekauft, auf dem sein Geschäft ist.«

»So, na grüß ihn schön von Frau Jakob aus Groß-Grünau.«

»Ich fahre doch aber nach Berlin.«

»Das hat ja auch Zeit, bis du zurückkommst«, sagte Frau Jakob, turnte wieder mit den Zehen und lachte, daß ihr der Hut ins Gesicht rutschte.

»So, so, nach Berlin fährst du?« fragte Herr Grundeis.

»Jawohl, und meine Großmutter wartet am Bahnhof Friedrichstraße am Blumenstand«, antwortete Emil und faßte sich wieder ans Jackett. Und das Kuvert knisterte, Gott sei Dank, noch immer.

»Kennst du Berlin schon?«

»Nein.«

»Na, da wirst du aber staunen! In Berlin gibt es neuerdings Häuser, die sind hundert Stockwerke hoch, und die Dächer hat man am Himmel festbinden müssen, damit sie nicht fortwehen ... Und wenn es jemand besonders eilig hat, und er will in ein andres Stadtviertel, so packt man ihn auf dem Postamt rasch in eine Kiste, steckt die in eine Röhre und schießt sie, wie einen Rohrpostbrief, zu dem Postamt, das in dem Viertel liegt, wo der Betreffende hin möchte ... Und wenn man kein Geld hat, geht man auf die Bank und läßt sein Gehirn als Pfand dort, und da kriegt man tausend Mark. Der Mensch kann nämlich nur zwei Tage ohne Gehirn leben; und er kriegt es von der Bank erst wieder, wenn er zwölfhundert Mark zurückzahlt. Es sind jetzt kolossal moderne medizinische Apparate erfunden worden und ...«

»Sie haben wohl Ihr Gehirn auch gerade auf der Bank«, sagte der Mann, der so schrecklich schnaufte, zu dem Herrn im steifen Hut und fügte hinzu: »Lassen Sie doch den Blödsinn!«

Der dicken Frau Jakob standen vor Angst die Zehen still. Und die Dame, die den Schal häkelte, hielt inne.

Emil lachte gezwungen. Und zwischen den Herren kam es zu einer längeren Auseinandersetzung. Emil dachte: Ihr könnt mich gern haben! und packte seine Wurststullen aus, obwohl er eben erst Mittag gegessen hatte. Als er die dritte Stulle kaute, hielt der Zug auf einem großen Bahnhof. Emil sah kein Stationsschild, und er verstand auch nicht, was der Schaffner vor dem Fenster brüllte. Fast alle Fahrgäste stiegen aus: der schnaufende Mann, die häkelnde Dame und auch Frau Jakob. Sie wäre beinahe zu spät gekommen, weil sie ihren Schuh nicht wieder zukriegte.

»Also grüße Herrn Kurzhals schön«, sagte sie noch. Emil nickte.

Und dann waren er und der Herr mit dem steifen Hut allein. Das gefiel Emil nicht sehr. Ein Mann, der Schokolade verteilt und verrückte Geschichten erzählt, ist nichts Genaues. Emil wollte, zur Abwechslung, wieder einmal nach dem Kuvert fassen. Er wagte es aber nicht, sondern ging, als der Zug weiterfuhr, auf die Toilette, holte dort das Kuvert aus der Tasche, zählte das Geld – es stimmte immer noch – und war ratlos, was er machen sollte. Endlich kam ihm ein Gedanke. Er nahm eine Nadel, die er im Jackettkragen fand, steckte sie erst durch die drei Scheine, dann durch das Kuvert und schließlich durch das Anzugfutter durch. Er nagelte sozusagen sein Geld fest. So, dachte er, nun kann nichts mehr passieren. Und dann ging er wieder ins Coupé.

Herr Grundeis hatte es sich in einer Ecke gemütlich gemacht und schlief. Emil war froh, daß er sich nicht zu unterhalten brauchte, und blickte durchs Fenster. Bäume, Windmühlen, Felder, Fabriken, Kuhherden, winkende Bauern zogen draußen vorbei. Und es war sehr hübsch anzusehen, wie sich alles vorüberdrehte, fast wie auf einer Grammophonplatte. Aber schließlich kann man nicht stundenlang durchs Fenster starren.

Herr Grundeis schlief immer weiter und schnarchte ein bißchen. Emil wäre gern auf und ab marschiert, aber dann hätte er den andern geweckt, und das wollte er ganz und gar nicht. Er lehnte sich also in die entgegengesetzte Ecke des Coupés und betrachtete den Schläfer. Warum der Mann nur immer den Hut aufbehielt? Und ein längliches Gesicht hatte er, einen ganz schmalen schwarzen Schnurrbart und hundert Falten um den Mund, und die Ohren waren sehr dünn und standen weit ab.

Wupp! Emil zuckte zusammen und erschrak. Beinahe wäre er eingeschlafen! Das durfte er unter keinen Umständen. Wenn doch wenigstens noch irgend jemand zugestiegen wäre! Der Zug hielt ein paar Mal, aber es kam kein Mensch. Dabei war es erst vier Uhr, und Emil hatte noch über zwei Stunden zu fahren. Er kniff sich in die Beine. In der Schule half das immer, wenn Herr Bremser Geschichte gab.

Eine Weile ging's. Und Emil überlegte sich, wie Pony Hütchen jetzt aussähe. Aber er konnte sich gar nicht mehr auf ihr Gesicht besinnen. Er wußte nur, daß sie während des letzten Besuchs – als sie und die Großmutter und Tante Martha in Neustadt gewesen waren – mit ihm hatte boxen wollen. Er hatte natürlich abgelehnt, weil sie Papiergewicht war und er mindestens Halbschwergewicht. Das wäre unfair, hatte er damals gesagt. Und wenn er ihr einen Uppercut geben würde, müsse man sie hinterher von der Wand runterkratzen. Sie hatte aber erst Ruhe gegeben, als Tante Martha dazwischenkam.

Schwupp! Er fiel fast von der Bank. Schon wieder eingeschlafen? Er kniff und kniff sich in die Beine. Sicher hatte er schon überall blaue und grüne Flecken. Und trotzdem wollte es nichts nützen.

Er versuchte es mit Knopfzählen. Er zählte von oben nach unten und dann noch einmal von unten nach oben. Von oben nach unten waren es dreiundzwanzig Knöpfe. Und von unten nach oben vierundzwanzig. Emil lehnte sich zurück und überlegte, woran das wohl liegen könnte.

Und dabei schlief er ein.

Viertes Kapitel
Ein Traum, in dem viel gerannt wird

Plötzlich war es Emil, als führe der Zug immer im Kreise herum, wie die kleinen Eisenbahnen tun, mit denen die Kinder im Zimmer spielen. Er sah zum Fenster hinaus und fand das sehr seltsam. Der Kreis wurde immer enger. Die Lokomotive kam dem letzten Wagen immer näher. Und es schien, als täte sie das mit Absicht! Der Zug drehte sich um sich selber wie ein Hund, der sich in den Schwanz beißen will. Und in dem schwarzen rasenden Kreise standen Bäume und eine Mühle aus Glas und ein großes Haus mit zweihundert Stockwerken.

Emil wollte nach der Zeit sehen und zog die Uhr aus der Tasche. Er zog und zog, und schließlich war es die Standuhr aus Mutters Stube. Er sah aufs Zifferblatt und da stand drauf: 185 Stunden-km. Es ist bei Lebensgefahr verboten, auf den Fußboden zu spucken. Er blickte wieder aus dem Fenster. Die Lokomotive kam dem letzten Wagen immer näher. Und er hatte große Angst. Denn wenn die Lokomotive gegen den letzten Wagen fuhr, gab es natürlich ein Zugunglück. Das war klar. Emil wollte das unter keinen Umständen abwarten. Er öffnete die Tür und lief auf der Trittleiste entlang. Vielleicht war der Lokomotivführer eingeschlafen? Emil blickte, während er nach vorn kletterte, in die Coupéfenster. Nirgends saß jemand. Der Zug war leer. Nur einen einzigen Mann sah Emil, der hatte einen steifen Hut aus Schokolade auf, brach ein großes Stück von der Hutkrempe ab und verschlang es. Emil pochte an die Scheibe und zeigte nach der Lokomotive. Aber der Mann lachte nur, brach sich noch ein Stück Schokolade ab und strich sich über den Magen, weil es ihm so gut schmeckte.

Endlich war Emil am Kohlentender. Dann kletterte er, mit einem tüchtigen Klimmzug, zum Lokomotivführer hinauf. Der hockte auf einem Kutschbock, schwang die Peitsche und hielt Zügel, als seien Pferde vor den Zug gespannt. Und so war es tatsächlich! Drei mal drei Pferde zogen den Zug. Sie hatten silberne Rollschuhe an den Hufen, fuhren darauf über die

Schienen und sangen: Muß i denn, muß i denn zum Städtele hinaus.

Emil rüttelte den Kutscher und schrie: »Durchparieren! Sonst gibt's ein Unglück!« Da sah er, daß der Kutscher niemand anders war als Herr Wachtmeister Jeschke.

Der blickte ihn durchdringend an und rief: »Wer waren die anderen Jungens? Wer hat den Großherzog Karl angeschmiert?«

»Ich!« sagte Emil.

»Wer noch?«

»Das sage ich nicht!«

»Dann fahren wir eben weiter im Kreise!«

Und Wachtmeister Jeschke schlug auf seine Gäule los, daß sie sich aufbäumten und dann noch schneller als vorher auf den letzten Wagen losflogen. Auf dem letzten Wagen aber saß Frau Jakob und fuchtelte mit den Schuhen in der Hand und hatte gräßliche Angst, weil die Pferde schon nach ihren Zehen schnappten.

»Ich gebe Ihnen zwanzig Mark, Herr Wachtmeister«, schrie Emil.

»Laß gefälligst den Blödsinn!« rief Jeschke und hieb mit der Peitsche wie verrückt auf die Pferde ein.

Da hielt es Emil nicht länger aus und sprang aus dem Zug. Er schlug zwanzig Purzelbäume den Abhang hinunter, aber es schadete ihm nichts. Er stand auf und hielt nach dem Zug Umschau. Der stand still, und die neun Pferde drehten die Köpfe nach Emil um. Wachtmeister Jeschke war aufgesprungen, schlug die Tiere mit der Peitsche und brüllte: »Hü! Los! Hinter ihm her!« Und da sprangen die neun Pferde aus den Schienen, sprengten auf Emil zu, und die Wagen hüpften wie Gummibälle.

Emil überlegte nicht lange, sondern rannte, was er konnte, davon. Über eine Wiese, an vielen Bäumen vorbei, durch einen Bach, dem Wolkenkratzer zu. Manchmal sah er sich um; der Zug donnerte hinter ihm her, ohne abzulassen. Die Bäume wurden über den Haufen gerannt und zersplitterten. Nur eine Riesenҽeiche war stehengeblieben, und auf ihrem höchsten Aste saß die dicke Frau Jakob, wehte im Winde, weinte und kriegte ihren Schuh nicht zu. Emil lief weiter.

In dem Haus, das zweihundert Stockwerke hoch war, befand sich ein großes schwarzes Tor. Er rannte hinein und hindurch und am andern Ende wieder hinaus. Der Zug kam hinter ihm her. Emil hätte sich am liebsten in eine Ecke gesetzt und geschlafen, denn er war so schrecklich müde und zitterte am ganzen Leibe. Aber er durfte nicht einschlafen! Der Zug ratterte schon durchs Haus.

Emil sah eine Eisenleiter. Die ging am Hause hoch, bis zum Dach. Und er begann zu klettern. Zum Glück war er ein guter Turner. Während er kletterte, zählte er die Stockwerke. In der 50. Etage wagte er es, sich umzudrehen. Die Bäume waren ganz klein geworden, und die gläserne Mühle war kaum noch zu erkennen. Aber, o Schreck! die Eisenbahn kam das Haus hinaufgefahren!

Emil kletterte weiter und immer höher. Und der Zug stampfte und knatterte die Leitersprossen empor, als wären es Schienen.

100. Etage, 120. Etage, 140. Etage, 160. Etage, 180. Etage, 190. Etage, 200. Etage! Emil stand auf dem Dach und wußte nicht mehr, was er beginnen sollte. Schon war das Wiehern der Pferde zu hören. Da lief der Junge über das Dach hin bis zum anderen Ende, zog sein Taschentuch aus dem Anzug und breitete es aus. Und als die Pferde schwitzend über den Dachrand krochen und der Zug hinterher, hob Emil sein ausgebreitetes Taschentuch hoch über den Kopf und sprang ins Leere. Er hörte noch, wie der Zug die Schornsteine über den Haufen fuhr. Dann verging ihm für eine Weile Hören und Sehen.

Und dann plumpste er, krach! auf eine Wiese.

Erst blieb er müde liegen, mit geschlossenen Augen, und hatte eigentlich Lust, einen schönen Traum zu träumen. Doch weil er noch nicht ganz beruhigt war, blickte er an dem großen Hause hinauf und sah, wie die neun Pferde oben auf dem Dach Regenschirme aufspannten. Und der Wachtmeister Jeschke hatte auch einen Schirm und trieb damit die Pferde an. Sie setzten sich auf die Hinterbeine, gaben sich einen Ruck und sprangen in die Tiefe. Und nun segelte die Eisenbahn auf die Wiese herab und wurde immer größer und größer.

Emil sprang wieder auf und rannte quer über die Wiese auf die gläserne Mühle los. Sie war durchsichtig, und er sah seine Mutter drinnen, wie sie gerade Frau Augustin die Haare wusch. Gott sei Dank, dachte er, und rannte durch die Hintertür in die Mühle.

»Muttchen!« rief er, »was mach ich bloß?«

»Was ist denn los, mein Junge?« fragte die Mutter und wusch weiter.

»Sieh nur mal durch die Wand!«

Frau Tischbein blickte hinaus und sah gerade, wie die Pferde und der Zug auf der Wiese landeten und auf die Mühle loshetzten.

»Das ist doch Wachtmeister Jeschke«, sagte die Mutter und schüttelte erstaunt den Kopf.

»Er saust schon die ganze Zeit wie blödsinnig hinter mir her!«

»Na und?«

»Ich habe neulich dem Großherzog Karl mit der schiefen Backe auf dem Obermarkt eine rote Nase und einen Schnurrbart ins Gesicht gemalt.«

»Ja, wo solltest du denn den Schnurrbart sonst hinmalen?« fragte Frau Augustin und prustete.

»Nirgends hin, Frau Augustin. Aber das ist nicht das Schlimmste. Er wollte auch wissen, wer mit dabei war. Und das kann ich ihm nicht sagen. Das ist doch Ehrensache.«

»Da hat Emil recht«, meinte die Mutter, »aber was machen wir nun?«

»Stellen Sie mal den Motor an, liebe Frau Tischbein«, sagte Frau Augustin.

Emils Mutter drückte am Tisch einen Hebel herunter, und da begannen sich die vier Mühlenflügel zu drehen, und weil sie aus Glas waren und weil die Sonne schien, schimmerten und glänzten sie so sehr, daß man überhaupt kaum hinblicken konnte. Und als die neun Pferde mit ihrer Eisenbahn angerannt kamen, wurden sie scheu, bäumten sich hoch auf und wollten keinen Schritt weiter. Wachtmeister Jeschke fluchte, daß man es durch die gläsernen Wände hörte. Aber die Pferde wichen nicht von der Stelle.

»So, und nun waschen Sie mir meinen Schädel ruhig weiter«, sagte Frau Augustin, »Ihrem Jungen kann nichts mehr passieren.«

Frau Friseuse Tischbein ging also wieder an die Arbeit. Emil setzte sich auf einen Stuhl, der war auch aus Glas, und pfiff sich eins. Dann lachte er laut und sagte: »Das ist ja großartig. Wenn ich früher gewußt hätte, daß du hier bist, wäre ich doch gar nicht erst das verflixte Haus hochgeklettert.«

»Hoffentlich hast du dir nicht den Anzug zerrissen!« sagte die Mutter. Dann fragte sie: »Hast du auf das Geld gut Obacht gegeben?«

Da gab es Emil einen riesigen Ruck. Und mit einem Krach fiel er von dem gläsernen Stuhl herunter.

Und wachte auf.

Fünftes Kapitel
Emil steigt an der falschen Station aus

Als er aufwachte, setzte sich die Bahn eben wieder in Bewegung. Er war, während er schlief, von der Bank gefallen, lag jetzt am Boden und war sehr erschrocken. Er wußte nur noch nicht recht, weswegen. Sein Herz pochte wie ein Dampfhammer. Da hockte er nun in der Eisenbahn und hatte fast vergessen, wo er war. Dann fiel es ihm, portionsweise, wieder ein. Richtig, er fuhr nach Berlin. Und war eingeschlafen. Genau wie der Herr im steifen Hut ...

Emil setzte sich mit einem Ruck bolzengerade und flüsterte: »Er ist ja fort!« Die Knie zitterten ihm. Ganz langsam stand er auf und klopfte sich mechanisch den Anzug sauber. Jetzt war die nächste Frage: Ist das Geld noch da? Und vor dieser Frage hatte er eine unbeschreibliche Angst.

Lange Zeit stand er an die Tür gelehnt und wagte nicht, sich zu rühren. Dort drüben hatte der Mann, der Grundeis hieß, gesessen und geschlafen und geschnarcht. Und nun war er fort. Natürlich konnte alles in Ordnung sein. Denn eigentlich war es albern, gleich ans Schlimmste zu denken. Es mußten ja nun nicht gleich alle Menschen nach Berlin-Friedrichstraße fahren, nur weil er hinfuhr. Und das Geld war gewiß noch an Ort und Stelle. Erstens steckte es in der Tasche. Zweitens steckte es im Briefumschlag. Und drittens war es mit einer Nadel am Futter befestigt. Also, er griff sich langsam in die rechte innere Tasche.

Die Tasche war leer! Das Geld war fort!

Emil durchwühlte die Tasche mit der linken Hand.

Er befühlte und preßte das Jackett von außen mit der rechten. Es blieb dabei: die Tasche war leer, und das Geld war weg.

»Au!« Emil zog die Hand aus der Tasche. Und nicht bloß die Hand, sondern die Nadel dazu, mit der er das Geld vorhin durchbohrt hatte. Nichts als die Stecknadel war übriggeblieben. Und sie saß im linken Zeigefinger, daß er blutete.

Er wickelte das Taschentuch um den Finger und weinte. Natürlich nicht wegen des lächerlichen bißchen Bluts. Vor vierzehn Tagen war er gegen den Laternenpfahl gerannt, daß der bald umgeknickt wäre, und Emil hatte noch jetzt einen Buckel auf der Stirn. Aber geheult hatte er keine Sekunde.

Er weinte wegen des Geldes. Und er weinte wegen seiner Mutter. Wer das nicht versteht, und wäre er noch so tapfer, dem ist nicht zu helfen. Emil wußte, wie seine Mutter monatelang geschuftet hatte, um die hundertvierzig Mark für die Großmutter zu sparen und um ihn nach Berlin schicken zu können. Und kaum saß der Herr Sohn im Zug, so lehnte er sich auch schon in eine Ecke, schlief ein, träumte verrücktes Zeug und ließ sich von einem Schweinehund das Geld stehlen. Und da sollte er nicht weinen? Was sollte er nun anfangen? In Berlin aussteigen und zur Großmutter sagen: Da bin ich. Aber Geld kriegst du keins, daß du es weißt. Gib mir lieber rasch das Reisegeld, damit ich wieder nach Neustadt fahren kann. Sonst muß ich laufen?

Prachtvoll war das! Die Mutter hatte umsonst gespart. Die Großmutter bekam keinen Pfennig. In Berlin konnte er nicht bleiben. Nach Hause durfte er nicht fahren. Und alles das wegen eines Kerls, der den Kindern Schokolade schenkte und tat, als ob er schliefe. Und zu guter Letzt raubte er sie aus. Pfui Spinne, war das eine feine Welt!

Emil schluckte die Tränen, die noch ins Freie wollten, hinunter und sah sich um. Wenn er die Notleine zog, würde der Zug sofort stehenbleiben. Und dann käme ein Schaffner. Und noch einer. Und immer noch einer. Und alle würden fragen: Was ist los?

Mein Geld ist gestohlen worden, spräche er.

Ein andres Mal paßt du besser auf, würden sie antworten, steige gefälligst wieder ein! Wie heißt du? Wo wohnst du? Einmal Notleine ziehen kostet hundert Mark. Die Rechnung wird geschickt.

In Schnellzügen konnte man wenigstens durch die Wagen laufen, von einem Ende des Zuges zum andern, bis ins Dienstabteil, und Diebstähle melden. Aber hier! In so einem Bummelzug! Da mußte man bis zur nächsten Station warten, und inzwischen war der Mensch im steifen Hut über alle Berge.

Nicht einmal die Station, wo der Kerl ausgestiegen war, wußte Emil. Wie spät mochte es sein? Wann kam Berlin? An den Fenstern des Zuges wanderten große Häuser vorbei und Villen mit bunten Gärten und dann wieder hohe schmutzigrote Schornsteine. Wahrscheinlich war das schon Berlin. An der nächsten Station mußte er den Schaffner rufen und ihm alles erzählen. Und der würde es schleunigst der Polizei melden!

Auch das noch. Jetzt kriegte er es auch noch mit der Polizei zu tun. Nun konnte Wachtmeister Jeschke natürlich nicht mehr schweigen, sondern mußte dienstlich melden: Ich weiß nicht, aber der Realschüler Emil Tischbein aus Neustadt gefällt mir nicht. Erst schmiert er ehrwürdige Denkmäler voll. Und dann läßt er sich hundertvierzig Mark stehlen. Vielleicht sind sie ihm gar nicht gestohlen worden? Wer Denkmäler beschmiert, der lügt auch. Da habe ich meine Erfahrungen. Wahrscheinlich hat er das Geld im Walde vergraben oder verschluckt und will damit nach Amerika? Den Dieb zu verfolgen hat nicht den mindesten Sinn. Der Realschüler Tischbein ist selber der Dieb. Bitte, Herr Polizeipräsident, verhaften Sie ihn.

Schrecklich. Nicht einmal der Polizei konnte er sich anvertrauen!

Er holte den Koffer aus dem Gepäcknetz, setzte die Mütze auf, steckte die Nadel wieder in den Jackettaufschlag und machte sich fertig. Er hatte zwar keine Ahnung, was er beginnen sollte. Aber hier, in diesem Coupé, hielt er es keine fünf Minuten länger aus. Das stand fest.

Inzwischen verlangsamte der Zug seine Geschwindigkeit. Emil sah draußen viele Gleise glänzen. Dann fuhr man an Bahnsteigen vorbei. Ein paar Gepäckträger liefen, weil sie was verdienen wollten, neben den Wagen her.

Der Zug hielt!

Emil schaute durchs Fenster und erblickte hoch über den Schienen ein Schild. Darauf stand: ZOOLOG. GARTEN. Die Türen flogen auf. Leute kletterten aus den Abteilen. Andere warteten schon und breiteten froh die Arme aus.

Emil beugte sich weit aus dem Fenster und suchte den Zugführer. Da erblickte er, in einiger Entfernung und zwischen vielen Menschen, einen steifen schwarzen Hut. Wenn das der Dieb war? Vielleicht war er, nachdem er Emil bestohlen hatte, gar nicht ausgestiegen, sondern nur in einen anderen Wagen gegangen?

Im nächsten Augenblick stand Emil auf dem Bahnsteig, setzte den Koffer hin, stieg noch einmal ein, weil er die Blumen, die im Gepäcknetz lagen, vergessen hatte, stieg wieder aus, packte den Koffer kräftig an, hob ihn hoch und rannte, so sehr er konnte, dem Ausgang zu.

Wo war der steife Hut? Der Junge stolperte den Leuten vor den Beinen herum, stieß wen mit dem Koffer, rannte weiter. Die Menschenmenge wurde immer dichter und undurchdringlicher.

Da! Dort war der steife Hut! Himmel, da drüben war noch einer! Emil konnte den Koffer kaum noch schleppen. Am liebsten hätte er ihn einfach hingestellt und stehenlassen. Doch dann wäre ihm auch der noch gestohlen worden!

Endlich hatte er sich bis dicht an die steifen Hüte herangedrängt.

Der konnte es sein! War er's?

Nein.

Dort war der nächste.

Nein. Der Mann war zu klein.

Emil schlängelte sich wie ein Indianer durch die Menschenmassen.

Dort, dort!

Das war der Kerl. Gott sei Dank! Das war der Grundeis. Eben schob er sich durch die Sperre und schien es eilig zu haben.

»Warte nur, du Kanaille«, knurrte Emil, »dich kriegen wir!« Dann gab er seine Fahrkarte ab, nahm den Koffer in die andre Hand, klemmte den Blumenstrauß unter den rechten Arm und lief hinter dem Mann die Treppe hinunter.

Jetzt kam's drauf an.

Sechstes Kapitel
Straßenbahnlinie 177

Am liebsten wäre er auf den Kerl losgerannt, hätte sich vor ihm aufpostiert und gerufen: Her mit dem Geld! Doch der sah nicht so aus, als würde er dann antworten: Aber gern, mein gutes Kind. Hier hast du's. Ich will es bestimmt nicht wieder tun. Ganz so einfach lag die Sache nicht. Zunächst war es das Wichtigste, den Mann nicht aus den Augen zu verlieren.

 Emil versteckte sich hinter einer großen, breiten Dame, die vor ihm ging, und guckte manchmal links und manchmal rechts an ihr vorbei, ob der andere noch zu sehen war und nicht plötzlich im Dauerlauf davonrannte. Der Mann war mittlerweile am Bahnhofsportal angelangt, blieb stehen, blickte sich um und musterte die Leute, die hinter ihm her drängten, als suche er wen. Emil preßte sich ganz dicht an die große Dame und kam dem andern immer näher. Was sollte jetzt werden? Gleich würde er an ihm vorbei müssen, und dann war es aus mit den Heimlichkeiten. Ob ihm die Dame helfen würde? Aber sie würde ihm sicher nicht glauben. Und der Dieb würde sagen: Erlauben Sie mal, meine Dame, was fällt Ihnen eigentlich ein? Habe ich es etwa nötig, kleine Kinder auszurauben? Und dann würden alle den Jungen ansehen und schreien: Das ist doch der Gipfel! Verleumdet erwachsene Menschen! Nein, die Jugend von heute ist doch zu frech! Emil klapperte schon mit den Zähnen.

 Da drehte der Mann seinen Kopf glücklicherweise wieder weg und trat ins Freie. Der Junge sprang blitzrasch hinter die Tür, stellte seinen Koffer nieder und blickte durch die vergitterte Scheibe. Alle Wetter, tat ihm der Arm weh!

 Der Dieb ging langsam über die Straße, sah noch einmal rückwärts und spazierte ziemlich beruhigt weiter. Dann kam eine Straßenbahn, mit der Nummer 177, von links angefahren und hielt. Der Mann überlegte einen Augenblick, stieg auf den Vorderwagen und setzte sich an einen Fensterplatz.

 Emil packte wieder seinen Koffer an, lief geduckt an der Tür vorbei, die Halle entlang, fand eine andere Tür, rannte auf die Straße und erreichte, von hinten her, den Anhängewagen gerade, als die Bahn losfuhr. Er warf den Koffer hinauf, kletterte nach, schob ihn in eine Ecke, stellte sich davor und atmete auf. So, das war überstanden!

Doch was sollte nun werden? Wenn der andere während der Fahrt absprang, war das Geld endgültig weg. Denn mit dem Koffer abspringen, das ging nicht. Das war zu gefährlich.

Diese Autos! Sie drängten sich hastig an der Straßenbahn vorbei; hupten, quiekten, streckten rote Zeiger links und rechts heraus, bogen um die Ecke; andere Autos schoben sich nach. So ein Krach! Und die vielen Menschen auf den Fußsteigen! Und von allen Seiten Straßenbahnen, Fuhrwerke, zweistöckige Autobusse! Zeitungsverkäufer an allen Ecken. Wunderbare Schaufenster mit Blumen, Früchten, Büchern, goldenen Uhren, Kleidern und seidener Wäsche. Und hohe, hohe Häuser.

Das war also Berlin.

Emil hätte sich gern alles in größter Ruhe betrachtet. Aber er hatte keine Zeit dazu. Im vorderen Wagen saß ein Mann, der hatte Emils Geld, konnte jeden Augenblick aussteigen und im Gedränge verschwinden. Dann war es aus. Denn dort hinten, zwischen den Autos und Menschen und Autobussen, da fand man niemanden wieder. Emil steckte den Kopf hinaus. Wenn nun der Kerl schon weg war? Dann fuhr er hier oben allein weiter, wußte nicht wohin, wußte nicht warum, und die Großmutter wartete unterdessen am Bahnhof Friedrichstraße, am Blumenstand, und hatte keine Ahnung, daß ihr Enkel inzwischen auf der Linie 177 quer durch Berlin gondelte und großen Kummer hatte. Es war zum Platzen!

Da hielt die Straßenbahn zum ersten Mal. Emil ließ den Triebwagen nicht aus den Augen. Doch es stieg niemand aus. Es drängten nur viele neue Fahrgäste in die Bahn. Auch an Emil vorbei. Ein Herr schimpfte, weil der Junge den Kopf heraussteckte und im Wege war.

»Siehst du nicht, daß Leute rauf wollen?« brummte er ärgerlich.

Der Schaffner, der im Innern des Wagens Fahrscheine verkaufte, zog an einer Schnur. Es klingelte. Und die Straßenbahn fuhr weiter. Emil stellte sich wieder in seine Ecke, wurde gedrückt und auf die Füße getreten und dachte erschrocken: Ich habe ja kein Geld! Wenn der Schaffner herauskommt, muß ich einen Fahrschein lösen. Und wenn ich es nicht kann, schmeißt er mich 'raus. Und dann kann ich mich gleich begraben lassen.

Er sah sich die Leute an, die neben ihm standen. Konnte er einen von ihnen am Mantel zupfen und sagen: Borgen Sie mir doch, bitte, das Fahrgeld? Ach, die Menschen hatten so ernste Gesichter! Der eine las Zeitung. Zwei andere unterhielten sich über einen großen Bankeinbruch.

»Einen richtigen Schacht haben sie gegraben«, erzählte der erste, »da sind sie hinein und haben alle Tresorfächer ausgeräumt. Der Schaden beläuft sich vermutlich auf mehrere Millionen.«

»Es wird aber kolossal schwierig sein, festzustellen, was in den Schränken eigentlich drin war«, sagte der zweite, »denn die Tresormieter sind doch der Bank keine Auskunft darüber schuldig gewesen, was sie in ihren Fächern verschlossen hatten.«

»Da wird mancher erklären, er hatte für hunderttausend Mark Brillanten eingeschlossen gehabt, und in Wirklichkeit war nur ein Haufen wertloses Papiergeld drin oder ein Dutzend Alpakalöffel«, meinte der erste. Und beide lachten ein bißchen.

Ganz genauso wird es mir gehen, dachte Emil traurig. Ich werde sagen, Herr Grundeis hat mir hundertvierzig Mark gestohlen. Und niemand wird es mir glauben. Und der Dieb wird sagen, das sei eine Frechheit von mir, und es wären nur drei Mark fünfzig gewesen. So eine verdammte Geschichte!

Der Schaffner kam der Tür immer näher. Jetzt stand er schon im Türrahmen und fragte laut: »Wer hat noch keinen Fahrschein?«

Er riß große weiße Zettel ab und machte mit einer Zange eine Reihe Löcher hinein. Die Leute auf dem Perron gaben ihm Geld und bekamen dafür Fahrscheine.

»Na, und du?« fragte er den Jungen.

»Ich habe mein Geld verloren, Herr Schaffner«, antwortete Emil. Denn den Diebstahl hätte ihm keiner geglaubt.

»Geld verloren? Das kenn ich. Und wo willst du denn hin?«

»Das … das weiß ich noch nicht«, stotterte Emil.

»So. Na, da steige mal an der nächsten Station wieder ab und überlege dir erst, wo du hin willst.«

»Nein, das geht nicht. Ich muß hier oben bleiben, Herr Schaffner. Bitte schön.«

»Wenn ich dir sage, du sollst absteigen, steigst du ab. Verstanden?«

»Geben Sie dem Jungen einen Fahrschein!« sagte da der Herr, der Zeitung gelesen hatte. Er gab dem Schaffner Geld. Und der Schaffner gab Emil einen Fahrschein und erzählte dem Herrn: »Was glauben Sie, wie viele Jungen da täglich raufkommen und einem weismachen, sie hätten das Geld vergessen. Hinterher lachen sie uns aus.«

»Der hier lacht uns nicht aus«, antwortete der Herr.

Der Schaffner stieg wieder ins Wageninnere.

»Haben Sie vielen, vielen Dank, mein Herr!« sagte Emil.

»Bitte schön, nichts zu danken«, meinte der Herr und schaute wieder in seine Zeitung.

Dann hielt die Straßenbahn von neuem. Emil beugte sich hinaus, ob der Mann im steifen Hut ausstiege. Doch es war nichts zu sehen.

»Darf ich vielleicht um Ihre Adresse bitten?« fragte Emil den Herrn.

»Wozu denn?«

»Damit ich Ihnen das Geld zurückgeben kann, sobald ich welches habe. Ich bleibe vielleicht eine Woche in Berlin, und da komme ich mal bei Ihnen vorbei. Tischbein ist mein Name. Emil Tischbein aus Neustadt.«

»Nein«, sagte der Herr, »den Fahrschein habe ich dir selbstverständlich geschenkt. Soll ich dir noch etwas geben?«

»Unter keinen Umständen«, erklärte Emil fest, »das nähme ich nicht an!«

»Wie du willst«, meinte der Herr und guckte wieder in die Zeitung.

Und die Straßenbahn fuhr. Und sie hielt. Und sie fuhr weiter. Emil las den Namen der schönen breiten Straße. Kaiserallee hieß sie. Er fuhr und wußte nicht, wohin. Im andern Wagen saß ein Dieb. Und vielleicht saßen und standen noch andere Diebe in der Bahn. Niemand kümmerte sich um ihn. Ein fremder Herr hatte ihm zwar einen Fahrschein geschenkt. Doch nun las er schon wieder Zeitung.

Die Stadt war so groß. Und Emil war so klein. Und kein Mensch wollte wissen, warum er kein Geld hatte, und warum er nicht wußte, wo er aussteigen sollte. Vier Millionen Menschen lebten in Berlin, und keiner interessierte sich für Emil Tischbein. Niemand will von den Sorgen des andern etwas wissen. Jeder hat mit seinen eigenen Sorgen und Freuden genug zu tun. Und wenn man sagt: Das tut mir aber wirklich leid, so meint man meistens gar nichts weiter als: Mensch, laß mich bloß in Ruhe!

Was würde werden? Emil schluckte schwer. Und er fühlte sich sehr, sehr allein.

Siebentes Kapitel
Große Aufregung in der Schumannstraße

Während Emil auf der Straßenbahn 177 stand, die Kaiserallee langfuhr und nicht wußte, wo er landen würde, warteten die Großmutter und Pony Hütchen, seine Kusine, im Bahnhof Friedrichstraße auf ihn. Sie hatten sich am Blumenkiosk, wie es ausgemacht war, aufgestellt und blickten dauernd nach der Uhr. Viele Leute kamen vorüber. Mit Koffern und Kisten und Schachteln und Ledertaschen und Blumensträußen. Doch Emil war nicht dabei.

»Wahrscheinlich ist er mächtig gewachsen, was?« fragte Pony Hütchen und schob ihr kleines vernickeltes Fahrrad hin und her. Sie hatte es ja eigentlich nicht mitnehmen sollen. Doch sie hatte so lange gemauzt, bis die Großmutter erklärte: »Nimm's mit, alberne Liese!« Nun war die alberne Liese guter Laune und freute sich auf Emils respektvollen Blick. »Sicher findet er es oberfein«, sagte sie und war ihrer Sache völlig gewiß.

Die Großmutter wurde unruhig: »Ich möchte bloß wissen, was das heißen soll. Jetzt ist es schon 18.20 Uhr. Der Zug müßte doch längst da sein.«

Sie lauerten noch ein paar Minuten. Dann schickte die Großmutter das kleine Mädchen fort, sich zu erkundigen.

Pony Hütchen nahm natürlich ihr Rad mit. »Können Sie mir nicht erklären, wo der Zug aus Neustadt bleibt, Herr Inspektor?« fragte sie den Beamten, der mit einer Lochzange an der Sperre stand und Obacht gab, daß jeder, der an ihm vorbei wollte, ein Billett mitbrachte.

»Neustadt? Neustadt?« überlegte er, »ach so, 18.17 Uhr! Der Zug ist längst 'rein.«

»Ach, das ist aber schade. Wir warten nämlich dort drüben am Blumenstand auf meinen Vetter Emil.«

»Freut mich, freut mich«, sagte der Mann.

»Wieso freut Sie denn das, Herr Inspektor?« fragte Pony neugierig und spielte mit ihrer Radklingel.

Der Beamte antwortete nicht und drehte dem Kinde den Rücken zu.

»Na, Sie sind aber ein ulkiger Knabe«, sagte Pony beleidigt. »Auf Wiedersehen!«

Ein paar Leute lachten. Der Beamte biß sich ärgerlich auf die Lippen. Und Pony Hütchen trabte zum Blumenstand.

»Der Zug ist längst 'rein, Großmutter.«

»Was mag da passiert sein?« überlegte die alte Dame. »Wenn er überhaupt nicht abgefahren wäre, hätte seine Mutter doch depeschiert. Ob er verkehrt ausgestiegen ist? Aber wir haben es doch ganz genau beschrieben!«

»Ich werde daraus nicht gescheit«, behauptete Pony und tat sich wichtig. »Sicher ist er verkehrt ausgestiegen. Jungens sind manchmal furchtbar blöde. Ich möchte wetten! Du wirst noch sehen, daß ich recht habe.«

Und weil ihnen nichts andres übrigblieb, warteten sie von neuem. Fünf Minuten.

Nochmal fünf Minuten.

»Das hat nun aber wirklich keinen Zweck«, sagte Pony zur Großmutter. »Da können wir ja hier stehenbleiben, bis wir schwarz werden. Ob es noch einen anderen Blumenstand gibt?«

»Du kannst ja mal zusehen. Aber bleibe nicht so lange!«

Hütchen nahm wieder ihr Rad und inspizierte den Bahnhof. Es gab weiter keinen zweiten Blumenstand. Dann fragte sie noch rasch zwei Eisenbahnbeamten Löcher in den Bauch und kam stolz zurück.

»Also«, erzählte sie, »Blumenstände gibt's keine sonst. Wäre ja auch komisch. Was wollte ich noch sagen? Richtig, der nächste Zug aus Neustadt kommt hier 20.33 Uhr an. Das ist kurz nach halb neun. Wir gehen jetzt hübsch nach Hause. Und Punkt acht fahre ich mit meinem Rad wieder hierher. Wenn er dann immer noch nicht da ist, kriegt er einen hundsgemeinen Brief von mir.«

»Drücke dich etwas gewählter aus, Pony!«

»Kriegt er einen Brief, der sich gewaschen hat, kann man auch sagen.«

Die Großmutter machte ein besorgtes Gesicht und schüttelte den Kopf. »Die Sache gefällt mir nicht. Die Sache gefällt mir nicht«, erklärte sie. Wenn sie aufgeregt war, sagte sie nämlich alles zweimal.

Sie gingen langsam nach Hause. Unterwegs, an der Weidendammer Brücke, fragte Pony Hütchen: »Großmutter, willst du dich auf die Lenkstange setzen?«

»Halte den Mund!«

»Wieso? Schwerer als Zicklers Arthur bist du auch nicht. Und der setzt sich oft drauf, wenn ich fahre.«

»Wenn das noch ein einziges Mal vorkommt, nimmt dir dein Vater das Rad für immer weg.«

»Ach, euch darf man aber auch gar nichts erzählen«, schimpfte Pony.

Als sie zu Hause – Schumannstraße 15 – angekommen waren, gab es bei Ponys Eltern, Heimbold hießen sie, große Aufregung. Jeder wollte wissen, wo Emil war, und keiner wußte es.

Der Vater riet, an Emils Mutter zu depeschieren.

»Um Gotteswillen!« rief seine Frau, Ponys Mutter, »sie würde sich zu Tode erschrecken. Wir gehen gegen acht noch einmal auf den Bahnhof. Vielleicht kommt er mit dem nächsten Zug.«

»Hoffentlich«, jammerte die Großmutter, »aber ich kann mir nicht helfen: die Sache gefällt mir nicht, die Sache gefällt mir nicht!«

»Die Sache gefällt mir nicht«, sagte Pony Hütchen und wiegte bedenklich ihr kleines Haupt hin und her.

Achtes Kapitel
Der Junge mit der Hupe taucht auf

In der Trautenaustraße, Ecke Kaiserallee, verließ der Mann im steifen Hut die Straßenbahn. Emil sah's, nahm Koffer und Blumenstrauß, sagte zu dem Herrn, der die Zeitung las: »Haben Sie nochmals verbindlichen Dank, mein Herr!« und kletterte vom Wagen.

Der Dieb ging am Vorderwagen vorbei, überquerte die Gleise und steuerte nach der anderen Seite der Straße. Dann fuhr die Bahn weiter, gab den Blick frei, und Emil bemerkte, daß der Mann zunächst unschlüssig stehenblieb und dann die Stufen zu einer Café-Terrasse hinaufschritt.

Jetzt hieß es wieder einmal vorsichtig sein. Wie ein Detektiv, der Flöhe fängt. Emil orientierte sich flink, entdeckte an der Ecke einen Zeitungskiosk und lief, so rasch er konnte, dahinter. Das Versteck war ausgezeichnet. Es lag zwischen dem Kiosk und einer Litfaßsäule. Der Junge stellte sein Gepäck hin, nahm die Mütze ab und witterte.

Der Mann hatte sich auf die Terrasse gesetzt, dicht ans Geländer, rauchte eine Zigarette und schien seelenvergnügt. Emil fand es abscheulich, daß ein Dieb überhaupt vergnügt sein kann, und daß der Bestohlene betrübt sein muß, und wußte sich keinen Rat.

Was hatte es denn im Grunde für einen Sinn, daß er sich hinter einem Zeitungskiosk verbarg, als wäre er selber der Dieb und nicht der andere? Was hatte es für Zweck, daß er wußte, der Mann säße im Café Josty an der Kaiserallee, tränke helles Bier und rauchte Zigaretten? Wenn der Kerl jetzt aufstand, konnte die Rennerei weitergehen. Blieb er aber, dann konnte Emil hinter dem Kiosk stehen, bis er einen langen grauen Bart kriegte. Es fehlte wirklich nur noch, daß ein Schupomann angerückt kam und sagte: Mein Sohn, du machst dich verdächtig. Los, folge mir mal unauffällig. Sonst muß ich dir leider Handschellen anlegen.

Plötzlich hupte es dicht hinter Emil! Er sprang erschrocken

zur Seite, fuhr herum und sah einen Jungen stehen, der ihn auslachte.

»Na Mensch, fall nur nicht gleich vom Stühlchen«, sagte der Junge.

»Wer hat denn eben hinter mir gehupt?« fragte Emil.

»Na Mensch, ich natürlich. Du bist wohl nicht aus Wilmersdorf, wie? Sonst wüßtest du längst, daß ich 'ne Hupe in der Hosentasche habe. Ich bin hier nämlich bekannt wie 'ne Mißgeburt.«

»Ich bin aus Neustadt. Und komme grade vom Bahnhof.«

»So, aus Neustadt? Deswegen hast du so 'nen doofen Anzug an.«

»Nimm das zurück! Sonst kleb ich dir eine, daß du scheintot hinfällst.«

»Na Mensch«, sagte der andere gutmütig, »bist du böse? Das Wetter ist mir zum Boxen zu vornehm. Aber von mir aus, bitte!«

»Verschieben wir's auf später«, erklärte Emil, »ich hab jetzt keine Zeit für so was.« Und er blickte nach dem Café hinüber, ob Grundeis noch dort säße.

»Ich dachte sogar, du hättest viel Zeit! Stellt sich mit Koffer und Blumenkohl hinter die Zeitungsbude und spielt mit sich selber Verstecken! Da muß man doch glatt zehn bis zwanzig Meter Zeit übrig haben.«

»Nein«, sagte Emil, »ich beobachte einen Dieb.«

»Was? Ich verstehe fortwährend: Dieb«, meinte der andre Junge, »wen hat er denn beklaut?«

»Mich!« sagte Emil und war direkt stolz darauf. »In der Eisenbahn. Während ich schlief. Hundertvierzig Mark. Die sollte ich meiner Großmutter hier in Berlin geben. Dann ist er in ein andres Abteil geturnt und am Bahnhof Zoo ausgestiegen. Ich natürlich hinterher, kannst du dir denken. Dann auf die Straßenbahn. Und jetzt sitzt er drüben im Café, mit seinem steifen Hut, und ist guter Laune.«

»Na Mensch, das ist ja großartig!« rief der Junge, »das ist ja wie im Kino! Und was willst du nun anstellen?«

»Keine Ahnung. Immer hinterher. Weiter weiß ich vorderhand nichts.«

»Sag's doch dem Schupo dort. Der nimmt ihn hopp.«

»Ich mag nicht. Ich habe bei uns in Neustadt was ausgefressen. Da sind sie nun vielleicht scharf auf mich. Und wenn ich …«

»Verstehe, Mensch!«

»Und am Bahnhof Friedrichstraße wartet meine Großmutter.«

Der Junge mit der Hupe dachte ein Weilchen nach. Dann sagte er: »Also, ich finde die Sache mit dem Dieb knorke. Ganz große Klasse, Ehrenwort! Und, Mensch, wenn du nischt dagegen hast, helfe ich dir.«

»Da wär ich dir kolossal dankbar!«

»Quatsch nicht, Krause! Das ist doch klar, daß ich hier mitmache. Ich heiße Gustav.«

»Und ich Emil.«

Sie gaben sich die Hand und gefielen einander ausgezeichnet.

»Nun aber los«, sagte Gustav, »wenn wir hier nichts weiter machen als rumstehen, geht uns der Schuft durch die Lappen. Hast du noch etwas Geld?«

»Keinen Sechser.«

Gustav hupte leise, um sein Denken anzuregen. Es half nichts.

»Wie wäre denn das«, fragte Emil, »wenn du noch ein paar Freunde herholtest?«

»Mensch, die Idee ist hervorragend!« rief Gustav begeistert, »das mach ich! Ich brauch bloß mal durch die Höfe zu sausen und zu hupen, gleich ist der Laden voll.«

»Tu das mal!« riet Emil, »aber komme bald wieder. Sonst läuft der Kerl da drüben weg. Und da muß ich selbstverständlich hinterher. Und wenn du wiederkommst, bin ich über alle Berge.«

»Klar, Mensch! Ich mache schnell! Verlaß dich drauf. Übrigens ißt der Mausehaken im Café Josty drüben Eier im Glas und solche Sachen. Der bleibt noch 'ne Weile. Also, Wiedersehen, Emil! Mensch, ich freu mich noch halb dämlich. Das wird eine tolle Kiste!« Und damit fegte er fort.

Emil fühlte sich wunderbar erleichtert. Denn Pech bleibt nun zwar auf alle Fälle Pech. Aber ein paar Kameraden zu haben, die freiwillig mit von der Partie sind, das ist kein kleiner Trost.

Er behielt den Dieb scharf im Auge, der sich's – wahrscheinlich noch dazu von Mutters Erspartem – gut schmecken ließ, und hatte nur eine Angst: daß der Lump dort aufstehen und fortlaufen könne. Dann waren Gustav und die Hupe und alles umsonst.

Aber Herr Grundeis tat ihm den Gefallen und blieb. Wenn er freilich von der Verschwörung etwas geahnt hätte, die sich über ihm wie ein Sack zusammenzog, dann hätte er sich mindestens ein Flugzeug bestellt. Denn nun wurde die Sache langsam brenzlich …

Zehn Minuten später hörte Emil die Hupe wieder. Er drehte sich um und sah, wie mindestens zwei Dutzend Jungen, Gustav allen voran, die Trautenaustraße heraufmarschiert kamen.

»Das Ganze halt! Na, was sagst du nun?« fragte Gustav und strahlte übers ganze Gesicht.

»Ich bin gerührt«, sagte Emil und stieß Gustav vor Wonne in die Seite.

»Also, meine Herrschaften! Das hier ist Emil aus Neustadt. Das andre hab ich euch schon erzählt. Dort drüben sitzt der Schweinehund, der ihm das Geld geklaut hat. Der rechts an der Kante, mit der schwarzen Melone auf dem Dach. Wenn wir den Bruder entwischen lassen, nennen wir uns alle von morgen ab nur noch Moritz. Verstanden?«

»Aber Gustav, den kriegen wir doch!« sagte ein Junge mit einer Hornbrille.

»Das ist der Professor«, erläuterte Gustav. Und Emil gab ihm die Hand.

Dann wurde ihm, der Reihe nach, die ganze Bande vorgestellt.

»So«, sagte der Professor, »nun wollen wir mal auf den Akzelerator treten. Los! Erstens, Geld her!«

Jeder gab, was er besaß. Die Münzen fielen in Emils Mütze. Sogar ein Markstück war dabei. Es stammte von einem sehr kleinen Jungen, der Dienstag hieß. Er sprang vor Freude von einem Bein aufs andre und durfte das Geld zählen.

»Unser Kapital beträgt«, berichtete er den gespannten Zuhörern, »fünf Mark und siebzig Pfennige. Das beste wird sein, wir verteilen das Geld an drei Leute. Für den Fall, daß wir uns mal trennen müssen.«

»Sehr gut«, sagte der Professor. Er und Emil kriegten je zwei Mark. Gustav bekam eine Mark und siebzig.

»Habt vielen Dank«, sagte Emil, »wenn wir ihn haben, geb ich euch das Geld wieder. Was machen wir nun? Am liebsten würde ich erst mal meinen Koffer und die Blumen irgendwo unterbringen. Denn wenn die Rennerei losgeht, ist mir das Zeug mächtig im Wege.«

»Mensch, gib den Kram her«, meinte Gustav. »Den bring ich gleich rüber ins Café Josty, geb ihn am Büfett ab und beschnuppere bei der Gelegenheit mal den Herrn Dieb.«

»Aber mache es geschickt«, riet der Professor. »Der Halunke braucht nicht zu merken, daß ihm Detektive auf der Spur sind. Denn das würde die Verfolgung erschweren.«

»Hältst du mich für dußlig?« knurrte Gustav und schob ab ...

»Ein feines Photographiergesicht hat der Herr«, sagte er, als er zurückkam. »Und die Sachen sind gut aufgehoben. Die können wir holen, wenn's uns paßt.«

»Jetzt wäre es gut«, schlug Emil vor, »wenn wir einen Kriegsrat abhielten. Aber nicht hier. Das fällt zu sehr auf.«

»Wir gehen nach dem Nikolsburger Platz«, riet der Professor. »Zwei von uns bleiben hier am Zeitungskiosk und passen auf, daß der Kerl nicht durchbrennt. Fünf oder sechs stellen wir als Stafetten auf, die sofort die Nachricht durchgeben, wenn's soweit ist. Dann kommen wir im Dauerlauf zurück.«

»Laß mich nur machen, Mensch!« rief Gustav und begann, den Nachrichtendienst zu organisieren. »Ich bleibe mit hier bei den Vorposten«, sagte er zu Emil, »mach dir keine Sorgen!

Wir lassen ihn nicht fort. Und beeilt euch ein bißchen. Es ist schon ein paar Minuten nach sieben. So, und nun haut gefälligst ab!«

Er stellte die Stafetten auf. Und die andern zogen, mit Emil und dem Professor an der Spitze, zum Nikolsburger Platz.

Neuntes Kapitel
Die Detektive versammeln sich

Sie setzten sich auf die zwei weißen Bänke, die in den Anlagen stehen, und auf das niedrige eiserne Gitter, das den Rasen einzäunt, und zogen ernste Gesichter. Der Junge, der Professor genannt wurde, hatte anscheinend auf diesen Tag gewartet. Er griff sich, wie sein Vater, der Justizrat, an die Hornbrille, hantierte daran herum und entwickelte sein Programm. »Es besteht die Möglichkeit«, begann er, »daß wir uns nachher aus praktischen Gründen trennen müssen. Deshalb brauchen wir eine Telefonzentrale. Wer von euch hat Telefon?«

Zwölf Jungen meldeten sich.

»Und wer von denen, die ein Telefon haben, hat die vernünftigsten Eltern?«

»Vermutlich ich!« rief der kleine Dienstag.

»Eure Telefonnummer?«

»Bavaria 0579.«

»Hier sind Bleistift und Papier. Krummbiegel, mach dir zwanzig Zettel zurecht und schreibe auf jeden von ihnen Dienstags Telefonnummer. Aber gut leserlich! Und dann gibst du jedem von uns einen Zettel. Die Telefonzentrale wird immer wissen, wo sich die Detektive aufhalten und was los ist. Und wer das erfahren will, der ruft ganz einfach den kleinen Dienstag an und erhält von ihm genauen Bescheid.«

»Ich bin doch aber nicht zu Hause«, sagte der kleine Dienstag.

»Doch, du bist zu Hause«, antwortete der Professor. »Sobald wir hier mit Ratschlagen fertig sind, gehst du heim und bedienst das Telefon.«

»Ach, ich möchte aber lieber dabeisein, wenn der Verbrecher gefangen wird. Kleine Jungens kann man bei so was sehr gut verwenden.«

»Du gehst nach Hause und bleibst am Telefon. Es ist ein sehr verantwortungsvoller Posten.«

»Na schön, wenn ihr wollt.«

Krummbiegel verteilte die Telefonzettel. Und jeder Junge steckte sich den seinen vorsichtig in die Tasche. Ein paar besonders Gründliche lernten gleich die Nummer auswendig.

»Wir werden auch eine Art Bereitschaftsdienst einrichten müssen«, meinte Emil.

»Selbstredend. Wer bei der Jagd nicht unbedingt gebraucht wird, bleibt hier am Nikolsburger Platz. Ihr geht abwechselnd nach Hause und erzählt dort, ihr würdet heute vielleicht sehr spät heimkommen. Ein paar können ja auch sagen, sie blieben zur Nacht bei einem Freund. Damit wir Ersatzleute haben und Verstärkung, falls die Jagd bis morgen dauert. Gustav, Krummbiegel, Arnold Mittenzwey, sein Bruder und ich rufen von unterwegs an, daß wir wegblieben ... Ja, und Traugott geht mit zu Dienstags, als Verbindungsmann, und rennt zum Nikolsburger Platz, wenn wir wen brauchen. Da hätten wir also die Detektive, den Bereitschaftsdienst, die Telefonzentrale und den Verbindungsmann. Das sind vorläufig die nötigsten Abteilungen.«

»Was zum Essen werden wir brauchen«, mahnte Emil. »Vielleicht rennen ein paar von euch nach Hause und holen Stullen ran.«

»Wer wohnt am nächsten?« fragte der Professor. »Los! Mittenzwey, Gerold, Friedrich der Erste, Brunot, Zerlett, schwirrt ab und bringt paar Freßpakete mit!«

Die fünf Jungen rannten auf und davon.

»Ihr Holzköppe, ihr quatscht dauernd von Essen, Telefon und Auswärtsschlafen. Aber wie ihr den Kerl kriegt, das besprecht ihr nicht. Ihr ... ihr Studienräte!« grollte Traugott. Ihm fiel kein ärgeres Schimpfwort ein.

»Habt ihr denn einen Apparat für Fingerabdrücke?« fragte Petzold. »Vielleicht hat er sogar, wenn er gerissen war, Gummihandschuhe getragen. Und dann kann man ihm überhaupt nichts nachweisen.« Petzold hatte schon zweiundzwanzig Kriminalfilme gesehen. Und das war ihm, wie man merkt, nicht gut bekommen.

»Du kriegst die Motten!« sagte Traugott empört. »Wir werden ganz einfach die Gelegenheit abpassen und ihm das Geld, das er geklaut hat, wieder klauen!«

»Quatsch!« erklärte der Professor. »Wenn wir ihm das Geld klauen, sind wir ganz genau solche Diebe, wie er selber einer ist!«

»Werde bloß nicht drollig!« rief Traugott. »Wenn mir jemand was stiehlt, und ich stehl's ihm wieder, bin ich doch kein Dieb!«

»Doch, dann bist du ein Dieb«, behauptete der Professor.

»Quatsch' dir keine Fransen«, murrte Traugott.

»Der Professor hat sicher recht«, griff Emil ein. »Wenn ich jemandem heimlich was wegnehme, bin ich ein Dieb. Ob es ihm gehört, oder ob er es mir erst gestohlen hat, ist egal.«

»Genauso ist es«, sagte der Professor. »Tut mir den Gefallen und haltet hier keine klugen Reden, die nichts nützen. Der Laden ist eingerichtet. Wie wir uns den Halunken kaufen, können wir noch nicht wissen. Das werden wir schon deichseln. Jedenfalls steht fest, daß er es freiwillig wieder hergeben muß. Stehlen wäre idiotisch.«

»Das versteh ich nicht«, meinte der kleine Dienstag. »Was mir gehört, kann ich doch nicht stehlen können! Was mir gehört, gehört eben mir, auch wenn's in einer fremden Tasche steckt!«

»Das sind Unterschiede, die sich schwer begreifen lassen«, dozierte der Professor, »moralisch bist du meinetwegen im Recht. Aber das Gericht verurteilt dich trotzdem. Das verstehen sogar viele Erwachsene nicht. Aber es ist so.«

»Von mir aus«, sagte Traugott und zuckte die Achseln.

»Und seid ja recht geschickt! Könnt ihr gut schleichen?« fragte Petzold. »Sonst dreht er sich um, und schon sieht er euch. Dann Guten Abend.«

»Ja, gut geschlichen muß werden«, bestätigte der kleine Dienstag. »Deswegen hatte ich ja auch gedacht, ihr könntet mich brauchen. Ich schleiche wundervoll. Und ich wäre unerhört als so eine Art Polizeihund. Bellen kann ich auch.

»Schleiche mal in Berlin, daß dich niemand sieht!« Emil regte sich auf. »Wenn dich alle sehen sollen, brauchst du nur zu schleichen.«

»Aber einen Revolver müßtet ihr haben!« riet Petzold. Er war nicht totzukriegen mit seinen Vorschlägen.

»Einen Revolver braucht ihr«, riefen zwei, drei andere.

»Nein«, sagte der Professor.
»Der Dieb hat sicher einen.« Traugott hätte am liebsten gewettet.
»Gefahr ist eben dabei«, erklärte Emil, »und wer Angst hat, geht am besten schlafen.«
»Willst du etwa damit sagen, daß ich ein Feigling bin?« erkundigte sich Traugott und trat wie ein Ringkämpfer in die Mitte.
»Ordnung!« rief der Professor, »keilt euch morgen! Was sind das für Zustände? Ihr benehmt euch ja wahrhaftig wie ... wie die Kinder!«
»Wir sind doch auch welche«, sagte der kleine Dienstag. Und da mußten alle lachen.
»Eigentlich sollte ich meiner Großmutter ein paar Zeilen schreiben. Denn meine Verwandten haben ja keine Ahnung, wo ich bin. Womöglich rennen sie noch zur Polizei. Kann mir jemand, während wir den Kerl hetzen, einen Brief besorgen? Schumannstraße 15 wohnen sie. Es wäre sehr freundlich.«
»Mach ich«, meldete sich ein Junge, der Bleuer hieß. »Schreib nur schnell! Damit ich hinkomme, ehe das Haus geschlossen wird. Ich fahre bis zum Oranienburger Tor. Mit der Untergrund. Wer gibt mir Pinke?«
Der Professor gab ihm Fahrgeld. Zwanzig Pfennige, für Hin- und Rückfahrt. Emil borgte sich Bleistift und Papier. Und schrieb:

Liebe Großmutter!
Sicher habt Ihr Sorge, wo ich bin. Ich bin in Berlin. Kann aber leider noch nicht kommen, weil ich vorher was Wichtiges erledigen muß. Fragt nicht was. Und ängstigt Euch nicht. Wenn alles geordnet ist, komm ich und freu mich schon jetzt. Der Junge mit dem Brief ist ein Freund und weiß, wo ich stecke. Darf es aber nicht erzählen. Denn es ist ein Amtsgeheimnis. Viele Grüße auch an Onkel, Tante und Pony Hütchen
Dein treuer Enkel Emil.

N. B. Mutti läßt vielmals grüßen. Blumen hab ich auch mit. Die kriegst Du, sobald ich kann.

Emil schrieb dann noch die Adresse auf die Rückseite, kniffte das Papier zusammen und sagte: »Daß du aber niemandem von meinen Leuten erzählt, wo ich stecke und daß das Geld futsch ist. Sonst geht mir's elend.«
»Schon gut, Emil!« meinte Bleuer, »gib das Telegramm her! Wenn ich zurück bin, klingle ich den kleinen Dienstag an, um zu hören, was indessen passiert ist. Und melde mich beim Bereitschaftsdienst.« Dann rannte er fort.
Inzwischen waren die fünf Jungen wiedergekommen und brachten Stullenpakete angeschleppt. Gerold lieferte sogar eine ganze Schlackwurst ab. Er hätte sie von seiner Mutter gekriegt, erzählte er. Na ja.
Die fünf hatten zu Hause angedeutet, daß sie noch ein paar Stunden wegblieben. Emil verteilte die Stullen, und jeder steckte sich eine als Reserve in die Tasche. Die Wurst erhielt Emil selber zur Verwaltung.
Dann rannten fünf andere Jungen heim, um zu bitten, daß sie noch einmal, für längere Zeit, wegdürften. Zwei von ihnen kamen nicht wieder. Die Eltern hatten es wahrscheinlich verboten.
Der Professor gab die Parole aus. Damit man immer gleich wüßte, wenn jemand käme oder telefonierte, ob er dazugehöre. Die Parole lautete: »Emil!« Das war leicht zu merken.
Dann schob der kleine Dienstag mit Traugott, dem mürrischen Verbindungsmann, ab und wünschte den Detektiven Hals- und Beinbruch. Der Professor rief ihm noch nach, er möge doch für ihn zu Hause anrufen und dem Vater sagen, er, der Professor, habe was Dringendes vor. »Dann ist er beruhigt und hat nichts dagegen«, fügte er hinzu.
»Donnerwetter nochmal«, sagte Emil, »gibt's in Berlin famose Eltern!«
»Bilde dir ja nicht ein, daß sie alle so gemütlich sind«, meinte Krummbiegel und kratzte sich hinter den Ohren.
»Doch, doch! Der Durchschnitt ist ganz brauchbar«, widersprach der Professor. »Es ist ja auch das Gescheiteste. Auf diese Weise werden sie nicht belogen. Ich habe meinem alten Herrn versprochen, nichts zu tun, was unanständig oder ge-

fährlich ist. Und solange ich das Versprechen halte, kann ich machen, was ich will. Ist ein glänzender Kerl, mein Vater.«

»Wirklich famos!« wiederholte Emil. »Aber höre mal, vielleicht wird's heute doch gefährlich?«

»Na, da ist's eben aus mit der Erlaubnis«, erklärte der Professor und zuckte die Achseln. »Er hat gesagt, ich solle mir immer ausmalen, ob ich genauso handeln würde, wenn er dabei wäre. Und das täte ich heute. So, nun wollen wir aber abhauen!«

Er pflanzte sich vor den Jungens auf und rief: »Die Detektive erwarten, daß ihr funktioniert. Die Telefonzentrale ist eingerichtet. Mein Geld lasse ich euch da. Es sind noch eine Mark und fünfzig Pfennige. Hier, Gerold, nimm und zähle nach! Proviant ist da. Geld haben wir. Die Telefonnummer weiß jeder. Noch eins, wer nach Hause muß, saust ab! Aber mindestens fünf Leute müssen dableiben. Gerold, du haftest uns dafür. Zeigt, daß ihr richtige Jungens seid! Wir werden inzwischen unser Möglichstes tun. Wenn wir Ersatz brauchen, schickt der kleine Dienstag den Traugott zu euch. Hat wer noch 'ne Frage? Ist alles klar? Parole Emil!«

»Parole Emil!« riefen die Jungen, daß der Nikolsburger Platz wackelte und die Passanten Stielaugen machten.

Emil war direkt glücklich, daß ihm das Geld gestohlen worden war.

Zehntes Kapitel
Eine Autodroschke wird verfolgt

Da kamen drei Stafettenläufer aus der Trautenaustraße gestürmt und fuchtelten mit den Armen.
»Los!« sagte der Professor. Und schon rannten er, Emil, die Brüder Mittenzwey und Krummbiegel nach der Kaiserallee, als sollten sie den Weltrekord über hundert Yards brechen. Die letzten zehn Meter bis zur Zeitungsbude legten sie vorsichtig und im Schritt zurück, weil Gustav abwinkte.
»Zu spät?« fragte Emil außer Atem.
»Bist du meschugge, Mensch?« flüsterte Gustav.
»Wenn ich was mache, mach ich's richtig.«
Der Dieb stand, auf der anderen Seite der Straße, vor dem Café Josty und betrachtete sich die Gegend, als wäre er in der Schweiz. Dann kaufte er einem Zeitungsverkäufer ein Abendblatt ab und begann zu lesen.
»Wenn er jetzt hier rüber kommt, auf uns los, wird's eklig«, meinte Krummbiegel.
Sie standen hinter dem Kiosk, drängten die Köpfe an der Wand vorbei und zitterten vor Spannung. Der Dieb nahm darauf nicht die mindeste Rücksicht, sondern blätterte mit bewundernswerter Ausdauer in seiner Zeitung.
»Der schielt sicher übern Rand weg, ob ihm jemand auflauert«, taxierte Mittenzwey der Ältere.
»Hat er oft zu euch hergeblickt?« fragte der Professor.
»Nicht die Bohne, Mensch! Gefuttert hat er, als hätte er seit drei Tagen nischt gegessen.«
»Achtung!« rief Emil.
Der Mann im steifen Hut faltete die Zeitung wieder zusammen, musterte die Vorübergehenden, winkte dann, blitzartig, einer leeren Autodroschke, die an ihm vorbeifuhr. Das Auto hielt, der Mann stieg ein, das Auto fuhr weiter.
Doch da saßen die Jungen schon in einem andren Auto, und Gustav sagte zu dem Chauffeur: »Sehen Sie die Droschke, die

jetzt zum Prager Platz einbiegt? Ja? Fahren Sie hinterher, Herr Chauffeur. Aber vorsichtig, daß er es nicht merkt.«

Der Wagen zog an, überquerte die Kaiserallee und fuhr, in gemessenem Abstand, hinter der anderen Droschke her.

»Was ist denn los?« fragte der Chauffeur.

»Ach, Mensch, da hat einer was ausgefressen, und dem gehen wir nicht mehr von der Pelle«, erklärte Gustav. »Aber das bleibt unter uns, verstanden?«

»Wie die Herren wünschen«, antwortete der Chauffeur und fragte noch: »Habt ihr denn auch Geld?«

»Wofür halten Sie uns eigentlich?« rief der Professor vorwurfsvoll.

»Na, na«, knurrte der Mann.

»IA 3733 ist seine Nummer«, gab Emil bekannt.

»Sehr wichtig«, meinte der Professor und notierte sich die Ziffer.

»Nicht zu nahe ran an den Kerl!« warnte Krummbiegel.

»Schon gut«, murmelte der Chauffeur.

So ging es die Motzstraße lang, über den Viktoria-Luise-Platz und die Motzstraße weiter. Ein paar Leute blieben auf den Fußsteigen stehen, blickten dem Auto nach und lachten über die komische Herrenpartie.

»Ducken!« flüsterte Gustav. Die Jungen warfen sich zu Boden und lagen wie Kraut und Rüben durcheinander.

»Was gibt's denn?« fragte der Professor.

»An der Lutherstraße ist rotes Licht, Mensch! Wir müssen gleich halten, und der andre Wagen kommt auch nicht rüber.«

Tatsächlich hielten beide Wagen und warteten hintereinander, bis das grüne Licht wieder aufleuchtete und die Durchfahrt freigab. Aber niemand konnte merken, daß die zweite Autodroschke besetzt war. Sie schien leer. Die Jungen duckten sich geradezu vorbildlich. Der Chauffeur drehte sich um, sah die Bescherung und mußte lachen. Während der Weiterfahrt krochen sie vorsichtig wieder hoch.

»Wenn die Fahrt nur nicht zu lange dauert«, sagte der Professor und musterte die Taxameteruhr. »Der Spaß kostet schon 80 Pfennige.«

Die Fahrt war sogar sehr schnell zu Ende. Am Nollendorfplatz hielt die erste Autodroschke, direkt vor dem Hotel Kreid. Der zweite Wagen hatte rechtzeitig gebremst und wartete, außerhalb der Gefahrenzone, was nun werden würde.

Der Mann im steifen Hut stieg aus, zahlte und verschwand im Hotel.

»Gustav, hinterher!« rief der Professor nervös, »wenn das Ding zwei Ausgänge hat, ist er futsch.« Gustav verschwand.

Dann stiegen die anderen Jungen aus. Emil zahlte. Es kostete eine Mark. Der Professor führte seine Leute rasch durch das eine Tor, das an einem Lichtspieltheater vorbei in einen großen Hof führt, der sich hinter dem Kino und dem Theater am Nollendorfplatz ausbreitet. Dann schickte er Krummbiegel vor, er möge Gustav abfangen.

»Wenn der Kerl in dem Hotel bleibt, haben wir Glück«, urteilte Emil. »Dieser Hof hier ist ja ein wundervolles Standquartier.«

»Mit allem Komfort der Neuzeit«, stimmte der Professor bei, »Untergrundbahnhof gegenüber, Anlagen zum Verstecken, Lokale zum Telefonieren. Besser geht's gar nicht.«

»Hoffentlich benimmt sich Gustav gerissen«, sagte Emil.

»Auf den ist Verlaß«, antwortete Mittenzwey der Ältere. »Der ist gar nicht so ungeschickt, wie er aussieht.«

»Wenn er nur bald käme«, meinte der Professor und setzte sich auf einen Stuhl, der verlassen auf dem Hofe stand. Er sah aus wie Napoleon während der Schlacht bei Leipzig.

Und dann kam Gustav wieder. »Den hätten wir«, sagte er und rieb sich die Hände. »Er ist also richtig im Hotel abgestiegen. Ich sah, wie ihn der Boy im Lift hochfuhr. Einen zweiten Ausgang gibt's auch nicht. Ich habe mir die Bude von allen Seiten aus betrachtet. Wenn er nicht übers Dach davonwandert, ist er in der Falle.«

»Krummbiegel steht Wache?« fragte der Professor.

»Natürlich, Mensch!«

Dann erhielt Mittenzwey der Ältere einen Groschen, rannte in ein Café und telefonierte mit dem kleinen Dienstag.

»Hallo, Dienstag?«

»Jawohl, am Apparat«, krähte der kleine Dienstag am anderen Ende.

»Parole Emil! Hier Mittenzwey senior. Der Mann im steifen Hut wohnt im Hotel Kreid, Nollendorfplatz. Das Standquartier befindet sich im Hof der West-Lichtspiele, linkes Tor.«

Der kleine Dienstag notierte sich alles gründlich, wiederholte und fragte: »Braucht ihr Verstärkung, Mittendurch?«

»Nein!«

»War's schwer bis jetzt?«

»Na, es ging. Der Kerl nahm sich ein Auto, wir ein andres, verstehst du, und immer hinterher, bis er hier ausstieg. Er hat ein Zimmer genommen und ist jetzt oben. Guckt wahrscheinlich nach, ob wer unterm Bett liegt und mit sich Skat spielt.«

»Welche Zimmernummer?«

»Das wissen wir noch nicht. Aber wir kriegen's schon raus.«

»Ach, ich wäre so gern mit dabei! Weißt du, wenn wir nach den Ferien den ersten freien Aufsatz haben, schreib ich drüber.«

»Haben schon andre angerufen?«

»Nein, niemand. Es ist zum Kotzen.«

»Na servus, kleiner Dienstag.«

»Guten Erfolg, meine Herren. Was ich noch sagen wollte … Parole Emil!«

»Parole Emil!« antwortete Mittenzwey und meldete sich dann wieder im Hofe der West-Lichtspiele zur Stelle. Es war schon acht Uhr. Der Professor ging, die Wache zu kontrollieren.

»Heute kriegen wir ihn sicher nicht mehr«, sagte Gustav ärgerlich.

»Es ist trotzdem das beste für uns, wenn er gleich schlafen geht«, erläuterte Emil, »denn wenn er jetzt noch stundenlang im Auto rumsaust und in Restaurants geht oder tanzen oder ins Theater oder alles zusammen – da können wir ja vorher ruhig ein paar Auslandskredite aufnehmen.«

Der Professor kam zurück, schickte die beiden Mittenzwey als Verbindungsleute auf den Nollendorfplatz und war sehr wortkarg. »Wir müssen was überlegen, wie wir den Kerl besser beobachten können«, sagte er, »denkt mal, bitte, scharf nach.«

So saßen sie geraume Zeit und grübelten heftig.

Da ertönte im Hof eine Fahrradklingel, und in den Hof rollte ein kleines vernickeltes Rad. Darauf saß ein kleines Mädchen, und hinten auf dem Rad stand Kamerad Bleuer. Und beide riefen: »Hurra!«

Emil sprang auf, half beiden vom Rad, schüttelte dem kleinen Mädchen begeistert die Hand und sagte zu den andern: »Das ist meine Kusine Pony Hütchen.«

Der Professor bot Hütchen höflich seinen Stuhl an, und sie setzte sich.

»Also, Emil, du Rabe«, sagte sie, »kommt nach Berlin und dreht gleich 'nen Film! Wir wollten gerade noch mal nach dem Bahnhof Friedrichstraße zum Neustädter Zug, da kam dein Freund Bleuer mit dem Brief. Netter Kerl übrigens. Gratuliere.«

Bleuer wurde rot und drückte die Brust raus.

»Na ja«, erzählte Pony, »die Eltern und Großmutter sitzen nun zu Haus und bohren sich Löcher in den Kopf, was mit dir eigentlich los ist. Wir haben ihnen natürlich nichts erzählt. Ich habe bloß Bleuer noch vors Haus gebracht und bin ein bißchen mit ihm ausgekratzt. Aber ich muß gleich wieder nach Haus. Sonst alarmieren sie das Überfallkommando. Denn noch 'n Kind weg, an ein und demselben Tag, das hielten ihre Nerven nicht aus.«

»Hier ist der Groschen für die Rückfahrt«, sagte Bleuer stolz, »den haben wir gespart.« Und der Professor steckte das Geld ein.

»Waren sie böse?« fragte Emil.

»Nicht die Bohne«, meinte Hütchen, »Großmutter ist durchs Zimmer galoppiert und hat dauernd gerufen: Mein Enkel Emil ist erst auf 'nen Sprung beim Reichspräsidenten, bis sich die Eltern beruhigten. Aber morgen schnappt ihr den Kunden hoffentlich? Wer ist denn euer Stuart Webbs?«

»Hier«, sagte Emil, »das ist der Professor.«

»Sehr angenehm, Herr Professor«, erklärte Hütchen, »endlich lerne ich mal 'nen richtigen Detektiv kennen.«

Der Professor lachte verlegen und stotterte ein paar unverständliche Worte.

»So, und hier«, sagte Pony, »ist mein Taschengeld, fünfundzwanzig Pfennige. Kauft euch ein paar Zigarren.«

Emil nahm das Geld. Sie saß wie eine Schönheitskönigin auf dem Stuhl, und die Jungen umstanden sie wie die Preisrichter.

»Und nun mach ich mich schwach«, sagte Pony Hütchen, »morgen früh bin ich wieder da. Wo werdet ihr schlafen? Gott, ich bliebe ja zu gern hier und würde euch Kaffee kochen. Aber was soll man machen? Ein anständiges Mädchen gehört in die Klappe. So! Wiedersehen, meine Herren! Gute Nacht, Emil!«

Sie gab Emil einen Schlag auf die Schulter, sprang auf ihr Rad, klingelte fidel und radelte davon.

Die Jungen standen eine ganze Zeit sprachlos.

Dann tat der Professor den Mund auf und sagte:

»Verflucht nochmal!«

Und die andern gaben ihm völlig recht.

Elftes Kapitel
Ein Spion schleicht ins Hotel

Die Zeit verging langsam.
Emil besuchte die drei Vorposten und wollte einen von ihnen ablösen. Aber Krummbiegel und die beiden Mittenzwey sagten, sie blieben. Dann wagte sich Emil, sehr vorsichtig, bis ans Hotel Kreid, informierte sich und kehrte, ziemlich aufgeregt, in den Hof zurück.

»Ich habe das Gefühl«, sagte er, »es müßte was geschehen. Wir können doch nicht die ganze Nacht das Hotel ohne Spion lassen! Krummbiegel steht zwar an der Ecke Kleiststraße. Aber er braucht nur den Kopf wegzudrehen, und schon kann Grundeis flöten gehn.«

»Du hast gut reden, Mensch«, entgegnete Gustav. »Wir können doch nicht einfach zu dem Portier laufen und sagen: Hörnse mal, wir sind so frei und setzen uns auf die Treppe. Und du selber kannst schon gar nicht in das Haus. Wenn der Halunke aus seiner Tür guckt und dich erkennt, war der ganze Zauber bis jetzt umsonst.«

»So meine ich's auch nicht«, antwortete Emil.

»Sondern?« fragte der Professor.

»In dem Hotel gibt's doch einen Jungen, der den Fahrstuhl bedient und derartige Sachen. Wenn nun wer von uns zu ihm ginge und erzählte, was los ist, na, der kennt doch das Hotel wie seine Westentasche und weiß bestimmt einen guten Rat.«

»Gut«, sagte der Professor, »sehr gut sogar!« Er hatte eine komische Angewohnheit. Es war stets, als verteile er an die andern Zensuren. Deshalb hieß er ja auch der Professor.

»Dieser Emil! Noch so einen Tip, und wir machen dich zum Ehrendoktor. Schlau wie ein Berliner!« rief Gustav.

»Bilde dir bloß nicht ein, nur ihr seid schlau!« Emil wurde empfindlich. Er fühlte sich in seinem Neustädter Patriotismus verwundet. »Wir müssen überhaupt noch miteinander boxen.«

»Warum denn?« fragte der Professor.

»Ach, er hat meinen guten Anzug schwer beleidigt.«

»Der Boxkampf findet morgen statt«, entschied der Professor, »morgen oder überhaupt nicht.«

»Er ist gar nicht so doof, der Anzug. Ich hab mich schon dran gewöhnt, Mensch«, erklärte Gustav gutmütig. »Boxen können wir aber trotzdem. Ich mache dich aber darauf aufmerksam, daß ich der Champion der Landhausbande bin. Sieh dich vor!«

»Und ich bin in der Schule der Meister fast aller Gewichtsklassen«, behauptete Emil.

»Schrecklich, ihr Muskelpietsche!« sagte der Professor. »Eigentlich wollte ich selber hinüber ins Hotel. Aber euch beide kann man ja keine Minute allein lassen. Sonst fangt ihr euch sofort zu hauen an.«

»Da geh eben ich!« schlug Gustav vor.

»Richtig!« sagte der Professor, »da gehst eben du! Und sprich mit dem Boy. Sei aber vorsichtig! Vielleicht läßt sich was machen. Stelle fest, in welchem Zimmer der Kerl wohnt. In einer Stunde kommst du wieder und erstattest Bericht.«

Gustav verschwand.

Der Professor und Emil traten vors Tor und erzählten sich von ihren Lehrern. Dann erklärte der Professor dem andern die verschiedenen in- und ausländischen Automarken, die vorbeifuhren, bis Emil ein bißchen Bescheid wußte. Und dann aßen sie gemeinsam eine Stulle.

Es war schon dunkel geworden. Überall flammten Lichtreklamen auf. Die Hochbahn donnerte vorüber. Die Untergrundbahn dröhnte. Straßenbahnen und Autobusse, Autos und Fahrräder vollführten ein tolles Konzert. Im Café Woerz wurde Tanzmusik gespielt. Die Kinos, die am Nollendorfplatz liegen, begannen mit der letzten Vorstellung. Und viele Menschen drängten hinein.

»So ein großer Baum, wie der da drüben am Bahnhof«, meinte Emil, »kommt einem hier ganz ulkig vor. Nicht? Er sieht aus, als hätte er sich verlaufen.« Der Junge war bezaubert und gerührt. Und er vergaß beinahe, wozu er hier stand und daß ihm hundertvierzig Mark fehlten.

»Berlin ist natürlich großartig. Man denkt, man sitzt im

Kino. Aber ich weiß nicht recht, ob ich immer hier leben möchte. In Neustadt haben wir den Obermarkt und den Niedermarkt und den Bahnhofsplatz. Und die Spielplätze am Fluß und im Amselpark. Das ist alles. Trotzdem, Professor, ich glaube, mir genügt's. Immer solcher Fastnachtsrummel, immer hunderttausend Straßen und Plätzen? Da würde ich mich dauernd verlaufen. Überleg dir mal, wenn ich euch nicht hätte und stünde ganz alleine hier! Da krieg ich gleich 'ne Gänsehaut.«

»Man gewöhnt sich dran«, sagte der Professor. »Ich hielte es wahrscheinlich wieder nicht in Neustadt aus, mit drei Plätzen und dem Amselpark.«

»Man gewöhnt sich dran«, sagte Emil, »aber schön ist Berlin. Keine Frage, Professor. Wunderschön.«

»Ist deine Mutter eigentlich sehr streng?« fragte der Berliner Junge.

»Meine Mutter?« fragte Emil, »aber keine Spur. Sie erlaubt mir alles. Aber ich tu's nicht. Verstehst du?«

»Nein«, erklärte der Professor offen, »das versteh ich nicht.«

»So? Also paß mal auf. Habt ihr viel Geld?«

»Das weiß ich nicht. Wir sprechen zu Hause wenig drüber.«

»Ich glaube, wenn man zu Hause wenig über Geld spricht, hat man viel von der Sorte.«

Der Professor dachte einen Moment nach und sagte: »Das ist schon möglich.«

»Siehst du. Wir sprechen oft drüber, meine Mutter und ich. Wir haben eben wenig. Und sie muß fortwährend verdienen, und trotzdem reicht es an keiner Ecke. Aber wenn wir einen Klassenausflug machen, gibt mir meine Mutter genausoviel Geld mit, wie die anderen Jungen kriegen. Manchmal sogar noch mehr.«

»Wie kann sie das denn?«

»Das weiß ich nicht. Aber sie kann's. Und da bring ich dann eben die Hälfte wieder mit.«

»Will sie das?«

»Unsinn! Aber ich will's.«

»Aha!« sagte der Professor, »so ist das bei euch.«

»Jawohl. So ist das. Und wenn sie mir erlaubt, mit Prötzsch

aus der ersten Etage bis neun Uhr abends in die Heide zu gehen, bin ich gegen sieben wieder zurück. Weil ich nicht will, daß sie allein in der Küche sitzt und Abendbrot ißt. Dabei verlangt sie unbedingt, daß ich mit den andern bleiben soll. Ich hab's ja auch versucht. Aber da macht mir das Vergnügen gar kein Vergnügen mehr. Und im Grunde freut sie sich ja doch, daß ich früh heimkomme.«

»Nee«, sagte der Professor. »Das ist bei uns allerdings anders. Wenn ich wirklich zeitig nach Hause komme, kann ich wetten, sie sind im Theater oder eingeladen. Wir haben uns ja auch ganz gerne. Muß man schon sagen. Aber wir machen wenig Gebrauch davon.«

»Es ist eben das einzige, was wir uns leisten können! Deswegen bin ich noch lange kein Muttersöhnchen. Und wer das nicht glaubt, den schmeiße ich an die Wand. Es ist eigentlich ganz einfach zu verstehen.«

»Ich versteh es schon.«

Die zwei Knaben standen eine Zeitlang im Torbogen, ohne zu sprechen. Es wurde Nacht. Sterne glitzerten. Und der Mond schielte mit einem Auge über die Hochbahn weg.

Der Professor räusperte sich und fragte, ohne den andern anzusehn: »Da habt ihr euch wohl sehr lieb?«

»Kolossal«, antwortete Emil.

Zwölftes Kapitel
Ein grüner Liftboy entpuppt sich

Gegen zehn Uhr erschien eine Abordnung des Bereitschaftsdienstes im Kinohofe, brachte noch einmal Stullen angeschleppt, als gelte es, hundert hungernde Völker zu füttern, und erbat weitere Befehle. Der Professor war sehr aufgebracht und erklärte, sie hätten hier gar nichts zu suchen, sondern am Nikolsburger Platz auf Traugott, den Verbindungsmann von der Telefonzentrale, zu warten.

»Sei nicht so ekelhaft!« sagte Petzold. »Wir sind ganz einfach neugierig, wie es bei euch aussieht.«

»Und außerdem dachten wir schon, euch sei was zugestoßen, weil Traugott überhaupt nicht kam«, fügte Gerold entschuldigend hinzu.

»Wie viele sind noch am Nikolsburger Platz?« fragte Emil.

»Vier. Oder drei«, berichtete Friedrich der Erste.

»Es können auch nur zwei sein«, meinte Gerold.

»Frage sie ja nicht weiter!« rief der Professor wütend, »sonst sagen sie noch, es wäre überhaupt niemand mehr dort!«

»Schrei gefälligst nicht so«, sagte Petzold, »du hast mir einen Dreck zu befehlen.«

»Ich schlage vor, daß Petzold sofort ausgewiesen wird und daß man ihm verbietet, weiterhin an der Jagd teilzunehmen«, rief der Professor und stampfte mit dem Fuß auf.

»Es tut mir leid, daß ihr euch meinetwegen zankt«, sagte Emil. »Wir wollen wie im Reichstag abstimmen. Ich beantrage nur, Petzold streng zu verwarnen. Denn es geht natürlich nicht, daß jeder einfach tut, was er will.«

»Macht euch ja nicht mausig, ihr Saukerle! Ich gehe sowieso, daß ihr's wißt!« Dann sagte Petzold noch etwas furchtbar Unanständiges und zog ab.

»Er hat uns überhaupt erst angestiftet. Sonst wären wir gar nicht hierhergelaufen«, erzählte Gerold. »Und Zerlett ist im Bereitschaftslager zurückgeblieben.«

»Kein Wort mehr über Petzold«, befahl der Professor und

sprach schon wieder ganz ruhig. Er nahm sich mächtig zusammen. »Erledigt.«

»Und was wird nun aus uns?« fragte Friedrich der Erste.

»Das beste wird sein, ihr wartet, bis Gustav aus dem Hotel eintrifft und Bericht gibt«, schlug Emil vor.

»Gut«, sagte der Professor. »Ist das dort nicht der Hotelboy?«

»Ja, das ist er«, bestätigte Emil.

Im Torbogen stand – in einer grünen Livree und mit einem genauso grünen, schrägsitzenden Käppi auf dem Kopf – ein Junge. Er winkte den andern und kam langsam näher.

»Eine schneidige Uniform hat er an. Donnerwetter!« meinte Gerold neidisch.

»Bringst du von unserm Spion Gustav Nachricht?« rief der Professor.

Der Boy war schon ganz nahe, nickte und sagte: »Jawohl.«

»Also, bitte schön, was gibt's?« fragte Emil gespannt.

Da erklang plötzlich eine Hupe! Und der grüne Boy sprang wie verrückt im Hausflur hin und her und lachte. »Emil, Mensch!« rief er, »bist du aber dämlich!«

Es war nämlich gar nicht der Boy, sondern Gustav selber.

»Du grüner Junge!« schimpfte Emil zum Spaß. Da lachten die andern auch. Bis jemand in einem der Hofhäuser ein Fenster aufriß und »Ruhe!« schrie.

»Großartig!« sagte der Professor. »Aber leiser, meine Herren. Komm her, Gustav, setz dich und erzähle.«

»Mensch, das reinste Theater. Zum Quietschen. Also, hört zu! Ich schleiche ins Hotel, sehe den Boy rumstehn und mache Winkewinke. Er kommt zu mir, na, und ich bete ihm unsere ganze Geschichte vor. Von A bis Z, so ungefähr. Von Emil. Und von uns. Und von dem Dieb. Und daß er in dem Hotel wohnte. Und daß wir eklig aufpassen müßten, damit wir ihm morgen das Geld wieder abjagen.

Sehr niedlich, sagt der Boy, ich hab noch eine Uniform. Die ziehst du an und machst den zweiten Boy.

Aber was wird denn der Portier dazu sagen? Er meckert sicher, geb ich zur Antwort.

Der meckert nicht. Der erlaubt's, sagt er, denn der Portier ist mein Vater.

Was er seinem Ollen aufgeredet hat, weiß ich nicht. Jedenfalls kriegte ich die Uniform hier, darf in einer Hausdienerstube, die grade leersteht, übernachten und sogar noch jemanden mitbringen. Na, was sagt ihr nun?«

»In welchem Zimmer wohnt der Dieb?« fragte der Professor.

»Dir kann man aber auch mit gar nichts imponieren«, knurrte Gustav gekränkt. »Ich habe natürlich nichts zu arbeiten. Nur im Wege sein soll ich nicht. Der Boy vermutete, der Dieb wohne auf Zimmer 61. Ich also rauf in die dritte Etage. Und nun Spion gespielt. Gänzlich unauffällig, versteht sich. Hinterm Treppengeländer gelauert und so. Nach einer halben Stunde etwa geht auch richtig die Tür von 61 auf. Und wer kommt rausgedusselt? Unser Herr Dieb! Er mußte mal – na ja, ihr wißt schon. Ich hatte ihn mir am Nachmittag gründlich beschnarcht. Er war's! Kleiner schwarzer Schnurrbart, Ohren, durch die der Mond scheinen kann, und eine Visage, die ich nicht geschenkt haben möchte. Wie er wieder zurückkommt, von – na ja, ihr wißt schon! – da trudle ich ihm vor die Beine, stehe stramm und frage: Suchen der Herr was? Haben der Herr Gast einen Wunsch?

Nein, sagte er, ich brauche nichts. Oder doch! Warte mal! Melde dem Portier, er soll mich morgen früh Punkt acht Uhr wecken lassen. Zimmer 61. Vergiß es aber nicht!

Nein, darauf können sich der Herr verlassen, sag ich und kneif mir vor Begeisterung in die Hose, das vergeß ich nicht! Punkt acht klingelt auf Zimmer 61 das Telefon! Die wecken nämlich telefonisch. Er nickt friedlich und trollt in die Klappe.«

»Ausgezeichnet!« Der Professor war aufs höchste befriedigt und die andern erst recht. »Ab acht Uhr wird er vor dem Hotel feierlich erwartet. Dann geht die Jagd weiter. Und dann wird er geschnappt.«

»Der ist so gut wie erledigt«, rief Gerold.

»Blumenspenden verboten«, sagte Gustav. »Und nun haue ich ab. Ich mußte nur für Zimmer 12 einen Brief in den Kasten werfen. Fünfzig Pfennig Trinkgeld. Ein lohnender Beruf. Der Boy hat an manchem Tag zehn Mark Trinkgelder. Erzählt er. Also, gegen sieben Uhr steh ich auf, kümmere mich darum, daß unser Halunke pünktlich geweckt wird. Und dann finde ich mich hier wieder ein.«

»Lieber Gustav, ich bin dir dankbar«, meinte Emil, fast feierlich. »Nun kann nichts mehr passieren. Morgen wird er gehascht. Und jetzt können alle ruhig schlafen gehen, was, Professor?«

»Jawohl. Alles rückt ab und schläft sich aus. Und morgen früh, Punkt acht Uhr, sind alle Anwesenden wieder hier. Wer noch etwas Geld locker machen kann, tut's. Ich rufe jetzt noch den kleinen Dienstag an. Er soll die andern, die sich morgens melden, wieder als Bereitschaftsdienst versammeln. Vielleicht müssen wir ein Kesseltreiben machen. Man kann nicht wissen.«

»Ich gehe mit Gustav ins Hotel schlafen«, sagte Emil.

»Los, Mensch! Es wird dir großartig gefallen. Eine wunderbare Flohkiste!«

»Ich telefoniere erst noch«, erklärte der Professor. »Dann geh ich auch nach Hause und schicke Zerlett heim. Der sitzt sonst bis morgen früh am Nikolsburger Platz und wartet auf Kommandos. Ist alles klar?«

»Jawohl, Herr Polizeipräsident«, lachte Gustav.

»Morgen früh Punkt acht hier im Hof«, sagte Gerold.

»Bißchen Geld mitbringen«, erinnerte Friedrich der Erste.

Man verabschiedete sich. Alle schüttelten sich, wie kleine ernste Männer, die Hände. Die einen marschierten heim. Gustav und Emil zogen ins Hotel. Der Professor ging quer über den Nollendorfplatz, um vom Café Hahnen aus den kleinen Dienstag anzurufen.

Und eine Stunde später schliefen sie alle. Die meisten in ihren Betten. Zwei in einer Gesindestube, im vierten Stock des Hotel Kreid.

Und einer neben dem Telefon, in Vaters Lehnstuhl. Das war der kleine Dienstag. Er verließ seinen Posten nicht. Traugott war nach Hause gegangen. Der kleine Dienstag aber wich nicht vom Apparat. Er hockte in den Polstern und schlief und träumte von vier Millionen Telefongesprächen.

Um Mitternacht kamen seine Eltern aus dem Theater heim. Sie wunderten sich nicht wenig, als sie ihren Sohn im Lehnstuhl erblickten.

Die Mutter nahm ihn hoch und trug ihn in sein Bett. Er zuckte zusammen und murmelte noch im Schlaf: »Parole Emil!«

Dreizehntes Kapitel
Herr Grundeis kriegt eine Ehrengarde

Die Fenster des Zimmers 61 gingen auf den Nollendorfplatz. Und als Herr Grundeis, am nächsten Morgen, während er sich die Haare kämmte, hinuntersah, fiel ihm auf, daß sich zahllose Kinder herumtrieben. Mindestens zwei Dutzend Jungen spielten gegenüber, vor den Anlagen, Fußball. Eine andere Abteilung stand an der Kleiststraße. Am Untergrundbahnhofeingang standen Kinder.

»Wahrscheinlich Ferien«, knurrte er verärgert und band sich den Schlips um.

Inzwischen hielt der Professor im Kinohofe eine Funktionärversammlung ab und schimpfte wie ein Rohrspatz: »Da zerbricht man sich Tag und Nacht den Schädel, wie man den Mann erwischen kann, und ihr Hornochsen mobilisiert unterdessen ganz Berlin! Brauchen wir vielleicht Zuschauer? Drehen wir etwa einen Film? Wenn der Kerl uns durch die Lappen geht, seid ihr dran schuld, ihr Klatschtanten!«

Die andern standen zwar geduldig im Kreise, schienen aber keineswegs an übertrieben heftigen Gewissensbissen zu leiden. Es zwickte nur ganz wenig, und Gerold meinte: »Reg dich nicht so auf, Professor. Wir kriegen den Dieb so und so.«

»Macht, daß ihr rauskommt, ihr albernen Nußknacker! Und gebt Befehl, daß sich die Bande wenigstens nicht allzu auffällig benimmt, sondern das Hotel überhaupt nicht beachtet. Kapiert? Vorwärts marsch!«

Die Jungen zogen ab. Und nur die Detektive blieben im Hofe zurück.

»Ich habe mir von dem Portier zehn Mark geborgt«, berichtete Emil. »Wenn der Mann ausreißt, haben wir also Geld genug, ihn zu verfolgen.«

»Schicke doch einfach die Kinder draußen nach Hause«, schlug Krummbiegel vor.

»Glaubst du denn im Ernst, daß sie gehen? Und wenn der

Nollendorfplatz zerspringt, die bleiben«, sagte der Professor.

»Da hilft nur eins«, meinte Emil. »Wir müssen unsern Plan ändern. Wir können den Grundeis nicht mehr mit Spionen umzingeln, sondern wir müssen ihn richtig hetzen. Daß er's merkt. Von allen Seiten und mit allen Kindern.«

»Das hab ich mir auch schon gedacht«, erklärte der Professor. »Wir ändern am besten unsere Taktik und treiben ihn in die Enge, bis er sich ergibt.«

»Wunderbar!« schrie Gerold.

»Es wird ihm lieber sein, das Geld rauszugeben, als daß stundenlang etwa hundert Kinder hinter ihm her turnen und schreien, bis die ganze Stadt zusammenläuft und die Polizei ihn hoppnimmt«, urteilte Emil.

Die andern nickten klug. Da klingelte es im Torbogen! Und Pony Hütchen radelte strahlend in den Hof. »Morgen, ihr Hannaken«, rief sie, sprang aus dem Sattel, begrüßte Vetter Emil, den Professor und die übrigen und holte dann einen kleinen Korb, den sie an der Lenkstange festgebunden hatte. »Ich bring euch nämlich Kaffee mit«, krähte sie, »und ein paar Buttersemmeln! Sogar eine saubere Tasse hab ich. Ach, der Henkel ist ab! Pech muß der Mensch haben!«

Die Jungen hatten zwar samt und sonders gefrühstückt. Auch Emil schon, im Hotel Kreid. Aber keiner wollte dem kleinen Mädchen die gute Laune verderben. Und so tranken sie aus der Tasse ohne Henkel Milchkaffee und aßen Semmeln, als hätten sie vier Wochen nichts gekriegt.

»Nein, schmeckt das großartig!« rief Krummbiegel.

»Und wie knusprig die Semmeln sind«, brummte der Professor kauend.

»Nicht wahr?« fragte Pony. »Ja, ja, es ist eben doch was andres, wenn eine Frau im Hause ist!«

»Im Hofe«, berichtigte Gerold.

»Wie steht's in der Schumannstraße?« fragte Emil.

»Es geht ihnen danke. Und einen besonderen Gruß von der Großmutter. Du sollst bald kommen, sonst kriegst du zur Strafe jeden Tag Fisch.«

»Pfui Teufel«, murmelte Emil und verzog das Gesicht.

»Warum pfui Teufel?« erkundigte sich Mittenzwey der Jüngere. »Fisch ist doch was Feines.« Alle sahen ihn erstaunt an, denn es war seine Gewohnheit, niemals zu reden. Er wurde auch sofort rot und verkrümelte sich hinter seinem großen Bruder.

»Emil kann keinen Bissen Fisch essen. Und wenn er's wirklich versucht, muß er auf der Stelle raus«, erzählte Pony Hütchen.

So plauderten sie und waren denkbar guter Laune. Die Jungen benahmen sich äußerst aufmerksam. Der Professor hielt Ponys Rad. Krummbiegel ging, die Thermosflasche und die Tasse auszuspülen. Mittenzwey senior faltete das Brötchenpapier fein säuberlich zusammen. Emil schnallte den Korb wieder an die Lenkstange. Gerold prüfte, ob noch Luft im Radreifen wäre. Und Pony Hütchen hüpfte im Hof umher, sang sich ein Lied und erzählte zwischendurch alles mögliche.

»Halt!« rief sie plötzlich und blieb auf einem Beine stehen. »Ich wollte doch noch was fragen! Was wollen denn die furchtbar vielen Kinder auf dem Nollendorfplatz draußen? Das sieht ja aus wie eine Ferienkolonie!«

»Das sind Neugierige, die von unsrer Verbrecherjagd gehört haben. Und nun wollen sie dabeisein«, erklärte der Professor.

Da kam Gustav durchs Tor gerannt, hupte laut und brüllte: »Los! Er kommt!« Alle wollten davonstürzen.

»Achtung! Zuhören!« schrie der Professor. »Wir werden ihn also einkreisen. Hinter ihm Kinder, vor ihm Kinder, links Kinder, rechts Kinder! Ist das klar? Weitere Kommandos geben wir unterwegs. Marsch und raus!«

Sie liefen, rannten und stolperten durchs Tor. Pony Hütchen blieb, etwas beleidigt, allein zurück. Dann schwang sie sich auf ihr kleines vernickeltes Rad, murmelte wie ihre eigne Großmutter: »Die Sache gefällt mir nicht. Die Sache gefällt mir nicht!« und fuhr hinter den Jungen her.

Der Mann im steifen Hut trat gerade in die Hoteltür, stieg langsam die Treppe herunter und wandte sich nach rechts, der Kleiststraße zu. Der Professor, Emil und Gustav jagten ihre

Eilboten zwischen den verschiedenen Kindertrupps hin und her. Und drei Minuten später war Herr Grundeis umzingelt.

Er sah sich, höchlichst verwundert, nach allen Seiten um. Die Jungen unterhielten sich, lachten, knufften sich und hielten gleichen Schritt mit ihm. Manche starrten den Mann an, bis er verlegen wurde und wieder geradeaus guckte.

Sssst! pfiff ein Ball dicht an seinem Kopfe vorbei. Er zuckte zusammen und beschleunigte seinen Gang. Doch nun liefen die Jungen ebenfalls rascher. Er wollte geschwind in eine Seitenstraße abbiegen. Doch da kam auch schon ein Kindertrupp dahergestürmt

»Mensch, der hat ein Gesicht, als wollte er dauernd niesen«, rief Gustav.

»Lauf ein bißchen vor mir«, riet Emil, »mich braucht er jetzt noch nicht zu erkennen. Das erlebt er noch früh genug.« Gustav machte breite Schultern und stieg vor Emil her wie ein Boxkämpfer, der vor Kraft nicht laufen kann. Pony Hütchen fuhr neben dem Umzuge und klingelte vergnügt.

Der Mann im steifen Hut wurde sichtlich nervös. Er ahnte dunkel, was ihm bevorstünde, und stiefelte mit Riesenschritten. Aber es war umsonst. Er entging seinen Feinden nicht.

Plötzlich blieb er wie angenagelt stehen, drehte sich um und lief die Straße, die er gekommen war, wieder zurück. Da machten auch sämtliche Kinder kehrt; und nun ging's in umgekehrter Marschordnung weiter.

Da lief ein Junge – es war Krummbiegel – dem Mann in die Quere, daß er stolperte.

»Was fällt dir ein, du Lausejunge?« schrie er. »Ich werde gleich einen Polizisten rufen!«

»Ach ja, bitte, tun Sie das mal!« rief Krummbiegel. »Darauf lauern wir schon lange. Na, so rufen Sie ihn doch!«

Herr Grundeis dachte nicht daran, zu rufen, im Gegenteil. Ihm wurde die Geschichte immer unheimlicher. Er bekam förmlich Angst und wußte nicht mehr, wohin. Schon sahen Leute aus allen Fenstern. Schon rannten die Ladenfräuleins mit ihren Kunden vor die Geschäfte und fragten, was los wäre. Wenn jetzt ein Polizist kam, war's aus.

Da hatte der Dieb einen Einfall. Er erblickte eine Filiale der Commerz- und Privatbank. Er durchbrach die Kette der Kinder, eilte auf die Tür zu und verschwand.

Der Professor sprang vor die Tür und brüllte: »Gustav und ich gehen hinterher! Emil bleibt vorläufig noch hier, bis es soweit ist! Wenn Gustav hupt, kann's losgehen! Dann kommt Emil mit zehn Jungen hinein. Such dir inzwischen die Richtigen aus, Emil. Es wird eine kitzlige Sache!«

Dann verschwanden auch Gustav und der Professor hinter der Tür.

Emil summten vor Herzklopfen die Ohren. Jetzt mußte sich's entscheiden! Er rief Krummbiegel, Gerold, die Brüder Mittenzwey und noch ein paar andre zu sich und ordnete an, daß die übrigen, der große Trupp, sich zerstreuten.

Die Kinder gingen ein paar Schritte von dem Bankgebäude fort, aber nicht weit. Was nun geschah, konnten sie sich unter keinen Umständen entgehen lassen.

Pony Hütchen bat einen Knaben, ihr Rad zu halten, und trat zu Emil.

»Da bin ich«, sagte sie. »Kopf hoch. Jetzt wird's ernst. O Gott, o Gott, ich bin gespannt. Wie ein Regenschirm.«

»Denkst du etwa, ich nicht?« fragte Emil.

Vierzehntes Kapitel
Stecknadeln haben auch ihr Gutes

Als Gustav und der Professor die Bank betraten, stand der Mann im steifen Hut bereits an einem Schalter, an dem ein Schild mit der Aufschrift »Ein- und Auszahlungen« hing, und wartete ungeduldig, daß er an die Reihe käme. Der Bankbeamte telefonierte.

Der Professor stellte sich neben den Dieb und paßte wie ein Schießhund auf. Gustav blieb hinter dem Mann stehen und hielt die Hand, zum Hupen fertig, in der Hosentasche.

Dann kam der Kassierer an den Schalter und fragte den Professor, was er wolle.

»Bitte sehr«, sagte der, »der Herr war vor mir da.«

»Sie wünschen« fragte der Kassierer nun Herrn Grundeis.

»Wollen Sie mir, bitte schön, einen Hundertmarkschein in zwei Fünfziger umtauschen und für vierzig Mark Silber geben?« fragte dieser, griff sich in die Tasche und legte einen Hundertmarkschein und zwei Zwanzigmarkscheine auf den Tisch.

Der Kassierer nahm die drei Scheine und ging damit zum Geldschrank.

»Einen Moment!« rief da der Professor laut, »das Geld ist gestohlen!«

»Waaas?« fragte der Bankbeamte erschrocken, drehte sich um; seine Kollegen, die in den anderen Abteilungen saßen und kopfrechneten, hörten auf zu arbeiten und fuhren hoch, als hätte sie eine Schlange gebissen.

»Das Geld gehört gar nicht dem Herrn. Er hat es einem Freund von mir gestohlen und will es nur umtauschen, damit man ihm nichts nachweisen kann«, erklärte der Professor.

»Sowas von Frechheit ist mir in meinem ganzen Leben noch nicht vorgekommen«, sagte Herr Grundeis, fuhr, zum Kassierer gewandt, fort: »Entschuldigen Sie!« und gab dem Professor eine schallende Ohrfeige.

»Dadurch wird die Sache auch nicht anders«, meinte der

Professor und landete bei Grundeis einen Magenstoß, daß der Mann sich am Tisch festhalten mußte. Und jetzt hupte Gustav dreimal entsetzlich laut. Die Bankbeamten sprangen auf und liefen neugierig nach dem Kassenschalter. Der Herr Depositenkassenvorsteher stürzte zornig aus seinem Zimmer.

Und – durch die Tür kamen zehn Jungen gerannt, Emil allen voran, und umringten den Mann mit dem steifen Hut.

»Was, zum Donnerkiel, ist denn mit den Bengels los?« schrie der Vorsteher.

»Die Lausejungen behaupten, ich hätte einem von ihnen das Geld gestohlen, das ich eben Ihrem Kassierer zum Wechseln einzahlte«, erzählte Herr Grundeis und zitterte vor Ärger.

»So ist es auch!« rief Emil und sprang an den Schalter. »Einen Hundertmarkschein und zwei Zwanzigmarkscheine hat er mir gestohlen. Gestern nachmittag. Im Zug, der von Neustadt nach Berlin fuhr! Während ich schlief.«

»Ja, kannst du das denn auch beweisen?« fragte der Kassierer streng.

»Ich bin seit einer Woche in Berlin und war gestern von früh bis abends in der Stadt«, sagte der Dieb und lächelte höflich.

»So ein verdammter Lügner!« schrie Emil und weinte fast vor Wut.

»Kannst du denn nachweisen, daß dieser Herr hier der Mann ist, mit dem du im Zuge saßt?« fragte der Vorsteher.

»Das kann er natürlich nicht«, meinte der Dieb nachlässig.

»Denn wenn du allein mit ihm im Zug gesessen haben willst, hast du doch keinen einzigen Zeugen«, bemerkte einer der Angestellten. Und Emils Kameraden machten betroffene Gesichter.

»Doch!« rief Emil, »doch! Ich hab doch einen Zeugen! Er heißt Frau Jakob aus Groß-Grünau. Sie saß erst mit im Abteil. Und stieg später aus. Und sie trug mir auf, Herrn Kurzhals in Neustadt herzlich von ihr zu grüßen!«

»Es scheint, Sie werden ein Alibi erbringen müssen«, sagte der Depositenkassenvorsteher zu dem Dieb. »Können Sie das?«

»Selbstverständlich«, erklärte der. »Ich wohne drüben im Hotel Kreid …«

»Aber erst seit gestern abend«, rief Gustav. »Ich hab mich dort als Liftboy eingeschlichen und weiß Bescheid, Mensch!«

Die Bankbeamten lächelten ein wenig und gewannen an den Jungen Interesse.

»Wir werden das Geld am besten vorläufig hierbehalten, Herr ...« sagte der Vorsteher und riß sich von einem Block einen Zettel ab, um Namen und Adresse zu notieren.

»Grundeis heißt er!« rief Emil.

Der Mann im steifen Hut lachte laut und sagte: »Da sehen Sie, daß es sich um eine Verwechslung handeln muß. Ich heiße Müller.«

»O, wie gemein er lügt! Mir hat er im Zug erzählt, daß er Grundeis heißt«, schrie Emil wütend.

»Haben Sie Ausweispapiere?« fragte der Kassierer.

»Leider nicht bei mir«, sagte der Dieb. »Aber wenn Sie einen Augenblick warten wollen, so hole ich sie aus dem Hotel herüber.«

»Der Kerl lügt fortwährend! Und es ist mein Geld. Und ich muß es wiederhaben«, rief Emil.

»Ja, sogar wenn's wahr wäre, mein Junge«, erklärte der Kassierer, »so einfach geht das nicht! Wie kannst du denn beweisen, daß es dein Geld ist? Steht vielleicht dein Name drauf? Oder hast du dir etwa die Nummern gemerkt?«

»Natürlich nicht«, sagte Emil. »Denkt man denn, daß man beklaut wird? Aber es ist trotzdem mein Geld, hören Sie? Und meine Mutter hat es mir für die Großmutter, die hier in der Schumannstraße 15 wohnt, mitgegeben.«

»War an einem der Scheine eine Ecke abgerissen oder war sonst etwas nicht in Ordnung?«

»Nein, ich weiß nicht.«

»Also, meine Herren, ich erkläre Ihnen auf Ehrenwort: das Geld gehört wirklich mir. Ich werde doch nicht kleine Kinder ausrauben!« behauptete der Dieb.

»Halt!« schrie Emil plötzlich und sprang in die Luft, so leicht war ihm mit einem Male geworden. »Halt! Ich habe mir im Zug das Geld mit einer Stecknadel ins Jackett gesteckt. Und deshalb müssen Nadelstiche in den drei Scheinen zu sehen sein!«

Der Kassierer hielt das Geld gegen das Licht. Den anderen stockte der Atem.

Der Dieb trat einen Schritt zurück. Der Bankvorsteher trommelte nervös auf dem Tisch herum.

»Der Junge hat recht«, schrie der Kassierer, blaß vor Erregung. »In den Scheinen sind tatsächlich Nadelstiche!«

»Und hier ist auch die Nadel dazu«, sagte Emil und legte die Stecknadel stolz auf den Tisch. »Gestochen habe ich mich auch.«

Da drehte sich der Dieb blitzschnell um, stieß die Jungen links und rechts zur Seite, daß sie hinfielen, rannte durch den Raum, riß die Tür auf und war weg.

»Ihm nach!« schrie der Bankvorsteher.

Alles lief nach der Tür.

Als man auf die Straße kam, war der Dieb schon von mindestens zwanzig Jungen umklammert. Sie hielten ihn an den Beinen. Sie hingen an seinen Armen. Sie zerrten an seinem Jackett. Er ruderte wie verrückt. Aber die Jungen ließen nicht locker.

Und dann kam auch schon ein Schupo im Dauerlauf daher, den Pony Hütchen mit ihrem kleinen Rade geholt hatte. Und der Bankvorsteher forderte ihn ernst auf, den Mann, der sowohl Grundeis wie auch Müller hieße, festzunehmen. Denn er sei, wahrscheinlich, ein Eisenbahndieb.

Der Kassierer nahm sich Urlaub, holte das Geld und die Stecknadel und ging mit. Na, es war ein toller Aufzug! Der Schutzmann, der Bankbeamte, der Dieb in der Mitte, und hinterher neunzig bis hundert Kinder! So zogen sie zur Wache.

Pony Hütchen fuhr auf ihrem kleinen vernickelten Fahrrade nebenher, nickte dem glücklichen Vetter Emil zu und rief: »Emil, mein Junge! Ich fahre rasch nach Hause und erzähle dort das ganze Theater.«

Der Junge nickte zurück und sagte: »Zum Mittagessen bin ich zu Hause! Grüße schön!«

Pony Hütchen rief noch: »Wißt ihr, wie ihr aussseht? Wie ein großer Schulausflug!« Dann bog sie, heftig klingelnd, um die Ecke.

Fünfzehntes Kapitel
Emil besucht das Polizeipräsidium

Der Zug marschierte zur nächsten Polizeiwache. Der Schupo meldete einem Wachtmeister, was geschehen sei. Emil ergänzte den Bericht. Dann mußte er sagen, wann und wo er geboren wurde, wie er heiße und wo er wohne. Und der Wachtmeister schrieb alles auf. Mit Tinte.

»Und wie heißen Sie?« fragte er den Dieb.

»Herbert Kießling«, sagte der Kerl.

Da mußten die Jungen – Emil, Gustav und der Professor – laut lachen. Und der Bankbeamte, der dem Wachtmeister die hundertvierzig Mark übergeben hatte, schloß sich ihnen an.

»Mensch, so eine Rübe!« rief Gustav. »Erst hieß er Grundeis. Dann hieß er Müller. Jetzt heißt er Kießling! Nun bin ich ja bloß gespannt, wie er in Wirklichkeit heißt!«

»Ruhe!« knurrte der Wachtmeister. »Das kriegen wir auch noch raus.«

Herr Grundeis-Müller-Kießling nannte daraufhin seine augenblickliche Adresse, das Hotel Kreid. Dann den Geburtstag und seine Heimat, Ausweispapiere habe er keine.

»Und wo waren Sie bis gestern?« fragte der Wachtmeister.

»In Groß-Grünau«, erklärte der Dieb.

»Das ist bestimmt schon wieder gelogen«, rief der Professor.

»Ruhe!« knurrte der Wachtmeister. »Das kriegen wir auch noch raus.«

Der Bankbeamte erkundigte sich, ob er gehen dürfe. Dann wurden noch seine Personalien notiert. Er klopfte Emil freundlich auf die Schulter und verschwand.

»Haben Sie gestern nachmittag dem Realschüler Emil Tischbein aus Neustadt im Berliner Zuge hundertvierzig Mark gestohlen, Kießling?« fragte der Wachtmeister.

»Jawohl«, sagte der Dieb düster. »Ich weiß auch nicht, das kam ganz plötzlich. Der Junge lag in der Ecke und schlief. Und da fiel ihm das Kuvert heraus. Und da hob ich es auf und wollte bloß mal nachsehen, was drin wäre. Und weil ich grade kein Geld hatte –«

»So ein Schwindler!« rief Emil. »Ich hatte das Geld in der Jackentasche festgesteckt. Es konnte gar nicht herausfallen!«

»Und so nötig hat er's bestimmt nicht gebraucht. Sonst hätte er Emils Geld nicht noch vollzählig in der Tasche gehabt. Er hat doch unterdessen Auto und Eier im Glas und Bier bezahlen müssen«, bemerkte der Professor.

»Ruhe!« knurrte der Wachtmeister. »Das kriegen wir auch noch raus.«

Und er notierte alles, was erzählt wurde.

»Könnten Sie mich vielleicht auf freien Fuß setzen, Herr Wachtmeister?« fragte der Dieb und schielte vor lauter Höflichkeit. »Ich hab ja den Diebstahl zugegeben. Und wo ich wohne, wissen Sie auch. Ich habe geschäftlich in Berlin zu tun und möchte ein paar Gänge erledigen.«

»Daß ich nicht lache!« sagte der Wachtmeister ernst und rief das Polizeipräsidium an: es solle einen Wagen schicken; in seinem Revier sei ein Eisenbahndieb gefaßt worden.

»Wann kriege ich denn mein Geld?« fragte Emil besorgt.

»Im Polizeipräsidium«, sagte der Wachtmeister. »Ihr fahrt jetzt gleich hinüber. Und dort wird sich alles finden.«

»Emil, Mensch!« flüsterte Gustav, »nun mußt du in der Grünen Minna zum Alex!«

»Quatsch!« sagte der Wachtmeister. »Hast du Geld, Tischbein?«

»Jawohl!« erklärte Emil. »Die Jungen haben gestern gesammelt. Und der Portier aus dem Hotel Kreid hat mir zehn Mark geborgt.«

»Die reinsten Detektive! Ihr verfluchten Kerle!« knurrte der Wachtmeister. Doch das Knurren klang sehr gutmütig. »Also Tischbein, du fährst mit der Untergrundbahn zum Alexanderplatz und meldest dich bei Kriminalwachtmeister Lurje. Das Weitere wirst du dann schon merken. Auch dein Geld kriegst du dort wieder.«

»Darf ich erst dem Portier die zehn Mark zurückbringen?« erkundigte sich Emil.

»Natürlich.«

Wenige Minuten später kam das Kriminalauto. Und Herr Grundeis-Müller-Kießling mußte einsteigen. Der Wachtmeister gab einem Schupo, der im Wagen saß, den schriftlichen Bericht und die hundertvierzig Mark. Die Stecknadel auch. Und dann gondelte die Grüne Minna fort. Die Kinder, die auf der Straße standen, schrien hinter dem Dieb her. Aber der rührte sich nicht. Wahrscheinlich war er zu stolz, weil er in einem Privatauto fahren durfte.

Emil gab dem Wachtmeister die Hand und bedankte sich. Dann teilte der Professor den Kindern, die vor der Wache gewartet hatten, mit, das Geld erhalte Emil am Alex, und die Jagd wäre erledigt. Da zogen die Kinder, in großen Trupps, wieder heim. Nur die engeren Bekannten brachten Emil zum Hotel und zum Bahnhof Nollendorfplatz. Und er bat sie, nachmittags den kleinen Dienstag anzurufen. Der würde dann wissen, wie alles verlaufen wäre. Und er hoffe sehr, sie noch einmal zu sehen, ehe er nach Neustadt zurückführe. Und er danke ihnen schon jetzt von ganzem Herzen für ihre Hilfe. Und das Geld bekämen sie auch wieder.

»Wenn du es wagst, uns das Geld wiederzugeben, kriegst du den Buckel voll, Mensch!« rief Gustav. »Übrigens müssen wir auch noch boxen. Wegen deines drolligen Anzugs.«

»Ach, Mensch!« sagte Emil und faßte Gustav und den Professor an den Händen, »ich bin so guter Laune! Das Boxen lassen wir am besten sein. Ich brächte es vor lauter Rührung nicht übers Herz, dich für die Zeit zu Boden zu schicken.«

»Das würde dir auch nicht gelingen, wenn du schlechter Laune wärst, du Lümmel!« rief Gustav.

Und dann fuhren die drei zum Alexanderplatz ins Polizeipräsidium, mußten durch viele Korridore laufen und an unzähligen Zimmern vorbei. Und schließlich fanden sie den Kriminalwachtmeister Lurje. Der frühstückte gerade. Emil meldete sich.

»Aha!« sagte Herr Lurje und kaute. »Emil Stuhlbein. Jugendlicher Amateurdetektiv. Telefonisch schon gemeldet. Der Kriminalkommissar wartet. Will sich mit dir unterhalten. Komm mal mit!«

»Tischbein heiß ich«, korrigierte Emil.

»Jacke wie Hose«, sagte Herr Lurje und biß von neuem in die Stulle.

»Wir warten hier auf dich«, meinte der Professor. Und Gustav rief Emil nach: »Mach schnell, Mensch! Wenn ich wen kauen sehe, kriege ich immer gleich Hunger!«

Herr Lurje spazierte durch mehrere Gänge, links, rechts, wieder links. Dann klopfte er an eine Tür. Eine Stimme rief: »Herein!« Lurje öffnete die Tür ein wenig und sagte kauend: »Der kleine Detektiv ist da, Herr Kommissar. Emil Fischbein, Sie wissen schon.«

»Tischbein heiß ich«, erklärte Emil nachdrücklich.

»Auch 'n ganz hübscher Name«, sagte Herr Lurje und gab Emil einen Stoß, daß er in das Zimmer purzelte.

Der Kriminalkommissar war ein netter Herr. Emil mußte sich in einen bequemen Sessel setzen und die Diebsgeschichte haarklein und von Anfang an erzählen. Zum Schluß sagte der Kommissar feierlich: »So, und nun bekommst du auch dein Geld wieder.«

»Gott sei getrommelt!« Emil atmete befreit auf und steckte das Geld ein. Und zwar besonders vorsichtig.

»Laß dir's aber nicht wieder klauen!«

»Nein! Ausgeschlossen! Ich bring's gleich zur Großmutter!«

»Richtig! Bald hätte ich's vergessen. Du mußt mir deine Berliner Adresse geben. Bleibst du noch ein paar Tage hier?«

»Ich möchte schon«, sagte Emil. »Ich wohne Schumannstraße 15. Bei Heimbold. So heißt mein Onkel. Die Tante übrigens auch.«

»Wunderbar habt ihr das gemacht, ihr Jungen«, meinte der Kommissar und steckte sich eine dicke Zigarre an.

»Die Kerls haben glänzend funktioniert, wirklich wahr!« rief Emil begeistert. »Dieser Gustav mit seiner Hupe, und der Professor, und der kleine Dienstag, und Krummbiegel und die Gebrüder Mittenzwey, überhaupt alle. Es war direkt ein Vergnügen, mit ihnen zu arbeiten. Vor allem der Professor, das ist ein Aas!«

»Na ja, du bist auch nicht grade aus Pfefferkuchen!« meinte der Herr.

»Was ich noch fragen wollte, Herr Kommissar, – was wird denn nun aus dem Grundeis oder wie mein Dieb sonst heißt?«

»Den haben wir zum Erkennungsdienst gebracht. Dort wird er photographiert. Und seine Fingerabdrücke werden genommen. Und nachher vergleichen wir sein Bild und die Abdrücke mit den Photos in unsrer Kartothek.«

»Was ist denn das?«

»Da haben wir alle schon einmal bestraften Verbrecher abgebildet. Und dann haben wir auch Abdrücke, Fußspuren und ähnliches von solchen Verbrechern, die man noch nicht erwischt hat und die man sucht. Denn es wäre ja möglich, daß der Mann, der dich bestohlen hat, auch noch andere Diebstähle und Einbrüche ausführte, ehe er dich um dein Geld brachte. Nicht wahr?«

»Das stimmt. Daran habe ich noch gar nicht gedacht!«

»Moment«, sagte der nette Kommissar. Denn das Telefon läutete. »Jawohl … interessante Sache für Sie … kommen Sie doch mal in mein Zimmer …« sprach er in den Apparat. Dann hängte er ab und sagte: »Jetzt werden gleich ein paar Herren von der Zeitung erscheinen und dich interviewen.«

»Was ist denn das?« fragte Emil.

»Interviewen heißt ausfragen.«

»Nicht möglich!« rief Emil. »Da komme ich in die Zeitung?«

»Wahrscheinlich«, sagte der Kommissar. »Wenn ein Realschüler einen Dieb fängt, wird er eben berühmt.«

Dann klopfte es. Und vier Herren traten ins Zimmer. Der Kommissar gab ihnen die Hand und erzählte kurz Emils Erlebnisse. Die vier Herren schrieben fleißig nach.

»Wunderbar!« sagte zum Schluß einer der Reporter. »Der Knabe vom Lande als Detektiv.«

»Vielleicht engagieren Sie ihn für den Außendienst?« riet ein anderer und lachte.

»Warum bist du denn nicht sofort zu einem Schupo gegangen und hast ihm alles gesagt?« fragte ein dritter.

Emil bekam es mit der Angst. Er dachte an Wachtmeister Jeschke in Neustadt und an den Traum. Jetzt ging's ihm an den Kragen. »Na?« ermunterte der Kommissar.

Emil zuckte mit den Achseln und sagte: »Also schön! Weil ich in Neustadt dem Denkmal von Großherzog Karl eine rote Nase und einen Schnurrbart angemalt habe. Bitte, verhaften Sie mich, Herr Kommissar!«

Da lachten die fünf Männer, anstatt entsetzte Gesichter zu ziehen. Und der Kommissar rief: »Aber Emil, wir werden doch nicht einen unsrer besten Detektive ins Gefängnis sperren!«

»Nein? Wirklich nicht? Na, da bin ich aber froh«, sagte der Junge erleichtert. Dann ging er auf einen der Reporter zu und fragte: »Kennen Sie mich denn nicht mehr?«

»Nein«, sagte der Herr.

»Sie haben mir doch gestern auf der Linie 177 das Straßenbahnbillett bezahlt, weil ich kein Geld hatte.«

»Richtig!« rief der Herr. »Jetzt entsinne ich mich. Du wolltest noch meine Adresse wissen, um mir den Groschen wiederzubringen.«

»Wollen Sie ihn jetzt haben?« fragte Emil und suchte zehn Pfennig aus der Hosentasche heraus.

»Aber Unsinn«, meinte der Herr. »Du stelltest dich doch sogar vor.«

»Freilich«, erklärte der Junge. »Das tue ich oft. Emil Tischbein ist mein Name.«

»Ich heiße Kästner«, sagte der Journalist, und sie gaben sich die Hand.

»Großartig!« rief der Kommissar, »alte Bekannte!«

»Hör mal, Emil«, sagte Herr Kästner, »kommst du ein bißchen zu mir auf die Redaktion? Vorher essen wir irgendwo Kuchen mit Schlagsahne.«

»Darf ich Sie einladen?« fragte Emil.

»So ein ehrgeiziger Bengel!« Die Herren lachten vor Vergnügen.

»Nein, bezahlen mußt du mich lassen«, sagte Herr Kästner.
»Sehr gern«, meinte Emil. »Aber der Professor und Gustav warten draußen auf mich.«

»Die nehmen wir selbstverständlich mit«, erklärte Herr Kästner. Die andern Journalisten hatten noch allerlei zu fragen. Emil gab ihnen genaue Auskunft. Und sie machten sich wieder Notizen.

»Ist der Dieb eigentlich ein Neuling?« fragte einer von ihnen.

»Ich glaube es nicht«, antwortete der Kommissar. »Vielleicht erleben wir sogar noch eine große Überraschung. Rufen Sie mich auf alle Fälle in einer Stunde noch einmal an, meine Herren.«

Dann verabschiedete man sich. Und Emil ging mit Herrn Kästner zu Kriminalwachtmeister Lurje zurück. Der kaute noch immer und sagte: »Aha, der kleine Überbein!«

»Tischbein«, sagte Emil.

Dann verfrachtete Herr Kästner Emil, Gustav und den Professor in einem Auto und fuhr mit ihnen erst mal in eine Konditorei. Unterwegs hupte Gustav. Und sie freuten sich, als Herr Kästner erschrak. In der Konditorei waren die Jungen sehr fidel. Sie aßen Kirschtorte mit viel Schlagsahne und erzählten, was ihnen gerade einfiel: von dem Kriegsrat am Nikolsburger Platz, von der Autojagd, von der Nacht im Hotel, von Gustav als Liftboy, von dem Skandal in der Bank. Und Herr Kästner sagte zum Schluß »Ihr seid wirklich drei Prachtkerle.«

Und da wurden sie sehr stolz auf sich selber und aßen noch ein Stück Torte.

Nachher stiegen Gustav und der Professor auf einen Autobus. Emil versprach, am Nachmittag den kleinen Dienstag anzurufen, und fuhr mit Herrn Kästner in die Redaktion.

Das Zeitungsgebäude war riesengroß. Fast so groß wie das Polizeipräsidium am Alex. Und auf den Korridoren war ein Gerenne und Gesause, als sei ein Hindernislauf im Gange.

Sie kamen in ein Zimmer, in dem ein hübsches blondes Fräulein saß. Und Herr Kästner lief im Zimmer auf und ab und diktierte das, was Emil erzählt hatte, dem Fräulein in die Schreibmaschine. Manchmal blieb er stehen, fragte Emil: »Stimmt's?« Und wenn Emil genickt hatte, diktierte Herr Kästner weiter.

Dann rief dieser noch einmal den Kriminalkommissar an. »Was sagen Sie?« rief Herr Kästner. »Na, das ist ja toll ... Ich soll's ihm noch nicht erzählen? ... Sooo, auch noch? ... Das freut mich ungemein ... Haben Sie vielen Dank! ... Das wird eine glänzende Sensation ...«

Er hängte ab, betrachtete den Jungen, als ob er ihn noch gar nicht gesehen hätte, und sagte: »Emil, komm mal rasch mit! Wir müssen dich photographieren lassen!«

»Nanu«, meinte Emil erstaunt. Aber er ließ sich alles gefallen, fuhr mit Herrn Kästner drei Etagen höher, in einen hellen Saal mit vielen Fenstern, er kämmte sich erst die Haare, und dann wurde er photographiert.

Anschließend ging Herr Kästner mit ihm in die Setzerei – das war ein Geklapper, wie von tausend Schreibmaschinen! – gab einem Mann die Seiten, die das hübsche blonde Fräulein getippt hatte, und sagte, er käme sofort wieder herauf, denn es wäre was sehr Wichtiges, und er müsse nur erst den Jungen zu seiner Großmutter schicken.

Dann fuhren sie mit dem Fahrstuhl ins Erdgeschoß und traten vor den Verlag. Herr Kästner winkte ein Auto heran, setzte Emil hinein, gab dem Chauffeur Geld, obwohl der Junge es nicht erlauben wollte, und sagte: »Fahren Sie meinen kleinen Freund in die Schumannstraße, Nummer 15.«

Sie schüttelten sich herzlich die Hände. Und Herr Kästner meinte: »Grüße deine Mutter, wenn du nach Hause kommst. Es muß eine sehr liebe Frau sein.«

»Und ob«, sagte Emil.

»Und noch eins«, rief Herr Kästner, als das Auto schon fuhr, »lies heute nachmittag die Zeitung! Du wirst dich wundern, mein Junge!«

Emil drehte sich um und winkte. Und Herr Kästner winkte auch.

Dann sauste das Auto um eine Ecke.

Sechzehntes Kapitel
Der Kriminalkommissar läßt grüßen

Das Automobil war schon Unter den Linden. Da klopfte Emil dreimal an die Scheibe. Der Wagen hielt. Und der Junge fragte: »Wir sind wohl schon bald da, Herr Chauffeur?«
»Jawoll«, sagte der Mann.
»Es tut mir leid, daß ich Ihnen Ungelegenheiten mache«, meinte Emil. »Aber ich muß vorher erst noch nach der Kaiserallee. Ins Café Josty. Dort liegt nämlich ein Blumenstrauß für meine Großmutter. Der Koffer auch. Würden Sie so freundlich sein?«
»Was heißt da freundlich? Hast du denn Geld, wenn das, was ich schon habe, nicht reicht?«
»Ich hab Geld, Herr Chauffeur. Und ich muß die Blumen haben.«
»Na schön«, sagte der Mann, bog links ab, fuhr durchs Brandenburger Tor, den grünen, schattigen Tiergarten lang, nach dem Nollendorfplatz. Emil fand, der sähe jetzt, nun alles gut war, viel harmloser und gemütlicher aus. Aber er griff sich doch vorsichtshalber in die Brusttasche. Das Geld war noch vorhanden.
Dann fuhren sie die Motzstraße hinauf, bis zum anderen Ende, bogen rechts ein und hielten vor dem Café Josty.
Emil stieg aus, begab sich zum Büfett, bat das Fräulein, sie möge ihm, bitte, Koffer und Blumen aushändigen, erhielt die Sachen, bedankte sich, kletterte wieder ins Auto und sagte: »So, Herr Chauffeur, und nun zur Großmutter!«
Sie kehrten um, fuhren den weiten Weg zurück, über die Spree, durch ganz alte Straßen mit grauen Häusern. Der Junge hätte sich gern die Gegend näher betrachtet. Aber es war wie verhext. Dauernd fiel der Koffer um. Und blieb er mal paar Minuten stehen, so kroch bestimmt der Wind in das weiße Blumenpapier, daß es raschelte und riß. Und Emil mußte aufpassen, daß ihm der Strauß nicht einfach fortflog.

Da bremste der Chauffeur. Das Auto hielt. Es war Schumannstraße 15.

»Na, da wären wir ja«, sagte Emil und stieg aus.

»Bekommen Sie noch Geld von mir?«

»Nein. Sondern du kriegst noch dreißig Pfennige raus.«

»I wo!« rief Emil. »Davon kaufen Sie sich ein paar Zigarren!«

»Ich prieme, mein Junge«, sagte der Chauffeur und fuhr weiter.

Nun stieg Emil in die dritte Etage und klingelte bei Heimbolds. Es entstand großes Geschrei hinter der Tür. Dann wurde geöffnet. Und die Großmutter stand da, kriegte Emil beim Wickel, gab ihm gleichzeitig einen Kuß auf die linke Backe und einen Klaps auf die rechte, schleppte ihn an den Haaren in die Wohnung und rief: »O du verflixter Halunke, o du verflixter Halunke!«

»Schöne Sachen hört man ja von dir«, sagte Tante Martha freundlich und gab ihm die Hand. Und Pony Hütchen hielt ihm den Ellbogen hin, trug eine Schürze von ihrer Mutter und quiekte: »Vorsicht! Ich habe nasse Hände. Ich wasche nämlich Geschirr ab. Wir armen Frauen!«

Nun gingen sie allesamt in die Stube. Emil mußte sich aufs Sofa setzen. Und die Großmutter und Tante Martha betrachteten ihn, als wäre er ein sehr teures Bild von Tizian.

»Hast du die Pinke?« fragte Pony Hütchen.

»Klar!« meinte Emil, holte die drei Scheine aus der Tasche, gab hundertzwanzig Mark der Großmutter und sagte: »Hier, Großmutter, das ist das Geld. Und Mutter läßt herzlich grüßen. Und Du sollst nicht böse sein, daß sie in den letzten Monaten nichts geschickt hat. Aber das Geschäft ging nicht besonders. Und dafür wäre es diesmal mehr als sonst.«

»Ich danke dir schön, mein gutes Kind«, antwortete die alte Frau, gab ihm den Zwanzigmarkschein zurück und sagte: »Der ist für dich! Weil du so ein tüchtiger Detektiv bist.«

»Nein, das nehme ich nicht. Ich habe ja von Mutter noch zwanzig Mark in der Tasche.«

»Emil, man muß seiner Großmutter folgen. Marsch, steck es ein!«

»Nein, ich nehme es nicht.«

»Menschenskind!« rief Pony Hütchen. »Das ließe ich mir nicht zweimal sagen!«

»Ach nein, ich möchte nicht.«

»Entweder du nimmst es, oder ich kriege vor Wut Rheumatismus«, erklärte die Großmutter.

»Schnell, steck das Geld weg!« sagte Tante Martha und schob ihm den Schein in die Tasche.

»Ja, wenn ihr durchaus wollt«, jammerte Emil. »Ich danke auch schön, Großmutter.«

»Ich habe zu danken, ich habe zu danken«, entgegnete sie und strich Emil übers Haar.

Dann überreichte Emil den Blumenstrauß. Pony schleppte eine Vase heran. Aber als man die Blumen ausgewickelt hatte, wußte man nicht, ob man lachen oder weinen sollte.

»Das reinste Dörrgemüse«, sagte Pony.

»Sie haben seit gestern nachmittag kein Wasser mehr gehabt«, erklärte Emil traurig. »Das ist ja kein Wunder. Als Mutter und ich sie gestern bei Stamnitzens kauften, waren sie noch ganz frisch.«

»Glaube ich, glaube ich«, meinte die Großmutter und stellte die verwelkten Blumen ins Wasser.

»Vielleicht werden sie wieder«, tröstete Tante Martha. »So, und nun wollen wir zu Mittag essen. Der Onkel kommt erst zum Abend heim. Pony, deck den Tisch!«

»Jawohl«, sagte das kleine Mädchen. »Emil, was gibt's?«

»Keine Ahnung.«

»Was ißt du am liebsten?«

»Makkaroni mit Schinken.«

»Na also. Da weißt du ja, was es gibt!«

Eigentlich hatte Emil ja schon am Tage vorher Makkaroni mit Schinken gegessen. Aber erstens verträgt man sein Lieblingsessen fast alle Tage. Und zweitens kam es Emil so vor, als wäre seit dem letzten Mittag, in Neustadt bei der Mutter, mindestens eine Woche vergangen. Und er hieb auf die Makkaroni los, als wären sie Herr Grundeis-Müller-Kießling.

Nach dem Essen liefen Emil und Hütchen ein bißchen auf

die Straße, weil der Junge Ponys kleines vernickeltes Rad probieren wollte. Großmutter legte sich aufs Sofa. Und Tante Martha buk einen Apfelkuchen im Ofen. Ihr Apfelkuchen war in der ganzen Familie berühmt.

Emil radelte durch die Schumannstraße. Und Hütchen rannte hinter ihm her, hielt den Sattel fest und behauptete, das sei nötig, sonst fliege der Vetter hin. Dann mußte er absteigen, und sie fuhr ihm Kreise und Dreien und Achten vor.

Da kam ein Polizist auf sie zu, der eine Mappe trug, und fragte: »Kinder, hier in Nummer 15 wohnen doch Heimbolds?«

»Jawohl«, sagte Pony, »das sind wir. Einen Moment, Herr Major.« Sie schloß ihr Rad in den Keller.

»Ist es was Schlimmes?« erkundigte sich Emil. Er mußte noch immer an den verflixten Jeschke denken.

»Ganz im Gegenteil. Bist du der Schüler Emil Tischbein?«

»Jawohl.«

»Na, da kannst du dir aber wirklich gratulieren!«

»Wer hat Geburtstag?« fragte Pony, die dazukam.

Aber der Wachtmeister erzählte nichts, sondern stieg schon die Treppe hoch. Tante Martha führte ihn in die Stube. Die Großmutter erwachte, setzte sich auf und war neugierig. Emil und Hütchen standen am Tisch und spannten.

»Die Sache ist die«, sagte der Wachtmeister und schloß dabei die Aktentasche auf. »Der Dieb, den der Realschüler Emil Tischbein heute früh hat festnehmen lassen, ist mit einem seit vier Wochen gesuchten Bankräuber aus Hannover identisch. Dieser Räuber hat eine große Menge Geld gestohlen. Und unser Erkennungsdienst hat ihn überführt. Er hat auch schon ein Geständnis abgelegt. Das meiste Geld hat man, in seinem Anzugfutter eingenäht, wiedergefunden. Lauter Tausendmarkscheine.«

»Du kriegst die Motten«, sagte Pony Hütchen.

»Die Bank«, fuhr der Polizist fort, »hat nun vor vierzehn Tagen eine Prämie ausgesetzt, die der erhalten soll, der den Kerl erwischt. Und weil du«, wandte er sich an Emil, »den Mann eingefangen hast, kriegst du die Prämie. Der Herr Kriminalkommissar läßt dich grüßen und freut sich, daß auf diese Weise deine Tüchtigkeit belohnt wird.«

Emil machte eine Verbeugung.

Dann nahm der Beamte ein Bündel Geldscheine aus seiner Mappe, zählte sie auf den Tisch, und Tante Martha, die genau aufpaßte, flüsterte, als er fertig war: »Tausend Mark!«

»Ei Potz!« rief Pony. »Nun haut's Dreizehn!«

Großmutter unterschrieb eine Quittung. Dann ging der Wachtmeister. Und Tante Martha gab ihm vorher ein großes Glas Kirschwasser aus Onkels Schrank.

Emil hatte sich neben die Großmutter gesetzt und konnte kein Wort reden. Die alte Frau legte ihren Arm um ihn und sagte kopfschüttelnd: »Es ist doch kaum zu glauben. Es ist doch kaum zu glauben.«

Pony Hütchen stieg auf einen Stuhl, taktierte, als wäre eine Kapelle im Zimmer, und sang: »Nun laden wir, nun laden wir die andern Jungens zum Kaffee ein!«

»Ja«, sagte Emil, »das auch. Aber vor allem ... eigentlich könnte doch nun ... was denkt ihr ... Mutter auch nach Berlin kommen ...«

Siebzehntes Kapitel
Frau Tischbein ist so aufgeregt

Am nächsten Morgen klingelte Frau Bäckermeister Wirth in Neustadt an der Türe von Frau Friseuse Tischbein.

»Tag, Frau Tischbein«, sagte sie dann. »Wie geht's?«

»Morgen, Frau Wirth. Ich bin so sehr in Sorge! Mein Junge hat noch nicht eine Zeile geschrieben. Immer, wenn es klingelt, denke ich, es ist der Briefträger. Soll ich Sie frisieren?«

»Nein. Ich wollte nur mal herkommen, und … weil ich Ihnen etwas ausrichten soll.«

»Bitteschön«, sagte die Friseuse.

»Viele Grüße von Emil und … «

»Um Himmelswillen! Was ist ihm passiert Wo ist er? Was wissen Sie?« rief Frau Tischbein. Sie war furchtbar aufgeregt und hob ängstlich beide Hände hoch.

»Aber es geht ihm doch gut, meine Liebe. Sehr gut sogar. Er hat einen Dieb erwischt. Denken Sie nur! Und die Polizei hat ihm eine Belohnung von tausend Mark geschickt. Was sagen Sie nun? Hm? Und da sollen Sie, mit dem Mittagszug, nach Berlin kommen.«

»Aber woher wissen Sie das denn alles?«

»Ihre Schwester, Frau Heimbold, hat eben aus Berlin bei mir im Geschäft angerufen. Emil hat auch ein paar Worte gesagt. Und Sie sollten doch ja kommen! Wo Sie jetzt soviel Geld hätten, wäre das doch zu machen.«

»So, so … Ja freilich«, murmelte Frau Tischbein verstört. »Tausend Mark? Weil er einen Dieb erwischt hat? Wie ist er bloß auf die Idee gekommen? Nichts als Dummheiten macht er!«

»Aber es hat sich doch gelohnt! Tausend Mark sind doch eine Menge Geld!«

»Gehen Sie mir ja mit den tausend Mark!«

»Na, na, es kann einem Schlimmeres passieren. Also, werden Sie fahren?«

»Natürlich! Ich habe keinen Augenblick Ruhe, bis ich den Jungen gesehen habe.«

»Also, gute Reise. Und viel Vergnügen!«

»Danke schön, Frau Wirth«, sagte die Friseuse und schloß kopfschüttelnd die Tür.

Als sie, nachmittags, im Berliner Zuge saß, erlebte sie eine noch größere Überraschung. Ihr gegenüber las ein Herr Zeitung. Frau Tischbein blickte nervös aus einer Ecke in die andere, zählte die Telegraphenmasten, die vorm Fenster vorbeizogen, und wäre am liebsten hinter den Zug gerannt, um zu schieben. Es ging ihr zu langsam.

Während sie so herumrutschte und den Kopf hin und her drehte, fiel ihr Blick auf die Zeitung gegenüber.

»Allmächtiger!« rief sie und riß dem Herrn das Blatt aus der Hand. Der Herr dachte, die Frau sei plötzlich verrückt geworden, und kriegte Angst.

»Da! Da!« stammelte sie. »Das hier ... das ist mein Junge!« Und sie stieß mit dem Finger nach einer Photographie, die auf der ersten Zeitungsseite zu sehen war. »Was Sie nicht sagen!« meinte der Mann erfreut. »Sie sind die Mutter von Emil Tischbein? Das ist ja ein Prachtkerl. Hut ab, Frau Tischbein, Hut ab!«

»So, so«, sagte die Friseuse. »Behalten Sie den Hut ruhig auf, mein Herr!« Und dann begann sie den Artikel zu lesen. Darüber stand in Riesenbuchstaben:

Ein kleiner Junge als Detektiv!
Hundert Berliner Kinder auf der Verbrecherjagd

Und dann folgte ein ausführlich spannender Bericht über Emils Erlebnisse vom Bahnhof in Neustadt bis ins Berliner Polizeipräsidium. Frau Tischbein wurde richtig blaß. Und die Zeitung raschelte, als wäre es windig. Und dabei waren die Fenster verschlossen. Der Herr konnte es kaum erwarten, daß sie den Artikel zu Ende las. Doch der war sehr lang und füllte fast die ganze erste Seite aus. Und mittendrin saß Emils Bild.

Endlich legte sie das Blatt beiseite, sah ihn an und sagte: »Kaum ist er allein, macht er solche Geschichten. Und ich hatte ihm so eingeschärft, auf die hundertvierzig Mark aufzupassen! Wie konnte er nur so nachlässig sein! Als ob er nicht wüßte, daß wir kein Geld zum Stehlenlassen übrig haben!«

»Er ist eben müde geworden. Vielleicht hat ihn der Dieb sogar hypnotisiert. Das soll vorkommen«, meinte der Herr. »Aber finden Sie es denn nicht einfach bewundernswert, wie sich die Jungen aus der Affäre gezogen haben? Das war doch genial! Das war doch einfach großartig! Einfach großartig war doch das!«

»Das schon«, sagte Frau Tischbein geschmeichelt. »Er ist schon ein kluger Junge, mein Junge. Immer der Beste in der Klasse. Und fleißig dazu. Aber bedenken Sie doch, wenn ihm was zugestoßen wäre! Mir stehen die Haare zu Berge, obwohl ja alles längst vorüber ist. Nein, ich kann ihn nie mehr allein fahren lassen. Ich stürbe vor Angst.«

»Sieht er genauso aus wie auf dem Bild?« fragte der Herr.

Frau Tischbein betrachtete das Photo wieder und sagte: »Ja. Genau so. Gefällt er Ihnen?«

»Großartig!« rief der Mann. »So ein richtiger Kerl, aus dem später mal was werden wird.«

»Nur ein bißchen ordentlicher hinsetzen hätte er sich sollen«, zankte die Mutter. »Das Jackett schlägt lauter Falten. Er soll es stets aufknöpfen, bevor er sich setzt. Aber er hört ja nicht!«

»Wenn er keine größeren Fehler hat!« lachte der Herr.

»Nein, Fehler hat er eigentlich keine, mein Emil«, sagte Frau Tischbein und putzte sich vor Rührung die Nase …

Dann stieg der Herr aus. Sie durfte die Zeitung behalten und las Emils Erlebnisse bis Berlin-Friedrichstraße immer wieder. Insgesamt elfmal.

Als sie in Berlin ankam, stand Emil schon auf dem Bahnsteig. Er hatte der Mutter zu Ehren den guten Anzug an, fiel ihr um den Hals und rief: »Na, was sagst du nun?«

»Sei nur nicht auch noch eingebildet, du Lümmel!«

»Ach, Frau Tischbein«, sagte er und hakte sich bei ihr unter, »ich freue mich ja so enorm, daß du hier bist.«

»Besser ist dein Anzug bei der Verbrecherjagd auch nicht geworden«, meinte die Mutter. Aber es klang nicht etwa böse.

»Wenn du willst, krieg ich einen neuen Anzug.«

»Von wem denn?«

»Ein Kaufhaus will mir und dem Professor und Gustav neue Anzüge schenken und in den Zeitungen annoncieren, daß wir Detektive nur bei ihnen neue Anzüge kaufen. Das ist Reklame, verstehst du?«

»Ja, ich versteh.«

»Aber wir werden wahrscheinlich ablehnen, obwohl wir statt der langweiligen Anzüge auch jeder 'nen Fußball kriegen könnten«, erzählte Emil großspurig. »Denn weißt du, wir finden den Rummel, den man um uns macht, reichlich albern. Die Erwachsenen können so was, von uns aus, ja ruhig tun. Die sind nun mal so komisch. Aber Kinder sollten es bleiben lassen.«

»Bravo!« sagte die Mutter.

»Das Geld hat Onkel Heimbold eingeschlossen. Tausend Mark. Ist das nicht herrlich? Vor allen Dingen kaufen wir dir eine elektrische Haartrockenanlage. Und einen Wintermantel, innen mit Pelz gefüttert. Und mir? Das muß ich mir erst überlegen. Vielleicht doch einen Fußball. Oder einen Photographenapparat. Mal sehn.«

»Ich dachte schon, wir sollten das Geld lieber aufheben und zur Bank bringen. Später kannst du es sicher mal sehr gut brauchen.«

»Nein, du kriegst den Trockenapparat und den warmen Mantel. Was übrigbleibt, können wir ja wegbringen, wenn du willst.«

»Wir sprechen noch darüber«, sagte die Mutter und drückte seinen Arm.

»Weißt du schon, daß in allen Zeitungen Photos von mir sind? Und lange Artikel über mich?«

»Einen hab ich schon im Zug gelesen. Ich war erst sehr unruhig, Emil! Ist dir gar nichts geschehen?«

»Keine Spur. Es war wunderbar! Na, ich erzähle dir alles noch ganz genau. Erst mußt du aber meine Freunde begrüßen.«

»Wo sind sie denn?«

»In der Schumannstraße. Bei Tante Martha. Sie hat gleich gestern Apfelkuchen gebacken. Und dann haben wir die ganze Bande eingeladen. Sie sitzen jetzt zu Hause und machen Krach.«

Bei Heimbolds war wirklich ein toller Betrieb. Alle waren sie da: Gustav, der Professor, Krummbiegel, die Gebrüder Mittenzwey, Gerold, Friedrich der Erste, Traugott, der kleine Dienstag, und wie sie hießen. Die Stühle reichten kaum.

Pony Hütchen rannte mit einer großen Kanne von einem zum andern und schenkte heiße Schokolade ein. Und Tante Marthas Apfelkuchen war ein Gedicht! Die Großmutter saß auf dem Sofa, lachte und schien zehn Jahre jünger.

Als Emil mit seiner Mutter kam, gab's eine große Begrüßung.

Jeder Junge gab Frau Tischbein die Hand. Und sie bedankte sich bei allen, daß sie ihrem Emil so geholfen hatten.

»Also!« sagte der dann, »die Anzüge oder die Fußbälle, die nehmen wir nicht. Wir lassen mit uns keine Reklame machen. Einverstanden?«

»Einverstanden!« rief Gustav und hupte, daß Tante Marthas Blumentöpfe klapperten.

Dann klopfte die Großmutter mit dem Löffel an ihre goldne Tasse, stand auf und sagte: »Nun hört mal gut zu, ihr Kadetten. Ich will nämlich eine Rede halten. Also, bildet euch bloß nichts ein! Ich lobe euch nicht. Die andern haben euch schon ganz verrückt gemacht. Da tu ich nicht mit. Nein, da tu ich nicht mit!«

Die Kinder waren ganz still geworden und wagten nicht einmal, weiterzukauen.

»Hinter einem Dieb herschleichen«, fuhr die Großmutter fort, »und ihn mit hundert Jungen einfangen – na, das ist keine große Kunst. Kränkt euch das, ihr Genossen? Aber es sitzt einer unter euch, der wäre auch gerne auf den Zehenspitzen hinter Herrn Grundeis hergestiegen. Der hätte auch gerne als grüner Liftboy im Hotel rumspioniert. Aber er blieb zu Hause, weil er das einmal übernommen hatte, jawohl, weil er das einmal übernommen hatte.«

Alle blickten den kleinen Dienstag an. Der hatte einen himbeerroten Kopf und schämte sich.

»Ganz recht. Den kleinen Dienstag meine ich. Ganz recht!« sagte die Großmutter. »Er hat zwei Tage am Telefon gesessen. Er hat gewußt, was seine Pflicht war. Und er hat sie getan, obwohl sie ihm nicht gefiel. Das war großartig, verstanden? Das war großartig! Nehmt euch an ihm ein Beispiel! Und nun wollen wir alle aufstehen und rufen: Der kleine Dienstag, er lebe hoch!«

Die Jungen sprangen auf. Pony Hütchen hielt die Hände wie eine Trompete vor den Mund. Tante Martha und Emils Mutter kamen aus der Küche. Und alle riefen: »Er lebe hoch! Hoch! Hoch!«

Dann setzten sie sich wieder. Und der kleine Dienstag holte tief Atem und sagte: »Danke schön. Doch das ist übertrieben. Ihr hättet das auch getan. Klar! Ein richtiger Junge tut, was er soll. Basta!«

Pony Hütchen hielt die große Kanne hoch und rief: »Wer will noch was zu trinken, ihr Leute? Jetzt wollen wir mal auf Emil anstoßen!«

Achtzehntes Kapitel
Läßt sich daraus was lernen?

Gegen Abend verabschiedeten sich die Jungen. Und Emil mußte ihnen hoch und heilig versprechen, am nächsten Nachmittag mit Pony Hütchen zum Professor zu kommen. Dann lief Onkel Heimbold ein, und es wurde gegessen. Hinterher gab er der Schwägerin, Frau Tischbein, die tausend Mark und riet ihr, das Geld auf eine Bank zu schaffen.

»Das war sowieso meine Absicht«, sagte die Friseuse.

»Nein!« rief Emil. »Da macht mir das Zeug gar keinen Spaß. Mutter soll sich einen Trockenapparat kaufen und einen Mantel, der mit Pelz gefüttert ist. Ich weiß gar nicht, was ihr wollt! Das Geld gehört doch mir. Damit kann ich machen, was ich will! Oder nicht?

»Damit kannst du gar nicht machen, was du willst«, erklärte Onkel Heimbold. »Du bist doch ein Kind. Und die Entscheidung, was mit dem Geld geschehen soll, hat deine Mutter zu treffen.«

Emil stand vom Tisch auf und trat ans Fenster.

»Alle Wetter, Heimbold, bist du ein Dickschädel«, sagte Pony Hütchen zu ihrem Vater. »Siehst du denn nicht, daß Emil sich so darauf freut, seiner Mutter was zu schenken? Ihr Erwachsenen seid manchmal kolossal hart verpackt.«

»Natürlich kriegt sie den Trockenapparat und den Mantel«, meinte die Großmutter. »Aber was übrigbleibt, das wird auf die Bank geschafft, nicht wahr, mein Junge?«

»Jawohl«, antwortete Emil. »Bist du einverstanden, Muttchen?«

»Wenn du durchaus willst, du reicher Mann!«

»Wir gehen gleich morgen früh einkaufen. Pony, du kommst mit!« rief Emil zufrieden.

»Denkst du vielleicht, ich fange inzwischen Fliegen?« sagte die Kusine. »Aber du mußt dir auch was kaufen. Natürlich soll Tante Tischbein ihren Haartrockner kriegen, aber du wirst dir 'n Rad kaufen, verstanden, damit du deinen Kusinen die Räder nicht kaputt zu fahren brauchst.«

»Emil«, fragte Frau Tischbein besorgt, »hast du Ponys Rad kaputt gemacht?«

»I wo, Mutter, ich hab mir bloß den Sattel ein bißchen höher gestellt, sie fährt immer auf so 'nem ganz niedrigen, bloß aus Afferei, um wie eine Rennfahrerin auszusehen.«

»Selber Affe«, rief Hütchen, »wenn du noch mal mein Rad verstellst, ist es mit uns beiden aus, verstanden.«

»Wenn du nicht ein Mädchen wärst und dünn wie eine Strippe, würde ich dich mal Moritz lehren, mein Kind. Außerdem will ich mich heute nicht ärgern, aber was ich mir von dem Geld kaufe oder nicht kaufe, geht dich gar nichts an.« Und Emil steckte bockig beide Fäuste in die Hosentaschen.

»Zankt euch nicht, haut euch nicht, kratzt euch lieber die Augen aus«, meinte die Großmutter beruhigend. Und das Thema wurde fallengelassen.

Später brachte Onkel Heimbold den Hund hinunter. Das heißt: Heimbolds hatten gar keinen Hund, aber Pony nannte es immer so, wenn der Vater abends ein Glas Bier trinken ging.

Dann saßen die Großmutter und die beiden Frauen und Pony Hütchen und Emil in der Stube und sprachen über die vergangenen Tage, die so aufregend gewesen waren.

»Nun, vielleicht hat die Geschichte auch ihr Gutes gehabt«, sagte Tante Martha.

»Natürlich«, meinte Emil. »Eine Lehre habe ich bestimmt daraus gezogen: Man soll keinem Menschen trauen.«

Und seine Mutter meinte: »Ich habe gelernt, daß man Kindern niemals allein verreisen lassen soll.«

»Quatsch!« brummte die Großmutter. »Alles verkehrt!«

»Quatsch, Quatsch, Quatsch!« sang Pony Hütchen und ritt auf einem Stuhl durchs Zimmer.

»Du meinst also, aus der Sache ließe sich gar nichts lernen?« fragte Tante Martha.

»Doch«, behauptete die Großmutter.

»Was denn?« fragten die anderen wie aus einem Munde.

»Geld soll man immer nur per Postanweisung schicken«, brummte die Großmutter und kicherte wie eine Spieldose.

»Hurra!« rief Pony Hütchen und ritt auf ihrem Stuhl ins Schlafzimmer.

EMIL UND DIE DREI ZWILLINGE

Die zweite Geschichte
von Emil und den Detektiven

Das Vorwort für Laien

Es gibt Kinder, die ›Emil und die Detektive‹ gelesen haben. Und es gibt Kinder, die das Buch noch nicht gelesen haben. Die einen will ich im weiteren Verlauf kurzerhand die ›Fachleute‹ nennen und die anderen die ›Laien‹. Eine solche Einteilung empfiehlt sich, weil ich an jede der zwei Gruppen ein besonderes Vorwort zu richten habe.

»Ordnung muß sein«, sagte Onkel Karl und schmiß auch noch den letzten Teller an die Wand.

Es sind tatsächlich zwei Vorworte nötig. Sonst könnte es womöglich geschehen, daß der alte Herr Schlaumeier den zweiten Band heimbringt und daß seine Kinder – also die kleinen Schlaumeier – ganz aufgeregt rufen: »Aber wir haben doch den ersten Teil noch nicht gelesen!« Und dann müßte Herr Schlaumeier senior das Buch sorgfältig wieder einwickeln, in den Buchladen zurückbringen und dort sagen: »Tut mir leid, Herr Buchhändler. Aus dem Geschäft kann nichts werden. Das Buch ist ja der zweite Band.«

Sehr geehrte Laien! Auch wer den ersten Band noch nicht kennt, kann den zweiten lesen und verstehen. Verlaßt euch in dieser Angelegenheit ganz auf mich. Ich gehöre, was den Emil Tischbein betrifft, zu den ältesten Fachleuten, die es links und rechts der Elbe gibt.

Da fällt mir übrigens ein, daß ich euch ja schließlich kurz erzählen könnte, worum es sich im ersten Band handelt. Soll ich? Also gut.

Zuvor muß ich nur die Herren Fachleute bitten, weiterzublättern und gleich das zweite Vorwort aufzuschlagen. Was ich bis dahin erzählen werde, wissen sie längst.

Sehr geehrte Fachleute! Entschuldigt mich eine Weile. Auf Wiederhören im zweiten Vorwort! Parole Emil!

Der erste Band handelte von der ersten Reise des Neustädter Realschülers Emil Tischbein nach Berlin.

Emil sollte seiner Großmutter hundertvierzig Mark nach

Berlin bringen. Aber das Geld wurde ihm in der Eisenbahn gestohlen, während er schlief. Emil hatte einen Mann im Verdacht, der Grundeis hieß und einen steifen Hut trug. Doch der Junge wußte erstens nicht, ob dieser Herr Grundeis tatsächlich der Dieb war. Und zweitens war Herr Grundeis, als Emil erwachte, nicht mehr im Abteil. – Der Junge war, wie ihr euch denken könnt, sehr verzweifelt. Am Bahnhof Zoo hielt der Zug. Emil blickte zum Fenster hinaus, sah einen Mann im steifen Hut und rannte, mit seinem Koffer und einem Blumenstrauß bewaffnet, hinter der schwarzen Melone her. Dabei sollte er aber erst am Bahnhof Friedrichstraße aussteigen!

Kinder, Kinder! Die Melone war wirklich Herr Grundeis! Emil folgte ihm. Der Mann stieg in eine Straßenbahn. Emil kletterte schleunigst auf den Anhänger. Und nun fuhr der kleine Neustädter Realschüler ohne einen Pfennig Geld durch das riesengroße, fremde Berlin. Er fuhr hinter seinen hundertvierzig Mark her und wußte nicht einmal, ob Herr Grundeis der richtige Dieb war.

Inzwischen wurde Emil von seiner Großmutter und seiner Kusine Pony Hütchen auf dem Bahnhof Friedrichstraße erwartet. Der Zug aus Neustadt kam. Doch wer nicht kam, war Emil! Sie wußten nicht, was sie davon denken sollten. Schließlich wanderten sie sehr besorgt nach Hause. Das heißt, wandern tat nur die Großmutter. Pony Hütchen fuhr auf ihrem Fahrrad neben der wandernden Großmutter her.

Herr Grundeis stieg auf der Kaiserallee an der Ecke Trautenaustraße von der Straßenbahn und setzte sich auf die Sommerterrasse des Café Josty.

(Er hatte selbstverständlich keine blasse Ahnung davon, daß er verfolgt wurde.)

Emil stieg ebenfalls aus und versteckte sich hinter einem Zeitungskiosk. Dort sprach ihn ein Berliner Junge an. Und diesem erzählte er, was geschehen war. Der Junge hieß Gustav mit der Hupe. Weil er in der Hosentasche eine Autohupe hatte.

Dieser Junge fegte nun laut hupend durch die Gegend und alarmierte seine Freunde. Mit diesen kam er zu Emil zurück. Sie hielten einen Kriegsrat ab. Sie gaben ihr Taschengeld her.

Sie gründeten einen Bereitschaftsdienst, eine Telephonzentrale und andere notwendige Unterabteilungen.

Und als sich der ahnungslose Herr Grundeis auf der Kaffeehausterrasse satt gegessen hatte und in einer Autotaxe davonfuhr, fuhren Emil und die ›Detektive‹ in einer anderen Autotaxe hinterher. Herr Grundeis nahm im Hotel Kreid am Nollendorfplatz ein Zimmer. Emil und seine Freunde ernannten den Hof des gegenüberliegenden Theaters zu ihrem Standquartier. Nur Gustav folgte dem Mann im steifen Hut und wurde im Hotel Kreid für einen Tag Liftboy. So erfuhren die Detektive, daß Herr Grundeis am nächsten Morgen um acht Uhr aufstehen wollte.

Na ja. Und als Herr Grundeis am nächsten Tag früh um acht ans Fenster trat, war der ganze Nollendorfplatz voller Kinder!

Aber ich will nicht zu viel erzählen. Wie die Verfolgung weiterging, kann sich jeder richtige Junge an den eigenen Fingern abklavieren. Ich muß nur noch hinzufügen, daß Herr Grundeis tatsächlich der Dieb war und daß er nicht nur Grundeis hieß, sondern mindestens ein halbes Dutzend Familiennamen hatte. Das ist bei besseren Verbrechern bekanntlich immer so.

Jawohl. Und wenn Emil im Zug keine Stecknadeln bei sich gehabt hätte, hätte ihm Kriminalkommissar Lurje die hundertvierzig Mark wahrscheinlich gar nicht zurückgeben können. Die Stecknadeln waren nämlich die Beweise! Aber mehr verrate ich nun wirklich nicht. Über die Prämie von tausend Mark zum Beispiel sage ich kein Sterbenswort. Auch nicht über das Denkmal vom Großherzog Karl mit der schiefen Backe oder darüber, wie er eines Tages einen Schnurrbart und eine rote Nase bekam. Oder über Wachtmeister Jeschke, der hinter Emil mit einer Eisenbahn herfuhr, die von neun Pferden gezogen wurde. – Und daß schließlich Emils Mutter nach Berlin kam, behalte ich auch für mich.

Ein Mann muß, wenn es darauf ankommt, schweigen können. Ich will nur noch erzählen, daß Emils Großmutter ganz zum Schluß sagte: »Geld soll man nur per Postanweisung schikken.« Sie war, wie ihr seht, eine sehr gescheite alte Frau. Sie war es nicht nur. Sie ist es noch immer. Ihr werdet sie kennenlernen. Vorher muß ich nur noch das Vorwort für die Fachleute abdrucken lassen.

Ach richtig, die Fachleute!

Das Vorwort für Fachleute

Zwei Jahre nach Emils Abenteuern mit Herrn Grundeis hatte ich auf der Kaiserallee, an der bewußten Ecke Trautenaustraße, ein höchst seltsames Erlebnis.

Eigentlich wollte ich mit der Linie 177 nach Steglitz fahren. Nicht, daß ich in Steglitz etwas Besonderes zu erledigen gehabt hätte. Aber ich gehe gern in Stadtvierteln spazieren, die ich nicht kenne und in denen man mich nicht kennt. Ich bilde mir dann ein, ich sei irgendwo in der Fremde. Und wenn ich mich dann so richtig einsam und verlassen fühle, fahre ich rasch wieder heim und trinke in meiner Wohnung gemütlich Kaffee.

So bin ich nun einmal.

Aber aus meiner Steglitzer Weltreise sollte an diesem Tage nichts werden. Denn als die Straßenbahn kam und bremste und ich gerade auf den Vorderwagen klettern wollte, stieg ein merkwürdiger Mann ab. Er hatte einen steifen schwarzen Hut auf und blickte sich um, als habe er ein ziemlich angeschmutztes Gewissen. Er lief rasch an dem Vorderwagen vorbei, überquerte die Straße und ging zum Café Josty hinüber.

Ich schaute gedankenvoll hinter dem Mann her.

»Wollen Sie mitfahren?« erkundigte sich der Schaffner bei mir.

»Ich bin so frei«, meinte ich.

»Na, dann beeilen Sie sich ein bißchen!« sagte der Schaffner streng.

Aber ich beeilte mich keineswegs, sondern blieb wie angewurzelt stehen und starrte entgeistert auf den Anhängerwagen.

Von diesem Anhänger kletterte nämlich ein Junge herunter. Er trug einen Koffer und einen in Seidenpapier gewickelten Blumenstrauß und blickte sich nach allen Seiten um. Dann schleppte er den Koffer hinter den Zeitungskiosk, der sich an der Ecke befindet, setzte sein Gepäck ab und musterte die Umgebung.

Der Schaffner wartete noch immer auf mich. »Nun reißt mir aber die Geduld«, sagte er dann. »Wer nicht will, der hat schon!« Er zog an der Klingelschnur, und die Straßenbahn 177 fuhr ohne meine werte Person nach Steglitz.

Der Herr im steifen Hut hatte auf der Terrasse des Cafés Platz genommen und sprach mit einem Kellner. Der Junge guckte vorsichtig hinter dem Kiosk hervor und ließ den Mann nicht aus den Augen.

Ich stand noch immer am gleichen Fleck und sah wie ein Ölgötze aus. (Hat übrigens jemand eine Ahnung, wie Ölgötzen aussehen? Ich nicht.)

Das war ja allerhand! Vor zwei Jahren waren Herr Grundeis und Emil Tischbein an genau derselben Ecke aus der Straßenbahn gestiegen. Und jetzt passierte die ganze Sache noch einmal? Da mußte doch wohl ein Irrtum vorliegen.

Ich rieb mir die Augen und blickte wieder zum Café Josty hin. Aber der Mann im steifen Hut saß noch immer da! Und der Junge hinterm Kiosk setzte sich müde auf seinen Koffer und zog ein betrübtes Gesicht.

Ich dachte: Das beste wird sein, wenn ich zu dem Jungen hingehe und frage: was das Ganze bedeuten soll. Und wenn er mir erzählt, man hätte ihm hundertvierzig Mark gestohlen, klettre ich auf den nächsten Baum.

Ich ging also zu dem Jungen, der auf dem Koffer saß, und sagte: »Guten Tag. Wo fehlt's denn?«

Aber er schien nicht nur auf dem Koffer, sondern auch auf den Ohren zu sitzen. Er antwortete nicht und blickte unausgesetzt nach dem Café hinüber.

»Hat man dir vielleicht zufällig hundertvierzig Mark gestohlen?« fragte ich.

Da blickte er auf, nickte und sagte: »Jawohl. Der Halunke dort drüben auf der Terrasse, der war's.«

Ich wollte gerade mit dem Kopf schütteln und dann, weil ich's mir vorgenommen hatte, auf den nächsten Baum klettern, als es laut hupte. Wir fuhren erschrocken herum. Doch hinter uns stand gar kein Auto, sondern ein Junge, der uns auslachte.

»Was willst du denn hier?« fragte ich.

Er hupte noch einmal und meinte: »Mein Name ist Gustav.«

Mir blieb die Spucke weg. Das war ja ein tolles Ding! Träumte ich auch ganz bestimmt nicht?

Da kam ein fremder Mann quer über die Trautenaustraße gerannt, fuchtelte mit den Armen, blieb dicht vor mir stehen und brüllte: »Machen Sie sich gefälligst schwach! Mischen Sie sich nicht in fremde Angelegenheiten! Sie schmeißen uns ja die ganze Außenaufnahme!«

»Was denn für 'ne Außenaufnahme?« fragte ich neugierig.

»Sie sind ja reichlich begriffsstutzig«, meinte der wütende Mann.

»Das ist bei mir ein Geburtsfehler«, entgegnete ich.

Die beiden Jungen lachten. Und Gustav mit der Hupe sagte zu mir: »Mann, wir drehen doch hier einen Film!«

»Natürlich«, erwiderte der Junge mit dem Koffer. »Den Emil-Film. Und ich bin der Emil-Darsteller.«

»Sehen Sie zu, daß Sie weiterkommen«, bat mich der Filmonkel. »Zelluloid ist teuer.«

»Entschuldigen Sie die kleine Störung«, antwortete ich. Dann ging ich meiner Wege. Der Mann rannte zu einem großen Auto, auf dem eine Filmkamera montiert war und auf dem der Kameramann stand und nun wieder zu kurbeln begann.

Ich spazierte nachdenklich zum Nikolsburger Platz und setzte mich auf eine der Bänke. Dort blieb ich lange sitzen und blickte leicht verblüfft vor mich hin. Ich hatte zwar gewußt, daß die Geschicht von Emil und den Detektiven verfilmt werden sollte. Aber ich hatte es wieder vergessen. Na, und wenn man eine Geschichte wie diese nach zwei Jahren zum zweitenmal erlebt, mit Koffern, Blumensträußen und Hupen und steifen Hüten, – ein Wunder ist es nicht, wenn einem die Augen vor Staunen aus dem Kopf treten …

Plötzlich setzte sich ein sehr großer, hagerer Herr zu mir. Er war älter als ich, trug einen Kneifer und blickte mich lächelnd an. Nachdem er ein Weilchen gelächelt hatte, sagte er: »Eine verrückte Sache, hm? Man denkt, man erlebt etwas Wirkliches. Und dabei ist es nur etwas Nachgemachtes.« Dann sagte er, glaube ich, noch, die Kunst sei eine Fiktion der Realität. Aber er meinte es nicht böse. Und so redeten wir eine Zeitlang gescheit daher. Als uns diesbezüglich nichts mehr einfiel, meinte er: »Nachher wird hier auf unsrer friedlichen Bank der Kriegsrat der Detektive abgehalten werden.«

»Woher wissen Sie denn das? Sind Sie auch vom Film?«

Er lachte. »Nein. Die Sache liegt anders. Ich warte hier auf meinen Sohn. Der will die Filmaufnahmen begutachten. Er war nämlich damals einer von den richtigen Detektiven.«

Ich wurde munter und betrachtete meinen Nachbarn genauer. »Gestatten Sie, daß ich zu raten versuche, wer Sie sind?«

»Ich gestatte«, meinte er vergnügt.

»Sie sind Justizrat Haberland, der Vater vom Professor!«

»Erraten!« rief er. »Aber woher wissen Sie denn das? Haben Sie das Buch ›Emil und die Detektive‹ gelesen?«

Ich schüttelte den Kopf. »Nein. Ich habe es geschrieben.«

Das freute den Justizrat außerordentlich. Und binnen weniger Minuten unterhielten wir uns, als kennten wir uns seit der Konfirmation. Und ehe wir's uns versahen, stand ein Gymnasiast vor der Bank und zog seine Schülermütze.

»Da bist du ja, mein Junge«, sagte Justizrat Haberland.

Ich erkannte den Professor auf den ersten Blick wieder. Er war seit damals gewachsen. Nicht sehr, aber immerhin. Ich hielt ihm die Hand entgegen.

»Das ist doch Herr Kästner«, meinte er.

»Das ist er«, rief ich. »Und wie gefallen dir die Filmaufnahmen, die sie von eurer Geschichte machen?«

Der Professor rückte seine Brille zurecht. »Sie geben sich alle Mühe. Kann man nicht leugnen. Aber ein Film wie dieser müßte selbstredend von Jungens geschrieben und gedreht werden. Erwachsene haben da nichts zu suchen.«

Sein Vater, der Justizrat, lachte. »Er heißt noch immer der Professor. Aber eigentlich müßte er längst der ›Geheimrat‹ genannt werden.«

Na, und dann setzte sich der Professor zwischen uns und erzählte mir von seinen Freunden. Von Gustav mit der Hupe, der inzwischen zu seiner Hupe ein Motorrad bekommen habe. Und vom kleinen Dienstag. Dessen Eltern seien nach Dahlem hinausgezogen. Er komme aber noch oft in die Stadt, weil es ihm ohne seine alten Kameraden nicht gefalle. Und von Bleuer und Mittenzwey und Mittendrei und von Traugott und Zerlett. Ich erfuhr eine Menge Neuigkeiten. Und der böse Petzold sei immer noch derselbe tückische, ekelhafte Lümmel wie vor zwei Jahren. Dauernd hätten sie mit dem Kerl ihren Ärger.

»Was sagen Sie übrigens dazu?« meinte der Professor dann. »Ich bin Hausbesitzer geworden.« Er setzte sich gerade und sah furchtbar stolz aus.

»Ich bin fast dreimal so alt wie du«, sagte ich, »und ich bin noch immer kein Hausbesitzer. Wie hast du das bloß gemacht?«

»Er hat geerbt«, erklärte der Justizrat. »Von einer verstorbenen Großtante.«

»Das Haus steht an der Ostsee«, erzählte der Professor glücklich. »Und im nächsten Sommer lade ich Emil und die Detektive zu mir ein.« Er machte eine Pause. »Das heißt, wenn's meine Eltern erlauben.«

Der Justizrat blickte seinen Sohn von der Seite an. Und es sah sehr ulkig aus, wie sie einander gegenseitig durch ihre Brillengläser musterten. »Wie ich deine verehrten Eltern kenne«, meinte dann der Justizrat, »werden sie nicht zu widersprechen wagen. Das Haus gehört dir. Ich bin nur der Vormund.«

»Abgemacht!« sagte der Professor. »Und wenn ich später heiraten und Kinder kriegen werde, benehme ich mich zu ihnen genau so wie du zu mir.«

»Vorausgesetzt, daß du so vorbildliche Kinder kriegst wie dein Vater«, erklärte der Justizrat Haberland.

Der Junge lehnte sich dicht an den Justizrat und meinte: »Vielen Dank.»

Damit war das Gespräch erledigt. Wir standen auf und gingen alle drei nach der Kaiserallee. Auf der Terrasse vom Café Josty stand der Schauspieler, der Herrn Grundeis zu spielen hatte. Er hatte seinen steifen Hut abgenommen und trocknete sich die Stirn mit dem Taschentuch. Vor ihm standen der Regisseur, der Kameramann und jener Mann, der mich am Zeitungskiosk so angeschnauzt hatte.

»Das halte ich nicht länger aus«, rief der Schauspieler, der den Herrn Grundeis zu spielen hatte, ärgerlich. »Davon wird man ja magenkrank! Zwei Eier im Glas soll ich essen! Das steht im Film-Manuskript. Zwei Eier! Nicht mehr! Nun hab ich schon acht Eier gefressen, und ihr seid mit der Aufnahme noch immer nicht zufrieden!«

»Das hilft nun alles nichts«, sagte der Regisseur. »Die Aufnahme muß immer noch einmal gemacht werden, mein Lieber.«

Der Schauspieler setzte sich den steifen Hut auf, blickte gequält zum Himmel empor, winkte dem Kellner und erklärte traurig: »Herr Ober, bitte noch zwei Eier im Glas!«

Der Kellner notierte die Bestellung, schüttelte den Kopf und sagte: »Das wird aber ein teurer Film!« Dann machte er sich aus dem Staube.

Zehn Bilder kommen zur Sprache

Erstens: Emil persönlich

Da ist er wieder! Seit wir ihn zum letzten Male sahen, sind mehr als zwei Jahre vergangen. Er ist inzwischen größer geworden. Und einen neuen blauen Sonntagsanzug hat er auch. Mit langen Hosen natürlich! Aber wenn der Junge so schnell weiterwächst, kann er sie im nächsten Jahr als kurze Hosen auftragen. Sonst hat er sich wenig verändert. Er ist noch immer der freiwillige Musterknabe von damals. Er hat seine Mutter noch genauso lieb wie früher. Und manchmal, wenn sie beisammensitzen, sagt er ungeduldig: »Hoffentlich verdiene ich bald viel Geld. Dann darfst du aber nicht mehr arbeiten.« Und sie lacht und sagt: »Fein, dann fange ich Fliegen.«

Zweitens: Oberwachtmeister Jeschke

Die Überschrift stimmt. Aus dem Wachtmeister Jeschke in Neustadt ist ein Oberwachtmeister geworden. Die Sache mit dem bemalten Denkmal ist längst in Vergessenheit geraten. Und der Herr Oberwachtmeister kommt sogar manchmal, wenn er dienstfrei hat, zu Tischbeins zum Kaffeetrinken. Vorher kauft er dann jedesmal beim Bäcker Wirth eine große Portion Kuchen. Und Frau Wirth, die ja eine Kundin von Frau Friseuse Tischbein ist, sagte erst neulich zu ihrem Mann, dem Bäckermeister Wirth: »Du, Oskar, fällt dir nichts auf?« Und als er den Kopf schüttelte, meinte sie: »Ein Glück, daß das Pulver schon erfunden ist!«

Drittens: Das Erbe des Professors

Das also ist das Haus, das der Professor von seiner Tante geerbt hat. Es liegt in Korlsbüttel an der Ostsee. Irgendwo zwischen Travemünde und Zinnowitz. Die tote Tante war, als sie noch lebte, eine leidenschaftliche Gärtnerin. Und der Garten, in dem das einstöckige alte Haus liegt, ist eine Sehenswürdigkeit. Der Badestrand ist ganz in der Nähe. Man kann gleich im Schwimmtrikot hinspazieren. Drei Minuten durch einen grün dämmernden Erlenbruch – und schon steht man oben auf den Dünen. Drunten breitet sich die Ostsee. Und die hölzerne Brücke, an der die Küstendampfer anlegen, reicht fast bis an den Horizont.

Viertens: Gustav mit der Hupe

Kennt ihr die Geschichte von dem Mann, der einen Knopf fand und sich dazu einen Anzug machen ließ? So ähnlich ging's mit Gustav. Erst hatte er nur eine Hupe. Und dann piesackte er seinen Vater so lange, bis ihm der ein Motorfahrrad dazuschenkte. Es ist natürlich keine sehr schwere, sondern eine führerscheinfreie Maschine. Aber den Bewohnern der Nachbarhäuser genügt der Krach, den Gustav macht, auch so. Wenn er, in seinem Trainingsanzug, aufspringt oder ratternd um die Ecke biegt, denkt man mindestens: der deutsche Motorradmeister kommt. Die Schularbeiten gucken mittlerweile in den Mond. »Ach, Mensch«, sagt Gustav, »in der Penne rutsche ich so mit durch. Ich bin der Vorletzte. Das genügt mir.«

Fünftens: Fräulein Hütchen

Wenn ein Junge vierzehn Jahre alt wird, ist er noch immer ein richtiger Junge, vielleicht sogar ein Lausejunge. Wenn aber ein Mädchen in dieses Alter kommt, wird es eine junge Dame. Und wehe, wenn man dann so'n Frollein auslacht! Oder wenn man sagt »Gib nicht so an, du Göre!« Da kann man anschließend sein himmelblaues Wunder erleben. Pony Hütchen ist natürlich in den letzten Jahren nicht gerade ein Affe geworden. Dazu ist sie ja ein viel zu patenter Kerl. Aber früher war sie ein halber Junge. Und heute ist sie ein halber Backfisch. Die Großmutter sagt oft zu ihr: »Laß dir Zeit, mein Kind, laß dir Zeit, mein Kind; 'ne alte Schachtel wirst du früh genug.«

Sechstens: Der Eisenbahn-Dampfer

Habt ihr schon einmal ein Trajekt gesehen? In Saßnitz? Oder in Warnemünde? Oder in Stralsund? Das sind merkwürdige Dampfer! Sie legen am Bahnhof an, sperren das Maul auf, und plötzlich fährt ein Zug aufs Schiff. Und dann fahren sie mit einer ganzen Eisenbahn im Bauch über die Ostsee weg. Bis nach Dänemark oder Rügen oder Schweden. Dort landen sie, und der Zug fährt vom Dampfer herunter und auf dem Festland weiter, als sei überhaupt nichts gewesen. Das ist eine Sache, was? Mit der Eisenbahn fahren ist schön. Mit dem Dampfer fahren ist schön. Wie schön muß es erst sein, mit der Eisenbahn Dampfer zu fahren!

Siebentens: The three Byrons

The three Byrons, die drei Byrons also, spielen in unsrer Geschichte keine unwichtige Rolle. Sie sind Artisten und treten in Varietes auf. Manchmal auch im Zirkus oder im Kabarett. Der eine Byron ist der Vater, und die zwei andren Byrons sind die Söhne. Die Söhne heißen Mackie und Jackie. Sie sind Zwillinge, aber Jackie ist größer als Mackie. Der alte Byron ist darüber böse. Aber was soll Jackie machen? Er wächst. Andre kleine Jungen freuen sich, wenn sie wachsen. Jackie Byron ist außer sich.

Achtens: Ein alter Bekannter

Das, was ihr hier seht, ist ein Pikkolo. Also ein kleiner Hotelangestellter, der später einmal Kellner werden will. Oder Oberkellner. Oder Empfangs-Chef. Vorläufig ist er noch Pikkolo und hilft im Hotel beim Tischdecken und beim Tellertragen. Pikkolo zu sein ist ein anstrengender Beruf. Manchmal hat man allerdings ein paar Stunden frei. Dann kann man rasch ins Familienbad rennen und bis zur Sandbank schwimmen. Oder sich auf die große Tube aus Gummi setzen, die fürs Zähneputzen Reklame macht. Und dann trifft man vielleicht sogar alte Bekannte aus Berlin und erinnert sich an längst vergangene Zeiten.

Neuntens: Der Herr Kapitän Schmauch

Daß es sich um eine alte Wasserratte handelt, sieht man dem obigen Herrn tausend Meter gegen den Wind an. Er ist Kapitän und besitzt einen Handelsdampfer, mit dem er auf der Ostsee herumschifft. Manchmal hat er Holz geladen. Manchmal Kohlen. Manchmal schwedisches Eisen. Und manchmal zuviel Rum. Na ja, das kann vorkommen. Seewind macht durstig. Kapitän Schmauch hat in Korlsbüttel ein Häuschen. Und im Hafen liegt ein tüchtiges Segelboot, das ihm gehört. Und ehe ich's vergesse: der Pikkolo ist sein Neffe. Es gibt überhaupt viel mehr Verwandte auf der Welt, als man glaubt.

Zehntens: Die Insel mit der Palme

Nicht weit von der Ostseeküste entfernt liegt mitten im Meer eine ganz, ganz kleine Insel. Früher einmal hat ein Fischer aus Spaß eine Topfpalme zu dem Inselchen hinübergerudert und sie dort in den Sand gepflanzt. Da steht nun die afrikanische Palme im nördlichen Sand und im Strandhafer und ist ein ziemlicher Strunk geworden. Der Anblick könnte einen Hund jammern, wenn's auf der Insel Hunde gäbe. Aber sie ist vollkommen unbewohnt. Erstens besteht sie nur aus Sand, und zweitens ist sie viel zu klein zum Draufwohnen. Wenn man beim Schlafen aus dem Bett rollte, fiele man mitten in die Ostsee. Und nun nimmt die Geschichte ihren Anfang.

Das erste Kapitel
Oberwachtmeister Jeschke hat ein Anliegen

Herr Oberwachtmeister Jeschke hatte einen dienstfreien Nachmittag. Er war mit einem sehenswürdigen Kuchenpaket bei Tischbeins erschienen. Emils Mutter hatte Kaffee gekocht. Mit echtem Karlsbader Zusatz! Und nun saßen die drei an dem runden Tisch in der guten Stube und entwickelten Appetit. Der große Kuchenteller wurde langsam leer. Emil bekam kaum noch Luft. Und Herr Jeschke erzählte, der Neustädter Bürgermeister wolle die alte Pferdebahn abschaffen und eine richtige elektrische Straßenbahn bauen lassen. Es sei nur noch eine Geldfrage.

Emil fragte: »Warum denn nicht gleich 'ne Untergrundbahn? Wenn unsere Pferdebahn verschwindet, ist Neustadt nur noch halb so schön. Elektrische Straßenbahnen gibt's schließlich überall.«

Aber seine Mutter sagte: »Wenn es nur noch eine Geldfrage ist, behält Neustadt seine Pferdebahn bis zum Jüngsten Tag.«

Daraufhin nahm Emil getröstet das letzte Stück Apfelkuchen vom Teller und tat seine Pflicht.

Der Oberwachtmeister erkundigte sich höflich, ob man rauchen dürfe. Frau Tischbein sagte: »Aber selbstverständlich, Herr Jeschke!« Der Gast holte eine große schwarze Zigarre aus dem Lederetui, zündete sie an und hüllte sich in dichte blaugraue Wolken.

Dann erhob sich Frau Tischbein, setzte die Tassen und Teller zusammen, trug das Geschirr in die Küche, kam zurück und erklärte, sie wolle rasch in die Drogerie laufen und Teerseife besorgen. In einer Stunde komme Frau Homburg zur Kopfwäsche.

Emil stand auf und kaute schnell hinter.

»Nein, mein Junge«, meinte die Mutter. »Ich gehe selber.« Emil sah sie verwundert an.

Herr Jeschke blickte zu Frau Tischbein hinüber, verschluckte bei dieser Gelegenheit zu viel Zigarrenrauch und kriegte das Husten. Als er damit fertig war, sagte er: »Emil, ich möchte mit dir reden. Gewissermaßen unter Männern.«

Draußen schlug die Vorsaaltür ins Schloß. Frau Tischbein war fort.

»Bitte schön«, meinte Emil. »Ganz wie Sie wünschen. Ich begreife bloß nicht, wieso meine Mutter plötzlich davonrennt. Besorgungen gehören nämlich in mein Fach.«

Der Oberwachtmeister legte die Zigarre auf den Aschenbecher, schlug ein Bein übers andere und schnippte mit den Fingern Asche von seiner Litewka. (Es lag aber gar keine Asche drauf.) Er sagte: »Deine Mutter ist vielleicht gegangen, damit wir zwei uns in aller Ruhe unterhalten können.« Dann blickte er verlegen an die Zimmerdecke.

Emil schaute gleichfalls nach oben. Es gab aber gar nichts zu sehen.

Der Oberwachtmeister holte seine Zigarre vom Tisch herüber und fragte unvermittelt: »Bin ich dir eigentlich sehr unsympathisch?«

Emil fiel fast vom Stuhl. »Wie kommen Sie denn darauf? Das ist eine komische Frage, Herr Jeschke.« Er dachte nach. »Früher hab ich allerdings große Angst vor Ihnen gehabt.«

Der Oberwachtmeister lachte. »Wegen des Denkmals, was?«

Der Junge nickte.

»Solche Dummheiten haben wir doch auch gemacht, als wir Schuljungen waren.«

Emil staunte. »Sie auch? Persönlich?«

Der Polizeibeamte meinte: »Höchstpersönlich!«

»Dann sind Sie mir sympathisch«, erklärte Emil.

Herr Jeschke schien sich darüber zu freuen. Dann sagte er: »Ich muß dich nämlich etwas Wichtiges fragen. Mit deiner Mutter habe ich schon am vorigen Sonntag darüber gesprochen. Aber sie meinte, es komme auf dich an. Wenn es dir nicht recht sei, könne nichts daraus werden.«

»So, so«, meinte Emil. Er dachte eine Weile nach. Dann erklärte er: »Seien Sie mir nicht böse. Aber ich verstehe kein Wort.«

Der andere betrachtete seine Zigarre. Und weil sie inzwischen ausgegangen war, brannte er sie umständlich wieder an. Dann meinte er: »Es ist schwer, mit einem so großen Jungen darüber zu sprechen. – Erinnerst du dich an deinen Vater?«

»Fast gar nicht. Ich war fünf Jahre alt, als er starb.«

Der Oberwachtmeister nickte. Dann sagte er schnell: »Ich möchte nämlich deine Mutter heiraten!« Und dann hustete er eine Weile. Als er wieder zu sich kam, fuhr er fort: »Ich kann in den Innendienst kommen. Und später werde ich Inspektor. Die Prüfung bestehe ich sicher. Wenn ich auch keine Realschule besucht habe, – ich bin soweit kein dummer Kopf. Als Inspektor verdiene ich ganz hübsch. Und du könntest sogar studieren, wenn du Lust dazu hast.«

Emil strich ein paar Kuchenkrümel von der bunten Tischdecke.

Der Oberwachtmeister sagte: »Wenn du es nicht möchtest, heiratet sie mich nicht.«

Der Junge stand auf und trat zum Fenster. Er blickte auf die Straße hinaus. Dann drehte er sich um und meinte leise: »Ich muß mich nämlich erst an den Gedanken gewöhnen, Herr Jeschke.«

»Selbstverständlich«, antwortete der Mann.

Emil schaute wieder aus dem Fenster. ›Eigentlich habe ich mir's ja anders vorgestellt‹, dachte er bei sich, während seine Augen einem Lastwagen nachblickten. ›Selber wollte ich Geld verdienen. Viel Geld. Damit sie nicht mehr zu arbeiten braucht. Und ich wollte das ganze Leben mit ihr zusammenbleiben. Wir beide allein. Niemand außerdem. Und nun kommt ein Polizist und will ihr Mann werden!‹

Da bog seine Mutter um die Ecke. Sie ging sehr rasch über die Straße und blickte angespannt geradeaus.

Emil zog die Gardine vors Gesicht. ›Jetzt muß ich mich entscheiden‹, dachte er. ›Und ich darf dabei nicht an mich denken. Das wäre gemein. Sie hat immer nur an mich gedacht. Sie hat ihn gern. Ich darf mir auf keinen Fall anmerken lassen, daß ich traurig bin. Ich muß sogar sehr fidel sein. Sonst verderbe ich ihr die Freude.‹

Er holte tief Atem, drehte sich um und sagte laut: »Es ist mir recht, Herr Jeschke.«

Der Oberwachtmeister stand auf, kam zu ihm hin und drückte ihm die Hand. Da ging auch schon die Tür auf. Die Mutter trat hastig in die Stube und blickte ihren Jungen forschend an.

Der dachte noch einmal blitzschnell: ›Nun aber fidel sein!‹ Dann hakte er sich bei Jeschke unter, lachte und sagte zu seiner Mutter: »Was sagst du dazu! Der Herr Oberwachtmeister hat eben bei mir um deine Hand angehalten!«

Als Frau Homburg zur Kopfwäsche erschien, zog Jeschke, der Bräutigam, vergnügt ab. Zum Abend war er wieder da und brachte Blumen mit. Und ein halbes Pfund feinen Aufschnitt. Und eine Flasche Süßwein. »Zum Anstoßen«, meinte er. Nach dem Abendbrot stießen sie also an. Emil hielt eine feierliche Ansprache, über die Herr Jeschke sehr lachen mußte. Frau Tischbein saß zufrieden auf dem Sofa und streichelte Emils Hand.

»Mein lieber Junge«, erklärte Herr Jeschke, »ich danke dir für deine Glückwünsche. Ich bin riesig froh über alles und habe jetzt nur noch eine Bitte. Du sollst nicht Vater zu mir sagen. Das fände ich nämlich merkwürdig. Ich werde bestimmt wie ein Vater zu dir sein. Das steht auf einem anderen Blatt. Aber die Bezeichnung als solcher kommt mir nicht zu.«

Insgeheim war Emil recht froh über den Vorschlag. Laut sagte er: »Zu Befehl, Herr Oberwachtmeister. Wie soll ich Sie denn nun aber anreden? Guten Tag, Herr Jeschke, – das klingt auf die Dauer ein bißchen komisch. Finden Sie nicht?«

Der Bräutigam erhob sich. »Zunächst trinken wir beide Brüderschaft miteinander. Ich duze dich zwar schon. Aber nun mußt du mich auch duzen.«

Sie tranken Brüderschaft.

»Und wenn du künftig das Bedürfnis spüren solltest, mich mit einem Namen zu benennen«, meinte Herr Jeschke, »so möchte ich vorsorglich darauf hinweisen, daß ich Heinrich heiße. Ist das soweit klar?«

»Zu Befehl, Heinrich!« sagte Emil.
Und als er seine Mutter lachen hörte, war er selig.

Nachdem Heinrich Jeschke nach Hause abmarschiert war, gingen die beiden Tischbeins schlafen. Sie gaben sich, wie immer, einen Gutenachtkuß. Und dann legte sich jeder in sein Bett. Aber obwohl sie sich schlafend stellten, lagen sie noch lange wach.

Emil dachte: ›Sie hat nichts gemerkt. Sie denkt, ich bin gar nicht traurig. Nun kann sie Herrn Jeschke heiraten und so glücklich werden, wie ich's ihr wünsche. Er ist ja auch ein netter Mensch.‹

Und Emils Mutter dachte: ›Ach, bin ich froh, daß der Junge nichts gemerkt hat! Er darf nie erfahren, daß ich am liebsten mit ihm, nur mit ihm allein zusammenbliebe! Aber ich darf nicht an mich denken. Sondern immer nur an meinen Jungen. Und an seine Zukunft. Wer weiß, wie lange ich noch Geld verdiene. – Und Herr Jeschke ist ja auch ein netter Mensch.‹

Das zweite Kapitel
Post aus Berlin und Post nach Berlin

Als Emil am nächsten Mittag aus der Schule kam, gab ihm seine Mutter einen Brief und sagte: »Ein Brief an dich. Aus Berlin.«

»Von Pony Hütchen?«

»Nein. Es ist keine bekannte Handschrift.«

»Was steht denn drin?«

»Aber Junge!« rief Frau Tischbein erstaunt. »Ich werde doch deine Briefe nicht aufmachen!«

Er lachte. »Na hör mal! Seit wann haben wir denn Geheimnisse voreinander?« Dann brachte er seine Schulmappe schnell ins Nebenzimmer und dachte: ›Seit gestern! Seit Herrn Jeschke!‹ – Als er zurückkam, setzte er sich aufs Sofa, öffnete den Brief und las:

> Mein lieber Emil!
> Wir haben ja lange nichts voneinander gehört, was? Ich hoffe, dass es Dir trotzdem gut geht. Ich meinerseits kann nicht klagen. Mir ist zwar vor mehreren Wochen eine Grossmutter gestorben. Aber ich kannte sie nur sehr ungenau. Da wird man nicht sehr traurig, wenn wer stirbt. Und damit komm ich

nun auf den eigentlichen Grund meines heutigen Schreibens. Die Grosstante hat mir nämlich ihr Haus vererbt. Es liegt direkt an der Ostsee. In $ Kordsbüttel, wenn wenn du's kennst. Das ist ein Badeort. Und ausserdem liegt mein Haus in einem ziemlich grossen, sehr schönen Garten. Merkst du was? Pass einmal gut auf. Die Grossen Ferien stehen bekanntlich vor der Tür, wie man zu sagen pflegt. Und seit ich Hausbesitzer bin, habe ich eine grossartige Idee. Ich möchte Dich und deine Dedektive vielmals einladen, Die Sommerferien in meinem Eigentum an der Ostsee zu verbringen. Meine Eltern haben es erlaubt und würden sich sehr freuen. Wirklich sehr! Sie werden zwar auch in meinem Hause wohnen. Aber das braucht uns weiter nicht zu stören. Du weisst ja von damals, wie prima ich mit meinen alten Herrschaften auskomme. Ausserdem hat das Gebäude eine erste Etage. Mehr kann man nicht verlangen.

Gustav hat schon zugesagt. Und die Erlaubniss seiner Eltern hat er auch. „Auch". Aber nicht nur er will kommen! Sondern auch, nun halte dich fest, Deine Kusine Pony Hütchen, genannt Hütchen Sowie deine Grossmutter, die uns alle so fabelhaft gefallen hat. Sie wollen alle mitkommen, wenn du auch kommst. Vielleicht auch noch der kleine Dienstag. Wenn seine Mutter

nicht nach Bad Nauheim muss. Da muss
er mit. Es hängt noch vom Arzt ab.
Ob er ihr die See erlaubt. Sie hat es
mit dem Herzen.

Du siehst also, es wird eine tolle An=
gelegenheit. Nun gib Dir einen
Rippenstoss und sage ja, Du alter
Räuberhauptmann! Deine Mutter wird
sicher nichts dagegen haben. Wo
doch doch Deine Grossmutter und
Pony dabei sind. Was hältest Du von
der Sache? Wir holen Dich in Berlin
ab, wenn Du eintriffst. Damit Du nicht
wieder am verkehrten Bahnhof aussteigst.

Und dann fahren wir zusammen
zum Stettiner Bahnhof und von
dort an die See. In mein Haus.

Ehe ich's vergesse: Geld brauchst
Du natürlich keines. Wir nehmen

unser Dienstmädchen Klotilde mit.
Die kocht. Sogar prima. Das ist
übrigens sehr preiswert. Und ob ein
paar mehr mitfuttern, das spielt
gar keine Rolle. Das sagt meine
Mutter.

Und das Fahrgeld stiftet mein Vater, soll ich Dir ausrichten. Die
Tante hat nämlich nicht nur mein
Haus hinterlassen, sondern auch
ihr Geld. Und das hat mein Vater
geerbt. Nicht ich.

Du sollst nur schreiben, ob du mitkommst. Dann schickt er Dir sofort das Fahrgeld. Ich freue mich
so, Dich endlich wiederzusehen.
Und entschuldige, dass ich vom Geld
schreibe. Du sagtest damals, wenn
man Geld hätte, spräche man nicht
darüber. Ich habe es nicht vergessen.

Aber in diesem Falle muss ich doch
darüber sprechen! Weil du sonst
vielleicht nicht kommen könntest. Und dann machten mir
die Ferien keinen Spass mehr. Und
die ganze Ostsee fiele ins Wasser.
Gewissermassen.
Lieber Emil! Ich sehe Deiner Antwort voller Spannung entgegen,
grüsse Dich von meinen Eltern und
von mir und bleibe immer
   Dein Theodor Haberland
   genannt der Professor.

Nota Bene: Vor ein paar Monaten, kurz nach meiner Erbschaft, wurde hier in Berlin der Emil-Film gedreht. Ich habe es mir angesehen. Es ist sehr seltsam, wenn es ne wirkliche Geschichte plötzlich zu einem Film verarbeitet wird. Es ist ganz ähnlich, und es ist trotzdem ganz, ganz anders. Mein Vater sagt dass selbe, der Film soll bald herauskommen. Ich bin sehr gespannt. Du auch? Nochmals viele, viele Grüsse und antworte bald
Deinem Professor.

Nota Optime: Ehrsch's meyesse,—
Parole Emil!

Nachdem Emil den Brief zu Ende gelesen hatte, gab er ihn seiner Mutter und verschwand im Nebenzimmer. Dort packte er die Schulmappe aus, klappte das Geometrieheft auf und tat, als ob er seine Hausaufgaben mache. Er starrte aber nur vor sich hin und dachte angestrengt nach.

Er dachte: ›Es ist bestimmt gut, wenn ich an die Ostsee fahre. Ich bliebe allerdings lieber hier. Aber vielleicht bin ich dem

Oberwachtmeister Jeschke im Wege. Wenn auch nur ein kleines bißchen. Schließlich ist er seit gestern Mutters Bräutigam. Und sie hat ihn gern. Darauf muß man als Sohn Rücksicht nehmen!‹

Frau Friseuse Tischbein freute sich über den Brief des Professors. Das würden für ihren Emil wunderbare Ferien werden! ›Er wird mir zwar an allen Ecken und Enden fehlen. Aber das muß ich ihm ja nicht auf die Nase binden.‹ Sie ging ins andere Zimmer hinüber.

Emil sagte: »Muttchen, ich denke, ich werde die Einladung annehmen.«

»Natürlich wirst du«, entgegnete sie. »Der Brief ist ja so reizend abgefaßt. Nicht? Du mußt mir nur versprechen, daß du nicht zu weit hinausschwimmst. Sonst kommt eine große Welle. Oder ein Strudel. Und dann hätte ich keine ruhige Minute!«

Er versprach es hoch und heilig.

Sie meinte: »Nur mit dem Fahrgeld, das dir der Justizrat schicken will, bin ich ganz und gar nicht einverstanden. Das Fahrgeld holen wir von der Sparkasse. Es wird schon den Kopf nicht kosten.« Sie streichelte den Jungen, der über das Geometrieheft gebeugt saß. »Schon wieder bei den Schularbeiten? Geh doch bis zum Essen noch ein bißchen an die frische Luft!«

»Gerne«, sagte er. »Kann ich dir irgend etwas besorgen oder bei sonst etwas helfen?«

Sie schob ihn zur Tür. »Hinaus mit dir! Wenn das Menü fertig ist, rufe ich dich.«

Emil ging in den Hof, setzte sich auf die Treppe, die zur Waschküche hinunterführte, und zupfte nachdenklich das Gras aus den Ritzen der schiefgetretenen Stufen.

Plötzlich sprang er auf, lief im Galopp aus dem Haustor, die Straße hinunter, bog in die Sporengasse ein, rannte durch die Webergasse, stand am Obermarkt still und sah sich suchend um.

Drüben reihten sich die Zeltbuden der Obst- und Gemüsehändler, die irdenen Batterien der Töpfer, die Stände der Gärtner und Metzger. Und durch diese bunten Marktreihen spazierte, die Hände würdevoll auf dem Uniformrücken verschränkt, Herr Oberwachtmeister Jeschke und übte Aufsicht.

Bei einer Hökerfrau blieb er stehen. Sie gestikulierte. Er zog ein Notizbuch zwischen den Rockknöpfen hervor, schrieb irgendeine wichtige Bemerkung hinein und schritt sehr gemessen weiter. Die Leute, die auf dem Markt einkauften, und die Hökerfrauen rotteten sich zusammen und tuschelten.

Der Junge ging quer über das bucklige Katzenkopfpflaster des Platzes weg, bis er den Oberwachtmeister erreicht hatte.

»Hallo!« rief dieser. »Suchst du etwa mich?«

»Jawohl, Herr Jeschke, ich wollte sagen: jawohl, Heinrich«, meinte Emil. »Ich wollte dich etwas fragen. Ein Berliner Freund von mir hat nämlich an der Ostsee ein Haus geerbt. Und er hat mich für die Großen Ferien eingeladen. Meine Großmutter und Pony Hütchen übrigens auch.«

Herr Jeschke klopfte Emil auf die Schulter. »Meinen herzlichsten Glückwunsch. Das ist ja fabelhaft!«

»Nicht wahr?«

Der Polizeigewaltige blickte seinen zukünftigen Stiefsohn liebevoll an.

»Erlaubst du, daß ich das Reisegeld spendiere?«

Emil schüttelte energisch mit dem Kopf. »Ich habe ja mein eigenes Sparkassenbuch.«

»Schade.«

»Nein, Heinrich. Ich komme wegen etwas ganz anderem.«

»Weswegen denn?«

»Es ist wegen meiner Mutter, weißt du? Wenn du nicht gerade gestern ... Ich meine, sonst würde ich sie bestimmt nicht allein lassen. Und ich fahre überhaupt nur, wenn du mir fest versprichst, daß du jeden Tag mindestens eine Stunde bei ihr bist. Sonst wird sie nämlich, – ich kenne sie doch sehr genau, und ich möchte nicht, daß sie sich in der Zeit ganz allein fühlt.« Emil machte eine Pause. Das Leben war doch manchmal recht schwer. »Du mußt mir dein Ehrenwort geben, daß du dich um sie kümmerst. Sonst fahre ich nicht fort.«

»Ich verspreche es dir. Ohne Ehrenwort. Mit Ehrenwort. Wie du's verlangst, mein Junge.«

»Dann ist ja alles in Ordnung«, erklärte Emil. »Also jeden Tag. Nicht wahr? Ich werde zwar sehr viele Briefe schreiben.

Aber Geschriebenes ist eben doch nicht das Richtige. Es muß immer jemand da sein, den sie liebhat. Ich erlaube nicht, daß sie traurig wird!«

»Ich komme täglich«, versprach Herr Jeschke. »Mindestens eine Stunde. Wenn ich mehr Zeit habe, bleibe ich länger.«

»Dankeschön!« sagte Emil. Dann machte er kehrt und galoppierte den Weg, den er gekommen war, zurück.

Im Hof setzte er sich wieder auf die Treppenstufen, zupfte Grashalme aus den Ritzen und tat, als sei er nie fortgewesen.

Fünf Minuten später blickte Frau Tischbein aus dem Küchenfenster. »He, junger Mann!« rief sie laut. »Platz nehmen zum Mittagessen!«

Er schaute lächelnd hoch. »Ich komme, Muttchen!«

Ihr Kopf verschwand wieder.

Da stand er langsam auf und trat ins Haus.

Am Nachmittag ließ er sich von seiner Mutter Briefpapier geben, setzte sich an den Tisch und schrieb an den Gymnasiasten Theodor Haberland, wohnhaft in Berlin-Wilmersdorf, folgenden Brief:

> Mein lieber Professor!
> Vielen herzlichen Dank für
> dein Schreiben, über das ich mich
> mächtig gefreut habe. Daß Du
> Hausbesitzer geworden bist,
> ist fantastisch. Noch dazu
> an der Ostsee! Meine Glückwün=

sehe! Ich war noch nicht dort.
Aber in Erdkunde war bei uns
neulich die Mecklenburgische
Seenplatte und die Ostseeküste
dran. Ich kann mir alles vorstellen. Die Dünen, die großen
Schiffe, die Backsteinkirchen,
die Häfen, die Strandkörbe
und so. Es muß sehr schön sein,
glaube ich.
Und es ist noch viel schöner, daß
Du mich eingeladen hast, Dich
zu besuchen. Ich nehme die Einladung dankbar an und danke
Dir und Deinen Eltern koloss-
sal dafür. Ich freue mich auf
Dich, den Gustav und den
kleinen Dienstag. Denn ich habe

alle die mir damals so geholfen
haben, gern. Und daß Du auch
Pony und die Großmutter
eingeladen hast, finde ich
enorm.
Wenn in Deiner Villa nicht genug
Platz ist, bauen wir Jungens
in Deinem Garten ein Zelt
und leben wie die Beduinen
in der Wüste. Die Bettücher
nehmen wir als Burnusse. Und
jeder muß nachts eine Stunde
Wache halten. Damit die an=
dern ruhig schlafen können.
Aber das hat ja noch Zeit.
An meine Großmutter und an
Pony schreibe ich heute auch
noch. Und daß Ihr mich an
der Bahn abholen wollt, ist

ein schöner Zug, von Euch.
Na diesmal lasse ich mir das
Geld nicht wieder klauen.
Und wenn ich mir's in einen
Schuh stecken soll!
Sage Deinem Vater daß ich ihm
für sein Angebot danke, was
das Reisegeld betrifft. Doch ich
möchte es von meinem Sparkassenbuch abheben. Ich habe
nämlich noch siebenhundert
Mark von damals, weisst
Du. Für die anderen drei=
hundert Mark kaufte ich
meiner Mutter wie es be=
sprochen war, einen Elek=
trischen Haartrockenapparat
und einen warmen Wintermann=
tel. Er sieht immer noch sehr

anständig aus. Meine Mutter
schont ihre Sachen fabelhaft.
Dann lässt meine Mutter noch
Deine Mutter höflich fragen,
ob ich Bettwäsche mitbringen
soll. Und wieviel Handtü=
cher. Und ob ich an der Ostsee
einen Badeanzug brauche.
Ich habe nur rote Badehosen
und die sind manchmal in
feineren Bädern verboten.
Und noch eins, fahrt Ihr
auch 3. Klasse? Weil wir sonst
nicht im selben Abteil fahren
könnten. 2. Klasse ist viel
teurer. Und in der 3. Klasse
kommt man genau so schnell
an Ort und Stelle, nicht?
Du musst mir wenn wir in

Deiner Villa wohnen, ausführlich erzählen wie es war, als Du beiden Aufnahmen zum Emil-Film zugesehen hast. Hoffentlich können wir uns den Film bald im Kino anschauen. Vielleicht sogar zusammen!

Herzliche Grüsse von meiner Mutter und mir an Dich und unsere Empfehlungen an Deine freundlichen Eltern und noch einmal besten Dank!
Ich freue mich. Parole Emil!
Immer
           Dein getreuer Emil Tischbein

Das dritte Kapitel
Emil setzt sich in Bewegung

Die schlimmen Tage und Stunden, auf die man warten muß, kommen mit Windeseile. Sie nahen wie schwarze, regenschwere Wolken, die der Sturm am Himmel vor sich hertreibt.

Die heiteren Tage jedoch, die lassen sich Zeit. Es ist, als sei das Jahr ein Labyrinth, und sie fänden den Weg nicht heraus und erst recht nicht zu uns.

Aber eines Morgens sind die Sommerferien schließlich doch da! Zeitig wie immer wacht man auf und will aus dem Bett springen. Dann besinnt man sich. Man muß ja gar nicht zur Schule! Faul dreht man sich zur Wand und schließt die Augen.

Ferien! Das klingt wie zwei Portionen gemischtes Eis mit Schlagsahne. Noch dazu Große Ferien!

Dann blinzelt man vorsichtig zum Fenster hinüber und merkt: Die Sonne scheint. Der Himmel ist blau. Der Nußbaum vorm Fenster rührt kein Blatt. Es ist, als stehe er auf den Zehen und blinzle ins Schlafzimmer. Man ist stillvergnügt und selig und bisse sich, wenn man nicht zu faul dazu wäre, am liebsten in die Nase.

Doch plötzlich springt man wie angestochen aus den Federn. Alle Wetter, man muß ja verreisen! Der Koffer ist noch nicht fertiggepackt!

Man rast, ohne in die Pantoffeln zu fahren, aus der Schlafstube hinaus und schreit schon im Korridor: »Muttchen, wie spät ist es eigentlich?«

Schließlich stand Emil auf dem Bahnsteig. Die Mutter hielt seine Hand gefaßt. Oberwachtmeister Jeschke, der sich außer der Reihe eine Stunde freigemacht hatte, trug den Koffer und das Stullenpaket und hielt sich, weil er nicht stören wollte, im Hintergrund.

»Und schreibe mir jeden zweiten Tag«, bat Frau Tischbein. »Daß du nicht zu weit hinausschwimmen wirst, hast du mir versprochen. Aber ich werde trotzdem in Unruhe sein. So viele Jungens auf einem Haufen! Was da alles passieren kann!«

»Na erlaube mal!« sagte Emil. »Du kennst mich doch. Wenn ich was verspreche, halte ich's. Ich sorge mich aber deinetwegen, und das ist viel schlimmer. Was wirst du denn die ganze Zeit ohne deinen Sohn anfangen?«

»Ich habe ja zu arbeiten. Und wenn ich Zeit habe, gehe ich spazieren. Sonntags werde ich mit Jeschke Ausflüge machen. In die Meierei. Oder in den Amselgrund. Wenn er dienstfrei hat, heißt das. Das Essen nehmen wir mit. Und wenn er nicht frei hat, bessere ich Wäsche aus. Ein paar Bettüberzüge sind gar nicht mehr schön. Oder ich schreibe dir einen langen Brief, gelt?«

»Recht oft, bitte«, sagte Emil und drückte ihre Hand. »Und wenn irgend was los ist, telegraphierst du. Und dann komme ich sofort zurück.«

»Was soll denn los sein?« fragte Frau Tischbein.

»Das kann man nie vorher wissen. Wenn du mich brauchst, komme ich. Und wenn gerade kein Zug fährt, komme ich zu Fuß. Ich bin kein kleiner Junge mehr. Das darfst du nicht vergessen. Ich will nicht mehr, daß du mir deine Sorgen und alles andere verheimlichst.«

Frau Tischbein sah Emil erschrocken an. »Was verheimliche ich dir denn?«

Sie schwiegen beide und blickten auf die blanken Schienen.

»Ich meine nichts Bestimmtes«, sagte der Junge. »Und heute abend, wenn wir an der Ostsee sind, schreibe ich dir sofort eine Karte. Aber vielleicht kriegst du sie erst übermorgen. Wer weiß, wie oft da oben an der Küste die Briefkästen geleert werden.«

»Und ich schreibe dir gleich, wenn ich nach Hause komme«, erklärte die Mutter. »Damit du bald ein Lebenszeichen von mir hast. Sonst fühlst du dich so fremd.«

Na, und dann kam der Zug nach Berlin angerattert. Oberwachtmeister Jeschke stürzte, als die Eisenbahn ächzend hielt, in ein Abteil 3. Klasse, belegte einen Fensterplatz, verstaute Emils Koffer sorgsam im Gepäcknetz und wartete, bis der Junge ins Abteil geklettert kam.

»Verbindlichen Dank«, sagte Emil. »Du bist furchtbar nett zu mir.«

Jeschke winkte ab. »Nicht der Rede wert, mein Junge.« Dann holte er sein Portemonnaie aus der Tasche, griff hinein, drückte Emil zwei Fünfmarkstücke in die Hand und meinte: »Ein bißchen Taschengeld. Das kann man immer brauchen. Und viel Vergnügen. Das Wetter soll ja in den nächsten Wochen schön bleiben. Es stand wenigstens in der Zeitung. Na, und was ich dir am Obermarkt versprochen habe, halte ich selbstverständlich. Ich schaue täglich nach deiner Mutter. Und wenn's nur ein Stündchen ist.«

Emil steckte die zwei Fünfmarkstücke sorgfältig ein. Dann schüttelte er dem Oberwachtmeister die Hand. »Vielen Dank, Heinrich.«

»Schon gut, mein Junge.« Jeschke versuchte den Koffer noch tiefer nach hinten zu schieben. »Sonst fällt er dir bei der ersten Kurve auf den Kopf. Und nun will ich mal abschieben.« Er verfügte sich auf den Bahnsteig und trat hinter Frau Tischbein.

Sie kam dicht ans Abteilfenster, aus dem Emil herausblickte, und trug ihm viele Grüße an die Großmutter, an Pony und an alle übrigen auf. »Und gehe nicht erhitzt ins Wasser! Sonst kriegt man den Herzschlag.«

»Und das hat keinen Zweck!« rief Jeschke und lachte verlegen.

»Vergiß nicht, die Stullen zu essen!« meinte die Mutter. »Sie werden sonst altbacken.«

Der Stationsvorsteher hob den Signalstab. Der Zug gab sich einen Ruck.

»Behalte mich lieb«, sagte der Junge. Aber er sagte es so leise, daß die Mutter es nicht verstand. Er war hinterher ganz froh darüber.

Der Zug fuhr langsam an.

»Und beschmier keine Denkmäler!« rief Oberwachtmeister Jeschke lachend.

Dann wurde nur noch gewinkt.

Die Reise ging dieses Mal ohne Träume und Diebstähle vonstatten.

Emil hatte sein Lehrbuch der Geographie – I. Teil, Deutschland – mitgenommen und unterrichtete sich noch einmal ganz genau über die Lübecker Bucht, über die Mecklenburgische Seenplatte, über Pommern, die Insel Rügen und die Ostseeküste. Er bereitete sich fast wie auf eine Prüfung vor.

Gründlichkeit war nun einmal eine Gewohnheit von ihm. (Es gibt schlechtere Gewohnheiten.)

Als er alles, was in dem Lehrbuch stand, zweimal gelesen hatte, klappte er den Band zu, blickte zum Fenster hinaus und betrachtete die friedliche Landschaft, die der Zug durcheilte. Die Lektüre ging ihm, während er die reifenden Felder anschaute, wie ein Dutzend Mühlräder im Kopf herum: die vergebliche Belagerung von Stralsund und die Holsteinische Schweiz, die Backsteingotik und der Geburtsort des Feldmarschalls Blücher, die Kreidefelsen von Rügen und die mecklenburgische Viehzucht, die Köhlereien, der Wacholderschnaps und das Lübecker Marzipan, die Landung Gustav Adolfs von Schweden und der Kantor Buxtehude, alles vermischte sich wie in einem Kaleidoskop, das man dreht.

Um sich zu beruhigen, aß Emil seine Stullen auf. Mit Stumpf und Stiel. Das Papier warf er aus dem Fenster. Es raschelte, knatterte und blieb schließlich drüben auf einem Kürbisbeet liegen, das zu einem Bahnwärterhäuschen gehörte. Die Bahnschranke war geschlossen. Dahinter wartete ein Fuhrwerk. Neben dem Kutscher saß ein Junge und winkte. Emil winkte wieder. –

Manchmal stiegen Leute aus. Manchmal stiegen Leute ein. Manchmal kletterte der Schaffner ins Abteil und machte auf der Rückseite der Fahrkarten dicke Bleistiftstriche.

Für Abwechslung war also gesorgt.

Und viel, viel schneller als damals vor zwei Jahren näherte sich der Zug der Hauptstadt des Deutschen Reiches.

Es ist immer dasselbe. Ob es sich nun um einen kleinen Spaziergang oder um eine Eisenbahnfahrt handelt, – das zweite Mal erscheint die gleiche Strecke viel kürzer als das erste Mal.

(Das gilt übrigens nicht nur für Strecken, die nach Metern und Zentimetern meßbar sind.)

Emils Großmutter und Pony schoben sich am Bahnhof Friedrichstraße durch die Sperre. »Renne nicht so«, sagte die Großmutter. »Eine alte Frau ist kein Schnellzug.« Ihr schwarzes Kapotthütchen war schiefgerutscht.

»In einer Minute kommt der Junge an«, erwiderte Pony ungeduldig. »Wir hätten ruhig etwas pünktlicher sein können.«

Die Großmutter schüttelte energisch den Kopf, und ihr Hut rutschte dadurch noch schiefer. »Pünktlicher als pünktlich, das gibt's nicht. Eine halbe Stunde zu früh ist genau so unpünktlich wie eine halbe Stunde zu spät.«

Pony wollte eigentlich widersprechen. Aber der Professor hatte sie entdeckt, kam auf sie zu, zog die Mütze und sagte: »Guten Tag, meine Damen!« Er nahm Pony die Koffer ab und bahnte ihnen einen Weg.

»Guten Tag, Herr Großgrundbesitzer«, antwortete die Großmutter.

Er lachte und brachte die Feriengäste zu seinen Eltern. Justizrat Haberland begrüßte die beiden und stellte ihnen seine Gattin vor. Frau Haberland, die Mutter des Professors, war hübsch und zierlich und nicht größer als ihr Sohn. Neben ihrem langen, hageren Mann sah sie wie ein kleines Mädchen aus.

Pony machte etliche Knickse und entledigte sich der Grüße und Empfehlungen, die sie den Eltern des Professors von ihren Eltern zu überbringen hatte. Und die Großmutter erzählte, daß sie noch nie am Meer gewesen sei und sich riesig freue.

Dann schwiegen sie alle und warteten auf Emil. Lange brauchten sie nicht zu warten. Der Zug näherte sich der Bahnhofshalle und lief mit Getöse ein. Er hielt. Die Fahrgäste stiegen aus.

»Sicher ist der Junge wieder am Bahnhof Zoo ausgestiegen«, jammerte Pony. Doch da stieg der ›Junge‹ auch schon aus seinem Abteil, zog den Koffer hinterdrein, schaute sich suchend um, entdeckte die andern, lächelte und kam zu ihnen gelaufen.

Nachdem er den Koffer niedergesetzt hatte, gab er seiner Großmutter einen Kuß, reichte den Eltern des Professors die Hand und sagte zu Pony: »Meine Herrn, bist du aber gewachsen!«

Zum Schluß begrüßte er den Professor. Die Jungen benahmen sich sehr förmlich. Aber so sind Jungen stets, wenn sie einander lange nicht gesehen haben. (Nach zehn Minuten legt sich das übrigens.)

»Gustav ist auf seinem Motorrad schon heute früh losgebraust«, erklärte der Professor.

»Aha«, sagte Emil.

»Er läßt dich vielmals grüßen.«

»Vielen Dank.«

»Und der kleine Dienstag ist schon gestern abend abgereist.«

»Nicht nach Nauheim?«

»Nein. Der Arzt hat seiner Mutter die See erlaubt.«

»Großartig«, erklärte Emil.

»Finde ich auch«, meinte der Professor.

Anschließend entstand eine Verlegenheitspause. Der Justizrat rettete die Lage. Er stieß dreimal mit dem Spazierstock auf den Boden. »Alles herhören! Wir fahren jetzt zum Stettiner Bahnhof. Ich spendiere zwei Taxen. In dem einen Auto fahren die Erwachsenen. In dem andern die Kinder.«

»Und ich?« fragte Pony Hütchen.

Da mußten alle lachen. Außer Pony natürlich. Die war leicht gekränkt und meinte: »Ein Kind ist man nicht mehr. Ein Erwachsener ist man noch nicht. Was bin ich überhaupt?«

»Ein albernes Frauenzimmer«, sagte die Großmutter. »Zur Strafe fährst du mit den Erwachsenen. Damit dir klar wird, daß du noch ein Kind bist.«

Das hatte Pony Hütchen nun davon.

Im Wartesaal des Stettiner Bahnhofs aßen sie zu Mittag. Später setzten sie sich in den Zug, der sie an die Ostsee fahren würde. Und weil sie beizeiten gekommen waren, hatten sie trotz des Ferienandranges ein Abteil für sich. Der Zug war mit Kindern, Eimern, Fähnchen, Bällen, Schaufeln, Apfelsinenschalen, zusammengeklappten Liegestühlen, Kirschentüten, Luftballons, Gelächter und Geheul bis an den Rand beladen und dampfte munter durch die Kiefernwälder der Mark Brandenburg. Es war ein kreuzfideler Zug. Der Lärm drang aus den offenen Abteilfenstern hinaus in die stille Landschaft.

Die Kiefern wiegten sich leicht im Sommerwind und flüsterten einander zu: »Die Großen Ferien haben begonnen.«

»Drum«, brummte eine uralte Buche.

Das vierte Kapitel
Villa Seeseite

Korlsbüttel ist keiner von den großen Badeorten. Noch vor zehn Jahren hatte Korlsbüttel nicht einmal einen Bahnhof. Damals mußte man auf der Strecke Lübeck-Stralsund in einem kleinen Nest aus dem Zug steigen, das, wenn ich nicht irre, Stubbenhagen hieß. Dort stand, wenn man besonderes Glück hatte, irgendein altmodisches Fuhrwerk, das mit einem schweren mecklenburgischen Gaul bespannt war, und zockelte die Badegäste nach Korlsbüttel hinüber. Auf zerfahrenen, sandigen Waldwegen. Links und rechts dehnte sich die Heide. Die Wacholderbüsche standen wie grüne Zwerge zwischen den hundertjährigen Eichen und Buchen. Und manchmal fegte ein Rudel Rehe durch die Stille. Und von den Kohlenmeilern, die auf den Waldwiesen lagen, stieg blauer, beizender Rauch in die Sommerluft empor. Es war wie in Grimms Märchen.

Heute ist das anders. Heute fährt man, ohne umzusteigen, bis Korlsbüttel, stiefelt vornehm aus dem Bahnhof, gibt seinen Koffer einem Gepäckträger und ist in drei Minuten im Hotel und in zehn Minuten am Meer. Ich glaube, daß es früher schöner war. Damals war es mit Schwierigkeiten verbunden, ans Meer zu kommen. Und man soll Schwierigkeiten, die einem Ziel im Wege stehen, nicht unterschätzen. Sie haben ihr Gutes.

Halb Korlsbüttel war am Bahnhof, um den Ferienzug zu empfangen. Der Bahnhofsplatz stand voller Leiterwagen, Kutschen, Dreiräder, Tafelwagen und Karren. Man erwartete viele Gäste und noch mehr Gepäck.

Fräulein Klotilde Seelenbinder, Haberlands altes Dienstmädchen, lehnte an der Sperre und winkte, als sie den Justizrat erblickte, mit beiden Händen. Er überragte die aus dem Zug strömenden Menschen um Haupteslänge. »Hier bin ich!« rief sie. »Herr Justizrat! Herr Justizrat!«

»Schreien Sie nicht so, Klotilde«, sagte er und schüttelte ihr die Hand. »Lange nicht gesehen, was?«

Sie lachte. »Es waren doch nur zwei Tage.«
»Ist alles in Ordnung?«
»Das will ich meinen. Guten Tag, gnädige Frau. Wie geht's? Ein Glück, daß ich vorausgefahren bin. So ein Haus macht Arbeit. Guten Tag, Theo! Du bist blaß, mein Liebling. Fehlt dir was? Und das ist sicher dein Freund Emil. Stimmt's? Guten Tag, Emil. Ich habe schon viel von dir gehört. Die Betten sind überzogen. Heute abend gibt's Beefsteak mit Mischgemüse. Das Fleisch ist billiger als in Berlin. Ach, und das ist Pony Hütchen, Emils Kusine. Das sieht man sofort. Diese Ähnlichkeit! Hast du dein Fahrrad mitgebracht? Nein?«

Emils Großmutter hielt sich die Ohren zu. »Machen Sie 'ne Pause!« bat sie. »Machen Sie 'ne Pause, Fräulein. Sie reden einem ja Plissee in die Ohrläppchen. Ich bin Emils Großmutter. Guten Tag, meine Liebe.«

»Nein, diese Ähnlichkeit!« meinte Haberlands Dienstmädchen.

Dann verneigte sie sich und sagte: »Klotilde Seelenbinder.«
»Ist das ein neuer Beruf?« fragte die Großmutter.
»Nein. Ich heiße so.«
»Sie Ärmste!« rief die Großmutter. »Gehen Sie doch mal zum Arzt. Vielleicht verschreibt Ihnen der einen anderen Namen.«

»Ist das Ihr Ernst?« fragte Klotilde.
»Nein«, erwiderte die Großmutter. »Nein, Sie kluges Geschöpf. Ich bin fast nie ernst. Es lohnt sich zu selten.«

Dann wurden die Koffer und Taschen auf einen Tafelwagen geladen. Den Wagen hatte Klotilde vom Fuhrhalter Kröger geliehen, und ein Knecht zog ihn. Emil und der Professor schoben. So ging's die Blücherstraße entlang. Die Erwachsenen und Pony spazierten hinterdrein.

Plötzlich hupte es laut. Aus einem Seitenweg bog, in voller Fahrt, ein Motorrad. Das Motorrad bremste. Krögers Knecht hielt den Wagen an und fluchte, daß die Fensterscheiben der Umgegend zitterten. Glücklicherweise fluchte er plattdeutsch.

»Nu treten Sie sich bloß nicht auf den Schlips!« rief der Motorradfahrer. »Is ja alles halb so wichtig.«

Emil und der Professor guckten erstaunt hinter den Koffern vor und brüllten begeistert: »Gustav!« Sie rannten um Krögers Wagen herum und begrüßten den alten Freund.

Der legte vor Schreck sein Motorrad auf die Straße, schob die Schutzbrille hoch und sagte: »Das hätte mir gerade noch gefehlt, Herrschaften! Daß ich meine zwei besten Freunde zerquetscht hätte! Eigentlich wollten wir euch nämlich von der Bahn abholen.«

»Gegen sein Schicksal kann keiner an«, behauptete eine Stimme aus dem Straßengraben.

Gustav blickte erschrocken auf sein Rad. »Aber wo ist denn der kleine Dienstag?« rief er. »Er saß doch eben noch hinter mir!«

Sie blickten in den Straßengraben. Dort hockte der kleine Dienstag. Passiert war ihm nichts. Er war nur hoch im Bogen ins Gras geflogen. Er lachte den Freunden entgegen und sagte: »Die Ferien fangen ja gut an!« Dann sprang er auf und schrie: »Parole Emil!«

»Parole Emil!« riefen sie alle vier und setzten einträchtig den Weg fort.

Die Erwachsenen folgten weit hinten. Sie hatten überhaupt nichts gemerkt.

»Dort liegt Theos Haus!« sagte Klotilde Seelenbinder stolz und zeigte mit der Hand geradeaus.

Es war ein reizendes, altmodisches Haus. Mitten in einem Garten voller Blumen, Beete und Bäume. ›Villa Seeseite‹ stand am Giebel.

Klotilde fuhr fort: »Was Sie links unten sehen, ist eine große gläserne Veranda. Mit Schiebefenstern. Darüber befindet sich ein offner Balkon. Für Sonnenbäder. Das Zimmer, das anschließt, habe ich für Herrn und Frau Justizrat hergerichtet. Es ist Ihnen doch recht, gnädige Frau?«

»Alles, was Sie machen, ist mir recht«, sagte die Mutter des Professors freundlich.

Das Dienstmädchen wurde rot. »Das Nebenzimmer gehört Emils Großmutter und Pony Hütchen. Die Jungens werden wir im Erdgeschoß unterbringen. Im Zimmer neben der Veranda. Im Nebenraum steht noch ein Sofa. Falls noch wer zu Besuch kommen sollte. Und ein zusammenklappbares Feldbett können wir auch noch aufschlagen. Gegessen wird in der Veranda. Bei schönem Wetter kann man natürlich auch im Garten essen. Obwohl im Freien das Essen schneller kalt wird. Aber man kann ja etwas drüberdecken.« Sie sah sich um. »Wo sind denn eigentlich die Jungens hin? Sie müssen doch vor uns angekommen sein.«

»Sie haben sich zu Bett gelegt«, sagte Emils Großmutter. »Und wenn Sie noch eine Weile so weiterreden, werden die Knaben bald ausgeschlafen haben und wieder aufstehen.«

Das Dienstmädchen blickte unsicher zu der kleinen alten Frau hin. »Bei Ihnen weiß man nie, wie Sie's eigentlich meinen.«

»Das ist Übungssache«, erklärte Pony. »Mein Vater sagt, Großmutter habe den Schalk im Nacken.« Dann öffnete sie das Gartentor und rannte auf das Haus zu. Die Erwachsenen folgten ihr langsam und gaben Krögers Knecht Anweisung, wohin er die einzelnen Koffer und Taschen bringen solle.

Hinterm Haus lag der größere Teil des Gartens. Dort stöberten die vier Jungen herum und suchten eine Garage. Für Gustavs Motorrad. Der Professor saß auf einer Bank, baumelte mit den Beinen und erklärte: »Es gibt zwei Möglichkeiten. Wir stellen die Maschine ins Treibhaus zu den Tomaten. Oder in den Geräteschuppen.«

»Im Treibhaus ist es zu warm«, vermutete Dienstag.

Emil dachte nach. »Im Geräteschuppen liegen sicher Messer und andre scharfe Gegenstände rum. Das kann leicht über die Gummireifen gehen.«

Gustav lief zu dem Schuppen hinüber, blickte hinein und zuckte die Achseln. »Da ist nicht einmal Platz für einen Roller, geschweige denn für meine schwere Maschine.«

Der Professor lachte. »Das nennst du eine schwere Maschine?«

Gustav war beleidigt. »Ohne Führerschein gibt's keine schwerere. Mir ist sie schwer genug. Und wenn ich vorhin nicht so doll gebremst hätte, wärt ihr jetzt Knochenmehl.«

»Wir werden im Treibhaus die Heizung abstellen«, schlug Dienstag vor.

Der Professor schüttelte den Kopf. »Da bleiben doch die Tomaten grün!«

»Was glaubst du, wie egal das den Tomaten ist, ob sie grün oder rot sind!« rief Gustav. »Is ja alles halb so wichtig!«

Da kam Pony Hütchen anspaziert.

Emil winkte ihr und fragte: »Weißt du keine Garage für Gustavs Motorrad?«

Sie blieb stehen und sah sich suchend um. Dann zeigte sie ans Ende des Gartens. »Was für ein Gebäude ist denn das dort?«

Der Professor sagte: »Das ist der sogenannte Pavillon.«

»Und wozu braucht man denselben?« fragte das Mädchen.

»Keine Ahnung«, entgegnete der Professor.

Sie gingen zu dem Pavillon. Gustav schob sein Motorrad hinterher.

Der Pavillon war ein Glashäuschen, in dem ein weißlackierter Tisch stand und eine grüne Gießkanne.

»Großartig!« rief der Professor. »Die geborene Garage!«

Pony Hütchen meinte: »Wenn ich nicht wäre!« Sie öffnete die Tür. Der Schlüssel steckte. Gustav schob das Rad in den Pavillon, schloß die Tür, zog den Schlüssel ab und steckte ihn in die Tasche.

Die anderen Jungen gingen zum Haus zurück. Sie hatten Hunger. Pony Hütchen wollte ihnen folgen.

Gustav fragte: »Wie gefällt dir eigentlich meine Maschine?«

Sie blickte durch die Glaswand und musterte das Rad.

»Na«, fragte der Junge, »wie gefällt sie dir?«

»Untermittelprächtig«, erklärte sie. Hierauf schritt sie wie eine Königinmutter von dannen.

Gustav schaute ihr verdutzt nach. Dann nickte er seinem kleinen Motorrad freudestrahlend zu, sah beleidigt hinter Pony her und sagte zu sich selber: »Is ja alles halb so wichtig.«

Nach dem Abendessen saßen sie noch eine Weile in der Veranda und blickten in den bunt blühenden Garten hinaus.

»Hat's geschmeckt?« fragte Klotilde schließlich neugierig. Es herrschte selbstredend nur eine Meinung. Und als Emils Großmutter behauptete, seit ihrer Silbernen Hochzeit kein gelungeneres Beefsteak gegessen zu haben, war Fräulein Seelenbinder geradezu glücklich.

Während sie, von Pony unterstützt, abräumte, schrieb Emil eine Karte an seine Mutter. Gustav entschloß sich ebenfalls dazu, einen Gruß nach Hause zu schicken und seine glückliche Ankunft zu vermelden. Sie gaben ihre Karten dem kleinen Dienstag, der in der Pension ›Sonnenblick‹ längst von seinen Eltern erwartet wurde. Er versprach, an der Post vorbeizugehen.

»Aber nicht nur vorbeigehen«, bat Emil. »Steck die Karten lieber in den Kasten!«

Dienstag verabschiedete sich allerseits und sagte: »Morgen nicht zu spät!« Dann verschwand er eilig.

Der Justizrat trat in die Verandatür und betrachtete den Himmel. »Die Sonne ist zwar schon untergegangen«, meinte er. »Aber wir müssen dem Meer noch guten Abend sagen, ehe wir in die Klappe gehen.«

Sie wanderten also durch den dämmrigen Erlenbruch. Nur Klotilde blieb zurück. Sie wollte das Geschirr abwaschen.

Als der Erlenbruch zu Ende war und die Steigung begann, die zur Düne hinaufführt, von der aus das Meer zu sehen ist, sagte Justizrat Haberland: »Wer die See noch nicht kennt, der trete vor!«

Emil, Pony und die Großmutter meldeten sich.

»Wir kommen nach«, erklärte der Justizrat.

Da hängte sich die Großmutter bei ihren beiden Enkelkindern ein und ging mit ihnen voran. Nach kurzer Zeit standen sie auf dem höchsten Punkt der Düne. Rechts lag das Strandhotel. Vor ihnen erstreckte sich zu beiden Seiten der Strand. Mit all seinen Strandkörben und Wimpeln und Sandburgen.

Und dort, wo der Strand aufhörte, begann das Meer! Es nahm, wohin man auch blickte, kein Ende. Es lag da, als sei es aus flüssigem Quecksilber. Am Horizont, ganz hinten, fuhr ein Schiff in den Abend hinein. Ein paar Lichter blinkten. Und am

Himmel, der von der Sonne, die längst untergegangen war, noch immer rosig widerstrahlte, hing die Mondsichel. Sie sah noch ganz blaß aus. Als ob sie lange krank gewesen wäre. Und über das pastellfarbene Himmelsgewölbe glitten die ersten Lichtstreifen entfernter Leuchttürme. Weit draußen heulte ein Dampfer. Die Großmutter und die beiden Kinder standen überwältigt. Sie schwiegen und hatten das Empfinden, als ob sie nie im Leben wieder würden reden können.

Da knirschten hinter ihnen Schritte. Haberlands und Gustav näherten sich behutsam.

Gustav trat neben Emil. »Das ist ein dolles Ding, was?« meinte er.

Emil nickte nur.

Sie standen stumm nebeneinander und blickten unentwegt aufs Meer.

Da sagte die Großmutter leise: »Endlich weiß ich, wozu ich so 'ne alte Schachtel geworden bin.«

Das fünfte Kapitel
Ein Wiedersehen in der Ostsee

Als Klotilde am nächsten Morgen an die Tür klopfen wollte, hinter der die Jungen schliefen, hörte sie Gekicher. »Ihr seid schon wach?« fragte sie und legte ein Ohr an die Tür.

»Wach ist gar kein Ausdruck«, rief der Professor und lachte.

»Wer spricht?« fragte Gustav streng. »Wer redet mit uns, ohne sich vorzustellen?«

Das Dienstmädchen rief: »Ich bin's! Die Klotilde!«

»Aha«, sagte Emil, »das Fräulein Selbstbinder.«

»Seelenbinder«, verbesserte Klotilde ärgerlich.

»Nein, nein«, meinte Gustav. »Selbstbinder gefällt uns besser. Wir werden Sie von jetzt ab Selbstbinder nennen. Und wenn Ihnen das nicht paßt, nennen wir Sie Schlips! Verstanden, Fräulein Klotilde Schlips?«

»Eine hervorragende Bezeichnung«, erklärte der Professor. (Er hatte noch immer die Angewohnheit, Zensuren zu verteilen.) »Klotilde, du heißt von jetzt ab Schlips!«

»Mit mir könnt ihr's machen«, sagte das alte Dienstmädchen düster.

»Ach so, ihr sollt frühstücken kommen! Die andern sind schon im Garten. Und jetzt geh ich.«

»Auf Wiedersehen, Schlips!« riefen die drei. Dann spazierten sie im Gänsemarsch durch die Verandatür in den Garten hinterm Haus. Mitten auf dem Rasen war ein großer runder Tisch gedeckt. Die Eltern des Professors, Pony Hütchen und die Großmutter hatten bereits Platz genommen. Der Justizrat las die Zeitung. Die andern aber blickten dem Aufzug der Jungen reichlich fassungslos entgegen. Frau Haberland klopfte ihrem Mann leise auf die Schulter. Der Justizrat fragte: »Was gibt's denn?« Und ließ die Zeitung sinken. Dann schloß er sich dem allgemeinen Staunen an.

Der Professor und Gustav kamen im Badeanzug, Emil in seiner roten Badehose. Doch das war nicht das Auffällige.

Sondern: Der Professor hatte den Panamahut seines Vaters

auf dem Kopf und schwenkte einen dicken Spazierstock. Emil hatte Ponys Sommermäntelchen umgehängt, trug ihren gelben Strohhut mit den roten Lackkirschen und hatte einen buntgestreiften Sonnenschirm aufgespannt, den er, wie eine leicht verrückte Dame, hochnäsig über dem Rasen balancierte. Gustav sah am abnormsten aus. Er hatte das Kapotthütchen von Emils Großmutter aufgesetzt und es mit den schwarzseidenen Kreuzbändern unterm Kinn festgebunden. So fest, daß er den Mund kaum aufkriegte. Vor den Augen trug er seine Motorradbrille. In der einen Hand schwenkte er zierlich Ponys Handtäschchen. In der anderen schleppte er einen Koffer.

Die drei Jungen verzogen keine Miene und setzten sich wortlos in ihre Korbstühle. Dann schlug der Professor mit dem Kaffeelöffel an seine Tasse. Und wie aus einem Munde riefen sie plötzlich: »Guten Abend, die Herrschaften!«

»Die armen Kleinen haben den Sonnenstich«, sagte der Justizrat. »Und das am zweiten Ferientag. Welch ein Jammer!« Dann griff er wieder zu seiner Zeitung.

»Man sollte den Arzt holen«, meinte Pony. »Wehe euch, wenn ihr meine Handtasche dreckig macht!«

Gustav drehte sich um und rief: »Kellner! Bedienung! Ist das nun eine Kneipe, oder ist das nun keine Kneipe?« Dann band er rasch die Hutbänder auf. Er wäre fast erstickt. »Den nächsten Kompotthut kauf ich bei einer andern Schneiderin«, knurrte er. »Das Biest sitzt ja an keiner Ecke und Kante!«

Klotilde kam aus der Villa und brachte frischen Kaffee.

»Da haben wir's«, sagte der Professor. »Natürlich wieder Fräulein Klotilde Schlips. Immer dieselben, immer dieselben!« Das Dienstmädchen goß Kaffee ein, setzte die Kanne auf den Tisch und fragte weinerlich: »Muß ich mir eigentlich gefallen lassen, daß man mich Schlips nennt?«

»Wieso denn Schlips?« erkundigte sich Frau Haberland.

»Unter Seelenbinder können wir uns nichts vorstellen«, meinte Emil.

»Darum wollten wir sie Selbstbinder nennen«, erklärte der Professor. »Aber das war ihr nicht fein genug.«

Gustav kaute und brummte: »Deswegen haben wir sie

Schlips getauft. Andre Leute wären froh, wenn sie Schlips hießen. Mein Sportlehrer heißt Philipp Ochse. Wenn der irgendwo eingeladen ist und seinen Namen sagt, kann er gleich wieder abhauen. Die Leute lachen ja doch bloß.«

»Wie so ein Ochse sich freute, wenn er Schlips hieße«, behauptete Emil.

Klotilde Seelenbinder sagte gar nichts mehr, sondern kehrte stumm ins Haus zurück.

Pony sah zur Großmutter hinüber. »Was fehlt denn den Jungens? Ist es was Schlimmes?«

»Bewahre«, sagte die Großmutter. »Eine ganz normale Krankheit. Man nennt sie die Flegeljahre.«

Der Justizrat nickte. »Ich kenne die Krankheit aus Erfahrung. Ich habe sie früher auch einmal gehabt.«

Nach dem Frühstück erschien Dienstag auf der Bildfläche und holte sie zum Baden ab. Der Justizrat und seine Frau blieben zu Hause. Aber alle anderen, die Großmutter inbegriffen, pilgerten zum Strand. Die Jungen beschlossen, barfuß zu gehen. Das sei gesund.

Droben auf der Düne machten sie halt. Die Ostsee sah ganz anders aus als am Abend vorher. Grünlich und blau glänzte sie. Und manchmal, wenn Wind aufkam, schillerte sie golden, daß man die Augen schließen mußte. Die Großmutter setzte eine Sonnenbrille auf, die ihr Fräulein Klotilde Seelenbinder geliehen hatte.

Unten am Strand wimmelte es, soweit man sehen konnte, von Strandkörben, Sandburgen, Fähnchen, Wimpeln und Menschen.

Manchmal liefen Wellen über den Meeresspiegel. Und Pony bemerkte: »Das sieht aus, als ob ein unsichtbarer Verkäufer auf einem unendlichen Ladentisch schillernde Seide aufrollt.«

Die vier Jungen schauten einander vielsagend an und schwiegen. Nur der kleine Dienstag konnte sich nicht beherrschen und platzte laut heraus.

»Blöde Bande«, sagte Pony und schlug den Strandweg ein. Emil und die Großmutter folgten ihr lächelnd. Als sie eine

Weile gegangen waren, drehte sich Emil nach den Freunden um. Die standen in einiger Entfernung still und machten keine Anstalten weiterzulaufen.

»Wo bleibt ihr denn« rief Emil.

Sie setzten sich langsam in Bewegung. Aber schon nach ein paar Metern streikten sie von neuem. Gustav hüpfte auf einem Bein und schimpfte schrecklich.

Die Großmutter lachte. »Deine Berliner sind das Barfußlaufen nicht gewöhnt. Der Kiesweg stört sie.«

Emil lief zurück. Gustav zog ein schiefes Gesicht und knurrte: »Mensch, das soll gesund sein?«

Und der Professor erklärte: »Ich danke für Obst. Meine Fußsohlen sind doch nicht aus Rindsleder!«

»Nie wieder barfuß!« schwor Dienstag und versuchte den nächsten Schritt. Er stieg wie ein Hahn auf den Mist.

Gustav ging vom Weg herunter und wollte im Gras weitergehen. Es war aber gar kein Gras, sondern Strandhafer. Und der schnitt ihm so in die Waden, daß er wütend »Aua!« schrie und auf den Kies zurückkam.

Emil erklärte: »Der Strandhafer enthält viel Kieselsäure.«

Gustav sagte: »Ich hätte nie gedacht, daß Kieselsäure so spitz ist. Da kann man genau so gut zwischen Rasiermessern herumlaufen.«

Emil erzählte noch einiges vom Aufbau der Pflanzenzellen und von der Beschaffenheit der Sand- und Strandgewächse im besonderen.

Doch der Professor meinte: »Alles ganz schön und gut. Du magst zwar ein enormer Botaniker sein. Aber ich renne rasch in meine Villa zurück und hole meine Turnschuhe.«

Das tat er denn auch. Gustav und Dienstag rannten hinter ihm her.

Emil ging zu seiner Großmutter. Sie setzten sich auf eine Bank und betrachteten das Meer. An der Brücke lag gerade ein kleiner weißer Küstendampfer. Der Junge suchte Pony. Sie war schon weit voraus.

Die Großmutter schob ihre geborgte Sonnenbrille auf die faltige Stirn. »Endlich sind wir einmal eine Minute unter uns.

Wie geht's dir denn eigentlich, mein Junge? Und wie geht's deiner Mutter?«

»Danke, danke. Ausgezeichnet.«

Die alte Frau legte den Kopf etwas schief. »Sehr gesprächig bist du nicht grade. Erzähle noch ein bißchen mehr. Na los, junger Mann!«

Er sah aufs Meer. »Aber Großmutter, das weißt du doch schon alles aus unsern Briefen! Muttchen hat viel zu tun. Aber ohne Arbeit würde ihr das Leben keinen Spaß machen. Na und ich, ich bin noch immer der Beste in der Klasse.«

»So, so«, erklärte die alte Frau. »So, so. Das klingt ja hocherfreulich.« Dann rüttelte sie ihn liebevoll an der Schulter. »Willst du gleich mit der Sprache herausrücken, du Halunke! Da stimmt doch was nicht. Da stimmt doch was nicht! Emil, ich kenne doch dein Gesicht wie meine Handtasche!«

»Was soll denn nicht stimmen, Großmutter? Es ist alles in schönster Ordnung. Glaub's nur!«

Sie stand auf und sagte: »Das kannst du deiner Großmutter erzählen!«

Schließlich landeten alle miteinander im Familienbad.

Die Großmutter setzte sich in den Sand, zog die Schuhe und Strümpfe aus und ließ die Füße von der Sonne bescheinen. Außerdem behütete sie die Badetücher, die man mitgebracht hatte.

Die Jungens nahmen Pony in die Mitte, faßten einander bei den Händen und rannten mit Gebrüll in die Wellen hinein. Eine dicke Dame, die nicht weit vom Ufer im Meer saß und still vor sich hindöste, schluckte bei dieser Gelegenheit Wasser und schimpfte wie am Spieß.

Die Großmutter schürzte den Rock, ging ein paar Schritte ins Wasser und fragte höflich: »Waren Sie auch einmal jung, meine Dame?«

»Natürlich«, war die Antwort.

»Na also«, meinte die Großmutter. »Na also.« Und ohne ausführlicher zu werden, setzte sie sich wieder in den warmen Sand und blickte fröhlich hinter den jauchzenden Kindern her.

Jetzt sah man nur noch die Köpfe. Und auch die nicht immer.

Gustav schwamm am schnellsten. Und als erster kletterte er auf das große Sonnenbrett, das draußen verankert lag und auf dem sich die Schwimmer ausruhten. Pony und Emil schwammen gleich schnell und halfen einander beim ›Landen‹. Dienstag und der Professor kamen wesentlich später.

»Wie macht ihr das bloß?« fragte Dienstag, als er neben den Freunden auf den Planken saß. »Warum schwimmt ihr denn schneller als Theo und ich?«

Der Professor lachte. »Mach dir nichts draus. Wir sind eben Geistesarbeiter.«

Gustav sagte: »Mit dem Kopf hat das nur insofern zu tun, als ihr ihn zu hoch übers Wasser haltet. Ihr müßt kraulen lernen!« Er ließ sich von der Planke herunterrollen, plumpste in die Ostsee und zeigte ihnen, wie man krault.

Pony fragte ihn: »Was verlangst du für die Stunde?«

Er holte tief Atem, tauchte lange, kam prustend wieder zum Vorschein und meinte: »Sechzig Minuten!«

Dann schwammen sie alle wieder zurück. Gustav kraulte ihnen etwas vor. Sie versuchten es nachzumachen. Dabei stieß der Professor mit einem Herrn zusammen, der sich auf den Rücken gelegt hatte und gemächlich hinausschwamm. »Paß besser auf!« rief der Herr. »Wo hast du denn deine Augen?«

»Unter Wasser«, antwortete der Junge und kraulte wie eine Schiffsschraube hinter den Freunden her.

Die waren schon im Gebiet für Nichtschwimmer angekommen und standen vor einer riesigen Zahnpastatube aus Gummi. (Es handelte sich um eine Reklame.) Alle versuchten hinaufzuklettern. Aber kaum war man oben, drehte sich die Tube, und man purzelte ins Wasser zurück. Das Geschrei war groß.

Die Freunde blickten zum Strand hinüber. Dort standen Turngeräte. Am Hochreck schwebte ein Mann, machte eine Schwungstemme, eine Welle vorwärts, schloß, im Vorwärtsschwingen, eine großartige Riesenfelge an, steckte plötzlich die Beine zwischen den Armen durch und kam mit Hilfe einer Kippe oben auf der Stange in den Sitz. Dann machte er eine

Sitzwelle rückwärts, breitete beide Arme aus, schwang nach vorne, ließ das Reck auch mit den Knien los, schwebte durch die Luft, sprang in den Sand und beendete die Übung mit einer eleganten Kniebeuge.

»Donnerwetter!« sagte Gustav. »Das kann nicht einmal ich!«

Als der Turner beiseite gegangen war, stellten sich zwei kleine Jungen unter das Reck. Sie sprangen hoch, hingen still, holten Schwung und wiederholten beide gleichzeitig und nebeneinander dieselbe schwierige Übung, die eben der Mann vorgeführt hatte. Als sie zum Schluß aus dem Kniehang graziös in die Luft schwebten und die Übung mit eleganten Kniebeugen im Sand beendeten, klatschte das ganze Familienbad Beifall.

»Ich werde verrückt«, behauptete Gustav. »So etwas habe ich, noch dazu von solchen Knirpsen, noch nie gesehen!«

Ein Junge, der neben ihnen im Wasser stand, sagte: »Das sind die ›Three Byrons‹. Eine Artistenfamilie. Ein Vater mit Zwillingen. Abends treten sie im Strandhotel auf.«

»Das müssen wir uns mal ansehen«, erklärte Pony Hütchen.

»Das Programm beginnt abends acht Uhr«, berichtete der fremde Junge. »Die anderen Nummern sind auch Weltklasse. Ich kann das Programm dringend empfehlen.«

»Kriegt man bestimmt Platz?« fragte Dienstag.

»Ich kann euch ja auch einen Tisch reservieren«, meinte der Junge.

»Bist du auch ein Akrobat?« fragte Emil.

Der andere schüttelte den Kopf. »Nein. Ich kann zwar auch gut turnen. Aber von Beruf bin ich der Pikkolo vom Strandhotel.« Gustav lachte. »Pikkolos sterben früh.«

»Wieso?« fragte Dienstag.

»Na, hast du schon einmal einen alten Pikkolo gesehen?«

Pony rümpfte die Nase: »Laß deine ollen Witze!«

Der fremde Junge sagte: »Seit ich Gustav zum letzten Male gesehen habe, ist er nur größer geworden. Sonst hat er sich überhaupt nicht verändert.«

Die Freunde sahen einander verdutzt an.

»Woher kennst du mich denn?« fragte Gustav verblüfft.

»Ich kenne euch alle«, versicherte der badende Pikkolo.

»Und Gustav hat sogar einmal einen Anzug von mir angehabt.«

Gustav sperrte den Mund auf. »So ein Quatsch! Ich habe noch nie im Leben fremde Anzüge angehabt!«

»Doch, doch«, sagte der Pikkolo.

Die anderen wußten nicht, was sie denken sollten.

Pony fragte: »Wie heißt du denn?«

»Hans Schmauch.«

»Keine Ahnung«, sagte Gustav. »Kenne keine Schmauchs.«

»Meinen Vater kennst du auch«, behauptete Hans Schmauch. »Und auch Emil kennt ihn.«

»Das wird ja immer schleierhafter«, erklärte Emil.

Gustav stapfte durchs Wasser, rückte dem Pikkolo auf die Pelle und sagte: »Nun aber raus mit der Sprache, Kleiner! Sonst tauche ich dich so lange, daß du niemals Kellner wirst.«

Hans Schmauch lachte. »Ich war früher Liftboy in Berlin. Im Hotel Kreid am Nollendorfplatz. Parole Emil!«

Das schlug dem Faß den Boden aus. Sie tanzten wie irrsinnig gewordene Indianer um den kleinen Schmauch herum. Das Salzwasser spritzte meterhoch. Und dann schüttelten sie dem Jungen die Hand, daß seine Knochen knackten.

»Nein, so eine Freude«, meinte Emil. »Dein Vater, der Portier, war damals so nett zu mir. Zehn Mark hat er mir geborgt. Na, und Gustav und ich haben ja sogar in einer Hotelkammer bei euch übernachtet.«

»Freilich«, sagte der Pikkolo. »Das war 'ne aufregende Geschichte, was? Daran werde ich mein Leben lang denken, und wenn ich Hotelbesitzer werden sollte. Übrigens, wenn ich frei habe, können wir einmal miteinander segeln. Mein Onkel wohnt nämlich hier in Korlsbüttel. Er hat einen großen Handelsdampfer.«

»Kann man denn mit einem Handelsdampfer segeln?« fragte Dienstag.

»Das nun gerade nicht«, sagte der Pikkolo. »Aber mein Onkel hat auch noch ein feines Segelboot. Er ist ein famoser alter Knabe.«

Darüber freuten sie sich, und dann trabten sie an Land und

stellten den kleinen Schmauch der Großmutter vor. Die freute sich mit ihnen. Aber erst, nachdem sich alle gut abgetrocknet hatten.

Gustav blickte den Pikkolo vergnügt an und sagte, während er sich mächtig frottierte: »Ich verstehe nur eins nicht.«

»Was denn?« fragte Hans Schmauch und schaute zu dem großen Gustav hinauf.

Gustav blickte kopfschüttelnd zu ihm hinunter und meinte: »Ich verstehe nur nicht, daß mir früher einmal deine Anzüge gepaßt haben sollen.«

Das sechste Kapitel
Gustav und die Physik

Es folgte eine Kette glücklicher Tage. Und die Sonne schien, als betrachte sie die Ostsee durch ein Brennglas. Der Professor und seine Sommergäste wurden rot wie die Krebse und später braun wie die Mulatten. Nur Pony Hütchen blieb dauernd rot und schälte sich wie eine Zwiebel. Die Großmutter beschmierte den Rücken der jungen Dame in einem fort mit Vaseline, Nußöl, Lanolin und Sonnenbrandcreme. Es half alles nichts.

Frühmorgens, wenn die Großmutter Pony weckte und sagte: »Aufstehen, Gräfin! Die Sonne scheint«, dann hätte Pony am liebsten geheult.

»Warum regnet es denn noch immer nicht?« fragte sie verzweifelt.

Doch die Jungen, die waren von dem schönen Wetter schwer begeistert. Meistens waren sie im Wasser oder irgendwo am Strand. Oder sie gingen zum Hafen, der rechts von der Brücke lag, bewunderten das Segelboot des Kapitäns Schmauch – es hieß ›Kunigunde IV‹ – und freuten sich auf den nächsten freien Tag ihres Freundes, des Pikkolos, weil er dann mit ihnen segeln wollte.

Oder Gustav fuhr per Motorrad in die Heide hinaus. Mit einem der Freunde auf dem Gepäckrost. Er setzte den Beifahrer im Forsthaus oder am Kohlenmeiler ab. Dann fuhr er nach Korlsbüttel zurück und holte den Nächsten. Und er machte die Fuhre so oft, bis sie alle beisammen waren.

Einmal ließ sich sogar die Großmutter von ihm nach dem Forsthaus fahren. Als sie draußen abstieg, sagte sie: »Es war großartig. Ich habe meinen Beruf verfehlt. Ich hätte Rennfahrer werden müssen. Und keine Großmutter.«

Manchmal schrieben sie Briefe nach Hause. Manchmal erhielten sie Post. Manchmal wurden sie von dem Justizrat fotografiert. Und im nächsten Brief schickten sie die Abzüge der Fotos heim.

Oder sie gingen in den Wald und brachten große Sträuße mit. Emil kannte fast alle Pflanzen und nannte ihnen die Besonderheiten und die Namen. Vom Wollgras bis zur Eberesche, vom Sauerampfer bis zu den Schmetterlingsblütlern, vom Moos und seiner geheimnisvollen Fortpflanzung bis zum Knabenkraut, – alles erzählte er ihnen, so gut er's wußte.

Daraufhin fuhr der Justizrat nach Rostock und besorgte in der Universitätsbuchhandlung ein botanisches Lehrbuch und einen Leitfaden zur Pflanzenbestimmung.

Doch ausgerechnet seit diesem Tag interessierte sich niemand mehr für Blumen, Gräser und Sträucher. Außer Emil.

»Drucksachen machen mich nervös«, erklärte Gustav, der Motorradmeister.

Eines Tages erhielt die Großmutter einen Brief aus Neustadt. Es war ein langer Brief. Sie las ihn zweimal. Dann steckte sie ihn in ihren Pompadour und sagte zu sich »Aha.«

Doch zu Emil sagte sie nichts. Wenigstens vorläufig nicht.

Als sie mittags in der Veranda saßen und sich's schmecken ließen, meinte der Justizrat: »Falls es den verehrten Anwesenden nicht allzu unangenehm ist, möchte ich vorschlagen, daß wir heute abend ins Strandhotel gehen und uns die dortigen Darbietungen zu Gemüte führen.«

Die Jungen hätten am liebsten den Nachtisch stehen- und liegenlassen. Obwohl es sich um Weingelee handelte. Und Weingelee war eine Spezialität von Klotilde Schlips!

Na, sie aßen den Nachtisch trotz alledem. Dann aber rannten sie im Dauerlauf zum Strandhotel. Während sie vor dem Hotel herumstanden und beratschlagten, wer hineingehen und mit dem Pikkolo reden sollte, erschien Pony Hütchen auf der Bildfläche.

»Nanu, wie kommst denn du hierher?« fragte Gustav.

»Auf zwei Beinen«, erklärte Pony. »Im übrigen will ich für heute abend einen Tisch bestellen. Oder habt ihr etwas dagegen?«

Es erhob sich kein Widerspruch.

Pony ging in das Hotel hinein.

Der Herr Geschäftsführer kam auf sie zu. »Womit kann ich Ihnen dienen, gnädiges Fräulein?«

»Ich möchte den Pikkolo sprechen.«

»Schmauch ist im Speisesaal«, sagte der Herr Geschäftsführer, drehte ihr den Rücken und verschwand im Schreibzimmer.

Pony fand den Speisesaal! Und sie fand Hans Schmauch, den Pikkolo. Er balancierte gerade einen Berg Teller übers Parkett und meinte: »Moment, Pony. Stehe sofort zu Diensten.«

Sie wartete.

Er kam eilends zurück und fragte: »Was darf's denn sein?«

»Ich möchte für heute abend einen Tisch bestellen.«

»Für wieviel Personen?«

»Moment. Ich muß mal nachrechnen. Also für den Justizrat, seine Frau, die Großmutter, mich, Klotilde Schlips und drei Jungens, das sind ... «

»Acht Personen«, erklärte der Pikkolo. »Ist gemacht. Möglichst weit vorn. – Vielleicht kommt mein Onkel, der Kapitän, auch her. Den müßt ihr kennenlernen.«

Pony gab Hans Schmauch die Hand und sagte: »Also einen Tisch für neun Personen.«

Der Pikkolo machte eine Verbeugung. »Die Vorstellung beginnt kurz nach acht Uhr.«

»Das macht nichts«, erwiderte Pony. »Wir kommen trotzdem!«

Nach dem Abendessen zogen sich sämtliche Bewohner der Villa Seeseite so fein wie möglich an und spazierten feierlich zum Strandhotel. Der Tisch, den Hans Schmauch reserviert hatte, stand in der ersten Tischreihe, ganz vorn an der Bühne. Der Justizrat bestellte für die Erwachsenen Wein. Die Kinder bekamen Orangeade.

Die Vorstellung hatte noch nicht begonnen, obwohl es acht Uhr war. Die Kapelle spielte bekannte Konzertstücke, eins nach dem andern, und der Saal füllte sich mit vergnügten Kurgästen, bis schließlich kein Tisch mehr frei war.

Vorm Hotel hatten sich zahlreiche Einwohner aus Korlsbüttel eingefunden. Sie blickten neugierig durch die Hotelfenster und wollten gratis zuschauen. Doch da kamen ein Kellner und der Pikkolo angerückt und zogen die Vorhänge zu. Der Pikkolo war übrigens nicht sehr gründlich. Die Portieren, die er schloß, ließen breite Spalten offen.

»Das ist nett von ihm«, sagte Emil. »Nun können die Leute draußen doch noch ein bißchen was sehen.«

»Hans Schmauch, der Menschenfreund«, meinte der Professor.

Sein Vater, der Justizrat, klopfte Gustav auf die Schulter. »Seit wann bist du denn so fleißig, daß du mit Büchern ins Varieté gehst?«

Gustav wurde rot. »Es ist ein englisches Wörterbuch«, erklärte er.

»Willst du hier Vokabeln pauken?«

Gustav schüttelte den Kopf. »In den Ferien? Das fehlte noch!«

Pony lachte. »Er will sich bestimmt mit den zwei akrobatischen Zwillingen unterhalten.«

»Will ich auch«, meinte Gustav. »Die Jungens heißen Byron. Sind also Engländer. Na, und wenn sie mir etwas antworten, was ich nicht kapiere, schlage ich einfach im Wörterbuch nach.«

»Auf diese Unterhaltung bin ich gespannt«, sagte die Großmutter. Sie hatte ein schwarzes Taftkleid an und sah pompös aus.

Dann tauchte noch ein Gast auf. Ein großer, behäbiger Mann. Er trug eine blaue Schiffermütze und einen blauen Anzug, blieb auf dem Parkett stehen und schaute sich suchend um. Plötzlich kam der Pikkolo angefegt, sprach mit dem Mann, führte ihn an Haberlands Tisch und sagte: »Darf ich den Herrschaften meinen Onkel vorstellen? Herr Kapitän Schmauch.« Dann ging Hans wieder fort.

Die Kinder standen auf. Der Justizrat auch. Er begrüßte den Onkel des Pikkolos und bat ihn, am Tisch Platz zu nehmen.

Der Kapitän gab allen die Hand und meinte: »Nur nicht so förmlich. Sonst gehe ich wieder.«

Deshalb setzten sie sich alle. Der neue Gast bestellte beim Kellner einen Grog von Rum. Dann sagte er: »So'n Haufen junges Volk am Tisch, – das ist ganz was Feines. Erzählt mal was aus der Schule, ihr Brüder. Seit ich vom Gymnasium flog, sind vierzig Jahre vergangen. Das war eine dolle Zeit.«

Die Jungen dachten nach. Aber es wollte ihnen nichts einfallen, was einen alten Kapitän interessieren konnte. Er blickte erwartungsvoll von einem zum andern, schlug sich aufs Knie und meinte: »Ist's die Möglichkeit! Da waren wir aber andre Kerls! Bei uns passierte jeden Tag irgend ein Unfug.«

»Ach, so was wollen Sie hören?« rief Gustav.

»Dachtet ihr vielleicht, ihr sollt mir das Lied von der Glocke aufsagen?«

Gustav meinte: »Ich habe mir in der letzten Woche vor den Ferien ein Ding eingerührt, das war nicht von schlechten Eltern. Erst wollten sie mich gleich an die Luft setzen. Aber es hat sich noch einmal eingerenkt.«

Die andern hörten gespannt zu.

»Das kam so«, erzählte Gustav. »Vor der Physikstunde war große Pause. Und da war der Mehnert, das ist unser Primus, zum Direktor gelaufen und hatte einen von uns verraten. Nicht mich. Aber ich bin in der Klasse 'ne Art höhere Gewalt. Und wenn so was los ist, bin ich die Exekutive.

Nun hatte der gute Mehnert aber Angst und ließ sich in der Pause nirgends blicken. Er kam erst, als wir schon alle im Physiksaal saßen, mit Purzel, ich meine, mit Herrn Professor Kaul angerückt. Der Schuldiener war auch dabei. Der hilft dem Professor Kaul immer bei den Experimenten.

Es sollte irgend was mit elektrischen Funken gezeigt werden. Die Funkenlänge oder etwas Ähnliches. Kaul und der Schuldiener bauten die Apparate auf. Und dann wurden die schwarzen Vorhänge zugezogen. Damit wir im Dunkeln die Funken besser sehen konnten. ›Mensch‹, sagte da Körte, mein Nachbar, leise. ›Das ist eine fulminante Gelegenheit. Du schleichst dich im Dunkeln vor bis an die erste Reihe, knallst dem Mehnert ein Ding hinter die Löffel, und ehe Purzel, nein, Professor Kaul Licht gemacht hat, bist du längst wieder auf deinem Platz.‹

Der Vorschlag gefiel mir kolossal. Denn wenn so'n Verräter

wie Mehnert vor allen Leuten eine geklebt kriegt, daß es 'n Echo gibt, und bei Licht war's gar niemand, sondern die Gerechtigkeit persönlich, – na, so ein überirdischer Vorgang ist natürlich ein Glücksfall.« Gustav sah sich prüfend um. Die andern lauschten angespannt.

»Na ja«, meinte er. »Es war stockdunkel. Wie im Kohlenkeller. Und Purzel, nein, Professor Kaul sagte, es ginge gleich los, und wir sollten auf die Funken Obacht geben. Und während nun alle Obacht gaben, schlich ich mich bis zur ersten Reihe vor und holte mächtig aus. Fehlgehen konnte die Ohrfeige nicht. Denn Mehnert sitzt seit Jahren in der ersten Reihe auf dem ersten Platz.

Ich holte, wie gesagt, enorm aus und knallte dem Kerl ein Ding, daß mir fast die Hand abgebrochen wäre.«

Kapitän Schmauch schlug sich aufs Knie. »Ausgezeichnet! Dann setztest du dich wieder hin. Und niemand war's gewesen.«

Gustav schüttelte melancholisch den Kopf. »Nein, ich setzte mich nicht wieder hin. Sondern ich blieb vor Schreck stehen, wo ich stand.«

»Vor Schreck?« fragte Klotilde. »Wieso vor Schreck?«

»Mehnert hatte nämlich keine Haare.«

»Keine Haare?« fragte Emil.

»Er hatte eine Glatze. Es war nämlich gar nicht Mehnert, sondern Purzel, nein, der Herr Professor Kaul.«

Sogar der Kellner, der den Grog für den Kapitän gebracht hatte, hörte zu.

»Jawohl«, meinte Gustav. »Professor Kaul hatte sich im Dunkeln neben Mehnert in die Bank gesetzt. Weil er das Experiment auch sehen wollte. Kann man ja verstehen. Physik ist für einen Physikprofessor natürlich hochinteressant. Aber ich konnte ja schließlich nicht riechen, daß er sich im Finstern auf Mehnerts Platz gesetzt hatte.«

Kapitän Schmauch lachte derartig, daß man die Kapelle nicht mehr hörte. Obwohl sie gerade einen Marsch spielte.

Fräulein Klotilde Seelenbinder war ganz blaß geworden. »Entsetzlich!« flüsterte sie. »Da kriegt man ja Gänsehaut.«

Der Justizrat beugte sich vor. »Und wie ging die Geschichte weiter?«

Gustav kratzte sich hinterm Ohr. »Is ja alles halb so wichtig«, sagte er. »Aber immerhin. Mir ist schon manchmal wohler zumute gewesen. Na ja, plötzlich machte wer Licht. Und Purzel saß auf Mehnerts Platz und hielt sich die Glatze. Ein Wunder war's nicht, daß ihm der Kopf wehtat. Ich hatte mein möglichstes getan. Die Klasse saß da, als ob's gedonnert hätte. Und vor der Wandtafel stand unser alter Schuldiener und machte sein dämlichstes Gesicht. Und die elektrischen Funken sprühten fleißig weiter. Aber kein Aas guckte hin.

›Wer war das?‹ fragte Purzel, nein, Herr Professor Kaul nach einer langen Pause.

›Ich‹, sagte ich. ›Ich bitte um Entschuldigung, Herr Professor. Ich habe mich geirrt.‹

›Darauf kannst du dich verlassen‹, meinte er. Und dann rannte er mitten in der Physikstunde aus dem Zimmer. Dabei hielt er sich den Kopf, als hätte er Angst, er könnte ihm runterpurzeln, nein, runterfallen.«

»Fabelhaft«, meinte Pony. »Du bist ein Mordskerl!«

Gustav dachte nach. Dann sagte er: »Mir war nun schon alles egal. Während die andern noch baff dasaßen, griff ich mir Mehnert und verbleute ihn, bis er nicht mehr in seinen Anzug paßte. Er hat drei Tage gefehlt. – Na ja, und nachdem ich unsern edlen Primus vertrimmt hatte, kam der Pedell und transportierte mich zum Direktor. Purzel saß auf dem Sofa und hatte einen kalten Wickel im Genick.

›Ich erfahre soeben, daß du in der Dunkelheit einen alten verdienten Lehrer unsrer Anstalt überfallen hast‹, erzählte der Direktor. ›Wir werden dich selbstverständlich von der Schule weisen. Aber zuvor möchte ich dich ersuchen, uns die Beweggründe deines heimtückischen Unterfangens mitzuteilen.‹ Da war's aber bei mir zappenduster! Daß ich heimtückisch wäre, hat mir noch niemand gesagt. Na, und da packte ich gründlich aus. Ich sagte, wenn jemand ein heimtückischer Kerl sei, dann sei's der Vorzugsschüler Mehnert. Und der Genickschlag hätte eigentlich Mehnert gegolten, weil er in der großen Pause einen Klassenkameraden beim Direx verpfiffen hätte. Und sie könnten ja in den Physiksaal gehen und sich die Überreste ihres Lieblings gerührt betrachten. Wenn sie solche schlechten Charaktere lieber hätten als mich, könnte ich's auch nicht ändern. Und so weiter.«

Kapitän Schmauch betrachtete Gustav, der zornig dasaß, liebevoll. »Und was geschah dann?«

Gustav sagte: »Dann geschah etwas, was ich dem Herrn Professor Kaul bis an mein Lebensende nicht vergessen werde.«

»Was hat er denn getan?« fragte Emil.

»Er hat gelacht«, berichtete Gustav. »Gelacht hat er, daß ihm die Kompresse herunterfiel!«

Kapitän Schmauch schlug sich aufs Knie. Dann drehte er sich zu dem Kellner um, der noch immer dastand und zuhörte, und rief: »Ober, Grog Nummer zwei!«

Das siebente Kapitel
Varieté in Korlsbüttel

Die Kapelle spielte einen Tusch. Auf der Bühne erschien ein schick angezogener, etwas zu geschniegelter Herr und begrüßte die so zahlreich Erschienenen im Namen der Hoteldirektion. Er versprach ihnen einen gelungenen Abend und machte anschließend ein paar Kalauer, über die er nur selber lachte. Das verdroß ihn, und er kündigte geschwind die erste Darbietung an. Und zwar Ferdinand Badstübner, den Caruso zur Laute.

Caruso Badstübner war ein dicker grauhaariger Herr mit Baßlaute und einer kleinen Studentenmütze. Die Laute hatte er in der Hand, die bunte Mütze hingegen auf dem Kopfe. Er griff in die Saiten und schmetterte einige Lieder, die vorwiegend von Heidelberg, von einem Feinsliebchen, von schönen Wirtstöchtern und von ziemlich vielen Weinfässern und Bierkrügen handelten. Seine Stimme klang nicht mehr ganz neu. Als er am Ende war, schwenkte er sein Mützchen. Und dann fiel der Vorhang.

»Zum Studium blieb damals wohl gar keine Zeit übrig?« fragte der Professor seinen Vater.

»Die Lieder übertreiben«, erklärte der Justizrat. »Wenn wir gar nicht studiert hätten, dann hätten wir ja auch gar nichts gelernt.«

Klotilde wollte auch etwas wissen. »Wieso ist der alte Mann, der eben gesungen hat, eigentlich noch Student? Und wenn er Student ist, wieso singt er hier Lautenlieder vor?«

Die andern sahen einander an. Schließlich sagte die Großmutter: »Es ist wahrscheinlich ein Werkstudent.«

»Aha«, meinte Klotilde Seelenbinder. »Dann freilich.«

Und als die andern lachten, wußte sie nicht einmal weshalb.

Gustav sagte: »Ich werde überhaupt nicht studieren. Ich werde Autorennfahrer oder Kunstflieger.« Er wendete sich an Emil. »Wirst du studieren?«

Emil schloß einen Moment die Augen. Er dachte an Oberwachtmeister Jeschke und an die Unterhaltung mit ihm. – »Nein«, antwortete er. »Ich studiere nicht. Ich will so rasch wie möglich Geld verdienen und selbständig werden.«

Die Großmutter blickte ihn von der Seite an. Aber sie schwieg.

Die nächste Darbietung bestand aus einer akrobatischen Tänzerin. Sie wirbelte so schnell um ihre eigene Achse, daß man manchmal denken konnte, sie habe die Augen auf dem Rücken und den Hinterkopf im Gesicht.

Der Kapitän klatschte mit seinen Riesenfäusten so laut, daß es klang, als zerschlüge er prall mit Luft gefüllte Tüten. Er beugte sich vor und fragte Klotilde: »Können Sie auch so tanzen?«

Da kam er aber an die falsche Adresse. »Ich würde mich schämen«, erwiderte sie, »mich vor fremden Leuten derartig zu verrenken!«

»Na, aber zu Hause kannst du's uns ja einmal zeigen«, meinte der Professor. Und die Jungens grinsten bei dem Gedanken, daß Fräulein Seelenbinder, auch Schlips genannt, in der Veranda der Villa Seeseite den Handstand vorführen könnte, statt das Mittagessen zu kochen.

Dann spielte die Kapelle zum Tanz auf. Einige Gäste tanzten. Auch der Kapitän Schmauch. Mit Klotilde. Und der Justizrat mit seiner Frau. Die Großmutter wiegte den Kopf zur Musik und war guter Laune.

Plötzlich machte ein junger Mann vor Pony Hütchen einen Diener und fragte: »Gnädiges Fräulein, darf ich um diesen Tanz bitten?«

Emil blickte den jungen Mann an und lachte: »Das gnädige Fräulein kann noch gar nicht tanzen.«

Pony stand auf. »Hast du eine Ahnung, mein Junge«, sagte sie. »Ha!« Und dann tanzte sie mit dem jungen Mann, als hätte sie nie etwas anderes getan.

»Nun guckt euch bloß unser gnädiges Fräulein an!« rief der Professor. »Sie geht doch aber noch gar nicht in die Tanzstunde!«

Die Großmutter erklärte: »Uns jungen Mädchen ist das Tanzen angeboren.«

Gustav schüttelte den Kopf. »So 'ne Göre! Ist nicht älter als ich und spielt hier das gnädige Fräulein.«

Der nächste Tanz war ein Walzer. »Das ist was für uns junges Volk«, sagte der Kapitän zu Pony. Und dann walzte er mit der Kleinen durch den Saal, daß sich gar niemand andres zu tanzen traute. Manchmal schwenkte er Pony hoch durch die Luft. Es ging großartig.

Hinterher applaudierten alle Gäste. Und sogar die Kellner. Der Kapitän ließ Pony einen Knicks machen. Und er selber machte auch einen!

Später erschien der geschniegelte Herr wieder auf der Bühne. Es sei ihm ein besonderes Vergnügen, meinte er, einen Vortragskünstler anzukündigen, der in allen berühmten Kabaretts des Reiches mit wahren Beifallsstürmen überschüttet worden sei.

»Da bin ich aber neugierig«, erklärte Kapitän Schmauch. »Wenn einer solchen Erfolg hat, kommt er hinterher ausgerechnet zu uns nach Korlsbüttel?« Sie warteten also, daß der Vorhang wieder aufginge.

Und als er das tat und der berühmte Künstler zum Vorschein kam, sagte Emil ganz laut: »Ach, du liebes Bißchen!«

Denn der große Künstler war niemand anders als der Ansager selber. Er hatte sich nur mit einem Zylinder, einem Spazierstock und einem Monokel ausgerüstet.

»Da bin ich«, behauptete er. »Als erstes bringe ich Ihnen einen seriösen Vortrag. Und zwar ein Chanson mit dem Titel ›Das Leben ist nun einmal so‹. Theobald, hau 'rein!« (Mit ›Theobald‹ meinte er den Klavierspieler. Und mit ›Hau 'rein!‹ das Klavier.)

Als er fertig war, erklärte die Großmutter: »Wenn dieser Klapsmann in großen Kabaretts aufgetreten ist, bin ich die Großherzogin von Lichterfelde-Ost.«

Der Vortragskünstler ließ zwei lustige Lieder folgen, die genau so traurig waren. Und dann kündigte er eine Pause von zehn Minuten an.

Die Jungens traten aus dem Hotel hinaus auf die Düne und betrachteten das Meer. Es lag glatt und bleifarben da. Nur der

Widerschein des Mondes lief wie eine schmale silberne Straße über das dunkle Wasser.
Die Wellen klatschten in regelmäßigen Abständen ans Ufer.
Die Silhouetten der vielen Strandkörbe hoben sich vom Himmel ab wie Kornpuppen auf einem nächtlichen Feld.
Es war ein klein wenig unheimlich unter dem von glitzernden Sternen übersäten Himmel.
Der Professor flüsterte: »Mir ist kalt.«
Da gingen sie in den Saal zurück und setzten sich wieder zu Pony und den Erwachsenen.

Nach der Pause trat die akrobatische Tänzerin noch einmal auf. Dann zeigte ein Zauberer phantastische Kartenkunststücke. Und dann endlich kam die Glanznummer des Abends, ›The three Byrons‹!
Was Mister Byron mit seinen beiden Zwillingen zuwege brachte, war geradezu unfaßbar. Die Zuschauer saßen steif auf ihren Stühlen und wagten kaum zu atmen. Am großartigsten wurde es, als sich Mister Byron rücklings auf ein Taburett legte und die Arme hochreckte. Jackie Byron, der größere Zwilling, machte in der rechten Handfläche seines Vaters den Kopfstand, und Mackie Byron in der linken Hand. Erst hielten sie sich noch mit ihren Händen an Mister Byrons Armen fest. Aber dann ließen sie seine Arme los und legten ihre Hände stramm an die Hosennaht! So standen sie auf dem Kopf, wie kleine umgekehrte Soldaten. Hinterher sprangen sie wieder auf die Füße und lächelten, als sei gar nichts gewesen.
Mister Byron blieb auf seinem Taburett liegen, zog die Knie an den Leib und streckte die Füße hoch. Mackie legte sich bäuchlings auf die väterlichen Fußsohlen. Mister Byron bewegte jetzt die Füße, fast wie ein Radfahrer, und Mackie drehte sich auf den Sohlen seines Vaters um die eigene Längsachse wie eine rasende Spindel. Dann flog er plötzlich in die Luft, wirbelte um sich selber, fiel wieder auf Byrons Füße, wurde wieder hochgeworfen, drehte sich in der Luft um neunzig Grad und fiel, – nein, er fiel nicht, sondern stand auf einmal mit seinen Füßen auf den Füßen Mister Byrons!

Klotilde meinte mit zitternder Stimme: »Ich kann gar nicht mehr hinsehen.«

Aber Emil, Gustav und der Professor waren hingerissen.

»Schade, daß der kleine Dienstag nicht mit ist«, sagte Gustav.

Dann legte sich Jackie Byron, der eine Zwilling, aufs Taburett, streckte die Arme hoch, ergriff die Hände seines Vaters, und dann machte dieser große schwere Athlet auf Jackies hochgestreckten Armen einen Handstand!

»Daß dem Jackie nicht die Knochen brechen, ist mir rätselhaft«, flüsterte Emil.

Gustav nickte. »Daß da nichts passiert, spricht gegen sämtliche physikalischen Gesetze.«

Als die drei Byrons mit ihren Künsten zu Ende waren, brach ein unerhörter Beifall los. Die Korlsbüttler Einwohner, die vor dem Hotel standen und durch die Vorhangspalte blickten, klatschten so lange, bis die Fledermäuse aufgeregt umherflatterten. Der Bühnenvorhang mußte zwölfmal aufgezogen werden.

Gustav ergriff sein englisches Wörterbuch und stand, zum Äußersten entschlossen, auf. »Los!« sagte er und lief davon. Der Professor und Emil folgten ihm eilig.

Sie erwarteten die Zwillinge im Korridor hinter der Bühne.

»Hallo, boys!« rief der Professor.

Die Zwillinge drehten sich um.

»A moment, please«, bat Gustav.

Mackie, der Kleinere, setzte sich in Trab und verschwand in einem Hinterzimmer. Jackie blieb stehen.

»You are wonderful«, meinte Emil. »Very nice, indeed. My compliments, Byron.«

Jackie Byron kam auf sie zu. Er sah mächtig müde und verschwitzt aus.

Gustav blätterte im Wörterbuch. »Hallo, dear«, stotterte er dann. »We have seen you. It's the greatest impression in all my life, by Jove! Do you understand?«

Jackie Byron blickte die drei Jungen lange an. Dann sagte er leise: »Nu macht mal keinen Quatsch! Ich verstehe kein einziges Wort Englisch. 'N Tag, die Herren!«

Die drei Freunde machten verblüffte Gesichter.

Gustav klappte das Wörterbuch zu. »Mich trifft der Schlag. Ich denke, du bist Engländer?«

»Ach wo«, erwiderte Jackie. »Unsere Namen sind Künstlernamen. Ausländische Namen ziehen mehr. Was glaubt ihr wohl, wie ich in Wirklichkeit heiße?«

Sie zogen Stirnfalten und dachten nach: »Sag's lieber gleich«, empfahl der Professor. »Sonst könnten wir ja das ganze Adreßbuch durchraten.«

Jackie hielt einen Finger vor den Mund. »Ihr dürft es natürlich nicht weitererzählen. Ich heiße, nein, ich sag's doch lieber nicht.« Emil meinte: »Ich heiße Tischbein. Viel schlimmer wirst du auch nicht heißen.«

»Doch«, sagte Jackie. »Also gut. Ich heiße Paul Pachulke und bin aus Berlin-Teltow.«

»Paulchen Pachulke«, flüsterte Gustav. »Aus Teltow an der Rübe!« Er staunte. »Na, is ja alles halb so wichtig. Ich heiße Gustav. Und wir wollten dir mitteilen, daß wir schwer begeistert sind. Mensch, ihr seid Sonderklasse.«

Jackie freute sich über das Lob. »Sehr angenehm«, sagte er. »Kommt ihr morgen wieder ins Bad?«

Sie nickten.

»Bis morgen also!« rief er und lief in das Zimmer, in dem sein Bruder vorher verschwunden war.

Die drei Freunde standen im Korridor, blickten sich an und mußten schließlich lachen.

Gustav schob sein Wörterbuch verächtlich in die Tasche, hakte sich bei Emil und dem Professor ein und sagte: »Da habt ihr's. Dazu lernt der Mensch nun fremde Sprachen!«

Das achte Kapitel
Der dritte Zwilling taucht auf

Tags darauf regnete es Strippen. Sie blieben also zu Hause, schrieben Briefe und Ansichtskarten, spielten Schach und Halma, blickten dauernd aus dem Fenster und kamen sich wie Laubfrösche im Wetterglas vor. Glücklicherweise erschien der kleine Dienstag zu Besuch. Er hatte seines Vaters Schirm aufgespannt und stand wie ein Pilz im Garten.

Sie ließen ihn herein und schwärmten ihm von den drei Byrons und ihren Kunststücken vor. Sie berichteten ihm auch, daß Pony Hütchen ›gnädiges Fräulein‹ genannt worden war.

»Ja, ja«, sagte Dienstag. »Wir werden alt.«

Und weil Pony bei Klotilde in der Küche war und dort kochen lernte, rannten sie rasch über den Flur, rissen die Küchentür auf und riefen: »Gnädiges Fräulein, Ihr Tänzer steht draußen!«

Pony sah tatsächlich aus dem Fenster.

Da lachten die Jungen und rannten in die Veranda zurück. Dort sagte der Professor: »Habt ihr auch einen Aufsatz über Ferienerlebnisse aufgekriegt?«

»Klar«, meinte Gustav. »Es ist jedes Jahr dasselbe. Das schönste Ferienerlebnis und das spannendste Ferienerlebnis und das interessanteste Ferienerlebnis! Man verliert nach und nach die Lust, überhaupt noch etwas zu erleben!«

»Bei dem Sauwetter könnte man den Aufsatz eigentlich schon heute schreiben«, schlug der Professor vor. »Dann sind wir ihn los.«

Emil war dafür. Aber Gustav und Dienstag waren dagegen.

Der Professor suchte zu vermitteln. »Wir könnten wenigstens mit den Vorstudien anfangen.« Er holte ein Buch, das seinem Vater gehörte, vom Tisch und blätterte darin. »Vielleicht findet man etwas Passendes, und wenn's ein Zitat ist.«

»Unser Deutschlehrer haßt Zitate«, sagte Gustav. »Er ist der Ansicht, wir sollten uns gefälligst selber etwas einfallen lassen, statt aus Büchern abzuschreiben. Das sei genau so verwerflich wie das Abschreiben vom Nachbarn.« Er lachte vor sich hin. »Ich für mein Teil schreibe übrigens lieber von meinem Nachbarn ab.«

Emil fragte den Professor, was er lese.

»Das sage ich nicht«, meinte der. »Ihr müßt raten. Hört einmal zu!« Er setzte sich auf den Tisch und las: »Bei uns ist Gesang die erste Stufe der Bildung, alles andere schließt sich daran und wird dadurch vermittelt. Der einfachste Genuß sowie die einfachste Lehre werden bei uns durch Gesang belebt und eingeprägt, ja selbst was wir überliefern von Glaubens- und Sittenbekenntnissen, wird auf dem Wege des Gesanges mitgeteilt.« Der Professor blickte auf. »Na, von wem ist das wohl?«

»Wahrscheinlich von dem Dirigenten eines Gesangvereins«, erklärte Gustav.

Der Professor lachte. »Falsch! Menschenskind, hast du dich aber blamiert! Es ist von Goethe!«

Dienstag sagte: »Wenn es von Goethe ist, Professor, ist es aber von von Goethe. Mit zwei von. Weil er adlig war.«

»Is ja alles halb so wichtig«, murmelte Gustav.

Der Professor las weiter. »Indem wir die Kinder üben, Töne, welche sie hervorbringen, mit Zeichen auf die Tafel schreiben zu lernen und nach Anlaß dieser Zeichen sodann in ihrer Kehle wiederzufinden, ferner den Text darunterzufügen, so üben sie zugleich Hand, Ohr und Auge und gelangen schneller zum Recht- und Schönschreiben, als man denkt. Und da dieses alles zuletzt nach reinen Maßen, nach genau bestimmten Zahlen ausgeübt und nachgebildet werden muß, so fassen sie den hohen Wert der Meß- und Rechenkunst viel geschwinder als auf jede andere Weise. Deshalb haben wir denn unter allem Denkbaren die Musik zum Element unserer Erziehung gewählt, denn von ihr laufen gleichgebahnte Wege nach allen Seiten.«

»War denn von Goethe Schuldirektor?« fragte Dienstag erstaunt. »Ich denke, er war Minister.«

»Alles mit Gesang!« rief Gustav außer sich. »Stellt euch einmal vor, wir müßten in der Penne Zinsrechnungen und Gleichungen mit einer Unbekannten singen! Ich kann das nicht schön finden.«

»Goethe meinte sicher nur die ersten Schuljahre«, sagte Emil. »In den Anfängen hängen doch alle Fächer viel enger miteinander zusammen.«

Da trat der Justizrat in die Veranda. »Was lest ihr denn da?« Sein Sohn erzählte es ihm.

»Aha«, sagte der Justizrat. »Wilhelm Meisters Wanderjahre.«

»Ich bin ganz entschieden gegen gesungenen Unterricht«, erklärte Gustav. »Ich habe im Singen eine Vier. Weil ich total unmusikalisch bin. Nun stellt euch vor, ich müßte in allen Fächern und Unterrichtsstunden singen! In Latein, Mathematik, Geschichte und so, es ist gar nicht auszudenken.«

Dienstag rief: »Ohne Gesang wirst du in Latein und Mathematik auch nicht viel besser sein!«

»Stimmt«, sagte Gustav. »Also bitte schön, meinetwegen können wir von jetzt ab die unregelmäßigen Verben vierstimmig konjugieren.«

Justizrat Haberland lachte. »Die pädagogische Provinz, die Goethe in den ›Wanderjahren‹ beschreibt, ist das humanistische Wunschgebilde eines sehr alten und sehr großen Dichters. Später werdet ihr es besser verstehen.«

»So schwer verständlich ist das alles gar nicht«, erklärte der Professor. »Hört einmal zu!« Und er las: »Wohlgeborene, gesunde Kinder bringen viel mit; die Natur hat jedem alles gegeben, was er für Zeit und Dauer nötig hätte. Dieses zu entwickeln ist unsere Pflicht, öfter entwickelt sich's besser von selbst.« Er klappte das Buch zu und sah seine Freunde an. »Da habt ihr's!«

»Was haben wir?« fragte Gustav. »Wohlgeborene, gesunde Kinder sind wir alle, die wir hier sitzen. Und was weiter?«

Der Professor tippte mit dem Zeigefinger auf das Buch: »Goethe meint ...«

»Von Goethe meint«, berichtigte Dienstag.

»Goethe meint, daß wir von Natur aus, sozusagen noch verborgen, schon alles besitzen, was wir fürs Leben brauchen. Es kann sich, meint Goethe, ganz von selber entwickeln. Es muß nicht dauernd jemand an uns herumdoktern. Mit Vorschriften und Aufsicht und Zensurverteilen.« Er blickte zu seinem Vater hinüber. »Du weißt genau, daß ich nicht dich damit meine, alter Herr. Aber viele Eltern und Lehrer packen es grundfalsch an.«

»Es ist verteufelt schwer«, sagte der Justizrat, »Kinder nicht zu sehr, aber auch nicht zu wenig zu erziehen. Und bei jedem Kind liegt der Fall anders. Das eine entwickelt seine angeborenen Fähigkeiten mühelos. Und bei dem andern muß man sie mit der Beißzange herausholen, sonst kämen sie nie ans Licht.« Er setzte sich. »Ihr werdet's schon noch erleben, wenn ihr später einmal selbst Väter sein werdet.«

»Darauf freue ich mich schon heute«, meinte Emil.

»Na«, rief der Justizrat, »manchmal kann man dabei auch graue Haare kriegen!« Er blickte zu seinem Sohn hinüber. »Du weißt genau, daß ich nicht dich damit meine, mein Junge.«

»Das mit dem ›Sich-selber-entwickeln‹ leuchtet mir ein«, erklärte Gustav. »Ich könnte bestimmt ohne Diktate, Nachsitzen und Zensuren ein ebenso guter Autorennfahrer werden. Nein, ein noch viel besserer. Weil ich dann mehr Zeit zum Trainieren hätte.«

»Meine sehr geehrten Herren«, sagte der Justizrat lächelnd, »wollt ihr euch also einmal ein paar Tage von selber und ungestört entwickeln? Das könnt ihr haben. Ich ging vorhin am Reisebüro vorbei und las, daß übermorgen eine mehrtägige Reise nach Kopenhagen beginnt. Nun, ich war lange nicht mehr in Kopenhagen. Und in Klampenborg und in Marienlyst auch nicht. Ich habe Sehnsucht nach Dänemark und schlage vor, daß meine Frau und ich, Emils Großmutter, unsere Klotilde und Pony Hütchen übermorgen von Warnemünde aus mit dem Trajekt nach Norden abdampfen.«

»Und wir?« fragte der Professor.

»Ihr Jungens bleibt allein in Korlsbüttel. Mittagessen könnt ihr im Gasthof. Geld lasse ich euch da, falls ihr das nicht schon als einen zu großen Eingriff in eure Entwicklung anseht.«

»Wir sind nicht kleinlich«, meinte Gustav. »Das Geld nehmen wir.«

»Aber um alles andre müßt ihr euch selber kümmern«, meinte der Justizrat. »Da habt ihr reichlich Gelegenheit, euch nach Herzenslust zu entwickeln. Da seid ihr nur euch selber verantwortlich und könnt sehen, ob das ein Vergnügen oder eine Last ist. Einverstanden?«

Die Jungen waren begeistert.

Der Professor trat zu dem Justizrat und fragte stolz: »Gibt es einen besseren Vater als meinen?«

»Nein!« brüllten sie.

Der kleine Dienstag hob die Hand wie in der Schule und bat: »Herr Justizrat, können Sie meine Eltern nicht auch mitnehmen?«

Am Nachmittag regnete es noch immer. Als sie beim Kaffee saßen, tauchte Kapitän Schmauch auf. Klotilde mußte ihm einen steifen Grog brauen. Er setzte sich in den Lehnstuhl, stopfte seine Shagpfeife, paffte blaue Wolken gegen die Gardinen und sagte: »Hier ist's gemütlich! Seit ich gestern abend mit euch zusammen war, habe ich in meinem eignen Hause Budenangst.«

»Sie hätten, als Sie jünger waren, heiraten sollen«, entgegnete die Großmutter.

»Nee«, sagte der Kapitän. »Der Mann dauernd auf dem Ozean und die Frau Gemahlin dauernd allein zu Hause, – das wäre auch nicht das Richtige gewesen. Heute abend gondle ich schon wieder auf ein paar Tage nach Südschweden. Holz frachten. So geht das nun seit Jahrzehnten. Und immer solo! Wenn wenigstens der Hans für immer in Korlsbüttel bliebe. Aber wenn seine Lehrzeit als Pikkolo vorbei ist, geht er ja nach England und Frankreich. Ein Kellner muß in fremden Ländern herumgekommen sein und kann nicht wegen eines alten Onkels hierbleiben. Na ja, und so wird man älter und älter. Bis man eines schönen Tages nicht mehr älter wird.« Er war richtig gerührt. Deswegen bekam er noch einen Grog.

Dann aber mußte er an Bord. Er zog seinen Ölmantel an und stiefelte in den Regen hinaus. In Richtung Schweden.

Nach dem Abendessen saßen die Jungen wieder allein in der Veranda. Dienstag war noch da. Er hatte die Erlaubnis seiner Eltern, bis neun Uhr zu bleiben. Der Regen trommelte aufs Dach. Sie langweilten sich.

Plötzlich preßte sich ein Gesicht ans Verandafenster. Und es klopfte leise an die Glasscheibe.

Die vier sprangen auf. Der Professor lief zur Tür und riß sie auf: »Wer ist da?«

Hastig trat eine vermummte Gestalt ein.

Es war Hans Schmauch, der Pikkolo. »Entschuldigt die Störung«, sagte er. »Aber ich brauche euren Rat.« Er legte die nasse Pelerine ab. »Stellt euch folgendes vor: Gegen acht Uhr bestellte Mister Byron einen Tee bei mir. Auf sein Zimmer. Ich trug also den Tee hinauf. Als ich wieder gehen wollte, meinte er, er müsse mich was fragen. Es dürfe aber kein Mensch erfahren. Ich nickte. Was hätte ich andres tun sollen, nicht? Dann sagte er: ›Du bist ein ausgezeichneter Turner. Ich habe dich im Bad turnen sehen. Du hast Talent. Wenn ich dich ausbilde, kannst du ein großartiger Artist werden. Und vor allem bist du so wunderbar klein und leicht! Laß dich einmal heben!‹ Er hob mich mit einem Arm hoch und wirbelte mich derartig durch die Luft, daß mir schwarz vor Augen wurde. Dann setzte er mich wieder nieder. ›Ihr Tee wird kalt, Mister Byron‹, sagte ich und wollte aus dem Zimmer. Er aber verstellte mir die Tür und fragte, ob ich Lust hätte, Artist zu werden und mit ihm aufzutreten. ›Aber Sie haben doch schon Ihre Zwillinge‹, sagte ich. ›Wozu brauchen Sie denn einen dritten?‹ ›Ich brauche keinen dritten‹, erklärte er. ›Sondern einen zweiten.‹ Und wißt ihr, was er dann sagte?«

Die Jungens lauschten aufgeregt.

Der Pikkolo fuhr in seinem Bericht fort: »Es klang so komisch, was er dann sagte. Und zugleich klang es so unheimlich! Er sagte nämlich: ›Jackie wird mir zu schwer!‹«

»Zu schwer?« fragte Dienstag.

»Na ja. Jackie wächst. Und je mehr er wächst, um so mehr wiegt er. Und weil er zuviel wiegt, kann sein Vater manche Übungen mit ihm schon gar nicht mehr machen. Und andre

Übungen klappen nicht mehr. Oder sie werden zu gefährlich. Wenn Jackie so weiter wächst, kann Mister Byron überhaupt nichts mehr mit ihm anfangen.«

Die Jungen standen da und schwiegen.

Der Pikkolo fuhr fort: »Aus diesem Grunde soll ich mit Mister Byron und Mackie fortfahren. Er will mit uns bei Nacht und Nebel ausreißen. Und Jackie soll keine Silbe davon erfahren. So einen Ersatz wie mich fände er sobald nicht wieder, hat Mister Byron gesagt.«

Emil griff sich an den Kopf. »Aber um alles in der Welt!« rief er. »Der Mann kann doch nicht einfach einen Sohn von sich irgendwo an der Ostsee sitzen lassen, bloß weil der Junge wächst! Das ist doch heller Wahnsinn! Was soll denn aus dem Jackie werden?«

»Das arme Paulchen!« flüsterte Gustav.

Der Professor ging auf und ab. »Das wäre ja noch schöner. Wir werden das unter gar keinen Umständen dulden. Einfach einen Zwilling versetzen! Und einen dritten engagieren! Das kommt gar nicht in Frage.«

»Ein Glück, daß unsre Erwachsenen nach Dänemark gondeln«, erklärte Gustav. »Da sind sie uns wenigstens nicht im Wege.«

Emil schlug auf den Tisch. »Dieser Muskelpietsch soll sich wundern. Das ist wieder einmal eine Sache für uns!« Er wandte sich an den Pikkolo. »Wann glaubst du, will er durchbrennen?«

»Mister Byron richtet sich völlig nach mir«, meinte Hänschen Schmauch. »Ich sei eine nie wiederkehrende Gelegenheit.«

Der Professor erklärte: »Wir warten, bis die Erwachsenen fort sind. Dann halten wir sofort einen Kriegsrat ab. Bis dahin – Hans, höre gut zu, – bis dahin hältst du den Byron mit Redensarten hin. Verstanden?«

Der Pikkolo nickte.

Dienstag sagte: »Dieses Mal setze ich mich aber nicht wieder ans Telephon! Damit ihr's wißt!«

»Diesmal wird überhaupt nicht telephoniert«, erklärte Gustav. »Dieses Mal wird nur gehandelt.«

Hans Schmauch hängte sich seine nasse Pelerine um. »Ich höre also von euch.« Er ging zur Tür. »Parole Emil!« Dann war er verschwunden.

»Parole Emil!« riefen die andern hinterher.

Draußen antwortete nur der heulende Wind.

Plötzlich ging die andere Tür auf. Klotilde Seelenbinder steckte den Kopf ins Zimmer. »Was war denn los?«

»Aber Schlips!« erwiderte der Professor. »Was soll denn losgewesen sein?«

Das neunte Kapitel
Detektive unter sich

Am Morgen des übernächsten Tages fuhren die Erwachsenen mit Pony nach Warnemünde, um sich dort nach Dänemark einzuschiffen. Die Frauen, vor allem die schrecklich aufgeregte Klotilde, wollten den Jungens noch rasch tausend hauswirtschaftliche Ratschläge geben. Aber der Justizrat scheuchte sie ins Abteil, gab dem Professor zwanzig Mark und sagte: »Zu Mittag eßt ihr im Gasthof. Was ihr sonst braucht, besorgt ihr bei Kaufmann Warkentien. Außerdem habt ihr ja auch noch eiserne Reserven in Klotildens Speisekammer. Schließt abends das Haus gut ab! Macht keine Dummheiten! Und wenn ihr euch nicht zu helfen wißt, depeschiert nach Kopenhagen. Wir wohnen im Hotel d'Angleterre.«

»Telegramme werden nicht nötig sein«, behauptete der Professor.

»Um so besser«, erwiderte sein Vater. »Fröhliche Entwicklung!« Dann stieg er in den Zug. Die Frauen schauten aus dem Abteilfenster und nickten.

Wenige Minuten später waren Emil, Gustav und der Professor allein. Und ihrer selbständigen Entwicklung stand nichts mehr im Wege.

Sie gingen in die Villa zurück. Es war trübes Wetter, und der Wind hatte kalte Hände. An Baden war nicht zu denken.

Der Professor holte Bleistift und Papier vom Schreibtisch und rückte seine Brille zurecht. »Zunächst«, erklärte er, »brauchen wir einen Arbeitsplan. Jeden Tag hat einer von uns Tagesdienst. Heute ich; morgen Emil; übermorgen Gustav. Der Tagesdienst muß die anderen wecken, er muß die nötigen Besorgungen erledigen, Kaffee kochen, das Abendbrot richten, den Hausschlüssel verwahren und überhaupt alles tun; was nötig ist.«

»Die Zähne putzt sich aber jeder selber?« fragte Gustav und kicherte albern. Dann wurde er ernst und sagte, er könne keinen Kaffee kochen.

»Du wirst es lernen«, meinte Emil.

Anschließend gingen sie zur Speisekammer und machten eine gründliche Bestandsaufnahme. Sie notierten genau, wieviel Eier, Büchsenkonserven, Würste, Kartoffeln, Gurken, Äpfel, Brot, Schmalz, Butter und so weiter vorrätig waren.

»Die Erwachsenen sollen staunen, wie leicht uns die Selbständigkeit fällt«, erklärte der Professor. Dann nahm er, weil er den Tagesdienst hatte, ein Marktnetz und ging zu Warkentien einkaufen. Emil und Gustav kamen mit.

Sie schauten sich in Warkentiens Laden lange um, und der Kaufmann empfahl ihnen alles mögliche.

Der Professor blickte seine Freunde verlegen an. Dann sagte er: »Entschuldigen Sie die Störung, Herr Warkentien. Aber wir haben, wie ich sehe, schon alles in der Speisekammer.« Und dann zogen sie mit dem leeren Marktnetz wieder heim.

»Das sind Erfahrungen«, erklärte der Professor zu Hause, »die man gemacht haben muß.«

»Aha«, sagte Gustav, holte sich einen Apfel und biß hinein.

Da nahm der Professor die Bestandsliste und strich einen der eingetragenen Äpfel durch. »Tadellose Ordnung ist das Non plus ultra«, sagte er.

Gustav murmelte kauend: »Alles halb so wichtig.«

Als sie mittags in den Gasthof gehen wollten, meinte Emil: »Das Geld könnten wir eigentlich sparen. Wißt ihr was? Ich koche selber!«

»Was kochst du denn?« erkundigte sich Gustav.

»Ich brate«, erklärte Emil und krempelte sich die Hemdsärmel hoch. »Eier sind da. Butter ist da. Schlackwurst ist da. Ich brate Spiegeleier auf Wurst. Damit wir satt werden, essen wir Brot dazu. Und hinterher gibt's Büchsenerdbeeren.«

Er band sich eine Schürze von Klotilde vor, legte Butter, Eier, Wurst, Messer und Salz auf den Tisch, stellte die Pfanne auf den Gasbrenner, tat Butter in die Pfanne, legte Wurstscheiben in die zischende Butter, schlug zwei Eier am Pfannenrand auf, goß den Inhalt geschickt aus den Schalen über die Wurst und streute eine Prise Salz über die ganze Geschichte.

Die Freunde verfolgten seine aufreibende Tätigkeit mit Spannung und stiller Bewunderung.

»Das Eigelb ist nicht kaputt gegangen«, stellte Emil voller Stolz fest. »Das ist das Schwerste dran.«

Mit einem Mal guckte der kleine Dienstag durchs offene Küchenfenster. Er kletterte, mit einem Klimmzug, aufs Fensterbrett und ließ sich dort häuslich nieder. Er schaute Emil zu und sagte anerkennend: »Wie 'n richtiger Koch!«

»Alles Übung«, antwortete Emil. »Wir haben doch kein Dienstmädchen. Und wenn meine Mutter über Mittag geschäftlich zu tun hat, kümmere ich mich ums Essen.«

Dann erzählte Dienstag, daß er in den nächsten Tagen bei dem Professor übernachten dürfe. Die Freunde fanden das großartig. »Aber«, sagte er, »nach Kopenhagen wollten meine alten Herrschaften unter keinen Umständen mitfahren. Sie hätten keine Lust! Als ob das ein Grund wäre, wie?«

»Solche Dickköppe!« rief Gustav ärgerlich.

Dienstag zuckte die Achseln. »Da soll man sich nun selbständig entwickeln!«

Emil drehte die Gasflamme kleiner. »Wir können nicht gleichzeitig essen. Die Portion, die jetzt in der Pfanne ist, kriegt Gustav, weil er am verfressensten ist.« Die Jungens lachten. Nur Gustav lachte nicht, sondern sagte: »Ihr Feuertüten!« (Das Schimpfwort hatte er selber erfunden.)

Dann holte der Professor einen Teller und ein Besteck aus dem Geschirrschrank. Emil bugsierte die Spiegeleier auf den Teller und schnitt zwei Scheiben Brot ab.

Gustav setzte sich an den Küchentisch, brockte Brot über die Eier und fing zu essen an.

Der Professor holte ein Küchenhandtuch. Das banden sie Gustav um den Hals. Er sah wie ein Patient beim Zahnarzt aus.

Emil schlug die zweite Portion Wurst und Eier in die Pfanne.

Der Professor setzte sich auf die Küchenbank und sagte: »So, nun kommt die Hauptsache. Während Emil und ich essen und das Geschirr abwaschen, gehen Gustav und Dienstag ins Strandhotel und setzen sich mit Hans Schmauch in Verbindung. Vor allem müssen wir wissen, ob Mister Byron noch immer mit ihm ausreißen will. Wenn dem so ist, soll der Pikkolo mit Mister Byron alles besprechen. Wann sie fliehen wollen. Und ob mit der Bahn oder dem Dampfer.«

»Ich kann ihnen ja mein Motorrad borgen«, meinte Gustav ironisch. »Wozu sollen wir den Kerl überhaupt erst halb und halb ausreißen lassen? Das ist mir unbegreiflich! Wir können doch zu ihm hingehen und sagen: ›Hören Sie, mein Bester, machen Sie keine Wippchen! Bleiben Sie hübsch hier, sonst kriegen Sie's mit uns zu tun!‹ Das ist doch viel einfacher. Nicht?«

»Nein«, erklärte Emil. »Das ist nicht einfacher. Wenn wir ihm so kommen, bleibt er ein paar Tage hier und reißt dann doch noch aus! Wenn auch ohne Pikkolo. Aber Jackie sitzt dann genau so in der Tinte!«

»So ist es«, sagte der Professor. »Macht es, wie ich's euch vorgeschlagen habe.«

Emil fügte hinzu: »Und sagt Hans Schmauch, er solle als Zeitpunkt der Flucht möglichst den späten Abend vorschlagen!«

»Warum?« fragte Dienstag.

»Weil Jackie dann schläft und von der Flucht seines Vaters überhaupt nichts merkt. Wenn er am nächsten Morgen aufwacht, sind sein Vater und Mackie längst wieder da. Und ihm selber ist die Enttäuschung erspart geblieben.«

Gustav stand auf. »Das waren die besten Spiegeleier, die ich je gegessen habe. Hebt mir einen Teller Erdbeeren auf, ihr beiden Dienstmädchen!« Er schubste den kleinen Dienstag vom Fensterbrett in den Garten und sprang hinterher.

Man hörte sie über den Kiesweg rennen. Dann schlug die Gartentür zu.

Emil und der Professor hatten gegessen. Einen Teller mit Erdbeeren hatten sie für Gustav beiseite gestellt. Jetzt standen sie am Abwaschtisch. Emil spülte das Geschirr ab und putzte die Bestecke. Der Professor trocknete alles ab und tat es wieder in den Schrank.

Die Bratpfanne wurde am schwersten sauber. Doch endlich konnte man sich in ihr spiegeln.

Sie wuschen sich die Hände. Emil sagte, während er das Handtuch an den Nagel hängte: »Es scheint mit Vätern seine Schwierigkeiten zu haben. Dem einen Jungen will der Vater durchbrennen. Und der andre Junge soll einen neuen Vater kriegen, obwohl er eigentlich gar keinen haben will.«

»Welcher andre Junge?« fragte der Professor. Weil Emil nicht antwortete, blickte er zu ihm hin. Und plötzlich verstand er den Zusammenhang. »Ach so.«

»Ich habe noch mit keinem Menschen darüber gesprochen«, meinte Emil leise. »Auch mit meiner Mutter nicht. Mit ihr sogar am allerwenigsten.«

»Ich erzähle es nicht weiter«, sagte der Professor.

Emil hängte die Pfanne von einem Haken an den andern. Er drehte den Wasserhahn fester zu. Er schloß das Fenster. »Ich muß mit jemandem darüber sprechen. Es ist so schwer für mich, weißt du? Auf meinen Vater kann ich mich kaum besinnen. Seitdem sind meine Mutter und ich allein. Und ich bin nie auf den Gedanken gekommen, daß das anders werden könnte. Und ich dachte immer: Wenn ich erst einmal Geld verdiene, wird's schöner werden. Dann machen wir in den Ferien große Reisen. Oder auch kleine. Und wir nehmen uns eine größere Wohnung. Mit echten Möbeln und vielen guten Büchern. Und zweimal in der Woche kommt eine Aufwartefrau. Und die Wäsche geben wir weg. Naja, wie man sich das so ausmalt. Statt dessen kommt da plötzlich ein Mann und will meine Mutter heiraten. Und wer wird nun die größere Wohnung mieten? Er! Und wer wird mit meiner Mutter verreisen? Er! Und wer bestellt nun die Aufwartefrau? Er! Er verdient das Geld. Und ob ich welches verdiene, ist ganz unwichtig. Ich darf sogar studieren, sagt er. Immer ist er da! Und mit einemmal kann man seiner Mutter nicht mehr alles erzählen. Vielleicht interessiert sie's gar nicht mehr, denkt man. Und dann kann man abends nicht einschlafen. Und wenn sie hereinkommt, atmet man tief, als schliefe man doch! Dabei möchte man viel lieber laut heulen! Wie'n ganz kleiner Sextaner.« Emil schluckte schwer. Dann nahm er sich mächtig zusammen. »Na, es wird schon gehen. Wenn sie ihn lieb hat, muß sie ihn natürlich heiraten. Es ist vielleicht gar nicht so wichtig, daß das Leben für mich nun nicht mehr so schön ist.«

»Schon möglich«, meinte der andere. »Aber hat sie ihn denn lieb?«

»Erlaube mal. Warum sollte sie ihn denn sonst heiraten? Bestimmt hat sie ihn lieb. Er ist ja auch ein netter Mann. Er und ich, wir verstehen uns soweit ganz gut.« Er blickte seinen Freund an. »Was hältst du von der Sache?«

Der Professor sagte: »Ich glaube, du bist zu egoistisch. Findest du nicht? Deine Mutter ist doch nicht nur deine Mutter. Sondern auch eine Frau. Seit dein Vater tot ist, hat sie das deinetwegen vergessen. Weil du klein warst. Aber nun bist du groß genug. Und da denkt sie seit langem wieder einmal an sich selber. Das ist ihr gutes Recht.«

»Das sage ich mir ja jeden Tag hundertmal. Aber es macht mich traurig, weißt du? Und es ist furchtbar schade.«

»Es ist vieles furchtbar schade im Leben«, meinte der Professor. »Das werden wir beide nicht ändern. Aber es ist immer noch besser, es ist für dich schade als für deine Mutter.«

»Selbstverständlich«, sagte Emil. »Aber ich glaube, ich habe zwei Menschen in mir drin. Der eine sieht alles ein und nickt mit dem Kopfe. Und der andre hält sich die Augen zu und weint ganz leise. Kennst du das?«

»Ich habe davon gelesen«, erklärte der Professor. »Aber selber bin ich nicht so. Was ich eingesehen habe, tut mir nicht mehr leid.«

»Dann bist du zu beneiden!« meinte Emil nachdenklich. »Ich war jedenfalls sehr froh, als deine Einladung kam! Denn ich kann mich so schwer verstellen. Und vielleicht hätte sie etwas gemerkt. Stell dir das vor! Sie hätte sofort erklärt, daß sie ihn nicht nimmt. Denn das hat sie ihm ja gleich gesagt ›Ich heirate nur, wenn mein Junge damit einverstanden ist!‹ Und da mußte er mich erst fragen.«

»Kolossal anständig von der Frau!« meinte der Professor anerkennend.

»Na Mensch«, sagte Emil. »Meine Mutter!«

Später zogen sie ihre Mäntel an und gingen den beiden Freunden entgegen. Sie trafen einander im Erlenbruch.

»Die Sache kommt morgen abend zum Klappen«, berichtete Gustav. »Morgen hat nämlich der Pikkolo seinen freien Tag. Und abends will der feine Herr mit seinem Zwilling junior und unserem Hans Schmauch türmen. Schmauch will von uns wissen, was er tun soll. Mister Byron, diese Feuertüte, will jedenfalls mit dem letzten Dampfer abhauen. Weil Jackie dann schon schläft. Von Warnemünde will er mit dem Zug nach Polen weiter. Dort hat er Verwandte, und dort will er, bevor er ein neues Engagement annimmt, mit dem neuen Zwilling trainieren.«

Dienstag sagte: »Ich habe einen ganz einfachen Plan. Wir bauen uns an der Dampferhaltestelle auf. Und wenn er anrückt, schicken wir ihn wieder ins Bett.«

Der Professor schüttelte den Kopf. »Der Plan ist zu einfach. So etwas kann vorkommen. Wir müssen den Burschen unterwegs abfangen. Wenn er sich nicht mehr herausreden kann. Er muß schon ein Stück gefahren sein. Sonst lacht er uns aus. Er muß Angst haben, wir könnten die Hafenpolizei alarmieren.«

Sie setzten sich auf eine vom Verschönerungsverein gestiftete Bank und berieten eine halbe Stunde lang. Dann war der Plan fix und fertig.

Und zwar war der Plan so: Der Pikkolo sollte Mister Byron klarmachen, daß er nicht gut mit ihm und einem Zwilling in Korlsbüttel an Bord gehen könne. Er, Hans Schmauch, wolle erst an der nächsten Station auf den Dampfer kommen. Also in Heidekrug.

»Und wie kommt der Pikkolo nach Heidekrug?« fragte Gustav.

»Fragen stellst du!« rief Emil. »Natürlich mit dir und deinem Motorrad!«

»Aha«, sagte Gustav.

»Die Detektive hingegen«, erklärte der Professor, »besteigen den Dampfer nicht in Heidekrug, wie Hans Schmauch, und nicht in Korlsbüttel, wie Mister Byron und Mackie, sondern noch früher. In Graal. Wir gehen in die Kajüte und können in Korlsbüttel beobachten, ob der alte Byron auch bestimmt an Bord kommt. In Heidekrug steigt der Pikkolo hinzu. Und kurz vor Warnemünde klettern wir an Deck und sagen: ›Sehr verehrter Herr Pachulke, wo haben Sie denn Ihren Sohn Paul? Und wieso reist denn statt seiner ein Pikkolo mit Ihnen? Wenn Sie nicht wollen, daß wir Sie in Warnemünde der Polizei übergeben, und zwar wegen Sohnesaussetzung und Kindesraub, dann seien Sie doch so liebenswürdig und kommen Sie schnell wieder mit uns nach Korlsbüttel zurück. Mit dem Zug oder mit dem Taxi auf Ihre werte Rechnung. Uns liegt außerordentlich daran, daß Jackie von alledem nichts erfährt.‹ Na, glaubt ihr etwa, er wird sich sträuben?«

»Er muß nach Korlsbüttel zurück«, rief Dienstag vergnügt. »Ihm bleibt gar keine andre Wahl.«

»Alles ganz schön und gut«, gab Gustav zu. »Aber wie kommen die Detektive nach Graal?«

Sie blickten ihn vorwurfsvoll an.

»Aha«, sagte Gustav. »Mit mir und meinem Motorrad.«

»Jawohl«, meinte Emil. »Du mußt die Strecke so lange hin und her gondeln, bis alle Detektive in Graal sind. Und dann fährst du von Graal aus ganz allein über Korlsbüttel und Heidekrug bis nach Warnemünde und kundschaftest die nächste Hafenpolizei aus. Falls Mister Byron doch Schwierigkeiten machen sollte. Wenn wir mit dem Dampfer ankommen, bist du schon da und erwartest uns mit unserm Gefangenen. Ist dir das klar?«

»Mir schon«, erwiderte Gustav. »Aber meinem Motorrad noch nicht.«

Das zehnte Kapitel
Ein Abenteuer zu Wasser und zu Lande

Der nächste Tag war ein Dienstag. Als Emil, der den Tagesdienst hatte, frühzeitig die Haustür öffnete, um Milch und Brötchen hereinzuholen, blieb er wie angewurzelt stehen. Draußen, mitten im Gras, saß Hans Schmauch, der Pikkolo, und wünschte lachend guten Morgen. »Ich habe doch heute meinen freien Tag. Den muß man ausnutzen.«

»Warum hast du denn nicht geklingelt?«

»Bloß nicht! Als Hotelangestellter weiß man, wie ekelhaft es ist, aus dem Bett geklingelt zu werden. Und hier im Gras war es sehr schön und friedlich. Das Barometer steigt.«

Sie gingen in die Küche und kochten Kaffee. Währenddem setzte Emil dem andern den Plan auseinander, den die Detektive am Abend vorher geschmiedet hatten, und sagte, als er damit fertig war: »Ich wiederhole noch einmal die Hauptpunkte. Wir Detektive steigen schon in Graal auf den Dampfer. Byron und Mackie hier in Korlsbüttel. Du erst in Heidekrug. Und Gustav steht mit dem Motorrad in Warnemünde an der Anlegestelle. Wenn sich Byron sträubt, holt Gustav die Polizei. Wir andern halten den Artisten solange fest.«

Hans Schmauch fand den Plan ausgezeichnet. Sie deckten den Frühstückstisch und weckten die Freunde. Den kleinen Dienstag nannten sie, weil er in Ponys Bett geschlafen hatte, in einem fort ›gnädiges Fräulein‹.

Der Pikkolo klemmte sich eine Serviette unter den Arm und bediente sie mustergültig.

»Schon wie'n richtiger Ober«, bemerkte Gustav anerkennend. »Bitte, noch ein Glas Milch, Kellner.«

»Sofort, mein Herr«, sagte Hans Schmauch. Er sauste in die Küche, brachte ein Glas Milch, das er auf einem Tablett kunstvoll balancierte, setzte es vor Gustav hin und fragte: »Werden der Herr längere Zeit hierbleiben? Das Wetter verspricht schön zu werden. Und unser Hotel ist ein erstklassig geführtes Haus. Sie werden sich bei uns bestimmt wohlfühlen.«

»Tut mir leid«, meinte Gustav. »Ich muß sofort wieder nach Berlin zurück. Ich habe nämlich meine Frau und meine Kinder gestern in den Kleiderschrank gesperrt und versehentlich den Schlüssel mitgenommen.«

»Schade«, sagte Hans Schmauch. »Sonst hätten Sie am Freitag in unserm Kino den Film ›Emil und die Detektive‹ sehen können.«

»Was?« schrien die Jungens und sprangen auf.

Der Pikkolo holte ein Zeitungsblatt aus der Tasche und klemmte es an einem Bilderrahmen fest. Auf der Inseratenseite war eine große Anzeige, und diese hatte folgenden Wortlaut:

EMIL UND DIE DETEKTIVE

Ein Film mit zweihundert Kindern
Ein Film nach einer wahren Begebenheit
Ein spannender Film aus dem Alltag
Ein Film, der im Berlin von Heute spielt
Ein Film für Kinder zwischen 8 und 80 Jahren

———

Ab Freitag in den Leuchtturm-Lichtspielen

Sie lasen die Anzeige immer und immer wieder. Gustav stolzierte auf und ab und rief: »Hereinspaziert, meine Herrschaften! Hier sehen Sie die bedeutendsten Knaben der Gegenwart! Treten Sie hinein! Sie werden sich in der ersten Hälfte krank und in der zweiten Hälfte wieder gesund lachen!«

Der Professor meinte: »Ich habe Lampenfieber. Obwohl es nur ein Film ist. Und obwohl wir selber gar nicht mitgefilmt haben.«

»Es wird ja kein Mensch wissen, daß wir unter den Zuschauern sitzen«, tröstete Emil. »Oder, Hans, hast du etwa geklatscht?«

»Keine Silbe!« versicherte der Pikkolo. »Ihr seid völlig inkognito.«

»Dein Glück!« sagte Gustav. »Wir haben nämlich keine Lust, wie die Pfingstochsen angegafft zu werden.«

»Bloß nicht!« rief Dienstag. »Wir sind Jungens und keine Filmfatzken!«

Plötzlich schlug sich Hans Schmauch mit der Hand vor die Stirn. »So etwas von Vergeßlichkeit! Ich wollte euch doch zum Segeln abholen! Deswegen bin ich ja so früh aufgestanden. Wißt ihr was? Wir machen eine richtige große Segelpartie mit Picknick und allen Schikanen. Nachmittags sind wir wieder zurück.«

»Ich bleibe hier«, erklärte Emil. »Ich habe Tagesdienst.«

»Sowas Blödes«, meinte Gustav. »Die Villa trägt keiner fort. Komm mit, du Feuertüte!«

»Wir haben reichlich Platz im Boot«, sagte der Pikkolo. »Eine Kajüte ist auch da.«

Emil blieb bei seinem Entschluß.

»Ich kann übrigens auch nicht mitkommen«, erklärte Dienstag. »Ich muß mit meinen Eltern zu Mittag essen. Sonst qualmt's. Wenn ich nicht zum Essen komme, verbieten sie mir todsicher, nachts hier zu schlafen. Und dann könnte ich die Jagd auf Mister Byron nicht mitmachen. Ich war schon einmal nicht dabei. Damals, als ich am Telephon bleiben mußte. Diesmal muß ich dabei sein. Sonst geht die Welt unter.«

Gustav sagte: »Na schön, dann segeln eben nur drei der Herren. Ich bediene den Motor, wenn wir ihn brauchen. Vom Segeln habe ich allerdings keinen Schimmer.«

»Aber ich!« erwiderte Hans Schmauch. »Ihr braucht nur zu tun, was ich anordne.«

Dann rannten sie in die Küche. Und der Professor gab Fourage aus. Fürs Picknick. Sie packten alles in einen alten Marktkorb: Äpfel, Konserven, Wurst, Brot, Butter, Messer, Gabeln, Teller und Servietten.

Emil, der Tagesdienst, notierte alles genau auf der Bestandsliste.

Gustav übernahm den gefüllten Marktkorb. »Das Zeug trage ich. Mit Eßwaren muß man sorgfältig umgehen.«

»Is ja alles halb so wichtig«, sagte Emil und lachte.

»Für Eßwaren gilt diese Redensart nicht«, meinte Gustav ernst.

»Ehre, wem Ehre gebührt.«

Dann gingen sie zum Hafen.

»Seid pünktlich zurück!« rief Emil, als der Motor zu tacken begann. »Wir haben heute noch viel vor.«

»Ahoi!« brüllte Gustav. Er setzte sich neben die Ruderpinne.

»Er frißt schon wieder einen Apfel«, sagte Dienstag zu Emil. Dann rief auch er: »Ahoi!«

Die Jolle schob sich aus dem Hafen hinaus. Hans Schmauch stand am Mast und heißte das Großsegel vor.

Der Professor setzte seine Baskenmütze auf und winkte zurück. Das Boot glitt am Brückenkopf vorüber. Ins offene Meer hinaus. Es wehte ein leichter Wind.

»Jetzt haben sie den Motor abgestellt«, sagte Dienstag.

Emil nickte, hielt die Hand über die Augen und blickte hinter den Freunden her.

Hans Schmauch setzte das Focksegel. Das Boot glitt nach Nordwesten.

Um die gleiche Zeit saßen unsere Dänemark-Touristen in Kopenhagen auf der Terrasse eines Restaurants, das ›Frascati‹ hieß. Sie frühstückten und freuten sich über das wunderschöne Glockenspiel des Rathausturms. Außerdem bestaunten sie den Appetit ihrer Nachbarn.

»Je kleiner das Land, um so größer der Appetit seiner Bewohner«, erklärte Justizrat Haberland.

Emils Großmutter betrachtete das dänische Ehepaar, das am Nebentisch saß, und sagte: »Es ist ein Wunder. Wenn man bedenkt, was die beiden Leute gefuttert haben, seit wir hier sitzen, so müßten sie eigentlich längst zerplatzt sein.«

Das dänische Ehepaar ließ sich nicht stören. Der Kellner servierte gerade den nächsten Gang.

»Hier müssen ja die Köchinnen zu tun haben«, vermutete Fräulein Klotilde Seelenbinder. »Da hab' ich's bei Ihnen besser, gnädige Frau.«

Frau Haberland lächelte dem alten Mädchen zu. »Fein, daß wir beide so zufrieden miteinander sind.«

Klotilde wurde rot und schwieg. Denn sie betete Frau Haberland an.

Pony Hütchen hockte über einem Notizbuch, das sie vorsorglich mitgenommen hatte, und trug ein, was sie auf der Reise seit ihrer Ankunft in Kopenhagen erlebt hatte. Es waren natürlich nur Stichwörter. ›Gedser‹ stand da. Und ›Feuerschiff‹. Vivel, prima Abendbrot. Tivoli, ein riesiger Rummelplatz. Amalienborg. Christiansborg. Alte Börse, prachtvolle Giebelreihe. Ausländische Kriegsschiffe, sogar japanische. Lange Linie, Strandbummel am Hafen. Thorwaldsenmuseum.

»Wie mag es jetzt den Jungen gehen?« fragte Klotilde.

Der Justizrat sagte: »Die sind froh, daß sie uns los sind.«

Klotilde Schlips wollte es nicht glauben.

Aber der Justizrat erklärte: »Das weiß ich nun besser, meine Liebe. Ich war ja selber einmal so'n Flegel.«

Pony blickte ihn ungläubig an.

Er lachte. »Doch, doch, Pony!« meinte er. »Es ist zwar schon lange her. Aber manchmal ist mir zumute, als sei's gestern gewesen.« Dann rief er den Kellner, zahlte und trieb zum Aufbruch.

Auf der Westerbroegade stiegen sie in einen Überland-Autobus und fuhren gemeinsam mit reisenden Engländern, Dänen und Franzosen durch die Insel Seeland. Die Straße führte nordwärts. Immer an sauberen Häusern und Gärten vorbei. Und überall blühten rote Kletterrosen. Ein Ort, der besonders hübsch war, hieß Klampenborg. Pony schrieb den Namen rasch in ihr Notizbuch.

Manchmal sahen sie zur Rechten das Meer. Es war aber kein Meer, sondern eine Meerenge, die der Sund heißt. Überseedampfer fuhren auf dem Sund. Mit Musikkapellen.

Und mit einem Mal entdeckte Pony auf der andern Seite des Sundes Land. Sie kam sich vor wie Columbus, zupfte den Justizrat aufgeregt am Ärmel und fragte: »Was ist das dort drüben?«

»Das ist Schweden«, sagte Justizrat Haberland.

»Aha«, meinte Pony. Und dann zückte sie ihr Notizbuch und trug ein: Schwedische Küste gesehen. Justizrat H. ein furchtbar netter Mann.

Das Segelboot ›Kunigunde IV‹ war seit vielen Stunden auf dem Wasser. Noch immer wehte eine leichte Brise. Der Pikkolo hatte dem Professor und Gustav gezeigt, wie man die Segel fiert. Sie hockten auf der Luvseite und gondelten vergnügt durch die Ostsee. Das Picknick hatten sie schon intus. Es war alles in schönster Ordnung. Die Sonne schien freigebig. Der Wind streichelte die braungebrannten Gesichter, als meine er's gut mit der Jugend.

Gustav legte sich in der kleinen Kajüte auf eins der Ruhebetten und träumte, er rase mit seinem Motorrad übers Wasser.

Der Professor saß neben dem Pikkolo, der die Ruderpinne bediente, und schaute ins Meer. Manchmal sah er eine bunt schillernde Qualle vorbeischwimmen. Manchmal einen Fisch.

Plötzlich rief Hans Schmauch: »Was ist denn das?« und zeigte geradeaus.

Vor ihnen lag eine Insel. Sie hielten auf sie zu.

Der Pikkolo meinte: »Das müssen wir uns aus der Nähe betrachten!«

Der Professor sagte: »Es scheint sich um einen Sandhaufen zu handeln. Mit etwas Gras drauf.«

Sie waren schon ganz nahe.

»Eine Palme!« rief Hans Schmauch. »Mitten in der Ostsee eine Palme! Man sollte es nicht für möglich halten.«

»Sie sieht aus, als hätte sie die Grippe«, stellte der Professor sachlich fest.

»Es ist eine Fächerpalme.«

Und dann gab es plötzlich einen Ruck!

Hans Schmauch und der Professor fielen von ihren Sitzen.

Gustav richtete sich jäh auf und stieß mit dem Kopf an die Kajütendecke. Er fluchte. Dann kroch er aus der Kajüte heraus und fragte: »Gehen wir vielleicht zufällig unter?«

»Nein«, sagte Schmauch. »Wir sind gestrandet.«

Gustav betrachtete sich die Gegend. »Ihr seid ja Feuertüten! An diesem Sandhaufen konntet ihr wohl nicht vorbeisteuern, was? Wenn's wenigstens noch die Insel Rügen wäre!« Er kletterte aus dem Boot. »Aber mitten in der Ostsee, ausgerechnet auf dieser Wochenend-Parzelle aufzulaufen, das ist ja ein tolles Ding!«

»Ich wollte mir bloß die Palme ansehen«, sagte Schmauch ziemlich niedergeschlagen.

»Sieh sie dir nur gründlich an!« rief Gustav. Er trat an die seltsame Pflanze heran. »Eine Rarität, Herr Naturforscher! Eine Palme mit Topf. Das wäre etwas für Emil, unsern Botaniker!«

Der Professor sah auf die Uhr. »Trödelt euch aus! Wir müssen nach Korlsbüttel zurück.«

Sie stemmten sich also mit vereinten Kräften gegen das Boot und wollten es ins Meer zurückschieben. Sie arbeiteten, bis sie blaurote Köpfe bekamen. Aber das Boot wollte nicht. Es rührte sich nicht von der Stelle. Nicht einen Zentimeter!

Gustav zog Schuhe und Strümpfe aus und stieg ins Wasser. »Los!« kommandierte er. »Alle Mann, hau ruck! Hau ruck!« Plötzlich rutschte er auf dem schmierigen Gras und Moos, das unter Wasser wuchs, aus und verschwand für längere Zeit unter dem Meeresspiegel.

Als er wieder auftauchte, spuckte er zunächst einmal einen Liter Salzwasser aus. Dann rief er wütend: »So eine Schweinerei!« Dann zog er den pitschnassen Trainingsanzug aus und hängte ihn ärgerlich zum Trocknen auf den Palmenstrunk.

»Siehst du«, sagte der Professor. »Nun ist die Topfpflanze doch noch zu etwas nütze.«

Sie machten sich wieder über das Boot her und arbeiteten eine halbe Stunde wie die Möbelräumer, wenn sie Klaviere aufheben.

Aber das Segelboot war kein Klavier. Es blieb unveränderlich liegen, wo es lag.

»So ein Biest«, murmelte der kleine Schmauch. »Los, Leute! Hau ruck! Hau ruck!«

Umsonst! Alle Liebesmühe war vergeblich. Sie setzten sich

müde in den Sand und verschnauften. »Das kann ja heiter werden«, sagte Gustav. »Was machen wir bloß, wenn wir unsern Dampfer nicht flottkriegen?«

Schmauch legte sich hintenüber und schloß die Augen. »Wir holen die Segel ein und werden ein kleines Inselvolk. Ein Glück, daß wir Konserven mitgenommen haben.«

Gustav erhob sich und prüfte, ob sein Anzug schon trockner geworden war. Er wrang ihn aus und sagte: »Nun steht ja unsrer selbständigen Entwicklung überhaupt nichts mehr im Wege. Nicht mal 'n Telephon oder 'n Briefkasten ist hier. Die reinsten Robinsöne!«

Der Professor schlug mit der Faust in den Sand. »Wir müssen zurück!« rief er. »Wir müssen! Sonst rückt uns Mister Byron aus!«

Gustav blickte sich um. Es gab nichts als Meer und Wolken. Er lachte böse: »Wir können ja zu Fuß gehen, Professor!«

Das elfte Kapitel
Paßkontrolle

Es war gegen Abend. Die Dämmerung war nicht mehr weit. Die Sonne ging hinter einer Wolke unter und überschwemmte die anderen Wolken und die See mit unendlich viel Rosa.

Emil und der kleine Dienstag standen seit über einer Stunde auf der Korlsbüttler Brücke und warteten geduldig auf ihre Freunde. Emil hatte für sie Stullen zurechtgemacht. Dienstag trug das Paket. Er war kolossal munter und freute sich wie ein Schneekönig auf die kommenden Ereignisse.

Segelboote in allen Größen bogen in den Hafen ein. Doch das Boot, auf das sie warteten, kam und kam nicht.

»Das sind sie!« rief Dienstag und zeigte auf ein Boot, das sich der Brücke näherte.

Aber sie waren es nicht.

Emil sagte: »Verstehst du das? Hoffentlich ist ihnen nichts passiert.«

»Was soll ihnen denn passiert sein? Es war doch kein Sturm und überhaupt nichts. Sie werden zu weit hinausgesegelt sein. Und die Heimfahrt dauert länger, als sie gedacht haben.«

Emil brüllte einem heimkehrenden Boot entgegen: »Haben Sie draußen ›Kunigunde IV‹ gesehen?«

Der Mann am Steuer rief: »Nee, wir sind unterwegs überhaupt keinem Mädchen begegnet!« Die andern im Boot lachten laut.

»So ein Dussel«, meinte Dienstag.

Und Emil sagte: »Wir warten noch eine halbe Stunde. Wenn sie dann noch nicht hier sind, müssen wir zu Fuß nach Graal pilgern, statt auf Gustavs Motorrad.«

Sie warteten.

Dann holte Emil einen Zettel aus der Tasche und schrieb: »Wir sind ohne euch nach Graal. Beeilt euch gefälligst und seid rechtzeitig in Heidekrug und Warnemünde!«

»Moment, Kleiner«, sagte er anschließend und rannte zum Hafen hinunter. An der Anlegestelle von ›Kunigunde IV‹ befestigte er den Zettel so, daß man ihn beim Landen sofort sehen mußte. Er pickte ihn mit einer Stecknadel an einen Pfahl. (Stecknadeln hatte er seit seinem Erlebnis mit Herrn Grundeis immer bei sich.)

Er rannte zum kleinen Dienstag zurück. »Immer noch nichts?«

»Immer noch nichts.«

»Solche Vagabunden«, sagte Emil. »Na, das kann nun alles nichts helfen. Da wollen wir mal die Beine unter die Arme nehmen!«

Und so trabten sie nach Graal hinüber. Manchmal im Dauerlauf. Manchmal im Marschtritt. Dienstag trug das Stullenpaket.

Im Walde war es dumpf und diesig. Sümpfe lagen nahebei. Und die Stechmücken fraßen die zwei eiligen Wanderburschen beinahe auf. Kröten hüpften über den Weg. Und in der Ferne rief ein Kuckuck.

Nach etwa einer Stunde kamen sie auf eine Wiese, auf der schwarz und weiß gefleckte Kühe weideten. Eine der Kühe, es konnte aber auch ein Ochse sein, galoppierte gesenkten Kopfes auf sie los. Sie rannten, was sie konnten. Endlich erreichten sie einen Zaun, kletterten hinüber und standen auf einem Strandweg. Die Kuh, oder der Ochse, blickte sie ernst an, drehte sich um und trollte sich zu der Herde zurück.

»So ein Rindvieh«, sagte der kleine Dienstag. »Einen so abzuhetzen! Und die Stullen hätte ich auch beinahe verloren.«

Um dieselbe Zeit blickte, auf einer Insel draußen im Meer, der Professor auf die Uhr. ›Jetzt fährt der Dampfer in Graal ab‹, sagte er. »Es ist zum Verrücktwerden.«

Hans Schmauch, der neben der Palme hockte, hatte Tränen in den Augen. »Ich bin an allem schuld. Könnt ihr mir verzeihen?«

»Quatsch keine Opern«, meinte Gustav. »Meine Herren, im Leid zeigt sich erst die wahre Größe! Außerdem wird Emil diesen Mister Pachulke auch ohne gütige Mitwirkung zur Strecke bringen. Emil und Dienstag sind ja nicht auf den Kopf gefallen.«

Der Professor sagte: »Sie können die Jagd ohne uns nicht durchführen. Emil und Dienstag, das sind viel zu wenig Detektive! Dazu kommt, daß sie natürlich noch immer in Korlsbüttel am Hafen stehen und auf uns warten. Vielleicht alarmieren sie gerade jetzt die Hafenpolizei, weil unser Boot noch nicht zurück ist.«

Gustav war anderer Meinung. »Wozu soll Emil die Polizei alarmieren? Was kann uns hier schon geschehen? Wir schlafen in der Kajüte. Zu essen haben wir auch genug. Na, und morgen wird schon irgendwann ein Fischerboot oder ein Dampfer an dieser blödsinnigen Insel vorbeikommen.«

»Du redest, wie du's verstehst«, entgegnete der Professor. »Woher soll denn Emil wissen, daß wir auf dieser Insel sitzen? Das kann er doch nicht riechen!«

Gustav war völlig verblüfft. »Richtig! Natürlich weiß er das nicht. Entschuldigt, bitte. Ich bin manchmal entsetzlich dämlich.«

Der Pikkolo sagte traurig: »Emil denkt sicher, daß wir gekentert sind. Und daß wir uns nur noch mühsam am Bootskiel anklammern. Und daß wir am Ersaufen sind.« Er putzte sich gerührt die Nase. »Und morgen früh kommt mein Onkel aus Schweden zurück.«

»Mensch, gibt das Ohrfeigen!« meinte Gustav nachdenklich. »Vielleicht sollten wir lieber für den Rest unseres Lebens auf der Insel bleiben? Wie? Vom Fischfang könnten wir uns leidlich ernähren. Glaubt ihr nicht? Aus den Segeln könnten wir ein Nomadenzelt bauen. Und vielleicht gibt's auf diesem idiotischen Archipel Feuersteine. Dann angeln wir Treibholz, trocknen es, zünden es an und braten Fische. Früh, mittags und abends. Was haltet ihr von meinem Vorschlag?«

»Er ist deiner würdig«, sagte der Professor ironisch. »Vielleicht wachsen eines Tages auf der Palme Kokosnüsse. In den Nußschalen braten wir Möweneier. Und die Kokosmilch gießen wir in den Frühstückskaffee.«

»Haben wir denn Kaffee?« fragte Gustav erstaunt.

»Nein, aber du hast einen Klaps!« rief der Professor. »Hans, wie lange reicht das Trinkwasser?«

»Wenn wir sparsam sind, ungefähr einen Tag«, antwortete der Pikkolo.

»Wir werden noch sparsamer sein!« erklärte der Professor streng. »Es muß zwei Tage reichen. Hoffentlich regnet's morgen. Dann stellen wir leere Konservenbüchsen auf und sammeln Regenwasser.«

»Großartig!« rief Gustav. »Professor, du bist immer noch der alte Stratege.«

»Und die Eßvorräte schließ ich ein«, sagte der Professor. »Ich übernehme die Verteilung.«

Gustav hielt sich die Ohren zu. »Bitte, redet nicht immer vom Essen«, bat er. »Sonst kriege ich sofort Hunger.«

Der Professor trat ans Ufer und blickte übers Meer.

Gustav stieß den Pikkolo in die Rippen und fragte leise: »Weißt du, wie er dasteht?«

»Nein.«

»Wie Napoleon auf Sankt Helena«, flüsterte Gustav und kicherte.

Als der Dampfer in Korlsbüttel anlegte, blickten Emil und Dienstag angespannt durch das Kajütenfenster. Dienstag preßte die Nase gegen die Scheibe. »Und wenn der Byron nun nicht einsteigt?«

Dann sausen wir, bevor sie die Seile loswinden, hinauf und springen an Land«, erklärte Emil. »Aber dort kommt er schon!«

Mister Byron und Mackie, der kleinere Zwilling, betraten das Schiff. Sie hatten mehrere große Koffer bei sich. Endlich war alles verstaut. Der Mann trat an die Reling. Mackie setzte sich auf eine Bank. Der Brückenwärter schlang die Seile los und warf sie einem der Matrosen zu. Der Motor stampfte. Das Schiff setzte sich wieder in Bewegung.

Die beiden Jungen blickten nach dem Strand hinüber. Die erleuchteten Fenster der Korlsbüttler Häuser wurden kleiner und kleiner. Das Wasser klatschte an die Bullaugen.

»Es riecht so nach Öl«, flüsterte Dienstag. »Mir wird mulmig.«

Emil öffnete das Fenster. Kalte Nachtluft strömte herein. Salzwasser spritzte ihnen ins Gesicht. Dienstag steckte den Kopf aus dem Fenster und holte tief Atem. Dann setzte er sich auf die Bank, lächelte Emil zu und sagte: »Wenn das meine Eltern wüßten!«

Emil dachte einen Augenblick lang an seine Mutter in Neustadt und an seine Großmutter in Kopenhagen. Dann nahm er sich zusammen. Er klopfte Dienstag aufs Knie. »Es wird schon alles gut gehen. Paß auf, Kleiner, in Heidekrug kommt der Pikkolo an Bord. Dann wissen wir, daß auch die andern auf dem Posten sind. Und alles übrige ist eine Kleinigkeit.«

Emil hatte sich geirrt. Hans Schmauch kam in Heidekrug nicht an Bord!

Darüber wunderten sich nicht nur Emil und Dienstag. Noch mehr wunderte sich Mister Byron. Er setzte sich neben Mackie, den einen Zwilling, und kratzte sich am Kopf. Drüben am Ufer glitt die dunkle Rostocker Heide vorüber.

Emil stand auf. Dienstag rutschte erschrocken von der Bank. »Was ist das?« flüsterte er.

»Es ist soweit«, sagte Emil. »Die andern sind nicht gekommen. Wir müssen die Angelegenheit allein regeln. Komm!« Sie kletterten die Treppe hinauf und wanderten suchend über Deck.

Hinter dem qualmenden Schornstein saßen, von Koffern umgeben, ein Mann und ein Junge.

Emil trat hinzu. Dienstag hielt sich dicht hinter ihm. Er schleppte noch immer das Stullenpaket, das sie den Freunden hatten mitbringen wollen.

Emil sagte: »Mister Byron, ich muß Sie sprechen!«

Der Mann blickte erstaunt auf: »Was gibt's?«

»Ich komme im Auftrag meiner Freunde«, sagte Emil. »Wir wissen, daß Sie den Pikkolo Hans Schmauch in Heidekrug erwartet haben und mit ihm fliehen wollten.«

Mister Byron bekam böse Augen. »Deswegen ist der Kerl nicht gekommen? Ihr Lausejungen habt es ihm ausgeredet?«

»Mäßigen Sie Ihre Ausdrücke. Ich nenne Sie ja auch nicht, wie ich gern möchte.«

»Tu's doch«, bat Dienstag.

»Da ist ja noch einer«, meinte Byron.

»Guten Abend, Herr Pachulke«, sagte der kleine Dienstag. Der Mann lachte ärgerlich.

Emil erklärte: »Wir kommen vor allem Jackies wegen. Schämen Sie sich denn nicht, den armen Jungen bei Nacht und Nebel zu verlassen?«

»Ich kann ihn nicht mehr brauchen!«

Dienstag trat energisch vor. »Und warum? Weil er Ihnen zu schwer ist. Wir wissen alles, mein Herr. Aber ist das ein Grund?«

»Natürlich ist das ein Grund«, behauptete der Mann. »Ich konnte mit ihm nicht länger arbeiten. Mein Repertoire hat darunter gelitten. Ich bin ein Künstler. Versteht ihr das? Ich könnte im ›Colosseum‹ in London auftreten! Wenn ich doch bloß schon vor zwei Jahren geahnt hätte, daß der Bengel so schnell wachsen würde! Ich könnte mich backpfeifen!«

Emil geriet in Wut. »Tun Sie das nur! Wir werden Sie nicht daran hindern. Ich kann es nicht fassen, daß ein Mensch so roh sein kann. Was soll denn aus Jackie werden, wie?«

»Soll er vielleicht betteln gehen?« erkundigte sich Dienstag. »Oder soll er in die Ostsee springen? Oder Fürsorgezögling werden? Wir erlauben es nicht!«

»Meine Freunde und ich«, sagte Emil, »haben einstimmig beschlossen, daß Sie mit uns nach Korlsbüttel zurückkehren.«

»So, so!« Mister Byron rollte die Augäpfel. »Steckt eure Nasen lieber in eure Schulbücher, ihr Grünschnäbel!«

Dienstag erwiderte: »Wir haben doch Ferien, Herr Pachulke!«

»Wir dulden unter gar keinen Umständen«, bemerkte Emil, »daß Sie einen ihrer Zwillinge ins Unglück stürzen, nur weil er nicht klein bleibt, sondern wächst. Ich ersuche Sie, mit uns zurückzukehren. Wir sind in wenigen Minuten in Warnemünde. Dort erwarten uns unsre Freunde. Und wenn Sie weiterreisen wollen, übergeben wir Sie der Polizei.«

Der Hinweis auf die Polizei schien Mister Byron nicht zu gefallen.

»Also?« fragte Emil nach einer Weile. »Wollen Sie Ihren väterlichen Pflichten nachkommen? Oder sollen wir Sie festnehmen lassen?«

Der Mann sah plötzlich sehr erleichtert aus. »Väterliche Pflichten?« fragte er.

»Jawohl, Herr Pachulke!« rief Dienstag entrüstet. »Das ist wohl ein Fremdwort für Sie?«

Mister Byron lächelte finster. »Deswegen nennt mich der alberne Knirps dauernd Pachulke? Ich heiße ja gar nicht Pachulke!«

Die zwei Jungen staunten. »Wie heißen Sie denn?«

»Anders«, antwortete er.

»Na ja. Aber wie denn sonst?«

»Anders«, erklärte der Mann. »Ich heiße Anders.«

»Nennen Sie doch schon Ihren richtigen Namen!« rief Emil. »Daß sie anders heißen, haben Sie uns schon ein paar Mal mitgeteilt.« Mackie, der bis jetzt geschwiegen hatte, sagte: »Er heißt nicht anders, sondern Anders. Er heißt Anders, wie andre Müller oder Lehmann heißen. Er heißt Herr Anders.«

»Ach so!« rief Emil.

»Haben Sie einen Personalausweis bei sich?« fragte Dienstag.

»Meinen Paß«, bemerkte Mister Anders.

Dienstag fragte höflich: »Darf ich den Paß einmal sehen?« Und weil der Artist sich sträubte, fügte Dienstag hinzu: »Sie können ihn ja auch bei der Polizei zeigen, wenn Ihnen das lieber ist.«

Der Mann zog seinen Paß aus der Tasche. Dienstag nahm ihn und studierte ihn sachlich wie ein Zollbeamter bei der Grenzkontrolle.

»Stimmt die Personalbeschreibung?« fragte Emil.

Dienstag sagte: »Der Name stimmt. Mister Byron heißt tatsächlich Anders.« Dann las er vor: »Beruf – Artist. Gestalt – auffallend groß und kräftig. Gesicht – gewöhnlich. Haarfarbe – schwarz. Besondere Kennzeichen – Tätowierung am rechten Oberarm.« Er gab den Paß zurück. »In Ordnung. Danke schön.«

Emil waren sämtliche Felle weggeschwommen. »Sie sind also gar nicht Jackies Vater?«

»Nein«, brummte Mister Anders. »Ich bin weder sein Vater, noch seine Mutter. Jackie und Mackie sind auch keine Zwillinge. Sie sind nicht einmal Geschwister. Und Mackies Vater bin ich auch nicht. Sondern Mackie heißt in Wirklichkeit –«

»Josef Kortejohann«, vollendete Mackie. »Der Name Byron und das familiäre Drum und Dran sind Geschäftsrücksichten. Jackie tut mir natürlich auch leid. Das läßt sich ja denken. Aber wir können ihn tatsächlich nicht mehr brauchen. Der Junge hat Pech, daß er wächst.«

Schon zuckte der Scheinwerfer vom Warnemünder Leuchtturm über Wellen und Himmel. Und die hellen Fenster der Hotels zwinkerten freundlich.

Emil war noch immer wie vor den Kopf geschlagen. Endlich riß er sich zusammen und sagte: »Ich finde es trotzdem unrecht, den armen Jungen sitzen zu lassen. Ich fühle mich, auch im Namen meiner Freunde, für Jackies Zukunft verantwortlich. Deshalb muß ich Sie bitten, mir Geld für ihn mitzugeben. Wenigstens für die ersten Wochen.«

»Ich denke ja gar nicht daran«, rief Mister Anders aufgebracht, »wildfremden Jungen Geld zu geben.«

Emil holte einen Zettel aus der Tasche. »Sie erhalten selbstverständlich eine Quittung mit unsern Unterschriften.«

»Und wenn ich nichts gebe?« fragte der Mann spöttisch.

»Das können Sie sich ja noch überlegen«, sagte Emil. »Wenn Sie sich weigern, lassen wir Sie verhaften.«

»Aber ich bin doch nicht Jackies Vater!« rief Mister Anders. »Was soll ich denn bei der Polizei?«

»Das erklärt Ihnen dann schon die Polizei«, meinte Dienstag sanft. »Die kennt sich in solchen Geschichten besser aus als wir.«

Emil setzte sich unter eine Bordlampe. »Ich schreibe schon eine Quittung über hundert Mark aus.«

»Ihr seid wohl wahnsinnig geworden?« fragte der Mann. »Hundert Mark? Man sollte euch den Kragen umdrehen!«

»Nicht doch!« sagte Dienstag. Mackie mischte sich ein. »Das ist zuviel. Soviel Geld haben wir nicht übrig.«

»Lügst du?« fragte Dienstag.
»Nein«, meinte Mackie. »Mein Ehrenwort.«
»Dann also fünfzig Mark«, erklärte Emil. Er schrieb die Quittung aus und unterschrieb sie. »Komm, Kleiner, unterschreibe auch!« Dienstag setzte seinen Namen unter die Quittung. Und Emil hielt dem Mann den Zettel hin. Doch Mister Anders tat nichts dergleichen.

Der Dampfer näherte sich der Anlegestelle.

»Wie Sie wollen«, sagte Emil ernst.

Der Dampfer hielt und wurde vertäut.

Emil sagte: »Gut, mein Herr. Jetzt hole ich den Kapitän.« Er ging auf die Kommandobrücke zu und wollte gerade die Treppe emporklettern.

»Hier!« rief Mister Byron. Er zerrte die Brieftasche wütend aus dem Jackett und hielt Emil einen Geldschein hin.

Emil nahm den Schein. Es waren fünfzig Mark. Er sagte: »Bitte schön, hier ist die Quittung.«

Der Mann nahm die Koffer auf. »Behaltet euren Wisch! Und schert euch zum Teufel!« Dann ging er an Land. Mackie folgte ihm. Er drehte sich noch einmal um. »Schönen Gruß an Jackie!« Er tippelte hinter dem Riesen her, der Anders hieß, und verschwand. Emil steckte die Quittung in die Hosentasche.

Kurz darauf standen er und Dienstag im Bahnhofsgebäude. Sie studierten den Fahrplan. Emil zuckte die Achseln. »Es geht kein Zug mehr, Kleiner. Und es geht auch kein Dampfer mehr. Wir müssen trotzdem sofort nach Korlsbüttel zurück. Wir müssen endlich wissen, was aus den anderen geworden ist. Hoffentlich sind sie inzwischen eingetroffen.«

Der kleine Dienstag sagte: »Wir wollen also zu Fuß hinüber?« Emil nickte. »Ich denke, in drei Stunden schaffen wir's.«

»Dann also hoppla!« meinte Dienstag müde. »Der Marsch durch die nächtliche Wüste kann beginnen. Ich komme mir schon wie 'n Fremdenlegionär vor.«

»Ich komme mir überhaupt nicht mehr vor«, erklärte Emil.

Während Gustav, der Professor und ein Pikkolo in einem gestrandeten Segelboot schliefen, während sich Kapitän Schmauch in der Kajüte seines Handelsschiffes, das auf der Ostsee schwamm, einen Glühwein genehmigte, und während Emil und Dienstag auf der finsteren Chaussee nach Markgrafenheide pilgerten, saßen unsre Dänemark-Touristen in ihrem Kopenhagener Hotel, gegenüber der Oper, und aßen vergnügt zu Abend. Die Autobusfahrt durch Seeland, die Besichtigung von Hamlets Grab und von der Festung Helsingör hatte sie hungrig gemacht. Sie aßen, unterhielten sich und lachten.

Nur Frau Haberland, die Mutter des Professors, war noch stiller als gewöhnlich. Sie lächelte auch nicht, wie sie's sonst tat.

»Was hast du denn?« fragte der Justizrat. »Kopfschmerzen?«

»Ich weiß nicht, was es ist. Aber ich habe Angst. Ich habe das Gefühl, als ob in Korlsbüttel nicht alles so wäre, wie es sein soll.« Der Justizrat legte den Arm um ihre Schultern. »Aber, aber! Du hast fixe Ideen, meine Liebe. Immer, wenn wir unterwegs sind, glaubst du, dem Jungen fällt in jedem Moment ein Ziegelstein auf den Kopf.« Er lachte. »Die Jungens schwärmen für selbständige Entwicklung. Da darf man sie nicht stören. Sonst werden sie bockig. Na, Muttchen, nun sei mal wieder fröhlich!«

Sie lächelte. Aber nur, um ihm einen Gefallen zu tun.

Es war eine Stunde später. Auf der dunklen Chaussee nach Heidekrug überholte ein Molkerei-Fuhrwerk zwei langsam dahinwandernde Knaben.

Der Kutscher bremste. »Wo wollt ihr denn noch hin?«

»Nach Korlsbüttel«, rief der größere von beiden. »Könnten Sie uns ein Stück mitnehmen?«

»Setzt euch hinten drauf!« sagte der Kutscher barsch. »Aber schlaft nicht ein! Sonst fallt ihr vom Wagen.«

Emil half Dienstag hoch und kletterte neben ihn. Das Fuhrwerk fuhr weiter. Eine Minute später schlief der kleine Dienstag. Emil hielt den Freund fest und blickte, während der andere schlief, in den dunklen Wald hinüber und zu dem Sternenhimmel empor. Er überdachte den Tag. Habe ich etwas falsch gemacht? Was soll jetzt aus Jackie werden? Und wo mögen Gustav und der Professor sein?

Dienstag schlang im Schlaf beide Hände, samt dem Stullenpaket, um Emils Hals. Eine Eule flog lautlos über die Wipfel. Das Pferd scheute. Der Kutscher beruhigte es brummend. Dann drehte er sich um und wollte die Jungen etwas fragen. Als er aber Dienstag in Emils Armen fest schlafen sah, schwieg er und wandte sich wieder seinem Gaul zu.

Emil fühlte sich sehr einsam.

Das zwölfte Kapitel
Die Rückkehr des Kapitäns

Am Mittwoch, zeitig in der Frühe, landete Kapitän Schmauch wieder in Korlsbüttel. Die Hafenarbeiter, welche die Ladung löschen sollten, standen schon am Kai. Der Kapitän erledigte die üblichen Formalitäten mit dem Zollbeamten. Dann ging er an Land. Ihm war kühl, und er spazierte zum Strandhotel hinauf, um einen heißen Kaffee zu trinken.

Kaum war der Kellner verschwunden, erschien der Wirt hastig, begrüßte den Kapitän und fragte: »Haben Sie eine Ahnung, wo Ihr Neffe steckt?«

Der Kapitän lachte sehr: »Immer gut aufgelegt, was? Schicken Sie mir den Bengel einmal her. Ich möchte ihm guten Morgen wünschen.«

»Aber er ist doch nicht hier! Er hatte gestern seinen freien Tag und ist seitdem nicht wiedergekommen. Seit gestern abend sind übrigens auch Mister Byron und einer seiner Zwillinge spurlos verschwunden. Nichts wie Scherereien hat man!«

Der Kapitän sprang auf. »Bestellen Sie den Kaffee ab!« rief er. Dann rannte er, so schnell ihn seine alten Seemannsbeine trugen, zum Jachthafen. Sein Segelboot lag nicht da! Ihm wurden die Knie schwach. Er blickte sich hilfesuchend um. Da sah er an einem der Anlegepflöcke einen Zettel hängen.

Er kniete hin, riß den Zettel ab und las ihn durch. Es war Emils Notiz vorn vorigen Abend.

Der Kapitän erhob sich mühsam und lief schwer atmend in den Ort hinein. Endlich stand er vor der Villa Seeseite. Er riß das Gartentor auf und klinkte an der Haustür. Sie war verschlossen. Er rannte um das Haus herum und blickte durch das Verandafenster.

In einem Stuhl am Tisch saß Emil Tischbein. Er hatte die Arme und den Kopf auf die Tischplatte gelegt und schlief.

Auf dem Sofa an der Wand lag der kleine Dienstag und schlief auch. Er war in eine Kamelhaardecke eingewickelt, und aus dem Sofakissen schaute nur der Schopf heraus.

Die Verandatür war auch verschlossen. Der Kapitän trommelte mit den Fingern gegen die Scheibe. Erst leise. Aber die Jungen wachten nicht auf. Er klopfte stärker und immer stärker.

Schließlich blickte Emil hoch. Erst ganz verschlafen. Doch plötzlich kam Leben in seine Augen. Er sah sich erstaunt in der Veranda um, schien sich an vieles zu erinnern, fuhr sich durch das verstrubbelte Haar, sprang hoch und schloß die Tür auf.

»Wo ist Hans?« rief der Kapitän.

Emil erzählte schnell alles, was er wußte. Zum Schluß sagte er: »Wir kamen erst mitten in der Nacht aus Warnemünde zurück. Dienstag wachte überhaupt nicht auf. Ich hob ihn von dem Fuhrwerk herunter, schleppte ihn hierher auf das Sofa und deckte ihn zu. Ich setzte mich in den Stuhl und wollte warten, bis der Morgen käme. Dann wollte ich die Hafenpolizei alarmieren. Und dann wollte ich Jackie auf das, was geschehen ist, vorbereiten und ihm als ersten Trost die fünfzig Mark geben. Und wenn das Segelboot nicht gefunden würde, wollte ich nach Kopenhagen telegraphieren. Ins Hotel d'Angleterre.« Er zuckte die Achseln. »Aber ich muß dann plötzlich eingeschlafen sein. Entschuldigen Sie vielmals, Herr Kapitän. Was werden Sie jetzt tun?«

Der alte Kapitän Schmauch ging zur Tür. »Ich werde alle Motorboote auftreiben, die verfügbar sind! Wir müssen die See absuchen. Wecke deinen Freund! Und kommt zum Hafen hinunter!« Er lief eilig weg.

Emil trat ans Sofa und rüttelte Dienstag wach. Sie putzten sich rasch die Zähne, wuschen sich flüchtig, schnürten das Stullenpaket auf, das Dienstag den ganzen vorigen Tag mit sich herumgeschleppt hatte, und rannten kauend aus dem Haus.

An der Wegkreuzung blieb Emil stehen. »Kleiner, laufe zum Hafen hinunter! Vielleicht kannst du dem Kapitän nützlich sein. Ich wecke Jackie und bringe ihn mit.« Er trabte zur Düne.

Eine halbe Stunde später verließen zweiundzwanzig Fischkutter, fünf Segeljachten und sieben Motorboote den Korlsbüttler Hafen. Hinter dem Brückenkopf fuhren sie in Fächerform auseinander. Es war vereinbart worden, daß die benachbarten Fahrzeuge einander nicht aus den Augen verlieren sollten. Dadurch hoffte man, nichts, was irgendwie auffällig wäre, zu übersehen.

Kapitän Schmauch stand am Ruder des Motorbootes ›Argus‹. Der Besitzer, ein Fabrikant, hatte es ihm zur Verfügung gestellt. Emil, Dienstag und Jackie knieten auf den Bänken und blickten aufmerksam über die Wellen. Manchmal lag das Boot so schief, daß den Jungen das Salzwasser ins Gesicht klatschte.

Jackie sagte: »Ich glaube fast, ich habe mich noch gar nicht bei euch bedankt. Das lag am Schreck. Der erste Schreck ist immer der beste. Also, habt heißen Dank. Auch für das Geld.« Er drückte ihnen die Hand. »So, und nun will ich mich mal um den alten Onkel kümmern. Dem ist viel mulmiger zumute als mir.«

Er trat neben den Kapitän und nickte ihm munter zu. »Machen Sie sich keine Sorgen, Käpten«, meinte er. »Es ist bestimmt nichts Schlimmes passiert. So etwas fühle ich. Ich habe nämlich die vierte Dimension.«

Der Kapitän blickte steif geradeaus.

Jackie sah sich um. Links draußen stampfte ein dunkler Fischkutter durch die Wellen, und ganz rechts eine schlohweiße Jacht. »Eine Frage, Käpten. Gibt's hier irgendwo Sandbänke? Oder kleine Inseln oder sowas Ähnliches?«

Der alte Seemann ließ für eine Sekunde das Ruder los. Sie trudelten wie ein Kreisel durch die Wellen. Dann griff der Kapitän wieder fester zu. Noch fester als früher. »Junge!« rief er außer sich. »Das ist eine Idee! Wenn du recht hättest!« Mehr sagte er nicht.

Aber er änderte den Kurs.

Die drei Robinsöne waren sehr, sehr zeitig aufgewacht. Sie hatten wie die Schneider gefroren, waren aus der Kajüte geklettert und hatten Freiübungen gemacht, bis die Sonne höher stieg.

Dann hatten sie ein paar Schluck Wasser getrunken und Konserven gefrühstückt. Nun standen die geleerten Konservenbüchsen mit offenen Mäulern im Sand und warteten auf

Regenwasser. Doch es regnete nicht. Im Gegenteil. Der Himmel war blau wie seit Tagen nicht.

»Ich hätte nie für möglich gehalten«, erklärte Gustav, »daß mich schönes Wetter so maßlos ärgern könnte. Man lernt nie aus.«

Der Professor war böse. »Wenn wir keine Konservenbüchsen hätten, regnete es jetzt in Strömen. Das ist immer so.«

»Trotzdem hat alles sein Gutes«, entgegnete Gustav. »Stell dir vor, du hättest deinen Aufsatz über das interessanteste Ferienerlebnis neulich schon geschrieben! Nicht auszudenken! Du könntest das Heft glatt ins Feuer schmeißen.«

»Es erscheint mir fraglich, ob wir in unserm Leben überhaupt noch einmal Aufsätze schreiben werden«, sagte der Professor melancholisch.

Gustav rief: »Wenn's weiter nichts wäre! Das könnte ich notfalls verschmerzen. Aber der Gedanke, daß ich mein Motorrad nicht wiedersehen soll, könnte mich weich stimmen.« Er pfiff vor sich hin.

Hans Schmauch zog sein weißes Hemd aus und hißte es an der Flaggleine hoch. »Vielleicht findet man uns dann leichter«, meinte er.

Später versuchten sie es noch einmal, die ›Kunigunde‹ flottzukriegen. Sie wankte und wich nicht.

»Das Luder hat über Nacht Wurzel geschlagen«, sagte der Pikkolo.

»Es hat keinen Zweck.« Als sie wieder im Sand hockten, erklärte er: »Jetzt hört mich einmal an! Ich bin an dem Malheur schuld. Das Trinkwasser reicht bis morgen früh. Wenn wir bis heute nachmittag nicht aufgestöbert werden, schnalle ich mir eine der Schwimmwesten um, die im Bootskasten liegen, und versuche hinüberzuschwimmen. Vielleicht erwische ich schon unterwegs ein Fischerboot oder einen Dampfer.«

»Ausgeschlossen!« rief Gustav. »Wenn einer von uns losschwimmt, dann selbstverständlich nur ich!«

»Ich habe die Sache eingerührt«, erklärte der Pikkolo. »Ich löffle sie aus.«

»Darauf kommt's überhaupt nicht an«, sagte Gustav.

»Schwimmen wird der, der am besten schwimmt. Verstanden?«

»Also ich!« meinte der Pikkolo.

»Nein, ich!« entgegnete Gustav.

»Ich schwimme!«

»Nein, ich.«

Sie sprangen auf. Sie wollten aufeinander losgehen.

Da warf der Professor jedem eine Handvoll Sand ins Gesicht. Sie spuckten fürchterlich und wischten sich die Augen sauber. »Ihr seid wohl vollkommen übergeschnappt?« fragte der Professor ruhig. »Legt euch lieber hin und schlaft ein paar Stunden. Dann vergeßt ihr Essen und Trinken. Und dann reichen die Vorräte länger.«

Sie legten sich folgsam in den Sand und schlossen die Augen.

Der Professor setzte sich ins Boot, lehnte sich gegen den Mast und überwachte den Horizont.

Das Motorboot ›Argus‹ stampfte unbeirrbar durch die Wellen. Manchmal, wenn die Jungen sich festzuhalten vergaßen, purzelten sie von ihrer Bank quer durchs Boot auf die andere Seite. Dienstag hatte bereits eine Beule auf der Stirn. Kapitän Schmauch stand wie ein Denkmal am Steuer. Sie folgten seinem Blick über die Wasserwüste. »Dort!« rief er plötzlich und zeigte in die Ferne. Aber sie sahen nichts.

»Eine weiße Flagge!« rief er begeistert. »Das sind sie!« Er nickte Jackie zu. »Deine Frage vorhin war Gold wert, mein Junge.«

»Was denn für eine Frage, Käpten?«

»Ob es hier Inseln gäbe«, erwiderte er. »Die Kerls sind auf der Insel mit der Palme festgefahren. Na, die können ja was von mir erleben!«

Die Jungen drängten sich um ihn. Jackie meinte: »Ich hab's ja gleich gewußt, daß nichts Schlimmes passiert ist.« Der Kapitän lachte erleichtert. »Richtig. Du hast ja die vierte Dimension!«

Emil rief: »Jetzt seh ich auch etwas Weißes! Und einen Mast!«

Jackie schrie: »Ich auch!«

Dienstag sah immer noch nichts. Als ihm Emil beim Suchen helfen wollte, bemerkte er, daß sein Freund weinte. Die Tränen liefen ihm über die braungebrannten Backen.

»Was hast du denn, Kleiner?«

»Ich bin so scheußlich froh«, flüsterte Dienstag. »Du brauchst es Gustav und dem Professor aber nicht zu erzählen, daß ich ihretwegen geheult habe. Sonst bilden sie sich auch noch was drauf ein, diese blöden Feuertüten!« Er lachte unter Tränen.

Emil versprach zu schweigen.

»Drei Gestalten sind's!« rief der Kapitän. »Und meine ›Kunigunde‹ ist's auch. Na, wartet nur, ihr Brüder! Wenn ich euch erwische!«

Gustav und der Pikkolo sprangen wie die Buschneger auf der kleinen Insel hin und her. Sie winkten und johlten.

Der Professor rührte sich nicht vom Fleck und zeichnete mit dem Finger Figuren in den Sand. Später erhob er sich, las die leeren Konservenbüchsen auf und warf eine nach der andern nachdenklich ins Wasser.

Der Pikkolo kletterte auf das Segelboot, holte sein Hemd, die weiße Flagge, wieder ein und zog es rasch an.

Da schoß auch schon das Motorboot durch den Gischt. Der Motor setzte aus. Der Kapitän warf ein Tau durch die Luft. Hans Schmauch fing es geschickt auf und knotete es am Heck des Segelbootes fest. Nun lagen die zwei Fahrzeuge dicht nebeneinander.

»Hurra, ihr Feuertüten!« rief Gustav.

Kapitän Schmauch sprang als erster vom ›Argus‹ auf die ›Kunigunde IV‹.

Sein Neffe trat vor ihn hin und sagte: »Onkel, ich bin an allem schuld!«

Der Kapitän gab ihm eine Ohrfeige, daß es nur so knallte, und rief: »Gott sei Dank, daß ihr gesund seid!«

Das dreizehnte Kapitel
Die nächsten Schritte

Die Heimkehr der umfangreichen Rettungsflottille und die Ankunft der Schiffbrüchigen gestalteten sich zu einem kleinen Volksfest. Auf der Seebrücke, an den Hafenkais und sogar in den Zugangsstraßen standen die Einheimischen und die Kurgäste dichtgedrängt und winkten. Es war um die Mittagszeit. Und in etwa zwanzig Küchen brannte mittlerweile das Essen an.

Kapitän Schmauch schickte die Jungen auf einem Umweg ins Strandhotel. Er selber ging mit den Fischern und Schiffern, die bei der Suche geholfen hatten, in den Dorfkrug. Dort spendierte er zwei Faß Bier und zwei Lagen Köm. Nachdem er seinen Freibiergästen Bescheid getan und sich bei ihnen bedankt hatte, stiefelte er stracks ins Strandhotel und bestellte für sich und die Jungens ein herzhaftes Mittagessen.

Sie setzten sich, um unter sich zu sein, ins ›Zimmer für kleine Vereine‹ und futterten wie die Scheunendrescher. Währenddem berichteten sie einander ausführlich, was sie erlebt hatten. Hans Schmauch saß, obwohl er doch eigentlich im Hotel Pikkolo war, an der Mittagstafel neben den andern und wurde vom Kellner Schmidt, seinem unmittelbaren Vorgesetzten, aufs zuvorkommendste bedient.

Als Nachtisch gab es Schokoladenpudding mit Vanillesauce.

»Ich möchte vorschlagen«, sagte der Kapitän, »daß wir über die Robinsonade, die einigen unter euch zugestoßen ist, den Schnabel halten. Morgen kommen eure Erwachsenen aus Dänemark zurück. Sie brauchen von dem kleinen Zwischenfall kein Wort zu erfahren. Sollte sich die Sache nicht verheimlichen lassen, so möchte ich die Anwesenden bitten, alles auf mich zu schieben. Ich bringe es dann schon in Ordnung.«

Emil und der Professor sprangen auf.

Der Kapitän winkte ab. »Ich weiß schon, was ihr sagen wollt. Ihr seid natürlich stolz und wollt eure Schulden selber bezahlen.« Er schüttelte den Kopf. »Es genügt, daß ich Bauchschmerzen gekriegt habe! Schont die Erwachsenen! Wir Großen haben schwache Nerven!«

Emil und der Professor setzten sich wieder auf ihre Stühle.

»Na also«, sagte der Kapitän freundlich. »So, und jetzt geht Onkel Schmauch Holz verkaufen.« Er drehte sich um. »Herr Ober, zahlen!«

Nach dem Essen rannten die Jungen zum Hafen hinunter. Nur Hans Schmauch blieb im Hotel. Er zog seine Kluft an und war wieder Pikkolo, als sei nichts gewesen. Die anderen holten aus dem Segelboot ›Kunigunde IV‹ den Marktkorb mit den übriggebliebenen Eßwaren heraus und überführten ihn feierlich in die Speisekammer der Villa. Gustav tat sich wichtig. »Heute hab endlich einmal ich Tagesdienst!« rief er. Er legte die Bestandsliste auf den Küchentisch und führte darin, so gut er's verstand, Buch. (Sehr gut verstand er's nicht.)

Dann schickten sie Jackie Pachulke ins Hotel, damit er seinen Koffer und seine sieben Zwetschgen hole. Sie stellten mittlerweile das unbenutzte Feldbett, von dem Klotilde seinerzeit erzählt hatte, in ihrem Zimmer auf. Denn im Hotel konnte Jackie ja nun nicht länger bleiben.

Als das erledigt war, sagte der Professor: »Eigentlich müßten wir jetzt erst einmal ausführlich schlafen.« Er hatte sich auf der Insel, trotz der südlichen Palme, erkältet und sprach gewaltig durch die Nase. »Doch wir müssen das Schlafen bis auf weiteres verschieben und zunächst einmal überlegen, was wir für Jackie tun können. Daß Mister Anders fünfzig Mark ausgespuckt hat, ist zwar ganz schön. Aber sehr alt kann der Junge damit nicht werden. Eltern hat er nicht. Geschwister hat er nicht. Wann er ein neues Engagement kriegt, wissen die Götter. Was schlagt ihr vor?«

Der kleine Dienstag hob die Hand. »Wir gehen jetzt in den Garten. Wir sind vier Detektive, und der Garten hat vier Ecken. Jeder Detektiv setzt sich in eine Ecke und denkt angestrengt nach. Nach fünf Minuten treffen wir uns am Gartentisch wieder. Und dann berichtet jeder, was ihm in seiner Ecke eingefallen ist.«

Der Vorschlag wurde angenommen. Sie rannten in den Garten hinaus. Jeder in eine andere Ecke. Dort dachten sie nach.

Das Wetter war beängstigend schön. Die Grillen spielten Mandoline. Die Heuschrecken sprangen von Grashalm zu Grashalm. Vom Erlenbruch her hörte man einen Pirol pfeifen.

Fünf Minuten später trafen sie sich verabredetermaßen an dem großen runden Gartentisch und nahmen, ernst wie Schöffen, Platz. Emil sah sich um und sagte: »Ich habe das dumpfe Gefühl, daß einer fehlt.«

»Gustav«, stellte Dienstag fest.

Sie rannten in Gustavs Ecke. Der Motorradmeister lag längelang im Gras und schlief.

Der Professor rüttelte ihn kräftig. »He, junger Mann!«

Gustav öffnete mühselig die Augen. »Was'n los?«

»Du solltest doch nachdenken«, sagte dar kleine Dienstag streng.

Gustav setzte sich auf. »Wie soll man denn nachdenken können, wenn ihr einen stört?«

»Ach so!« rief Emil. »Du hast nachgedacht! Und was ist dir eingefallen?«

»Nichts, ihr Feuertüten!«

Sie lachten. Dann zogen sie ihn hoch und trabten zu dem Tisch zurück.

»Die Sitzung ist eröffnet«, erklärte der Professor. »Emil hat das Wort.«

Emil stand auf. »Werte Zuhörer! Am Freitag, das ist übermorgen, wird hier in Korlsbüttel, in den Leuchtturmlichtspielen, der Film ›Emil und die Detektive‹ aufgeführt. Wir hatten uns vorgenommen, uns nicht zu erkennen zu geben und uns den Film als ganz harmlose Zuschauer anzusehen. Wir können nun aber, glaube ich, Jackie helfen, wenn wir das Geheimnis lüften und dem Kinobesitzer mitteilen, wer wir sind. Es widerspricht zwar unseren Prinzipien und geht uns gegen den Strich. Aber in der Not frißt der Teufel Fliegen. Der Kinobesitzer kann dann zum Beispiel eine Anzeige in der Zeitung erscheinen lassen. Oder er kann über das Plakat, das an den Anschlagsäulen hängt, einen Zettel kleben lassen, auf dem steht, daß die Detektive bei einigen Aufführungen persönlich anwesend sein werden. Dann kommen vielleicht mehr Kinder in sein Kino als sonst. Und dafür, daß er durch uns mehr verdient, kann er dem Jackie die Einnahmen der ersten Vorstellung schenken.« Emil setzte sich.

Die andern nickten nachdenklich.

»Erhebt sich kein Widerspruch?« fragte der Professor. »Der Vorschlag ist ungewöhnlich ausgezeichnet. Wir werden uns, um Jackie helfen zu können, zu erkennen geben müssen.« Er machte eine Pause. »Emils Vorschlag ist einstimmig angenommen. Es bleibt uns nichts andres übrig. So. Und nun erteile ich mir das Wort. Ich schlage vor, daß einer von uns zu der Redaktion der ›Bäder-Zeitung‹ geht und mit dem Redakteur redet. Dieser Mann muß sofort einen Artikel abdrucken, den einer von uns schreibt und in dem anschaulich erzählt wird, wie Jackie von seinem Mister Anders verlassen worden ist, und daß es für alle Kinder in Korlsbüttel und den benachbarten Bädern Pflicht ist, für Jackie geradezustehen und Geld zu sammeln. Und in ein paar Tagen wird dann mitgeteilt werden, wieviel Geld zusammengekommen ist.« Er setzte sich.

»Prima!« rief Gustav. »Erhebt sich kein Widerspruch? Nein. Der Vorschlag des Professors ist angenommen! Ich erteile Dienstag das Wort.«

Der kleine Dienstag stand auf. »Ich wollte vorschlagen, daß Gustav und vielleicht noch einer von uns heute nachmittag auf dem Motorrad durch alle Badeorte sausen und überall den Kindern am Strand berichten, was passiert ist, und daß man Jackie dringend helfen muß. Vielleicht kann man in jedem Ort am Strand ein Schild anbringen, auf dem alles draufsteht. Dann können es alle lesen und weitererzählen.« Er setzte sich.

»Sehr gut!« riefen die andern.

Und Gustav sagte: »Ein Glück, daß mir nichts eingefallen ist! Wir wüßten gar nicht, wohin mit den Einfällen.«

Sie redeten noch eine Weile hin und her. Dann rannten sie in die Veranda und malten mit Buntstiften acht Schilder. Eins für Korlsbüttel. Eins für Graal. Eins für Müritz. Eins für Heidekrug. Eins für Warnemünde. Eins für Heiligendamm. Eins für Ahrenshoop. Und eins für Brunshaupten.

Dann holte Gustav seine Maschine aus dem Pavillon und schob sie auf die Straße. Dienstag setzte sich mit den acht Schildern auf den Gepäckrost. Und los ging's! Emil und der Professor winkten hinter den beiden Freunden her.

Als Jackie mit seinem Gepäck eingetroffen war, übertrugen sie ihm die Hausbewachung. Dann ließen sie ihn als ›Aufsichtsrat‹ allein und rannten in den Ort. Warum sie's so eilig hatten, erzählten sie ihm allerdings nicht.

Als Emil in das Büro der Leuchtturm-Lichtspiele trat, sagte der Kinobesitzer, Herr Bartelmann: »Keine Zeit! Andermal!« Fünf Minuten später blickte er, weil der Junge nicht gegangen war, vom Schreibtisch hoch. »Noch immer da? Worum handelt sich's?«

»Ich bin Emil Tischbein.«

Herr Bartelmann lehnte sich im Sessel zurück. »Wieso?«

»Ich bin Emil Tischbein, nach dessen Erlebnis der Film gedreht worden ist, den Sie übermorgen aufführen.«

»Sehr erfreut«, sagte der Kinobesitzer. »Freue mich wirklich. Und?«

Emil setzte ihm den Plan der Detektive auseinander.

Herr Bartelmann kniff die Augen ein. Anders konnte er nicht nachdenken. Dann schnalzte er mit der Zunge. Wie ein Pferdehändler, wenn ein neues Pferd auf dem Hof vorgeführt wird. Herr Bartelmann witterte ein gutes Geschäft. »Ihr kriegt die Einnahmen der ersten Vorstellung für euren Schützling unter einer Bedingung! Ihr müßt euch verpflichten, eine Woche lang nach jeder Vorstellung auf der Bühne zu erscheinen!«

»Eine ganze Woche lang?« rief Emil. »Nach jeder Vorstellung? Es ist uns schon unangenehm, ein einziges Mal bei Ihnen aufzutreten! Wir sind doch keine Clowns!«

»Umsonst ist der Tod!« behauptete der Kinobesitzer.

Der Junge überlegte. »Gut«, sagte er dann. »Es bleibt uns nichts anderes übrig. Aber wenn wir uns dazu verpflichten, verlangen wir die Einnahmen des ganzen ersten Tages. Also der ersten drei Vorstellungen.«

Herr Bartelmann kniff die Augen ein. »Tüchtiger Geschäftsmann, wie?« Er nickte. »Einverstanden!« Dann tippte er einen Vertrag in die Schreibmaschine. Mit einem Durchschlag. Sie unterzeichneten die zwei Exemplare, und jeder bekam eins davon.

»Perfekt«, sagte Bartelmann. »Freitag nicht zu spät.«

Emil ging. Der Vertrag knisterte in seiner Jackettasche.

Der Kinobesitzer hängte sich sofort ans Telephon und setzte sich mit dem Anzeigenchef der ›Bäder-Zeitung‹ in Verbindung. Er gab eine neue große Anzeige auf. Dann telephonierte Herr Bartelmann mit der ›Plakat G.m.b.H.‹. Er bestellte für jedes der in Korlsbüttel und in den anderen Bädern hängenden Plakate einen roten Querstreifen. Darauf solle groß zu lesen sein: »Emil und die Detektive sind eine Woche lang in jeder Vorstellung persönlich anwesend!«

Währenddem saß der Professor in einem Zimmer der ›Bäder-Zeitung‹ und schrieb, wie er's mit dem Schriftleiter besprochen hatte, einen ›Aufruf an sämtliche Bäderkinder‹. Er beschrieb Jackies Unglück und Notlage und forderte alle auf, die nächste Zukunft des kleinen Artisten durch Geldspenden einigermaßen sicherzustellen. Er unterschrieb: ›Für Emil und die Detektive, im besonderen Auftrage, Theodor Haberland, genannt der Professor.‹

Er brachte den Text dem Redakteur ins Nebenzimmer. Der las ihn langsam durch, rief einen Boten herein und sagte: »Gehen Sie in die Druckerei. Dieser Artikel soll sofort in Satz gegeben und auf der ersten Seite nachgeschoben werden. Ich komme dann selbst hinüber.« Der Bote verschwand.

Das Telephon klingelte. Der Redakteur nahm den Hörer ab. »Gespräch aus Graal« meinte er. »Wer ist dort? Dienstag? Ach so! Ja, er ist gerade bei mir.«

Er gab den Hörer seinem Besuch. »Was Neues?« fragte der Professor ins Sprachrohr hinein. »So, so. Sehr gut. Ja, der Text auf den Schildern kann so bleiben. Unser Aufruf erscheint morgen in der Zeitung. Müde bist du? Ich auch. Macht's gut! Parole Emil!« Er hängte ein.

»Was sind das für Schilder?« fragte der Schriftleiter.

Der Professor erzählte es ihm.

»Das ist ja ein Musterbeispiel für durchorganisierte Nächstenliebe!« rief der Herr anerkennend. »Der Text, den du geschrieben hast, ist übrigens ausgezeichnet. Was willst du denn einmal werden?«

»Ich weiß es nicht«, erwiderte der Professor. »Als kleiner Junge wollte ich Baumeister werden. Jetzt aber nicht mehr. Jetzt interessiere ich mich am meisten für die Zerspaltung der Elemente, für die Atomtheorie und für die positiven und negativen Elektronen. Alles verstehe ich noch nicht. Aber es ist sicher ein enormer Beruf. So, und jetzt muß ich wieder zu meinen Freunden.« Er stand auf und bedankte sich.

»Gerne geschehen«, sagte der Redakteur und brachte seinen Besucher bis zur Tür.

Zur gleichen Zeit standen Gustav und Dienstag am Strand in Graal. Das Motorrad und sieben Schilder lehnten an der Seebrücke. Das achte Schild befestigte Gustav gerade mit Reißzwecken am schwarzen Brett, an dem die Bekanntmachungen der Kurverwaltung hingen.

Ein paar Kinder blieben neugierig stehen.

Gustav drückte auf seine Hupe.

Die Zahl der Kinder wuchs. Nun blieben auch schon Erwachsene stehen. Alle wollten das Schild sehen.

Dienstag sagte zu Gustav: »Wir müssen ein paar passende Worte sprechen, nicht? Nimm mich mal huckepack!« Gustav ging in Kniebeuge. Dienstag kletterte auf die Schultern des Freundes. Dann hob er die Hand.

Es wurde still.

»Sehr geehrte Anwesende!« rief Dienstag. »Wir sind gekommen, um euch um Hilfe zu bitten. Natürlich nicht für uns selber. Sondern für einen Jungen, dem es dreckig geht. Ein paar Einzelheiten haben wir auf das Schild geschrieben, das hier am Brett hängt. Näheres findet ihr morgen in der ›Bäder-Zeitung‹.

Wer noch nicht lesen kann, läßt sich's vorlesen. Wir fahren heute nachmittag durch acht Seebäder und hoffen, daß uns die Kinder nicht im Stich lassen werden. Meine Freunde und ich sind Emil und die Detektive. Ich erzähle das nur, damit ihr nicht denkt, wir wollen euch bemogeln. Vielleicht habt ihr schon von uns gehört. Der Junge, auf dem ich sitze, ist Gustav mit der Hupe.«

Gustav verbeugte sich, und Dienstag wäre dabei fast vornüber in den Sand gefallen.

»Und du bist sicher der kleine Dienstag!« rief ein Mädchen. »Stimmt's?«

»Jawohl. Aber das ist ja alles nicht so wichtig! Hauptsache, daß die Sammlung klappt! Und nun wollen wir rasch weiter. Gustav, laß mich herunter!«

»Moment!« knurrte Gustav. »Ich habe eine Idee. Ganz gegen meine Gewohnheit. Hört mal zu!« rief er. »Ihr könntet das Geld, das ihr sammelt, eigentlich in einem Sparkassenbuch anlegen!« Dann hob er Dienstag herunter. Die beiden Detektive setzten sich mit ihren sieben Schildern auf das Motorrad.

»Auf Wiedersehn am Freitag!« rief Dienstag. »In den Leuchtturm-Lichtspielen! Parole Emil!«

»Parole Emil!« schrien die Kinder von Graal.

Das Motorrad stuckerte über den Waldweg, der in den Ort hineinführt. Gustav hupte. Die Propagandafahrt für Jackie Byron alias Paulchen Pachulke nahm ihren Fortgang.

Das vierzehnte Kapitel
Ein ernstes Gespräch

Am Donnerstag trafen die Kopenhagener wieder in Korlsbüttel ein. Sie kamen von der dänischen Insel Bornholm, und Fräulein Klotilde Seelenbinder war noch ziemlich grün im Gesicht. Sie war auf dem Dampfer seekrank geworden und behauptete, der Boden schaukle ihr noch jetzt unter den Füßen.

Der Justizrat holte aus der Hausapotheke Baldriantropfen. Die mußte sie schlucken. Dann sagte sie: »Es ist ein Skandal, sich so unterkriegen zu lassen!« und marschierte in die Küche. Dort kontrollierte sie die Bestandsliste der Jungens und die Speisekammer. Es war alles in tadelloser Ordnung. Sie wollte es erst gar nicht glauben. Später ging sie, leise schwankend, in den Ort, um fürs Mittagessen einzukaufen.

Den anderen Reisenden war nicht übel geworden. Sie erzählten viel von Kopenhagen, Seeland und Bornholm, und Pony Hütchen las einiges aus ihrem Stichwort-Katalog vor. Im Grunde waren sie aber doch alle froh, wieder zu Hause zu sein. Emils Großmutter meinte: »Hotelbetten bleiben Hotelbetten. Ich werde mich mal probehalber bis zum Essen in meine Klappe legen.« Sie stieg mit Pony nach oben. Der Justizrat fragte, ob in der Zwischenzeit irgendetwas Ernstes oder Bedenkliches vorgefallen sei.

Die Jungen dachten an die Insel mit der Palme, aber auch an den Kapitän und dessen Rat und schüttelten verlegen die Köpfe.

»Das habe ich nicht anders erwartet«, meinte der Justizrat. Und er erzählte ihnen von der Angst, die seine Frau am Dienstag abend befallen habe. Er lachte überlegen. »Daß Frauen immer gleich so ängstlich sind. Deine Mutter hatte richtiges Albdrücken, mein Junge, und glaubte euch in einer großen Gefahr. Da sieht man wieder einmal ganz deutlich, wie falsch es ist, auf die innere Stimme zu hören, an der empfindsame Frauen leiden. Es handelt sich um depressive Phantasie, um weiter nichts!«

Die Detektive blickten einander an und schwiegen wohlweislich. Dienstag benutzte die Gelegenheit, aus der Villa Seeseite auszuziehen. Er holte seinen Schlafanzug und die Zahnbürste von nebenan, bedankte sich für die ihm erwiesene Gastfreundschaft und kehrte in die Pension zurück, in der seine Eltern wohnten.

Dann berichtete der Professor seinem Vater in großen Zügen von der mißglückten Razzia auf Mister Byron und von ihren Plänen und Versuchen, Jackie auf die Beine zu helfen. »Außerdem«, erzählte er, »hat Jackie heute nacht bei uns im Feldbett geschlafen. Jetzt ist er bei Hans Schmauch zu Besuch. Wenn es euch recht ist, bleibt er vorläufig hier wohnen.«

Herr Haberland war einverstanden. »Ihr habt eure Selbständigkeit gut angewendet«, meinte er. »Da können wir Großen ja gleich wieder abreisen!«

Sie dachten an die Robinsonade auf der kleinen Insel und fühlten sich nicht allzu wohl in ihrer Haut.

Gustav war natürlich vorlaut und sagte: »Manchmal ist es trotzdem ganz praktisch, daß es Erwachsene gibt.«

Die Jungen erschraken. Emil trat Gustav energisch auf den Fuß. Gustav schnitt eine Grimasse.

»Was hast du denn?« fragte Justizrat Haberland.

»Magenschmerzen«, erklärte Gustav notgedrungen.

Der Justizrat stand sofort auf und holte die Baldriantropfen herbei. Und obwohl Gustav kerngesund war, mußte er Baldrian schlucken.

Die Freunde grinsten vor Schadenfreude wie die Vollmonde.

»Wenn dir nicht besser wird«, meinte der Justizrat, »kriegst du in zehn Minuten noch einen Löffel voll.«

»Bloß nicht!« rief Gustav außer sich. »Ich bin schon wieder völlig mobil!«

Der Justizrat freute sich. »Ja, ja«, sagte er zufrieden. »Auf Baldriantropfen lasse ich nichts kommen.«

Nach dem Mittagessen erschien der Kapitän. Sie saßen noch zu Tisch. Er begrüßte die Dänemarkfahrer. Dann holte er die ›Bäder-Zeitung‹, die soeben erschienen war, hervor und sagte:

»Jungs, ihr geht ja aufs Ganze! Mobilisiert die halbe Ostseeküste für diesen Jackie! Übrigens, wo ist denn der Knabe?«

»Bei dem Pikkolo«, antwortete Emil. »Bei Ihrem Neffen.«

Der Kapitän gab die Zeitung den Erwachsenen. Die Jungen stellten sich dahinter. Und dann lasen sie alle miteinander den Aufruf des Professors. Nur der Verfasser selber, der blieb sitzen. Obwohl er für sein Leben gern gesehen hätte, wie sich sein Werk gedruckt ausnahm.

Anschließend zeigte der Kapitän das große Inserat der Leuchtturm-Lichtspiele, in dem mitgeteilt wurde, daß Emil und die Detektive eine Woche lang allen Vorstellungen beiwohnen würden und daß die Einnahmen des ersten Tages für Jackie Byron bestimmt seien.

Pony war begeistert. »Welches Kleid soll ich denn zum Verbeugen anziehen?« fragte sie aufgeregt. »Ob ich mir mein neues aus Berlin schicken lasse?«

»Wie einem so etwas Spaß machen kann!« rief Gustav fassungslos.

»Schrecklich«, meinte der Professor. »So oft ich dran denke, komme ich mir wie'n Hanswurst vor.«

Es gibt keinen andern Ausweg«, sagte Emil. »Der Zweck heiligt die Mittel.«

Pony stand auf.

»Wo willst du denn hin?« fragte die Großmutter.

»Nach Hause schreiben. Wegen des neuen Kleids.«

»Setz dich sofort wieder hin!« befahl die Großmutter. »Schnappe nicht über!« Sie schüttelte mißbilligend den Kopf. »Frauen sind doch manchmal zu albern!«

»Das stimmt«, sagte Gustav. »Sie denkt schon, sie ist die Garbo.«

Pony murmelte: »Trottel!«

Er tat, als habe er's nicht gehört, und erklärte: »Wenn ich'n Mädchen wäre, ginge ich vor Kummer ins Kloster.«

»Und wenn ich ein Junge wäre«, antwortete Pony, »dann haute ich dir jetzt ein paar 'runter.«

Der Kapitän machte sich auf den Weg, um mit Jackie zu reden. Jackie war nicht im Hotel, sondern auf dem Tennisplatz. Der Kapitän pilgerte also vom Hotel zum Tennisplatz. Dort traf er den kleinen Artisten. Er las für die Spieler Bälle auf. Als er den Kapitän sah, rief er vergnügt: »Ahoi, Käpten!«

»Ahoi!« erwiderte der alte Herr Schmauch. »Kann ich dich mal einen Moment sprechen?«

Jackie warf einem der Tennisspieler zwei Bälle zu, las drei, die am Gitter lagen, auf und meinte: »Im Moment leider ganz ausgeschlossen, Käpten. Ich arbeite hier, wie Sie sehen. Pro Stunde krieg ich fünfzig Pfennig. Man muß doch leben, nicht? Ich kann das Herumfaulenzen außerdem nicht leiden.«

»Aha«, sagte der Kapitän. »Wann bist du denn mit Arbeiten fertig?«

»In einer knappen Stunde. Falls man mich dann nicht mehr braucht.«

»Dann komm doch in einer knappen Stunde zu mir. Falls man dich dann nicht mehr braucht.«

»Mach ich, Käpten!« rief Jackie. »Ahoi!« Dann warf er einem der Spieler wieder zwei Bälle zu.

»Ahoi, mein Junge«, erwiderte der Kapitän und trottete heimwärts.

Währenddem ging die Großmutter mit Emil und Pony im Walde spazieren. Es war ein herrlicher Wald. Zwischen den Bäumen wuchsen Farnkräuter, Ginsterbüsche, Walderdbeeren, Blaubeeren, Hundsveilchen und wilde Stiefmütterchen. Und Jelängerjelieber rankte sich bis in die höchsten Baumwipfel.

Pony war weit zurück und pflückte Blumen.

»Hast du deiner Mutter regelmäßig geschrieben?« fragte die Großmutter.

»Aber selbstverständlich! Sie schreibt mir doch auch einen Tag um den andern.«

Sie setzten sich ins Gras. Auf einem Birkenzweig schaukelte sich eine Goldammer. Und auf dem Weg spazierten Bachstelzen geschäftig hin und her. »Ich habe deiner Mutter übrigens auch geschrieben«, sagte die Großmutter. »Aus Kopenhagen.« Sie schaute einem Pfauenauge zu, das auf einem Grashalm die Flügel ausbreitete und fortflog. »Wie gefällt dir eigentlich Oberwachtmeister Jeschke, mein Junge?«

Emil blickte erschrocken hoch. »Was weißt denn du davon?«

»Hast du etwas dagegen, daß mich meine Tochter fragt, ob sie wieder heiraten soll?«

»Es steht doch längst fest, daß sie sich heiraten.«

»Gar nichts steht fest«, erklärte die Großmutter. »Gar nichts steht fest.«

Da kam Pony Hütchen angefegt. Sie zeigte ihren Blumenstrauß und rief: »Ich glaube, ich möchte Gärtnerin werden.«

»Meinetwegen!« sagte die Großmutter. »Meinetwegen werde du Gärtnerin! In der vorigen Woche wolltest du Krankenpflegerin werden. Vor vierzehn Tagen Drogistin. Mach nur so weiter, mein Fräulein! Mach nur so weiter. Nur daß du Feuerwehrmann wirst, erlaube ich nicht.«

»Es ist auch schwer, einen passenden Beruf zu finden«, meinte Pony. »Wenn ich reich wäre, würde ich Pilotin.«

»Wenn deine Großmutter Räder hätte, wäre sie ein Omnibus«, erklärte die alte Frau. »Und nun bringst du deinen Strauß in die Villa und stellst ihn in eine Vase! Hoppla, schöne Gärtnersfrau!«

Pony wollte im Wald bleiben.

»Geh los!« rief die Großmutter. »Emil und ich haben ein ernstes Gespräch miteinander.«

»Ich schwärme für ernste Gespräche«, meinte Pony.

Die Großmutter blickte ihre Enkelin streng an.

Pony zuckte die Achseln. »Johanna geht«, zitierte sie. »Und niemals kehrt sie wieder.« So zog sie ab.

Emil saß eine ganze Weile still. Sie hörten Pony von ferne singen. Er fragte: »Wieso steht es noch nicht fest?«

»Das weiß ich nicht genau. Also, wie gefällt dir der Gendarm?«

»Ich kann nicht klagen«, meinte Emil. »Wir duzen uns schon. Heinrich heißt er mit Vornamen. Und die Hauptsache ist, daß Mutter ihn mag.«

»Stimmt«, gab die Großmutter zu. »Ich glaube aber, daß du ihr gerade das übelnimmst. Widersprich nicht! Wenn man so einen prächtigen, anhänglichen Sohn wie dich hat, braucht man keinen Mann. So denkst du.«

»Etwas Wahres ist dran«, sagte Emil. »Du drückst es nur sehr grob aus.«

»Das muß man, mein Junge. Das muß man! Wenn der eine nicht mit der Sprache heraus will, muß der andere übertreiben.«

»Mutter wird es nie erfahren«, sagte er. »Aber ich hatte mir's anders gedacht. Ich dachte, wir blieben unser Leben lang zusammen. Nur wir zwei. Aber sie hat ihn gern. Das entscheidet. Ich lasse mir bestimmt nichts anmerken.«

»Wirklich nicht?« fragte die Großmutter. »Du solltest gelegentlich in den Spiegel gucken. Wer ein Opfer bringt, darf nicht wie ein Opferlamm aussehen. Ich bin zwar eine kurzsichtige alte Person. Aber bei deinem Gesicht braucht man nicht mal eine Brille. Eines Tages wird deine Mutter dahinterkommen. Dann wird es zu spät sein.«

Sie kramte in ihrem Pompadour und holte einen Brief und ihre Lesebrille heraus. »Das ist ihr Brief an mich. Ich werde dir eine Stelle daraus vorlesen. Obwohl ich es nicht tun dürfte. Doch ich muß dir zeigen, wie wenig du deine Mutter kennst.«

Sie setzte umständlich die Brille auf und las: »Jeschke ist ein wirklich netter, solider und guter Mann. Ich wüßte keinen außer ihm, den ich, wenn ich schon heirate, heiraten möchte. Liebe Mutter, Dir ganz allein will ich verraten, daß ich viel lieber mit Emil allein zusammenbliebe. Er hat natürlich keine Ahnung davon und wird es auch nie erfahren. Was soll ich tun? Mir kann eines Tages etwas Menschliches zustoßen. Und was würde dann aus Emil? Oder meine Einnahmen könnten kleiner werden. Im Grunde tun sie's schon. Am Markt hat ein Friseur einen neuen Laden eröffnet. Und die Geschäftsfrauen müssen zu ihm gehen, weil seine Frau bei ihnen kauft. Ich muß an die Zukunft meines Jungen denken. Es gibt nichts Wichtigeres für mich. Und ich werde Jeschke eine gute Frau sein. Das habe ich mir versprochen. Er verdient's. Aber wirklich lieb habe ich ja doch nur meinen einzigen, guten Jungen, meinen Emil.«

Die Großmutter ließ den Brief sinken. Sie blickte ernst vor sich hin und setzte langsam die Brille wieder ab.

Emil hatte die Arme um die Knie geschlungen. Er sah blaß aus. Er biß die Zähne zusammen. Aber plötzlich legte er den Kopf auf die Knie und weinte.

»Ja, ja, mein Junge«, meinte die alte Frau. »Ja, ja, mein Junge.« Dann schwieg sie und ließ seinen Tränen Zeit. Nach einer Weile sagte sie: »Du hast nur sie lieb und sie nur dich. Und jeder hat den anderen aus Liebe getäuscht, und jeder hat sich trotz soviel Liebe im andern geirrt. Das kommt vor im Leben. Jawohl, das kommt vor.«

Ein Eichelhäher flog knarrend über die Wipfel.

Emil trocknete sich die Augen und sah die alte Frau an. »Ich weiß nicht mehr weiter, Großmutter! Kann ich denn zulassen, daß sie, um mir zu helfen, heiratet? Wo wir doch beide am liebsten allein blieben? Was soll ich tun?«

»Eins von beiden, mein Junge. Entweder bittest du sie, wenn du heimkommst, daß sie nicht heiraten soll. Dann werdet ihr euch um den Hals fallen. Und die Sache ist fürs erste erledigt.«

»Oder?«

»Oder du sagst es ihr nicht! Sondern verschweigst es ihr bis übers Grab. Dann aber mußt du fröhlich schweigen! Nicht mit einer Leichenbittermiene! Wozu du dich entschließt, kannst nur du selber entscheiden. Ich will dir nur noch sagen: Du wirst älter, und auch deine Mutter wird älter. Das klingt einfacher, als es dann ist. Wirst du schon in ein paar Jahren Geld für euch beide verdienen können? Und wenn du es kannst, – wo wirst du's verdienen? In Neustadt? Nein, mein Junge. Eines Tages muß man fort von zu Hause. Und wer's nicht muß, der soll's trotzdem tun! Dann bleibt sie zurück. Ohne Sohn. Ohne Mann. Ganz allein. Und noch eins: Was wird, wenn du in zehn, zwölf Jahren heiratest? Eine Mutter und eine junge Frau gehören nicht unters gleiche Dach. Ich weiß das. Ich hab's erlebt. Einmal als Frau. Und einmal als Mutter.« Die Großmutter hatte Augen, als sähe sie, statt in den Wald, mitten in die

Vergangenheit hinein. »Wenn sie heiratet, bringt jeder von euch beiden dem andern ein Opfer. Doch sie wird nie erfahren, daß du durch mich von ihrem Opfer weißt. Und sie wird nie erfahren, daß auch du ihr ein Opfer bringst! So wird die Last, die sie deinetwegen auf sich nimmt, leichter sein als jene, die du ihretwegen trägst. Verstehst du mich, mein Junge?«

Er nickte.

»Es ist nicht leicht«, fuhr sie fort, »ein Opfer dankbar anzunehmen, während man selber fröhlich und dem andern verborgen das größere Opfer bringt. Es ist eine Tat, die niemand sieht und keiner lobt. Aber eines Tages bringt sie dem andern Glück. Das ist ihr einziger Lohn.« Die alte Frau erhob sich. »Tu, was du willst! Das eine oder das andre. Und überleg es dir genau! Ich lasse dich jetzt allein.«

Emil sprang auf. »Ich komme mit, Großmutter! Ich weiß, was ich tue. Ich werde schweigen! Bis übers Grab.«

Die Großmutter sah ihm in die Augen. »Meinen Respekt!« sagte sie. »Meinen Respekt! Heute bist du ein Mann geworden! Nun, wer früher als andre ein Mann wird, der bleibt's länger als die andern. – So, und nun hilf mir gefälligst über den Straßengraben!«

Das fünfzehnte Kapitel
Schluß der Vorstellung

Am Freitagmorgen führten die Detektive in Korlsbüttel die angekündigte Sammlung für Jackie durch. Dienstag und der Professor übernahmen den Strand und den Hafen, Gustav das Familienbad, Emil die Straßen im Ort und Pony den Bahnhof.

»Es ist so aufregend«, erklärte sie, »wenn man sich vorstellt, daß jetzt überall an der ganzen Küste, viel weiter als man blicken kann, Kinder mit Listen und Bleistiften unterwegs sind und für Jackie Geld kassieren. Gebt mir rasch eine Liste und einen Bleistift. Da kann ich nicht ruhig zusehen!«

Als sie mittags zurückkehrten und sich in der Veranda zusammensetzten, um das Geld zu zählen, lief ihnen Klotilde über den Weg. Sie war total aus dem Häuschen. »Da soll der Mensch kochen können!« rief sie. »Wißt ihr, wie oft es heute geklingelt hat? Dreiundzwanzigmal! Und jedesmal standen Kinder draußen, fragten nach euch und brachten Geld!«

»Aber Schlips«, sagte der Professor, »das ist doch wunderbar.«

»Vielleicht für euch«, entgegnete sie gereizt. »Fürs Mittagessen bestimmt nicht! Erst ist die Milch übergelaufen. Dann ist das Gemüse zerkocht. Und zum Schluß ist der Hammelbraten angebrannt. Ich bin eine Köchin und keine Bankfiliale!«

»Für so 'nen Zweck«, meinte Gustav, »schmeckt mir sogar angebrannter Braten, Fräulein Selbstbinder.«

Sie brummte etwas vor sich hin, holte aus der Schürzentasche einen Haufen Geldstücke und packte sie auf den Tisch. »Hier! Drei Mark und neunzig Pfennige. Zur doppelten Buchführung hatte ich keine Zeit.« Sie hob die Nase hoch und schnupperte. »Entsetzlich! Da brennt ja schon wieder was an!« Sie raste in die Küche. (Daß fünfzig Pfennige von ihrem eigenen Geld dabei waren, hatte sie absichtlich verschwiegen. Sie war eine Köchin mit vornehmem Charakter.)

Die Kinder holten aus allen möglichen Taschen Geldstücke

hervor, schütteten sie auf den Tisch und sortierten den Berg aus Kupfer, Nickel und Silber. Sie häuften die gleichartigen Münzen übereinander. Dann zählten sie. Es waren dreiundvierzig Mark. Sie addierten die Listenbeträge. Die Rechnung stimmte. Der kleine Dienstag legte schmunzelnd einen Zwanzigmarkschein dazu und sagte: »Von meinem Vater. Vom großen Dienstag.«

Der Professor rannte in den Garten, stöberte seinen Vater im Treibhaus bei den Tomaten auf und kam mit einem Zehnmarkschein zurück.

Dann kramten sie in ihrem Taschengeld, machten Kassensturz und gaben nicht eher Ruhe, als bis insgesamt fünfundsiebzig Mark auf dem Tisch des Hauses lagen.

Sie strahlten vor Begeisterung.

Dienstag holte ein sauberes Taschentuch hervor und schippte das Geld auf das Tuch. Dann knotete er das Tuch fest zu.

»Willst du Zauberkunststücke machen?« fragte Emil. »Willst du bis drei zählen und die fünfundsiebzig Mark verschwinden lassen?«

»Ich nehme das Geld mit«, erklärte Dienstag.

»Wieso denn?« fragte der Professor.

»Das kann doch hierbleiben!« rief Pony.

Gustav sagte: »Laßt den Kleinen nur machen. Wir haben mit dem Geld etwas vor. Es ist ein Einfall von mir.«

»O je«, rief Pony. »Jetzt hast du auch schon Einfälle! Du bist doch nicht etwa krank?«

»Ich nicht«, sagte er und krempelte die Ärmel hoch. »Komm mal näher 'ran. Wir besuchen dich morgen im Krankenhaus.« Er rückte ihr zuleibe. Sie rannte zu Klotilde in die Küche.

»So eine Feuertüte«, meinte Gustav. »Da hat man nun schon einmal eine gute Idee, da kommt so'n Frauenzimmer und gibt an.«

»Was sich liebt, das neckt sich«, erklärte Dienstag. Dann nahm er seinen Geldsack und ging nach Hause.

Zum Mittagessen tauchte Jackie auf. Der Braten schmeckte, trotz Klotildes ehrlicher Trauer, recht gut. Sie aßen andächtig. Die Großmutter brachte das Gespräch auf die Geldsammlung und fragte Jackie, wie er darüber dächte.

»Ich freue mich kolossal darüber, Frau Großmutter«, meinte er. »Vor allem, weil es so freundlich von den Jungens ist. Aber auch sonst. Geld kann man immer brauchen. Der Käpten ist ganz meiner Meinung. – Sehen Sie, heute vormittag hab ich drei Stunden lang Tennisbälle gesammelt. Das ist auch 'ne Art Geldsammlung. Mit dem Trinkgeld machte es eine Mark achtzig. Heute nachmittag arbeite ich noch einmal zwei Stunden. Das ist wieder eine Mark. Wenn Sie sich die Mühe machen und das auf 'nen Monat umrechnen, werden Sie merken, daß ich mir glatt ein möbliertes Zimmer mit voller Pension leisten könnte. Vielleicht sogar mit Balkon.«

Sie lachten alle.

»Na ja«, sagte er. »Hab ich nicht recht? Gestern hab' ich auf dem Tennisplatz nur so aus Drall ein paar Saltos aus dem Stand gemacht. Da waren die Spieler so platt, daß mir der eine vor Schreck einen alten Tennisschläger geschenkt hat. Falls mir dieser Sport liegt, kann ich ja später einmal Tennislehrer werden. Dann pachte ich ein paar Plätze, gebe Unterricht und gewinne eines Tages die deutsche Meisterschaft. Dann fahre ich nach Paris und Amerika und werde vielleicht Weltmeister. Oder wenigstens Zweitbester. Na, und dann borge ich mir Geld und eröffne eine Fabrik für Tennisschläger und für Tennissachen überhaupt. Und weil mein Name bekannt ist, kaufen viele Leute das Zeug. Pachulke werde ich mich natürlich nicht nennen. Mit so einem Namen kann man nicht Weltmeister werden. Aber ich habe auch schon einmal Byron geheißen. Auf einen Namen mehr oder weniger kommt's nicht mehr an.«

Er beugte sich über den Teller und aß tüchtig.

»Um den ist mir nicht bange«, erklärte die Großmutter.

»Mir auch nicht«, sagte Jackie. »Es gibt eine Menge Berufe für einen Artisten, der zu schnell gewachsen ist!«

SCHLUSS DER VORSTELLUNG

Nachmittags legten an der Brücke nacheinander zwei Dampfer an. Der eine kam aus den westlich gelegenen Seebädern herüber. Der andre kam von Osten. Aus diesen beiden Dampfern drängten Hunderte von Kindern und überschwemmten Korlsbüttel mit Wogen von Geschrei und Gelächter. Am wildesten war das Gewimmel und Getümmel vor den ›Leuchtturm-Lichtspielen‹. (Die Kassiererin war noch zwei Tage danach krank davon.)

Punkt vier Uhr begann die erste Vorstellung, in welcher der Film ›Emil und die Detektive‹ gezeigt werden sollte. Herr Bartelmann, der Besitzer des Kinos, blickte in den überfüllten Raum. Vorm Haus standen Scharen von Kindern, die auf die zweite Vorstellung warteten. Herrn Bartelmann tat es in der Seele weh, daß die Tageseinnahmen nicht ihm gehörten. Na, das ließ sich nun nicht ändern! Er ging zu den Detektiven, die sich in seinem Büro versammelt hatten, und gab ihnen genaue Anweisungen.

»Brr!« sagte Emil. »Jetzt wird's Ernst.«

Und Gustav meinte: »Lache Bajazzo! Wenn's Herz auch bricht.«

Als das Beiprogramm vorüber war, schloß sich der Vorhang vor der Leinwand. Es wurde Licht. Der Vorhang öffnete sich wieder.

Und nun standen vier Jungen und ein Mädchen auf der Bühne! Die Kinder im Zuschauerraum stellten sich auf die Sitze. Dann wurde es langsam stiller und endlich ganz still.

Emil trat an die Rampe und sagte mit lauter Stimme: »Meine Freunde, meine Kusine und ich danken euch, daß ihr hierher gekommen seid. Und wir danken euch, daß ihr für Jackie Geld gesammelt habt. Er ist ein patenter Kerl. Sonst hätten wir euch ja auch nicht um euren Beistand gebeten. Nach der Vorstellung wird er sich persönlich bei euch bedanken. Und jetzt wollen wir uns miteinander den Film ansehen. Hoffentlich ist er schön.«

Ein ganz kleiner Junge, der seiner Mutter auf dem Schoße saß, rief aus dem Zuschauerraum mit piepsiger Stimme: »Bist du der Emil?«

Die Kinder lachten.

»Jawohl«, sagte Emil. »Ich bin Emil Tischbein.«

Pony trat stolz neben ihn und knickste. »Ich bin Pony Hütchen, Emils Kusine.«

Dann trat der Professor vor. »Ich bin der Professor.« Seine Stimme klang etwas zittrig.

Dienstag machte einen tiefen Bückling. »Ich bin der kleine Dienstag.«

Zum Schluß kam Gustav an die Reihe. »Ich bin Gustav mit der Hupe. Aber jetzt hab ich ein Motorrad.« Er machte eine kleine Pause. »Na, ihr Feuertüten!« rief er dann. »Seid ihr alle da?«

»Ja!« brüllten die Kinder.

Gustav lachte. »Und wie heißt die Parole?«

Da schrien alle, daß man's bis an den Bahnhof hören konnte: »Parole Emil!«

Vorm Kino ging ein Pferd durch. So laut brüllten die Kinder!

Dann wurde es dunkel, und der Vorführungsapparat begann zu surren.

Als der Film zu Ende war, klatschten die Zuschauer minutenlang Beifall. Dann wurde es hell. Ein Mädchen, das neben Pony saß, sagte: »Du hast dich aber seitdem enorm verändert!«

Pony meinte: »Das Mädchen im Film bin ja gar nicht ich! Die spielt mich doch nur!«

»Ach so. Und der Film-Emil und der richtige Emil, der neben dir sitzt, sind auch nicht dieselben?«

»Nein«, erwiderte Pony. »Der richtige Emil ist mein Vetter. Und den Film-Emil kenne ich überhaupt nicht persönlich. Nun sei aber still. Es geht weiter!«

Jackie kam auf die Bühne. Er trat an die Rampe und sagte: »Ihr habt für einen Jungen Geld gesammelt. Der Junge bin ich. Herzlichen Dank allerseits! Ich finde das großartig von euch. Wenn ich später mal ein reicher Mann bin und es geht dann einem von euch dreckig, soll er sich bei mir melden. Aber nicht vergessen!«

Dann kam Gustav auf die Bühne. Er sagte zu Jackie: »Im

Auftrage meiner Freunde und der anderen Korlsbüttler Kinder überreiche ich dir das Resultat der hiesigen Sammlung. Es ist ein Sparkassenbuch mit fünfundsiebzig Mark.«

Jackie schüttelte seinem Freunde die Hand.

Unten im Zuschauerraum meinte der Professor zu Dienstag: »Das also war Gustavs Idee!«

Dienstag fragte: »Findest du sie schlecht?«

»Ausgezeichnet ist sie!« erklärte der Professor. »Ganz ausgezeichnet!«

Gustav rief von der Bühne herunter: »Und nun bitte ich die Vertreter der anderen Bäder heraufzukommen.«

Unten entstand ein wildes Gedränge.

Endlich standen sieben weitere Jungen auf der Bühne. Einer aus Ahrenshoop, einer aus Brunshaupten, einer aus Heiligendamm, einer aus Warnemünde, einer aus Heidekrug, einer aus Graal und einer aus Müritz. Und jeder überreichte ein Sparkassenbuch! Jackie hatte Tränen in den Augen, obwohl er eigentlich gar nicht rührselig veranlagt war.

Gustav blätterte eifrig in den Sparkassenbüchern. Und als die sieben Delegierten wieder von der Bühne geklettert waren, rief er: »Die Gesamtsumme beläuft sich auf sechshundertfünfzehn Mark. Außerdem kriegt Jackie die heutigen Kino-Einnahmen. Jackie, ich gratuliere dir zu deinem Vermögen. Möge es dir zum Schmerbauch gedeihen!«

Gustav verschwand hinter der Bühne.

»Das habe ich nicht erwartet!« sagte Jackie. »Da brauche ich ja einen Bankier!« Er zog die Jacke aus. »Mein alter Freund, der Käpten Schmauch, hat mir geraten, euch etwas vorzuturnen. Gewissermaßen als Erkenntlichkeit. Nun bin ich zwar gewöhnt, mit einem Untermann zu arbeiten. Aber ein bißchen was kann ich auch alleine.« Er warf die Jacke hinter die Bühne und ging in den Handstand. Dann beugte er die Arme, bis er im Ellbogenstütz war. Dann drückte er die Arme wieder durch und spazierte von der einen Seite der Bühne auf die andere. Immer auf den Händen. Die Zuschauer applaudierten.

Jackie sprang wieder auf die Füße. Dann schlug er Rad. Dann machte er Spagat. Und dann die Brücke. Dann machte er, unter Zuhilfenahme beider Hände, einen Überschlag vorwärts. Noch einen. Noch einen. Dann nur mit einer Hand. Immer wieder. Quer über die ganze Bühne.

Und als Abschluß zeigte er einen Salto. Dann noch einen. Noch einen. Und noch einen. Schneller. Immer schneller. Bald waren die Beine oben. Bald der Kopf. Er wirbelte wie ein kleines Glücksrad durch die Luft!

Die Kinder johlten, jubelten und klatschten sich die Hände rot. Auch die Erwachsenen waren hingerissen.

Dann rauschte der Vorhang zu. Schon drängten die Kinder, die zur zweiten Vorstellung wollten, in den Saal. Es war ein Gewurstel und ein Krach wie in einem Hexenkessel.

»Der Salto hat mir gut gefallen«, sagte die Großmutter zu Emil. »Den muß ich morgen mal üben.«

Am Abend legten die zwei Küstendampfer wieder an der Brücke an. Die Kinder aus den sieben Nachbarbädern stürmten an Bord. Die Eltern und Kinderfräulein wurden wie von Strudeln mitgerissen.

Die Dampfer läuteten zur Abfahrt. Ein paar Nachzügler kamen schreiend und winkend dahergestolpert und polterten an Deck. Dann seilte der Brückenwärter die Dampfer los. Sie schaukelten. Die Schrauben schaufelten Wasser. Die Motoren arbeiteten. Hunderte von Taschentüchern wurden geschwenkt. (Manche Tücher waren nicht mehr ganz sauber. Aber es war ja schon ziemlich dunkel.)

»Parole Emil!« brüllten die Kinder auf dem Schiff, das nach Westen fuhr. »Parole Emil!« schrien die Kinder auf dem Dampfer, der nach Osten fuhr.

Und »Parole Emil!« brüllten die Korlsbüttler Kinder, die auf der Brücke standen.

»Das war der schönste Tag meines Lebens!« sagte Fräulein Klotilde Seelenbinder.

Drüben auf den Dampfern wurden bunte Lampions angezündet. Der eine fuhr nach links. Der andre nach rechts. Emil und die Detektive standen am Brückenkopf und blickten schweigend hinter den Schiffen her.

Gustav räusperte sich. Dann legte er seine Arme um die drei Jungen, die vor ihm standen, und sagte: »Wir wollen Freunde bleiben. Bis uns die Vollbärte durch den Tisch wachsen.« Die andern sagten nichts. Aber sie waren derselben Meinung.

Da kam Jackie angaloppiert. »Hier seid ihr!« meinte er befriedigt. »Ich habe euch schon überall gesucht.« Er trat zu ihnen. »An den Tag werde ich denken«, sagte er selbstvergessen. »Soviel Geld auf einen Haufen gibt's ja gar nicht.«

»Wo hast du denn deine acht Sparkassenbücher?« fragte Dienstag.

»Ich hab sie dem Bartelmann zum Wegschließen gegeben. Er hat in seinem Kinobüro einen feuersicheren Geldschrank. Was sagt ihr dazu? Er hat mir einen Antrag gemacht! Ich soll in seinem Kino als artistische Bühnenschau auftreten. Zunächst mal eine Woche lang.«

»Was will er zahlen?« fragte der Professor sachlich.

»Fünf Mark täglich. Ohne Abzüge.«

Die Detektive freuten sich.

»Und die heutigen Einnahmen, die ihr mir herausgeholt habt, betragen ungefähr zweihundertfünfzig Mark. Genau weiß er's noch nicht. Aber so zirka!« Jackie lachte leise. »Ich glaub's noch gar nicht. Wenn das so weitergeht, kauf ich mir nächste Woche eine Villa mit Warmwasserbeleuchtung.«

Draußen in der Ostsee schwammen zwei kleine illuminierte Dampfer. Das Meer rauschte. Am Strand überschlugen sich die Wellen. Der weiße Schaum glänzte in der Dunkelheit.

»Herrschaften«, sagte Kapitän Schmauch. »Ich habe unserm Pikkolo fest versprechen müssen, daß wir noch ins Hotel kommen. Er hat den ganzen Tag strammen Dienst gehabt. Nicht einmal den Film hat er gesehen.«

Man beschloß also, auf einen Sprung ins Strandhotel zu gehen. »Es sind ja Ferien«, meinte Frau Haberland und hakte sich beim Justizrat unter.

Sie gingen alle über die Brücke. Der Kapitän und Jackie marschierten vorneweg. »Ich möchte dir einen Vorschlag machen«, sagte Kapitän Schmauch.

»Worum handelt sich's denn, Käpten?«

»Mein Haus ist zwar klein«, erklärte der Mann. »Aber für mich allein ist es ein bißchen zu groß.«

»Vermieten Sie doch ein Zimmer!« rief Jackie.

»Das möchte ich ja«, sagte der Kapitän. »Wie lange willst du denn in Korlsbüttel bleiben?«

»Bis die Tennisplätze geschlossen werden. Solange bleibe ich hier als Balljunge. Und wenn die Hauptsaison vorbei ist, gibt mir der Trainer täglich eine Stunde Unterricht. Ganz billig. Vielleicht umsonst.«

»Wenn du Lust hast, kannst du zu mir ziehen«, sagte der Kapitän. »Mach ich, Käpten! Wieviel verlangen Sie Miete?«

Herr Schmauch knuffte Jackie. »Mach keine faulen Witze! Du tust mir ja nur einen Gefallen.«

»Fein«, sagte der Junge. »Dankeschön, Käpten. Und abends spielen wir in der Veranda Schwarzen Peter oder Schafkopf.«

Der Kapitän freute sich mächtig.

Dann fragte Jackie: »Brauchen Sie übrigens Geld? Ich bin jetzt vermögend. Ich könnte, wenn ich noch ein paar Wochen spare, tausend Mark in Ihr Geschäft stecken. Was sollen die Moneten auf der Sparkasse, nicht?«

»Gut«, sagte der Kapitän. »Können wir machen. Du wirst mein stiller Teilhaber. Unter einer Bedingung! Du mußt jeden Sommer bei mir in Korlsbüttel wohnen.«

»Topp!« rief Jackie. »Und wenn ich fürs Tennis kein Talent haben sollte, trete ich in unserm Geschäft als Schiffsjunge ein!«

»Das soll ein Wort sein!« meinte Kapitän Schmauch. »Hoffentlich hast du kein Talent zum Tennis.«

Sie lachten und traten ins Hotel.

Die Großmutter und Emil gingen als letzte hinterdrein. Sie blieben vorm Hotel stehn und blickten aufs Meer. Der eine Dampfer war schon verschwunden. Der andre schwamm noch am Horizont. Wie eine leuchtende Nußschale.

Emil sagte: »Der Jackie hätte unsre Hilfe gar nicht gebraucht, glaub' ich!«

Die Großmutter antwortete: »Jede gute Tat hat ihren Sinn,

mein Junge.« Sie trat auf die Stufen: »Und jetzt schreiben wir deiner Mutter eine Ansichtskarte!«

»Könnten wir nicht zwei Karten schreiben?«

»Wem denn noch?«

»Dem Oberwachtmeister Jeschke«, sagte er.

Da gab ihm die alte Frau einen Kuß.

PÜNKTCHEN UND ANTON

Ein Roman für Kinder

Die Einleitung ist möglichst kurz

Was wollte ich gleich sagen? Ach ja, ich weiß schon wieder.
 Die Geschichte, die ich euch diesmal erzählen werde, ist höchst merkwürdig. Erstens ist sie merkwürdig, weil sie merkwürdig ist, und zweitens ist sie wirklich passiert. Sie stand vor ungefähr einem halben Jahr in der Zeitung. Aha, denkt ihr und pfeift durch die Zähne: Aha, Kästner hat geklaut!
 Hat er aber gar nicht.
 Die Geschichte, die in der Zeitung stand, war höchstens zwanzig Zeilen lang. Die wenigsten Leute werden sie gelesen haben, so klein war sie. Es war eine Notiz, und darin hieß es bloß, am Soundsovielten sei in Berlin das und das los gewesen. Ich holte mir sofort eine Schere, schnitt die Notiz aus und legte sie behutsam in das Kästchen für Merkwürdigkeiten. Das Kästchen für Merkwürdigkeiten hat mir Ruth geklebt, auf dem Deckel ist ein Eisenbahnzug mit knallroten Rädern zu sehen, daneben stehen zwei dunkelgrüne Bäume, und darüber schweben drei weiße Wolken, rund wie Schneebälle, alles aus echtem Glanzpapier, wundervoll. Den paar Erwachsenen, die außer mir die Geschichte gelesen haben mögen, ist sie bestimmt nicht aufgefallen. Die Notiz war für sie aus Holz. Wieso aus Holz? Das meine ich so:
 Wenn ein kleiner Junge ein Stück Holz unterm Ofen vorholt und zu dem Holz »Hü!« sagt, dann ist es ein Pferd, ein richtiges lebendiges Pferd. Und wenn der große Bruder sich kopfschüttelnd das Holz betrachtet und zu dem kleinen Jungen sagt: »Das ist ja gar kein Pferd, sondern du bist ein Esel«, so ändert das nicht das geringste daran. Und mit meiner Zeitungsnotiz war es ähnlich. Die anderen Leute dachten: Na ja, das ist eben eine Notiz von zwanzig Zeilen. Ich aber murmelte »Hokuspokus!« und da war's ein Buch.
 Ich erzähle euch das aus einem ganz bestimmten Grunde. Man wird, wenn man Geschichten schreibt, sehr oft gefragt: »He Sie, ist das, was Sie geschrieben haben, auch wirklich passiert?« Besonders die Kinder wollen das immer genau wissen.

Da steht man dann da mit seinem dicken Kopf und zieht sich am Spitzbart. Manches in den Geschichten ist natürlich wirklich passiert, aber alles? Man ist doch nicht immer mit dem Notizblock hinter den Leuten hergesaust, um haarklein nachzustenographieren, was sie geredet und getan haben! Oder man wußte noch gar nicht, als ihnen dies und das zustieß, daß man jemals darüber schreiben würde! Ist doch klar, nicht?

Nun stellen sich aber viele Leser, große und kleine, breitbeinig hin und erklären: »Sehr geehrter Herr, wenn das, was Sie zusammengeschrieben haben, nicht passiert ist, dann läßt es uns eiskalt.« Und da möchte ich antworten: Ob wirklich passiert oder nicht, das ist egal. Hauptsache, daß die Geschichte wahr ist! Wahr ist eine Geschichte dann, wenn sie genau so, wie sie berichtet wird, wirklich hätte passieren können. Habt ihr das verstanden? Wenn ihr das verstanden habt, habt ihr ein wichtiges Gesetz der Kunst begriffen. Und wenn ihr's nicht verstanden habt, dann ist es auch nicht schlimm. Und damit ist die Einleitung schon zu Ende, hurra.

Nun weiß ich aus Erfahrung, daß manche Kinder solche Überlegungen, wie eben die mit dem Holz und dem Pferd und der Wirklichkeit und der Wahrheit, sehr gern lesen. Andere Kinder essen lieber drei Tage nichts als Haferschleim, ehe sie sich an so knifflige Dinge heranwagen. Sie haben Angst, ihr kleines, niedliches Gehirn könnte Falten kriegen. Was soll man da machen?

Ich weiß einen Ausweg. Ich werde alles, was in diesem Buch mit Nachdenken verbunden ist, in kleine Abschnitte zusammenfassen, und den Mann, der das Buch druckt, werde ich bitten, daß er meine »Nachdenkereien« anders druckt als die Geschichte selber. Er soll die Nachdenkereien schräg drucken, genau wie diese Einleitung hier. Wenn ihr also etwas Schräggedrucktes seht, dann könnt ihr es überschlagen, als ob es gar nicht dastünde. Kapiert? Ich hoffe, daß ihr verständnisvoll mit den Köpfen nickt.

Was wollte ich gleich noch sagen? Ach ja, ich weiß schon wieder. Ich wollte sagen: Nun kann die Geschichte anfangen.

Erstes Kapitel
Pünktchen spielt Theater

Als Herr Direktor Pogge mittags heimkam, blieb er wie angewurzelt stehen und starrte entgeistert ins Wohnzimmer. Dort stand nämlich Pünktchen, seine Tochter, mit dem Gesicht zur Wand, knickste andauernd und wimmerte dabei. Hat sie Bauchschmerzen? dachte er. Aber er hielt die Luft an und rührte sich nicht von der Stelle. Pünktchen streckte der silbern tapezierten Wand beide Arme entgegen, knickste und sagte mit zitternder Stimme: »Streichhölzer, kaufen Sie Streichhölzer, meine Herrschaften!«

Neben dem Kind kauerte Piefke, Pünktchens kleiner brauner Dackel, hielt den Kopf ganz schief, wunderte sich und klopfte mit dem Schwanz den Takt dazu. Pünktchen erklärte kläglich: »Haben Sie doch ein Herz mit uns armen Leuten. Die Schachtel nur zehn Pfennige.« Piefke, der Hund, begann sich hinterm Ohr zu kratzen. Wahrscheinlich fand er den Preis zu hoch, oder er bedauerte, daß er kein Geld bei sich hatte.

Pünktchen streckte die Arme noch höher, knickste und stammelte: »Mutter ist völlig erblindet und noch so jung. Drei Schachteln fünfundzwanzig. Gott segne Sie, liebe Dame!« Anscheinend hatte ihr die Wand drei Schachteln Streichhölzer abgekauft.

Herr Pogge lachte laut. So etwas war ihm noch nicht vorgekommen. Da stand seine Tochter in dem Wohnzimmer, das dreitausend Mark gekostet hatte, und bettelte die Tapete an. Pünktchen erschrak, als sie jemanden lachen hörte, drehte sich um, sah den Vater und riß aus. Piefke hoppelte teilnahmslos hinterher.

»Bei euch piept's wohl?« fragte der Vater, aber er bekam keine Antwort. Da machte er kehrt und ging in sein Arbeitszimmer. Auf dem Schreibtisch lagen Briefe und Zeitungen. Er setzte sich tief in den Ledersessel, zündete sich eine Zigarre an und las.

Pünktchen hieß eigentlich Luise. Aber weil sie in den ersten Jahren gar nicht hatte wachsen wollen, war sie Pünktchen genannt worden. Und so hieß sie auch jetzt noch, obwohl sie längst zur Schule ging und gar nicht mehr klein war. Ihr Vater, der Herr Pogge, war Direktor einer Spazierstockfabrik. Er verdiente viel Geld, und viel zu tun hatte er auch. Seine Frau, Pünktchens Mutter, war allerdings anderer Meinung. Sie fand, er verdiene viel zu wenig Geld und arbeite viel zu viel. Er sagte dann immer: »Davon verstehen Frauen nichts.« Aber das konnte sie nicht recht glauben.

Sie wohnten in einer großen Wohnung, nicht weit vom Reichstagsufer. Die Wohnung bestand aus zehn Zimmern und war so groß, daß Pünktchen, wenn sie nach dem Essen ins Kinderzimmer zurückkam, meist schon wieder Hunger hatte. So lang war der Weg!

Weil wir gerade vom Essen sprechen: Herr Pogge hatte Hunger. Er klingelte. Berta, das dicke Dienstmädchen, trat ein. »Soll ich verhungern?« fragte er ärgerlich.

»Bloß nicht!« sagte Berta. »Aber die gnädige Frau ist noch in der Stadt, und ich dachte ... «

Herr Pogge stand auf. »Wenn Sie noch einmal denken, kriegen Sie morgen keinen Ausgang«, erklärte er. »Los! Essen! Rufen Sie das Fräulein und das Kind.« Die dicke Berta setzte sich in Trab und kugelte durch die Tür.

Herr Pogge war der erste im Speisezimmer. Er nahm eine Tablette, verzog das Gesicht und trank Wasser hinterher. Er schluckte Tabletten, so oft sich dazu Gelegenheit bot. Vor dem Essen, nach dem Essen, vorm Schlafengehen, nach dem Aufstehen, manchmal waren es kreisrunde Tabletten, manchmal kugelrunde, manchmal viereckige. Man hätte vermuten können, es mache ihm Spaß. Er hatte es aber nur mit dem Magen.

Dann erschien Fräulein Andacht. Fräulein Andacht war das Kinderfräulein. Sie war sehr groß, sehr mager und sehr verrückt. »Die hat man als Kind zu heiß gebadet«, erzählte die dicke Berta immer, und die beiden konnten einander auch sonst gut leiden. Früher, als es bei Pogges noch kein Kinderfräulein gab und als noch das Kindermädchen Käte da war, hatte Pünktchen immer bei Berta und Käte in der Küche gesessen. Da hatten sie Schoten ausgepuhlt, und Berta war mit Pünktchen einkaufen gegangen und hatte ihr von ihrem Bruder in Amerika erzählt. Und Pünktchen war immer wohl und munter gewesen und hatte nicht so blaß ausgesehen wie jetzt, wo die verrückte Andacht im Hause war.

»Meine Tochter sieht blaß aus«, sagte Herr Pogge besorgt. »Finden Sie nicht auch?«

»Nein«, erwiderte Fräulein Andacht. Dann brachte Berta die Suppe und lachte. Fräulein Andacht schielte zu dem Dienstmädchen hinüber. »Was lachen Sie denn so dämlich?« fragte der Hausherr und löffelte, als kriege er es bezahlt. Aber plötzlich ließ er den Löffel mitten in die Suppe fallen, preßte die Serviette vor den Mund, verschluckte sich, hustete entsetzlich und zeigte zur Tür.

Dort stand Pünktchen. Aber, du grüne Neune, wie sah sie aus! Sie hatte die rote Morgenjacke ihres Vaters angezogen und ein Kopfkissen darunter gewürgt, so daß sie einer runden verbeulten Teekanne glich. Die dünnen nackten Beine, die unter der Jacke vorguckten, wirkten wie Trommelstöcke. Auf dem Kopf schaukelte Bertas Sonntagshut. Das war ein tolles Ding aus buntem Stroh. In der einen Hand hielt Pünktchen das Nudelholz und einen aufgespannten Regenschirm, in der anderen einen Bindfaden. An dem Bindfaden war eine Bratpfanne festgebunden, und in der Bratpfanne, die klappernd hinter dem Kind hergondelte, saß Piefke, der Dackel, und runzelte die Stirn. Übrigens runzelte er die Stirn nicht etwa, weil er verstimmt war, sondern er hatte zuviel Haut am Kopf. Und weil die Haut nicht wußte, wohin, schlug sie Dauerwellen.

Pünktchen spazierte einmal rund um den Tisch, blieb dann vor ihrem Vater stehen, betrachtete ihn prüfend und fragte ernsthaft: »Kann ich mal die Fahrscheine sehen?«

»Nein«, sagte der Vater. »Erkennen Sie mich denn nicht? Ich bin doch der Eisenbahnminister.«

»Ach so«, sagte sie.

Fräulein Andacht stand auf, packte Pünktchen beim Kragen und rüstete sie ab, bis sie wieder wie ein normales Kind aussah. Die dicke Berta nahm das Kostüm und das Nudelholz und den Regenschirm und brachte die Sachen hinaus. Sie lachte noch in der Küche. Man konnte es ganz deutlich hören.

»Wie war's in der Schule?« fragte der Vater, und weil Pünktchen nicht antwortete, sondern in der Suppe herumplanschte, fragte er gleich weiter: »Wieviel ist drei mal acht?«

»Drei mal acht? Drei mal acht ist einhundertzwanzig durch fünf«, sagte sie. Herr Direktor Pogge wunderte sich über gar nichts mehr. Er rechnete heimlich nach, und weil's stimmte, aß er weiter. Piefke war auf einen leeren Stuhl geklettert, stützte die Vorderpfoten auf den Tisch und gab stirnrunzelnd Obacht, daß alle ihre Suppe aßen. Es sah aus, als wolle er eine Rede halten. Berta brachte Huhn mit Reis und gab Piefke einen Klaps. Der Dackel verstand das falsch und kroch völlig auf den Tisch. Pünktchen setzte ihn auf die Erde hinunter und sagte: »Am liebsten möchte ich ein Zwilling sein.«

Der Vater hob bedauernd die Schultern.

»Das wäre großartig«, sagte das Kind. »Wir gingen dann beide gleich angezogen und hätten die gleiche Haarfarbe und die gleiche Schuhnummer und gleiche Kleider und ganz, ganz gleiche Gesichter.«

»Na und?« fragte Fräulein Andacht.

Pünktchen stöhnte vor Vergnügen, während sie sich die Sache mit den Zwillingen ausmalte. »Keiner wüßte, wer ich bin und wer sie ist. Und wenn man dächte, ich bin es, ist sie es. Und wenn man dächte, sie ist es, dann bin ich's. Hach, das wäre blendend.«

»Nicht zum Aushalten«, meinte der Vater.

»Und wenn die Lehrerin ›Luise!‹ riefe, dann würde ich aufstehen und sagen: ›Nein, ich bin die andere.‹ Und dann würde die Lehrerin ›Setzen!‹ sagen und die andere aufrufen und schreien: ›Warum stehst du nicht auf, Luise?‹, und die würde sagen: ›Ich bin doch Karlinchen.‹ Und nach drei Tagen bekäme die Lehrerin Krämpfe und Erholungsurlaub fürs Sanatorium, und wir hätten Ferien.«

»Zwillinge sehen meist sehr verschieden aus«, behauptete Fräulein Andacht.
»Karlinchen und ich jedenfalls nicht«, widersprach Pünktchen. »So was von Ähnlichkeit habt ihr noch nicht gesehen. Nicht mal der Direktor könnte uns unterscheiden.« Der Direktor, das war ihr Vater.
»Ich habe schon an dir genug«, sagte der Direktor und nahm sich die zweite Portion Huhn.
»Was hast du gegen Karlinchen?« fragte Pünktchen.
»Luise!« rief er laut. Wenn er ›Luise‹ sagte, dann hieß das, jetzt wird pariert, oder es setzt was. Pünktchen schwieg also, aß Huhn mit Reis und schnitt Piefke, der neben ihr kauerte, heimlich Grimassen, bis der sich vor Entsetzen schüttelte und in die Küche sauste.

Als sie beim Nachtisch saßen, es gab Reineclauden, erschien endlich Frau Pogge. Sie war zwar sehr hübsch, aber, ganz unter uns, sie war auch ziemlich unausstehlich. Berta, das Dienstmädchen, hatte mal zu einer Kollegin gesagt: »Meine Gnädige, die sollte man mit 'nem nassen Lappen erschlagen. Hat so ein nettes, ulkiges Kind und so einen reizenden Mann, aber denkst du vielleicht, sie kümmert sich um die Zwei? Nicht in die Tüte. Den lieben langen Tag kutschiert sie in der Stadt rum, kauft ein, tauscht um, geht zu Fünf-Uhr-Tees und zu Modevorführungen, und abends muß dann der arme Mann auch noch mitstolpern. Sechstagerennen, Theater, Kino, Bälle, dauernd ist der Teufel los. Nach Hause kommt sie überhaupt nicht mehr. Na, das hat ja nun wieder sein Gutes.«
Frau Pogge erschien also, setzte sich nieder und war gekränkt. Eigentlich hätte sie sich entschuldigen sollen, daß sie so spät kam. Statt dessen tat sie beleidigt, weil man mit dem Essen nicht gewartet hatte. Herr Pogge nahm wieder Tabletten, diesmal viereckige, verzog das Gesicht und trank Wasser hinterher.
»Vergiß nicht, daß wir heute abend bei Generalkonsul Ohlerich eingeladen sind«, sagte seine Frau.
»Nein«, sagte Herr Pogge.

»Das Huhn ist ganz kalt«, sagte sie.
»Jawohl«, sagte die dicke Berta.
»Hat Pünktchen Schularbeiten auf?« fragte sie.
»Nein«, sagte Fräulein Andacht.
»Kind, bei dir ist ja ein Zahn locker!« rief sie.
»Jawohl«, sagte Pünktchen.

Herr Pogge stand vom Tisch auf. »Wie es abends bei uns zu Hause ist, weiß ich schon gar nicht mehr.«

»Dabei sind wir gestern abend nicht bis vor die Tür gekommen«, entgegnete seine Frau.

»Aber Brückmanns waren da«, sagte er, »und Schramms und Dietrichs, die ganze Bude war voll.«

»Waren wir gestern zu Hause, oder waren wir gestern nicht zu Hause?« fragte sie energisch und sah ihn gespannt an. Herr Direktor Pogge antwortete vorsichtshalber nichts und ging ins Arbeitszimmer. Pünktchen folgte ihm und setzte sich zu ihm in den großen Ledersessel, denn da war Platz für beide. »Der Zahn ist locker?« fragte er. »Tut es weh?«

»Ach wo«, sagte sie. »Den reiß ich mir gelegentlich raus. Vielleicht heute noch.«

Dann hupte es vor dem Haus. Pünktchen brachte ihren Vater bis vor die Haustür. Herr Hollack, der Schofför, grüßte sie, und sie grüßte ihn wieder. Sie machte das genau wie er, sie legte die Hand an die Mütze, obwohl sie gar keine Mütze aufhatte. Der Vater stieg ein, das Auto fuhr ab, der Vater winkte. Pünktchen winkte wieder.

Als sie ins Haus zurückgehen wollte, stand Gottfried Klepperbein vor der Tür, das war der Sohn von den Portierleuten, ein ausgemachter Lümmel.

»Du«, sagte er, »wenn du mir zehn Mark gibst, verrat ich's nicht. Sonst sag ich's deinem Vater.«

»Was denn?« fragte Pünktchen harmlos.

Gottfried Klepperbein vertrat ihr drohend den Weg. »Das weißt du schon ganz gut, stell dich nicht so dumm, mein Herzblatt!«

Pünktchen wollte gern ins Haus, aber er ließ sie nicht hinein. Da stellte sie sich neben ihn, legte die Hände auf den

Rücken und blickte erstaunt nach dem Himmel, als ob der Zeppelin käme oder ein Maikäfer auf Schlittschuhen oder so etwas. Der Junge guckte natürlich auch hinauf, und da rannte sie wie der Blitz an ihm vorbei, und Gottfried Klepperbein sah, wie es so schön heißt, in den Mond.

Die erste Nachdenkerei handelt:
Von der Pflicht

Im ersten Kapitel sind eigentlich schon ziemlich viel Menschen aufmarschiert, nicht? Mal sehen, ob wir sie im Kopf behalten haben: Da ist also Herr Direktor Pogge, seine werte Frau Gemahlin, Pünktchen, das dürre Fräulein Andacht, die dicke Berta, Gottfried Klepperbein und Piefke, der kleine Dackel. Das heißt, Piefke müssen wir weglassen, Dackel sind keine richtigen Menschen, schade.

Und nun will ich folgendes fragen: Wer von den Personen hat euch gefallen, und wer nicht? Wenn ich mal meine Meinung äußern darf: Pünktchen gefällt mir ganz gut und die dicke Berta auch. Über Herrn Pogge kann ich mir noch kein Urteil bilden. Aber Pünktchens Mutter, die kann ich für den Tod nicht leiden. An der Frau stört mich was. Sie kümmert sich nicht um ihren Mann, warum hat sie ihn dann geheiratet? Sie kümmert sich nicht um ihr Kind, warum hat sie es dann zur Welt gebracht? Die Frau vernachlässigt ihre Pflicht, habe ich recht? Niemand wird etwas dabei finden, daß sie gern ins Theater geht oder ins Kino oder meinetwegen auch zum Sechstagerennen. Aber zunächst einmal ist sie Pünktchens Mutter und Herrn Pogges Frau. Und wenn sie das vergißt, kann sie uns gern haben.

Stimmt's?

Zweites Kapitel
Anton kann sogar kochen

Nach dem Mittagessen kriegte Frau Direktor Pogge Migräne. Migräne sind Kopfschmerzen, auch wenn man gar keine hat. Die dicke Berta mußte im Schlafzimmer die Jalousien herunterlassen, damit es ganz dunkel wurde, wie richtige Nacht. Frau Pogge legte sich ins Bett und sagte zu Fräulein Andacht: »Gehen Sie mit dem Kind spazieren, und nehmen Sie den Hund mit! Ich brauche Ruhe. Und daß nichts passiert!«

Fräulein Andacht ging ins Kinderzimmer, um Pünktchen und den Hund zu holen. Sie platzte mitten in eine Theatervorstellung hinein. Piefke lag in dem Kinderbett und schaute nur mit der Schnauze heraus. Er spielte gerade den Wolf, der Rotkäppchens Großmutter gefressen hat. Er kannte das Märchen zwar nicht, aber er spielte seine Rolle nicht übel. Pünktchen stand vor dem Bett, hatte ihre rote Baskenmütze aufgesetzt und trug Bertas Marktkorb am Arm.

»Aber Großmutter«, sagte sie erstaunt, »warum hast du so ein großes, großes Maul?«

Dann verstellte sie ihre Stimme und brummte furchtbar tief: »Damit ich dich besser fressen kann.« Sie stellte ihren Korb ab, trat dicht ans Bett und flüsterte, wie eine Souffleuse, dem kleinen Piefke zu: »So, nun mußt du mich fressen.«

Piefke kannte, wie gesagt, das Märchen vom Rotkäppchen noch nicht, wälzte sich auf die Seite und tat nichts dergleichen.

»Friß mich!« befahl Pünktchen. »Willst du mich gleich fressen?« Dann stampfte sie mit dem Fuß auf und rief: »Donnerwetter nochmal! Hörst du denn schwer? Fressen sollst du mich!« Piefke wurde ärgerlich, kroch unter der Bettdecke vor, setzte sich aufs Kopfkissen und bellte, so laut er konnte.

»Keinen Schimmer hat der Kerl«, erklärte Pünktchen, »ein hundsmiserabler Schauspieler!«

Fräulein Andacht band Piefke, dem ahnungslosen Wolf, Halsband und Leine um, stopfte das Mädchen in den blauen Mantel mit den Goldknöpfen und sagte: »Hol deinen Leinenhut.

Wir gehen spazieren.« Eigentlich wollte Pünktchen die Baskenmütze aufbehalten, aber die Andacht meinte: »Dann darfst du nicht zu Anton.« Das wirkte.

Sie gingen fort. Piefke setzte sich aufs Pflaster und ließ sich von Fräulein Andacht ziehen. »Er rodelt schon wieder«, sagte das Kinderfräulein und nahm ihn auf den Arm, und dort hing er nun wie eine verunglückte Handtasche und zwinkerte unfreundlich. »Auf welcher Straße wohnt der Anton? Hast du dir's gemerkt?«

»Artilleriestraße, vierte Etage, rechts«, sagte Pünktchen. »Und welche Hausnummer?«

»Einhundertachtzig durch fünf«, sagte Pünktchen.

»Warum merkst du dir nicht gleich sechsunddreißig?« fragte Fräulein Andacht.

»Es behält sich leichter«, behauptete das Kind. »Übrigens scheint Berta Lunte zu riechen, sie sagt, die Streichhölzer müßte geradezu jemand fressen. Dauernd kaufte sie welche, und dauernd waren sie weg. Hoffentlich kommt die Sache nicht raus. Der Klepperbein hat auch schon wieder gedroht. Zehn Mark will er haben, sonst verrät er uns. Wenn er's dem Direktor erzählt, au Backe!«

Fräulein Andacht antwortete nichts. Erstens war sie von Natur mundfaul, und zweitens paßte ihr diese Unterhaltung nicht. Sie gingen die Spree entlang, über eine kleine eiserne Brücke, den Schiffbauerdamm hinauf, die Friedrichstraße links herum, bogen rechts um die Ecke, und da waren sie in der Artilleriestraße.

»Ein sehr altes, häßliches Haus«, bemerkte das Kinderfräulein. »Sieh dich vor, vielleicht sind Falltüren drin.«

Pünktchen lachte, nahm Piefke auf den Arm und fragte: »Wo treffen wir uns nachher?«

»Du holst mich Punkt sechs Uhr bei Sommerlatte ab.«

»Tanzen Sie da wieder mit Ihrem Bräutigam? Grüßen Sie ihn. Und vergnügtes Tanzbein!« Dann trennten sie sich. Fräulein Andacht ging tanzen, und Pünktchen trat in das fremde Haus. Piefke jaulte, anscheinend gefiel ihm das Haus nicht.

Anton wohnte im vierten Stock. »Das ist fein, daß du mich mal besuchst«, sagte er. Sie begrüßten einander und standen eine ganze Weile in der Tür. Der Junge hatte eine große blaue Schürze um.

»Das ist Piefke«, erklärte Pünktchen.

»Sehr erfreut«, sagte Anton und streichelte den kleinen Dakkel. Und wieder standen sie nebeneinander und hielten den Mund. »Nun aber mal rin in die gute Stube«, meinte Pünktchen schließlich. Da lachten sie, und Anton ging voran. Er führte sie in die Küche. »Ich koche gerade«, sagte er.

»Du kochst?« fragte sie und brachte den Mund gar nicht wieder zu.

»Na ja«, sagte er. »Was soll man machen? Meine Mutter ist doch schon so lange krank, und da koche ich eben, wenn ich aus der Schule komme. Wir können doch nicht verhungern?«

»Bitte, laß dich nicht stören«, erklärte Pünktchen, setzte Piefke zur Erde, zog den Mantel aus und legte den Hut ab. »Koche nur ruhig weiter. Ich schau dir zu. Was gibt's denn heute?«

»Salzkartoffeln«, sagte er, nahm einen Topflappen und trat zum Herd. Auf diesem stand ein Topf, Anton hob den Deckel hoch, spießte mit einer Gabel in die Kartoffeln, nickte befriedigt und meinte: »Es geht ihr aber schon viel besser.«

»Wem?« fragte Pünktchen.

»Meiner Mutter. Morgen, hat sie gesagt, will sie ein paar Stunden aufstehen. Und nächste Woche wird sie vielleicht wieder arbeiten. Sie ist Aufwartefrau, weißt du.«

»Aha«, meinte Pünktchen. »Meine Mutter macht gar nichts. Augenblicklich hat sie Migräne.«

Anton nahm zwei Eier, zerschlug sie an einem Topf, kippte die Schalen um, warf sie in den Kohlenkasten, goß etwas Wasser in den Topf, nahm eine Tüte, schüttete etwas Weißes hinter den Eiern und dem Wasser her, und dann quirlte er mit einem kleinen Quirl darin herum. »Du mein Schreck!« rief er. »Es werden Klümpchen.«

Piefke spazierte zum Kohlenkasten und besuchte die Eierschalen.

»Warum hast du Zucker hineingeschüttet?« fragte das Mädchen.

»Das war doch Mehl«, antwortete Anton. »Ich mache Rührei, und wenn man Mehl und Wasser daranschüttet, werden die Portionen größer als sonst.«

Pünktchen nickte. »Und wieviel Salz schüttet man an die Salzkartoffeln« erkundigte sie sich. »Ein ganzes Pfund oder bloß ein halbes?«

Anton lachte laut. »Viel, viel weniger!« sagte er. »Das könnte ja gut schmecken. Nur ein paar Messerspitzen voll natürlich.«

»Natürlich«, sagte Pünktchen und sah ihm zu. Er nahm einen Tiegel, tat Margarine hinein und stellte den Tiegel über die zweite Gasflamme, dann schüttete er die gequirlten Eier in den Tiegel, daß es aufzischte. »Vergiß das Salz nicht, Anton!« befahl er sich selber, holte eine Prise Salz und streute sie über die gelbe Suppe, die im Tiegel schwamm. Als sie zu backen anfing, rührte er mit einem Löffel um. Es knisterte zutraulich.

»Deswegen heißt es also Rührei«, erklärte das Mädchen.

»Rühr mal 'n bißchen weiter«, bat der Junge und drückte ihr den Löffel in die Hand, und sie rührte in Stellvertretung. Er nahm den Kartoffeltopf, packte ihn mit zwei wollenen Lappen an den Henkeln und schüttete das kochende Wasser in den Ausguß. Die Kartoffeln verteilte er dann auf zwei Teller. »Bei Salzkartoffeln muß man furchtbar aufpassen, sonst wird Matsch daraus«, sagte er. Pünktchen hörte aber nicht zu. Sie rührte, daß ihr der Arm wehtat. Piefke spielte inzwischen mit den Eierschalen Fußball.

Anton drehte den Gashahn zu, verteilte das Rührei gerecht auf die beiden Teller, wusch sich die Hände und band die große Schürze ab.

»Wir konnten gestern abend nicht kommen«, meinte Pünktchen. »Meine Eltern hatten Gäste und blieben zu Haus.«

»Ich dachte mir's schon«, sagte der Junge. »Moment, ich bin gleich wieder da.«

Er nahm die beiden Teller und schob durch die Tür. Pünktchen war allein. Sie versuchte Piefke eine Eierschale auf den

Kopf zu setzen. »Wenn du das lernst«, flüsterte sie, »darfst du im Zirkus auftreten.« Aber der Dackel schien etwas gegen den Zirkus zu haben. Er warf die Eierschale immer wieder herunter. »Denn nicht, oller Dussel«, sagte Pünktchen und sah sich um. Kinder, Kinder, war das eine kleine Küche! Daß Anton ein armer Junge war, hatte sie sich zwar gleich gedacht. Aber daß er eine so kleine Küche hatte, setzte sie denn doch in Erstaunen. Vom Fenster aus blickte man in einen grauen Hof. »Unsere Küche dagegen, was?« fragte sie den Dackel. Piefke wedelte mit dem Schwanz. Da kam Anton wieder und fragte: »Wollt ihr mit ins Schlafzimmer kommen, während wir essen?« Pünktchen nickte und nahm Piefke am Schlafittchen.

»Sie sieht noch ziemlich krank aus«, sagte der Junge. »Aber tu mir den Gefallen, und laß dir's nicht merken.«

Es war ganz gut gewesen, daß er das Mädchen schonend vorbereitet hatte. Antons Mutter saß im Bett und sah sehr blaß und elend aus. Sie nickte Pünktchen freundlich zu und meinte: »Das ist schön, daß du gekommen bist.« Pünktchen machte einen Knicks und sagte: »Guten Appetit, Frau Anton. Sie sehen vorzüglich aus. Wie geht es der werten Gesundheit?«

Der Junge lachte, stopfte seiner Mutter noch ein Kopfkissen hinter den Rücken und sagte: »Meine Mutter heißt doch nicht Anton. Anton heiße doch nur ich.«

»Die Männer, die Männer«, sagte Pünktchen ganz verzweifelt und verdrehte die Augen. »Was man sich über diese Kerle ärgern muß, nicht wahr, gnädige Frau?«

»Ich bin keine gnädige Frau«, erklärte Antons Mutter lächelnd, »ich bin Frau Gast.«

»Gast«, wiederholte Pünktchen. »Richtig, es steht ja auch draußen an der Tür. Ein hübscher Name übrigens.« Sie hatte sich vorgenommen, alles, was sie hier sah, schön zu finden, um Anton und seine Mutter nicht zu kränken.

»Schmeckt's dir, Muttchen?« fragte er.

»Großartig, mein Junge«, antwortete die kranke Frau und langte tüchtig zu. »Na, morgen koch ich wieder selber. Du kommst ja überhaupt nicht mehr zum Spielen. Die Schularbeiten leiden auch drunter. Gestern hat er sogar Deutsches Beefsteak zustande gebracht«, erzählte sie dem Mädchen. Und Anton bückte sich tief über den Teller, um nicht zu zeigen, daß ihn das Lob freute.

»Vom Kochen verstehe ich keine Silbe«, gab Pünktchen zu. »Das erledigt bei uns die dicke Berta, hundertachtzig Pfund wiegt sie. Dafür kann ich aber Tennis spielen.«

»Und ihr Vater hat ein Auto und einen Schofför«, berichtete Anton.

»Wenn du willst, nehmen wir dich mal mit. Der Direktor ist ein netter Mann«, sagte Pünktchen. »Der Direktor, das ist mein Vater«, fügte sie erläuternd hinzu.

»Es ist ein großer Mercedes, eine Limousine«, ergänzte Anton, »und zehn Zimmer haben sie außerdem.«

»Sie wohnen aber auch sehr schön, Frau Gast«, sagte das Mädchen und setzte Piefke aufs Bett.

»Woher kennt ihr euch eigentlich?« fragte Frau Gast.

Anton trat Pünktchen auf die Zehen und sagte: »Ach, weißt du, wir haben uns mal auf der Straße angesprochen. Wir waren uns gleich so sympathisch.« Pünktchen nickte zustimmend, betrachtete den Dackel von der Seite und meinte: »Herrschaften, ich glaube, Piefke muß mal raus.«

Frau Gast sagte: »Ihr könntet überhaupt ein bißchen spazierengehen. Ich werde noch ein paar Stunden nicken.« Anton brachte die Teller in die Küche und holte seine Mütze. Als er wieder hereinkam, meinte die Mutter: »Anton, du mußt dir die Haare schneiden lassen.«

»Bloß nicht!« rief er. »Da fallen einem dann so viele kleine Haare in den Kragen, und das kitzelt scheußlich.«

»Gib mir mein Portemonnaie. Du gehst Haarschneiden«, befahl sie.

»Wenn dir so viel daran liegt«, sagte er, »na schön. Aber Geld habe ich selber.« Und weil ihn die Mutter so merkwürdig ansah, sagte er noch: »Ich habe am Bahnhof 'n paar Koffer tragen helfen.« Er gab der Mutter einen Kuß auf die Backe und riet ihr, sehr fest zu schlafen und ja nicht aufzustehen und sich warm zuzudecken und so weiter.

»Zu Befehl, Herr Doktor«, sagte die Mutter und gab Pünktchen die Hand.

»Machen Sie's gut«, meinte Pünktchen zum Abschied. »Aber nun fort, Piefke kann nicht länger warten.« Der Dackel saß an der Tür und blickte unverwandt zur Klinke hinauf, als wolle er sie hypnotisieren. Da mußten alle drei lachen, und dann liefen die Kinder vergnügt fort.

Die zweite Nachdenkerei handelt:
Vom Stolz

Ich weiß nicht, wie ihr darüber denkt. Findet ihr es recht, daß ein Junge kocht? Daß er sich eine Schürze von der Mutter umbindet und Kartoffeln schält und sie in einen Topf tut und Salz darüber streut und was sonst alles?

Paul, mit dem ich davon sprach, sagte: »Ich würde nicht kochen. Ich denke ja gar nicht daran.«

»Hm«, sagte ich, »wenn deine Mutter nun im Bett läge, und sie wäre krank, und der Arzt hätte verordnet, daß sie tüchtig und regelmäßig zu essen bekommt, sonst würde sie vielleicht sterben ... «

»Also schön«, antwortete Paul hastig, »dann würde ich eben auch kochen, genau wie Ihr Anton. Meinetwegen, aber schämen würde ich mich trotzdem. Kochen ist nichts für Jungen.«

»Wenn du mit einer Puppenküche spieltest, hättest du vielleicht Grund, dich zu schämen«, sagte ich. »Wenn du aber dafür sorgst, daß deine kranke Mutter pünktlich zu essen kriegt, kannst du eher stolz darauf sein. Du könntest noch viel stolzer darauf sein als darauf, daß du vier Meter weit springst.«

»Vier Meter zwanzig«, sagte Paul.

»Siehst du«, rief ich, »darauf bildest du dir nun etwas ein!«

»Ich habe mir's überlegt«, sagte Paul nach einer Weile, »ich würde mich vielleicht doch nicht schämen, wenn man mich beim Kochen erwischte. Aber lieber wäre mir's, es käme keiner dazu. Ich glaube, ich würde die Küchentür abriegeln. Im übrigen ist meine Mutter ja gar nicht krank. Und wenn sie krank wäre, hätten wir eine Zugehfrau. Da könnte doch sie kochen!«

So ein Dickkopf was?

Drittes Kapitel
Ein Hund wird rasiert

Piefke machte gleich an der ersten Laterne Station. Als die Kinder weiter wollten, lief er nicht mit. Pünktchen mußte ihn ziehen. »Er rodelt schon wieder«, erklärte sie.

»Gib mal her!« sagte Anton. »Das werden wir gleich haben.« Er packte die Leine und zog sein Taschentuch aus der Tasche, daß man einen weißen Zipfel leuchten sah. Dann rief er: »Piefke!« Der Dackel hob den Kopf, betrachtete den Zipfel neugierig und dachte: Das ist was zum Fressen. Und als Anton weiterging, wackelte er eilig hinterher, blickte dauernd nach dem Taschentuch und schnupperte.

»Großartig!« erklärte Pünktchen. »Eine glänzende Idee. Das muß ich mir merken.«

»Wie findest du eigentlich unser Haus?« fragte er. »Ziemlich schrecklich, was?«

»Es sieht ein bißchen verwahrlaust aus«, meinte sie.

»Wie?« fragte er.

»Verwahrlaust!« sagte sie. »Gefällt dir das Wort? Das ist von mir. Ich entdecke manchmal neue Wörter. Wärmometer ist auch von mir.«

»Wärmometer statt Thermometer?« rief er. »Du meinst es auch nicht gerade böse.«

»Und ob«, sagte sie. »Wollen wir mal Gelächter spielen?« Sie wartete gar nicht ab, ob er wollte oder nicht, sondern nahm ihn bei der Hand und murmelte: »o je, o je, mir ist gar nicht lächerlich zumute. Ich bin tief, tief traurig.« Anton sah sie verwundert an. Sie machte große Augen und hatte eine Falte auf der Stirn. »o je, o je, mir ist gar nicht lächerlich zumute. Ich bin tief, tief traurig«, wiederholte sie. Dann knuffte sie ihn und flüsterte: »Du auch!«

Anton tat ihr den Gefallen. »o je, o je«, brummte er. »Mir ist gar nicht lächerlich zumute. Ich bin tief, tief traurig.«

»Und ich erst«, murmelte sie erschüttert, ›o je, o je, mir ist gar nicht lächerlich zumute, ich bin tief, tief traurig.« Und weil sich beide anblickten und weil sie beide solche Leichenbittermienen aufgesetzt hatten, lachten sie aus vollem Halse.

»O je, o je, mir ist gar nicht lächerlich zumute«, fing nun Anton wieder an, und nun mußten sie noch mehr lachen. Schließlich konnten sie sich überhaupt nicht mehr ansehen. Sie lachten und kicherten, fanden kein Ende und bekamen kaum noch Luft. Die Leute blieben bereits stehen. Und Piefke setzte sich hin. Jetzt sind sie völlig übergeschnappt, dachte der Dackel. Pünktchen hob ihn hoch. Und nun gingen die Kinder weiter. Aber jedes blickte in eine andere Richtung. Pünktchen gackerte noch ein paarmal in sich hinein, dann war auch das vorüber.

»Alle Wetter!« sagte Anton. »War das anstrengend. Ich bin vollständig zerlacht.« Er wischte sich die Lachtränen aus den Augen. Und dann waren sie beim Friseur. Der Friseur hatte einen ganz kleinen Laden, man mußte ein paar Stufen hochklettern.

»Guten Tag, Herr Habekuß«, sagte Anton. »Ich soll mir die Haare schneiden lassen.«

»Schon recht. Nimm Platz, mein Sohn«, sagte Herr Habekuß. »Wie geht`s der Mutter?«

»Danke für die Nachfrage. Es geht ihr besser. Aber mit dem Bezahlen geht`s noch nicht besser.«

»Wieder wie das letztemal«, sagte Herr Habekuß. »Zwanzig Pfennig Anzahlung, den Rest in Raten, hinten kurz, von etwas länger, ich weiß schon. Und das kleine Fräulein?«

»Ich bin bloß Publikum«, erklärte Pünktchen. »Lassen Sie sich durch mich nicht stören.« Herr Habekuß band Anton ein großes weißes Tuch um und säbelte mit der Schere drauflos.

»Kitzelt's schon?« fragte Pünktchen gespannt. Sie konnte es nicht erwarten. Und weil Anton nicht antwortete, sondern mäuschenstill saß, dachte sie sich rasch etwas anderes aus. Sie setzte Piefke auf den zweiten Stuhl, band ihm ihr Taschentuch um den Hals und schmierte ihm Seifenschaum um die Schnauze. Piefke hielt den Schaum zunächst für Schlagsahne, aber weil das weiße Zeug nicht schmeckte, zog er die Zunge wieder zurück und schüttelte den Kopf.

Pünktchen tat, als ob sie ihn rasierte. Sie schabte ihm mit dem Zeigefinger den Seifenschaum allmählich wieder vom Fell, tanzte um ihn herum und unterhielt ihn dabei, wie sie es bei Friseuren beobachtet hatte.

»Ja, ja, mein Herr«, sagte sie zu dem Dackel. »Das sind Zeiten! Ist Ihnen mein Zeigefinger scharf genug? Das sind Zeiten! Es ist zum, Sie wissen schon, was ich meine. Stellen Sie sich vor, bitte die andere Seite, stellen Sie sich vor, wie ich gestern nach Hause komme, hat meine Frau Drillinge gekriegt, drei Zelluloidpuppen, lauter Mädchen. Und auf dem Kopf wächst ihnen rotes Gras. Soll man da nicht verrückt werden? Und wie ich heute früh den Laden aufmache, steht der Gerichtsvollzieher schon drin und sagt, er müsse die Spiegel abholen. Warum? frag ich den Mann. Wollen Sie mich ruinieren? Tut mir leid, sagt er, der Finanzminister schickt mich, Sie essen keinen Rhabarber. Gegen den Strich, Herr Piefke? Wovon sind Sie übrigens so schön braun? Ach so, Sie benützen Höhensonne. Eine halbe Stunde später kam der Minister persönlich. Wir haben uns geeinigt, ich rasiere ihn eine Woche lang umsonst, täglich zehnmal. Ja, er hat einen sehr starken Bartwuchs. Wünschen Sie Kölnisch Wasser? Ich werde nächstens verreisen. Der Zeppelin sucht für seine Nordpolfahrt einen seekranken Friseur, der soll den Eisbären die Haare schneiden. Wenn es Ihnen recht ist, bringe ich Ihnen ein Eisbärfell mit. Puder angenehm?«

Pünktchen schmierte dem Dackel weißen Puder über die Schnauze, und Piefke starrte entsetzt in den Spiegel. Herr Friseur Habekuß vergaß, Anton die Haare zu schneiden, und Anton schüttelte sich vor Vergnügen. Pünktchen war todernst und begann jetzt, abwechslungshalber, laut vorzulesen, was auf den Plakaten stand, die im Laden hingen. Manchmal warf sie auch die Texte durcheinander. »Benutzen Sie Dralles neue Haarfrisur, Sie erhalten in meinem Geschäft alle einschlägigen Preise zu Originalartikeln, sind Sie zufrieden, sagen Sie es den andern, hier werden Ohrlöcher gestochen, sind Sie unzufrieden, sagen Sie es mir, keine Glatze mehr, die große Mode, sonntags von acht bis zehn Uhr geöffnet, die Herrschaften werden gebeten, das Haareschneiden wochentags erledigen zu lassen,

Hühneraugen werden vor dem Gebrauch desinfiziert, die Rasiermesser sind eine unnötige Plage, hüten Sie sich vor Zahnstein.« Sie las das alles in einem so langweilig singenden Ton, als ob sie ein Gedicht deklamiere. Piefke wurde ganz müde davon, gähnte, rollte sich auf dem Stuhl zusammen und machte ein Schläfchen.

»Ist sie nicht erstklassig?« fragte Anton Herrn Habekuß.

»Ich danke für Obst«, sagte der Friseur. »So was zwei Tage um mich rum, und ich sehe weiße Mäuse.« Dann riß er sich zusammen und klapperte mit der Schere. Er wollte rasch fertig werden, um das Mädchen aus dem Laden zu kriegen. Er hatte schwache Nerven.

Dann kam ein Kunde, ein dicker Mann, mit einer weißen Fleischerschürze.

»Sofort, Herr Bullrich«, sagte der Friseur. Anton blickte gespannt in den Spiegel, damit er ja nichts verpaßte. Der Fleischermeister nickte, kaum daß er sich gesetzt hatte, ein. Pünktchen stellte sich vor ihm in Positur.

»Lieber Herr Bullrich«, sagte sie zu dem dicken Mann, »können Sie singen?« Der Fleischermeister wurde munter, drehte verlegen seine dicken Wurstfinger hin und her und schüttelte den Kopf.

»O, wie schade«, meinte Pünktchen. »Sonst hätten wir zwei irgend etwas Schönes vierstimmig singen können. Können Sie wenigstens ein Gedicht vortragen? Wer hat dich, du schöner Wald? oder Festgemauert in der Erden?«

Herr Bullrich schüttelte wieder den Kopf und schielte nach der Zeitung, die am Haken hing. Er traute sich aber nicht.

»Nun die letzte Frage«, erklärte Pünktchen. »Können Sie Handstand?«

»Nein«, sagte Herr Bullrich entschieden.

»Nein?« fragte Pünktchen bekümmert. »Nehmen Sie's mir nicht übel, aber so etwas von Talentlosigkeit ist mir in meinem ganzen Leben noch nicht vorgekommen!« Dann drehte sie ihm den Rücken und trat neben Anton, der in sich hineinkicherte. »So sind aber die Erwachsenen«, sagte sie zu ihrem Freund. »Wir sollen alles können, rechnen und singen und zeitig schlafen gehen und Purzelbäume, und sie selber haben von nichts 'ne blasse Ahnung. Übrigens habe ich einen wackligen Zahn, guck mal.« Sie machte den Mund weit auf und stieß mit der Zunge an dem kleinen weißen Zahn herum, daß er nur so schaukelte.

»Den mußt du dir ziehen«, meinte Anton. »Du nimmst einen Zwirnsfaden, machst eine Schlinge um den Zahn, bindest das andere Ende an die Türklinke, und dann rennst du von der Tür weg. Bums, ist er raus!«

»Der praktische Anton«, sagte Pünktchen und klopfte ihm anerkennend auf die Schulter. »Weißen oder schwarzen?«

»Was denn?« fragte er.

»Zwirn«, erwiderte sie.

»Weißen«, sagte Anton.

»Gut, ich werde mir's mal beschlafen«, meinte Pünktchen. »Sind Sie bald fertig, Herr Habekuß?«

»Jawohl«, antwortete der Friseur. Dann drehte er sich um und sagte zu Herrn Bullrich: »Ein schwer erziehbares Kind, wie?«

Auf der Straße faßte Pünktchen Anton bei der Hand und fragte: »War's sehr schlimm?«

»Na, es war allerhand«, sagte er. »Das nächste Mal nehme ich dich nicht wieder mit.«

»Dann läßt du's eben bleiben«, entgegnete sie und ließ seine Hand los.

Sie waren schon an der Weidendammer Brücke. Pünktchen unterhielt sich mit dem Hund, aber lange ertrug sie Antons Schweigen nicht. »Was fehlt eigentlich deiner Mutter?« fragte sie.

»Sie hatte ein Gewächs im Leib. Dann wurde sie ins Krankenhaus gebracht, und dort wurde ihr das Gewächs herausgeschnitten. Ich habe sie täglich besucht. Mein Gott, sah sie damals schlecht aus, ganz mager und quittegelb. Und nun liegt sie seit vierzehn Tagen zu Haus. Es geht ihr schon viel besser. Die Krankenschwestern waren immer sehr nett zu mir. Ich glaube, sie dachten, meine Mutter müßte sterben.«

»Was für ein Gewächs hatte sie denn?« fragte Pünktchen. »Eines mit Blüten und Blättern und einem Blumentopf und so? Hatte sie das denn aus Versehen verschluckt?«

»Sicher nicht«, sagte er. »Davon müßte ich doch was wissen. Nein, es war ihr innerlich gewachsen.«

»Eine Geranie oder eine Stechpalme?« fragte Pünktchen neugierig.

»Nein, nein, das muß Haut und Fleisch sein, was im Innern wächst. Und wenn man es nicht rausmachen läßt, stirbt man.«

Nach einer Weile blieb Pünktchen stehen, verschränkte die Hände vor ihrem Bauch und jammerte: »Anton, lieber Anton, es drückt so hier drin. Paß auf, ich habe auch ein Gewächs. Es ist sicher eine kleine Tanne. Ich habe Tannen so gern.«

»Nein«, sagte er. »Du hast keinen Baum, du hast einen Vogel.«

Die dritte Nachdenkerei handelt:
Von der Phantasie

Es ist euch sicher aufgefallen, daß Pünktchen ein ziemlich abwechslungsreiches Mädchen ist. Sie macht vor der Wand Knickse und verkauft ihr Streichhölzer, sie verkleidet sich und zieht den Dackel in einer Bratpfanne hinter sich her, sie legt ihn ins Bett und bildet sich ein, er wäre der Wolf und müßte sie fressen. Sie bittet Herrn Fleischermeister Bullrich, mit ihr vierstimmig zu singen. Schließlich bildet sie sich sogar ein, sie habe ein Gewächs. Sie bildet sich Dinge ein, die es gar nicht gibt oder die in Wirklichkeit ganz anders sind, als sie es sich einbildet.

Ich habe einmal von einem Mann gelesen, der sehr viel Phantasie besaß und deshalb sehr lebhaft träumte. Einmal träumte er zum Beispiel, er spränge aus dem Fenster. Und da wachte er auf und lag doch tatsächlich auf der Straße! Nun wohnte er glücklicherweise im Parterre. Aber stellt euch vor, der arme Mann hätte vier Treppen hoch gewohnt! Da hätte ja seine Phantasie lebensgefährlich werden können. Phantasie ist eine wunderbare Eigenschaft, aber man muß sie im Zaum halten.

Viertes Kapitel
Einige Meinungsverschiedenheiten

Fräulein Andacht saß inzwischen mit ihrem Bräutigam bei Sommerlatte, und manchmal tanzten sie miteinander. Zwischen den Tischen standen herrlich blühende Apfelbäumchen, die waren aus Pappe und Papier und sahen sehr natürlich aus. In den Pappzweigen hingen, außer den Papierblüten, bunte Ballons und lange Luftschlangen. Das Lokal sah lustig aus, und die Kapelle spielte vergnügte Tänze. Fräulein Andacht hatte, weil sie so groß und mager war, eigentlich nicht mehr geglaubt, daß sie einen Bräutigam bekäme, und nun hatte sie seit vierzehn Tagen doch einen. Wenn er bloß nicht so streng gewesen wäre! Fortwährend kommandierte er herum, und wenn sie nicht gleich gehorchte, blickte er sie so unheimlich an, daß ihr vor Schreck die Ohren abstanden.

»Hast du kapiert?« fragte er, beugte sich weit vor und funkelte sie böse an.

»Willst du das wirklich tun, Robert?« fragte sie ängstlich.

»Ich habe zweihundert Mark auf der Sparkasse, die kannst du haben.«

»Deine paar Groschen, dämliche Ziege!« sagte er. Woraus man sieht, daß er kein sehr vornehmer Kavalier war. »Bis morgen muß ich den Plan haben.«

Fräulein Andacht nickte ergeben. Dann flüsterte sie: »Still, die Kinder kommen.«

Pünktchen und Anton traten an den Tisch. »Das ist Robert der Teufel«, sagte Pünktchen zu Anton und zeigte auf den Bräutigam.

»Aber Pünktchen!« rief Fräulein Andacht entsetzt.

»Laß sie doch«, meinte der Bräutigam und lächelte künstlich. »Sie macht ja nur Spaß, die kleine Prinzessin. Ei, ist das ein niedlicher Pinscher!« sagte er dann und wollte den Dackel streicheln. Aber Piefke sperrte die Schnauze auf, knurrte und wollte beißen. Dann mußten sie sich setzen. Der Bräutigam wollte ihnen heiße Schokolade bestellen, aber Anton sagte:

»Nein, mein Herr, machen Sie sich unsertwegen keine unnötigen Ausgaben.«

Weil die Kapelle wieder zu spielen begann, tanzte Fräulein Andacht mit ihrem Robert. Die Kinder blieben am Tisch.

»Wollen wir auch tanzen?« fragte Pünktchen.

Anton lehnte das Angebot strikt ab. »Ich bin doch schließlich ein Junge. Übrigens, dieser Robert gefällt mir gar nicht!«

»Nicht wahr!« meinte Pünktchen. »Er hat einen Blick, der ist wie gespitzte Bleistifte. Piefke hat auch was gegen ihn. Aber sonst ist es hier hinreizend!«

»Hinreizend?« erkundigte sich Anton. »Ach so, wieder eine Erfindung von dir.«

Pünktchen nickte. »Anton, es gibt noch einen, der mir nicht gefällt. Das ist unser Portierjunge. Er hat gesagt, wenn ich ihm nicht zehn Mark gebe, verrät er die Sache meinem Vater. Gottfried Klepperbein heißt er.«

Anton sagte: »Du, den kenn ich. Der geht in meine Schule, eine Klasse höher. Na warte, den werde ich mal aus dem Anzug stoßen.«

»Au fein!« rief das Mädchen. »Er ist aber größer als du.«

»Von mir aus«, sagte der Junge. »Den zerreiß ich in der Luft.« Währenddem tanzten also Fräulein Andacht und ihr Bräutigam. Und viele andere Leute tanzten auch. Robert schielte wütend zu den Kindern hinüber und flüsterte: »Schaff die Bälger fort. Morgen treffen wir uns wieder hier. Was sollst du mitbringen?«

»Den Plan«, sagte Fräulein Andacht. Es klang, als hätte sich ihre Stimme den Fuß verstaucht.

Auf der Straße sagte Fräulein Andacht: »Du schreckliches Kind! Meinen Bräutigam so zu ärgern!«

Pünktchen gab keine Antwort, sondern verdrehte die Augen, um Anton zum Lachen zu bringen.

Fräulein Andacht war beleidigt. Sie lief mit Piefke vorneweg, als kriegte sie es bezahlt. Ehe sie sich's recht versahen, standen sie vor Pogges Haus.

»Also heute abend treffen wir uns wieder«, sagte Pünktchen. Und Anton nickte. Während sie so herumstanden, kam Gottfried Klepperbein zufällig aus der Tür und wollte an ihnen vorbeigehen.

»Moment mal«, rief Anton. »Ich habe dir was Wichtiges zu erzählen.« Gottfried Klepperbein blieb stehen.

»Marsch ins Haus!« sagte Anton zu Pünktchen.

»Zerreißt du ihn jetzt in der Luft?« fragte Pünktchen.

»Das ist nichts für Frauen«, sagte er. Fräulein Andacht und Pünktchen gingen ins Haus. Pünktchen blieb gleich hinter der Tür stehen und blinzelte durch die Glasscheibe, die in der Tür war. Aber Anton wußte das nicht.

»Hör mal gut zu«, sagte er zu Gottfried Klepperbein. »Wenn du die Kleine noch mal belästigst, kriegst du's mit mir zu tun. Sie steht unter meinem Schutz, verstanden?«

»Du mit deiner feinen Braut«, lachte Klepperbein. »Du bist ja total blödsinnig!« In diesem Moment bekam er eine solche Ohrfeige, daß er sich aufs Pflaster setzte. »Na warte!« rief er und sprang hoch. Doch da kriegte er bereits die zweite Ohrfeige, diesmal von der andern Seite, und er setzte sich wieder hin. »Na warte«, sagte er, aber vorsichtshalber blieb er gleich sitzen.

Anton trat noch einen Schritt näher. »Heute habe ich dir's im Guten gesagt«, meinte er. »Wenn ich aber wieder etwas hören sollte, dann werde ich handgreiflich.« Damit schritt er an Gottfried Klepperbein vorüber und blickte ihn nicht mehr an.

»Kruzitürken«, sagte Pünktchen hinter der Tür, »was der Junge alles kann!«

Fräulein Andacht war schon in die Wohnung gegangen. Als sie an der Küche vorbeikam, rief die dicke Berta, die auf einem Stuhl saß und Kartoffeln schälte: »Treten Sie mal einen Schritt näher!«

Die Andacht hatte gar keine Lust dazu, aber sie folgte. Denn sie hatte vor Berta Angst.

»Sie«, sagte Berta, »ich habe zwar mein Zimmer drei Treppen höher, unterm Dach. Aber ich merke trotzdem, daß hier irgendwas nicht stimmt. Wollen Sie mir gefälligst erklären, warum das Kind in der letzten Zeit so blaß aussieht und solche Ringe unter den Augen hat? Und warum es früh nicht aus dem Bett will?«

»Pünktchen wächst«, meinte die Andacht. »Sie müßte Lebertran einnehmen oder Eisen.«

»Sie sind mir schon längst ein Haar in der Suppe«, sagte Berta. »Wenn ich mal dahinterkäme, daß Sie Heimlichkeiten haben, dann trinken *Sie* den Lebertran, und zwar gleich mit der Flasche!«

»Sie sind mir ja viel zu gewöhnlich, Sie können mich nicht beleidigen«, bemerkte das Kinderfräulein und rümpfte die Nase.

»Ich kann Sie nicht beleidigen?« fragte die dicke Berta und erhob sich. »Das wollen wir doch sehen. Sie Schafsnase, Sie hinterlistige Hopfenstange, Sie können ja aus der Dachrinne Kaffee trinken, Sie impertinentes Gespenst, Sie ... «

Fräulein Andacht hielt sich beide Ohren zu, kniff vor Wut die Augen klein und schob wie eine Giraffe durch den Korridor.

Die vierte Nachdenkerei handelt:
Vom Mut

Ich möchte an dieser Stelle ein bißchen über den Mut reden. Anton hat eben einem Jungen, der größer ist als er, zwei Ohrfeigen gegeben. Und da könnte man ja nun meinen, Anton habe Mut bewiesen. Es war aber gar nicht Mut, es war Wut. Und das ist ein kleiner Unterschied, nicht nur im Anfangsbuchstaben.

Mut kann man nur haben, während man kaltes Blut hat. Wenn sich ein Arzt, um zu probieren, ob er recht hat, lebensgefährliche Bakterien einspritzt und anschließend mit einem Gegenmittel impft, das er entdeckt hat, zeigt er Mut. Wann ein Polarforscher, um Entdeckungen zu machen, mit ein paar Hundeschlitten nach dem Nordpol kutschiert, beweist er Mut. Wenn Professor Piccard mit einem Ballon in die Stratosphäre aufsteigt, obwohl noch niemand vorher dort oben war, dann ist er mutig.

Habt ihr die Sache mit Professor Piccard verfolgt? Das war interessant. Er wollte wiederholt aufsteigen, aber dann unterließ er es wieder, weil das Wetter nicht geeignet war. Die Zeitungen machten sich schon über ihn lustig. Die Leute lachten schon, wenn sie seine Fotografie sahen. Aber er wartete den geeigneten Moment ab. Er war so mutig, daß er sich lieber auslachen ließ, als eine dumme Handlung zu begehen. Er war nicht tollkühn, er war nicht verrückt, er war ganz einfach mutig. Er wollte etwas erforschen, er wollte nicht berühmt werden.

Mut beweist man nicht mit der Faust allein, man braucht den Kopf dazu.

Fünftes Kapitel
Jeder sein eigener Zahnarzt

Direktor Pogge war noch in seiner Spazierstockfabrik. Die gnädige Frau lag noch im Schlafzimmer und vertrieb sich die Zeit mit Migräne. Fräulein Andacht saß in ihrer Stube.

Pünktchen und Piefke waren bis zum Abendessen allein. Pünktchen holte bei der dicken Berta weißen Zwirn und sagte zu dem Dackel, der etwas müde in seinem Körbchen hockte: »Nun paß mal auf, mein Kleiner!« Piefke paßte auf. Er war, solange er müde war, ein folgsamer Hund.

Das Kind riß etwas Zwirn von der Rolle, schlang das eine Ende in einem Knoten um den wackligen Zahn und befestigte das andere Ende an der Türklinke. »Jetzt wird's Ernst«, sagte Pünktchen und machte »Brrrr!«. Dann ging sie allmählich von der Tür weg, bis der Zwirnsfaden straff gespannt war. Sie ruckte ein wenig an, stöhnte erbärmlich und schnitt ein verzweifeltes Gesicht. Sie ging wieder zur Tür, der Zwirn wurde wieder locker. »Piefke, Piefke«, erklärte sie, »das ist kein Beruf für mich.« Dann lief sie noch einmal von der Tür fort, aber sie jammerte schon, bevor der Faden straff war.

»Ausgeschlossen«, sagte sie, »wenn der Junge hier wäre, würde ich's vielleicht riskieren.« Sie lehnte sich an die Tür und dachte angestrengt nach. Dann knotete sie den Zwirn von der Klinke los.

»Gib mal Pfötchen«, befahl sie. Aber das konnte Piefke noch nicht. Pünktchen bückte sich, hob den Dackel hoch und setzte ihn auf ihr kleines Schreibpult. Sie band das freie Fadenende um Piefkes linkes Hinterbein. »Und nun spring runter!« bat sie. Piefke rollte sich statt dessen zusammen und gedachte, auf dem Pult einen langen Schlaf zu tun.

»Spring runter!« murmelte Pünktchen drohend und schloß, dem Schicksal ergeben, die Augen.

Der kleine Dackel spitzte, so gut das bei seinen Löffeln möglich war, die Ohren. Aber vom Springen war nach wie vor keine Rede. Pünktchen öffnete die Augen wieder. Die auf Vorrat ausgestandene Angst war umsonst gewesen. Da gab sie Piefke einen Stoß, und nun blieb ihm nichts weiter übrig: er sprang auf den Boden. »Ist der Zahn raus?« fragte sie ihn. Der Hund wußte es auch nicht. Pünktchen griff sich in den Mund. »Nein«, sagte sie. »Der Faden ist zu lang, mein Sohn.«

Da kletterte sie mit Piefke unterm Arm auf den Schemel, der vor dem Pult stand; dann bückte sie sich und setzte den Hund wieder aufs Pult. »Wenn das nicht hilft«, murmelte sie, »laß ich mich chloroformieren.« Sie gab Piefke einen kleinen Stoß, er rutschte das Pult hinab, Pünktchen stellte sich kerzengerade. Der Hund segelte über die Pultkante ins Parterre.

»Au!« schrie das Kind. Es schmeckte Blut. Piefke hoppelte in den Korb. Er war froh, daß er nicht mehr angebunden war. Pünktchen wischte sich ein paar Tränen aus den Augen. »Junge, Junge«, sagte sie und suchte ein Taschentuch. Schließlich fand sie eines, schob es in ihren Mund und biß darauf. Der Zwirnsfaden hing über den Korbrand. Ein kleiner, weißer Zahn lag mitten im Zimmer. Pünktchen befreite den Hund von seinem Zwirn, hob den Zahn auf und tanzte durch das Zimmer. Dann sauste sie zu Fräulein Andacht.

»Der Zahn ist raus, der Zahn ist raus!«

Fräulein Andacht bedeckte rasch ein Stück Papier, in der rechten Hand hielt sie einen Bleistift. »So?« sagte sie. Das war alles.

»Was ist mit Ihnen los?« fragte Pünktchen. »Sie sind seit ein paar Tagen sehr komisch, merken Sie das nicht selbst? Wo brennt's denn?« Sie stellte sich neben das Kinderfräulein, schielte heimlich nach dem Papier und sagte, als sei sie ihr eigner Großvater: »Na, nun schütten Sie mal Ihr Herz aus.«

Fräulein Andacht hatte keine Lust zu beichten. »Wann hat Berta eigentlich Ausgang?« fragte sie.

»Morgen«, erklärte Pünktchen. »Und wozu wollen Sie das wissen?«

»Nur so«, sagte das Fräulein.

»Nur so!« rief Pünktchen aufgebracht. »Solche Antworten hab ich gern.« Aber aus dem Fräulein war heute nichts herauszubringen. Jedes Wort kostete einen Taler. Da ließ sich Pünktchen, als ob sie gestolpert sei, gegen den Arm des Fräuleins fallen. Das Papier wurde sichtbar. Es enthielt lauter mit Bleistift gezogene Vierecke. »Wohnzimmer« stand in dem einen Viereck, »Arbeitszimmer« in dem andern. Aber dann lagen schon wieder die großen dürren Hände des Fräuleins darüber.

Pünktchen wußte nicht, was sie davon halten sollte, und dachte: Das muß ich heut abend Anton erzählen, vielleicht versteht der's.

Anderthalb Stunden später lag das Kind im Bett. Die Andacht saß daneben und las das Märchen vom Swinegel und seiner Frau vor. »Da haben Sie's«, meinte Pünktchen, »die beiden Schweinigel sehen aus wie Zwillinge. Ich hatte schon ganz recht, heute mittag. Wenn ich ein Zwilling wäre, und der andere Zwilling hieße Karlinchen, dann könnten wir in der Turnstunde auch jedes Wettrennen gewinnen.«

Dann kamen die Eltern ins Kinderzimmer. Die Mutter trug ein schönes seidenes Abendkleid und goldene Schuhe, und der Vater war im Smoking. Sie gaben der Tochter je einen Gutenachtkuß, und Frau Pogge sagte: »Schlaf gut, meine Süße.«

»Wird gemacht«, erklärte Pünktchen.

Der Vater setzte sich auf den Bettrand, aber seine Frau drängte: »Komm, der Generalkonsul liebt die Pünktlichkeit.«

Das kleine Mädchen nickte dem Vater zu und sagte: »Direktor, macht keine Dummheiten!«

Kaum waren die Eltern fort, sprang Pünktchen aus dem Bett und rief: »Los geht's!« Fräulein Andacht rannte in ihr Zimmer und holte aus der Kommode ein altes zerrissenes Kleidchen. Das brachte sie dem Kind. Sie selber zog einen mit Flicken besetzten Rock an und einen schrecklich verschossenen grünen Jumper. »Bist du fertig?« fragte sie.

»Jawohl!« rief Pünktchen vergnügt, und dabei sah sie in ihrem zerrissenen Kleid zum Erbarmen aus. »Sie haben Ihr Kopftuch noch nicht um«, sagte sie.

»Wo habe ich das denn vorgestern hingelegt?« fragte Fräulein Andacht; doch dann fand sie es, band es sich um, setzte eine blaue Brille auf, holte eine Markttasche unterm Sofa vor, und so verkleidet schlichen die beiden auf den Zehenspitzen aus dem Haus.

Zehn Minuten, nachdem sie das Haus verlassen hatten, kam Berta die Treppe, die zu ihrem höher gelegenen Mädchenzimmer führte, leise herabgeschlichen, so leise die dicke Berta eben schleichen konnte. Sie klopfte sacht an Pünktchens Tür, aber niemand antwortete.

»Ob sie denn schon schläft, die kleine Krabbe?« fragte sie sich. »Vielleicht verstellt sie sich bloß. Da will ich ihr nun ein Stück von dem frisch gebackenen Kuchen zustecken; aber seit die Andacht, dieses dumme Luder, da ist, traut man sich rein gar nichts mehr. Neulich, wie ich die Tür aufgeklinkt habe, hat sie mich gleich bei der Gnädigen verklatscht. Der Schlaf vor Mitternacht sei der beste und dürfe nicht gestört werden. So'n Quatsch, Schlaf vor Mitternacht! Pünktchen sieht jetzt manchmal aus, als ob sie nachts überhaupt nicht mehr schläft. Und dauernd das Getue und Getuschle. Ich weiß nicht, mir kommt hier neuerdings alles ganz komisch vor. Wenn der Direktor und Pünktchen nicht wären, wär ich längst getürmt.«

»Wirst du wohl«, drohte sie Piefke, der sich in seinem Körbchen vor Pünktchens Tür aufgerichtet hatte und nach dem Kuchen sprang. »Leg dich hin, du Töle, keinen Mucks! Hier hast du ein Stück, aber nun ruhig. Du bist noch der einzige im Haus, der keine Heimlichkeiten vor einem hat.«

Die fünfte Nachdenkerei handelt:
Von der Neugierde

Wenn meine Mutter einen Roman liest, macht sie das so: Erst liest sie die ersten zwanzig Seiten, dann den Schluß, dann blättert sie in der Mitte, und nun nimmt sie erst das Buch richtig vor und liest es von Anfang bis Ende durch. Warum macht sie das? Sie muß, ehe sie den Roman in Ruhe lesen kann, wissen, wie er endet. Es läßt ihr sonst keine Ruhe. Gewöhnt euch das nicht an! Und falls ihr es schon so macht, gewöhnt es euch wieder ab, ja?

Das ist nämlich so, als wenn ihr vierzehn Tage vor Weihnachten in Mutters Schrank stöbert, um vorher zu erfahren, was ihr geschenkt kriegt. Und wenn ihr dann zur Bescherung gerufen werdet, wißt ihr schon alles. Ist das nicht schrecklich? Da müßt ihr dann überrascht tun, aber ihr wißt ja längst, was ihr bekommt, und eure Eltern wundern sich, warum ihr euch gar nicht richtig freut. Euch ist das Weihnachtsfest verdorben, und ihnen auch.

Und als ihr heimlich im Schrank herumsuchtet und die Geschenke vierzehn Tage früher fandet, hattet ihr, vor lauter Angst, überrascht zu werden, auch keine rechte Freude. Man muß abwarten können. Die Neugierde ist der Tod der Freude.

Sechstes Kapitel
Die Kinder machen Nachtschicht

Kennt ihr die Weidendammer Brücken? Kennt ihr sie am Abend, wenn unterm dunklen Himmel ringsum die Lichtreklamen schimmern? Die Fassaden der Komischen Oper und des Admiralspalastes sind mit hellen Schaukästen und bunter Leuchtschrift bestreut. An einem anderen Giebel, jenseits der Spree, zappelt in tausend Glühbirnen die Reklame für ein bekanntes Waschmittel, man sieht einen riesigen Kessel, der Wasserdampf steigt empor, ein blütenweißes Hemd erhebt sich wie ein freundlicher Geist, eine ganze bunte Bilderserie läuft ab. Und dahinter, über den Häusern des Schiffbauerdamms, glänzt der Giebel des Großen Schauspielhauses.

Autobusse rollen in Kolonnen über den Brückenbogen. Im Hintergrunde erhebt sich der Bahnhof Friedrichstraße. Hochbahnen fahren über die Stadt hin, die Fenster der Züge sind erleuchtet, und die Wagen gleiten wie schillernde Schlangen in die Nacht. Manchmal ist der Himmel rosa vom Widerschein des vielen Lichts, das unter ihm strahlt.

Berlin ist schön, hier besonders, an dieser Brücke, und abends am meisten! Die Autos drängen die Friedrichstraße hinauf. Die Lampen und die Scheinwerfer blitzen, und auf den Fußsteigen schieben sich die Menschen vorwärts. Die Züge pfeifen, die Autobusse rattern, die Autos hupen, die Menschen reden und lachen. Kinder, das ist ein Leben!

Auf der Brücke stand eine dürre arme Frau mit einer dunklen Brille. Sie hielt eine Tasche und ein paar Schachteln Streichhölzer in der Hand. Neben ihr knickste ein kleines Mädchen in einem zerrissenen Kleid. »Streichhölzer, kaufen Sie Streichhölzer, meine Herrschaften!« rief das kleine Mädchen mit zitternder Stimme. Viele Menschen kamen, viele Menschen gingen vorüber. »Haben Sie doch ein Herz mit uns armen Leuten«, rief das Kind kläglich, »die Schachtel nur zehn Pfennig.« Ein dicker Mann näherte sich der Gruppe und griff in die Tasche.

»Mutter ist völlig erblindet und noch so jung. Drei Schachteln fünfundzwanzig!« stammelte das Mädchen. Der dicke Mann gab ihr einen Groschen und ging weiter. »Gott segne Sie, liebe Dame!« rief das Kind. Da erhielt sie von der dürren Person einen Stoß. »Das war doch keine Dame, das war doch ein Mann, du dummes Ding«, murmelte die Frau ärgerlich.

»Sind Sie nun blind oder nicht?« fragte das kleine Mädchen gekränkt. Dann knickste sie aber wieder und rief zitternd: »Streichhölzer, kaufen Sie Streichhölzer, meine Herrschaften!« und jetzt gab ihr eine alte Dame einen Groschen und nickte freundlich.

»Das Geschäft blüht«, flüsterte das Kind. »Wir haben schon zwei Mark dreißig eingenommen und nur fünf Schachteln Streichhölzer hergegeben.« Dann rief sie wieder kläglich: »Haben Sie doch ein Herz mit uns armen Leuten. Die Schachtel nur zehn Pfennige!« Plötzlich hüpfte sie vergnügt und winkte. »Anton steht auf der anderen Seite«, berichtete sie. Dann fiel sie aber gleich wieder in sich zusammen, knickste und klagte, daß den Vorübergehenden angst und bange wurde. »Vielen heißen Dank«, sagte sie. Das Kapital wuchs. Sie warf das Geld in die Markttasche. Es fiel auf die anderen Münzen und klimperte lustig. »Und Sie schenken das ganze Geld Ihrem Bräutigam?« fragte sie. »Da kann der aber lachen.«

»Halte den Mund«, befahl die Frau.

»Na ja, ist doch wahr!« erwiderte Pünktchen. »Wozu stehen wir denn sonst Abend für Abend hier und halten Maulaffen feil?«

»Kein Wort mehr!« murmelte die Frau böse.

»Streichhölzer, kaufen Sie Streichhölzer, meine Herrschaften!« jammerte Pünktchen wieder, denn es kamen Leute vorbei. »Wir sollten lieber dem Anton was abgeben. Er hat doch bis zum Sonnabend die faule Seite.« Plötzlich quiekte sie, als hätte sie wer getreten. »Da kommt der Klepperbein, der Lausejunge.«

Anton stand auf der anderen Seite der Brücke, auf der faulen Seite, wo wenig Menschen vorübergingen. Er hielt einen kleinen aufgeklappten Handkoffer vor sich und sagte, wenn jemand vorbeikam: »Braune oder schwarze Schnürsenkel für Halbschuhe gefällig? Streichhölzer kann man immer brauchen, bitte schön.« Er hatte kein kaufmännisches Talent. Er verstand es nicht, den Leuten vorzujammern, obwohl ihm das Heulen näher war als das Lachen. Er hatte dem Hauswirt versprochen, übermorgen fünf Mark Miete abzuzahlen, das Wirtschaftsgeld war auch schon wieder zu Ende. Er mußte morgen Margarine besorgen, sogar ein Viertelpfund Leberwurst plante er.

»Du gehörst ja auch eher ins Bett als hierher«, sagte ein Herr. Anton sah ihn groß an. »Das Betteln macht mir aber solchen Spaß«, murmelte er.

Der Mann schämte sich ein bißchen. »Na ja, schon gut«, meinte er. »Sei nur nicht gleich böse.« Und dann gab er ihm ein Geldstück. Es waren fünfzig Pfennig!

»Ich danke Ihnen sehr«, sagte Anton und hielt ihm zwei Paar Schnürsenkel hin.

»Ich trage Zugstiefel«, erklärte der Herr, zog den Hut vor dem Jungen und ging eilig weiter.

Anton freute sich und blickte über die Brücke zu seiner Freundin. Hallo, war das nicht Klepperbein? Er schlug sein Köfferchen zu und rannte über die Straße. Gottfried Klepperbein hatte sich vor Pünktchen und Fräulein Andacht postiert und musterte sie frech. Pünktchen steckte dem Portierjungen zwar die Zunge raus, doch das Kinderfräulein zitterte vor Aufregung. Anton gab dem Klepperbein einen Tritt in den Allerwertesten. Der Junge fuhr wütend herum, als er aber den Anton Gast dastehen sah, erinnerte er sich der Ohrfeigen vom Nachmittag und verschwand im Dauerlauf.

»Den wären wir los«, sagte Pünktchen und reichte Anton die Hand.

»Kommt!« meinte Fräulein Andacht. »Kommt, wir gehen ins Automatenrestaurant. Ich lade Anton ein.«

»Bravo!« sagte Pünktchen, faßte den Jungen bei der Hand und lief mit ihm voraus. Fräulein Andacht rief das Mädchen zurück. »Willst du mich wohl führen? Was sollen denn die

Leute denken, wenn ich trotz meiner Brille drauflosrenne?« Pünktchen faßte also das Kinderfräulein an der Hand und zog sie hinter sich her, die Brücke hinunter, die Friedrichstraße entlang, dem Oranienburger Tor zu. »Wieviel hast du verdient?« fragte sie.

»Fünfundneunzig Pfennige«, sagte der Junge betrübt. »Ein Herr gab mir fünfzig Pfennig, sonst könnte ich überhaupt einpacken.«

Pünktchen drückte ihm etwas in die Hand. »Steck ein!« flüsterte sie geheimnisvoll.

»Was ist los?« fragte Fräulein Andacht mißtrauisch.

»Sie alte Neugierde!« sagte Pünktchen. »Ich frage Sie doch auch nicht, was das für komische Zeichnungen sind, die Sie machen.«

Da schwieg Fräulein Andacht, als hätte es geblitzt.

Die Straße war ziemlich leer. Das Kinderfräulein nahm die dunkle Brille ab und ließ Pünktchens Hand los. Sie bogen ein paarmal um die Ecke. Dann waren sie am Ziel.

Die sechste Nachdenkerei handelt:
Von der Armut

Vor ungefähr hundertfünfzig Jahren zogen einmal die Ärmsten der Pariser Bevölkerung nach Versailles, wo der französische König und seine Frau wohnten. Es war ein Demonstrationszug, ihr wißt ja, was das ist. Die armen Leute stellten sich vor dem Schloß auf und riefen: »Wir haben kein Brot! Wir haben kein Brot!« So schlecht ging es ihnen.

Die Königin Marie Antoinette stand am Fenster und fragte einen hohen Offizier: »Was wollen die Leute?«

»Majestät«, antwortete der Offizier, »sie wollen Brot, sie haben zu wenig Brot, sie haben zu großen Hunger.«

Die Königin schüttelte verwundert den Kopf. »Sie haben nicht genug Brot?« fragte sie. »Dann sollen sie doch Kuchen essen!«

Ihr denkt vielleicht, sie sagte das, um sich über die armen Leute lustig zu machen. Nein, sie wußte nicht, was Armut ist! Sie dachte, wenn zufällig nicht genug Brot da ist, ißt man eben Kuchen. Sie kannte das Volk nicht, sie kannte die Armut nicht, und ein Jahr später wurde sie geköpft. Das hatte sie davon.

Glaubt ihr nicht auch, daß die Armut leichter abgeschafft werden könnte, wenn die Reichen schon als Kinder wüßten, wie schlimm es ist, arm zu sein? Glaubt ihr nicht, daß sich dann die reichen Kinder sagten: Wenn wir mal groß sind und die Banken und Rittergüter und Fabriken unserer Väter besitzen, dann sollen es die Arbeiter besser haben! Die Arbeiter, das wären ja dann ihre Spielkameraden aus der Kindheit …

Glaubt ihr, daß das möglich wäre?

Wollt ihr helfen, daß es so wird?

Siebentes Kapitel
Fräulein Andacht hat einen Schwips

In dem Lokal standen und saßen manchmal seltsame Leute, und Pünktchen kam sehr gern her, sie fand es hochinteressant. Manchmal waren sogar Betrunkene da!

Anton gähnte und machte vor Müdigkeit ganz kleine Augen. »Schrecklich«, sagte er, »heute bin ich in der Rechenstunde richtiggehend eingeschlafen. Herr Bremser hat mich angeniest, daß ich fast aus der Bank gefallen wäre. Ich sollte mich schämen, hat er gerufen, und meine Schularbeiten ließen in der letzten Zeit sehr zu wünschen übrig. Und wenn das so weiterginge, würde er meiner Mutter einen Brief schreiben.«

»Ach, du gerechter Strohsack«, meinte Pünktchen. »Das fehlte gerade noch. Weiß er denn nicht, daß deine Mutter krank ist, und daß du kochen und Geld verdienen mußt?«

»Woher soll er denn das wissen?« fragte Anton neugierig.

»Von dir natürlich«, erklärte Pünktchen.

»Lieber beiß ich mir die Zunge ab«, sagte Anton.

Pünktchen verstand das nicht. Sie zuckte die Achseln. Dann wandte sie sich zu Fräulein Andacht. Die saß in ihrer Ecke und stierte vor sich hin. »Ich denke, Sie haben uns eingeladen?«

Fräulein Andacht zuckte zusammen und kam langsam zu sich. »Was wollt ihr haben?«

»Apfelsinen mit Schlagsahne«, schlug Pünktchen vor, und Anton nickte. Das Fräulein stand auf und ging zum Büfett.

»Wo hast du denn das Geld her, das du mir vorhin zugesteckt hast?« fragte der Junge.

»Die Andacht gibt das Geld doch nur ihrem Bräutigam. Da habe ich 'n bißchen was unterschlagen. Pscht, keine Widerrede!« rief sie streng. »Paß auf, sie trinkt bestimmt wieder Schnaps. Sie säuft, die Gute. Du, heute saß sie in ihrem Zimmer und zeichnete mit dem Bleistift Vierecke, und in dem einen stand ›Wohnzimmer‹ und im anderen ›Arbeitszimmer‹, mehr konnte ich nicht sehen.«

»Das war ein Wohnungsplan«, stellte Anton fest.

Pünktchen schlug sich mit der Hand vor die Stirn. »Ich Affe«, sagte sie, »und darauf bin ich nicht gekommen! Aber wozu zeichnet sie Wohnungspläne?« Das wußte Anton auch nicht. Dann kam Fräulein Andacht zurück und brachte den Kindern zerteilte Apfelsinen. Sie selber trank Kognak. »Wir müssen doch mindestens drei Mark verdient haben«, erklärte sie. »Und dabei liegen nur eine Mark achtzig in der Tasche. Verstehst du das?«

»Vielleicht hat die Tasche ein Loch?« fragte Pünktchen.

Fräulein Andacht sah gleich nach. »Nein«, sagte sie »die Tasche hat kein Loch.«

»Komisch«, meinte Pünktchen. »Man könnte fast denken, da hat jemand geklaut.« Dann seufzte sie und murmelte: »Das sind Zeiten.«

Fräulein Andacht schwieg, trank ihr Glas leer, stand auf und holte sich noch einen Schnaps. »Erst stehen wir stundenlang auf der Brücke, und dann versäuft sie das ganze Einkommen«, schimpfte Pünktchen hinter ihr her.

»Du solltest überhaupt lieber zu Hause bleiben«, erklärte Anton. »Wenn deine Eltern mal dahinterkommen, gibt's großen Krach.«

»Von mir aus«, sagte Pünktchen. »Habe ich mir vielleicht das Kinderfräulein ausgesucht?«

Anton nahm eine Papierserviette, die auf dem Nebentisch lag, drehte eine kleine Tüte und legte sechs Apfelsinenschnitten hinein. Dann schloß er die Tüte in sein Handköfferchen. Und wie ihn Pünktchen fragend anschaute, sagte er verlegen: »Bloß für meine Mutter.«

»Da fällt mir noch etwas ein«, rief sie und kramte in ihrer kleinen Tasche. »Hier!« Sie hielt etwas in der Hand.

Er beugte sich darüber. »Ein Zahn«, bemerkte er. »Ist er denn raus?«

»So eine dämliche Frage«, sagte sie beleidigt. »Willst du ihn haben?«

Der Junge hatte kein rechtes Verständnis für Zähne, und so steckte sie ihn wieder ein. Dann kam Fräulein Andacht, hatte einen mittelgroßen Schwips und trieb zum Aufbruch. Sie gingen gemeinsam bis zur Weidendammer Brücke und verabschiedeten sich dort.

»Bremser heißt dein Klassenlehrer?« fragte Pünktchen.

Anton nickte.

»Morgen nachmittag besuch ich dich wieder«, versprach sie. Er schüttelte ihr erfreut die Hand, machte vor Fräulein Andacht eine Verbeugung und rannte auf und davon.

Pünktchen und Fräulein Andacht gelangten ohne Zwischenfälle in die Wohnung. Die Eltern waren noch immer beim Generalkonsul Ohlerich. Das Kind legte sich ins Bett und schlief auf der Stelle ein. Piefke knurrte leise, weil er geweckt worden war. Das Kinderfräulein ging in ihr Zimmer, schloß die Bettelkleider in die Kommode, und dann begab auch sie sich zur Ruhe.

Anton konnte noch nicht ins Bett. Er schlich, am Zimmer seiner Mutter vorbei, durch den Korridor, machte in der Küche Licht, versteckte sein Handköfferchen, setzte sich an den Tisch, stützte den Kopf in die Hände und gähnte, daß er sich fast die Kiefer ausgerenkt hätte. Dann zog er ein blaues Oktavheft und einen Bleistift aus der Tasche und schlug das Heft auf. »Ausgaben« stand auf der einen Seite. »Einnahmen« stand auf der anderen. Er griff in die Hosentasche, legte ein Häufchen Münzen auf den Tisch und zählte eifrig. Zwei Mark fünfzehn waren es. Wenn Pünktchen und der nette Herr nicht gewesen wären, hätte ich jetzt fünfundvierzig Pfennige, dachte er und trug die Abendeinnahme ins Heft ein.

Mit dem Überschuß, den er heimlich im Tuschkasten aufbewahrte, hatte er fünf Mark und sechzig Pfennige, und fünf Mark wollte der Wirt allein für Miete haben! Demnach blieben sechzig Pfennig fürs Essen. Er blickte in die kleine Speisekammer. Kartoffeln waren noch da. Auf dem Schneidebrett lag eine Speckschwarte. Wenn er morgen den Tiegel mit der Schwarte einrieb, kamen vielleicht Bratkartoffeln zustande. Aber aus dem Viertelpfund Leberwurst wurde wieder nichts. Und er hatte so riesigen Appetit auf Leberwurst! Er zog die Schuhe aus, legte die Apfelsinenscheiben auf einen Teller, machte dunkel und schlich aus der Küche. An der Tür zum Schlafzimmer blieb er stehen und preßte das Ohr ans Holz. Die Mutter schlief. Er hörte ihre ruhigen Atemzüge, manchmal schnarchte sie sogar ein bißchen. Anton streichelte die Tür und lächelte, weil die Mutter gerade wieder aufschnarchte. Dann schlich er in die Wohnstube. Er zog sich im Finstern aus, hängte den Anzug über den Stuhl, legte das Geld in den Tuschkasten, kroch aufs Sofa und deckte sich zu.

Hatte er die Korridortür abgeschlossen? War der Gashahn zugedreht? Anton warf sich unruhig hin und her, dann stand er noch einmal auf und sah nach, ob alles in Ordnung war.

Es war alles in Ordnung. Er legte sich wieder hin. Die Rechenaufgaben hatte er gemacht. Aufs Diktat vorbereitet hatte er sich auch. Hoffentlich schrieb Herr Bremser der Mutter keinen Brief. Denn dann kam es heraus, daß er abends auf der Weidendammer Brücke stand und Schnürsenkel verkaufte. Hatte er noch genug Schnürsenkel? Die braunen würden nicht mehr lange reichen. Man trug anscheinend mehr braune Schuhe als schwarze. Oder gingen braune Schnürsenkel schneller entzwei?

Anton legte sich auf seine Schlafseite. Hoffentlich wurde die Mutter wieder ganz gesund. Dann schlief er endlich ein.

Die siebente Nachdenkerei handelt:
Vom Ernst des Lebens

Neulich war ich in Rostock auf dem Jahrmarkt. Die Straßen, die sich schräg zur Warnow hinabsenken, standen voller Buden, und unten am Ufer drehten sich Karussells. Ich wurde, weil alles so schön laut war, sehr fidel, stellte mich an eine Zuckerwarenbude und verlangte für zehn Pfennige türkischen Honig. Er schmeckte großartig.

Da kam ein Junge mit seiner Mutter vorüber, zog die Frau am Ärmel und sagte: »Noch einen Pfefferkuchen!« Dabei trug er schon fünf Pfefferkuchenpakete unterm Arm. Die Mutter stellte sich taub. Da blieb er stehen, stampfte mit dem Fuß auf und krähte: »Noch einen Pfefferkuchen!«

»Du hast doch schon fünf Pakete«, erklärte die Mutter. »Denk nur, die armen Kinder kriegen überhaupt keinen Pfefferkuchen!«

Wißt ihr, was der Junge antwortete?

Er schrie ärgerlich: »Was gehen mich denn die armen Kinder an?« Ich erschrak so, daß ich fast meinen türkischen Honig samt dem Papier auf einmal verschluckt hätte. Kinder, Kinder! Hält man das für möglich?

Da hat so ein Junge das unverdiente Glück, wohlhabende Eltern zu bekommen, und dann stellt er sich hin und schreit: »Was gehen mich die armen Kinder an!« Anstatt von seinen fünf Paketen Pfefferkuchen armen Kindern zwei zu schenken und sich zu freuen, daß er denen eine kleine Freude machen kann!

Das Leben ist ernst und schwer. Und wenn die Menschen, denen es gut geht, den anderen, denen es schlecht geht, nicht aus freien Stücken helfen wollen, wird es noch mal ein schlimmes Ende nehmen.

Achtes Kapitel
Herrn Bremser geht ein Licht auf

Freitags kam Pünktchen eine Stunde früher als sonst aus der Schule. Direktor Pogge wußte das und schickte den Schofför mit dem Auto hin, daß er das Mädchen mit dem Wagen heimführe. Um diese Zeit brauchte er das Auto noch nicht, und Pünktchen fuhr so gern im Auto.

Der Schofför legte die Hand an die Mütze, als sie aus dem Portal der Schule trat, und öffnete den Schlag. Sie lief auf ihn zu und gab ihm begeistert die Hand. »Tag, Herr Hollack«, sagte sie. Die andern kleinen Mädchen freuten sich schon. Denn wenn Pünktchen Pogge mit dem Wagen abgeholt wurde, durften stets so viele mitfahren, wie hineingingen. Heute aber drehte sich Pünktchen auf dem Trittbrett herum, blickte alle betrübt an und sagte: »Kinders, nehmt mir's nicht übel, ich fahre allein.« Da standen nun die andern vorm Auto wie die begossenen Pudel. »Ich habe etwas Wichtiges vor«, erklärte Pünktchen. »Und da wärt ihr mir nur im Wege.« Dann setzte sie sich ganz allein in das große Auto, nannte dem Schofför eine Adresse, er stieg auch ein, fort ging's, und zwanzig kleine Mädchen blickten traurig hinter dem schönen Auto her.

Nach ein paar Minuten hielt der Wagen vor einem großen Gebäude, und das war schon wieder eine Schule!

»Lieber Herr Hollack«, sagte Pünktchen, »einen kleinen Moment, wenn ich bitten dürfte.« Herr Hollack nickte, und Pünktchen lief rasch die Stufen hinan. Es war noch Pause. Sie kletterte in die erste Etage und fragte einen Jungen, wo das Lehrerzimmer sei. Er führte sie hin. Sie klopfte. Weil niemand öffnete, klopfte sie noch einmal, und zwar ziemlich heftig.

Da ging die Tür auf. Ein großer, junger Herr stand vor ihr und kaute eine Stulle.

»Schmeckt's?« fragte Pünktchen.

Er lachte. »Und was willst du noch wissen?«

»Ich beabsichtige, Herrn Bremser zu sprechen«, erklärte sie. »Mein Name ist Pogge.«

Der Lehrer kaute hinter und sagte dann: »Na, da komm mal rein.« Sie folgte ihm, und sie kamen in ein großes Zimmer mit vielen Stühlen. Auf jedem der vielen Stühle saß ein Lehrer, und Pünktchen kriegte bei diesem schauerlich schönen Anblick Herzklopfen. Ihr Begleiter führte sie ans Fenster, dort lehnte ein alter, dicker Lehrer mit einer uferlosen Glatze. »Bremser«, sagte Pünktchens Begleiter, »darf ich dir Fräulein Pogge vorstellen? Sie will dich sprechen.«

Dann ließ er die beiden allein.

»Du willst mich sprechen?« fragte Herr Bremser.

»Jawohl«, sagte sie. »Sie kennen doch den Anton Gast?«

»Er geht in meine Klasse«, erklärte Herr Bremser und guckte aus dem Fenster.

»Eben, eben«, meinte Pünktchen befriedigt. »Ich sehe schon, wir verstehen uns.«

Herr Bremser wurde langsam neugierig. »Also, was ist mit dem Anton?«

»In der Rechenstunde eingeschlafen ist er«, erzählte Pünktchen. »Und seine Schularbeiten gefallen Ihnen leider auch nicht mehr.«

Herr Bremser nickte und meinte: »Stimmt.« Inzwischen waren noch ein paar andere Lehrer hinzugetreten, sie wollten hören, was es gebe.

»Entschuldigen Sie, meine Herren«, sagte Pünktchen, »wollen Sie sich bitte wieder auf Ihre Plätze begeben? Ich muß mit Herrn Bremser unter vier Augen sprechen.« Die Lehrer lachten und setzten sich wieder auf ihre Stühle. Aber sie sprachen fast gar nicht mehr und spitzten die Ohren.

»Ich bin Antons Freundin«, sagte Pünktchen. »Er hat mir erzählt, Sie wollten, wenn das so weiterginge, seiner Mutter einen Brief schreiben.«

»Stimmt. Heute hat er sogar während der Geographiestunde ein Oktavheft aus der Tasche gezogen und darin gerechnet. Der Brief an seine Mutter geht noch heute ab.«

Pünktchen hätte gern einmal probiert, ob man sich in der Glatze von Herrn Bremser spiegeln konnte, aber sie hatte jetzt keine Zeit. »Nun hören Sie mal gut zu«, sagte sie. »Antons

Mutter ist sehr krank. Sie war im Krankenhaus, dort hat man ihr eine Pflanze herausgeschnitten, nein, ein Gewächs, und nun liegt sie seit Wochen zu Haus im Bett und kann nicht arbeiten.«

»Das wußte ich nicht«, sagte Herr Bremser.

»Nun liegt sie also im Bett und kann nicht kochen. Aber jemand muß doch kochen! Und wissen Sie, wer kocht? Anton kocht. Ich kann Ihnen sagen, Salzkartoffeln, Rührei und solche Sachen, einfach großartig!«

»Das wußte ich nicht«, antwortete Herr Bremser.

»Sie kann auch seit Wochen kein Geld verdienen. Aber jemand muß doch Geld verdienen. Und wissen Sie, wer das Geld verdient? Anton verdient das Geld. Das wußten Sie nicht, natürlich.« Pünktchen wurde ärgerlich. »Was wissen Sie denn eigentlich?«

Die anderen Lehrer lachten. Herr Bremser wurde rot, über die ganze Glatze weg.

»Und wie verdient er denn das Geld?« fragte er.

»Das verrate ich nicht«, meinte Pünktchen. »Ich kann Ihnen nur soviel sagen, daß sich der arme Junge Tag und Nacht abrackert. Er hat seine Mutter gern, und da schuftet er und kocht und verdient Geld und bezahlt das Essen und bezahlt die Miete, und wenn er sich die Haare schneiden läßt, bezahlt er's ratenweise. Und es wundert mich überhaupt, daß er nicht während Ihres ganzen Unterrichts schläft.« Herr Bremser stand still. Die anderen Lehrer lauschten. Pünktchen war in voller Fahrt. »Und da setzen Sie sich hin und schreiben seiner Mutter einen Brief, daß er faul wäre, der Junge! Da hört sich doch Verschiedenes auf. Die arme Frau wird gleich wieder krank vor Schreck, wenn Sie den Brief schicken. Vielleicht kriegt sie Ihretwegen noch ein paar Gewächse und muß wieder ins Krankenhaus! Dann wird der Junge aber auch krank, das versprech ich Ihnen! Lange hält er dieses Leben nicht mehr aus.«

Herr Bremser sagte: »Schimpf nur nicht so sehr. Warum hat er mir denn das nicht erzählt?«

»Da haben Sie recht«, meinte Pünktchen. »Ich habe ihn ja auch gefragt, und wissen Sie, was er gesagt hat?«

»Na?« fragte der Lehrer. Und seine Kollegen waren wieder

von den Stühlen aufgestanden und bildeten um das kleine Mädchen einen Halbkreis.

»Lieber beiß ich mir die Zunge ab, hat er gesagt«, berichtete Pünktchen. »Wahrscheinlich ist er sehr stolz.«

Herr Bremser stieg von seinem Fensterbrett herunter. »Also gut«, sagte er, »ich werde den Brief nicht schreiben.«

»Das ist recht«, sagte Pünktchen. »Sie sind ein netter Mensch. Ich dachte mir's gleich und vielen Dank.«

Der Lehrer brachte sie zur Tür. »Ich danke dir auch, mein Kind.«

»Und noch eins«, sagte Pünktchen. »Ehe ich's vergesse. Erzählen Sie dem Anton ja nicht, daß ich Sie besucht habe.«

»Keine Silbe«, meinte Herr Bremser und streichelte ihr die Hand. Da klingelte es. Der Unterricht begann wieder. Pünktchen sauste die Treppe hinunter, stieg zu Herrn Hollack ins Auto und fuhr nach Hause. Während der ganzen Fahrt wippte sie auf dem Sitzpolster und sang vor sich hin.

Die achte Nachdenkerei handelt:
Von der Freundschaft

Ob ihr mir's nun glaubt oder nicht: ich beneide Pünktchen. Nicht oft hat man eine solche Gelegenheit wie sie hier, dem Freund nützlich zu sein. Und wie selten kann man seinen Freundschaftsdienst so heimlich tun! Herr Bremser wird keinen Brief an Antons Mutter schreiben. Er wird den Jungen nicht mehr herunterputzen. Anton wird erst staunen, dann wird er sich freuen, und Pünktchen wird sich heimlich die Hände reiben. Sie weiß ja, wie es dazu kam. Ohne sie wäre es schiefgegangen.

Aber Anton erfährt es nicht. Pünktchen braucht keinen Dank. Die Tat selber ist der Lohn. Alles andere würde die Freude eher verkleinern als vergrößern.

Ich wünsche jedem von euch einen guten Freund. Und ich wünsche jedem von euch die Gelegenheit zu Freundschaftsdiensten, die er jenem ohne sein Wissen erweist. Haltet euch dazu, zu erfahren, wie glücklich es macht, glücklich zu machen!

Neuntes Kapitel
Frau Gast erlebt eine Enttäuschung

Als Anton im Schulranzen den Wohnungsschlüssel suchte, um aufzuschließen, öffnete sich die Tür ganz von selber, und seine Mutter stand vor ihm. »Mahlzeit, mein Junge«, sagte sie und lächelte.

»Mahlzeit«, antwortete er perplex. Dann riskierte er einen Freudensprung, umarmte sie und sagte: »Ich bin so froh, daß du wieder gesund bist.« Sie gingen ins Wohnzimmer, Anton setzte sich auf Sofa und bestaunte jeden Schritt, den die Mutter machte. »Es strengt noch ein bißchen an«, erklärte sie und setzte sich müde neben ihn. »Wie war's in der Schule?«

»Naumanns Richard hat in Erdkunde gesagt, in Indien wohnten die Indianer. Herrschaften, ist das ein blödes Kind. Und der Schmitz hat den Pramann gezwickt, und da ist der Pramann raus aus der Bank, und Herr Bremser hat gefragt, was es gibt. Und der Pramann hat gemeint, er müsse einen Floh haben, vielleicht sogar zwei. Und da ist der Schmitz aufgesprungen und hat gerufen, neben Jungens, die Flöhe hätten, dürfe er nicht sitzen. Seine Eltern erlaubten das nicht. Wir haben uns schiefgelacht.« Anton lachte, wie ein Wiederkäuer, gleich noch mal. Dann fragte er: »Magst du heute keinen Spaß?«

»Erzähl nur ruhig weiter«, sagte sie.

Er legte den Kopf auf die Sofalehne und streckte die Beine aus. »Herr Bremser war in der letzten Stunde sehr freundlich zu mir, und ich soll ihn mal besuchen, wenn ich Zeit habe.« Plötzlich zuckte er zusammen: »Ich Dussel!« rief er. »Ich muß doch kochen!« Die Mutter hielt ihn zurück und zeigte auf den Tisch. Da standen schon Teller und eine große, dampfende Schüssel. »Linsen mit Würstchen?« fragte er. Sie nickte, dann setzten sie sich und aßen. Anton langte tüchtig zu. Als er den Teller kahlgegessen hatte, gab ihm die Mutter mehr. Er nickte ihr begeistert zu. Dabei sah er, daß ihre Portion noch unberührt war. Nun schmeckte es ihm auch nicht mehr. Er stocherte traurig in der Linsensuppe und fischte Wurststückchen.

Die Schweigsamkeit senkte sich wie ein drohender Nebel aufs Zimmer.

Schließlich hielt er das nicht mehr aus. »Muttchen, habe ich nicht gefolgt? Manchmal weiß man das selber nicht ... Oder ist es wegen des Geldes? Die Würstchen waren eigentlich gar nicht nötig.« Er legte seine Hand zärtlich auf ihre.

Doch die Mutter trug rasch das Geschirr in die Küche. Dann kam sie zurück und sagte: »Fang mit Schularbeiten an. Ich komme gleich wieder.« Er saß auf seinem Stuhl und schüttelte den Kopf. Was hatte er denn angestellt? Draußen schlug die Korridortür. Er öffnete das Fenster, setzte sich aufs Fensterbrett und beugte sich weit hinaus. Es dauerte ziemlich lange, bis die Mutter unten aus dem Haus trat. Sie machte kleine Schritte. Das Laufen strengte sie an. Sie ging die Artilleriestraße hinunter, dann bog sie um die Ecke.

Er setzte sich trübselig an den Tisch, holte den Ranzen und die Tinte und begann, am Federhalter zu kauen.

Endlich kam die Mutter wieder. Sie hatte einen kleinen Blumenstrauß besorgt, holte Wasser, stellte die Blumen in die blaugetupfte Vase, zupfte an den Blättern, schloß das Fenster, blieb davor stehen, wandte Anton den Rücken und schwieg.

»Schöne Blumen«, sagte er, hielt die Hände gefaltet und konnte kaum atmen. »Himmelschlüssel, wie?«

Die Mutter stand im Zimmer, als sei sie fremd. Sie sah zum Fenster hinaus und zuckte mit den Schultern. Am liebsten wäre er zu ihr hingelaufen. Aber er stand nur halb vom Stuhl auf und bat: »Sag doch ein Wort!« Seine Stimme klang heiser, und wahrscheinlich hatte sie ihn gar nicht gehört.

Und dann fragte sie, ohne sich umzuwenden: »Den wievielten haben wir heute?«

Er wunderte sich zwar, lief aber, um sie nicht noch mehr zu ärgern, zum Wandkalender hinüber und las laut: »Den 9. April.«

»Den 9. April«, wiederholte sie und preßte ihr Taschentuch vor den Mund.

Und plötzlich wußte er, was geschehen war! Die Mutter hatte heute Geburtstag. Und er hatte ihn vergessen!

Er fiel auf seinen Stuhl zurück und zitterte. Er schloß die Augen und wünschte nichts sehnlicher, als auf der Stelle tot zu sein ... Deswegen war sie also heute aufgestanden. Und deswegen hatte sie Linsen mit Würstchen gekocht. Selber hatte sie sich einen Blumenstrauß kaufen müssen! Nun stand sie am Fenster und war von aller Welt verlassen. Und er durfte nicht einmal hingehen und sie streicheln. Denn das konnte sie ihm nicht verzeihen. Wenn er wenigstens gewußt hätte, wie man ganz schnell krank wird. Dann wäre sie natürlich an sein Bett gekommen und wieder gut gewesen. Er stand auf und ging zur Tür. Dort drehte er sich noch einmal um und fragte bittend: »Hast du gerufen, Mama?«

Aber sie lehnte still und unbeweglich am Fenster. Da ging er hinaus, hinüber in die Küche, setzte sich neben den Herd und wartete, daß er weinte. Aber es kamen keine Tränen. Nur manchmal schüttelte es ihn, als hielte ihn wer am Kragen.

Dann suchte er den Tuschkasten hervor und nahm eine Mark heraus. Das hatte ja nun alles keinen Sinn mehr. Er steckte die Mark in die Tasche. Ob er vielleicht doch noch hinunterlief und etwas holte? Er konnte es ja nachher durch den Briefkasten werfen und fortlaufen. Und nie mehr wiederkommen! Schokolade ließ sich leicht durch den Briefkastenspalt schieben und eine Gratulationskarte dazu. »Von Deinem tiefunglücklichen Sohn Anton«, würde er darunterschreiben. So würde ihm die Mutter wenigstens ein gutes Andenken bewahren können.

Auf den Zehenspitzen schlich er aus der Küche, durch den Korridor, klinkte die Korridortür behutsam auf, trat hinaus und schloß die Tür wie ein Dieb.

Die Mutter stand noch lange am Fenster und sah durch die Scheiben, als liege dort draußen ihr armseliges, trübes Leben ausgebreitet. Nichts als Kummer hatte sie gehabt, nichts als Krankheit und Sorgen. Daß ihr Junge den Geburtstag vergessen hatte, schien ihr von heimlicher Bedeutung. Auch er ging ihr allmählich verloren wie alles vorher, und so verlor ihr Leben den letzten Sinn. Als sie operiert worden war, hatte sie gedacht: Ich muß leben bleiben, was soll aus Anton werden, wenn ich jetzt sterbe? Und nun vergaß er ihren Geburtstag!

Endlich regte sich Mitleid mit dem kleinen Kerl. Wo mochte er stecken? Er hatte seine Vergeßlichkeit längst bereut. »Hast du gerufen, Mama?« hatte er noch gefragt, bevor er mutlos das Zimmer verließ. Sie durfte nicht hart sein. Er war so erschrocken gewesen. Sie durfte nicht streng sein, er hatte in den letzten Wochen ihretwegen viel ausgestanden. Erst hatte er sie jeden Tag im Krankenhaus besucht. In der Volksküche hatte er essen müssen, und Tag und Nacht war er mutterseelenallein in der Wohnung gewesen. Dann war sie nach Haus gebracht worden. Seit vierzehn Tagen lag sie im Bett, und er kochte und holte ein, und ein paarmal hatte er sogar die Zimmer mit einem nassen Lappen aufgewischt.

Sie begann ihn zu suchen. Sie trat ins Schlafzimmer. Sie ging in die Küche. Sie sah sogar in der Toilette nach. Sie machte im Korridor Licht und schaute hinter die Schränke.

»Anton!« rief sie. »Komm, mein Junge, ich bin wieder gut! Anton!«

Sie rief bald laut und bald leise und zärtlich. Er war nicht in der Wohnung. Er war fortgelaufen! Sie wurde sehr unruhig. Sie rief bittend seinen Namen. Er war fort.

Er war fort! Da riß sie die Wohnungstür auf und rannte die Treppe hinunter, ihren Jungen zu suchen.

Die neunte Nachdenkerei handelt:
Von der Selbstbeherrschung

Mögt ihr den Anton gut leiden? Ich hab ihn sehr gern. Aber einfach davonlaufen und die Mutter sitzen lassen, das gefällt mir, offen gestanden, nicht besonders. Wo kämen wir hin, wenn jeder, der etwas falsch gemacht hat, davonrennen wollte? Das ist gar nicht auszudenken. Man darf nicht den Kopf verlieren, man muß ihn hinhalten!

Mit anderen Sachen ist es auch so. Da hat ein Junge schlechte Zensuren gekriegt, oder der Lehrer hat den Eltern einen Brief geschrieben, oder ein Kind hat zu Hause aus Versehen eine teure Vase entzweigeschlagen, und wie oft liest man dann: »Aus Angst vor Strafe geflohen. Nirgends auffindbar. Die Eltern befürchten das Schlimmste.«

Nein, Herrschaften, so geht das nicht! Wenn man etwas angestellt hat, muß man sich zusammennehmen und Rede stehen. Wenn man so große Angst vor Strafe hat, sollte man sich das gefälligst vorher überlegen.

Selbstbeherrschung ist eine wichtige, wertvolle Eigenschaft. Und was an ihr besonders bemerkenswert ist: Selbstbeherrschung ist erlernbar. Alexander der Große zählte, um sich nicht zu unüberlegten Taten hinreißen zu lassen, jedesmal erst bis dreißig. Also, das ist ein wunderbares Rezept. Befolgt es, wenn es nötig sein sollte!

Noch besser ist es, ihr zählt bis sechzig.

Zehntes Kapitel
Es konnte auch schiefgehen

»Guten Tag, Frau Gast«, sagte jemand, als sie aus dem Haus trat. »Sie sehen ja glänzend aus.« Es war Pünktchen mit Piefke, und eigentlich fand das Kind Antons Mutter schrecklich blaß und aufgeregt. Aber der Junge hatte sie ja gebeten, das Aussehen seiner Mutter vortrefflich zu finden. Und sie war ein Mädchen, das Wort hielt, oho! Fräulein Andacht war mit ihrem Herrn Bräutigam bei Sommerlatte und hatte sie Punkt sechs Uhr zum Abholen bestellt.

Frau Gast blickte verstört um sich und gab Pünktchen die Hand, ohne ein Wort zu sprechen.

»Wo ist denn Anton?« fragte das Kind.

»Fort!« flüsterte Frau Gast. »Denk dir, er ist davongelaufen. Ich war böse, weil er meinen Geburtstag vergessen hatte.«

»Da gratuliere ich von Herzen«, sagte Pünktchen. »Ich meine, weil Sie Geburtstag haben.«

»Ich danke dir«, erwiderte die Frau. »Wo kann er nur sein?«

»Nun verlieren Sie mal nicht den Kopf«, tröstete Pünktchen. »Den Jungen kriegen wir wieder. Unkraut verdirbt nicht. Was halten Sie davon, wenn wir in die Geschäfte gehen und uns überall erkundigen?« Weil die Frau nichts zu hören schien und nur immer den Kopf nach allen Seiten drehte, nahm Pünktchen Antons Mutter bei der Hand und zog sie zu dem Milchgeschäft im Nebenhaus. Ihren Dackel setzte sie auf die Straße und sagte: »Guter Hund, such den Anton!« Aber Piefke verstand wieder mal kein Deutsch.

Inzwischen kaufte Anton Schokolade.

Die Verkäuferin war eine alte Dame mit einem riesigen Kropf. Sie sah ihn mißtrauisch an, als er mit todtrauriger Miene eine Tafel von der besten Milchschokolade verlangte.

»Es ist für einen Geburtstag«, sagte er niedergeschlagen.

Da wurde sie etwas freundlicher, wickelte die Schokolade schön geschenkmäßig in Seidenpapier und band ein blaßblaues Seidenband drum. »Danke verbindlichst«, sagte er ernst, steckte die Tafel vorsichtig in die Tasche und zahlte. Sie gab ihm Geld heraus, und nun ging er ins ein Schreibwarengeschäft.

In dem Schreibwarengeschäft suchte er sich aus dem Geburtstagsalbum eine Gratulationskarte aus. Die Karte, die er wählte, war wundervoll. Einen dicken, fidel schmunzelnden Dienstmann sah man darauf, und der Dienstmann hielt in jedem Arm einen großen Blumentopf. Zu seinen Füßen stand in goldnen Buchstaben: »Die herzlichsten Glück- und Segenswünsche zum Wiegenfeste.«

Anton betrachtete das schöne Bild wehmütig. Dann stellte er sich hinter das Schreibpult und malte mit mühevoller Schönschrift auf die Rückseite: »Von Deinem tiefunglücklichen Sohne Anton. Und nimm es mir nicht übel, liebe Mama, es war nicht böse gemeint.« Dann klemmte er die Karte unter die blaue Schleife, die das Schokoladenpäckchen zierte, und lief schnell auf die Straße. Jetzt überkam ihn große Rührung, seines traurigen Schicksals wegen. Er fürchtete sich vor Tränen, schluckte tapfer und ging mit gesenktem Kopf weiter.

Im Haus überfiel ihn heftige Angst. Wie ein Indianer auf dem Kriegspfad schlich er sich zum vierten Stock hinauf. Er stieg auf den Zehenspitzen bis zur Tür. Er öffnete die Klappe des Briefkastens und warf sein Geschenk hindurch. Das machte Lärm, und er bekam Herzklopfen.

Doch in der Wohnung rührte sich nichts.

Eigentlich hätte er ja nun fortlaufen und irgendwo ganz rasch sterben müssen. Aber er brachte das nicht ohne weiteres fertig, sondern drückte zaghaft auf die Klingel. Dann rannte er bis zum nächsten Treppenabsatz hinunter. Dort wartete er atemlos. In der Wohnung rührte sich nichts.

Da wagte er sich noch einmal bis vor die Tür. Und wieder klingelte er. Und wieder rannte er die Stufen hinunter.

Und wieder war nichts zu hören! Was war denn mit seiner Mutter los? War ihr etwas zugestoßen? War sie wieder krank geworden, weil sie sich so sehr über ihn hatte ärgern müssen? Lag sie im Bett und konnte sich nicht rühren? Er hatte die

Schlüssel nicht eingesteckt. Vielleicht hatte sie den Gashahn aufgedreht, um sich vor Kummer zu vergiften? Er stürzte zur Tür hinauf und schlug an den Briefkasten, daß es laut klapperte. Er hieb mit beiden Fäusten gegen die Türfüllung. Er rief durchs Schlüsselloch: »Mama! Mama! Ich bin's! Mach mir doch auf!«

In der Wohnung regte sich nichts.

Da sank er schluchzend auf der Strohdecke in die Knie. Nun war alles aus.

Antons Mutter und Pünktchen hatten in allen Geschäften, wo man Anton kannte, gefragt. Der Milchmann, der Bäcker, der Fleischer, der Grünwarenhändler, der Schuster, der Installateur, keiner wußte etwas.

Pünktchen lief zu dem Schutzmann, der an der Verkehrskreuzung stand, und fragte den. Aber der Schutzmann schüttelte bloß den Kopf und fuhr fort, mit beiden Armen den Fahrzeugen zu winken. Piefke ärgerte sich über das Winken und quiekte. Frau Gast wartete inzwischen auf dem Fußsteig und blickte mit ängstlichen, eilig irrenden Augen um sich.

»Nichts«, sagte Pünktchen. »Wissen Sie was? Das beste wird sein, wir gehen nach Hause.«

Aber Frau Gast rührte sich nicht.

»Vielleicht ist er im Keller«, sagte das Kind.

»Im Keller?« fragte Antons Mutter.

»Ja, oder auf dem Boden«, schlug Pünktchen vor.

Und sie liefen, so rasch sie konnten, über die Straße und ins Haus. Gerade, als Frau Gast die Kellertür aufschließen wollte, hörten sie, daß oben jemand weinte.

»Das ist er!« rief Pünktchen. Antons Mutter lachte und weinte in einem Atem und lief die Treppen so schnell hinauf, daß Pünktchen kaum mitkommen konnte. »Anton!« rief die Mutter.

Und von oben klang es: »Mama! Mama!« Und dann begann von oben und unten her ein großes Wettrennen. Pünktchen blieb in der ersten Etage stehen. Sie wollte nicht stören und hielt Piefke die Schnauze zu.

Auf halbem Wege trafen sich Mutter und Sohn und fielen

einander in die Arme. Sie streichelten sich unermüdlich, als ob sie nicht glauben wollten, daß sie sich wiederhatten. Sie saßen auf den Stufen, hielten sich bei den Händen und lächelten. Sie waren sehr müde und wußten nichts weiter, als daß sie froh waren. Endlich sagte die Mutter: »Komm, mein Junge. Wir können doch nicht immer hier sitzenbleiben. Wenn uns jemand sähe.«

»Ja, das geht nicht. Die würden uns nicht verstehen«, erklärte er. Nun kletterten sie gemeinsam, Hand in Hand, treppauf. Als die Mutter die Tür aufgeschlossen hatte und mit ihm in der Wohnstube war, flüsterte er ihr ins Ohr: »Guck mal in den Briefkasten.«

Sie tat es, klatschte in die Hände und rief: »Ei, es war schon ein Gratulant da!«

»So?« fragte er, sprang ihr an den Hals und wünschte ihr furchtbar viel Glück und alles, alles Gute. Die Rückseite der schönen Gratulationskarte las sie dann heimlich beim Kaffeekochen. Sie weinte ein bißchen. Aber das Weinen machte ihr jetzt geradezu Vergnügen.

Dann klingelte es. Frau Gast öffnete. »Ach, dich habe ich ja ganz vergessen!«

»Nochmals meinen herzlichsten Glückwunsch zum Geburtstag«, sagte Pünktchen. »Darf man näher treten?« Dann kam Anton und begrüßte sie und den Dackel. »Weiße Haare kann man deinetwegen kriegen!« sagte sie vorwurfsvoll. »Wir haben dich gesucht wie eine Stecknadel.« Sie versetzte ihm einen Nasenstüber. Dann kam seine Mutter mit der Kaffeekanne, und sie tranken zu dritt Geburtstagskaffee. Kuchen gab es zwar nicht, aber sie waren trotzdem alle drei sehr zufrieden. Und Piefke bellte dem Geburtstagskind ein Ständchen.

Nach dem Kaffeeklatsch sagte die Mutter: »So, nun geht nur wieder ein bißchen spazieren. Ich leg mich ins Bett. Das war heute ein bißchen viel für den ersten Tag. Ich werde sehr schön schlafen.«

Auf der Treppe sagte Anton zu Pünktchen: »An den Tag werde ich denken.«

Die zehnte Nachdenkerei handelt:
Vom Familienglück

Erwachsene haben ihre Sorgen. Kinder haben ihre Sorgen. Und manchmal sind die Sorgen größer als die Kinder und die Erwachsenen, und dann werfen die Sorgen, weil sie so groß und breit sind, sehr viel Schatten. Und da sitzen dann die Eltern und die Kinder in diesem Schatten und frieren. Und wenn das Kind zum Vater kommt und etwas fragt, knurrt der: »Laß mich in Ruhe! Ich habe den Kopf voll!« Puh, und dann verkriecht sich das Kind, und der Vater versteckt sich hinter der Zeitung. Und wenn die Mutter ins Zimmer tritt und fragt: »Was hat's denn gegeben?« sagen beide: »Och, nichts weiter«, und dann ist es mit dem Familienglück Essig. Und manchmal zanken sich die Eltern, oder sie sind, wie Pünktchens Eltern, nie zu Hause, und die Kinder sind fremden Leuten ausgeliefert, zum Beispiel irgendeinem Fräulein Andacht. Oder sonst wem, und dann ...

Beim Schreiben fällt mir plötzlich auf daß diese Nachdenkerei eigentlich von den Erwachsenen gelesen werden müßte. Also, wenn's mal wieder zu Hause qualmt, dann schlag die Seite hier auf und gebt sie euren Eltern zum Lesen. Ja? Schaden wird es nichts.

Elftes Kapitel
Herr Pogge übt sich im Spionieren

Als Herr Direktor Pogge gegen Abend nach Hause kam, fing ihn Gottfried Klepperbein vor der Tür ab. »Sie sind hinten dreckig, Herr Direktor«, sagte er. »Moment mal.« Pünktchens Vater blieb stehen, und der Portierjunge klopfte ihm den Mantel sauber, obwohl der gar nicht schmutzig war. Das war ein bewährter Trick von dem Jungen, und er hatte schon eine Stange Geld damit verdient. »So«, sagte er und hielt die Hand hin. Herr Pogge gab ihm einen Groschen und wollte ins Haus. Aber Gottfried Klepperbein vertrat ihm die Tür. »Ich könnte da Herrn Direktor einen Tip geben, der seine zehn Mark wert ist«, meinte er.

Herr Direktor Pogge sagte: »Laß mich vorbei.«

»Das Fräulein Tochter betreffend«, flüsterte Gottfried Klepperbein und zwinkerte.

»Also, was ist los?«

»Zehn Märker, sonst kein Wort«, erklärte der Junge und hielt wieder die Hand hin.

»Ich bezahle nur nach Lieferung der Ware«, sagte Pünktchens Vater.

»Auf Tod?« fragte der Junge.

»Was? Ach so. Also schön: Auf Tod!«

»Gehen Sie heute abend wieder fort?«

»Wir gehen in die Oper«, sagte Herr Pogge.

»Dann tun Sie mal nur so, als ob Sie ins Theater gingen«, riet Gottfried Klepperbein. »Und dann stellen Sie sich vorm Hause auf, und wenn Sie eine Viertelstunde später nicht Ihr blaues Wunder erleben, will ich Matz heißen.«

»Geht in Ordnung«, sagte Herr Pogge, schob den Jungen zur Seite und trat ins Haus.

Bevor die Eltern ins Theater gingen, besuchten sie, wie üblich, Pünktchens Kinderzimmer. Pünktchen lag im Bett, und Fräulein Andacht las das Märchen von Alladin und der Wunderlampe vor.

Die Mutter schüttelte den Kopf: »So ein großes Mädchen läßt sich noch Märchen vorlesen.«

»Ach, Märchen sind so abenteuerlich und so verzaubert und überhaupt so seltsam«, erklärte Pünktchen. »Es ist geradezu ein Genuß!«

»Na ja«, sagte der Vater. »Aber die richtige Lektüre vorm Einschlafen ist es gerade nicht.«

»Direktor, weißt du, ich habe starke Nerven«, behauptete das Kind.

»Schlaf gut, meine Süße«, erklärte die Mutter. Heute trug sie silberne Halbschuhe und ein silbernes Hütchen und ein blaues Kleid mit lauter Spitzen. Pünktchen sagte: »Gut Naß!«

»Wieso?« fragte die Mutter.

»Es wird regnen«, sagte das Kind. »Ich habe Rheumatismus im Nachthemd.«

»Es regnet ja schon«, meinte die Mutter.

»Da hast du's«, sagte Pünktchen. »Ja, ja, mein Rheumatismus hat immer recht.«

Herr Pogge fragte Fräulein Andacht, ob sie später noch weggehe.

»Wo denken Sie hin, Herr Direktor!« bekam er zur Antwort.

Als seine Frau im Wagen saß, sagte er: »Gib mir mein Billett. Ich habe die Zigarren vergessen. Fahren Sie voraus, Hollack. Ich komme mit einem Taxi nach.«

Frau Pogge betrachtete ihren Mann neugierig und gab ihm ein Billett. Er winkte dem Schofför. Das Auto fuhr los.

Herr Pogge ging natürlich nicht in die Wohnung zurück. Er gehörte nicht zu den Männern, die ihre Zigarren vergessen. Er trat, dem Haus gegenüber, hinter einen Baum und wartete. Es war ja ziemlich albern, daß er sich von so einem Lausejungen Flausen einreden ließ. Und er schämte sich auch dementsprechend. Andrerseits hatte er schon seit Tagen ein so merkwürdiges Gefühl in der Magengrube.

Kurzum, er wartete. Es regnete dünn. Die Straße war einsam. Nur manchmal sauste ein Auto vorüber. Herr Direktor Pogge konnte sich nicht entsinnen, jemals wie heute im Regen gestanden und auf etwas Geheimnisvolles gelauert zu haben. Er holte eine Zigarre aus dem Etui. Dann fiel ihm ein, daß glimmende Zigarren im Dunkeln äußerst verräterisch wirken, und er behielt sie unangezündet zwischen den Zähnen. Wenn ihn jetzt ein Bekannter träfe! Das konnte ein reizender Skandal werden. »Direktor Pogge steht abends vor seinem eignen Haus und spioniert«, würde es heißen.

Er blickte nach den Fenstern hinüber. Im Kinderzimmer war Licht. Na also!

Da! Das Licht erlosch!

Wozu regte er sich eigentlich auf? Pünktchen war wahrscheinlich eingeschlafen, und das Fräulein war in ihr Zimmer gegangen. Trotzdem hatte er Herzklopfen. Er blickte scharf durch die Dämmerung zur Haustür hinüber.

Und da öffnete sie sich! Herr Pogge biß sich auf die Lippen. Er hätte beinahe die Zigarre verschluckt. Durch die halboffene Tür schlüpfte eine Frauengestalt und zog ein Kind hinter sich her. Die beiden bewegten sich in der Dunkelheit wie Gespenster. Die Haustür schlug zu. Die Frau blickte sich besorgt um. Herr Pogge preßte sich dicht an den Baum. Dann rannten die zwei stadtwärts.

Vielleicht waren es wildfremde Leute? Auf der anderen Straßenseite lief Herr Direktor Pogge hinter ihnen her. Er hielt die Hand vor den keuchenden Mund. Er trat in Pfützen, streifte Laternenpfähle, merkte kaum, daß der Strumpfhalter riß. Die zwei drüben ahnten nichts davon, daß sie verfolgt wurden. Das Kind stolperte und wurde von der dürren, großen Person weitergezerrt. Plötzlich blieben sie stehen. Kurz bevor die ruhige Straße in den Großstadtverkehr mündet.

Herr Pogge schlich auf den Zehenspitzen noch ein paar Meter weiter. Was geschah dort drüben? Er konnte nichts erkennen. Er hatte Angst, daß sie ihm entschlüpften. Er hielt die Augen aufgesperrt, ohne zu zwinkern, als könnten die beiden, wenn er auch nur sekundenlang die Lider senkte, vom Erdboden verschwunden sein.

Aber nein, die beiden Gestalten, die Frau und das Kind, traten aus dem Schatten der stillen Häuser und schritten den Bogenlampen der anderen Straße entgegen. Die Frau hatte sich ein Kopftuch umgebunden. Sie gingen sehr langsam, und das kleine Mädchen führte die Frau, als sei diese plötzlich krank geworden. Herr Pogge konnte ihnen nun trotz des Menschenstroms, der hier durch die Straße trieb, bequem folgen. Sie steuerten, am Bahnhof Friedrichstraße vorbei, der Weidendammer Brücke zu. Und auf der Brücke blieben sie, ans Geländer gelehnt, stehen.

Es regnete noch immer.

Die elfte Nachdenkerei handelt:
Von der Lüge

Pünktchen belügt ihre Eltern, daran ist nicht zu wackeln. Und so nett sie sonst ist, daß sie lügt, ist abscheulich. Wenn wir sie jetzt hier hätten und sie fragten: »Du, schämst du dich denn gar nicht? Warum belügst du deine Eltern?« Was würde sie antworten? Sie steht zwar gerade auf der Weidendammner Brücke, und da dürfen wir sie nicht stören. Aber was würde sie sagen, wenn sie bei uns säße?

»Fräulein Andacht ist schuld«, würde sie sagen. Und das wäre eine faule Ausrede.

Denn wenn man nicht lügen will, kann man durch keine Macht der Welt dazu gezwungen werden. Vielleicht hat sie Angst vor dem Kinderfräulein? Vielleicht hat die Andacht dem Kind gedroht?

Dann brauchte Pünktchen nur zu ihrem Vater zu gehen und zu sagen: »Direktor, das Fräulein will mich zwingen, daß ich euch belüge.« Dann würde Fräulein Andacht auf der Stelle entlassen, und ihre Drohung wäre umsonst gewesen.

Es bleibt dabei: Pünktchen lügt, und das ist sehr unanständig. Wir wollen hoffen, daß sie sich, durch ihre Erlebnisse belehrt, bessert und das Lügen künftig bleiben läßt.

Zwölftes Kapitel
Klepperbein verdient zehn Mark und eine Ohrfeige

Herr Pogge stand an der Komischen Oper mitten auf der Straße und blickte angestrengt zur Weidendammer Brücke hinüber. Er sah, wie das Kind den Vorübergehenden die Hände entgegenstreckte und dazu knickste. Manchmal blieben Passanten stehen und gaben Geld. Dann knickste die Kleine wieder und schien sich zu bedanken. Er entsann sich der gestrigen Szene zu Hause. Pünktchen hatte im Wohnzimmer gestanden, die Wand angejammert und gesagt: »Streichhölzer, kaufen Sie Streichhölzer, meine Herrschaften!« Sie hatte geprobt! Es war kein Zweifel möglich: dort drüben stand sein Kind und bettelte! Ihn fror.

Er betrachtete die dürre, lange Person daneben. Natürlich war das Fräulein Andacht. Sie trug ein Kopftuch und hatte eine dunkle Brille vor den Augen. Er erkannte sie trotzdem.

Sein Kind stand in einem dünnen, alten Kleid auf der Brücke, ohne Hut, die Locken waren strähnig vom Regen. Er schlug den Mantelkragen hoch. Dabei bemerkte er, daß er noch immer die kalte Zigarre zwischen den Fingern hielt. Sie war völlig zerblättert, und er warf sie wütend, als sei sie an allem schuld, in eine Pfütze. Dann kam ein Schutzmann und wies ihn auf den Fußsteig.

»Herr Wachtmeister«, sagte Herr Pogge, »ist es erlaubt, daß kleine Kinder abends hier herumstehen und betteln?«

Der Schutzmann zuckte die Achseln. »Sie meinen die beiden auf der Brücke? Was sollen sie machen? Wer soll die blinde Frau denn sonst hierherführen?«

»Sie ist blind?«

»Ja freilich. Und dabei noch ziemlich jung. Fast jeden Abend stehen sie dort drüben. Solche Leute wollen auch leben.« Der Schutzmann wunderte sich, daß ihn der Fremde ziemlich schmerzhaft am Arm packte. Dann sagte er: »Ja, es ist ein Elend.«

»Wie lange stehen denn die zwei normalerweise dort?«

»Zwei Stunden wenigstens, so bis gegen zehn.«

Herr Pogge trat wieder von dem Trottoir herunter. Er machte ein Gesicht, als wollte er hinüberstürzen, dann besann er sich und bedankte sich bei dem Beamten. Der Schutzmann grüßte und ging weiter.

Plötzlich stand Gottfried Klepperbein da, grinste übers ganze Gesicht und zupfte ihn am Mantel. »Na, was habe ich gesagt, Herr Direktor?« flüsterte er. »Habe ich Ihnen zuviel versprochen«

Herr Pogge schwieg und starrte über die Straße.

»Auf der anderen Seite der Brücke steht der Freund vom Fräulein Tochter«, sagte Klepperbein gehässig. »Der bettelt auch. Aber richtig. Anton Gast heißt er. Der gehörte schon längst in Fürsorge.«

Herr Pogge schwieg und betrachtete Anton. Mit einem Betteljungen war Pünktchen befreundet? Und warum verkauften seine Tochter und das Kinderfräulein eigentlich Streichhölzer? Was steckte dahinter? Wozu brauchten sie denn heimlich Geld? Er wußte nicht, was er denken sollte.

»So, hiermit wäre das Honorar fällig«, erklärte Gottfried Klepperbein und tippte Herrn Pogge auf den Mantel. Der Direktor zog die Brieftasche, nahm einen Zehnmarkschein heraus und gab ihn dem Jungen.

»Lassen Sie die Brieftasche gleich draußen«, meinte Klepperbein. »Wenn Sie mir noch zehn Mark dazugeben, sag ich's nicht weiter, was Sie gesehen haben. Sonst rede ich's nämlich rum, und dann steht's morgen in der Zeitung. Das wäre Ihnen sicher peinlich!«

Jetzt riß Herrn Pogge die Geduld. Er gab dem Jungen eine Ohrfeige, daß es nur so knallte. Ein paar Passanten blieben stehen und wollten sich einmischen. Aber der Junge rannte so schnell davon, daß sie dachten, es würde wohl seine Richtigkeit gehabt haben. Gottfried Klepperbein lief, so schnell ihn die Füße trugen. Die Geschichte brachte ihm schrecklich viele Ohrfeigen ein. Das war nun schon die dritte, und er beschloß, sich mit den zehn Mark zufriedenzugeben. Zehn Mark und drei Ohrfeigen, er hatte vorläufig genug.

Herr Pogge konnte es gar nicht mehr mit ansehen, wie sein Kind auf der Brücke im Regen stand. Sollte er hinüberlaufen und Pünktchen nach Hause bringen? Doch da hatte er einen Einfall, der ihm noch besser schien. Er winkte einem Taxi.

»Fahren Sie so rasch wie möglich in die Oper Unter den Linden!« rief er, setzte sich in den Wagen und fuhr fort.

Was hatte er vor?

Anton machte schlechte Geschäfte. Erstens stand er wieder auf der faulen Seite, und zweitens regnete es. Wenn es regnete, hatten es die Menschen auf der Straße noch eiliger als sonst. Sie hatten dann gar keine Lust, sich hinzustellen und das Portemonnaie aus der Tasche zu ziehen. Er machte schlechte Geschäfte, aber er war guter Laune. Die Versöhnung mit seiner Mutter freute ihn so.

Plötzlich zuckte er leicht zusammen. Das war doch der Bräutigam von Fräulein Andacht, das war doch Robert der Teufel? Der Mann spazierte in einem Regenmantel und mit einer schief ins Gesicht gezogenen Mütze an dem Jungen vorbei, ohne ihn zu sehen. Anton klappte sein Köfferchen zu und folgte in gemessenem Abstand.

Der Mann ging bis ans Ende der Brücke, dort überquerte er sie und ging langsam auf der anderen Brückenseite wieder zurück. Anton sperrte die Augen auf. Gleich mußte der Mann bei Fräulein Andacht angelangt sein. Er schob sich ganz allmählich am Geländer hin. Jetzt gab der Kerl dem Kinderfräulein ein Zeichen, und sie erschrak. Pünktchen merkte nichts. Sie knickste und klagte und wollte den Vorübergehenden partout Streichhölzer verkaufen.

Anton preßte sich, ein paar Meter von den dreien entfernt, dicht ans Geländer und beobachtete, was jetzt geschah. Der Mann gab Fräulein Andacht einen Rippenstoß, sie schüttelte den Kopf, da packte er ihren Arm, griff in die Tasche, die an dem Arm hing, wühlte darin und zog etwas Glänzendes heraus. Anton blickte ganz scharf hin: Es waren Schlüssel.

Schlüssel? Wozu holte sich der Kerl von Fräulein Andacht Schlüssel?

Er drehte sich um, Anton beugte sich über das Brückengeländer, um nicht aufzufallen, und spuckte in die Spree. Der Mann ging vorüber, und jetzt hatte er es auf einmal sehr eilig. Er lief den Schiffbauerdamm hinunter.

Anton überlegte nicht lange. Er rannte ins erste beste Restaurant, ließ sich das Telefonbuch geben und suchte unter P.

Dann holte er einen Groschen aus der Tasche und stürzte in die Telefonzelle.

Die zwölfte Nachdenkerei handelt:
Von den Schweinehunden

Gottfried Klepperbein ist ein Schweinehund. Vertreter dieser menschlichen Tiergattung kommen auch schon unter Kindern vor. Das ist besonders schmerzlich. Anzeichen dafür, daß jemand ein Schweinehund ist, gibt es eine ganze Reihe. Wenn jemand faul und zugleich schadenfroh, heimtückisch und gefräßig, geldgierig und verlogen ist, dann kann man zehn gegen eins wetten, daß es sich um einen Schweinehund handelt. Aus einem solchen Schweinehund einen anständigen Menschen zu machen, ist wohl die schwerste Aufgabe, die sich ausdenken läßt. Wasser in ein Sieb schütten, ist eine Kinderei dagegen. Woran mag das liegen? Wenn man jemandem beschreibt, wie schön und wie wohltuend es ist, anständig zu sein, müßte er sich doch darum reißen, anständig zu werden, nein?

    Es gibt Fernrohre, die man auseinanderziehen kann. Kennt ihr die? Sie sehen hübsch klein aus; und man kann sie bequem in die Tasche stecken. Dann kann man sie aber auch auseinanderziehen, und dann sind sie länger als einen halben Meter. So ähnlich, scheint mir, ist es mit den Schweinehunden. Und vielleicht mit den Menschen überhaupt. Sie sind als Kinder schon genau dasselbe, was sie später werden. Wie die auseinanderziehbaren Fernrohre. Sie wachsen nur, sie ändern sich nicht. Was nicht im Menschen von Anfang an drinliegt, das kann man nicht aus ihm herausholen, und wenn man sich auf den Kopf stellt ...

Dreizehntes Kapitel
Die dicke Berta schwingt Keulen

Die dicke Berta saß in der Küche, aß eine Wurststulle und trank Kaffee. Sie war, weil sie Ausgang hatte, mit ihrer Freundin spazieren gewesen; weil aber das Regenwetter nicht aufhörte, war sie früher als gewöhnlich nach Haus gekommen. Nun erstickte sie ihren Ärger über den verregneten Ausgang mit Leberwurst und las den Roman in der Illustrierten.

Plötzlich klingelte das Telefon. »Auch das noch!« murmelte sie und schlurfte an den Apparat. »Hier bei Direktor Pogge«, sagte sie.

»Kann ich den Herrn Direktor sprechen?« fragte eine Kinderstimme.

»Nein«, sagte Berta, »die Herrschaften sind in der Oper.«

»Das ist ja entsetzlich«, meinte das Kind.

»Worum handelt sich's denn, wenn man fragen darf?« sagte Berta.

»Wer spricht dort?«

»Das Dienstmädchen bei Pogges.«

»Ach so, die dicke Berta!« rief das Kind.

»Von wegen dick«, sagte sie gekränkt. »Aber Berta ist richtig. Und mit wem habe ich das Vergnügen?«

»Ich bin ein Freund von Pünktchen«, erklärte die Kinderstimme.

»So«, sagte Berta, »und ich soll mal in ihr Zimmer gehen und fragen, ob sie mit dir mitten in der Nacht Fußball spielen will?«

»Unsinn!« sagte der Junge. »Sondern der Bräutigam von Fräulein Andacht wird gleich bei Ihnen sein.«

»Das wird ja immer schöner!« sagte Berta. »Das Kinderfräulein schläft doch längst.«

»Keine Spur«, sagte die Kinderstimme. »Außer Ihnen ist kein Mensch in der Wohnung.« Die dicke Berta guckte in den Telefonhörer, als wolle sie nachsehen, ob da auch alles stimme. »Was?« fragte sie dann. »Was? Die Andacht und Pünktchen sind nicht in ihren Betten?«

»Nein«, rief das Kind. »Das erkläre ich Ihnen ein anderes Mal. Sie sind ganz allein zu Haus. Glauben Sie's nur endlich. Und nun kommt der Bräutigam, um einzubrechen. Die Schlüssel hat er schon. Und einen Wohnungsplan auch. Er wird gleich da sein.«

»Das ist ja reizend«, sagte Berta. »Was mach ich denn da?«

»Sie rufen rasch das Überfallkommando an. Und dann suchen Sie eine Kohlenschaufel oder etwas Ähnliches. Und wenn der Bräutigam kommt, hauen Sie ihm eins übern Schädel.«

»Du hast gut reden, mein Sohn«, sagte Berta.

»Hals- und Beinbruch!« rief das Kind. »Machen Sie Ihre Sache gut! Vergessen Sie nicht, die Polizei anzurufen. Wiedersehen!«

Berta kam vor lauter Kopfschütteln und Zähneklappern kaum vom Fleck. Sie war sehr aufgeregt, rüttelte an Pünktchens Tür und an der von Fräulein Andacht, keine Seele war zu Hause! Niemand rührte sich. Nur Piefke bellte ein bißchen. Er saß in seinem Körbchen vor Pünktchens Tür, rappelte sich hoch und bummelte hinter Berta her. Nun nahm sie sich zusammen und rief das Überfallkommando an.

»So«, sagte ein Beamter. »Na, ich schicke gleich mal rum.«

Und nun suchte Berta etwas zum Zuschlagen. »Wie sich der Junge das mit der Kohlenschaufel denkt«, sagte sie zu Piefke. »Wo wir doch Zentralheizung haben.« Im Kinderzimmer fand sie endlich zwei hölzerne Keulen, mit denen Pünktchen manchmal turnte. Eine dieser Keulen nahm sie, stellte sich neben die Flurtür und löschte das Korridorlicht aus.

»Das Licht in der Küche lassen wir brennen«, sagte sie zu Piefke. »Sonst hau ich daneben.« Piefke legte sich neben sie und wartete geduldig. Er war noch nicht ganz im Bilde und knurrte, während er dalag, seinen Schwanz an.

»Halt die Schnauze!« flüsterte Berta. Piefke konnte diesen Ton nicht vertragen. Aber er gehorchte. Berta holte einen Stuhl und setzte sich, denn ihr war sehr schwach zumute. Heute ging alles drunter und drüber. Wo mochten bloß Pünktchen und die

Andacht stecken? Verflucht noch mal, hätte sie nur früher etwas gesagt!

Da kam jemand die Treppe herauf. Sie erhob sich, nahm die Keule und hielt die Luft an. Der Jemand stand vor der Tür. Piefke richtete sich hoch und machte einen Buckel, als sei er ein Kater. Ihm standen die Haare zu Berge.

Der Jemand steckte den Schlüssel ins Schloß und drehte um. Dann steckte er den Sicherheitsschlüssel ins Sicherheitsschloß und drehte um. Dann steckte er den Drücker ins Schloß. Die Tür schnappte auf. Der Jemand trat in den von der Küche her schwach erleuchteten Korridor. Berta hob ihre Keule hoch und schlug dem Mann eins über den Kürbis. Der Mann taumelte und fiel um wie ein Sack.

»Den hätten wir«, sagte Berta zu Piefke und machte Licht. Es war ein Mann in einem Regenmantel und mit einer tief ins Gesicht gezogenen Mütze. Piefke beschnupperte den Bräutigam von Fräulein Andacht, wurde plötzlich, wenn auch zu spät, außerordentlich mutig und biß den Mann in die Wade. Aber der Mann lag auf dem Kokosläufer und rührte sich nicht.

»Wenn nur die Polizei bald käme«, sagte Berta, setzte sich auf ihren Stuhl, nahm die Keule in die Hand und paßte gut auf. »Man sollte ihn fesseln«, meinte sie zu Piefke. »Hol mal eine Wäscheleine aus der Küche.« Piefke hustete ihr was. Beide saßen vor dem Einbrecher und hatten Angst, er könnte wieder munter werden.

Da! Der Mann öffnete die Augen und richtete sich hoch. Langsam wurde sein Blick klarer.

»Tut mir furchtbar leid«, erklärte die dicke Berta ganz gerührt und schlug ihm zum zweitenmal auf den Kopf. Der Mann seufzte ein bißchen und sank wieder um.

»Wo bleibt nur die Polizei?« schimpfte Berta. Aber dann kamen die Gesetzeshüter.

Es waren drei Polizisten, und sie mußten über den Anblick, der sich bot, lachen.

»Ich möchte nur wissen, was daran komisch ist«, rief die dicke Berta. »Fesseln Sie den Kerl lieber! Er wird gleich wieder munter werden.« Die Polizisten legten dem Einbrecher

Handschellen an und durchsuchten ihn. Sie fanden die Schlüssel, den Wohnungsplan, ein Bündel Dietriche und einen Revolver. Der Oberwachtmeister nahm die Gegenstände an sich, Berta setzte den drei Herren in der Küche Kaffee vor und bat sie, doch ja zu warten, bis Pogges kämen. Das Kind und das Kinderfräulein wären verschwunden. Wer weiß, was heute noch alles passierte!

»Gut, aber nur ein paar Minuten«, sagte der Oberwachtmeister.

Bald waren sie mitten in einer Unterhaltung. Piefke bewachte unterdessen den gefesselten Halunken und probierte heimlich, wie Schuhsohlen schmecken.

Die dreizehnte Nachdenkerei handelt:
Vom Zufall

Wenn es an diesem Abend nicht geregnet hätte, wäre die dicke Berta später nach Hause gekommen. Wenn die dicke Berta später nach Hause gekommen wäre, hätte der Dieb ungestört stehlen können. Es war der reine Zufall, daß sie zu Hause war und daß der Diebstahl mißlang. Wenn Galvani nicht zufällig ein paar Froschschenkel, die er aufgehängt hatte, hätte zucken sehen, wäre die tierische Elektrizität nicht entdeckt worden oder erst viel später.

Wenn Napoleon am 18. Oktober 1813 nicht so müde gewesen wäre, hätte er vielleicht die Schlacht bei Leipzig gewonnen.

Viele Ereignisse, die für die Entwicklung der Menschen entscheidend waren, trafen zufällig ein, und ebenso hätte das Gegenteil oder ganz etwas anderes geschehen können.

Der Zufall ist die größte Großmacht der Welt.

Andere Leute sagen statt Zufall: Schicksal. Sie sagen: es war eine schicksalhafte Fügung, daß Napoleon am 18. Oktober 1813 so müde war und solche Magenschmerzen hatte. Zufall oder Schicksal: das ist Geschmacksache.

Meine Mutter sagt in solchen Fällen: »Der eine ißt gern Wurst, der andere grüne Seife.«

Vierzehntes Kapitel
Ein Abendkleid wird schmutzig

Direktor Pogge sprang vor der Lindenoper aus der Autodroschke, zahlte und rannte in das Theater. Seine Frau saß in einer Loge, hatte die Augen zusammengekniffen und lauschte der Musik. Man gab »Bohème«, das ist eine sehr schöne Oper, und die Musik klingt, als ob es süße Bonbons regnet. Ein sehr berühmter Tenor sang die Partie des Roudolphe, und die Logenplätze waren schrecklich teuer. Von dem, was die zwei Plätze gekostet hatten, hätten Anton und seine Mutter vierzehn Tage leben können.

Herr Pogge trat in die Loge. Seine Frau öffnete erstaunt die Augen und sah ihn erzürnt an. Er stellte sich hinter ihren Sessel, packte sie an den Schultern und sagte: »Komm hinaus!« Sie fand den Griff unausstehlich und wandte ihm ihr empörtes Gesicht zu. Er stand im Halbdunkel, vom Regen durchnäßt, mit hochgestelltem Mantelkragen und blickte an ihr vorbei.

Sie hatte nie viel Respekt vor ihrem Mann gehabt, denn er war zu gut zu ihr. Aber jetzt bekam sie es mit der Angst. »Was soll denn das heißen?« fragte sie.

»Komm auf der Stelle hinaus!« befahl er. Und als sie noch immer zögerte, riß er sie aus dem Sessel und zerrte sie, hinter sich her, aus der Loge. Sie fand es unglaublich, wagte aber nicht mehr, zu widersprechen. Sie lief, von ihm gefolgt, die Treppe hinunter. Er verlangte ihre Garderobe, hängte ihr das Cape um, stampfte wütend mit dem Fuß auf, als sie sich vor den Spiegel stellte und ihr silbernes Hütchen hin und her rückte. Dann zog er sie aus dem Haus. Herr Hollack, der Schofför, war natürlich nicht da. Er sollte sie ja erst zum Schluß der Vorstellung mit dem Wagen abholen. Herr Pogge ließ die Hand seiner Frau nicht los. Er stolperte mit ihr durch die Pfützen über die Straße. An der Ecke standen Autodroschken. Er stieß sie in die erste hinein, nannte dem Schofför eine Adresse und kletterte der Frau nach. Dann setzte er sich auf ihr seidenes Cape. Aber sie wagte nicht, es ihm zu sagen.

Das Auto fuhr sehr schnell. Er hockte neben ihr, machte ein abwesendes Gesicht und scharrte nervös mit den Füßen.

»Meine silbernen Schuhe sind hin«, murmelte sie. »Ich habe die Überschuhe in der Garderobe vergessen.«

Er antwortete nichts und stierte geradeaus. Wie kam die Person dazu, nachts, in Lumpen gehüllt und angeblich blind, mit seinem Kind betteln zu gehen? War dieses Fräulein Andacht denn vollständig übergeschnappt? »Dieses Aaas!« sagte er.

»Wer?« fragte seine Frau.

Er schwieg.

»Was soll denn das alles bedeuten?« fragte die Frau. »Ich sitze im Theater, du schleppst mich in den Regen hinaus. Die Aufführung war erstklassig. Und die teuren Eintrittskarten!«

»Ruhe!« entgegnete er und blickte durch die Scheiben. An der Komischen Oper stand das Auto still. Sie stiegen aus. Frau Pogge musterte verzweifelt ihre durchweichten Schuhe. Nein, daß sie die Überschuhe in der Garderobe hatte stehenlassen! Fräulein Andacht mußte sie gleich morgen früh holen.

»Da!« flüsterte ihr Mann und zeigte nach der Weidendammer Brücke hinüber.

Sie sah Autos, Radfahrer, einen Schupo, eine Bettlerin mit einem Kind, einen Zeitungsverkäufer mit einem Schirm, der fünfer Autobus kam vorüber. Sie zuckte die Achseln.

Er faßte ihren Arm und führte sie vorsichtig der Brücke entgegen. »Gib auf die Bettlerin und das Kind acht«, flüsterte er befehlend. Sie beobachtete, wie das kleine Mädchen Knickse machte, Streichhölzer hochhielt und von Passanten Geld bekam. Plötzlich erschrak sie, sah ihren Mann an und sagte: »Pünktchen?«

Sie kamen noch näher. »Pünktchen!« flüsterte Frau Pogge und verstand nicht, was sie mit ihren eigenen Augen sah.

»Mutter ist total erblindet und noch so jung. Drei Schachteln fünfundzwanzig, Gott segne Sie, liebe Dame«, sagte das Kind gerade.

Es war Pünktchen! Da lief Frau Pogge auf das im Regen frierende und knicksende Kind zu, kniete trotz der verregneten, schmutzigen Straße vor der Kleinen nieder und schloß sie in die Arme. »Mein Kind!« schrie sie außer sich.

Pünktchen war zu Tode erschrocken. So ein Pech zu haben. Das Kleid der Mutter sah skandalös aus. Die Passanten blieben stehen und dachten, es würde ein Film gedreht. Direktor Pogge riß der blinden Frau die Brille von den Augen.

»Fräulein Andacht!« rief Frau Pogge entsetzt.

Die Andacht war blaß wie der Tod, hielt schützend die Hände vors Gesicht und wußte sich keinen Rat. Ein Schutzmann tauchte auf. »Herr Wachtmeister!« rief Herr Pogge. »Verhaften Sie diese Person hier! Es ist unser Kinderfräulein, sie geht, wenn wir nicht zu Hause sind, mit unserm Kind betteln!« Der Schutzmann zog das Notizbuch. Der Zeitungsverkäufer mit dem Regenschirm lachte.

»Nicht einsperren!« rief Fräulein Andacht. »Nicht einsperren!« Mit einem Sprung durchbrach sie den Kreis der Menschen und rannte gehetzt davon.

Herr Pogge wollte ihr nach. Aber die Leute hielten ihn fest. »Lassen Sie das Mädchen laufen!« sagte ein alter Mann.

Frau Pogge war aufgestanden und putzte mit einem kleinen Spitzentuch ihr seidenes Kleid ab, es war furchtbar drekkig.

Da tauchte Anton von der anderen Straßenseite her auf und legte Pünktchen die Hand auf die Schulter. »Was ist denn hier los?« fragte er.

»Meine Eltern haben mich erwischt«, sagte Pünktchen leise, »und die Andacht ist eben durchgebrannt. Das kann gut werden.«

»Wollen sie dir was tun?« fragte er besorgt.

»Das ist noch nicht raus«, meinte Pünktchen achselzuckend.

»Soll ich dir helfen?« fragte er.

»Ach ja«, sagte sie. »Bleibe hier, das beruhigt mich.«

Herr Pogge sprach mit dem Schutzmann. Seine Frau putzte noch immer an dem teuren Kleid herum. Die Leute, die dabeigestanden hatten, gingen wieder ihrer Wege. Da blickte Frau Pogge auf, sah, daß sich ihre Tochter mit einem fremden Jungen unterhielt, und riß das Kind an ihre Seite. »Gleich kommst du zu mir!« rief sie. »Was stehst du mit dem Betteljungen zusammen?«

»Nun schlägt's dreizehn«, sagte Anton. »So fein wie Sie bin ich schon lange. Daß Sie es nur wissen. Und wenn Sie nicht zufällig die Mutter meiner Freundin wären, würde ich mit Ihnen überhaupt nicht sprechen, verstanden?«

Herr Direktor Pogge wurde aufmerksam und trat hinzu.

»Das ist mein bester Freund«, sagte Pünktchen und faßte ihn an der Hand. »Er heißt Anton und ist ein Prachtkerl.«

»So?« fragte der Vater belustigt.

»Prachtkerl ist übertrieben«, sagte Anton bescheiden. »Aber beschimpfen laß ich mich nicht.«

»Meine Frau hat es nicht so schlimm gemeint«, erklärte Herr Pogge.

»Das wollen wir auch stark hoffen«, sagte Pünktchen stolz und lächelte ihrem Freund zu. »So, und nun gehen wir nach Hause. Was haltet ihr davon? Anton, kommst du mit?«

Anton lehnte ab. Er mußte ja zu seiner Mutter.

»Dann kommst du morgen nach der Schule mal vorbei.«

»Gut«, sagte Anton und schüttelte ihr die Hand. »Wenn es deinen Eltern recht ist.«

»Einverstanden«, meinte Pünktchens Vater und nickte. Anton machte eine kleine Verbeugung und rannte fort.

»Der ist goldrichtig«, erklärte Pünktchen und blickte ihm nach. Dann nahmen sie ein Taxi und fuhren heim. Das Kind saß zwischen den Eltern und spielte mit Groschen und Streichholzschachteln.

»Wie ist das nur alles gekommen?« fragte der Vater streng.

»Fräulein Andacht hat einen Bräutigam«, berichtete Pünktchen. »Und weil der immer Geld brauchte, ging sie mit mir immer hierher. Und wir haben ja auch ganz hübsch verdient. Das kann man ohne Übertreibung sagen.«

»Entsetzlich, meine Süße«, rief die Mutter.

»Wieso entsetzlich?« fragte Pünktchen. »Es war kolossal spannend.«

Frau Pogge sah ihren Mann an, schüttelte den Kopf und sagte: »Nein, diese Dienstboten!«

Die vierzehnte Nachdenkerei handelt:
Vom Respekt

*I*m vorhergegangenen Kapitel steht ein Satz, der es verdient, daß wir ihn noch einmal anschauen. Es hieß dort von Frau Pogge: »Sie hatte nie viel Respekt vor ihrem Mann gehabt, denn er war zu gut zu ihr.«

Kann man denn überhaupt zu gut zu jemandem sein? Ich glaube schon. In der Gegend, wo ich geboren bin, gibt es ein Wort, das heißt: dummgut. Man kann vor lauter Freundlichkeit und Güte dumm sein, und das ist falsch. Die Kinder spüren es am allerersten, wenn jemand zu gut zu ihnen ist. Wenn sie etwas angestellt haben, wofür sie sogar ihrer Meinung nach Strafe verdienten, und die Strafe bleibt aus, dann wundern sie sich. Und wenn sich der Fall wiederholt, verlieren sie Schritt für Schritt den Respekt vor dem Betreffenden.

Respekt ist etwas sehr Wichtiges. Manche Kinder tun von selber fast immer das Richtige, aber die meisten müssen es erst lernen. Und sie bedürfen dazu eines Barometers. Sie müssen fühlen: o weh, was ich da eben getan habe, war falsch, dafür verdiene ich Strafe.

Wenn dann aber die Strafe oder der Verweis ausbleibt, wenn die Kinder noch dafür, daß sie frech waren, Schokolade kriegen, sagen sie sich vielleicht: Ich will mal immer hübsch frech sein, dann kriegt man Schokolade.

Respekt ist nötig, und Respektspersonen sind nötig, solange die Kinder, und wir Menschen überhaupt, unvollkommen sind.

Fünfzehntes Kapitel
Ein Polizist tanzt Tango

Als sie zu Hause die Treppe hinaufgingen, hörten sie in der ersten Etage Grammophonmusik. »Nanu«, sagte Herr Pogge und schloß auf. Im Anschluß hieran erstarrte er zur Salzsäule, seine Frau tat desgleichen. Nur Pünktchen war nicht weiter überrascht, sondern unterhielt sich mit Piefke, der ihr entgegenlief.

Im Korridor tanzte die dicke Berta mit einem Polizisten Tango. Ein anderer Polizist stand am Reisegrammophon und drehte die Kurbel.

»Aber Berta!« rief Frau Pogge entrüstet. Pünktchen ging zu dem Polizisten, der am Grammophon stand, machte einen Knicks vor ihm und sagte: »Damenwahl, Herr Wachtmeister.« Der Polizist legte den Arm um sie und tanzte mit ihr eine Ehrenrunde.

»Nun ist's aber genug!« rief der Direktor. »Berta, was soll das heißen? Haben Sie sich mit einer ganzen Polizeikompanie verlobt?«

»Leider nein«, sagte die dicke Berta. Doch da kam ein dritter Polizist aus der Küche, und Frau Pogge murmelte: »Ich verliere den Verstand.«

Pünktchen baute sich vor ihr auf und bat: »Ach ja, Mutti, mach das mal!«

»Ist nicht mehr nötig!« rief Berta. Das war ja eigentlich ziemlich unverschämt, aber Frau Pogge kapierte die Bemerkung nicht, und ihr Mann hatte mit Kopfschütteln alle Hände voll zu tun. Endlich führte Berta die Herrschaften in die Küche. Dort saß ein Mann im Regenmantel und trug Handschellen. »Der Herr wollte bei uns einbrechen, und da hab ich ihm die Birne weichgeschlagen und das Überfallkommando verständigt. Und weil Sie nicht da waren, haben wir mal rasch eine kesse Sohle aufs Parkett gelegt.«

Der Mann, der die Handschellen trug, öffnete gerade die Augen. Sein Blick war völlig verglast.

»Das ist ja Robert der Teufel!« rief Pünktchen.
Die Eltern sahen sie überrascht an. »Wer?«
»Der Bräutigam von Fräulein Andacht! Ach so, deswegen hat sie mich gefragt, wann Berta Ausgang hätte!«
Der Vater sagte: »Und deswegen habt ihr betteln gehen müssen.«
»Und deswegen hat sie einen Wohnungsplan gezeichnet«, rief Pünktchen.
»Den Plan haben wir bei ihm gefunden«, sagte der eine Wachtmeister und gab dem erstaunten Hausherrn ein Stück Papier.
»Wie haben Sie denn den Kerl überwältigt?« fragte Frau Pogge.
Die dicke Berta holte die Turnkeule und stellte sich neben die Tür. »Hier habe ich mich hingestellt, und als er die Tür aufschloß und den Kopf hereinsteckte, habe ich ihm eins übergezogen. Dann wollte er wieder munter werden, und da habe ich ihn noch mal aufs Köpfchen geschlagen. Na, und dann erschienen die drei Kavaliere hier.« Sie zeigte auf die drei Polizisten, und die fühlten sich sehr geschmeichelt.
Pünktchens Vater schüttelte schon wieder den Kopf.
»Das verstehe ich ganz und gar nicht«, erklärte er. »Woher wußten Sie denn, daß ein Einbrecher in die Wohnung wollte? Wenn ich das nun gewesen wäre?«
»Dann hättest du jetzt 'ne weiche Birne!« rief Pünktchen vergnügt.
Berta erklärte, wenn auch etwas unverständlich: »Als ich nach Hause kam, es hat doch so schweinemäßig geregnet, was soll ich im Regen rumlaufen, denk ich mir, wie ich also in der Küche sitze, klingelt das Telefon. Es wird gleich ein Einbrecher kommen, sagt jemand am andern Ende der Strippe, ziehen Sie ihm eins mit der Kohlenschaufel über und rufen Sie das Überfallkommando an. Nun haben wir doch aber keine Kohlenschaufel. So war das.«
»Aber wer hat denn gewußt, daß der Kerl bei uns einbrechen wollte. Wer hat Sie denn angerufen?« fragte Frau Pogge.
»Das ist doch klar wie Kloßbrühe«, sagte Pünktchen. »Das war natürlich mein Freund Anton.«

»Stimmt«, sagte Berta. »Vorgestellt hat er sich nicht, doch er erzählte, daß er Pünktchens Freund wäre.«

»Da habt ihr's«, erklärte Pünktchen, kreuzte die Arme auf dem Rücken und stolzierte im Korridor auf und ab. »Ich habe euch gleich gesagt, der Junge ist goldrichtig.«

»Das scheint mir allerdings auch so«, sagte Papa Pogge und brannte sich eine Zigarre an. »Woher hat er das aber gewußt?«

»Vielleicht hat er gesehen, wie Fräulein Andacht dem Mausehaken die Schlüssel gegeben hat«, meinte Pünktchen.

Robert der Teufel rückte wütend auf dem Stuhl hin und her. »So war das also«, meinte er. »Na warte nur, du Lausejunge, wenn ich dir mal begegne.«

»Verschieben Sie das ruhig auf später«, sagte der Wachtmeister, »erst sperren wir Sie ein.«

Pünktchen trat auf den Mann zu. »Lassen Sie sich davon dringend abraten«, sagte sie. »Anton zerreißt Sie in der Luft. Dem Gottfried Klepperbein hat er ein paar Ohrfeigen gegeben, daß der sich glatt hinsetzte.«

»Hat er das?« fragte der Vater erfreut. »Wirklich ein Prachtkerl, dein Anton.«

Piefke saß vor dem Dieb und zog ihm die Schnürsenkel auf. Frau Pogge bekam Migräne. Sie verzog leidend das Gesicht. »Es waren der Aufregungen zu viele«, klagte sie. »Meine Herren, wollen Sie den Einbrecher nicht fortführen? Der Mann geht mir schrecklich auf die Nerven.«

»Sie mir auch«, murmelte Robert der Teufel. Dann zogen die Polizisten mit ihm ab.

»Liebe Berta«, sagte Frau Pogge, »bringen Sie das Kind ins Bett. Ich lege mich schlafen. Kommst du auch bald, Fritz? Gute Nacht, meine Süße! Und mach nie wieder solche Streiche.« Sie gab Pünktchen einen reizenden Kuß und ging in ihr Zimmer.

Herr Pogge war plötzlich sehr niedergeschlagen. »Ich bringe das Kind selber zu Bett, Berta«, meinte er. »Gehen Sie schlafen. Sie haben sich tapfer gehalten.« Dann gab er ihr erstens die Hand und zweitens einen Zwanzigmarkschein.

»Ich danke auch schön«, sagte die dicke Berta. »Wissen Sie was, wenn man vorher verständigt wird, habe ich gar nichts gegen Einbrecher.« Dann ging auch sie in ihr Zimmer.

Herr Pogge half Pünktchen beim Waschen und beim Auskleiden, dann legte sie sich lang, und Piefke kam mit ins Bett. Der Vater setzte sich auf den Bettrand. »Luise«, sagte er ernst. »Nun hör mal gut zu, mein Kind.« Sie nahm seine große Hand in ihre kleinen Hände und blickte ihm in die Augen.

»Weißt du, daß dich ich sehr lieb habe?« fragte er leise. »Aber ich kann mich nicht viel um dich kümmern. Ich muß Geld verdienen. Warum machst du solche Geschichten? Warum belügst du uns? Ich habe keine ruhige Minute mehr, wenn ich weiß, daß ich dir nicht vertrauen kann.«

Pünktchen streichelte seine Hand. »Ich weiß ja, daß du keine Zeit hast, weil du Geld verdienen mußt«, meinte sie. »Aber die Mutter muß kein Geld verdienen, und trotzdem hat sie keine Zeit für mich. Ihr habt beide keine Zeit für mich. Nun werde ich wieder ein anderes Kinderfräuleiu kriegen, und was dann wird, kann man nicht vorher wissen.«

»Ja, ja«, sagte er. »Du hast ganz recht. Willst du mir aber versprechen, künftig immer die Wahrheit zu sagen? Es würde mich sehr beruhigen.«

Das Kind lächelte ihm zu. »Gut, wenn es dich sehr beruhigt.«

Er gab ihr einen Gutenachtkuß. Als er sich an der Tür umdrehte, um das Licht auszuschalten, sagte sie: »Direktor, es war aber trotzdem sehr interessant.«

Herr Pogge hatte eine schlaflose Nacht, trotz der vielen Tabletten, die er schluckte.

Die fünfzehnte Nachdenkerei handelt:
Von der Dankbarkeit

Die dicke Berta ist doch mutig gewesen, nein? Einbrecher auf den Kopf zu hauen, das steht nicht in ihrem Dienstvertrag, und sie tat es doch. Das verdient Dankbarkeit. Was tut daraufhin Frau Pogge? Sie geht schlafen!

Aber Herr Pogge, der gibt Berta erstens die Hand und zweitens einen Zwanzigmarkschein. Mancher würde vielleicht nur die Hand geben, obwohl er bei Kasse ist. Ein anderer würde vielleicht nur zwanzig Mark geben, obwohl er eine Hand hat. Herr Pogge hat beides und tut beides. Er drückt dem dicken Fräulein erst die Hand, und dann gibt er ihr Geld. Ich finde auch die Reihenfolge in Ordnung! Er hätte ihr ja erst den Schein hinhalten und dann die Hand schütteln und sagen können: »Im übrigen danke ich Ihnen auch.«

Nein, er macht alles ganz richtig. Er benimmt sich tadellos.

Je länger ich Herrn Pogge kenne, um so besser gefällt er mir. Er wird mir von Kapitel zu Kapitel sympathischer. Na, und nun gar im letzten Kapitel, das gleich folgt!

Sechzehntes Kapitel
Ende gut, alles gut

Als Pünktchen am nächsten Tag aus der Schule kam, stand, ganz gegen die Gewohnheit, wieder das Auto vor der Tür. Und diesmal saß, außer Herrn Hollack, sogar der Vater drin. Er winkte ihr zu. Da rissen die andern kleinen Mädchen vor Wut aus. Wieder war es nichts mit der Autofahrt!

Pünktchen begrüßte den Schofför und stieg ein. »Ist irgendwas passiert?« fragte sie ängstlich.

»Nein«, sagte der Vater. »Ich habe gerade etwas Zeit.«

»Was hast du?« fragte sie und sah ihn an, als trüge er plötzlich einen Vollbart. »Zeit?«

Herr Pogge wurde vor seiner kleinen Tochter richtig verlegen. »Na ja«, meinte er. »Frag nicht so dumm. Man kann doch mal Zeit haben.«

»Das ist fein«, rief sie. »Wollen wir nach Charlottenhof fahren und Windbeutel essen?«

»Ich dachte, wir holen lieber deinen Anton von der Schule ab.«

Da fiel sie ihrem Vater um den Hals und gab ihm einen Kuß, der klang wie ein Kanonenschuß. Dann fuhren sie rasch vor Antons Schule und kamen gerade noch zurecht. Anton schlug fast der Länge nach hin, als er den schönen Wagen mit Pünktchen und ihrem Vater warten sah. Pünktchen winkte ihn heran, ihr Vater drückte ihm die Hand, er sei ein Mordskerl. Das mit Robert dem Teufel hätte er glänzend gedeichselt.

»Sehr geehrter Herr Pogge«, sagte Anton, »das lag doch auf der Hand.« Und dann durfte er sich vorn neben Herrn Hollack setzen, und der ließ ihn manchmal auf den Gashebel treten und die Winker bedienen. Es war einfach wundervoll. Pünktchen zog ihren Vater am Ohr und flüsterte: »Direktor, der Junge kann sogar kochen.«

»Was kann er eigentlich nicht?« fragte Herr Pogge.

»Anton? Anton kann alles«, sagte sie stolz. Und weil Anton alles konnte, fuhren sie nun doch noch nach Charlottenhof und aßen Windbeutel. Sogar Herr Pogge aß einen Windbeutel, obwohl ihm der Arzt gerade Windbeutel streng verboten hatte. Dann spielten sie zu dritt Versteck, damit Pünktchens Vater magerer wurde. Denn er bekam einen Bauch. Anton wollte nachher nach Hause, aber der Direktor meinte, er würde Antons Mutter schon benachrichtigen.

»Hat Herr Bremser wieder mal geschimpft?« fragte Pünktchen.

»Nein«, sagte Anton. »Er ist neuerdings sehr nett zu mir, und ich soll ihn mal zum Kaffee besuchen.«

»Na siehst du«, meinte Pünktchen ganz ruhig. Unterm Tisch kniff sie sich aber vor lauter Zufriedenheit in die Waden.

Zum Mittagessen kamen sie denn auch richtig zu spät. Frau Pogge war tief gekränkt. Aber die anderen drei waren so vergnügt, daß sie es gar nicht bemerkten. Da kränkte sich Frau Pogge noch mehr, und sie konnte überhaupt nichts essen, sonst wäre sie zerplatzt.

»Wo mag jetzt Fräulein Andacht stecken?« fragte Anton, denn er hatte ein gutes Herz.

Frau Pogge hatte für solche Fragen kein Verständnis. Sie murmelte nur: »Wo kriegen wir jetzt ein zuverlässiges Kinderfräulein her?«

Herr Pogge hatte eine kleine Erleuchtung. Er nahm Pünktchen beiseite, flüsterte mit ihr und sagte dann: »Ich komme gleich wieder.« Dann war er verschwunden.

Die anderen aßen, ohne viel zu sprechen, zu Ende. Hinterher liefen die beiden Kinder in Pünktchens Zimmer, wo Piefke sie bereits sehnlichst erwartete.

Anton mußte sich auf einen Stuhl setzen. Die anderen spielten ihm das Märchen vom Rotkäppchen vor. Piefke konnte seine Rolle schon sehr gut. Aber auch diesmal wollte er Pünktchen nicht fressen. »Vielleicht lernt er es, wenn er ein paar Jahre älter geworden ist«, sagte das Mädchen. Anton meinte, die Aufführung sei trotzdem ausgezeichnet gewesen. Er klatschte wie im Theater. Pünktchen verbeugte sich zehnmal und warf

Kußhände, und Piefke bellte, bis er ein Stück Zucker bekam.

»Und was spielen wir jetzt?« fragte Pünktchen. »Ich könnte ja heute mal: Der bucklige Schneider und sein Sohn, sein. Oder spielen wir Mutter und Kind, und Piefke ist das Baby? Nein, wir spielen Einbrecher! Du bist Robert der Teufel, ich bin die dicke Berta, und wenn du durch die Tür kommst, haue ich dir mit der Keule über den Kopf.«

»Und wer spielt die drei Polizisten?« fragte er.

»Ich bin Berta und die drei Polizisten«, erklärte sie.

»Du kannst doch nicht mit dir selber tanzen«, wandte Anton ein. Das war also wieder nichts. »Ich weiß etwas«, sagte er: »Wir spielen die Entdeckung Amerikas. Ich bin Kolumbus.«

»Gut«, rief Pünktchen. »Ich bin Amerika, und Piefke ist das Ei.«

»Was ist er?«

»Das Ei«, meinte sie. »Das Ei des Kolumbus.« Das kannte er nicht, es war in der Schule noch nicht drangewesen.

»Jetzt hab ich's!« rief er. »Wir spielen: Im Faltboot über den Ozean.« Sie räumten den Tisch ab und stürzten ihn um, daß die Beine nach oben ragten. Das war das Boot. Und während Anton aus der Tischdecke ein Segel machte, ging Pünktchen in die Speisekammer und holte Schiffsvorräte: einen Topf mit Marmelade, die Butterdose, mehrere Messer und Gabeln, zwei Pfund Kartoffeln, eine Schüssel Birnenkompott und eine halbe Schlackwurst. »Schlackwurst ist gut«, sagte sie. »Schlackwurst hält sich monatelang.« Sie packten die Vorräte ins Boot und dann war gerade noch Platz für die Kinder und den Hund. Neben dem Tisch stand eine Waschschüssel mit Wasser. Darin planschte Pünktchen, während sie über den Ozean fuhren, und sagte: »Das Meer ist furchtbar kalt.« Anton stieg mitten auf dem Ozean aus, holte Salz und streute es in die Waschschüssel. »Meerwasser muß salzig sein«, behauptete er.

Dann kam eine Windstille. Die dauerte drei Wochen. Anton ruderte zwar mit Spazierstöcken, aber man kam kaum vom Fleck. Pünktchen und er und Piefke aßen die Schlackwurst auf, und Pünktchen jammerte: »Kapitän, die Vorräte gehen zu Ende.«

»Wir müssen aushalten!« rief Anton. »Dort drüben liegt Rio de Janeiro«, und er zeigte aufs Bett.

»Gott sei Dank«, sagte Pünktchen. »Sonst wäre ich glatt verhungert.« Dabei war sie vom Mittagessen und von der Schlackwurst so satt, daß ihr ganz schlecht war.

»Und jetzt kommt ein scheußlicher Sturm«, sagte Anton, stieg aus und wackelte an dem Tisch. »Hilfe!« schrie Pünktchen verzweifelt, »wir gehen unter!« Dann warfen sie die zwei Pfund Kartoffeln über Bord, um das Boot zu erleichtern. Aber Anton und der Sturm ließen nicht nach. Pünktchen hielt sich den Bauch und erklärte: »Ich werde seekrank.« Und Piefke fiel, weil haushohe Wellen kamen, in die Schüssel mit dem Birnenkompott, daß es nur so spritzte. Anton war der Wind und heulte.

Endlich ließ das Unwetter nach, der Junge schob den Tisch ans Bett, und in Rio de Janeiro stiegen sie an Land. Die dortige Bevölkerung begrüßte die Ozeanfahrer aufs herzlichste. Sie wurden zu dritt fotografiert. Piefke hatte sich zusammengerollt und leckte begeistert sein klebriges Fell. Es schmeckte nach Birnentunke.

»Vielen Dank für den freundlichen Empfang«, sagte Pünktchen. »Es war eine Zeit voller Entbehrungen, aber wir werden gern daran zurückdenken. Mein Kleid ist leider hin, und heimwärts fahre ich mit der Eisenbahn. Sicher ist sicher.«

»Ich bin Antonio Gastiglione, der Oberbürgermeister von Rio de Janeiro«, brummte der Junge. »Ich heiße Sie und mich bei uns herzlich willkommen und ernenne Sie und Ihren Hund zum Weltmeister im Ozeanfahren.«

»Vielen Dank, mein Herr«, sagte Pünktchen. »Wir werden Ihren Pokal stets hochhalten.« Damit nahm sie die Butterbüchse aus dem Boot und meinte mit Kennermiene: »Echt Silber, mindestens zehntausend Karat.«

Dann ging die Tür auf, und Antons Mutter kam herein. Da war die Freude groß. »Herr Pogge hat mich mit dem Auto abgeholt«, erzählte sie. »Aber wie sieht es denn hier aus?«

»Wir haben soeben den Ozean überquert«, teilte Pünktchen mit, und dann räumten sie das Zimmer auf. Piefke wollte sich aus freien Stücken noch einmal in das Birnenkompott setzen, aber Antons Mutter schlug es ihm rundweg ab.

Währenddem hatte Herr Pogge ein ernsthaftes Gespräch mit seiner Frau. »Ich will, daß Pünktchen ein anständiger Kerl wird«, sagte er. »Ein Fräulein Andacht kommt mir nicht zum zweitenmal ins Haus. Mein Kind soll keine hochnäsige Gans werden. Sie soll den Ernst des Lebens kennenlernen. Pünktchen hat sich ihre Freunde gewählt, ich billige diese Wahl. Wenn du dich mehr um das Kind kümmertest, wäre das etwas anderes. Aber so bleibt es bei meinem Entschluß. Kein Wort der Widerrede! Ich habe lange genug zu allem Ja und Amen gesagt. Das wird nun anders.«

Frau Pogge hatte Tränen in den Augen. »Also schön, Fritz! Wenn du's durchaus willst«, meinte sie und fuhr sich mit dem Taschentuch übers Gesicht. »Mir ist es recht, aber du darfst nicht mehr böse sein.« Er gab ihr einen Kuß. Dann holte er Antons Mutter ins Zimmer und fragte, wie sie über seinen Plan dächte. Frau Gast war gerührt und sagte, wenn es seiner Frau recht wäre, sie schlüge mit Freuden ein. Sie war sehr glücklich.

»Nun paßt mal auf, Kinder!« rief er. »Achtung! Achtung! Antons Mutter zieht noch heute in Fräulein Andachts Zimmer. Für den Jungen richten wir die Stube mit der grünen Tapete her, und von nun an bleiben wir alle zusammen. Einverstanden?«

Anton brachte kein Wort heraus. Er schüttelte Herrn Pogge und dessen Frau die Hand. Dann drückte er seine Mutter an sich und flüsterte: »Nun haben wir keine so großen Sorgen mehr, wie?«

»Nein, mein guter Junge«, sagte sie.

Dann setzte sich Anton wieder neben Pünktchen, und sie zog ihn vor lauter Freude an den Ohren. Piefke hoppelte gemütlich durchs Zimmer. Es sah aus, als ob er in sich hineinlächelte.

»Na, meine Tochter, ist es so recht?« fragte der Vater und strich Pünktchen übers Haar. »Und in den großen Ferien fahren wir mit Frau Gast und mit Anton an die Ostsee.«

Da lief Pünktchen aus dem Zimmer, und als sie zurückkam, hielt sie eine Zigarrenkiste in der Hand und in der anderen Streichhölzer. »Zur Belohnung«, sagte sie. Der Vater steckte sich eine Zigarre an, ächzte gutgelaunt, als er das erste Rauchwölkchen ausstieß, und sagte: »Die hab ich mir verdient.«

Die sechzehnte Nachdenkerei handelt:
Vom glücklichen Ende

Somit wäre die Geschichte zu Ende. Und dieses Ende ist gerecht und glücklich. Jeder ist dort angekommen, wo er hin gehört, und wir können, der Zukunft vertrauend, sämtliche Personen getrost ihrem weiteren Schicksal überlassen. Fräulein Andachts Bräutigam sitzt im Gefängnis, Anton und seine Mutter sitzen im Glück, Pünktchen sitzt neben ihrem Anton, und Fräulein Andacht sitzt in der Tinte. Jeder hat die seiner Sitzfläche angemessene Sitzgelegenheit gefunden. Das Schicksal hat nach Maß gearbeitet.

Nun könntet ihr womöglich daraus schließen, daß es auch im Leben immer so gerecht zuginge und ausginge wie in unserm Buch hier! Das wäre allerdings ein verhängnisvoller Irrtum! Es sollte so sein, und alle verständigen Menschen geben sich Mühe, daß es so wird. Aber es ist nicht so. Es ist noch nicht so.

Wir hatten einmal einen Mitschüler, der schrieb regelmäßig von seinem Nachbarn ab. Denkt ihr, er würde bestraft? Nein, der Nachbar wurde bestraft, von dem er abschrieb. Seid nicht allzu verwundert, wenn euch das Leben einmal bestraft, obwohl andere die Schuld tragen. Seht zu, wenn ihr groß seid, daß es besser wird! Uns ist es nicht ganz gelungen. Werdet anständiger, ehrlicher, gerechter und vernünftiger, als die meisten von uns waren!

Die Erde soll früher einmal ein Paradies gewesen sein. Möglich ist alles.

Die Erde könnte wieder ein Paradies werden. Alles ist möglich!

Das kleine Nachwort

Obwohl nun die Geschichte von Pünktchen, Anton und Piefke zu Ende ist, hab ich noch eine Kleinigkeit auf dem Herzen.
   Nämlich. Es könnten Kinder, die mein andres Buch, das von »Emil und den Detektiven«, kennen, sagen: »Lieber Mann. Ihr Anton ist ja genau so ein Junge wie Ihr Emil. Warum haben Sie denn in dem neuen Buch nicht lieber von einem Jungen geschrieben, der ganz anders ist?«
   Und da möchte ich, weil die Frage nicht unberechtigt ist, doch noch darauf antworten, ehe ich den Schlußpunkt setze. Ich habe von Anton erzählt, obwohl er dem Emil Tischbein so ähnlich ist, weil ich glaube: Von dieser Sorte Jungen kann man gar nicht genug erzählen, und Emile und Antone können wir gar nicht genug kriegen!
   Vielleicht entschließt ihr euch, so wie sie zu werden? Vielleicht werdet ihr, wenn ihr sie lieb gewonnen habt, wie diese Vorbilder, so fleißig, so anständig, so tapfer und so ehrlich?
   Das wäre der schönste Lohn für mich. Denn aus dem Emil, dem Anton und allen, die den beiden gleichen, werden später einmal sehr tüchtige Männer werden. Solche, wie wir sie brauchen können.

DER 35. MAI *oder* KONRAD REITET IN DIE SÜDSEE

Es war am 35. Mai

Es war am 35. Mai. Und da ist es natürlich kein Wunder, daß sich Onkel Ringelhuth über nichts wunderte. Wäre ihm, was ihm heute zustoßen sollte, auch nur eine Woche früher passiert, er hätte bestimmt gedacht, bei ihm oder am Globus seien zwei bis drei Schrauben locker! Aber am 35. Mai muß der Mensch auf das äußerste gefaßt sein.

Außerdem war Donnerstag. Onkel Ringelhuth hatte seinen Neffen Konrad von der Schule abgeholt, und jetzt liefen beide die Glacisstraße lang. Konrad sah bekümmert aus. Der Onkel merkte nichts davon, sondern freute sich aufs Mittagessen.

Ehe ich aber mit dem Erzählen fortfahre, muß ich eine familiengeschichtliche Erklärung abgeben. Also: Onkel Ringelhuth war der Bruder von Konrads Vater. Und weil der Onkel noch nicht verheiratet war und ganz allein wohnte, durfte er an jedem Donnerstag seinen Neffen von der Schule abholen. Da aßen sie dann gemeinsam zu Mittag, unterhielten sich und tranken miteinander Kaffee, und erst gegen Abend wurde der Junge wieder bei den Eltern abgeliefert. Diese Donnerstage waren sehr komisch. Denn Onkel Ringelhuth hatte doch keine Frau, die das Mittagessen hätte kochen können! Und so was Ähnliches wie ein Dienstmädchen hatte er auch nicht. Deshalb aßen er und Konrad donnerstags immer lauter verrücktes Zeug. Manchmal gekochten Schinken mit Schlagsahne. Oder Salzbrezeln mit Preißelbeeren. Oder Kirschkuchen mit englischem Senf. Englischen Senf mochten sie lieber als deutschen, weil englischer Senf besonders scharf ist und so beißt, als ob er Zähne hätte.

Und wenn ihnen dann so richtig übel war, guckten sie zum Fenster hinaus und lachten derartig, daß die Nachbarn dachten: Apotheker Ringelhuth und sein Neffe sind leider wahnsinnig geworden.

Na ja, sie liefen also die Glacisstraße lang, und der Onkel sagte gerade: »Was ist denn mit dir los?« Da zupfte ihn jemand am Jackett. Und als sich beide umdrehten, stand ein großes schwarzes Pferd vor ihnen und fragte höflich: »Haben Sie vielleicht zufällig ein Stück Zucker bei sich?«

Konrad und der Onkel schüttelten die Köpfe.

»Dann entschuldigen Sie bitte die Störung«, meinte das große schwarze Pferd, zog seinen Strohhut und wollte gehen.

Onkel Ringelhuth griff in die Tasche und fragte: »Kann ich Ihnen mit einer Zigarette dienen?«

»Danke nein«, sagte das Pferd traurig, »ich bin Nichtraucher.« Es verbeugte sich förmlich, trabte dem Albertplatz zu, blieb vor einem Delikateßgeschäft stehen und ließ die Zunge aus dem Maul hängen.

»Wir hätten den Gaul zum Essen einladen sollen«, meinte der Onkel. »Sicher hat er Hunger.« Dann sah er den Neffen von der Seite an und sprach: »Konrad, wo brennt's? Du hörst ja gar nicht zu!«

»Ach, ich hab einen Aufsatz über die Südsee auf.«

»Über die Südsee?« rief der Onkel. »Das ist aber peinlich.«

»Entsetzlich ist es«, sagte Konrad. »Alle, die gut rechnen können, haben die Südsee auf. Weil wir keine Phantasie hätten! Die andern sollen den Bau eines vierstöckigen Hauses beschreiben. So was ist natürlich eine Kinderei gegen die Südsee. Aber das hat man davon, daß man gut rechnen kann.«

»Du hast zwar keine Phantasie, mein Lieber«, erklärte Onkel Ringelhuth, »doch du hast mich zum Onkel, und das ist genau so gut. Wir werden deinem Herrn Lehrer eine Südsee hinlegen, die sich gewaschen hat.« Dann trat er mit dem einen Fuß auf die Fahrstraße, mit dem andern blieb er oben auf dem Bürgersteig, und so humpelte er neben seinem Neffen her. Konrad war auch nur ein Mensch. Er wurde vergnügt.

Und als der humpelnde Onkel einen der Vorübergehenden grüßte und, kaum war der Mann vorbei, sagte: »Pfui Teufel, das war mein Gerichtsvollzieher«, da mußte der Junge kichern, als würde er gekitzelt.

Als sie beim Onkel angekommen waren, setzten sie sich gleich zu Tisch. Es gab gehackten Speckkuchen und ein bißchen Fleischsalat mit Himbeersaft. »Die ollen Spartaner aßen sogar

Blutsuppe, ohne mit der Wimper zu zucken«, meinte der Onkel. »Wie schmeckt's, junger Freund?«

»Scheußlich schön«, gab Konrad zur Antwort.

»Tja, man muß sich abhärten«, bemerkte der Onkel. »Als Soldaten bekamen wir Nudeln mit Hering und als Studenten Reis mit Sacharin gekocht. Wer weiß, was man euch, wenn ihr groß seid, zumuten wird. Drum iß, mein Junge, bis dein Magen Hornhaut kriegt!« Und damit goß er ihm noch einen Löffel Himbeersaft über den Fleischsalat.

Nach dem Essen guckten sie erst mal eine Viertelstunde aus dem Fenster und warteten, daß ihnen schlecht würde. Aber es wurde nichts daraus. Und dann turnten sie. Der Onkel bugsierte den Neffen auf den großen Bücherschrank, und Konrad machte dort oben den Handstand. »Moment«, sagte Ringelhuth, »bleib mal 'ne Weile verkehrt herum stehen.« Er ging ins Schlafzimmer, brachte sein Federbett angeschleppt und legte es vor den Bücherschrank. Dann kommandierte er: »Hoppla!« und Konrad sprang in der Hocke vom Schrank herunter aufs Federbett, das am Boden lag.

»Großartig!« rief der Onkel, nahm ein wenig Anlauf und sauste in der Grätsche längs über den Tisch. Unmittelbar danach hörten sie unter sich einen dumpfen Knall und anschließend viel Geklirr. Und der Onkel sagte ergriffen: »Das war Mühlbergs Kronleuchter.« Sie warteten ein paar Minuten, aber es klopfte niemand, und es klingelte auch nicht.

»Wahrscheinlich sind Mühlbergs nicht zu Hause«, meinte Konrad.

Und dann klingelte es doch! Der Junge rannte hinaus, öffnete und kam blaß zurück. »Das große schwarze Pferd steht draußen«, flüsterte er.

»Herein damit!« befahl Onkel Ringelhuth. Und der Neffe ließ das Tier eintreten. Es zog den Strohhut und fragte: »Stör ich?«

»Kein Gedanke«, rief der Onkel. »Bitte, nehmen Sie Platz.«

»Ich stehe lieber«, sagte das Pferd. »Fassen Sie das nicht als Unhöflichkeit auf, aber wir Pferde sind zum Sitzen nicht eingerichtet.«

»Ganz wie Sie wünschen«, meinte der Onkel. »Darf ich übrigens fragen, was uns die Ehre Ihres Besuches verschafft?«

Das Pferd blickte die beiden mit seinen großen ernsten Augen verlegen an. »Sie waren mir von allem Anfang an so sympathisch«, sagte es.

»Ganz unsererseits«, erwiderte Konrad und verbeugte sich. »Haben Sie übrigens immer noch Appetit auf Würfelzucker?« Er wartete keine Antwort ab, sondern sprang in die Küche, holte die Zuckerdose ins Zimmer, legte ein Stück Zucker nach dem andern auf die Handfläche, und das Pferd fraß ohne abzusetzen zirka ein halbes Pfund. Dann atmete es erleichtert auf und sagte: »Donnerwetter nochmal, das wurde aber die höchste Zeit! Besten Dank, meine Herren. Gestatten Sie, daß ich mich vorstelle, ich heiße Negro Kaballo! Ich trat bis Ende April im Zirkus Sarrasani als Rollschuh-Nummer auf. Dann wurde ich aber entlassen und habe seitdem nichts mehr verdient.«

»Ja, ja«, sagte Onkel Ringelhuth, »es geht den Pferden wie den Menschen.«

»Diese verflixten Autos!« fuhr Negro Kaballo fort. »Die Maschinen richten uns Pferde völlig zugrunde. Denken Sie nur, ich wollte mich sogar als Droschkengaul vermieten, obwohl ich ja eigentlich ein Pferd mit Gymnasialbildung bin. Aber nicht einmal der Generalsekretär vom Reichsverband der Droschkenpferde konnte mich unterbringen. Und das ist bestimmt ein einflußreiches Pferd. Im übrigen fährt dieses Rhinozeros von einem Gaul selber Auto!«

»Unter solchen Umständen braucht man sich freilich über gar nichts mehr zu wundern«, erklärte Onkel Ringelhuth kopfschüttelnd.

»Sie sind ein netter Mensch«, sagte das Pferd gerührt und schlug ihm mit dem linken Vorderhuf auf die Schulter, daß es nur so krachte.

»Aua!« brüllte Ringelhuth.

Konrad drohte dem Rappen mit dem Finger. »Wenn Sie mir meinen Onkel kaputt machen«, rief er, »kriegen Sie's mit mir zu tun.«

Das Pferd schob die Oberlippe zurück, daß man das weiße Gebiß sehen konnte, und lachte lautlos in sich hinein. Dann entschuldigte es sich vielmals. Es sei nicht so gemeint gewesen.

»Schon gut«, sagte Onkel Ringelhuth und rieb sich das Schlüsselbein. »Aber das nächste Mal müssen Sie etwas vorsichtiger sein, geschätzter Negro Kaballo. Ich bin keine Pferdenatur.«

»Ich werde aufpassen«, versprach der Rappe, »so wahr ich der beste internationale Rollschuh-Akt unter den Säugetieren bin!« Und dann guckten alle drei zum Fenster hinaus. Das Pferd bekam, als es auf die Straße hinuntersah, einen Schwindelanfall, wurde blaß und klappte die Augendeckel zu. Erst als Konrad meinte, es solle sich was schämen, machte es die Augen langsam wieder auf.

»Kippen Sie bloß nicht aus dem Fenster«, warnte Ringelhuth. »Das fehlte gerade noch, daß ein Pferd aus meiner Wohnung auf die Johann-Mayer-Straße runterfällt!«

Negro Kaballo sagte: »Wissen Sie, unsereins hat so selten Gelegenheit, aus dem dritten Stockwerk zu sehen. Aber jetzt geht es schon. Trotzdem wäre ich Ihnen dankbar, wenn Sie mich in die Mitte nehmen wollten. Besser ist besser.«

Das Pferd postierte sich nun also zwischen Onkel und Konrad, steckte den Kopf weit aus dem Fenster und fraß vom Balkon des Nachbarn zwei Fuchsien und eine Begonie mit Stumpf und Stiel. Nur die Blumentöpfe ließ es freundlicherweise übrig.

Plötzlich gab es auf der Straße einen Heidenlärm. Da stand nämlich ein kleiner kugelrunder Mann, wedelte mit Armen und Händen, strampelte mit den fetten Beinchen und schrie wie am Spieß. »Das geht entschieden zu weit!« kreischte er aufgebracht. »Augenblicklich nehmen Sie das Pferd aus dem Fenster! Kennen Sie die Hausordnung noch immer nicht? Wissen Sie nicht, daß es verboten ist, Pferde mit in die Wohnung zu bringen? Was?«

»Wer ist denn der Knirps?« fragte Konrad.

»Ach, das ist bloß mein Hauswirt«, antwortete Onkel Ringelhuth, »Clemens Waffelbruch heißt er.«

»So eine Unverschämtheit Ihrerseits«, schrie der kleine dicke Herr Waffelbruch. »Die Blumen, die diese Schindmähre von Lehmanns Balkon widerrechtlich entfernt und gefressen hat, werden Sie gefälligst ersetzen. Kapiert?«

Da lief dem Pferd ein Schauder übers schwarze Fell. Hoho, beleidigen ließ es sich nicht! Es kriegte einen der leergefressenen Blumentöpfe zu fassen und ließ ihn senkrecht aus dem Fenster fallen. Der Blumentopf sauste, als habe er's außerordentlich eilig, abwärts und bumste dem schreienden Hauswirt mitten auf den steifen Hut. Herr Clemens Waffelbruch knickte in die Knie, schwieg verdutzt, blickte wieder nach oben, zog seinen demolierten Hut und sagte zitternd: »Nichts für ungut.«

Dann stolperte er rasch ins Haus.

»Wenn der Kerl nicht gegangen wäre«, sagte das Pferd, »hätte ich ihm nach und nach den ganzen Balkon auf den Hut geschmissen.«

»Das wäre mir entschieden zu teuer geworden«, meinte Onkel Ringelhuth. »Gehen wir lieber wieder ins Zimmer!«

Negro Kaballo wieherte belustigt. Und dann spazierten sie ins Zimmer zurück und spielten zu dritt Dichterquartett. Das Pferd gewann, wie es wollte. Es kannte alle klassischen Namen und Werke auswendig. Onkel Ringelhuth hingegen versagte völlig. Als Apotheker, der er war, wußte er zwar, was für Krankheiten die Dichter gehabt hatten, und womit sie kuriert worden und woran sie gestorben waren. Aber ihre Romane und Dramen hatte er samt und sonders verschwitzt. Es ist kaum zu glauben: doch er behauptete tatsächlich, Schillers ›Lied von der Glocke‹ sei von Goethe!

Mit einem Mal sprang Konrad hoch, warf seine Quartettkarten auf den Tisch, rannte zum Bücherschrank, riß die Tür auf, holte ein dickes Buch aus der obersten Reihe, setzte sich auf den Teppich und blätterte aufgeregt.

»Wir möchten nicht aufdringlich sein«, sagte der Onkel, »aber vielleicht erklärst du uns, warum du einfach vom Tisch fortrennst und uns im Stich läßt? Übrigens fehlt mir noch ein Lustspiel von Gotthold Ephraim Lessing. Ich weiß nur, daß

Lessings Frau, eine gewisse Eva König, kurz nach der Geburt eines Kindes starb, und das Kind starb ein paar Tage später, und Lessing selber lebte dann auch nicht mehr lange.«

»Ein Lustspiel ist das grade nicht, was Sie uns da mitteilen«, bemerkte das Pferd spöttisch. Dann preßte es sein Maul an Onkel Ringelhuths Ohr und wisperte: »Minna von Barnhelm«.

Der Onkel schlug ärgerlich auf den Tisch. »Nein! Eva König hieß die Frau, nicht Minna von Bornholm.«

»Kruzitürken!« brummte der Gaul. »Minna von Barnhelm war doch nicht Lessings Frau, sondern sein Lustspiel hieß so.«

»Aha!« rief Ringelhuth. »Warum haben Sie das nicht gleich gesagt! Konrad, rück mal die Minna von Bornholm raus!«

Konrad saß auf dem Teppich, blätterte in dem Buch und schwieg.

»Möchten Sie meinen Herrn Neffen mal mit einem wohlgezielten Hufschlag aus seinem Anzug stoßen?« fragte Ringelhuth seinen vierbeinigen Gast. Da trottete das Pferd zu Konrad hinüber, packte ihn mit den Zähnen an seinem Kragen und hob ihn hoch in die Luft. Aber Konrad merkte gar nicht, daß er nicht mehr auf dem Teppich saß. Sondern er blätterte, obwohl ihn das Pferd in die Luft hielt, nach wie vor in dem Buch und zog Sorgenfalten.

»Ich kann sie nicht finden, Onkel«, sagte er plötzlich.

»Wen?« fragte Ringelhuth. »Die Minna von Bornholm?«

»Die Südsee«, sagte Konrad.

»Die Südsee?« fragte das Pferd erstaunt. Weil es aber beim Reden das Maul aufmachen mußte, fiel Konrad mit Getöse aufs Parkett.

»Ein Glück, daß Mühlbergs Kronleuchter schon runtergefallen ist«, meinte der Onkel und rieb sich befriedigt die Hände. »Aber was machen wir bloß mit dieser Südsee?« Er wandte sich zu dem Pferd. »Mein Neffe muß nämlich bis morgen einen Aufsatz über die Südsee schreiben.«

»Weil ich gut rechnen kann«, erläuterte Konrad mißvergnügt.

Das Pferd überlegte einen Augenblick. Dann fragte es den Onkel, ob er am Nachmittag Zeit habe.

»Klar«, sagte Ringelhuth, »donnerstags habe ich in meiner Apotheke Nachtdienst.«

»Ausgezeichnet«, rief Negro Kaballo, »da gehen wir rasch mal hin!«

»In die Apotheke?« fragten Konrad und der Onkel wie aus einem Munde.

»Ach wo«, sagte das Pferd, »in die Südsee natürlich.« Und dann fragte es: »Darf ich mal telephonieren?« Onkel Ringelhuth nickte, und das Pferd trabte ans Telephon, nahm den Hörer von der Gabel, wählte eine Nummer und sagte: »Hallo! Ist dort das Reisebüro für Zirkuspferde? Ich möchte das Riesenroß persönlich sprechen. Selbst am Apparat? Wie geht's denn? Die Mähne wird grau? Ja, wir sind nicht mehr die Jüngsten. Also hören Sie, wie komm ich auf dem kürzesten Weg nach der Südsee? Ich will am Abend schon wieder hier sein. Schwierig? Riesenroß, machen Sie keine Geschichten! Wo ich bin? Johann-Mayer-Straße 13. Bei einem guten Bekannten, einem gewissen Ringelhuth. Was? Na, das ist ja großartig! Heißen Dank, mein Lieber!«

Das Pferd wieherte zum Abschied dreimal ins Telephon, legte den Hörer auf, drehte sich um und fragte: »Herr Ringelhuth, befindet sich auf Ihrem Korridor ein großer geschnitzter Schrank? Es soll ein Schrank aus dem 15. Jahrhundert sein.«

»Und wenn dem so wäre«, sagte Ringelhuth, »was, um alles in der Welt, hat so ein alter Schrank mit der Südsee und Ihrem Riesenroß zu tun?«

»Wir sollen in diesen Schrank hineingehen und dann immer gradeaus. In knapp zwei Stunden wären wir an der Südsee«, erklärte das Pferd.

»Machen Sie keine faulen Witze«, bat Onkel Ringelhuth. Konrad aber raste wie angestochen in den Korridor hinaus, öffnete die knarrenden Türen des alten großen Schrankes, der dort stand, kletterte hinein und kam nicht wieder zum Vorschein.

»Konrad!« rief der Onkel, »Konrad, du Lausejunge!« Aber der Neffe gab keinen Laut von sich. »Ich werde verrückt«, versicherte der Onkel, »warum antwortet der Bengel nicht?«

»Er ist sicher schon unterwegs«, sagte das Pferd.

Da kannte Ringelhuth kein Halten mehr. Er rannte hinaus zum Schrank, blickte hinein und rief: »Wahrhaftig, der Schrank hat keine Rückwand!«

Das Pferd, das ihm gefolgt war, meinte vorwurfsvoll: »Wie konnten Sie daran zweifeln! Klettern Sie nur auch hinein!«

»Bitte nach Ihnen«, sagte Onkel Ringelhuth, »ich bin hier zu Hause.«

Das Pferd setzte die Vorderhufe in den Schrank. Ringelhuth schob aus Leibeskräften, bis der Gaul im Schrank verschwunden war. Dann kletterte der Onkel ächzend hinterher und sagte verzweifelt: »Das kann ja gut werden.«

Eintritt frei! Kinder die Hälfte!

Onkel Ringelhuth stieß in dem Schrank gegen einen harten Gegenstand. Das war ein alter Spazierstock, und den nahm er mit. Die Südsee ist weit, dachte er. Und dann raste er wie ein studierter Langstreckenläufer in das Dunkel hinein und immer gradeaus. Zunächst begleiteten hohe bröcklige Mauern den gespenstischen Weg. Aber plötzlich hörten die Mauern auf, und der Onkel befand sich in einem Wald.

Doch in diesem Wald standen nicht etwa Bäume, sondern Blumen! Gewaltige Glockenblumen zum Beispiel, hoch wie Tannen. Und wenn der Wind wehte, schlugen die Staubgefäße gegen die Blütenwände, und das klang, als würde geläutet. Und neben den Glockenblumen standen Schwertlilien. Und Kamillen. Und Akelei. Und Rosen in herrlichen Farben. Und alle Blumen in diesem Walde waren groß wie jahrhundertealte Bäume. Und die Sonne ließ die mächtigen Blüten leuchten. Und die Glockenblumen läuteten verzaubert, denn es wehte eine leichte Brise. Und Onkel Ringelhuth rannte zwischen den vergrößerten Blumen hin und her und rief dauernd: »Konrad, wo bist du?«

Fast zehn Minuten rannte er so, ehe er die Ausreißer erwischte. Negro Kaballo, das Rollschuhpferd, stand vor einem gigantischen Veilchen und knabberte an dessen Blättern, die wie schwebende grüne Teppiche aussahen. Und der Neffe saß auf dem Rücken des Gauls, blickte in die Blumenwipfel hinauf und hatte, obwohl er für so etwas eigentlich viel zu erwachsen war, den Daumen in den Mund gesteckt.

»Ich werde verrückt!« rief der Onkel und trocknete sich mit dem Taschentuch die Stirn. »Ich werde verrückt!« wiederholte er hartnäckig. »Erstens lauft ihr davon, und zweitens schleppt ihr mich in einen Wald – also, so ein Wald ist mir in meinem ganzen Leben noch nicht begegnet.«

»Sind wir eigentlich schon in der Südsee?« fragte Konrad.

»Nimm den Finger aus dem Mund, wenn du mit uns sprichst!« befahl der Onkel. Konrad erschrak, gehorchte blindlings, betrachtete seinen Daumen, als hätte er ihn noch nie gesehen, und schämte sich in Grund und Boden.

Das Pferd rief: »Sitzen Sie auf!« Der Onkel ging in die Kniebeuge, sprang hoch, schwang sich auf den Pferderücken, klammerte sich an seinem Neffen fest, gab dem Tier einen Klaps mit dem Spazierstock, und fort ging's! Der Rappe war vorzüglicher Laune und deklamierte: »Wer reitet so spät durch Nacht und Wind? Es ist der Vater mit seinem Kind.«

Aber Konrad sagte: »Wir sind doch nur Onkel und Neffe!«

Und Ringelhuth meinte: »Wieso Nacht? Sie übertreiben. Galoppieren Sie lieber!«

»Gemacht!« rief das Pferd und schaukelte die zwei durch den Blumenwald, daß ihnen Hören und Sehen verging. Konrad hielt sich an der flatternden Mähne fest und der Onkel an Konrad; und der Fleischsalat und der Himbeersaft gerieten sich mächtig in die Haare. Die Rosen schimmerten bunt. Die Glockenblumen läuteten leise. Und Onkel Ringelhuth meinte zu sich selber: »Wenn wir nur schon da wären.«

Und dann stand das Pferd mit einem Ruck still. »Was gibt's denn?« fragte Konrad, der die Augen während des Galopps geschlossen hatte und sie nun vorsichtig wieder öffnete.

Sie hielten dicht vor einem hohen Bretterzaun. Und an dem Bretterzaun hing ein Schild. Und auf dem Schild war zu lesen:

Hier beginnt das Schlaraffenland

Eintritt frei!
Kinder die Hälfte!

Onkel Ringelhuth rutschte vorsichtig vom Gaul, musterte das Schild und den Zaun und rief schließlich: »Da stimmt doch was nicht.«

»Wieso?« fragte das Pferd.

»Der Zaun hat keinen Eingang«, sagte der Onkel, und nun

merkten die anderen auch, daß sie keine Tür sahen. Konrad stellte sich auf Negro Kaballos Rücken, hielt sich am Zaun fest und wollte sich hochziehen. Aber Ringelhuth packte den Jungen an den Füßen. »Du bist ein maßloses Schaf, mein Sohn«, flüsterte er. »Glaubst du wirklich, daß man kletternd ins Schlaraffenland gelangt? Da drüben leben bekanntlich die faulsten Menschen, die es auf der ganzen Welt gibt. Die werden doch nicht klettern!«

Aber der Junge gab nicht nach. Er klammerte sich an dem Zaun fest und zog den Körper langsam hinauf. »Gleich kann ich hinübersehen«, ächzte er begeistert. Da aber tauchte von drüben unvermittelt eine gewaltige Hand auf und verabreichte Konrad eine solche Ohrfeige, daß er den Zaun losließ, neben dem Pferd ins Gras fiel und sich die Backe hielt.

»Da hast du's«, sagte der Onkel. »Man muß nicht immer klettern wollen, bloß weil man's kann.« Er gab ihnen ein Zeichen, daß sie schweigen sollten, lehnte sich an den Baum und rief: »Wenn sich diese Kerle einbilden sollten, daß wir klettern, dann haben sie sich geschnitten. Lieber bleiben wir draußen.« Dann gähnte er herzzerreißend und sagte verdrießlich: »Das beste wird sein, wir schlafen'n paar Runden.«

Kaum hatte er ausgeredet, da ging in dem Zaun eine Tür auf, obwohl vorher gar keine Tür dringewesen war. Und eine Stimme rief: »Bitte näherzutreten!«

Sie schritten durch die Tür. Und das erste, was sie sahen, war ein riesiges Bett. Und in dem Bett lag ein dicker Mann und knurrte: »Ich bin der Portier. Was wünschen Sie?«

»Wir wollen nach der Südsee«, erwiderte der Onkel.

»Immer geradeaus«, sagte der Portier, drehte den Besuchern den Rücken und schnarchte, was das Zeug hielt.

»Hoffentlich strengt Sie das Schnarchen nicht zu sehr an«, meinte der Onkel. Aber der Dicke war schon hinüber, oder er war zu faul zum Antworten.

Konrad betrachtete sich die Gegend. Es handelte sich offenbar um einen Obstgarten. »Sieh nur Onkel!« brüllte der Junge. »Hier wachsen Kirschen und Äpfel und Birnen und Pflaumen auf ein und demselben Baum!«

»Es ist bequemer so«, meinte der Onkel.

Aber das Pferd war mit dem Schlaraffenland noch nicht einverstanden. »Solange man das Obst noch pflücken muß«, sagte es, »solange kann man mir hier nicht imponieren.«

Konrad, der einen der Vierfruchtbäume genau betrachtet hatte, winkte den Onkel und das Pferd herbei. Und was sie da feststellten, war wirklich außerordentlich praktisch. Auf dem Baumstamm befand sich ein Automat mit Griffen und Inschriften. »Am linken Griff einmal ziehen: 1 geschälter zerteilter Apfel«, stand zu lesen. »Am linken Griff zweimal ziehen: 1 gemischtes Kompott.« »Am rechten Griff einmal ziehen: 1 Stück Pflaumenkuchen mit Schlagsahne.«

»Das ist ja enorm«, sagte der Onkel und zog rechts zweimal. Darauf klingelte es, und schon rutschte ein Teller mit Kirschenmarmelade aus dem Baum. Nun fingen alle drei an, die Bäume zu bearbeiten, und ließen sich's schmecken. Den größten Appetit entwickelte das Roß. Es fraß zwei Bäume leer und konnte kein Ende finden. Onkel Ringelhuth trieb zum Aufbruch. Doch das Pferd sagte: »Gehen Sie nur voraus, ich komme nach.«

Und so marschierten Konrad und der Onkel immer geradeaus ins Schlaraffenland hinein. Manchmal liefen Hühner gakkernd über den Weg. Sie zogen kleine blanke Bratpfannen hinter sich her. Und wenn sie Leute kommen sahen, blieben sie stehen und legten geschwind Spiegelei und Schinken oder Omeletten mit Spargelspitzen. Konrad winkte ab. Denn er war satt. Da verschwanden die Hühner, ihre Pfannen hinter sich herziehend, im Gebüsch.

»Menschen scheint es hier überhaupt nicht zu geben«, sagte der Junge.

»Sicher gibt es welche«, meinte Ringelhuth. »Sonst hätten ja die Automatenbäume nicht den geringsten Sinn.« Der Onkel hatte recht. Nach einer Wegbiegung trafen sie auf Häuser. Die Häuser standen auf Rädern und hatten Pferde vorgespannt. Dadurch war es den Bewohnern möglich, im Bett zu bleiben und trotzdem überallhin zu gelangen. Außerdem waren an den Schlafzimmerfenstern Lautsprecher befestigt. Und wenn sich zwei Schlaraffen unterhalten wollten, ließen sie ihre Häuser mit Hilfe der Gespanne nebeneinander bugsieren und verständigten sich per Lautsprecher. Ohne daß sie einander zu Gesicht bekamen!

Konrad deutete auf zwei solcher Häuser. Onkel und Neffe schlichen auf Zehenspitzen näher und hörten eine verschlafene Stimme aus dem einen der Lautsprecher reden. »Lieber Präsident«, sagte der eine Lautsprecher, »was haben wir eigentlich heute für Wetter?«

»Keine Ahnung«, antwortete der andere Lautsprecher. »Ich bin seit zehn Tagen nicht aus dem Bett gekommen.«

»Na«, brummte der eine, »zum Fenster könnten Sie doch wenigstens mal hinausschauen, wenn Sie uns regieren!«

»Warum schauen denn Sie nicht hinaus, lieber Hannemann?«

»Ich liege seit vorgestern mit dem Gesicht zur Wand und bin zu faul, mich umzudrehen.«

»Genau so geht es mir, lieber Hannemann!«

»Tja, Herr Präsident, dann werden wir wohl auf den Wetterbericht verzichten müssen.«

»Das scheint mir auch so, Hannemännchen. Wiedersehn. Schlafen Sie gut!«

»Gleichfalls, Herr Präsident, Winkewinke!« Die beiden Lautsprecher gähnten. Und dann rollten die Häuser wieder voneinander fort.

»Diesen Präsidenten wollen wir uns mal beschnuppern«, schlug Ringelhuth vor.

Und sie folgten dem langsam dahinrollenden Präsidentenpalais. Als es in einem Park von Automatenbäumen gelandet war und stillstand, blickten sie neugierig durchs Kammerfenster.

»So ein fetter Kerl«, flüsterte der Onkel.

»Meine Herren!« rief Konrad. »Das ist doch der dicke Seidelbast!«

»Woher kennst du denn den Präsidenten des Schlaraffenlandes?«

»Der dicke Seidelbast ist doch in unsrer Schule elfmal sitzengeblieben, weil er so faul war!« berichtete der Junge. »In der dritten Klasse hat er dann geheiratet und ist aus der Stadt fortgezogen. Es hieß, er wolle Landwirt werden. Daß er Präsident im Schlaraffenland geworden ist, davon hatten wir keine Ahnung.« Dann klopfte Konrad ans Fenster und rief: »Seidelbast!«

Der Präsident, dick wie ein Fesselballon, wälzte sich ärgerlich im Bett herum und knurrte unwillig: »Was'n los?«

»Kennst du mich nicht mehr?« fragte der Junge.

Seidelbast öffnete die kleinen Augen, die in dem dicken Gesicht kaum noch zu erkennen waren, lächelte mühsam und fragte: »Was machst du denn hier, Konrad?«

Onkel Ringelhuth lüftete den Hut und sagte, er sei der Onkel und sie befänden sich nur auf der Durchreise hier und wollten nach der Südsee.

»Ich bring euch bis an die Grenze«, meinte Präsident Seidelbast. »Ich will nur erst einen Happen essen. Moment, Herrschaften!« Er griff in den Nachttisch und holte eine Tablettenschachtel heraus. »Zunächst paar pikante Vorspeisen«, seufzte er, nahm eine weiße Pille in den Mund und drückte auf einen Knopf. Daraufhin erschien an der gegenüberliegenden Zimmerwand ein farbiges Lichtbild, das Ölsardinen und russische Eier und Ochsenmaulsalat zeigte.

»Nun einen hübschen knusprigen Gänsebraten«, sagte der Präsident, nahm eine rosa Pille und drückte wieder auf einen Knopf. Jetzt erschien auf der weißen Wand ein pompöser Gänsebraten mit Bratäpfeln und Gurkensalat. »Und zum Schluß Eis mit Früchten«, sagte Seidelbast, nahm eine gelbe Pille und drückte ein drittes Mal auf einen der Knöpfe. Auf der Zimmerwand erschien ein herrlicher Eisbecher mit halben Pfirsichen. Konrad lief das Wasser im Mund zusammen.

»Warum essen Sie denn Pillen?« fragte der Onkel. Als Apotheker interessierte ihn das natürlich ganz besonders.

»Das Essen strengt sonst zu sehr an«, behauptete der Präsident. »In Tablettenform, durch Lichtbilder unterstützt, schmeckt es ebensogut und macht viel weniger Mühe.«

Während die zwei Fremdlinge mit Staunen beschäftigt waren, rollte sich Seidelbast aus dem Bett. Er trug eine Badehose, die anderen Kleidungsstücke waren ihm auf die Haut gemalt: der Kragen, der Schlips, das Jackett, die Hosen, das Hemd, die Strümpfe und die Schuhe. »Fein, was?« fragte er. »Meine Erfindung! Indanthren! Das ewige An- und Ausziehen kostet unnötige Zeit und Arbeit.« Er ächzte und stöhnte und watschelte aus dem Zimmer. Es dauerte hübsch lange, bis er aus dem Haus gekugelt kam. Er begrüßte seinen ehemaligen Schulkameraden verhältnismäßig herzlich, und auch dem Onkel Ringelhuth gab er die Hand.

»Ehe ihr nach der Südsee eilt, müßt ihr unbedingt unsre Versuchsstation sehen«, sagte er. Und dann gingen sie langsam über eine blaugraue Wiese. Aber plötzlich begann es zu regnen.

»Ich hätte den Spazierstock zu Hause lassen sollen«, meinte Ringelhuth. »Der Schirm wäre angebrachter gewesen.«

»Zerbrechen Sie sich deswegen nicht den Kopf!« erwiderte der Präsident Seidelbast. »Passen Sie mal auf, welche Annehmlichkeiten unser Land zu bieten hat!« Er sollte recht behalten. Kaum waren die ersten Tropfen gefallen, so wuchsen Dutzende von Regenschirmen auf der Wiese hoch. Man konnte, falls man das wollte, unter so einem Schirm stehenbleiben. Man konnte ihn aber auch aus dem Boden ziehen und unter seinem Schutze weitergehen.

Die drei pflückten sich je einen Schirm und wanderten weiter.

»Wenn der Regen aufhört, verwelken die Schirme wieder«, tröstete Seidelbast. Und das imponierte den Besuchern außerordentlich.

Der Regen hörte wieder auf und richtig, die Schirme fielen zusammen wie welkende Blüten. Der Präsident warf seinen verwelkten Schirm in den Straßengraben, und die Gäste folgten seinem Beispiel. »Die Versuchsstation, die ich eingerichtet habe«, berichtete Seidelbast, »hat den Zweck, Einwohner von regem Temperament und lebhafter Phantasie angemessen zu beschäftigen, ohne daß sie sich anstrengen.«

»Erzählen Sie mehr davon«, bat der Onkel.

»Einem normalen Schlaraffen genügen die vierundzwanzig

Stunden des Tags gerade zum Essen und zum Schlafen«, sagte Seidelbast. »Sie dürfen nicht vergessen, daß Einwohner, die weniger als zweieinhalb Zentner wiegen, des Landes verwiesen werden. Nun gibt es aber auch unter denen, die das Nationalgewicht mühelos aufbringen, ausgesprochen lebhafte Naturen. Was soll man tun? Langeweile zehrt. Die Zahl der Ausgewiesenen könnte wachsen. Die Bevölkerungsdichte könnte sinken. Es galt, einen Ausweg zu suchen. Ich schmeichle mir, ihn gefunden zu haben. Hier ist die Station! Passen Sie gut auf!«

Sie befanden sich auf einer Art Liegewiese. Ringsum standen Betten, und in den Betten lagen viele dicke Herrschaften und blinzelten vor sich hin.

»Was man sich hier denkt, entsteht in Wirklichkeit!« sagte Seidelbast verheißungsvoll. »Das ist, wie Sie einsehen werden, ein hervorragender Zeitvertreib. Wenn man endlich von dem Gebilde seiner Phantasie genug hat, ruft man bloß: ›Zurück, marschmarsch!‹ und fort ist der Zauber.«

»Das glaub ich dir nicht«, erklärte Konrad. »Seidelbast, du verkohlst uns.«

»Donnerschlag!« rief da der Onkel. »Seht ihr das Kalb mit zwei Köpfen?«

Tatsächlich! Vor einem der Betten stand ein zweiköpfiges gescheckfes Kalb und glotzte aus vier Augen auf den dicken Mann, der es sich gewünscht hatte, und nun, als er das seltsame Tier erblickte, albern in die Kissen kicherte. Schließlich winkte er ab und rief prustend: »Zurück, marschmarsch!« und das Kalb war verschwunden.

Die drei spazierten weiter und kamen zu einer dicken Dame. Die lag auch im Bett und hatte vor lauter Nachdenken tausend Falten auf der Stirn. Plötzlich stand ein alter Mann mit einer Botanisiertrommel vor ihr.

»Zurück, marschmarsch!« brummte sie, und da war er weg. Und dann zog sie noch mehr Falten, und wieder stand ein alter Mann mit einer Botanisiertrommel vor ihrem Bett. Er ähnelte dem ersten. Er hatte nur noch weniger Zähne, dafür aber lange weiße Locken.

»Zurück, marschmarsch!« kommandierte die Frau, und da

verschwand auch er. Und dann stand ein dritter alter Mann vor ihr, der ähnelte den anderen beiden. Aber er hatte eine größere Nase und eine Glatze. »Zurück, marschmarsch!« schrie die Frau wütend und schloß erschöpft die Augen.

»Was machen Sie denn da, Frau Brückner?« fragte Seidelbast.

»Ach, Herr Präsident«, antwortete die Frau, »ich stelle mir meinen Großvater vor. Aber ich krieg ihn nicht mehr zusammen. Ich habe vergessen, wie er aussah.«

»Ärgern Sie sich nicht!« warnte Seidelbast. »Sie wiegen seit der vorigen Woche nur noch zweihundertfünfundfünfzig Pfund. Es täte mir leid, Sie aus dem Schlaraffenland ausweisen lassen zu müssen.«

»Seit acht Tagen probier ich das nun«, sagte Frau Brückner weinend, »und immer wieder mißlingt mir der olle Mann. Gute Nacht, Seidelbästchen!« Und schon schlief sie. So sehr hatte sie ihr Gehirn strapaziert.

»Dort!« schrie Konrad. »Dort! Seht nur! Ein Löwe!«

Vor einem der Betten stand ein gewaltiger blonder Löwe, riß das Maul sperrangelweit auf und zeigte sein Gebiß.

»Natürlich der dicke Borgmeier«, schimpfte Seidelbast. »Dauernd stellt er sich wilde Tiere vor. Das ist eine fixe Idee von ihm. Wenn das nur nicht mal schiefgeht!«

Der blonde Löwe schlich näher an das Bett, machte einen Buckel und fauchte gräßlich. Der dicke Borgmeier wurde blaß. »Zurück!« rief er. »Marsch zurück, du Mistviech!« Doch der Löwe kroch näher. Er knabberte schon am Federbett. »Mach daß du wegkommst!« brüllte Borgmeier.

»Er hat vor lauter Angst vergessen, daß es ›Zurück, marschmarsch‹ heißt«, sagte Seidelbast. »Wenn es ihm nicht noch rechtzeitig einfällt, wird er leider gefressen werden.«

»Da werd ich mal hinrennen und es dem Löwen ins Ohr schreien«, meinte Konrad und wollte zu Borgmeier hinüber.

Aber Onkel Ringelhuth hielt ihn fest und sagte: »Willst du gleich hierbleiben? Deine Eltern drehten mir den Hals um, wenn ich erzählte, daß du von einem gedachten Löwen gefressen worden wärst.«

Und auch Seidelbast riet zum Dableiben. »Es hätte keinen Zweck«, erklärte er. »Borgmeier muß selber rufen.«

Inzwischen war der Löwe aufs Bett gesprungen, trat mit den Vordertatzen Herrn Borgmeier auf den Bauch und betrachtete den Dicken gerührt. So ein fettes Frühstück war ihm lange nicht beschert gewesen. Er riß das Maul auf ...

»Zurück, marschmarsch!« schrie da Borgmeier, und der Löwe war weg.

»Sie sind wohl nicht ganz bei Troste?« fragte Seidelbast den schlotternden Mann. »Wenn es nicht so anstrengend wäre, würde ich mich über Sie ärgern.«

»Ich will's bestimmt nicht wieder tun«, jammerte Borgmeier.

»Ich entziehe Ihnen für vierzehn Tage die Erlaubnis, die Versuchsstation zu betreten«, sprach der Präsident streng und ging mit den Besuchern weiter.

Plötzlich wurde Onkel Ringelhuth immer kleiner und kleiner. »Ich werde verrückt!« rief er. »Was soll denn das bedeuten?«

Konrad lachte und rieb sich die Hände. Seidelbast lachte auch und sagte zu ihm: »Du bist eine tolle Rübe.«

Und der Onkel schrumpfte immer mehr zusammen. Jetzt war er nur noch so groß wie Konrad. Dann nur noch so hoch wie ein Spazierstock. Und schließlich war er nicht größer als ein Bleistift.

Konrad bückte sich, nahm den winzigen Onkel in die Hand und sagte: »Ich hab mir nämlich ausgedacht, du wärest so klein wie auf der Photographie, die wir zu Hause haben.«

»Mach keine Witze«, sagte der Miniaturonkel. »Rufe sofort: Zurück, marschmarsch!« Er hob das Händchen, als wolle er dem Neffen eine Ohrfeige geben. Dabei war er nicht größer als Konrads Handfläche, auf der er stand. »Ich befehle es dir!« rief er.

Seidelbast lachte Tränen. Der Junge sagte aber zu seinem Onkel: »Du häßlicher Zwerg!« und steckte ihn in die Brusttasche. Dort guckte Ringelhuth nun heraus, fuchtelte mit den Ärmchen und schrie solange, bis er heiser war. Dann kam das Pferd angetrabt, und Konrad stellte es dem Präsidenten vor.

»Sehr angenehm«, sagten beide. Das Pferd lobte das Schlaraffenland über den grünen Klee. Es sei der ideale Aufenthalt für erwerbslose Zirkusgäule. Und dann fragte es: »Wo ist denn eigentlich unser Apotheker?«

Konrad wies stumm auf seine Brusttasche, und dem Pferd fiel vor Staunen fast der Strohhut vom Kopf. Nun teilte der Junge mit, wodurch der Onkel so klein geworden sei und was sie mit dem Löwen und Frau Brückners Großvater erlebt hätten. »Oh«, sagte das Pferd, »das Rezept versuch ich auch mal. Ich möchte auf der Stelle meine vier Kugellagerrollschuhe hierhaben!« Und bums, hatte es die vier Rollschuhe an den Hufen, weil es sich das so vorgestellt hatte.

Es freute sich sehr und fuhr gleich zwei meisterhafte Rückwärtsbogen, dann eine große Acht und zum Schluß auf der rechten Hinterhand eine Pirouette. Der Anblick war ein Genuß für Kenner und Laien. Seidelbast sagte, wenn er nicht so unbändig faul wäre, würde er klatschen. Das Pferd knickste und dankte für die seiner Leistung gezollte Anerkennung.

»Mein lieber guter Neffe«, sagte Onkel Ringelhuth, »laß mich bitte wieder aus deiner Brusttasche heraus.«

»Mein lieber guter Onkel«, erwiderte Konrad, »ich denke ja gar nicht dran.«

»Nein?«

»Nein!«

»Also, wie du willst«, sagte der Onkel. »Dafür sollst du zur Strafe ganz geschwind einen einzigartigen Wasserkopf kriegen. Und grüne Haare. Und statt der Finger zehn Frankfurter Würstchen.«

Und so geschah's. Konrad bekam einen scheußlichen Wasserkopf mit giftgrünen Haaren obendrauf. Und an den Händen baumelten ihm zehn Frankfurter Würstchen. Das Pferd lachte und sagte: »Die reinste Schießbudenfigur!« Und Seidelbast hielt dem Jungen einen Spiegel vor, damit er sehen konnte, wie schön er geworden war. Da mußte Konrad weinen. Und Onkel Ringelhuth mußte über die zehn Frankfurter Würstchen so lachen, daß Konrads Brusttasche einen großen Riß erhielt.

Und Seidelbast meinte, sie hätten sich eher was Hübsches vorstellen und dem andern was Gutes wünschen sollen. »Aber so sind die Menschen«, knurrte er weise. »Nun entzaubert euch gefälligst!«

Der Onkel rief also: »Zurück, marschmarsch!« Und so nahm der Neffe sein früheres Aussehen wieder an. Nun holte Konrad den Onkel aus der Brusttasche raus, setzte ihn ins Gras, rief ebenfalls: »Zurück, marschmarsch!« und im Handumdrehen war Onkel Ringelhuth so groß wie früher.

»Photographieren hätte man euch sollen«, sagte Seidelbast, »ihr saht reichlich belämmert aus.«

»Jetzt aber fort!« meinte das Pferd und scharrte ungeduldig mit den Rollschuhen. Sie verließen also die Liegewiese, und Seidelbast brachte sie bis zur Landesgrenze.

»Haben Sie noch viel Platz im Schlaraffenland?« fragte Ringelhuth zum Abschied.

»Warum?« fragte der Präsident.

»Wir haben viele Leute bei uns, die nichts zu tun und nichts zu essen haben«, antwortete der Onkel.

»Verschonen Sie uns mit denen«, rief Seidelbast. »Die Kerle wollen ja arbeiten! Sowas können wir hier nicht brauchen.«

»Schade«, sagte das Pferd. Und dann reichten sie einander die Hände. Der Onkel und Konrad setzten sich auf ihren Rollschuhgaul und fuhren unter Hallo über die Grenze. Seidelbast winkte mit dem kleinen Finger, um sich nicht zu ermüden, und rief: »Immer geradeaus!«

Hannibal beniest es

Kurz danach langten sie vor einer riesigen mittelalterlichen Burg an. Zwischen ihnen und der Burg befand sich ein mindestens zehn Meter breiter, mit Wasser gefüllter Graben. Die Festung selber bestand aus unzähligen bewimpelten Türmen und Zinnen, Wällen und Erkern, und am Burgtor war eine Zugbrücke hochgekettet.

»So'n Ding hatte ich als Junge zum Spielen«, sagte Onkel Ringelhuth. »Bloß, daß meine Burg nicht so groß war. Dafür hatte sie aber rotes Glanzpapier vor den Fenstern. So, und wie kommen wir nun dort hinüber?«

»Wir müssen klingeln«, meinte Konrad.

Da lachte das Pferd überlegen und behauptete, Burgen mit Klingeln gebe es nicht. Und so war es denn auch. Aber nach einigem Suchen fanden sie am Burggraben ein kleines Schild. Und auf dem Schild stand:

> *Die Burg*
> *Zur Großen Vergangenheit*
>
> Einlaß erfolgt
> nach drei Trompetenstößen
>
> gez. *Der Burgintendant*

»Wo sollen wir vor lauter Angst drei Trompetenstöße hernehmen?« fragte der Onkel verärgert. »Daß einem die Leute beim Grenzübertritt immer solche Schwierigkeiten machen!«

»Soll ich dreimal auf dem Kamm blasen?« erkundigte sich Konrad eifrig und brachte seinen Kamm aus der Tasche.

»Untersteh dich!« rief Ringelhuth, rundete die Hände vorm Mund, holte tief Atem und machte »Täterätätä! Täterätätä! Täterätätä!« Dafür, daß er ein Apotheker ohne Trompete war, trompetete er gar nicht übel.

Nun rasselte die Zugbrücke herunter, legte sich über den Graben, und das Pferd rollte mit seinen beiden Reitern geschwind durchs Burgtor in den Hof. Dort stand ein alter Ritter in einer goldenen Rüstung, stützte sich auf ein verrostetes Schwert und fragte quer durch seinen weißen Bart hindurch: »Von wannen, o Fremdlinge, kommt ihr des Wegs?«

Ringelhuth salutierte mit seinem Spazierstock und sagte, sie kämen aus dem Schlaraffenland.

»Und wohin«, fragte der Ritter, »wohin führt euch eure Straße?«

»Nach der Südsee«, erklärte Konrad.

»Die Durchreise sei euch verstattet«, sagte der vergoldete Großvater. »Zuvor jedoch vermeldet mir eure Namen.«

Onkel Ringelhuth stellte sich und seine Begleiter vor.

»Ich hinwiederum«, behauptete der Torwächter, »bin der aus den Geschichtsbüchern bekannte Kaiser Karl der Große.«

»Meine Verehrung«, sagte der Onkel. »Nun reden Sie mal bißchen weniger geschwollen, lieber Karl der Große, und verraten Sie uns, in welche Richtung wir reiten müssen.«

Karl der Große strich sich den Bart und brummte: »Immer gradeaus. Doch das Glück ist euch hold. Auf dem zweiten Brachfeld links finden heute die Olympischen Spiele statt.«

»Darauf haben wir grade gewartet«, sprach das Pferd, zog flüchtig den Strohhut und rollte von dannen. Karl der Große stieg klirrend und gekränkt auf seinen Söller zurück.

Konrad bat den Onkel, das Pferd am Sportplatz halten zu lassen. Schon hörten sie schmetternde Fanfaren. Und dann sahen sie das Stadion. Auf den Tribünen saßen knorrige Ritter und Ritterfräuleins mit Operngläsern und Kavaliere mit großen Allongeperücken und Damen mit bestickten Reifröcken.

»Also schön«, meinte Ringelhuth. »Brr, mein Pferdchen!« Negro Kaballo hielt an. Onkel und Neffe kletterten herunter. Dann lösten sie bei Kaiser Barbarossa, der an einem steinernen Tisch die Kasse innehatte, drei Karten: 1. Tribüne, 1. Reihe,

Schattenseite. Barbarossa drückte ihnen, außer den Billetts, ein Programm in die Hand.

Konrad stieß den Onkel heimlich an und machte ihn auf Barbarossas Vollbart aufmerksam, der durch den steinernen Tisch gewachsen war.

»Eine ausgesprochen bärtige Gegend«, sagte Ringelhuth. »Aber seht nur, dort findet das Kugelstoßen statt!« Er blickte in das Programm und las vor: »Ausscheidungskämpfe im Kugelstoßen. Teilnehmer: Karl XII. von Schweden, Götz von Berlichingen, Peter der Große, August der Starke.«

Erst warf Götz von Berlichingen. Er warf übrigens mit der linken Hand, wegen seiner eisernen Rechten. Dann kam August der Starke an die Reihe und erreichte 18,17 m. Konrad sagte, das sei ein neuer Weltrekord. Karl XII. von Schweden zog zurück, weil er sich für die Konkurrenz im Speerwerfen schonen wollte.

Da erhielt Onkel Ringelhuth einen Stoß ins Kreuz und hatte ums Haar den Zaren Peter über den Haufen gerannt. Der Onkel drehte sich wütend um. Vor ihm stand ein junger Mann mit einem Filmaufnahmeapparat. »'Tschuldigung«, sagte der junge Mann, »ich bin Vertreter der Universal. Muß'n paar Tonwochenbilder runterdrehen. Hat's weh getan?«

August der Starke nahm den Filmfritzen beiseite und wisperte mit ihm. Dann packte er die Kugel und warf sie, während der junge Mann kurbelte, hoch im Bogen in den Sand. Etwas später stellte er sich vor dem Apparat in Heldenpositur, lächelte königlich vor sich hin und fragte, ob er ein paar passende Worte sprechen solle.

»Wie Sie wollen«, erwiderte der junge Mann. »Ich drehe aber stumm.«

Ringelhuth und Konrad suchten lachend das Weite. Das Pferd rollte grinsend hinterdrein. Sie betraten die Tribüne und konnten ihre Plätze nicht finden. Bis es sich herausstellte, daß zwei der Sitze schon besetzt waren.

»Wollen Sie mal ihre Billetts zeigen!« sagte der Onkel.

Da blickten die beiden Männer auf. Es waren Julius Cäsar und Napoleon der Erste. Napoleon musterte den Apotheker unwirsch und legte das gelbe Gesicht in majestätische Falten. Als das keinen Eindruck zu machen schien, rückte er beiseite, und auch Cäsar machte Platz.

»Wenn ich jetzt meine Alte Garde hier hätte, würde ich nicht wanken und nicht weichen«, bemerkte Napoleon hoheitsvoll.

Onkel Ringelhuth setzte sich neben Napoleon und meinte: »Wenn Sie noch ein paar derartig vorwitzige Sachen sagen, nehme ich Ihnen Ihren Dreispitz vom Kopf und werf ihn meinem Lieblingspferd zum Fraße vor, verstanden?«

»Sie sollten sich überhaupt mal wieder einen neuen Zylinder kaufen, Herr Napoleon«, gab Negro Kaballo zu bedenken.

Julius Cäsar hüllte sich eng in seine Toga und sagte zu dem französischen Kaiser: »Ich will nicht hetzen, aber ich an Ihrer Stelle ließe mir das nicht bieten.«

»Ohne Armee können Sie da gar nichts machen, Kollege«, ewiderte Napoleon verdrießlich. »Sehen Sie nur, Theodor Körner ist schwach auf der Rückhand.« Vor der Tribüne wurde nämlich Tennis gespielt. Turnvater Jahn saß auf einem hohen Stuhl und schiedsrichterte das Herrendoppel. Ajax I und Ajax II kämpften gegen Theodor Körner und den Fürsten Hardenberg. Der Ball sauste hin und her. Die zwei Griechen waren, weil sie Brüder waren, vorzüglich aufeinander eingespielt. Das deutsche Paar ließ zu wünschen übrig.

»Welch alberne Beschäftigung, so einen kleinen leichten Ball hinüber und herüber zu schlagen«, sagte Julius Cäsar. »Wenn es wenigstens eine Kanonenkugel gewesen wäre!« Plötzlich schrie er gellend auf. Theodor Körner, der bekanntlich schwach auf der Rückhand war, hatte den Ball ausgeschlagen und ihn, natürlich ohne jede niedrige Absicht, Julius Cäsar mitten ins Gesicht gefeuert. Nun saß der römische Diktator da, hielt sich die Römernase und hatte Tränen in den Augen.

»Wenn es wenigstens eine Kanonenkugel gewesen wäre!« sagte Ringelhuth anzüglich, und Konrad fiel vor Lachen vom Stuhl.

»Ihr seid mir schöne Helden«, knurrte der Onkel, blickte Napoleon und Cäsar von oben bis unten an, und dann verließ er die Tribüne. Konrad und das Rollschuhpferd folgten ihm.

Bevor sie das Stadion verließen, hörten sie noch den Lärm der Menge, welche die Aschenbahn umsäumte, auf der gerade Alexander der Große und Achilles den Endspurt um die hundert Meter ausfochten. Alexander gewann, obwohl er beim Start schlecht abgekommen war, das Rennen und brauchte 10,1 Sekunden.

»Das ist schon wieder ein neuer Weltrekord«, rief Konrad. Negro Kaballo bemerkte, er sei zwar nur ein Pferd, doch er brauche bloß fünf Sekunden.

»Sie haben aber vier Beine«, entgegnete Konrad.

»Laßt doch den Quatsch«, sagte Ringelhuth aufgebracht. »Die Elektrizität hat überhaupt keine Beine und läuft noch viel rascher als ein Pferd. Im übrigen, wenn jemand läuft, um gesund zu bleiben, kann ich das verstehen. Wenn er aber wie angestochen durch die Gegend rast, um eine Zehntelsekunde weniger zu brauchen als wer anders, so ist das kompletter Blödsinn. Denn davon bleibt er nicht gesund, sondern davon wird er krank.«

Sie gingen die Straßen entlang, an kleinen burgähnlichen Villen vorbei, und grüßten die Könige, Ritter und Generäle, die, in Hemdärmeln, zu den Fenstern herausschauten und Pfeife rauchten oder in den hübschen gepflegten Vorgärten standen, goldene Gießkannen hielten und ihre Blumenbeete begossen.

Aus einem der Gärten hörten sie Streit, konnten aber niemanden entdecken. Deshalb traten sie näher und guckten über den Zaun. Da lagen zwei ernste, mit Rüstungen versehene Herren im Gras und spielten mit Zinnsoldaten.

»Das könnte Ihnen passen, mein lieber Hannibal!« rief der eine. »Nein, nein! Der Rosenstrauch ist, wie Sie endlich anerkennen sollten, von meinen Landsknechten einwandfrei erstürmt worden.«

»Lieber Herr Wallenstein«, sagte der andere, vor Ärger blaß, »ich denke ja gar nicht dran! Ich werde ganz einfach mit meiner Reiterei Ihren linken Flügel umgehen und Ihnen in den Rücken fallen!«

»Versuchen Sie's nur!« Wallenstein, Herzog von Friedland, lächelte höhnisch. »Die Attacke wird Ihrer Kavallerie nicht gut bekommen. Ich ziehe die Reserven, die dort neben dem Resedabeet stehen, nach links und beschieße Sie aus der Flanke!«

Nun hoben und schoben sie ihre buntbemalten Zinnsoldaten hin und her. Der Kampf um den Rosenstrauch war in vollem Gange. Hannibal führte seine Reiterei in den Rücken der Kaiserlichen und bedrängte sie arg. Aber Wallenstein bombardierte die Reiterregimenter aus einer niedlichen Kanone mit Erbsen, und da fielen die Reiter scharenweise um.

Hannibal war wütend. Er holte aus einer Schachtel neue Reserven hervor und verstärkte die durch Verluste gefährdete Vorhut.

Doch Wallenstein knallte eine Erbse nach der anderen gegen die afrikanischen Truppen. Hannibals Soldaten starben en gros, sogar die gefürchteten Elefantenreiter sanken ins Gras, und die Schlacht um den Rosenstrauch war so gut wie entschieden.

»He, Sie!« brüllte Konrad über den Zaun. »Verlegen Sie doch gefälligst Ihre Front nach rückwärts! Greifen Sie später wieder an! Durchstoßen Sie dann die feindliche Mitte, denn die ist besonders schwach!«

Hannibal und Wallenstein unterbrachen den Kampf vorübergehend und blickten zu den Zaungästen hinüber. Der karthagische Feldherr schüttelte das kühne Haupt und sprach gemessen: »Ich gehe nicht zurück. Ich weiche nicht. Und wenn es mich die letzten Soldaten kosten sollte!«

»Na, hören Sie mal!« entgegnete Konrad. »Dafür ist Ihre Armee doch zu schade!«

Jetzt mischte sich Wallenstein ein. »Du bist ein dummer Junge«, erklärte er. »Es kommt nicht darauf an, wieviel Soldaten fallen, sondern darauf, daß man Reserven hat.«

»Ihr seid mir ja zwei Herzchen!« sagte Ringelhuth zu den Feldherren. »Euch und euresgleichen sollte man überhaupt nur mit Zinnsoldaten Krieg führen lassen!«

»Scheren Sie sich zum Kuckuck!« rief Hannibal aufgebracht. »Wer keinen Ehrgeiz hat, kann hier gar nicht mitreden! Was sind Sie denn von Beruf?«

»Apotheker«, sagte der Onkel.

»Da haben wir's«, meinte Hannibal und lachte geringschätzig. »Natürlich ein Sanitäter!« Dann wandte er sich wieder Wallenstein zu. »Herzog«, erklärte er, »die Schlacht geht weiter!«

Und sie fuhren fort, den Rosenstrauch heiß zu umkämpfen. »Bis aufs Messer!« knirschte Hannibal.

»Ergeben Sie sich!« rief Wallenstein. Er hatte mittlerweile die feindlichen Truppen umzingelt und kartätschte sie mit Hilfe von Erbsen in Grund und Boden.

»Erst wenn mein letzter Soldat tot im Gras liegt, früher nicht!« schwor Hannibal. Aber da mußte er niesen. Er blickte besorgt hoch und meinte: »Na schön, hören wir auf. Das Gras ist noch zu feucht. Ich möchte mich nicht erkälten. Wann geben Sie mir Gelegenheit zum Revanchekrieg?«

»Sobald Ihr Schnupfen vorüber ist, lieber Freund«, sagte Wallenstein. »Mit Erkältungen ist nicht zu spaßen.«

Die Feldherren erhoben sich aus dem Gras, vertraten sich ächzend die steifen Beine, ließen ihre erschossenen Truppen am Rosenstrauch liegen und stelzten der Villa zu. »Ein Jahr vor meiner Ermordung in Eger«, berichtete Wallenstein, »hatte ich einen abscheulichen Schnupfen. Lieber will ich drei Schlachten verlieren, als noch einmal so niesen wie damals!« Damit verschwanden sie im Haus.

»Nehmen Sie eine Aspirintablette!« rief der Onkel. »Und trinken Sie eine Tasse Lindenblütentee! Dann können Sie schon morgen wieder in den Krieg ziehen!« Aber Hannibal hörte es nicht mehr.

»Na, hauen wir ab«, sagte das Pferd. »Ich habe die Nüstern voll von diesen Helden.«

Der Onkel und Konrad kletterten wieder auf ihr Roß und rollten der Grenze entgegen. »Ein wahrer Jammer«, meinte Ringelhuth. »Denken Sie nur, Negro Kaballo, mein Neffe spielt zu Haus auch mit Zinnsoldaten!«

»Wieso?« fragte das Pferd. »Willst du später mal General werden?«

»Nein«, erwiderte der Junge.

»Oder einer von den Zinnsoldaten, die sich morgen unter dem Rosenstrauch totschießen lassen?«

»Ich denke ja gar nicht dran«, erklärte Konrad energisch. »Ich werde Schofför.«

»Und warum spielst du trotzdem mit Soldaten?« fragte das Pferd.

Konrad schwieg. Onkel Ringelhuth aber sagte: »Warum? Weil ihm sein Vater welche geschenkt hat.«

Da waren sie aber an der Grenze. Eine Zugbrücke rasselte herunter. Sie sausten drüber hin und hatten die Große Vergangenheit im Rücken.

Die verkehrte Welt
ist noch nicht die verkehrteste

Hinter der Burg, die sie verlassen hatten, lag ein Spielzeugwald. Der war, nach den kriegerischen Erlebnissen mit Hannibal und Wallenstein, geradezu eine Erholung. Auf einer von der Sonne beschienenen Lichtung weidete ein Rudel Schaukelpferde. Und in einem blauen Bach schwammen niedliche Segelboote vor sich hin. Die Bäume hingen voller Luftballons. Das Gestrüpp am Bach war aus Stielbonbons. Auf einem Ast saßen zwei Papageien, blätterten in einem Bilderbuch und lachten plötzlich derart, daß ihnen das Bilderbuch vom Baum fiel.

Konrad wollte vom Pferd, um das Buch aufzuheben. Aber Onkel Ringelhuth hielt ihn fest und gab ihm einen Klaps. »Hiergeblieben!« befahl er. »Wir müssen nach der Südsee!« Und so galoppierten sie unaufhaltsam weiter. Das Pferd behauptete, seine Kugellager seien heißgelaufen. Das war aber übertrieben.

Den Straßengraben entlang ratterten Kindereisenbahnen. Manchmal schnappte eine Weiche. Dann pfiffen die Lokomotiven, und die Züge fuhren in den Wald hinein, über dem die Luftballons wogten. Vor einem Haus aus Stanniolpapier saßen fünf schottische Terrier, schwiegen und rauchten dicke Schokoladenzigarren.

»Laß mich runter!« schrie Konrad. »Ich muß die Hunde streicheln!«

Aber Ringelhuth sagte: »Nimm mal den Stock!« Und als der Junge das tat, hielt der Onkel ihm mit beiden Händen die Augen zu, damit er nichts mehr sehen konnte. »Los, Kaballo!« rief Ringelhuth, und nun fegten sie wie die wilde Jagd über die Spielzeugheide.

»So«, sagte der Onkel endlich, »nun darfst du wieder gucken.« Das Pferd lief Trab. Konrad sah sich um. Die Spielzeugheide war zu Ende. Die Luftballonwipfel leuchteten von ferne. Große bunte Papierdrachen flogen drüberhin.

»Schade«, murmelte Konrad.

Da bremste das Pferd, stand still und sagte: »Alles aussteigen!«

Ringelhuth und Konrad kletterten herunter und betrachteten sich die Gegend. Sie hielten vor einem umfangreichen Gebäude, das mit Märchenfiguren bemalt war. Und aus den Fenstern schauten viele Kinder und winkten.

»Offenbar ein Ferienheim«, meinte der Onkel.

»Von wegen!« sagte Konrad. »Da steht doch was ganz andres dran!« Und er las laut vor, was über dem Portal stand:

DIE VERKEHRTE WELT

Zutritt
nur mit Kindern
gestattet!

»Ha!« rief Konrad. »Da seht ihr's wieder mal, wie gut es ist, daß ihr mich mithabt!« Er warf sich in die Brust, daß es knackte, wandelte stolz vor den beiden her und trat als erster ins Haus. Sie kamen in eine Art Büro. Hinter der Barriere stand ein netter Junge, gab Konrad die Hand und fragte, wen er da mitbrächte.

»Ein Pferd, das vorzüglich Rollschuh fährt«, erklärte Konrad, »und meinen Onkel. Er ist Apotheker und heißt Ringelhuth.«

»Ist er sehr unausstehlich?« fragte der fremde Junge.

»Danke nein«, sagte Konrad. »Es geht.«

»Na, wir werden ihn schon kleinkriegen«, meinte der Junge. »Wir haben hier noch ganz andere Herrschaften auf die Rolle genommen«, und dann drückte er auf einen Knopf.

»Wieso?« fragte Konrad verwundert.

Aber da kam schon eine Schar Kinder angestürzt und schob den Onkel durch eine Tür, über der ›Nur für Erwachsene‹ stand.

»Was soll denn das heißen?« fragte Konrad. »Wir wollen doch nach der Südsee!«

»Später, später«, sagte der Junge. Er nahm die Personalien auf. Dann wurden Konrad und das Pferd durch eine andere Tür geschickt. »Fragt nach der Schule!« rief ihnen der Junge nach. »Dort findet ihr den Onkel wieder. Er wird nur erst umgezogen.«

»Verstehen Sie das?« fragte Konrad das Pferd, als sie auf der Straße standen. »Umziehen soll sich der Onkel Ringelhuth?«

»Abwarten und Tee trinken«, gab das Pferd zur Antwort.

Die Straße war sehr belebt. Man sah Jungen, die Aktenmappen unterm Arm und Zylinderhüte auf den Köpfen trugen. Man sah kleine Mädchen, die in modernsten Kostümen einherspazierten und Einkäufe erledigten. Man sah überhaupt nur Kinder!

»Verzeihung!« sagte Konrad und hielt einen Jungen fest, der in ein Auto steigen wollte. »Gibt es denn bei euch keine Erwachsenen?«

»Doch«, antwortete der Junge. »Aber sie sind noch in der Schule.«

Dann stieg er in sein Auto, nickte Konrad zu und rief: »Ich muß rasch zur Börse.« Und schon brauste er um die Ecke.

»Mir bleibt die Spucke weg«, sagte Konrad.

»Es geht auch ohne«, erwiderte das Pferd.

»Was haben denn die Erwachsenen in der Schule zu suchen und die Kinder auf der Börse?« fragte Konrad.

Das Pferd zuckte die Achseln und rollte weiter. Der Junge konnte kaum folgen. Glücklicherweise war die Schule in der Nähe. ›Den schwererziehbaren Eltern gewidmet‹ stand darüber.

»Na, gehen wir mal hinein«, sagte das Pferd.

Sie gingen hinein. Hinter einem Schalter saß ein kleines Mädchen und wollte wissen, wen sie suchten.

»Einen gewissen Herrn Ringelhuth«, antwortete das Pferd.

Das kleine Mädchen blätterte in einem Oktavheft und sagte schließlich: »Ringelhuth? Der ist im Anfängerkursus.«

»Was macht er denn dort?« fragte Konrad.

»Dort wird er erzogen«, gab das Schaltermädchen zur Antwort.

»Ich werde verrückt!« rief Konrad. »Ich will sofort meinen Onkel wiederhaben!«

»Zimmer 28«, sagte das Mädchen streng und schloß den Schalter.

Nun stiegen das Pferd und der Junge eilig die Treppe hinauf, dann liefen sie durch einen kahlen Gang und suchten Zimmer 28. Plötzlich rief eine Kinderstimme: »Konrad, Konrad!« Der Junge wandte sich um und sah ein rothaariges Mädchen näherkommen. Die Kleine hatte Zöpfe, und diese Zöpfe standen schräg vom Kopf weg, als seien sie auf Blumendraht geflochten.

»Babette!« rief er.

Und dann rannten beide aufeinander los und schüttelten sich die Hände.

»Wie kommst du in die Verkehrte Welt?« fragte Babette erstaunt.

»Wir sind nur auf der Durchreise hier«, erzählte Konrad. »Wir wollen nämlich nach der Südsee, weil ich darüber einen Aufsatz schreiben muß. Und nun suchen wir meinen Onkel. Den haben sie am Eingang weggeschleppt. Er sitzt im Anfängerkursus. Hast du einen Schimmer, was er dort soll?«

»Ach, du mein Schreck!« rief das Mädchen. »Das ist gewiß ein Mißverständnis! Dein Onkel ist doch ein netter Kerl?«

»Und ob!« erwiderte der Junge.

»Im Empfangsbüro haben sie bestimmt gedacht, du wolltest ihn zur Erziehung herbringen!« Babette war richtig ärgerlich. »Kommt, wir wollen ihn rausholen. Das geht ganz leicht. Ich bin nämlich Ministerialrätin für Erziehung und Unterricht.« Sie nahm Konrad bei der Hand.

»Moment mal«, meinte das Pferd. »Was hat eure Verkehrte Welt eigentlich zu bedeuten? Ich bin zwar nicht auf den Kopf gefallen, aber klar ist mir das noch nicht.«

Babette blieb stehen. »Das ist so«, sagte sie. »Es gibt bekanntlich nicht nur nette Eltern, sondern auch sehr böse. Ganz genau so, wie es nicht nur gute Kinder gibt, sondern auch furchtbar ungezogene.«

»Stimmt«, bemerkte Konrad und nickte.

»Wenn sich nun diese bösen Eltern gar nicht ändern wollen und wenn sie ihre Kinder zu Unrecht strafen oder gar quälen – denn das gibt's auch –, so werden sie hier eingeliefert und erzogen. Das hilft in den meisten Fällen.«

Das Pferd kratzte sich mit dem Huf am Kopf und fragte, wie denn solche Eltern erzogen würden.

Babette holte tief Atem und sagte: »Wir vergelten ihnen Gleiches mit Gleichem. Das ist zwar nicht hübsch, aber notwendig ist es. Da haben wir zum Beispiel Herrn Clemens Waffelbruch hier.«

»Das ist ja Onkel Ringelhuths Hauswirt!« rief Konrad. »Aber der war doch eben noch zu Hause! Das Pferd hat ihm vor höchstens einer Stunde einen Blumentopf auf den Kopf geworfen!« Das Pferd zog die Oberlippe zurück und lachte lautlos.

»Wir sind alle zu gleicher Zeit hier und zu Hause!« sagte Babette. »Dieser Waffelbruch nun hat einen Jungen, der heißt Arthur Waffelbruch. Und der wird von seinem Vater abends stundenlang auf den Balkon gesperrt, besonders dann, wenn es regnet. Und wißt ihr warum? Bloß weil er schlecht rechnet. Und er gibt sich solche Mühe! Da steht Arthur dann auf dem Balkon und fürchtet sich und weint und friert und wurde immer blässer und kränker. Und rechnen konnte er vor lauter Angst überhaupt nicht mehr.«

»Der Alte hat mir gleich nicht gefallen«, knurrte das Pferd. »Ich hätte ihm ruhig noch paar Blumentöpfe auf den Hut schmeißen sollen.«

»Und nun stellen wir hier den Vater auf den Balkon«, erzählte Babette. »Und der Wind muß heulen. Und das machen wir solange, bis der Mann merkt, wie er den Jungen quält. Seid mal still!«

Sie schweigen.

»Hört ihr nichts?« flüsterte Babette.

»Da weint und schimpft jemand. Es ist aber weit weg«, sagte Konrad.

»Das ist der alte Waffelbruch«, flüsterte Babette. »In zirka drei Tagen, denk ich, ist er reif. Dann verspricht er von selber, daß er den kleinen Arthur nicht mehr schinden will. Dann werden wir ihn als geheilt entlassen.«

»Aha, so ist das«, sagte das Pferd. »Und weswegen bist du denn hier?«

Babette wurde verlegen. Schließlich sagte sie: »Wegen meiner Mutter. Sie hat sich gar nicht mehr um mich gekümmert. Früh bekam ich, weil sie noch schlief, kein Frühstück. Mittags kriegte ich auch nichts zu essen, weil sie unterwegs war. Und abends, wenn ich schlafen ging, war sie noch nicht wieder zu Hause. Da schrieb ihr der Schularzt einen Brief. Aber den warf sie in den Ofen.«

»Und nun?«

»Nun wird sie hier in die Schule geschickt, und ich darf mich gar nicht um sie kümmern. Nur manchmal, da muß ich zu ihr ins Zimmer gehen und so tun, als ob ich sie gar nicht bemerke. Und wenn sie sagt, daß sie Hunger hat, muß ich tun, als ob ich's nicht hörte und wieder fortgehen und auf dem Korridor singen.« Babette hatte Tränen in den Augen. »Sie dauert mich so«, flüsterte das Kind. »Sie hat schon zehn Pfund abgenommen. Und manchmal leg ich ihr, obwohl es verboten ist, ein belegtes Brot auf den Nachttisch.« Babette schluchzte auf und putzte sich die Nase.

»Heule nicht!« sagte Konrad. »Als du hungrig warst, hat sie auch nicht geheult.«

Babette schneuzte sich laut. »Das ist schon richtig«, meinte sie. »Aber sie tut mir trotzdem sehr leid. Hoffentlich ist die Kur wenigstens nicht vergeblich.« Dann versuchte sie zu lächeln. »Im allgemeinen haben wir Erfolg über Erfolg.«

»Das freut mich aufrichtig«, sagte das Pferd. »Nun wollen wir aber endlich Onkel Ringelhuth aus eurer Heilanstalt rausholen. Sonst wird er womöglich noch netter, als er schon ist.«

»Das wäre gar nicht zum Aushalten«, meinte Konrad. Dann liefen sie geschwind ins Zimmer 28. Dort ging es reichlich seltsam zu. Auf den Schulbänken saßen lauter Erwachsene. Sie hatten Kinderkleider an, und manche Leute sahen direkt feuergefährlich aus, besonders die dicken. Vorne, hintern Katheder, saß ein ernster blasser Junge. Das war der Lehrer, und als Babette mit Konrad und dem Pferd ins Zimmer kam, rief er: »Aufstehen!«

Die Erwachsenen standen auf. Nur ein furchtbar dicker Mann blieb in der Bank stecken. Der Junge, welcher der Lehrer war, gab Babette und ihren Begleitern die Hand und sagte: »Guten Tag, Fräulein Ministerialrat.«

»Tag Jakob, ist vorhin ein Neuer gebracht worden?«

»Ja«, sagte der Lehrer, »für böse halte ich ihn nicht, aber er scheint ein bißchen dämlich zu sein. Er lacht dauernd. Kommen Sie mal her, Ringelhuth.«

Da kam nun also der Onkel Ringelhuth aus der hintersten Bank spaziert. Und das Pferd brüllte vor Lachen, als es ihn erblickte. Denn er trug kurze Hosen und eine Matrosenjacke und Wadenstrümpfe. Und auf dem Kopf saß ihm eine Matrosenmütze mit langen Bändern. Und auf der Mütze stand: ›Torpedobootzerstörer Niederschlesien‹.

»Du gerechter Strohsack«, rief Konrad und hielt sich an Babette fest.

»Ich gefalle euch wohl nicht?« fragte der Onkel gekränkt.

Babette klärte den Lehrer über das Mißverständnis auf, und dann wurde ein Schüler, ein gewisser Justizrat Bollensänger, weggeschickt, um Ringelhuths Anzug und den Spazierstock aus dem Büro zu holen. Inzwischen nahm der Unterricht seinen Fortgang. Babette, Konrad, der Onkel und das Pferd standen an der Tür und hörten zu.

»Fleischermeister Sauertopf!« rief Jakob, »stehen Sie auf! Sie schlagen Ihre Kinder dauernd auf den Hinterkopf, stimmt das?«

»Jawohl«, sagte der Fleischermeister Sauertopf. »Das sind nämlich meine höchstpersönlichen Kinder, und es geht kein Aas was an, wohin und wieso ich sie dresche. Verstanden?«

»Der eine Junge ist krank geworden. Und unser Schularzt behauptet, Willi würde zeitlebens unter den Folgen der Prügel zu leiden haben, die er bekam, weil er einen Groschen verloren hatte.«

»Euer Arzt soll mal herkommen und sich bei mir 'n paar

Backpfeifen abholen!« brüllte der Fleischermeister. »Ich härte die Kinder ab.«

»Ja«, sagte Jakob, »da werden wir Sie leider auch abhärten müssen. Wir tun es nicht gern. Aber wir werden Ihnen die unmenschlichen Prügel solange heimzahlen, bis Sie merken, was Sie angerichtet haben.« Er drückte auf eine Klingel. Da kamen vier große starke Burschen ins Klassenzimmer, packten den Fleischer und schleppten ihn zur Tür. »Auf den Hinterkopf!« erklärte Jakob, und die Vier nickten im Chor.

»Davon wird er doch nicht vernünftig«, meinte der Onkel.

»Leider nur davon«, sagte Babette. »Ich kenne diese Kerle. Glücklicherweise sind sie nicht zu zahlreich.«

Der Fleischermeister Sauertopf wurde abgeführt. Er wirkte in seinem Konfirmandenanzug, der ihm zu knapp war, recht kläglich und schien sich zu wundern.

»Frau Ottilie Überbein!« rief Jakob.

Und es erhob sich eine dünne Dame. Sie trug ein kurzes Hängekleidchen und fingerte sich dauernd an ihrer Frisur herum.

Jakob sagte: »Sie zwingen Ihre Tochter Paula zum Lügen. Das Kind muß auf Ihren Befehl den Vater und die Großeltern beschwindeln, weil niemand wissen darf, was Sie mit dem Wirtschaftsgeld machen, und daß Sie gar nicht mit Paula spazierengehen, sondern das Kind stundenlang allein in der Konditorei Ritter sitzen lassen und inzwischen im Bridge-Klub Geld verspielen.«

»Das geht euch doch gar nichts an! Ich kann doch tun, was ich will«, behauptete Frau Überbein schnippisch.

»Daß Sie selber lügen, ist Ihre Sache«, sagte Jakob. »Daß Sie aber die kleine Paula zum Lügen anhalten, geht uns sogar sehr viel an. Wir dulden das nicht länger. Paula schläft keine Nacht mehr, macht sich Gewissensbisse und kriegt Weinkrämpfe, wenn sie den Vater wieder hat anlügen müssen.«

»Du übertreibst, mein Kleiner«, sagte Frau Ottilie Überbein.

»Ich übertreibe ganz und gar nicht«, rief Jakob aufgebracht. »Das Kind weiß nicht mehr aus und ein. Wer weiß, was da noch passieren kann! Lassen Sie gefälligst Ihre blöde Frisur in Ruhe, wenn ich mit Ihnen rede! Sie bleiben noch eine Woche hier. Sollten Sie bis dahin noch immer nicht wissen, wie Sie sich Ihrer Tochter gegenüber zu benehmen haben, werden wir Gegenmaßnahmen ergreifen!«

»Da bin ich aber gespannt«, sagte Frau Überbein spitz.

»Wenn Sie künftig Paula zu einer Lüge zwingen, wird Ihr Mann durch uns die Wahrheit erfahren!« rief Jakob.

»Bloß nicht!« sagte die Überbein und sank vor Schreck auf ihren Sitz.

»Morgen mehr davon«, meinte Jakob. »Und jetzt Herr Direktor Hobohm!«

Aber da kam Justizrat Bollensänger zurück und brachte Onkel Ringelhuths Anzug. Und auch den Spazierstock. Der Onkel kleidete sich rasch um, wirbelte den Stock unternehmungslustig durch die Luft und rief: »Auf nach der Südsee!«

»Das hätte ich ja beinahe vergessen«, erklärte Konrad erschrocken und gab Babette die Hand. »Es war außerordentlich lehrreich«, sagte er. »Ich wünsche dir alles Gute. Ich meine, wegen deiner Mutter.«

»Auf Wiedersehen, Fräulein Ministerialrat«, sagte das Pferd. Der Onkel war schon auf dem Korridor.

»Immer geradeaus!« rief Babette.

»Gleichfalls!« meinte Konrad zerstreut. Und dann rannte er hinter den andern her.

Vorsicht, Hochspannung!

Am Ausgang der Verkehrten Welt trafen sie auf eine Untergrundbahnstation. Sie stiegen treppab, sahen einen Zug stehen und setzten sich hinein.

»Eine komische Untergrundbahn«, sagte Konrad. »Hier gibt's keine Schaffner, hier gibt's keinen Zugführer. Ich bin neugierig, wo die Fuhre hingeht.«

»Wir werden's ja erleben«, entgegnete der Onkel. Da aber ruckte der Zug an, setzte sich in Bewegung und sauste, eine Sekunde später, wie ein geölter Blitz in einen betonierten Stollen hinein. Ringelhuth fiel von der Bank und sagte: »Vielleicht werden wir's auch nicht erleben. Lieber Neffe, falls mir etwas Menschliches zustößt, vergiß über dem Schmerz um mich nicht, daß du meine Apotheke erbst.«

»Und falls du mich überlebst, lieber Onkel«, sagte der Junge, »so gehören dir meine Schulbücher und der Zirkelkasten.«

»Heißen Dank!« erwiderte der Onkel. Und dann schüttelten sich die beiden ergriffen die Hand.

»Wir wollen nicht weich werden«, meinte das Pferd und blickte aus dem Fenster. Die Untergrundbahn schoß wie eine Rakete durch den Tunnel. Die Schienen jammerten. Und der Zug zitterte, als hätte er vor sich selber Angst.

Onkel Ringelhuth setzte sich wieder auf die Bank und sagte verzweifelt: »Wenn mir jetzt was passiert, ist's mit dem Nachtdienst in der Apotheke Essig.« Doch da fiel er schon wieder von der Bank. Denn die Bahn hielt, als hätte man einen Eisberg gerammt.

»Nun aber raus!« schrie der Onkel, krabbelte hoch, riß die Tür auf und stolperte auf den Bahnsteig. Das Pferd und Konrad stürzten hinter Ringelhuth her.

Als sie die Treppe hinaufgeklettert waren und sehen konnten, wo sie sich befanden, waren sie zunächst einmal starr. Sie standen zwischen lauter Wolkenkratzern!

»Meine Fresse«, sagte schließlich das Pferd.

Und Konrad begann, die Stockwerke des nächstliegenden

Gebäudes zu zählen. Er brachte es auf sechsundvierzig. Dann mußte er aufhören, weil der Rest des Hauses von Wolken umschwebt war. Auf einer dieser Wolken stand in Projektionsschrift:

> ELEKTROPOLIS
> Die automatische Stadt
> *Vorsicht,*
> *Hochspannung!*

Das Pferd wollte auf der Stelle umkehren und meinte, man solle doch die verflixte Südsee schwimmen lassen. Aber Onkel und Neffe dachten nicht im Traum dran, sondern überquerten den großen Platz, der vor ihnen lag und von Hunderten von Autos befahren war. Und da mußte Negro Kaballo wohl oder übel hinterhertrotteln.

»Zu arbeiten scheint hier überhaupt niemand«, meinte Ringelhuth. »Alles fährt im Auto spazieren. Versteht ihr das?«

Konrad, der neugierig neben einem der Wagen hergerannt war, kam zurück und schüttelte den Kopf. »Denkt euch bloß«, sagte er, »die Autos fahren von ganz alleine, ohne Schofför und ohne Steuerung. Mir ist das völlig schleierhaft.« Da bremste ein Wagen und hielt neben ihnen. Eine nette alte Dame saß hinten drin. Sie häkelte an einem Deckchen und fragte freundlich: »Sie sind wohl von auswärts?«

»Es reicht«, erwiderte der Onkel. »Können Sie uns erklären, wieso hier die Autos von selber fahren?«

Die alte Dame lächelte. »Unsre Wagen werden ferngelenkt«, erzählte sie. »Das Lenkverfahren beruht auf der sinnreichen Koppelung eines elektromagnetischen Feldes mit einer Radiozentrale. Ganz einfach, was?«

»Blödsinnig einfach«, meinte der Onkel.

»Einfach blödsinnig«, knurrte das Pferd.

Und Konrad rief ärgerlich: »Wo ich doch Schofför werden wollte!« Die alte Dame tat ihr Deckchen beiseite und fragte: »Wozu willst du denn Schofför werden?«

»Na, um Geld zu verdienen«, antwortete der Junge.
»Wozu willst du denn Geld verdienen?« fragte die alte Dame.
»Sie sind aber komisch«, rief Konrad. »Wer nicht arbeitet, verdient kein Geld. Und wer kein Geld verdient, muß verhungern!«
»Das sind ja reichlich verwitterte Anschauungen«, äußerte die alte Dame. »Mein liebes Kind, hier in Elektropolis arbeitet man nur zu seinem Vergnügen, oder um schlank zu bleiben, oder um wem ein Geschenk zu machen, oder um was zu lernen. Denn das, was wir zum Leben brauchen, wird samt und sonders maschinell hergestellt, und die Bewohner kriegen es gratis.«
Onkel Ringelhuth dachte nach und sagte dann: »Aber die Lebensmittel muß man doch, ehe sie in Fabriken verarbeitet werden, erst mal pflanzen? Und das Vieh wächst doch auch nicht wie Unkraut in der Gegend.«
»Das erledigen unsre Bauern vor der Stadt«, entgegnete die alte Dame. »Aber auch die haben wenig Pflichtarbeit. Denn auch die Landwirtschaft ist restlos durchmechanisiert; das meiste besorgen Maschinen.«
»Und die Bauern schenken Ihnen ihr Vieh und ihr Getreide?« fragte das Pferd.
»Die Bauern kriegen für ihre Erzeugnisse alles andre, was sie zum Leben brauchen«, erzählte die alte Dame. »Alle Menschen können alles kriegen. Denn der Boden und die Maschinen produzieren bekanntlich mehr, als wir benötigen. Wußten Sie das noch nicht?«
Onkel Ringelhuth schämte sich ein bißchen. »Natürlich wissen wir das«, meinte er. »Aber bei uns leiden trotzdem die meisten Menschen Not.«
»Das ist doch der Gipfel!« rief die alte Dame streng. Dann lächelte sie aber wieder und sagte: »So, jetzt fahr ich in unsre künstlichen Gärten. Dort duften die Bäume und Blumen nach Ozon. Das ist sehr gesund. Wiederschaun.« Sie drückte auf einen Knopf, beugte sich über ein Sprachrohr und rief hinein: »In den künstlichen Park! Ich will in der Gastwirtschaft am Kohlensäurebassin Kaffee trinken!«
Da setzte sich das geheimnisvolle Auto gehorsam in Bewe-

gung und fuhr davon. Die alte Dame lehnte sich bequem zurück und häkelte weiter.

Die drei gafften wie die Ölgötzen hinterher. Und der Onkel sagte: »Das ist ja allerhand. Und so schön wird's später auf der ganzen Welt sein! Hoffentlich erlebst du's noch, mein Junge.«

»Wie im Schlaraffenland«, meinte das Pferd.

»Mit einem Unterschied«, warf Ringelhuth ein.

»Der wäre?« fragte das Pferd.

»Hier arbeiten die Menschen. Hier sind sie nicht faul. Sie arbeiten allerdings nur zu ihrem Vergnügen. Doch das wollen wir ihnen nicht nachtragen. Na, gehn wir weiter!«

Sie bogen in eine belebte Straße ein, um sich die Schaufenster von Elektropolis zu betrachten. Aber kaum hatten sie den Bürgersteig betreten, so fielen sie alle drei der Länge nach um und rutschten, obwohl sie das gar nicht vorhatten, auf dem Trottoir hin.

»Hilfe!« schrie Konrad. »Der Fußsteig ist lebendig!«

Der Fußsteig war nämlich, damit man nicht zu gehen brauchte, mit einem laufenden Band versehen. Darauf stellte man sich und fuhr, ohne eine Zehe krumm zu machen, durch die Straßen. Wenn man in ein Geschäft wollte, trat man von dem laufenden Band herunter und hatte nun Pflaster unter den Schuhen.

»Das hätte uns das häkelnde Großmütterchen ruhig sagen können«, knirschte das Pferd. Es fuhr auf seinem Allerwertesten die Hauptstraße von Elektropolis lang und konnte, wegen der Rollschuhe, nicht aufstehen. Erst als Ringelhuth und Konrad nachhalfen, kam es auf die Beine. Und nun machte ihnen der lebendige Bürgersteig geradezu Spaß.

Dann wollte der Onkel in das Schaufenster einer Konditorei gucken und trat von dem laufenden Band herunter. Er hatte aber noch keine Übung und stieß mit dem Schädel gegen eine Hauswand. Daraufhin hörten sie ein merkwürdiges Singen und Klingen, und sie wußten zunächst nicht, woher das kam. Konrad klopfte gegen das Haus, und das Summen wurde noch stärker. Er kratzte an der Wand und rief: »Was sagt ihr dazu? Die Wolkenkratzer sind aus Aluminium!«

»Kinder, das ist eine praktische Stadt!« meinte der Onkel. »Da sollten wir mal unsern Bürgermeister studienhalber herschicken!«

Am meisten imponierte ihnen aber folgendes: Ein Herr, der vor ihnen auf dem Trottoir langfuhr, trat plötzlich aufs Pflaster, zog einen Telephonhörer aus der Manteltasche, sprach eine Nummer hinein und rief: »Gertrud, hör mal, ich komme heute eine Stunde später zum Abendessen. Ich will vorher noch ins Laboratorium. Wiedersehen, Schatz!« Dann steckte er sein Taschentelephon wieder weg, trat aufs laufende Band, las in einem Buch und fuhr seiner Wege.

Konrad und dem Pferd standen die Haare zu Berge. Ein paar Leute, die in entgegengesetzter Richtung an ihnen vorbeifuhren, sagten: »Die mit dem Pferd, das sind bestimmt Provinzler.«

Ringelhuth zuckte die Achseln und versuchte, möglichst einheimisch zu wirken. Dabei fiel er aber wieder um. Doch er sagte, als Konrad ihm hochhelfen wollte: »Laß gut sein, ich fahre im Sitzen weiter.«

Sie rollten aus einer Straße in die andre. Und die Wolkenkratzer aus Aluminium begannen leise zu singen, weil ein Wind aufkam.

Nach einer Viertelstunde war das laufende Band zu Ende. Auch Wolkenkratzer gab es keine mehr.

Sie mußten wieder zu Fuß gehen, marschierten fleißig und standen, wenig später, vor einer gewaltigen Fabrik. »Viehverwertungsstelle Elektropolis«, so hieß sie. Konrad rannte als erster durchs Tor.

Unabsehbare Viehherden warteten darauf, nutzbringend verarbeitet zu werden. Sie drängten sich, muhend und stampfend, vor einem ungeheuer großen Saugtrichter, der gut seine zwanzig Meter Durchmesser hatte. Sie drängten einander in den Trichter hinein. Ochsen, Kühe, Kälber – alle verschwanden sie zu Hunderten, geheimnisvoll angezogen, in der metallisch glänzenden Öffnung.

»Wozu ermordet der Mensch die armen Tiere?« fragte das Pferd.

»Ja, es ist ein Jammer«, erwiderte der Onkel. »Aber wenn Sie mal ein Schnitzel gegessen hätten, wären Sie nachsichtiger!«

Konrad lief an der Längsseite der Maschinenhalle entlang. Man hörte das Geräusch von Motoren und Kolben. Ringelhuth und das Pferd hatten Mühe, dem Jungen zu folgen.

Endlich erreichten sie die Rückseite der Fabrikanlage. Dort standen, in langer Reihe, elektrische Güterzüge. Und aus der Hinterfront des Gebäudes fielen die Fertigfabrikate der Viehverwertungsstelle in die Eisenbahnwaggons. Aus einer der Wandluken fielen Lederkoffer, aus einer anderen Fässer mit Butter, aus einer dritten purzelten Kalblederschuhe, aus einer vierten Büchsen mit Ochsenmaulsalat, aus einer fünften große Schweizerkäse, aus einer sechsten rollten Tonnen mit Gefrierfleisch; aus wieder anderen Luken fielen Hornkämme, Dauerwürste, gegerbte Häute, Kannen voll Milch, Violinsaiten, Kisten mit Schlagsahne und vieles noch.

Waren die Waggons gefüllt, so läutete eine Glocke. Dann rückten die Züge weiter vor und leere Waggons fuhren unter die Luken, um beladen zu werden.

»Und nirgends eine Menschenseele! Nichts als Ochsen!« rief Onkel Ringelhuth. »Alles elektrisch! Alles automatisch!«

Aber gerade, als er das rief, kam ein Mann über den Fabrikhof geschlendert. Er grüßte und sagte: »Ich habe heute Dienst. Jeden Monat einmal. Zwölf Tage im Jahr. Ich beaufsichtige die Maschinerie.«

»Eine Frage, Herr Nachbar«, sagte das Pferd. »Was machen Sie eigentlich an den übrigen dreihundertdreiundfünfzig Tagen des Jahres?«

»Da seien Sie mal ganz ohne Sorge«, meinte der Mann vergnügt. »Ich habe einen Gemüsegarten. Außerdem spiele ich gern Fußball. Und malen lerne ich auch. Und manchmal lese ich Geschichtsbücher. Ist ja hochinteressant, wie umständlich die Leute früher waren!«

»Zugegeben«, sagte der Onkel. »Aber woher kriegen Sie die Unmenge Elektrizität, die Sie in Ihrer Stadt verbrauchen?«

»Von den Niagarafällen«, erzählte der Mann. »Leider hat es dort seit Wochen so geregnet, daß wir sehr in Sorge sind. Die

Spannung und die Stromstärke haben derartig zugenommen, daß wir fürchten, in der Zentrale könnten die Sicherungen durchbrennen. Ach, da erscheint gerade die 4-Uhr-Zeitung!«

»Wo denn, Herr Nachbar?« fragte Konrad.

Der Aufseher starrte zum Himmel empor. Die andern folgten seinem Beispiel. Und tatsächlich, am Himmel erschienen, in weißer Schrift auf blauem Grunde, Zeitungsnachrichten. »Keine Gefahr für Elektropolis!« stand da. Und dann folgte ein Gutachten der Sicherheitskommission.

Außerdem erschienen Notizen über die Wirtschaftsverhandlungen mit dem Mars, über die letzten Forschungsergebnisse der verschiedenen wissenschaftlichen Institute, über die morgigen Rundfunk- und Heimkinodarbietungen, und zum Schluß wurde die Romanfortsetzung ans Himmelsgewölbe projiziert.

Konrad wollte gerade den Roman zu lesen anfangen, da entstand plötzlich ein Höllenlärm. Aus den Luken der Fabrikwand fielen die Produkte der Viehverwertung in immer rascherem Tempo. Es regnete förmlich Koffer und Fleischsalat, Butter, Stiefel, Schweizerkäse und Schlagsahne. Die Waggons liefen über. Jetzt flogen schon Backsteine, Fensterrahmen und Maschinenteile aus den Luken!

»O weh!« schrie der Aufseher. »Die Fabrik frißt sich selber auf!« Und er rannte davon.

Die Katastrophe begann damit, daß die Elektrizitätswerke der Stadt, infolge der Überschwemmungen am Niagara, von der hundertfachen Kraft getrieben wurden. Die Maschinen der Viehverwertungsstelle liefen, als sämtliche Herden verarbeitet worden waren, leer. Schließlich liefen sie rückwärts, saugten die Butterfässer, den Käse, die Koffer, die Stiefel, das Gefrierfleisch, die Dauerwurst und alles übrige aus den Waggons heraus und spien, am Fabriktor, das ursprüngliche Vieh wieder aus dem Trichter. Die Ochsen, Kälber und Kühe rannten brüllend und nervös auf die Straße und in die Stadt hinein.

Der Onkel und Konrad waren auf ihr Pferd geklettert und wurden von den wildgewordenen Viehherden fortgerissen. Auf den Straßen rasten die Rolltrottoirs wie irrsinnig dahin.

Die automatischen Autos schossen wie Blitze vorbei, prallten gegeneinander oder sausten in die Häuser hinein und rasten treppauf. Die elektrischen Lampen schmolzen. Die künstlichen Gärten welkten und blühten in einem fort. Am Himmel erschien schon die Zeitung von übermorgen.

Das Pferd war dem nicht länger gewachsen. Es blieb auf der Fahrstraße stehen und schlotterte mit den Knien.

»Entschuldigen Sie, Kaballo!« rief der Onkel und gab dem Pferd mit dem Spazierstock einen solchen Schlag auf die Kehrseite der Medaille, daß das Tier vor Schreck alle Angst vergaß und wie besessen durch die Katastrophe jagte.

Nach etlichen Minuten waren sie bereits aus der Stadt hinaus und gerettet.

»Eine verdammt kitzlige Sache, die Technik«, sagte das Pferd.

Sie sahen zurück und konnten beobachten, wie die Fahrstühle aus den Dächern flogen. Der Lärm der schwankenden Aluminium-Wolkenkratzer klang nach Krieg.

Onkel Ringelhuth klopfte dem Pferd den Hals, trocknete sich die Stirn und sagte: »Das Paradies geht in die Luft.«

Konrad packte den Onkel am Arm und rief: »Mach dir nichts draus! Wenn ich groß bin, bauen wir ein neues!«

Und dann ritten sie weiter. Immer gradeaus. Der Südsee entgegen.

Die Begegnung mit Petersilie

Sie ritten durch ein weißes Dünengebirge. Dem Pferd kam Sand in die Kugellager. Es knirschte und quietschte ganz abscheulich. Und der Onkel hielt sich die Ohren zu.

»Ich werde verrückt!« rief Konrad, weil er Ringelhuth aufziehen wollte. Aber der Onkel konnte es, weil er sich die Ohren zuhielt, natürlich gar nicht verstehen. Schließlich hörten die Dünen auf, und das Meer begann. Es war marineblau und schien kein Ende zu nehmen. Da standen nun die drei Freunde vorm Indischen Ozean und guckten, obwohl die Sonne brannte, in den Mond. Das Pferd sagte, es habe es ja gleich gesagt, und wollte wieder mal umkehren. Doch da kam es bei den andern schief an. Und so knirschte es unentwegt den Strand entlang, weil Ringelhuth gemeint hatte, vielleicht träfen sie irgendwo einen Kutter.

Einen Kutter trafen sie zwar nicht, aber sie entdeckten etwas noch viel Merkwürdigeres: Sie sahen ein zwei Meter breites Stahlband, das weit ins Meer hinausreichte und ebenso endlos zu sein schien wie der Ozean selber. Es glich fast einer schmalen Gasse, die übers Meer führte, oder einem Bündel Mondstrahlen, das sich nachts im Wasser spiegelt.

Auf diesem Stahlband, nicht weit vom Strand entfernt, stand eine einsame Frau, hielt einen Borstenbesen und schrubbte.

»Was machen Sie denn da?« fragte der Onkel.

»Ich scheure den Äquator«, gab die Frau zur Antwort.

»Was? Das ist der Äquator?« rief Konrad und zeigte ungläubig auf das stählerne Band.

»Und wozu scheuern Sie denn das Ding?« fragte das Pferd.

»Wir hatten drei Tage Monsun«, sagte die Scheuerfrau. »Es gab haushohe Wellen, und heute morgen war der Äquator rostig. Und nun schrubbe ich den Rost weg. Denn wenn er sich festfrißt, könnte der Äquator platzen, und dann ginge der Globus in die Brüche!«

»Das Beste ist, Sie pinseln Ihren blöden Äquator mit Mennige an«, sagte das Pferd. »Dann kann er gar nicht erst rosten.«

»Er muß doch aber bißchen rosten«, antwortete die Frau. »Sonst verlier ich meine Anstellung.«

»Dann entschuldigen Sie gütigst«, meinte das Pferd. »Ich wollte Ihnen nicht zu nahe treten.«

»Oh, das macht fast gar nichts«, sagte die Frau bescheiden und scheuerte ihres Wegs.

Onkel Ringelhuth zog den Hut, um ihre Aufmerksamkeit zu erregen. »Ehe Sie sich völlig in Ihre Lebensaufgabe verlieren, noch eine Frage. Wie kommen wir am schnellsten zur Südsee?«

»Rauf auf den Äquator, und dann immer gradeaus!« rief die Frau.

»Ganz wie Sie wünschen«, sagte der Onkel und setzte sich zögernd den Hut wieder auf.

»Also los, du oller Mustang!« schrie Konrad außer sich vor Freude. Dem Pferd lief eine Gänsehaut übers Fell. »Ich soll auf das Wellblech?« fragte es ängstlich. »Wenn uns dort ein Sturm erwischt, mit Wasserhosen und solchen Sachen, gehen wir glatt übern Harz. Ihr reitet mich auf eigene Gefahr. Seit ich stellungslos bin, bin ich nicht mehr versichert.«

»Hau ab, du schwarzer Schimmel!« rief der Onkel.

Da sprang das Pferd geräuschvoll auf den Äquator, schmiegte sich an der schrubbenden Scheuerfrau vorbei und zockelte südseewärts. Der Äquator schaukelte. Es war zum Seekrankwerden.

Das Festland war verschwunden. Sie sahen nur noch marineblaues Meer ringsum und die stählerne Schiene vor sich. Manchmal plätscherte eine kleine Welle über den Äquator hin. Dann wurde er naß, und das Pferd kam so ins Rutschen, daß sie im Chor losbrüllten und bei sich dachten: »Guten Morgen, Feierabend!«

Und als sie gar einem Schild begegneten, auf dem zu lesen stand: »Es wird gebeten, die Haifische nicht zu necken!« da fiel ihnen das Herz senkrecht in die Hosen. Auch dem Pferd, das gar keine Hosen anhatte.

An allen Ecken und Enden tauchten Herden von Menschenhaien auf. Die Viecher waren groß wie Unterseeboote, steckten die gefährlichen Mäuler aus dem Wasser und sperrten sie auf, als ob sie gähnten. Sie hatten aber Hunger.

»Das könnte denen so passen«, murmelte der Onkel.

»Herr Apotheker«, sagte das Pferd, »die Tierchen haben sich in Ihren Bauch verliebt. Die wissen, was gut schmeckt.«

»Werden Sie ja nicht frech«, rief Konrad. »Mein Onkel hat keinen Bauch! Merken Sie sich das!«

Ringelhuth war gerührt. »Du bist ein braver Junge«, sagte er. »Und wenn Sie«, jetzt meinte er das Pferd, »wenn Sie ein Roß mit Gymnasialbildung sein wollen, dann könnte ich das ganze Zutrauen …«

In diesem Moment schnellte einer der Haifische aus dem Wasser hoch in die Luft und schnappte gierig nach Ringelhuth. Aber Konrad traf, als gelte es einen Elfmeter, das bedauernswerte Tier mit der Stiefelspitze klar am Unterkiefer, und der Haifisch kehrte reumütig und mit einem komplizierten Kieferbruch in die salzigen Fluten zurück. Daraufhin wandten auch die anderen Haie dem Äquator den Rücken, und die drei Reisenden hatten Ruhe.

»Wenn du nicht schon mein Neffe wärst, würde ich dich umgehend dazu ernennen«, erklärte der Onkel mit zitternder Stimme.

Das Pferd hustete ironisch. Dann sagte es: »Sie werden sich mit Ihrer Freigebigkeit noch ruinieren.«

»Spotten Sie nur!« rief der Onkel. »Mein Neffe ist ideal veranlagt und weiß meine Bemerkung voll zu würdigen!«

»Wenn ich offen sein soll«, sagte Konrad, »'ne Mark wäre mir lieber gewesen. Ich spar nämlich für 'ne Dampfmaschine.«

»So ein geldgieriger Knabe«, knurrte Ringelhuth. »Nach meinem Tode erbst du ja doch alles.«

»Dann spielt er aber nicht mehr mit Dampfmaschinen«, sagte das Pferd und kicherte. Was blieb dem Onkel weiter übrig? Er holte sein Portemonnaie aus der Tasche und drückte dem Jungen eine Mark in die Hand.

»Hoffentlich will dich noch so'n Haifisch fressen«, meinte Konrad. »Dann verdien ich mir noch 'ne Mark.« Es kam aber keiner mehr.

»Du hast keinen feinen Charakter«, sagte Ringelhuth. »Aber das ist nicht zu ändern. Es liegt bei uns in der Familie.«

Es konnte gar nicht mehr weit bis zur Südsee sein. Zu beiden Seiten des Äquators sah man schon Palmeninseln mit vorgelagerten Korallenriffen. Und vor den Reisenden tauchte eine mit tropischen Urwäldern versehene Küste auf. Das Pferd fuhr wie ein Schnellzug drauflos. Es hatte den schaukelnden Äquator und das Wasser satt.

Endlich standen sie auf dem Festland. Zwischen zwei riesigen Eukalyptusbäumen hingen aus Lianen geflochtene Girlanden. Und an einer der Girlanden baumelte ein Schild mit folgendem Text:

SÜDSEE, WESTPORTAL
Eintritt auf eigene Gefahr!

*Reklamationen können
nicht berücksichtigt werden!*

Ein bißchen eingeschüchtert ritten sie unter den Girlanden hin und kamen auf eine herrliche Orchideenwiese, die von Palmen umgeben war. Über diese Wiese weg rannte ein Gorilla auf sie zu, gab ihnen die Hand, drehte sich dann nach den Palmen um und winkte. Im gleichen Augenblick brach ein wüstes Geschrei los. Affenherden, die in den Palmen hockten, kreischten auf. Papageien, die Notenblätter zwischen den Zehen hielten, plärrten dazwischen. Ein Elefant hatte den Rüssel um einen Palmenstamm geschlungen und schüttelte den Baum, daß die Kokosnüsse klapperten. Der Gorilla schwang seine langen Affenarme im Takt, als sei er der Kapellmeister und dirigiere den Heidenlärm.

Ebenso plötzlich, wie er begonnen hatte, hörte der Krach auf. Der Gorilla wandte sich den drei Reisenden zu und fletschte die Zähne.

»Vielen Dank, Sie Affe«, sagte der Onkel. »Es war ergreifend.« Konrad sprang zu Boden, lief zu dem Gorilla hin und klopfte ihn auf die bärtige Schulter. »Wenn ich das dem Oberländer erzähle«, rief er, »zerspringt er. Unter Garantie!«

»Woher soll denn so ein Affe wissen, wer Oberländer ist«, meinte der Onkel.

»Oberländer ist unser Klassenerster«, sagte Konrad. Aber der Gorilla interessierte sich nicht für Konrads Primus, sondern raste eine Palme hinauf. Weg war er! Die andern Affen folgten ihm.

Der Elefant verneigte sich dreimal feierlich vor den Reisenden. Dann trollte er sich. Er trabte in den Urwald, und man konnte noch sehr lange hören, wie die Bäume unter seinen Füßen zersplitterten.

»Fort mit Schaden!« sagte Ringelhuth. Und dann ritten sie weiter. Sie folgten einem schillernden Schwarm kleiner bunter Kolibris, der vor ihnen herflatterte, als wolle er den Weg zeigen.

»Schau dich gründlich um, mein Junge«, rief das Pferd. »Damit sich dein Aufsatz sehen lassen kann.« Der Onkel meinte sogar, Konrad solle Notizen machen. Aber Konrad antwortete nicht einmal. Er betrachtete die Gegend. Es gab prächtige Paradiesvögel zu sehen und kleine komische Tapire, schneeweiße Eichhörnchen und faustgroße Schmetterlinge in allen Farben, Nashornkäfer und fliegende Hunde, goldne Pfauen und Schlangen, die wie zusammengerollte Gartenschläuche am Wege lagen. Am sehenswertesten war aber eine Herde Känguruhs, die unter einem schattigen Bananenbaum saß. Die Känguruhmännchen spielten Skat. Die Weibchen strickten Socken. Die Wollknäule hatten sie in ihren Beuteln. Auch Lebensmittel hatten sie drin. Und die Milchflaschen für die kleinen Känguruhs, die im Gras saßen, Bananen schälten und über eine aufgespannte Leine sprangen. Plötzlich griffen die Känguruhweibchen hastig nach ihren Kindern, stopften sie in ihre Beutel und hüpften davon. Die Männchen ließen sogar die Skatkarten liegen.

»Nanu!« rief der Onkel. »Könnt ihr mir vielleicht erklären, warum …« Aber da schwieg er schon. Denn dicht vor ihnen kauerten drei Königstiger. Die drei Tiger strichen sich den Schnurrbart, machten je einen Buckel und wollten gerade losspringen, da riß Onkel Ringelhuth seinen Spazierstock an die Backe, als sei er ein geladenes Gewehr, kniff das linke Auge zu und zielte.

Die Tiger erschraken. Der größte von ihnen zog ein weißes Tuch aus der Tasche und hielt es hoch.

»Ergebt ihr euch?« schrie Konrad.

Die drei Königstiger nickten.

»Dann macht gefälligst, daß ihr fortkommt!« rief der Onkel energisch. »Sonst knall ich euch mit meinem Spazierstock über den Haufen!«

»Zurück, marschmarsch!« wieherte das Pferd. Und da rissen die Raubtiere aus. Gleichzeitig ging ein Ruck durch Negro Kaballo. Er stolperte und starrte verwundert auf seine Hufe. Die Rollschuhe waren verschwunden! »Meine Fresse!« rief das Pferd. »Wo sind denn meine Fahrzeuge hin?«

Der Onkel wußte es auch nicht. Aber Konrad sagte: »Habt ihr denn total verschwitzt, was wir im Schlaraffenland erlebt haben?«

»Richtig!« rief das Pferd. »Na, mir soll's recht sein. Wozu braucht ein Roß Rollschuhe? Ist ja unnatürlich.« Und von nun an galoppierte es wieder, statt zu rollen.

Kurz darauf begegneten sie der kleinen Petersilie. Das kam so. Sie hörten jemanden weinen. Es klang wie ein Kind. Aber sie konnten absolut nichts finden, so sehr sie sich plagten. Schließlich stiegen Onkel und Neffe vom Pferd und gingen vorsichtig in den Urwald hinein. Ringelhuth kam allerdings nicht weit. Er stolperte über eine Luftwurzel, schrie: »Mein Hühnerauge!«, setzte sich auf den Erdboden und streichelte seinen Fuß. Dadurch, daß er in einem Ameisenhaufen Platz genommen hatte, wurde die Sache auch nicht gerade besser. Denn die polynesischen Ameisen sind so groß wie unsere Maikäfer. Und die Flüssigkeit, die sie absondern, ist die reinste Salzsäure.

Konrad kletterte indessen über umgestürzte Baumstämme, strampelte zwischen Schlingpflanzen hindurch und folgte dem

Kinderweinen, bis er unter einen Gummibaum geriet. Das Schluchzen kam aus dem Gipfel des Gummibaums. Der Junge sah empor. Hoch oben, auf einem Zweig, saß ein kleines Mädchen, kaute an einer Ananas und jammerte vor sich hin.

»Was'n los?« rief Konrad.

»Ist er weg?« fragte das kleine Mädchen.

»Wer soll'n weg sein?« erkundigte sich der Junge.

»Der Walfisch!« schrie sie herunter.

»Bei dir piept's ja«, sagte er.

Da kletterte sie wie ein Wiesel von ihrem Gummibaum herab, stellte sich vor Konrad auf und rief empört: »Was fällt dir eigentlich ein, du Lausejunge? Ich bin eine Prinzessin und heiße Petersilie!«

Konrad war nicht fähig, etwas zu erwidern. Denn das Mädchen, das Petersilie hieß, war schwarz und weiß kariert!

»Mensch«, sagte er schließlich, »auf dir kann man ja Schach spielen!«

Sie gab ihm ein Stück von ihrer Ananas und sagte: »Mein Papa ist ein berühmter schwarzer Südseehäuptling. Und Mutti ist Holländerin. Sie war, bevor sie meinen Papa heiratete, Tippfräulein in einer hiesigen Kokosflockenfarm. Und deshalb bin ich schwarz und weiß gekästelt. Sieht es sehr scheußlich aus?«

»Das kann ich nicht beurteilen«, entgegnete der Junge. »Mir gefällt's! Übrigens heiße ich Konrad.«

Die kleine Petersilie machte einen Knicks. – Konrad gab ihr die Hand. Anschließend erkundigte er sich, wieso sie vor einem Walfisch ausgerissen sei. Walfische lebten doch im Wasser!

»Hast du'ne Ahnung!« rief sie. »Walfische sind doch Säugetiere. Im Wasser leben sie nur aus Versehen.«

Plötzlich krachte es im Urwald. »Das ist er!« schrie Petersilie, packte den Jungen am Arm und zerrte ihn vorwärts. Sie rannten wie wild der Straße zu.

Onkel Ringelhuth saß noch immer in dem Ameisenhaufen und schimpfte wie ein Schofför.

»Los!« brüllte Konrad. »Der Walfisch kommt! Die Kleine hier heißt Petersilie!«

Der Onkel traute seinen Augen nicht. Er starrte entgeistert auf das karierte Kind.

»Nun mach schon!« rief Konrad.

»Nur weil ihr's seid«, sagte der Onkel, bürstete sich die Ameisen vom Anzug und rannte mit.

Das Pferd, das auf der Straße stand und, um sich die Zeit zu vertreiben, gerade ein paar Kniebeugen machte, wunderte sich, als die Drei atemlos angestolpert kamen.

»Man kann euch nicht wieder allein in den Wald lassen«, knurrte es. »Wen bringt ihr denn da mit?«

»Das kleine Mädchen wird von einem Walfisch verfolgt«, erzählte Konrad. »Er wird gleich eintreffen.«

»Das hat mir noch gefehlt«, sagte das Pferd. »Fische gehören ins Wasser, und karierte Mädchen auf den Jahrmarkt.«

»Walfische sind doch keine Fische!« rief Konrad. Dann gab er Petersilie eins hintendrauf. Denn sie heulte schon wieder.

»Warum verfolgt er dich denn?« fragte er.

»Ach«, schluchzte sie, »ich hab ihm die Zunge herausgestreckt. Und nun ist er beleidigt. Hilfe! Da kommt er!«

Es knackte in den Palmen. Sie zerbrachen wie Streichhölzer. Ein graues Ungetüm schob sich aus dem Urwald. Es sah aus wie ein zerbeultes Luftschiff und riß sein zahnloses Maul auf. Onkel Ringelhuth legte für alle Fälle seinen Spazierstock an die Backe und brüllte: »Hände hoch, oder ich schieße!« Aber der Walfisch fiel nicht drauf rein. Er wälzte sich immer näher und näher. Konrad stellte sich schützend vor Petersilie und den Onkel und hob drohend die Faust.

»Marsch ins Grab mit uns!« murmelte das Pferd.

In diesem Augenblick knallten ein paar Schüsse. Der Walfisch stutzte, nieste laut, machte kehrt und wälzte sich in den Urwald zurück.

Ringelhuth wischte sich die Stirn, betrachtete den Neffen ungehalten und rief: »Alles wegen eines freien Aufsatzes! Ich werde deinem Lehrer einen groben Brief schreiben.«

Das Pferd holte erlöst Atem. Dann fragte es: »Wer von uns hat denn nun eigentlich geschossen? Apotheker, hören Sie, vielleicht war Ihr Spazierstock doch geladen, was?«

»Ich habe geschossen!« rief eine Stimme. Alle fuhren herum. Vor ihnen stand ein bronzebrauner Mann. Er trug einen Lendenschurz aus Palmenblättern, andernorts war er bunt tätowiert. »Ich bin der Häuptling Rabenaas, auch ›Die Schnelle Post‹ genannt. Hallo Petersilie!« Er gab dem Mädchen die Hand, dann auch den übrigen.

»Nicht, daß ich neugierig wäre«, meinte der Onkel. »Aber womit haben Sie eigentlich geschossen, Herr Rohrspatz?«

»Rabenaas, nicht Rohrspatz«, sagte der Häuptling zurechtweisend.

»Ganz wie Sie wollen«, rief der Onkel. »Von mir aus können Sie Hasenpfeffer heißen. Also, Herr Rabenspatz, womit haben Sie geschossen? Es klang so seltsam.«

»Mit heißen Bratäpfeln«, sagte Häuptling Rabenaas. »Ich wollte den Walfisch nur abschrecken. Ich freue mich, daß ich Ihnen eine kleine Gefälligkeit erweisen durfte.«

»Mit heißen Bratäpfeln?« fragte Konrad. »Und wo haben Sie Ihre Flinte?«

»Ich habe kein Gewehr«, erwiderte Die Schnelle Post. »Ich pflege mein Taschenmesser mit Bratäpfeln zu laden.«

»Dann natürlich!« sagte Ringelhuth. »Womit Sie aber auch geschossen haben mögen, wir danken Ihnen von Herzen!«

Rabenaas winkte ab. »Nicht der Rede wert«, bemerkte er, nickte gnädig, ging in den Wald zurück und war verschwunden.

Petersilie brachte die Reisenden zu einem befreundeten Völkerstamm, der an einem reizenden Süßwassersee in hohen Pfahlbauten wohnte. Die Eingeborenen waren tätowiert, trugen Lendenschürze und zentnerschwere Korallenketten. Das Pferd sagte, es interessiere sich nicht für dergleichen. Es trabte statt dessen zu einem wogenden Zuckerrohrfeld und fraß sich wieder mal gründlich satt. Überdies traf es dort ein anderes Pferd, einen kleinen Schimmel, und mit dem schien es sich ausgezeichnet zu verstehen.

Die Eingeborenen zeigten Ringelhuth und seinem Neffen unglaubliche Taucherkunststücke. Dann erhielt der Onkel einen Lendenschurz aus Palmenblättern als Gastgeschenk und mußte ihn wohl oder übel sofort umschnallen. Da er aber den Anzug anbehielt, sah er nicht eben vorteilhaft aus. Die Frauen der Eingeborenen lachten sich einen Ast und liefen davon.

Die Jünglinge zeigten ihren Gästen, wie man mit Speeren Forellen fängt und Vögel mit Lassos. Dann fuhren sie in ihren Auslegerbooten ein Achter-Rennen, daß Konrad zu atmen vergaß. Anschließend wurde ein Festessen serviert. Die Menükarte lautete folgendermaßen:

Moskito-Ragout
Haifischflossen in gegorenem Reiswein
Geräucherte Schlangenzungen mit Rohzuckersalat
und Pampelmusengelee
Koteletts vom Emu, Schneckenpüree
Kokosnußcreme in Walfischtran

Der Häuptling entschuldigte sich, daß sie den hohen Gästen nichts Besonderes bieten könnten. »Statt der Schlangenzungen hätten wir Ihnen gern am Spieß geröstetes Menschenfleisch serviert«, sagte er. »Aber wir haben gerade gestern unsern letzten Gefangenen aufgefressen. Und ehe wir ein paar Angehörige vom Nachbarstamm gehascht haben, wird das Ragout kalt.«

»Bemühen Sie sich nicht«, erwiderte der Onkel, »Menschen liegen mir sowieso zu schwer im Magen.«

Und dann wurde das Menü gereicht.

»Da siehst du mal wieder, wie nützlich es ist, daß wir donnerstags unseren Magen abhärten!« sagte der Onkel zu Konrad und schluckte alles mit Todesverachtung hinunter. Bei dem Schneckenpüree wäre ihm allerdings fast schlecht geworden.

Konrad unterhielt sich mit Petersilie. Er war traurig. Das Mädchen hatte ihm nämlich erzählt, sie habe keine Zeit mehr. Sie müsse zu der Diamantenwaschfrau Lehmann nach Bali. Denn Papa sei eine Perle aus der Krone gefallen, und die solle durch einen Diamanten ersetzt werden. Konrad sagte, sie möge doch noch ein Weilchen bleiben. Aber Petersilie schüttelte den

Kopf, stand auf, gab dem Jungen die Hand, nickte dem Onkel und dem alten Häuptling zu und hüpfte davon.

»Heul nicht, mein Sohn«, sprach Ringelhuth. »Iß lieber!« Aber Konrad war der Appetit vergangen. Er schluckte die Tränen hinunter und meinte, sie müßten nun auch gehen. Ohne Petersilie mache ihm die ganze Südsee keine Freude. Außerdem würde sonst der Aufsatz nicht mehr fertig,.

Dem Onkel war's recht. Sie verabschiedeten sich von dem Häuptling, bedankten sich für die herzliche Aufnahme und liefen zu dem Rohrzuckerfeld, um Negro Kaballo abzuholen. Der stand neben dem kleinen Schimmel und sagte: »Herrschaften, nichts für ungut, aber ich bleibe hier. Das Zuckerrohr schmeckt fabelhaft. Außerdem will ich das Schimmelfräulein heiraten. Ist es nicht süß? Ich will endlich meine eigne Häuslichkeit haben. Ich will die Rollschuhe und den Zirkus und alles vergessen, was mich an Europa erinnert. Auch werd ich nie mehr ein Wort sprechen. Ich schwör's. Sprechen schickt sich nicht für Pferde. Zurück zur Natur!«

»Machen Sie keine Geschichten!« rief der Onkel. »Das ist doch nicht Ihr Ernst!«

Negro Kaballo schwieg.

»Sie können uns doch nicht zu Fuß nach Hause strampeln lassen«, meinte Ringelhuth. »Nun machen Sie doch das Maul auf, Sie vierbeiniger Dickschädel!«

»Er hat ja eben geschworen, nicht mehr zu sprechen«, sagte Konrad. »Und wenn er das Pferdefräulein heiraten will, wollen wir ihn nicht stören. Wir wollen seinem Glück nicht im Wege stehen!«

Das Pferd nickte. Ringelhuth war aber noch immer wütend. »Ich werde verrückt!« rief er. »Wozu muß dieses Riesenroß heiraten? Ich bin doch auch Junggeselle.«

»Du hast mich zum Neffen, lieber Oheim«, erwiderte Konrad. »Deswegen brauchst du keine eigenen Kinder.«

»Passen Sie auf«, sagte der Onkel zu Negro Kaballo. »Sie werden mit Ihrem Schimmelfräulein lauter karierte Fohlen kriegen! Eine Petersilie nach der andern! Wollen Sie wirklich nicht mitkommen?«

Das Pferd schüttelte den Kopf.

»Na, dann Hals- und Beinbruch«, rief Ringelhuth. »Aber machen Sie mir nicht weis, daß Sie ein Pferd wären! Ein Rindvieh sind Sie. Verstanden?«

Negro Kaballo nickte.

»In Gruppen links schwenkt, marsch!« kommandierte der Onkel, faßte den kleinen Konrad an der Hand und zog mit ihm von dannen.

»Vielen Dank für alles!« rief der Junge.

Negro Kaballo und seine weiße Braut warfen die Köpfe hoch und wieherten zweistimmig.

»Du hast falschen Tritt«, sagte Ringelhuth zu seinem Neffen. Es war aber gar nicht wahr. Der Onkel wollte nur nicht zeigen, daß ihm der Abschied von dem Rollschuhpferd sehr, sehr leid tat.

Sie marschierten durch den Urwald. Er nahm kein Ende. Wilde Tiere brüllten in der Ferne. Paviane warfen Kokosnüsse auf den Weg. Es war ziemlich lebensgefährlich. Konrad sagte, es sei ein Jammer, daß es in dieser Gegend keine Straßenbahnen gäbe. Schließlich sangen sie: »Das Wandern ist des Müllers Lust.«

Als sie mit dem Lied fertig waren, meinte der Onkel, er fände das Wandern gar nicht lustig.

»Du bist ja auch kein Müller«, erwiderte Konrad. »Sondern ein Apotheker.«

»Stimmt auffallend«, sagte der Onkel, sah auf die Armbanduhr und erschrak: »Menschenskind!« rief er. »Es ist zehn Minuten vor Sieben. Wenn wir nicht bald meinem Schrank begegnen, kommst du zu spät zum Abendbrot!«

»Wann ich meinen Aufsatz schreiben soll, weiß ich auch nicht«, erklärte der Junge.

»Na, singen wir noch eins!« schlug der Onkel vor. Und jetzt sangen sie: »Horch was kommt von draußen 'rein, hollahi, hollaho.«

Dann schaute der Onkel wieder auf die Uhr. »Wenn jetzt nicht sofort ein Wunder geschieht«, sagte er, »können wir getrost hierbleiben und uns einem der benachbarten Stämme als Sonntagsbraten anbieten.«

»Warum soll denn kein Wunder geschehen?« fragte jemand hinter ihrem Rücken.

Sie drehten sich um. Da stand Rabenaas, auch Die Schnelle Post genannt, und lächelte.

»Sie waren schon mal so freundlich, uns aus der Patsche zu helfen«, sagte der Onkel. »Könnten Sie wohl meinen ollen Schrank herzaubern, lieber Herr Rabenpost?«

»Rabenaas«, korrigierte der Häuptling. Dann murmelte er:

»Viermal sechs ist drei mal acht,
und null ist null mal hundert.
Die Wunder werden nur vollbracht
von dem, der sich nicht wundert.«

Daraufhin klatschte er in die Hände, und schon stand der Schrank da! Mitten im Urwald. Zwischen Palmen und Kakteen. »Vielen Dank!« rief Konrad. Aber Rabenaas, auch Die Schnelle Post genannt, war bereits verschwunden.

»Ein unheimlicher Kerl!« sagte der Onkel. »Aber sehr liebenswürdig. Das muß ihm der Neid lassen.« Dann schob er den Jungen in die offene Rückseite des Schranks und kletterte hinterher. Und als sie vorn zum Schrank herausstiegen, landeten sie wahrhaftig in Ringelhuths Korridor! Auf der Johann-Mayer-Straße!

Konrad machte Licht, weil es schon bißchen dunkel war, und weil er hoffte, er könne in der Nähe des Schranks noch ein paar Zentimeter echten Urwalds entdecken.

Er sah aber nur Wände und Tapeten.

Der Onkel band sich den Lendenschurz ab und hängte ihn und den Spazierstock in den alten Schrank. Dann sagte er: »So, du Strolch, nun scher dich nach Hause! Grüß die Eltern. Und richte aus, ich käme nach dem Abendbrot auf 'nen Sprung vorbei. Dein Vater soll ein paar Flaschen Bier kaltstellen.«

Der Junge griff nach der Schulmappe, sagte, es sei wunderbar gewesen, gab dem Onkel blitzartig einen Kuß auf die Backe und rannte davon.

»Nana«, knurrte der Onkel. »Gibt mir der Flegel einen Kuß!

Das schickt sich doch nicht für Männer.« Dann sah er zum Fenster hinaus. Konrad schoß gerade aus der Haustür und blickte hoch. Sie winkten einander zu.

Anschließend brachte Ringelhuth die Wohnung in Ordnung. Denn das Federbett lag noch vorm Bücherschrank. Und die leergegessenen Teller standen noch auf dem Tisch.

Als er aufgeräumt hatte, ging er auf den Korridor hinaus, öffnete noch einmal den Schrank und blickte neugierig hinein. Er schüttelte den Kopf. Die Rückseite war nicht mehr offen! Eine richtige Schrankwand war davor. Und der Lendenschurz war verschwunden.

»So, und jetzt raucht der weitgereiste Apotheker Ringelhuth eine dicke Zigarre«, sprach der Onkel zu sich selber und spazierte pfeifend in die Stube.

Der Onkel liest, was er erlebt hat

Als Ringelhuth zu Konrads Eltern kam, hatten sie den Jungen schon zu Bett geschickt.

»Was habt ihr denn heute wieder angestellt?« fragte Konrads Mutter (also die Frau von Onkel Ringelhuths Bruder).

»Hat er nichts erzählt?« fragte der Onkel obenhin.

»Keinen Ton«, sagte Konrads Vater. »Der Junge tut, als seien eure Donnerstage das Geheimnisvollste, was es gibt.«

»Sind sie auch«, entgegnete Ringelhuth. »Übrigens, krieg ich nun ein Glas Bier oder krieg ich keins?«

Konrads Mutter schenkte ihm ein und fragte, während er das Glas auf einen Hieb leertrank: »Was für Dummheiten habt ihr heute gemacht?«

»Ach«, sagte der Onkel, »heute ging's sehr lebhaft zu. Auf der Glacisstraße fragte ein Pferd, ob wir Zucker bei uns hätten. Wir hatten aber keinen. Wer denkt denn auch an sowas? Na, und dann kam es in meine Wohnung. Anschließend waren wir beim dicken Seidelbast. Der ging früher in Konrads Klasse. Kennt ihr ihn? Jetzt ist er Präsident im Schlaraffenland. Besonders nett sind dort die Hühner. Sie legen Spiegeleier mit Schinken. Ja, und dann hatte ich mit Napoleon und Julius Cäsar Krach. Sie saßen nämlich auf unsern Plätzen. Auf bezahlten Plätzen! Später trafen wir die kleine rothaarige Babette. Die ist in der Verkehrten Welt Ministerialrat für Erziehung und Unterricht. Weil ihre Frau Mutter dort ausgebessert wird. Mein Hauswirt, Clemens Waffelbruch, ist übrigens auch dort. Na, der kann's brauchen. Dann waren wir in der automatischen Stadt. Dort lenken sich die Autos von selber. Und dann ritten wir auf dem Äquator zur Südsee. Ein Glück, daß ich meinen Spazierstock mithatte. Konrad befreundete sich mit einem schwarz- und weißkarierten Mädchen. Petersilie hieß das reizende Geschöpf. Also, ich wundre mich immer noch, daß wir rechtzeitig wieder zu Hause waren!«

Konrads Eltern, die auf dem Sofa saßen, blickten einander entsetzt an. Der Vater sagte ernst: »Komm, zeig mal deine Zunge!« Und die Mutter fragte: »Willst du einen Prießnitzumschlag auf die Stirn?«

»Noch'n Glas Bier will ich«, meinte Ringelhuth. »Aber rasch, sonst trink ich aus der Flasche!«

»Auf keinen Fall«, rief sein Bruder. »Keinen Tropfen Alkohol kriegst du mehr!«

»Lieber Julius«, sagte Konrads Mutter streng zu ihrem Mann, »warum hast du mir bis heute verschwiegen, daß es in eurer Familie Geisteskranke gibt?«

»Hast du Schmerzen im Hinterkopf?« fragte Konrads Vater den Apotheker. »War der Junge am Nachmittag zu lebhaft? Du mußt strenger mit ihm sein.«

Ringelhuth schenkte sich ein Glas voll, trank und sagte: »Mit euch ist heute wieder mal nicht zu reden. Ihr seid viel zu ernst für euer Alter.«

»Das hat uns noch gefehlt«, rief Konrads Vater. »Jetzt machst du uns noch Vorwürfe! Wir wären zu alt! Du bist zu jung! Daß du's nur weißt!«

»Das gibt's?« fragte der Onkel. »Na, denn prost! Gehabt euch wohl! Ich guck noch zum Jungen rauf. Mal schau'n, wie er schläft.«

»Und gute Besserung«, sagte Konrads Vater.

»Wenn ihr noch mal davon anfangt«, rief Ringelhuth, »renn' ich in meine Apotheke, hole Niespulver und spreng euch damit in die Luft. Servus, ihr Trauerklöße!« Er kreuzte die Arme vor der Brust, verneigte sich wie ein vornehmer Türke und verließ die beiden, die ihm bewegt nachblicken.

Ganz behutsam knipste er in Konrads Zimmer das Licht an. Dann schlich er auf Zehenspitzen zu dem Bett hin. Der Junge schlief fest. Aber plötzlich bewegte er sich, lächelte im Traum und sagte: »'ne Mark wär mir lieber.« – Ringelhuth beugte sich über den Schlafenden und flüsterte: »Am nächsten Donnerstag kriegst du 'ne Dampfmaschine, du Lümmel.« Dann sah er sich im Zimmer um. Auf dem Schreibpult lag ein Heft. Er schlich hinüber. »Deutsche Aufsätze« stand auf dem Heft. Er schlug es auf und blätterte, bis er, was er suchte, gefunden hatte. Er las die Überschrift, und dann las er den ganzen Aufsatz:

Was ich in der Südsee erlebte

An den Donnerstagen ists immer sehr fidel. Wegen mein Onkel. Der ist Apotheker und heißt Ringelhuth, genau wie ich. Weil er mein Onkel ist. Heute war wieder Donnerstag. Und als ich ihm sagte ich mus ein Aufsatz über die Südsee machen weil ich gut rechne und keine Fantersie hab sagte er da gehn wir so rasch mal rüber. In die Südsee nämlich. Deinen Lehrer woln wirs schon zeigen. Tut mir Leid, das hat er gesagt.

Na, und wir los. Es war eine rasige Tuhr. Erst in den Schrank im Korridor dann ins Schlaraffenland.

Dann in ne Burg mit verfloßnen Fürsten. Dann wohin schlechte Eltern erzogen werden Es war lehreich dann in eine völlich elektrische Stadt. Es gab viels durcheinander. Es gab Überschwemmung. Der E elektrische Strom kohte über Die Fahrstühle flogen zum Dach hinaus. Wir rauf aufs Pferd und fand wa alles eins. Wir hatten es auf der Glaeiststrasse getroffen. Und mit Zucker gefüttert. Und es konnte Rollschuh fahren Das führt aber zu weit. Mit Hilfe des Ekwators den ich mir anders dachte ritten wir kwer durchs Ozean auf eine Südseeinsel. Links und rechts lagen Inseln

Mit Korallenriffen, aus denen man die berühmten Ketten macht. Und mit Heufischen. Von denen wollte einer mein Onkel fressen. Wegen dem Bauch aber er hat gar keinen. Ich nicht faul gab ihm ein Dink auf die Schnauze und der Onkel mir ne Mark. Wegen der Dampfmaschine. Vier Mark 80 ist zuwenig hab ich schon denn dirgirte ein Affe im Cor. Auch ein Elefant war dabei, und ~~~~ und klapperte mit Koksnüssen. Wir dankten doch sie rissen aus. Besonders kitzlich war die Sache mit den drei Tiegergern. Der Onkel wollte mit den Spazierstock

schiessen. Da zogen sie ein
weisses Tuch raus und
liefen in Urwald. Kin=
guruhus trafen wir auch.
die strickten Strümpfe
und die Wolle haben sie in
ihren Beuteln den sie haben.
Am schönsten war daß
wir Petersilie trafen. Das
ist ein kleines Kind
und schwarz und weiss
gehäkelt. Denn ihr Vater
~~war~~ ist Häuptling
~~~~ und die Mama
bloß Tippfäulein. Sie häu-
lte wegen dem Wallfisch
der hinter ihr her war
Denn die Wallfische sind
Säugetiere. Und in Wasser
leben sie nur ausversehent=
lich. Sie hatte ihm die Zunge
rausgestreckt und nun war

er tükrsch. Rabenaas
war ein Häuptling mit
heissen Bratäpfeln und
schoss und vertrieb das
Ungeheuer. Leider mußte
sie dann weiter. Weil ihrem
Vater eine Perle aus der
Krone gefallen war. Der
Stamm wo wir zu mit=
tag assen und tauchen
konnten die Jungens,
toll, wollte uns gebra=
tenes Menschenfleisch vor-
setzen. Gottseidank sie
hatten keins. In der
Speisekammer. Es gab
auch ohnedas ~~was~~ ver=
rücktes Zeuch. Elefanten=
steek Und Kotlets von
einen Vogel, wie der
Strauss einer ist. Und
Schneckenmus, Onkel

Ringelhuth hatte es fast, aber er hat dann nicht. Er weis fast stez, was sich gehört. Leider blieb das Pferd dort. Um eine

Schimmeln zu heiraten. Als wir uns von Petersilie verabschiedet hatten, sagte der Onkel es ist gleich und wenn wir nicht gleich der Schrank begegnen bleiben wir da und lassen uns braten. Aber da kam Rabenaas wieder und ❋ höchste den Schrank hin und wär wir durch waren stoßen wir wieder in dem Onkel seine Wohnung. und der sprach nun mach daß du Hein kommst, sonst kräuchts.

Meine Eltern haben nichts
gemerkt denn ich kam
zum Abendbrot zu recht
und das is bei uns
die Hauptsache.
Und dann hab ich
mich hingesetzt und
den Aufsatz geschrieben,
trotzdem ich in der
Südsee war und zu-
rück und einen freien
Aufsatz darüber ~~geschr~~
das soll mir mal einer
nachmachen.
Ohne meinem Onkel
wäre es nicht zu
machen gewesen. Her
ist ja aus derselben
Vormilge. Mein Onkel
hats auch gesagt:
Das ist wohl alles was
ich in der Südsee erlebt

habe, kann sein auch nicht, aber es war so sehr vieles, wenn man's aufschreibt vergist man die Hälfte. Und was nicht glaubt lässt es eben bleiben Oder er kann ja mein Onkel fragen der heißt wie ich und is Apoteker und da kann er was erleben.

Onkel Ringelhuth legte das Heft behutsam aufs Schreibpult zurück, ging noch einmal zum Bett hinüber, nickte dem schlafenden Jungen zu, schlich auf den Zehenspitzen zur Tür, drehte sich dort noch einmal um und sagte, während er das Licht ausknipste: »Gute Nacht, mein Sohn.«

Und dabei war es doch nur sein Neffe.

Inhaltsverzeichnis

7 Als ich ein kleiner Junge war

9 Kein Buch ohne Vorwort
15 Die Kästners und die Augustins
21 Die kleine Ida und ihre Brüder
30 Meine zukünftigen Eltern lernen sich endlich kennen
38 Koffer, Leibbinden und blonde Locken
45 Die Königsbrücker Straße und ich
53 Lehrer, Lehrer, nichts als Lehrer
62 Riesenwellen und Zuckertüten
71 Der ungefähre Tageslauf eines ungefähr Achtjährigen
81 Vom Kleinmaleins des Lebens
89 Zwei folgenschwere Hochzeiten
96 Ein Kind hat Kummer
107 Onkel Franz wird Millionär
116 Die Villa am Albertplatz
126 Der zwiefache Herr Lehmann
133 Meine Mutter, zu Wasser und zu Lande
143 Das Jahr 1914
149 Und zum Schluß ein Nachwort

153 Kindergeschichten für Erwachsene

155 Ein Puppenduell
158 Auch das geht vorüber
161 Grüße auf der Platte
164 Der mißglückte Milliardär
166 Schulespielen
167 Ein Musterknabe
172 Ein Menschenleben
175 Die Staubsaugerballade

177 Die Entlarvung des Osterhasen
181 Interview mit dem Weihnachtsmann
185 Peter
191 Besuch im Garten

193 Emil und die Detektive

195 Die Geschichte fängt noch gar nicht an
202 Zehn Bilder kommen jetzt zur Sprache
215 Emil hilft Köpfe waschen
220 Wachtmeister Jeschke bleibt stumm
224 Die Reise nach Berlin kann losgehen
228 Ein Traum, in dem viel gerannt wird
233 Emil steigt an der falschen Station aus
237 Straßenbahnlinie 177
242 Große Aufregung in der Schuhmannstraße
245 Der Junge mit der Hupe taucht auf
251 Die Detektive versammeln sich
257 Eine Autodroschke wird verfolgt
263 Ein Spion schleicht ins Hotel
267 Ein grüner Liftboy entpuppt sich
272 Herr Grundeis kriegt eine Ehrengarde
277 Stecknadeln haben auch ihr Gutes
281 Emil besucht das Polizeipräsidium
289 Der Kriminalkommissar läßt grüßen
294 Frau Tischbein ist so aufgeregt
300 Läßt sich daraus was lernen?

303 Emil und die drei Zwillinge

305 Das Vorwort für Laien
309 Das Vorwort für Fachleute
315 Zehn Bilder kommen zur Sprache
327 Oberwachtmeister Jeschke hat
 ein Anliegen

332 Post aus Berlin und Post nach Berlin
347 Emil setzt sich in Bewegung
354 Villa Seeseite
361 Ein Wiedersehen in der Ostsee
370 Gustav und die Physik
378 Varieté in Korlsbüttel
384 Der dritte Zwilling taucht auf
392 Detektive unter sich
400 Ein Abenteuer zu Wasser und zu Lande
408 Paßkontrolle
419 Die Rückkehr des Kapitäns
425 Die nächsten Schritte
433 Ein ernstes Gespräch
441 Schluß der Vorstellung

451 Pünktchen und Anton

453 Die Einleitung ist möglichst kurz
455 Pünktchen spielt Theater
462 Die erste Nachdenkerei handelt:
    Von der Pflicht
463 Anton kann sogar kochen
470 Die zweite Nachdenkerei handelt:
    Vom Stolz
471 Ein Hund wird rasiert
477 Die dritte Nachdenkerei handelt:
    Von der Phantasie
478 Einige Meinungsverschiedenheiten
482 Die vierte Nachdenkerei handelt:
    Vom Mut
483 Jeder sein eigener Zahnarzt
487 Die fünfte Nachdenkerei handelt:
    Von der Neugierde
488 Die Kinder machen Nachtschicht
492 Die sechste Nachdenkerei handelt:
    Von der Armut

493 Fräulein Andacht hat einen Schwips
497 Die siebente Nachdenkerei handelt:
Vom Ernst des Lebens
498 Herrn Bremser geht ein Licht auf
502 Die achte Nachdenkerei handelt:
Von der Freundschaft
503 Frau Gast erlebt eine Enttäuschung
507 Die neunte Nachdenkerei handelt:
Von der Selbstbeherrschung
508 Es konnte auch schiefgehen
512 Die zehnte Nachdenkerei handelt:
Vom Familienglück
513 Herr Pogge übt sich im Spionieren
517 Die elfte Nachdenkerei handelt:
Von der Lüge
518 Klepperbein verdient zehn Mark
und eine Ohrfeige
522 Die zwölfte Nachdenkerei handelt:
Von den Schweinehunden
523 Die dicke Berta schwingt Keulen
527 Die dreizehnte Nachdenkerei handelt:
Vom Zufall
528 Ein Abendkleid wird schmutzig
532 Die vierzehnte Nachdenkerei handelt:
Vom Respekt
533 Ein Polizist tanzt Tango
537 Die fünfzehnte Nachdenkerei handelt:
Von der Dankbarkeit
538 Ende gut, alles gut
544 Die sechzehnte Nachdenkerei handelt:
Vom glücklichen Ende
545 Das kleine Nachwort

547 Der 35. Mai *oder*
 Konrad reitet in die Südsee

549 Es war am 35. Mai
558 Eintritt frei! Kinder die Hälfte!
570 Hannibal beniest es
578 Die verkehrte Welt ist doch
 nicht die verkehrteste
587 Vorsicht, Hochspannung!
595 Die Begegnung mit Petersilie
609 Der Onkel liest, was er erlebt hat